Inklusion

Die Heinrich-Böll-Stiftung, Berlin, versteht sich als Agentur für grüne Ideen und Projekte sowie als reformpolitische Zukunftswerkstatt. Ihr internationales Netzwerk umfasst über 100 Projektpartner in über 60 Ländern. Mehr unter: www.boell.de

Herausgegeben von der Heinrich-Böll-Stiftung

Inklusion

Wege in die Teilhabegesellschaft

Konzeption und Bearbeitung: Ole Meinefeld,
David Jugel, Stefan Schönfelder und Peter Siller

Campus Verlag
Frankfurt/New York

Bibliografische Information der Deutschen Nationalbibliothek
Die Deutsche Nationalbibliothek verzeichnet diese Publikation in der Deutschen Nationalbibliografie; detaillierte bibliografische Daten sind im Internet unter http://dnb.d-nb.de abrufbar.

ISBN 978-3-593-50462-9 Print
ISBN 978-3-593-43282-3 E-Book (PDF)
ISBN 978-3-593-43299-1 E-Book (EPUB)

Umschlaggestaltung: Campus Verlag GmbH, Frankfurt am Main
Satz: Campus Verlag GmbH, Frankfurt am Main
Druck und Bindung: Beltz Bad Langensalza GmbH
Gedruckt auf Papier aus zertifizierten Rohstoffen (FSC/PEFC).
Printed in Germany

www.campus.de

Inhalt

Vorwort

Kaum ein Begriff wird in der öffentlichen Diskussion so missverständlich verwendet wie der Begriff der Inklusion. Im Unterschied zum angloamerikanischen Raum wie auch zum europäischen Ausland wird er hierzulande oftmals auf den Aspekt der Barrierefreiheit für beeinträchtigte Menschen im öffentlichen oder beruflichen Bereich verengt. Kaum ein Begriff hat ein so hohes Potential, um einen entscheidenden Punkt in der Gerechtigkeitsdebatte deutlich zu machen: Gerechtigkeit zielt auf gleiche soziale und politische Teilhabemöglichkeiten der Bürger/innen und erschöpft sich nicht in sozialen Versorgungsleistungen. Aus dieser Perspektive werden verschiedene Felder des öffentlichen Raums, der öffentlichen Institutionen und Infrastrukturen zu Orten der gerechtigkeitspolitischen Debatte. Wie inklusiv sind diese Orte? Was sind die Mechanismen ihrer Schließung? Und welche Möglichkeiten der Veränderung, der Öffnung gibt es?

Mit dem vorliegenden Buch präsentiert der Stiftungsverbund der Heinrich-Böll-Stiftung – die Bundesstiftung mit den Landesstiftungen – Antworten und Anregungen auf die drängenden Fragen in Bezug auf die Teilhabegerechtigkeit in einer demokratischen Gesellschaft. Im Rahmen des zweijährigen Verbundprojekts »Hochinklusiv! – Zusammenhalt einer vielfältigen Gesellschaft« wurden in zahlreichen Veranstaltungen Fragen zur Inklusion diskutiert und in die Öffentlichkeit getragen. Ziel war die Konturierung des Begriffs und eine Überprüfung, inwieweit die Anwendung des Begriffs auf unterschiedliche gesellschaftspolitische Aspekte wie »inklusive Arbeit« oder »inklusive Stadt« taugt. Thematisiert wurden auch aktuelle Exklusionsphänomene sowie die Entwicklung politischer Strategien.

Unser besonderer Dank gilt allen Kolleg/innen des Stiftungsverbundes, die das Thema auf sachkundige und engagierte Weise behandelt haben. Wir danken Mekonnen Mesghena und Ulrike Bürgel für die Koordination des Projekts, Carmen Herzog für ihre Unterstützung. Unser herzlicher Dank gilt allen Autor/innen für ihre Beiträge. Insbesondere danken wir aber Ole

Meinefeld und David Jugel für die kompetente und engagierte Begleitung des Buchprojekts. Nicht zuletzt bedanken wir uns bei den Bürger/innen und Experten/innen, die sich aktiv an den Veranstaltungen, Diskussionen und Publikationen beteiligt und damit die Grundlage für eine intensive Auseinandersetzung mit den Chancen und Grenzen einer inklusiven Gesellschaft beigesteuert haben.

Berlin, im Juni 2015

Ralf Fücks
Vorstand der Heinrich-Böll-Stiftung

Stefan Schönfelder
Weiterdenken – Heinrich-Böll-Stiftung Sachsen

Peter Siller
Leiter der Abteilung Inland der Heinrich-Böll-Stiftung

Einleitung

Peter Siller, Stefan Schönfelder, Ole Meinefeld und David Jugel

Eine Gesellschaft nach Maßgabe der Teilhabegerechtigkeit für alle zu gestalten, Diversität und Pluralität als Fortschritt zu betrachten, kurz: Inklusion als Menschenrecht anzuerkennen erfordert eine umfassende Gerechtigkeitsdebatte und die Frage, wie Strukturen und Institutionen beschaffen sein müssen, um diesen Ansprüchen gerecht zu werden. Der vorliegende Band widmet sich dem Thema Inklusion so ausführlich, wie es der Begriff verlangt. Es werden Fragen aufgeworfen und Antworten gegeben zu Themen wie inklusiver Arbeit, inklusiver Stadt, Inklusion im Zusammenhang mit der Migrationsdebatte, Behinderung, inklusiver Schule, Gender und inklusiver politischer Bildung.

Das Einführungskapitel widmet sich der begrifflichen Klärung und lotet die hinter dem Begriff Inklusion stehenden Möglichkeiten, Problemfragen und Notwendigkeiten aus. Im eröffnenden Beitrag arbeitet *Peter Siller* die hinter dem Begriff Inklusion stehenden sozialen Fragen heraus, deckt Widersprüche auf und macht deutlich, dass eine konturierte und politisch kontextualisierte Verwendung dieses Begriffes als Voraussetzung für zukünftige Kontroversen erst durch die Klärung jener Fragen und Widersprüche möglich wird. Darüber hinaus betont Siller, dass eine Strategie der Inklusion sowohl eine Strategie der Erneuerung und Stärkung öffentlicher Institutionen wie auch eine Strategie der gemeinsamen öffentlichen Räume verlangt, in denen Barrieren beseitigt werden und die Menschen auf Grundlage einer demokratischen Öffentlichkeit und der wechselseitigen Anerkennung ihre Potentiale und Fähigkeiten entfalten können. Wie allerdings eine Gesellschaft beschaffen ist, in der es keine festgefügten Bilder von psychischen Erkrankungen, von Altersrollen, von Klassenmilieus und von Geschlechtscharakteren mehr gibt, fragt *Heinz Bude* im zweiten Beitrag dieses Kapitels. Das Konzept der sozialen Inklusion erfordert hier Überlegungen zu der Frage, was eine zunehmend heterogene Gesellschaft eint. Dies führt Bude zu der These, dass die eigentliche Herausforderung für eine heterogene Gesellschaft in der Fähigkeit und Bereitschaft zur Empathie liegt, als Grundlage für Anteilnahme, Zuwendung und Engagement. In diesem Zusammenhang plädiert Bude für eine Rückbesinnung auf den Begriff der Solidarität. Im dritten Beitrag widmet sich *Rainer Forst* der Frage der Gerechtigkeit. Er argumentiert, dass sozialer Willkür und einer Gesellschaft der Privilegien ein neues sozialpolitisches Denken entgegengesetzt werden muss, im Sinne einer fundamentalen Gerechtigkeit, über die sich strukturelle Veränderungen wie Inklusion, Güterumverteilung und Partizipation begründen lassen. *Ole Meinefeld* spezifiziert im abschließenden Beitrag dieses Kapitels den Begriff öffentlicher Raum und deckt auf, dass sich dahinter eine Vielzahl von Räumen verbirgt, von der eine politische Analyse auszugehen hat. Meinefeld umreißt in sozialpolitischer Absicht strategische Maßnahmen, die auf unterschiedlichen Ebenen ansetzen, um entstehenden Phänomenen multipler Inklusion und Exklusion zu begegnen, und konkretisiert dabei, wie öffentliche Räume inklusive Wirkung entfalten können.

Genügt jedoch eine dichotome Unterscheidung von »Drinnen« und »Draußen« aus, um bestehende Inklusions- und Exklusionsphänomene zu beschreiben, und welche Leerstellen müssen gefüllt werden, um die Voraussetzungen für eine inklusive Sozialpolitik schaffen zu können? *Janina Zeh* gibt im ersten Text von Kapitel II einen konzentrierten Überblick über die akademische Genese des Exklusionsbegriffs und arbeitet unterschiedliche Probleme dieses Begriffes heraus. Diese liegen zum einen in der mangelnden begrifflichen Präzision der Verwendungen, vor allem in der unzulänglichen Dichotomie eines »Drinnen« und »Draußen« der Gesellschaft, und zum anderen in der Bedeutungszuweisung des Begriffes mittels einer normativen Vorstellung dessen, was in einer Gesellschaft als zugehörig gilt. Daraus entwickelt Zeh eine vorläufige Definition des Exklusionsbegriffs. Im zweiten Beitrag zeigt *Markus Schroer*, dass Phänomene der Inklusion genauso differenziert zu betrachten sind wie Phänomene der Exklusion. Inklusions- und Exklusionsphänomene unterliegen dabei gesellschaftlichen Transformationen, wie der digitalen Revolution. Im Anschluss daran stellen sich Fragen an derzeit gebräuchliche Bestimmungen von Inklusion und die Wirkmacht von Inklusionsleistungen klassischer Institutionen, etwa im Vergleich zu sozialen Netzwerken. Ausgehend davon, dass Inklusion ein alle Menschen betreffendes Konzept ist und daher einer Verengung dieses Begriffs auf Menschen mit Beeinträchtigungen entgegengewirkt werden sollte, fragt *Frank Nullmeier* im abschließenden Beitrag dieses Kapitels, wie inklusive Sozialpolitik aussehen sollte. Nullmeier arbeitet heraus, wie inklusive Sozialpolitik aus den Begriffen Teilhabe und Teilhabegerechtigkeit hervorgeht und schlägt eine Ergänzung der aktivierenden und nachsorgenden Sozialpolitik als bewährte Säulen der Sozialpolitik durch eine inklusive Sozialpolitik vor.

Der Grundgedanke sozialer Marktwirtschaft ist die Sicherung des sozialen Zusammenhalts durch Arbeit, sozialstaatliche Leistungen und sozialen Ausgleich. Geht die Schere zwischen Arm und Reich aufgrund prekärer Arbeit auseinander, sind Menschen dauerhaft arbeitslos oder gar von sozialstaatlichen Leistungen ausgeschlossen, bei einer gleichzeitig bestehenden immensen Einkommensungleichheit und übermäßiger Eigentumskonzentration, dann ist der soziale Zusammenhalt in einer Gesellschaft gefährdet. Antworten auf die Frage, wie dieser Entwicklung entgegengesteuert werden kann, liefert Kapitel III. Im ersten Beitrag stellt *Ernst-Ulrich Huster* fest, dass sich trotz der Festschreibung sozialer Inklusion im EU-Programm »Europa 2020« in absehbarer Zeit kein gemeinsames europäisches Sozialmodell abzeichnet. Vielmehr agieren nationale Politiken bis auf Weiteres aus ihrer jeweiligen Tradition heraus, um Lösungsansätze für soziale Konfliktlagen zu entwickeln. In Deutschland so Huster, hat Sozialstaatlichkeit immer auch eine disziplinierende Funktion, die Inklusionsgrenzen und in der Folge auch Armut verfestigt. Hier ist der Blick auf andere Staaten Europas hilfreich, um in Bezug auf sozialstaatliche Leistungen und deren inkludierende Wirkung voneinander zu lernen. Bedingt durch den demografischen Wandel, die rasante Veränderung der Weltwirtschaft hin zu einer wissensbasierten Dienstleistungsökonomie und den Hartz-Reformen erfährt der Arbeitsmarkt in Deutschland jedoch einen Gestaltwandel, der Segmentierungs- und Exklusionstendenzen verstärkt. *Helmut Wiesenthal* plädiert im zweiten Beitrag dieses Kapitels für einen entschlossenen Kurswechsel in der Arbeits-, Sozial- und Bildungspolitik. Der Beitrag präzisiert Maßnahmen, die die Inklusion aller Bürgerinnen und Bürger in die Arbeitsgesellschaft zum Ziel haben, um jedem Einzelnen gesellschaftliche Teilhabe, ein existenzsicherndes Einkommen und Chancen zur persönlichen Entwicklung zu ermöglichen. Durch eine weitgehend gleiche Verteilung von privatem und gesellschaftlichem Eigentum wiederum zeichnen sich Wirtschaftsdemokratien aus. *Tilo Wesche* stellt im dritten Beitrag dieses Kapitels den negativen Auswirkungen einer zu hohen Eigentumskonzentration auf Einzelne das Konzept einer Wirtschaftsdemokratie entgegen. In Wirtschaftsdemokratien wirkt Eigentumsteilhabe als ökonomische Basis politischer Inklusion und sichert so jedem Einzelnen politische Partizipationsrechte und gleiche Einwirkungen auf den sozioökonomischen Gestaltungsprozess zu. Im abschließenden Beitrag des Kapitels beschreibt *Axel Honneth* die Bedeutung des Arbeitsmarktes für die Inklusion von Bürgerinnen und Bürgern in modernen Gesellschaften. Die Arbeitswelt wird hier in Hinblick auf die Realisierung sozialer Freiheit betrachtet. Die maßgebliche Frage zur Realisierung dieser Freiheit ist dabei die Einbettung des Arbeitsmarktes in institutionelle Gefüge, die über soziale Rechte Inklusion in diesem Bereich herzustellen vermögen.

Nicht zuletzt bedingt durch Phänomene wie Arbeitslosigkeit, Armut und Gentrifizierung ist unsere Gesellschaft zunehmend mit Sozialräumen konfrontiert, die Ausgrenzungen erzeugen und zementieren. Kapitel IV liefert eine Beschreibung der Ursachen und Auswirkungen räumlicher Segregation und diskutiert Lösungsansätze für die exklusive Wirkung der Gentrifizierung. Im ersten Beitrag des Kapitels beschreiben *Hartmut Häußermann* und *Martin Kronauer* die Auswirkungen einer zunehmenden sozialräumlichen Segregation in deutschen Städten, bedingt durch tiefgreifende Veränderungen sozialstaatlicher Sicherungssysteme und Arbeitsmarktstrukturen. Während das Quartier als Lebens- und Sozialraum soziale und materielle Ressourcen bereitstellen kann, die die soziale Teilhabe gewährleisten, kann es den Zugang zu diesen Ressourcen aber auch erschweren oder gar verhindern und so zu einer multidimensionalen Ausgrenzung führen. Es mag unter diesen Voraussetzungen zunächst mal einleuchten, dass Vielfalt als eine soziale Tatsache gelten muss und Kennzeichen einer modernen Gesellschaft ist, wie *Martina Löw* herausarbeitet. Löw plädiert vor dem Hintergrund einer schwindenden Mittelschicht als Integrationskern der Gesellschaft für die Berücksichtigung von Relationen zwischen inkonsistenten sozialen Gruppen und dem daraus entstehenden Geflecht aus oftmals widersprüchlichen Identitäten, Loyalitäten, Präferenzen und Überlagerungen, die bei der Gestaltung öffentlicher Räume und der Handlung im öffentlichen Interesse Berücksichtigung finden sollten – denn nur so kann Politik der Pluralität unserer Gesellschaft gerecht werden. Diese Pluralität wird im Besonderen in den Städten erfahren. Der abschließenden Beitrag des Kapitels von *Felicitas Hillmann* beschreibt durchaus in diesem Sinne das Verhältnis von Stadtentwicklung und Migration als Entwicklung von der »urbanen Marginalität« zur »marginalen Urbanität«: Migration ist unter den Bedingungen demografischer Veränderung in der Stadtentwicklung kein Randphänomen mehr, das alleine in sozialen Brennpunkten oder in den Kontroversen um Moscheebauten zu lokalisieren wäre. Vielmehr ist der Umgang mit Migrantinnen und Migranten und deren aktive Partizipation zu einem zentralen Faktor der politischen Steuerung von Städten geworden – und somit auch zu einem Indikator von moderner Urbanität überhaupt. So rücken etwa migrantische Ökonomien aus der Peripherie in das Zentrum der Aufmerksamkeit von Stadtentwicklung. Es erfordert, Hillmann zufolge, eine breiter angelegte Debatte über Partizipation und »urban citizenship«, wenn partizipative Institutionen einen inklusiven Effekt beanspruchen sollen.

Demokratie wird lebendig durch Menschen, und zwar indem diese sich an demokratischen Verfahren beteiligen. Werden partizipative Möglichkeiten von Bürgerinnen und Bürgern nicht mehr wahrgenommen, führt dies zu Ausschlüssen von sozialer und politischer Teilhabe. Demokratie muss dem also mit einem Angebot von Inklusion entgegenwirken. Einführend in Kapitel V stellt *Robert Vehrkamp* die Zahlen der Wahlbeteiligung aus dem Jahr 1972 den dramatisch gesunkenen Zahlen der Wahlbeteiligung aus dem Jahr 2013 gegenüber und zeigt in einer detaillierten Analyse Ursachen und Gründe dieser Entwicklung. Deutschland, so der Autor, befindet sich in einem Teufelskreis aus sinkender Wahlbeteiligung und folglich einer abnehmenden Legitimation demokratischer Institutionen. Insbesondere das Einhergehen von sozioökonomisch schwachem Status und häufiger Nicht-Beteiligung an Wahlen deutet auf Defizite in der Inklusivität des politischen Systems hin. Dem kann weniger mit der Einführung einer gesetzlichen Wahlpflicht als vielmehr mit einer gesamtgesellschaftlichen Anstrengung hin zu gesellschaftlichem Zusammenhalt, Inklusion und sozialer Gerechtigkeit begegnet werden. Vehrkamp schließt seinen Text mit konkreten Fragen, die eine Antwort einfordern, um unsere Demokratie vor ernsthaftem Schaden zu bewahren. Eine praktische Antwort auf die Frage, wie der politischen Abstinenz bildungsferner und einkommensschwacher Menschen und den daraus wachsenden Macht- und Einflussasymmetrien begegnet werden kann, liefert *Birgit Böhm* im zweiten Beitrag dieses Kapitels. Ein Weg zu mehr Teilhabe und Inklusion bietet das von Peter C. Diesel Anfang der 1970er Jahre entwickelte Verfahren der Planungszelle bzw. des Bürgergutachtens, in dem Bürgerinnen und Bürger in einem deliberativ-konsultativen Verfahren in die politische Willensbildung einbezogen werden. Die Autorin arbeitet neben den Chancen auch die Grenzen des Verfahrens für die demokratische Inklusion heraus. Zur Realisierung von demokratischer Inklusion sind verschiedene Verfahren zu erproben: Ein »House of Lots« (Haus der Ausgelosten), bestehend aus 200 ausgelosten EU-Bürgerinnen und -Bürger als zweite Kammer des Europäischen Parlaments mit Sitz in Straßburg – das ist der Vorschlag von *Hubertus Buchstein* im abschließenden Text dieses Kapitels, um den bestehenden Problemen der repräsentativen Demokratie und direktdemokratischer Verfahren, die Buchstein ausführlich darstellt, zu begegnen. Der Vorschlag steht damit quer zu den ausgetretenen Pfaden einer Debatte in den Alternativen von repräsentativer und direkter Demokratie. Demokratische Inklusion kommt hier im aleatorischen Verfahren zum Zug.

Integration in Form einer Assimilation wird dem Anspruch einer vielfältigen modernen Gesellschaft nicht gerecht. In Kapitel VI denken die Autoren darüber nach, welche Maßnahmen eine adäquate Repräsentation und Partizipation von MigrantInnen auf dem Weg zu einer inklusiven Gesellschaft darstellen können. Wenn *Mark Terkessidis* von einer »Krise der Repräsentation« spricht, verweist er damit auf eine Diskrepanz zwischen bestehenden Strukturen und einer zunehmend vielfältigen Zusammensetzung der Bevölkerung in unseren Städten, die eine Veränderung im Personalbestand und der Organisationskultur in Sachen Planung, Bildung, Gesundheit und Kultur notwendig macht. Der Autor benennt aktive Strategien mit dem Ziel der Barrierefreiheit und verdeutlicht, warum das Konzept »Integration« der Vielfalt und ihren Herausforderungen an unser Zusammenleben nicht gerecht wird. Der Text schließt mit einem Plädoyer für ein neues Ethos der Kollaboration als dem zentralen Wert unseres Zusammenlebens. Eine solche Kultur verlangt allerdings auch rechtlich nach Möglichkeiten der Inklusion. Ca. 9 Prozent der Bevölkerung in Deutschland haben den Status eines »noncitiziens« – das sind Ausländer/innen mit festem Wohnsitz ohne Staatsbürgerschaft und deshalb von der Teilnahme an politischen Prozessen wie z.B. dem Wahlrecht ausgeschlossen. *Robin Celikates* skizziert im zweiten Beitrag dieses Kapitels die daraus entstehenden Probleme und stellt als Lösungsansätze die Strategie der Disaggregation (Verleihung des Wahlrechts) und die Strategie der Einbürgerung vor. Auch wenn der Einbürgerungsstrategie Probleme innewohnen, die sich auf die Bedingungen der Einbürgerung beziehen, spricht sich der Autor für diese Strategie aus, da diese keine Abstufung von Rechten der Bürgerinnen und Bürger beinhaltet, sondern dem grundlegenden Anspruch gerecht wird, Menschen, die dauerhaft in einem Land leben und den dort geltenden Gesetzen unterworfen sind, auch vollumfänglich die damit korrespondierenden Rechte einzuräumen. Dieser Perspektive entspricht auf der anderen Seite ein Blick auf die Bürgerinnen und Bürger mit Migrationshintergrund: Im abschließenden Beitrag dieses Kapitels befasst sich *Chantal Munsch* mit dem bürgerschaftlichen Engagement von Migrantinnen und Migranten und stellt in einem internationalen Vergleich dar, welchen Einfluss die jeweiligen gesellschaftlichen Strukturen auf die Möglichkeiten des sozialen und politischen Engagements von Migrantinnen und Migranten haben. Die in Deutschland sehr eng geführte Diskussion entlang der Kontroverse um »Assimilation vs. Segregation« reduziert die Möglichkeiten des bürgerschaftlichen Engagements von Migrantinnen und Migranten bzw. wird dem tatsächlichen Engagement nicht gerecht. Munsch zeigt an den Beispielen der Rap-Musik und der Kopftuchdebatte Formen des Engagements jenseits tradierter Formen und rät zu einer Erweiterung des Begriffs von Engagement, der die vielfältigen Formen berücksichtigt.

Mit der UN-Konvention über die Rechte von Menschen mit Behinderungen und dem damit verbundenen Paradigmenwechsel hin zu einem sozialen Modell von Behinderung wurde zusätzlich der Begriff Integration zugunsten eines allgemeinen Inklusionsverständnisses aufgegeben. Diese Entwicklung wirft neue Fragen auf, die es auch auf empirischer Ebene zu untersuchen gilt. Im ersten Beitrag von Kapitel VII formulieren *Petra Flieger* und *Volker Schönwiese* diese Fragen und sprechen sich für eine Transdisziplinarität im Sinne der Einbeziehung von Menschen mit Behinderungen in die Forschung aus. Welche immanenten Probleme das Integrationskonzept in sich bringt, stellt *Andreas* Hinz im zweiten Beitrag dieses Kapitels dar. In einem Vergleich arbeitet er die qualitativen Unterschiede einer Praxis der Integration und einer Praxis der Inklusion heraus und schließt mit einer Darstellung des Index für Inklusion, einem Instrument zur Unterstützung des Prozesses inklusiver Schulentwicklung. *Sylvia Löhrmann* legt in ihrem Beitrag die Bildungspolitik darauf fest, einen Rahmen zu schaffen, in dem den Einzelnen unter Beseitigung der gesellschaftlichen Nachteile ein Höchstmaß an Entfaltungsmöglichkeit eröffnet werden kann. Der in NRW im 9. Schulrechtsänderungsgesetz verabschiedete Schulkonsens stellt eine solche Maßnahme dar, um Inklusion im Lebensraum Schule möglich und erfahrbar zu machen. Derartige Maßnahmen können als eine wichtige Voraussetzung auf dem Weg zu einer inklusiven Gesellschaft gelten, wenn Heranwachsende ihre Erfahrungen mit Inklusion in ihrer Haltung und ihrem Verhalten zukünftig weitertragen. Abschließend stellt *Georg Feuser* die provokante Frage »Was zum Teufel ist Integration, was Inklusion?« und konstatiert den Kontrollverlust der Pädagogik über die Begriffe Inklusion und Integration als fachwissenschaftliches Versagen. Die Inklusion als Idee ist ein notwendiger Prozess der Transformation, deren Grundlage allerdings die vor vierzig Jahren begonnene Integrationsbewegung ist. Daher opponiert Feuser gegen die von Andreas Hinz vorgeschlagene Gegenüberstellung von Integration und Inklusion, weil dies zu einer reduktionistischen Verengung und Verschleierung der Probleme führe. Entscheidend ist für Feuser dagegen eine veränderte Sicht auf das Verhältnis von Welt-, Menschen und Behinderungsbild, um der politischen Struktur unseres Schul- und Bildungssystems mit einer kritischen Analyse zu begegnen.

Kapitel VIII beschreibt praktische Umsetzungsmöglichkeiten bezogen auf Inklusion in Schule und Gesellschaft. Wie kann Inklusion in der Schule gelingen? *Matthias von Saldern* weist in seinem Text darauf hin, dass Inklusion in Bildungseinrichtungen an vielen Stellen schon unbemerkt stattfindet, aber oftmals noch nicht richtig gedacht bzw. organisatorisch umgesetzt wird. Er nennt Bedingungen, die erfüllt sein müssen, damit die Wandlung hin zur Inklusion nicht nur in einer Ersetzung von Vokabeln verharrt. *Andreas Hinz* stellt in seinem Beitrag den Index für Inklusion im Einzelnen vor. Der Index unterstützt ein systematisches Vorgehen im Prozess der Schulentwicklung entlang der Dimensionen inklusive Kulturen, inklusive Strukturen und Praktiken. Anhand einiger Beispiele und Erfahrungsberichte zeigt Hinz die Herausforderungen und Möglichkeiten einer inklusiven Schule auf. Vor dem Hintergrund der 2006 verabschiedeten UN-Behindertenrechtskonvention und dem darin verankerten Rechtsanspruch auf Inklusion verlangt die in Deutschland vorliegende Integrationsquote von gerade einmal 25 Prozent Antworten von Politik, Gesellschaft und Bildungsinstitutionen. In einem weiteren Beispiel dokumentiert *Irene Gebhardt* die Entwicklung der österreichischen Gemeinde Wiener Neudorf, in der seit 2006 mithilfe des Index für Inklusion gearbeitet wird. Sie schildert, wie sich eine ganze Gemeinde für die Teilhabe aller an allem entscheidet und wie Menschen überwiegend ehrenamtlich Verantwortung füreinander übernehmen. Gebhardt sieht darin einen zu beobachtenden Demokratisierungsschub, den die Gemeinde erfährt, aber auch die Probleme, die im Laufe der Entwicklung auftauchen. Sie kommt zu dem Schluss, dass Inklusion selbst als ein nie abgeschlossener Prozess begriffen werden kann, der mit Gelassenheit und Beständigkeit begleitet werden sollte.

Die positive Haltung gegenüber Diversität im Zusammenhang mit der Achtung und dem Respekt gegenüber unterschiedlichen historischen und kulturellen Hintergründen ist ein weiteres Kennzeichen einer inklusiven Gesellschaft. Wie kann also Vielfalt in öffentlichen Institutionen gehandhabt werden, um Strukturen zu schaffen, in denen sich Einzelne uneingeschränkt entwickeln und entfalten können, fragt *Alexander von Dippel* im ersten Beitrag von Kapitel IX. Er spricht sich für die Übernahme des aus der Privatwirtschaft bekannten Konzepts des Diversity Managements aus, dies allerdings mit einer Erweiterung durch das Konzept der Intersektionalität. Der Autor arbeitet heraus, wie durch die Kombination beider Konzepte der

Zusammenhang einzelner Diskriminierungsgründe und deren gegenseitige Wirkung beschrieben werden und so eine problematische Eindimensionalität vermieden werden soll, die eine Hierarchisierung statischer Diversity-Kategorien zur Folge hätte. Anhand der Beschneidungsdebatte deckt *Gökçe Yurdakul* im zweiten Beitrag dieses Kapitels Divergenzen und Gemeinsamkeiten von Türkinnen und Türken sowie Jüdinnen und Juden auf und verweist auf die Notwendigkeit, neben den Beziehungen zwischen Minderheiten und Migrantinnen und Migranten auch die kulturellen Repertoires sowie divergierende Faktoren hinsichtlich historischer, sozialer und kultureller Aspekte in den Blick zu nehmen. Nur mit dem Willen einer differenzierten Betrachtungsweise kann der derzeitige Diskurs über Migrantinnen und Migranten verstanden und die Debatte über Inklusion adäquat geführt werden. Der abschließende Beitrag des Kapitels diskutiert das Verhältnis von Menschenrechten und politischer Inklusion. *Christian Volk* zeigt, welchen Stellenwert die konkrete Gestalt rechtlicher Ordnungen für die Verwirklichung von Demokratie und Menschenrechten hat. Am Beispiel von »Menschen ohne Papiere« beschreibt Volk einen besonders drastischen Fall von sozialer und politischer Exklusion, in dem Menschen nicht oder nur unzureichend in eine Rechtsordnung eingeschlossen sind. Dabei erweist sich der Rahmen nationalstaatlicher Zugehörigkeiten als zu eng, um den Anspruch von Inklusion, d.h. die Sicherung und Gewährung eines Platzes für jeden Menschen, einzulösen. Daraus folgt, dass der Gedanke politischer Inklusion die Idee der Demokratie über ihre nationalstaatliche Realisierung hinaustreiben muss.

Vor dem Hintergrund einer intersektionalen Perspektive präzisiert *Petra Ahrens* im eröffnenden Beitrag von Kapitel X Maßnahmen, die zum Ziel geschlechtergerechter öffentlicher Institutionen beitragen sollen. Neben der Quote als Instrument der Umverteilung sowie der gleichen Bezahlung für gleichwertige Arbeit als Anerkennung fordert sie die konsequente Umsetzung einer Strategie des Gender Mainstreaming, um insbesondere der prekären Arbeitsmarktpartizipation von Frauen und den daraus folgenden Inklusionsproblemen zu begegnen. *Heike Raab* diskutiert im zweiten Beitrag eine mögliche Neuausrichtung der normativen Grundannahmen von Inklusion, und zwar auf Grundlage einer intersektionalen Perspektive. Unter Einbeziehung des Verhältnisses von Gender Studies und Disability Studies konstatiert die Autorin am Beispiel der Bildungsforschung, dass der Zusammenhang von Behinderung und Geschlecht ein mehrdimensionales Verständnis von Inklusion erfordert. Im abschließenden Beitrag dieses Kapitels stellt *Bar-*

bara Willecke das Instrument des Gender Plannings vor und plädiert für ein Beteiligungsverfahren, in das alle Gruppen von potenziellen Nutzerinnen und Nutzern gleichberechtigt involviert sein können. So, die Autorin, entstehen Orte der Begegnung, die die Lebensqualität der Nutzerinnen und Nutzer steigern und einen Lernort für Inklusion darstellen.

Kapitel XI widmet sich der Frage, was politische Bildung unternehmen muss, um möglichst allen Menschen mittels vielfältiger Angebote die Möglichkeit zu eröffnen, engagiert an Politik und Gesellschaft zu partizipieren. Politische Bildungsangebote werden eher von einer intellektuell geprägten, bürgerlichen Mittelschicht in Anspruch genommen als von den politisch und sozial benachteiligten Gruppen, für die sie eigentlich konzipiert sind. Diese Tatsache, so *Helmut Bremer* und *Mark Kleemann-Göhring* im ersten Beitrag dieses Kapitels, sind hausgemacht und zeigen, dass sich die politische Erwachsenenbildung zu wenig mit dem sozialen Zugang zu politischer Bildung beschäftigt. Entlang der Konzepte des »politischen Feldes« und der »symbolischen Herrschaft« von Pierre Bourdieus diskutieren die Autoren die Dialektik von Selbstausschluss und Fremdausschluss und schlagen am Ende ihres Textes drei Reflexionsflächen vor, die zu einem Verständnis dieses Problems beitragen und Grundlage für eine Neugestaltung der politischen Bildung darstellen. Antworten auf diese Probleme möchte das von der Heinrich-Böll-Stiftung Sachsen in Kooperation mit der TU Dresden gegründete Zentrum für inklusive politische Bildung (ZipB) liefern. *Anja Besand* und *Tina Hölzel* beschreiben in ihrem Beitrag die Aufgaben und Ziele, die sich das ZipB in den kommenden Jahren stellt. Insbesondere ein empirisches Forschungsprogramm lässt neue Erkenntnisse zu inklusiver politischer Bildung erwarten. Ferner soll im Rahmen von Workshops und Konferenzen ein interdisziplinärer Austausch im Sinne eines Netzwerks relevanter Akteure installiert werden. Auf Grundlage der Evaluation und Projekterfahrungen sollen Weiterbildungsformate entwickelt werden, um die erarbeiteten Erkenntnisse in die Breite zu tragen. Im abschließenden Beitrag dieses Kapitels stellt *David Jugel* die Frage, wie politische Bildung ihrem Anspruch, alle Menschen zu erreichen, gerecht werden kann. Ausgehend von der Diskussion des Inklusionskonzepts und der Frage nach einer inklusiven Didaktik politischer Bildung formuliert er Hypothesen, die die nächsten Schritte auf dem Weg zum Ziel einer inklusiven politischen Bildung beschreiben. Ausgangspunkt dafür, so Jugel, ist ein verstärktes Verantwortungsbewusstsein der politischen Bildung gegenüber ihrer maßgeblichen Rolle in Bezug auf den gesamtgesellschaftlichen Prozess der Inklusion.

I
Strategie Inklusion: Überlegungen zu einem neuen Leitbegriff des Sozialen

Was heißt Inklusion?

Zur Orientierungskraft eines aufstrebenden Begriffs

Peter Siller

Der Begriff der Inklusion hat in den letzten Jahren einen rasanten Aufstieg erfahren – als gesellschafts- und sozialpolitischer Orientierungsbegriff weit über das enge Feld der Politik für Menschen mit Behinderungen hinaus. Verfolgt man die Spuren, die in der Konjunktur des Begriffs münden, so stößt man auf zahlreiche verdeckte Fragen und Kontroversen, die sich um die Zukunft des Sozialen ranken. Für politische Orientierungsfragen interessant ist deshalb zunächst einmal nicht der Begriff der Inklusion selbst, sondern es sind die dahinter liegenden Anliegen der Perspektivenverschiebung und ihre Bewertung. Gerade wenn man dem Begriff Orientierungskraft verleihen will, lohnt es sich, hinter seine Fassade zu schauen.

Von der Exklusion zur Inklusion: Die neue soziale Frage als Frage von »drinnen« und »draußen«

Als eine erste entscheidende Triebfeder der aktuellen Inklusionsdebatte ist der politische Aufstieg des Begriffs der »sozialen Exklusion« zu nennen, der zwar in der Soziologie schon auf eine lange Geschichte zurückblicken kann, jedoch im politischen Raum der Bundesrepublik erst vor rund zehn Jahren angekommen ist. Die Beschreibung unserer Gesellschaft erfolgte durch die Brille der Exklusion nicht mehr nach dem bloßen Kriterium der materiellen Unterschiede, sondern nach dem Maßstab des gesellschaftlichen Ausschlusses von zentralen Orten, Netzen und Systemen. Dabei wurde festgestellt, dass der eigentliche Gerechtigkeitsskandal unserer Gesellschaft in einem weitreichenden Ausschluss bestimmter gesellschaftlicher Gruppen von entscheidenden öffentlichen Gütern bestehe: Bildung, Arbeit, Gesundheit, öffentliche Räume etc. Materielle Armut wurde so von *dem* zu *einem* Element der Exklusionsbeschreibung. Als positive Gegenbegriffe zur Exklusionsdiagnose etablierten sich Begriffe wie »Teilhabe«, »Zugang« oder »Durchlässigkeit« fest im politischen Begriffsarsenal. All diese Begriffe haben ihre Stoßrichtung darin, die sozialen Blockaden für bestimmte Gruppen zu beseitigen und so die Abschottung privilegierter Systeme und Milieus zu durchbrechen.

Hinter diesem neuen Ansatz der sozialen Problembeschreibung steckten sehr unterschiedliche politische Motive, und entsprechend wurde er auch von unterschiedlichen Protagonisten aufgenommen: Einige Akteure hatten im Hinterkopf, sie könnten über diesen Weg – vor dem Hintergrund einer allgemeinen Welle der »Modernisierung« von Staatlichkeit und des Abbaus der rapide angestiegenen Staatsschulden – die Frage der materiellen Verteilung abschwächen oder gar beiseitelegen; andere nutzten die Exklusionsbeschreibung, um der »Unterschicht« kulturalistisch das Bild einer intakten bürgerlichen Mitte entgegenzusetzen, die der angeblich »wohlstandsverwahrlosten« Unterschicht ein paternalistisches Aktivierungsprogramm entgegensetzen müsse.

Beide Motive verstärkten die Vorbehalte auf Seiten der Traditionslinken gegenüber der Exklusionsperspektive, die ihrerseits die gerechtigkeitspolitische Notwendigkeit eines Perspektivwechsels unterschätzte. Denn in der Tat ist die Diagnose der sozialen Exklusion für eine Gerechtigkeitspolitik unabdingbar, die das soziale Auseinanderfallen unserer Gesellschaft ernsthaft aufhalten und nicht nur beklagen will. Deshalb wurde die Anknüpfung an den Exklusionsbegriff auch von denjenigen vorangetrieben, die ein schärferes Bild davon zeichnen wollten, wie Menschen aufs Abstellgleis geschoben werden und wie eine Strategie der öffentlichen Institutionen und des öffentlichen Raums aussehen könnte, die für Einschluss sorgt, anstatt den Ausschluss zu befördern.

Aus dieser Perspektive wurde die Exklusionsdebatte auch genutzt, um mehr Licht in die Frage zu bringen, was Verteilungsgerechtigkeit, sinnvoll verstanden, eigentlich heißt. Verteilungsgerechtigkeit, die auf Teilhabe aller zielt, nimmt in ihrer Bedeutung nicht ab, im Gegenteil. Sie bezieht sich aber auf einen anderen Zweck, indem sie prioritär zur Stärkung derjenigen Institutionen, Orte und Netze herangezogen wird, in denen sich der Zugang zu den öffentlichen Gütern entscheidet. Entsprechend wurde die Bedeutung von Verteilungsgerechtigkeit neu betont – nicht neben Teilhabegerechtigkeit, sondern aufgrund ihrer Bedeutung *für* Teilhabegerechtigkeit. Damit einhergehend wurde der Begriff des »institutionellen Transfers« geprägt – also die Umverteilung von privaten in die öffentlichen Institutionen – und dem Begriff der »Individualtransfers« zur Seite gestellt – also die klassischen Transfers aus dem einen Geldbeutel in den anderen. Beiden Transferarten wurde eine Berechtigung zugesprochen, aber der strategische Hebel einer neuen Gerechtigkeitspolitik wurde zu Recht in einer Priorisierung der Ausgaben zur Stärkung und Erneuerung der öffentlichen Institutionen gesehen.

Um nicht in der bloßen Exklusionskritik stecken zu bleiben, kam zunehmend der Versuch hinzu, dieser Kritik positive Bilder entgegen zu stellen. Und so gewann der Inklusionsbegriff in diesem Debattenstrang zunehmend an Bedeutung. »Inklusive Stadt«, »Inklusive Schule«, »Inklusiver Arbeitsmarkt« sind nur drei Schlagworte, die sich in dieser Linie bewegen.

Bei den Parteien fällt zumindest auf bundespolitischer Ebene allerdings nach wie vor auf, dass trotz Inklusionsrhetorik, trotz Beschwörung von öffentlichen Institutionen und öffentlichem Raum nach wie vor der Großteil der Umverteilung in Individualtransfers gedacht und beschrieben wird. Das Bild der Erneuerung öffentlicher Institutionen und öffentlicher Orte bleibt blass. Die Matrix von »drinnen« und »draußen« spielt in den konkreten Ansätzen bislang keine allzu große Rolle.

Von der Bildungsgerechtigkeit zur Inklusion: Die Schuldebatte und die Frage nach dem gemeinsamen Ort

Eine zweite Linie lässt sich von der vor fast zehn Jahren neu aufgenommenen Schulstruktur-Debatte zur Inklusion ziehen. In Reaktion auf die erste, allgemeine Bestürzung auslösende PISA-Studie zum internationalen Vergleich der Schulleistungsstudien wurde die Idee von der Schule als öffentlicher Ort des gemeinsamen Lernens neu ins Spiel gebracht, verbunden mit dem Hinweis, dass erfolgreiche Länder individuelle Förderung mit einer langen gemeinsamen Schulzeit verbinden. Der Umbau des gegliederten Schulwesens mit seiner frühen Selektion zu einer gemeinsamen Basisschule für alle Schülerinnen und Schüler sah man entsprechend als die richtige Konsequenz aus den Ergebnissen der internationalen Debatte über erfolgreiche Schulstrukturen.

Insoweit wurde hier dem Zugang aller zu einem öffentlichen Gut eine weitere Forderung hinzugefügt: die nach dem gemeinsamen Ort. Der Zugang zu guter Bildung für alle – so das Argument – sei nur möglich, wenn wir eine neue Idee vom gemeinsamen Ort, einer gemeinsamen Schule entwickeln, in der sich die Schülerinnen und Schüler quer zu Schichtenlage und Herkunft zusammenfinden. Gegen die soziale Segregation der Kinder in unterschiedliche Schulsysteme stellte man das Bild einer Schule, die Gemeinsamkeit und individuelle Förderung neu verbindet – so wurden die Fehler der Gesamtschulen aus den 1970er Jahren nicht wiederholt.

Die Idee von einer gemeinsamen Öffentlichkeit, von gemeinsamen Orten, kam im Rahmen der Inklusionsstrategie jedoch auch auf ganz anderen gesellschaftlichen Feldern nach vorne, z.B. in der Arbeitspolitik. Dort betonte man, dass es – etwa für Dauerarbeitslose oder Menschen mit Behinderungen – grundsätzlich keine »Sonderbereiche« geben dürfe, sondern dass grundsätzlich alle durch entsprechende Unterstützungsleistungen Zugang zu einem gemeinsamen, ersten Arbeitsmarkt haben müssten. Im Zuge der Gentrifizierungsdebatte rückte in der Stadtpolitik die Wiedererkämpfung des gemeinsamen öffentlichen Raums in den Vordergrund. In der Regel öffentlich finanzierte Kultureinrichtungen stellen sich ebenfalls zunehmend die Frage, wie sie ihre Angebote auch für Menschen aus sozial schwächeren Schichten öffnen können. Im Zuge der Debatte um die Bürgerversicherung wurde das Gesundheitssystem zunehmend als ein gemeinsamer Ort beschrieben, in den alle einzahlen und von dem alle profitieren sollen. Und auch im Zuge der Demokratiedebatte fragte man nach einer gemeinsamen Öffentlichkeit als Voraussetzung für eine inklusive Demokratie, in der sich nicht nur einige wenige beteiligen, die über Zeit und Ressourcen verfügen, sondern möglichst viele.

Drei Dinge lassen sich mit Blick auf die Schuldebatte festhalten, die auch für andere Anstrengungen hin zu einem gemeinsamen öffentlichen Raum gelten:

Erstens tut sich die gehobene, einkommensstarke und gut gebildete Mittelschicht oftmals schwer, die geforderte Durchlässigkeit mitzutragen. Man ist zwar gerne zur abstrakten Solidarität über Steuerzahlungen bereit, das heißt aber noch lange nicht, dass man den anderen Schichten und Milieus auch real begegnen will. Deshalb kommt es mit Blick auf öffentliche Räume und Netze besonders darauf an, gute Strukturen zu schaffen und so Vertrauen in die angestrebten Veränderungen herzustellen.

Zweitens tun sich mitunter auch sozial abgehängte Milieus schwer, ihre Räume mit den eifrigen und kompetitiven Vertretern sozial besser gestellter Schichten zu teilen und so auch noch die Sicherheiten des eigenen, vertrauten Milieus zu verlieren. Die mit dem Inklusionsgedanken einhergehende soziale Mobilisierung erzeugt auch hier Ängste – und es kommt auch hier darauf an, durch nachvollziehbare und gangbare Schritte Vertrauen zu schaffen.

Drittens bleibt die Frage, inwieweit eine Strategie der Inklusion, also der Zugänglichmachung zentraler öffentlicher Güter für alle, tatsächlich auf gemeinsame, auf inklusive Räume angewiesen ist. Die Gegenposition lautet, dass es gerade zur Förderung benachteiligter Gruppen besondere Bereiche der Stärkung geben müsse.

Von der Integration zur Inklusion: Die Migrationsdebatte und die Frage von Rechten und Pflichten

Eine weitere Linie führt von der Integrationsdebatte zum Inklusionsbegriff. In der Migrationspolitik stieß der Begriff der Integration auf zunehmendes Unbehagen. Hatte man den Begriff zunächst offensiv gebraucht, um in einem Kontext von Abschottung und Abschiebung einen Fuß in die Debatte zu bekommen, so merkte man dann spätestens in der Leitkulturdebatte, dass der Begriff der Integration im Sprachgebrauch stark mit Anpassungserwartungen verbunden wurde. Man störte sich (völlig zu Recht) daran, dass der Zutritt in den gemeinsamen gesellschaftlichen Raum letztlich als einseitiges Geschäft beschrieben wurde, in dem Menschen mit Migrationshintergrund eine wie auch immer zu beschreibende Assimilationsleistung zu erbringen haben, um Zutritt zu bekommen. So wurde in diesem Zusammenhang der Begriff der Inklusion als Alternative zu dem problematischen Integrationsbegriff herangezogen. Damit blieb jedoch offen, ob der Zugang stattdessen als einseitige Frage sozialer (Menschen-)Rechte oder auch als beiderseitiger Akt zu beschreiben ist. Die Frage nach den Bedingungen des Zugangs findet sich auch jenseits der Migrationspolitik, etwa in der Debatte um das Grundeinkommen. Und auch wenn der Inklusionsbegriff oftmals eher zur Betonung der Bedingungslosigkeit eingesetzt wird, so ist dies keineswegs zwingend.

Von der Inklusion zur Inklusion: Politik für Menschen mit Behinderungen und die Erweiterung der Barrierenanalyse

Nicht nur in seiner ursprünglichen politischen Verwendung, sondern bis heute steht der Begriff der Inklusion sehr stark für den Einschluss von Menschen mit Behinderungen. Als Etappen sind hier unter anderem zu nennen: der »The Americans with Disabilities Act« von 1975, die UNESCO-Weltkonferenz von Salamanca im Jahr 1994, die Verabschiedung der sogenannten »Behindertenrechtskonvention« (»Übereinkommen über die Rechte von Menschen mit Behinderungen«) durch die Vereinten Nationen 2006 und ihre Ratifizierung durch die Bundesrepublik 2009. In der Konvention dokumentiert sich ein neues Verständnis von Behinderung, denn sie geht davon aus, »dass Behinderung aus der Wechselwirkung zwischen Menschen mit Beeinträchtigungen und einstellungs- und umweltbedingten Barrieren entsteht, die sie an der vollen, wirksamen und gleichberechtigten Teilhabe an der Gesellschaft hindern«. Behinderung wird hier nicht mehr als zuschreibbares Merkmal einer Person verstanden, sondern entsteht vielmehr durch Hindernisse oder Barrieren, die Personen die gesellschaftliche Teilhabe erschweren oder unmöglich machen. Die Verwendung von Inklusion in einem weiteren Sinn vollzieht davon ausgehend eine Ausdehnung des Begriffs der Barriere auf andere benachteiligte Gruppen und letztlich auf alle, die vor sozialen Hürden stehen.

In diesem Zusammenhang fällt auf, dass sich die Akteurinnen und Akteure aus der Politik für Menschen mit Behinderungen selbst schwer tun, den Begriff in dieser Erweiterung einzusetzen. Hier ist momentan ein begriffsstrategisches Dilemma zu konstatieren: Einerseits wird nach einer Erweiterung auf Gruppen gesucht, die mit anderen Ausschlüssen konfrontiert sind, um über den Begriff der Inklusion zu einem breiteren Bündnis zu kommen. Andererseits wird befürchtet, dass man den Begriff durch die Erweiterung als eigenen, wiedererkennbaren Begriff verliert. Das Ergebnis in vielen Texten und Reden ist am Ende eine Begriffskonfusion, in der nicht mehr klar ist, ob es gerade um Menschen mit Behinderungen geht oder um alle Menschen, die vor strukturellen Barrieren stehen. Nur wenn hier mehr Klarheit besteht, lässt sich der Begriff als politischer Leitbegriff einer neuen Idee vom Sozialen fruchtbar machen und etablieren.

Von der Vielfalt zur Inklusion: Der Diversity-Ansatz und die Frage nach Gruppen und Gründen

Eine weitere Linie geht vom »Diversity«-Ansatz zur Inklusion. Aus dieser Perspektive stehen die individuellen Unterschiede der Menschen im Mittelpunkt der Betrachtung. Dem Diversity-Ansatz liegt die Auffassung zugrunde, dass Menschen unterschiedlich sind bzw. Unterschiede wahrnehmen und dementsprechend unterschiedlich behandelt werden sollten, ohne damit Hierarchien oder Ungleichheiten festzuschreiben. Nach Anita Rowe und Lee Gardenswartz lässt sich Diversity dabei in individuelle, soziale, organisationsbezogene, nationale und kulturelle Ebenen differenzieren. Als zentrale Dimensionen werden benannt: Persönlichkeit, Geschlecht, Ethnizität, Alter, sexuelle Orientierung, Befähigung/Behinderung, Bildung, Glaube, Familienstand, Elternschaft, Arbeitsfeld, Funktion, Abteilung, Dienstalter, Arbeitsort, politische Struktur, Wirtschaftssystem, Verteilung des Wohlstands, Individualität, soziale Hierarchie, Werte, politische Überzeugung, Lebensstil, Geschmack, Moden etc.

Natürlich spielt die Dimension der Geschlechterverhältnisse in diesem Zusammenhang eine herausragende Rolle. Seit langer Zeit praktisch wie theoretisch intensiv bearbeitet, ist die Gender-Perspektive auch in all den anderen Zusammenhängen ein entscheidender Stichwortgeber für Fragen von Differenz und Gleichheit.

Der Begriff der Diversity hat im letzten Jahrzehnt einen rasanten Aufstieg erfahren, da er neben seinen sozialen und demokratischen Anliegen zunehmend auch zum Bestandteil einer modernen, erfolgreichen Unternehmensethik deklariert wurde. »Diversity Management« oder »Managing Diversity« entwickelten sich zu Schlagwörtern einer Organisationsentwicklung in Unternehmen und Institutionen, der es darum geht, die Vielfalt und Verschiedenheit der Mitarbeiterinnen und Mitarbeiter produktiv zu nutzen.

Alternative Bedeutungsmöglichkeiten

Bei einer Betrachtung dieser unterschiedlichen Wege zur Verwendung von Inklusion wird deutlich, dass der Begriff nicht nur sehr unterschiedliche Möglichkeiten des Sprachgebrauchs enthält, sondern dass in seinem Gebrauch auch zahlreiche Unschärfen und Widersprüche enthalten sein können. Aus jedem dargestellten Strang zum Inklusionsbegriff lässt sich mindestens ein grundlegendes Anliegen destillieren, das politisch gar nicht geteilt oder auch nur beantwortet werden muss, um dennoch – aus anderen Gründen – den Begriff offensiv zu verwenden.

Mit Blick auf die Exklusionsdebatte ist, *erstens*, unklar, ob die Matrix von »drinnen« und »draußen« als entscheidender Maßstab von Gerechtigkeit – und damit auch von Sozial- und Verteilungspolitik – geteilt wird.

Mit Blick auf die Debatte um Schulstruktur und öffentlichen Raum ist, *zweitens*, unklar, ob der Anspruch der Inklusion tatsächlich auf die eine Strategie der schichtenübergreifenden gemeinsamen Orte zielt.

Mit Blick auf die Migrationsdebatte ist, *drittens*, unklar, ob der Begriff der Inklusion als Idee des bedingungslosen Dazugehörens verstanden wird.

Mit Blick auf die Inklusionsdebatte im engeren Sinn ist, *viertens*, unklar, ob Inklusion seinen Kern tatsächlich in der verallgemeinerten Beseitigung sozialer Barrieren für alle hat.

Schließlich ist, *fünftens*, mit Blick auf den Diversity-Ansatz unklar, ob es letztlich um einen gleichheitsorientierten Barrieren-Check für alle geht oder um einen differenzorientierten, identitäts- oder potentialpolitischen Ansatz für bestimmte Gruppen.

Auf der Grundlage dieser jetzt klareren Alternativen innerhalb des Bedeutungsfeldes kann zu jedem der fünf Punkte eine Weichenstellung getroffen werden, aus denen sich dann ein konturierter, kohärenter und politisch nutzbarer Begriff zusammensetzen lässt. Über diese fünf Klärungen besteht die Chance, den Inklusionsbegriff auf weite Sicht zu einem hilfreichen Orientierungsbegriff im politischen Raum zu entwickeln. Erst durch eine solche Positionsbestimmung kann eine Kontroverse in Gang kommen, die Voraussetzung für weitere Klärungen ist.

Teilhabe für alle: Die Erneuerung und Stärkung öffentlicher Institutionen

Ein adäquater Inklusionsbegriff muss in Reaktion auf die Mechanismen sozialer Exklusion deutlich machen, dass der Anspruch der Inklusion als Zugänglichmachung der entscheidenden öffentlichen Güter für alle nur über eine Strategie der Stärkung und der Erneuerung der öffentlichen Institutionen möglich ist, einschließlich der verteilungspolitischen Konsequenzen. Eine Strategie der Inklusion muss sich damit befassen, wie diese Güter (zugänglich) gemacht werden, wo sie entstehen und wie sie öffentlich werden.

Bei öffentlichen Institutionen handelt es sich in vielen Fällen um öffentliche Orte, also um konkrete Räume, in denen Menschen zusammenkommen, um ein öffentliches Gut zu erlangen: Kitas, Schulen oder Hochschulen, Jobcenter oder Arbeitsagenturen, Krankenhäuser oder Pflegeeinrichtungen, Stadtteilzentren oder Beratungsstellen, öffentliche Verkehrsmittel oder öffentliche Plätze, Jugend- oder Kultureinrichtungen.

Daneben zählt auch der Aufbau und Erhalt öffentlicher Netze zu einer Politik der öffentlichen Institutionen, seien es leistungsfähige Energienetze, Mobilitätsnetze oder Kommunikationsnetze. Schließlich haben auch soziale (Versicherungs-)Systeme wie die Vorschläge zu Arbeitsversicherung, Basissicherung oder Bürgerversicherung eine institutionelle Seite, auf der das Arrangement von Rechten und Pflichten geregelt ist. Mehr soziale Teilhabe wird es nur geben, wenn wir die Institutionen zu guten Institutionen machen, also zu Orten qualitativ hochwertiger Güter.

Qualität, Zugang, Partizipation und Organisation – an diesen vier Punkten müssen wir ansetzen, um überzeugende Bilder inklusiver Institutionen zu zeichnen. Mehr soziale Teilhabe kann es nur geben, wenn wir die Institutionen zu zugänglichen Institutionen machen, also zu Orten, die für alle durchlässig sind. Mehr Teilhabe ist nur erreichbar, wenn wir die Institutionen zu partizipativen Institutionen machen, also zu demokratisch-inklusiven Orten, an denen Mitsprache und Mitbestimmung möglich ist. Und gute Institutionen wird es nur geben, wenn die Binnenstruktur der Institutionen diese auch möglich macht.

Viele eine Orte: Die Wiederentdeckung des öffentlichen Raums

Eine adäquate Inklusionsstrategie muss darüber hinaus deutlich machen, dass die Teilhabe aller nicht denkbar ist ohne eine zu präzisierende Strategie der gemeinsamen, schichtübergreifenden öffentlichen Räume. Auch wenn sich die gehobene Mittelschicht damit schwer tut.

Hier ist ein differenziertes Bild zu zeichnen: Inklusion braucht ohne Zweifel Orte der besonderen Bestärkung und Befähigung. (So wie überhaupt oftmals Energie in geschützten Räumen aufgenommen wird, das gilt auch für künstlerische oder wissenschaftliche Zusammenhänge.) Aber: Ein Zusammenleben in Gerechtigkeit und wechselseitiger Anerkennung kann aus verschiedenen Gründen nicht alleine auf die abstrakte Solidarität der Transferzahlungen bauen. Erst wenn die sozialen Unterschiede im öffentlichen Raum auch sichtbar werden, besteht die Aussicht auf einen empathischen sozialen Ausgleich. Erst wenn die Menschen mit ihren unterschiedlichen Ausgangslagen öffentlich sichtbar werden, treten die Potentiale und Fähigkeiten aller zu Tage und verlieren Stereotype und Stigmatisierungen ihre perfide Kraft. Und, noch grundlegender: Erst dort, wo wir als Menschen jenseits der Milieugrenzen aufeinandertreffen, bekommen wir ein Gespür dafür, was uns verbindet, was den tieferen Grund sozialer Anerkennung darstellt: das bloße Menschsein, die bloße Subjekthaftigkeit.

Dabei geht es weniger um die Inklusion in den einen großen öffentlichen Raum. Es geht vielmehr um viele »eine Orte«: Bildungseinrichtungen und Arbeitsorte, Netze und Sicherungssysteme, Straßen und Wohnhäuser, Stadtviertel und Parks, Jugendzentren und Kultureinrichtungen. Öffentlichkeit meint sinnvoll verstanden das Zusammenspiel dieser Vielzahl von Orten.

Rechte und berechtigte Erwartungen

Der Ansatz der Inklusion kommt nicht umhin zu verdeutlichen, dass es menschenrechtlich verbürgte Rechte gibt, die bedingungslos zum Anspruch der Inklusion zählen, und dass es darüber hinaus einen Raum der Inklusion gibt, in dem Rechte und Pflichten zu klären sind – gerade weil man »drinnen« ist bzw. »drinnen« sein kann. Auf der Grundlage unbedingter Zugangsrechte besteht der Prozess der Inklusion aus Kommunikation, Auseinandersetzung, dem Finden von Gemeinsamkeiten, dem Feststellen von Unterschieden und der Übernahme wechselseitiger Verantwortung auf der Grundlage gemeinsamer Bürgerschaft. Diese Aufgabe besteht in der pluralen Gesellschaft mit ihren vielfältigen Lebensformen und Lebensstilen insgesamt. Im Gegensatz zur Assimilation verlangt Inklusion nicht die Aufgabe der kulturellen Selbstbestimmung zugunsten einer vermeintlichen Leitkultur, sie beruht aber – gerade in ihrer Verbürgung für kulturelle Selbstbestimmung – auf der Basis einer gemeinsamen demokratischen Öffentlichkeit und wechselseitiger Anerkennung.

Die Barrieren identifizieren

Der Gedanke der Barrierefreiheit ist das Kernstück des Inklusionsansatzes: der Auftrag, aufmerksam und systematisch nach strukturellen sozialen Grenzziehungen und Erschwernissen beim Zugang zu öffentlichen Gütern zu fragen – und diese abzubauen. Das gilt neben Geschlecht und ethnischer Herkunft etwa für Alter, Handicaps, sexuelle Orientierung. Das gilt aber insbesondere für ein Kriterium, das in seiner ergreifenden Klarheit in einer politischen Rhetorik der Vielfalt schnell übersehen wird: die soziale Lage, die Zugehörigkeit zu sozialen Milieus und Schichten, zu einer bestimmten Klasse.

Es ist seltsam, dass Inklusion und Diversity oft so selbstverständlich in eins gesetzt werden. Denn während der Inklusionsansatz die Barrierefreiheit betont, bezieht sich der Diversity-Ansatz oftmals (wenn auch nicht zwangsläufig) entweder identitätspolitisch auf den kulturellen Unterschied oder auf das »Kapital der unterschiedlichen Potentiale«. In dieser Lesart sind die beiden Zugänge an einem entscheidenden Punkt diametral entgegengesetzt. Im einen Fall geht es um die Beseitigung von sozialen Hürden aus einer Perspektive der Gleichheit, im anderen Fall geht es um eine Begründung aus dem Besonderen, sei es identitätspolitisch oder aus der Verwertungsperspektive der Potentiale.

Jenseits der Vielfalt: Die sozialen Blockaden abbauen

Der Diversity-Ansatz lässt sich aus dieser Perspektive zumindest insoweit fruchtbar machen, als er dazu beitragen kann, Gruppen begriffsstrategisch zu benennen und zu beschreiben, die vor besonderen strukturellen Barrieren stehen – hier ließe sich gezielt nach Ansätzen suchen. Entsprechend müssen Diversity-Ansätze dann problematisiert werden, wenn sie gerade nicht auf Gleichheit und gleiche Zugänge zielen, sondern auf identitätspolitisch begründete Ansprüche oder die bloße Nutzbarmachung verschiedener Potentiale. Das ist eine der Verdeutlichungen, zu denen der Inklusionsansatz in der Lage ist: Das Recht auf Inklusion im Sinne gleicher Teilhabemöglichkeiten begründet sich *nicht* aus der Unterschiedlichkeit, sondern aus der Annahme der Irrelevanz dieser Unterschiede für den gleichen Zugang. Das Ziel der Inklusion ist die Beseitigung von Barrieren, die mit diesen Unterschieden verbunden sind.

Auch die Einführung von Quoten, die sich in bestimmten Bereichen als sinnvoll und effektiv erwiesen haben, rechtfertigt sich aus dem Gedanken der Überwindung in die Gesellschaftsstrukturen tief eingelassener Benachteiligungen und nicht aus der Besonderheit der jeweiligen Person. Das wäre ein großes Missverständnis.

Die Undurchlässigkeit unserer Gesellschaft ist frappierend, auch wenn man nicht von unten durch eine Glasdecke schaut (wie etwa in Skandinavien), sondern eher auf eine Holzdecke blickt und gar nicht weiß, wie es da oben zugeht. Inklusion zielt auf die Wiederaufnahme der Kritik an einer sozial undurchlässigen Gesellschaft, auf die Kritik an dem Erstarken der Schichten- und Klassengrenzen.

Spätestens an den gravierenden Unterschieden der sozialen Lage lässt sich erkennen, dass der Diversity-Ansatz an seine Grenzen stößt. Eine untere soziale Lage ist nicht etwas, das wir uns als Teil von Vielfalt schönreden, sondern das wir überwinden sollten. Wenn wir uns also für eine Strategie der öffentlichen Institutionen und der öffentlichen Räume einsetzen, die diese Barrieren abbaut, dann ist der Raum der sozialen Vielfalt eine Voraussetzung für die Überwindung sozialer Trennung und Ungleichheit – und kein Selbstzweck.

Was für eine Gesellschaft wäre eine »inklusive Gesellschaft«?

Heinz Bude

Emanzipatorische Gesellschaftstheorien der Moderne, seien sie marxistischer, pragmatistischer oder republikanistischer oder gar anarchistischer Provenienz, betonen die dialektische, das heißt unabdingbare und produktive Spannung zwischen Individuum und Gesellschaft. Die Gesellschaft entsteht aus den unermesslich vielen Ichs, die alle etwas Eigenes und Einzigartiges in die Waagschale werfen, und das einzelne Ich findet Anklang in einer Gesellschaft, die in ihren Institutionen, Gewohnheiten und Übereinkünften die Impulse, Ideen und Initiativen ihrer Mitglieder widerspiegelt. Ohne die Differenz im Einzelnen keine Identität im Ganzen. Eine Atmosphäre der persönlichen Freiheit und des öffentlichen Glücks kann dann gedeihen, wenn die Verfassung des Gemeinwesens den Eigensinn der Bürgerinnen und Bürger oder sonst wie sich verstehender Personen erwartet und begrüßt.

Eine emanzipatorische Gesellschaftspolitik hat demgemäß eine doppelte Aufgabe: einerseits das Spiel der heterogenen Lebenspraxen zu ermöglichen und andererseits die Gesellschaft als öffentlichen Raum zu bewahren, in dem die Einzelnen sich begegnen und ihre jeweiligen Lebensentwürfe aufeinander beziehen können. Der Zwang zur Integration dient dem genauso wenig wie ein Laisser-faire der Indifferenz. Es bleibt sonst entweder die persönliche Freiheit oder das öffentliche Glück auf der Stecke.

Das muss man sich vor Augen halten, wenn man das Passepartout der gesellschaftlichen Inklusion als gesellschaftspolitischen Leitbegriff aufruft. Schließlich wird der Begriff mit dem Anspruch, eine gesellschaftsverändernde Politik anzuleiten, verwendet. Es existiert ein entsprechender rechtlicher Rahmen, es treten Advokaten auf, die wissenschaftliche Erkenntnisse über einschlägige Praktiken präsentieren, und es melden sich Gruppen von Betroffenen, die Erfahrungen der Missachtung vorbringen und Rechte auf Berücksichtigung einklagen. Man könnte also glauben, dass sich in der Tat eine ganze Kulisse für die Durchsetzung einer neuen gesellschaftspolitischen Formel aufbaut.

Umso wichtiger erscheint es, sich über einige Implikationen dieses Begriffs, gegen den offenbar schwer etwas zu sagen ist, Klarheit zu verschaffen, damit man nicht von unintendierten Folgen und paradoxen Effekten überrascht wird oder über verpuffende Mobilisierungen und leer laufende Debatten in Verzweiflung gerät.

Es sind im Wesentlichen drei Stränge gesellschaftspolitischer Debatten, die auf den Begriff der gesellschaftlichen Inklusion zulaufen. Da ist erstens die mit großer Dringlichkeit vorgebrachte Frage nach dem sozialen Band einer heterogenen Gesellschaft: Was eint uns noch, wenn die Lebensläufe sich unaufhaltsam individualisieren und die sozialen Milieus sich unüberschaubar pluralisieren? Es sind Praktiken der Einbeziehung des Anderen, wie es bei Jürgen Habermas heißt, die Gesellschaften unserer Art zusammenhalten.

Die Leitkultur hat keinen Namen und keine Trägergruppen, es handelt sich lediglich um ein Set von Fähigkeiten zur Empathie, zur Rollendistanz und zur Ambiguitätstoleranz, das den Einzelnen erlaubt, sich mit Anderen, die ihnen fremd sind oder gar bedrohlich erscheinen, zu einigen oder zumindest mit ihnen klarzukommen. Das betrifft zumeist wechselseitige Irritationen, die mit der sexuellen Präferenz, der ethnischen Herkunft oder dem religiösen Glauben der jeweiligen Gegenüber zu tun haben. »Inklusion« ist die Formel für eine Gesellschaft, der aufgrund der ungeheuren Variation von Individualitäten und Zugehörigkeiten der innere Zusammenhang verloren gegangen ist.

Damit hängt, zweitens, ein erweiterter Begriff der Menschenrechte zusammen, der die Vorstellung des Menschen betrifft, dem das Recht, Rechte zu haben, zu eigen ist. Das ist zwar ein universeller Mensch, für den die Menschenrechte nicht teilbar sind, der aber immer als ganz partikulares Ich in einem spezifischen gesellschaftlichen Kontext und mit einer eigenartigen Biografie in Erscheinung tritt. Irgendetwas stimmt an jedem Menschen nicht, wenn man die Standardversion des autonom handlungsfähigen und mit sich selbst identischen Subjekts voraussetzt. Erving Goffman hat in seinem Klassiker *Stigma* von 1963[1] dargelegt, dass dieses Element diskreditierbarer Nicht-Identität den Anker der einzigartigen und unaustauschbaren Ich-Identität darstellt. Die Tatsache, dass wir in mancher Hinsicht eben nicht perfekt und präsentabel sind, macht uns zu einem Ich mit besonderen Qualitäten und überraschenden Fähigkeiten. Demgemäß erweist

---

1 Erving Goffman: Stigma. Über die Techniken der Bewältigung beschädigter Identität, Frankfurt/M. 1967.

sich die nachdrückliche Geltungskraft der Menschenrechte gerade am Verzicht auf ein Ideal des Menschen. Am geschwächten, bedrohten und verwundbaren Ich zeigt sich, was uns das Recht, Rechte zu haben, wert ist. Der Flüchtling, die Exilierte, der Demente, die Unwürdige, der Verrückte oder die Stumme sind Metaphern für solche Zustände der unmenschlichen Menschlichkeit, die den beunruhigenden Kern eines Begriffs der Menschenrechte herausfordern.

Die Konvention der Vereinten Nationen über die Rechte von Menschen mit Behinderung vom Dezember 2006 kann man als Ausdruck dieser, wie man mit Jacques Derrida sagen könnte, dekonstruktiven Infragestellung des »Menschen« der Menschenrechte[2] begreifen. Der Generalnenner der Behinderung sucht das Unentscheidbare, Unermessliche, Unberechenbare des Trägers der Menschenrechte zu benennen. Wie Gesellschaften mit Menschen mit Behinderung umgehen – wobei notwendigerweise offen bleibt, wie körperlich, geistig oder seelisch die jeweilige Behinderung ist – zeigt, welchen Gehalt die Menschenrechte für sie haben. So werden die gewöhnlichen Praktiken der Inklusion zum Maßstab für das, was die Einhaltung der Menschenrechte in einer bestimmten sozialhistorischen Situation bedeutet.

Wichtig daran ist der Umstand, dass inklusive gesellschaftliche Verhältnisse sich nicht in der Erweiterung von Anrechtstiteln, die sich Regelungen von Mindesteinkommen, Grundrenten oder Basisversorgungen niederschlagen, erschöpfen, sondern dass sie in gleicher oder womöglich noch entscheidenderer Weise die dingliche Verfassung der Gesellschaft betreffen. Aufzüge in Bahnhöfen, Rampen für Gehhilfen, Gebrauchsanleitungen in Blindenschrift, Schnabeltassen in Ausflugslokalen, Kindersitze in Fernbussen, Handprothesen mit Nervensensoren, Blutzuckermesser in Laufgurten oder Toiletten für Menschen im Rollstuhl kennzeichnen eine inklusive Gesellschaft der Griffe und Geräte, die die materielle Dimension der Menschenrechte vor Augen führen.

Ein dritter Strang für die Begründung eines anspruchsvollen Konzepts der sozialen Inklusion ist mit einem neuen operativen Wissen in den Humanwissenschaften und anderen Haltungen in den Professionen der Behandlung von Menschen verbunden. Ein früher Impuls kam aus der Bewegung der Antipsychiatrie in den 1970er Jahren, die das offene Milieu des Zusammenlebens von ganz normalen Verrückten und ganz verrückten Nor-

---

2 Jacques Derrida: Gesetzeskraft. Der »mythische Grund der Autorität«, Frankfurt/M. 1991.

malen zum besten Weg der Rehabilitation von einst Weggeschlossenen und Sonderbehandelten erklärten.[3]

Hier wurde die heilende Wirkung eines möglichst ungezwungenen Alltags herausgestellt, der unwahrscheinliche Mischungen und unpassende Begegnungen schafft. Später sind aus diesem Geist die Integrationskindergärten und das jahrgangsübergreifende Lernen hervorgegangen. Inklusion setzt auf Gesellschaft und Gesellschaft auf Inklusion.

Die Wissenschaften und Professionen des Sozialen warten heute mit einem Katalog von Maßnahmen und Tätigkeiten auf, die der Förderung, Anregung und Unterstützung von Menschen mit eingeschränkter Handlungsautonomie dienen, die man früher Sonderbehandlungen unterzogen oder in Separateinrichtungen gesteckt hat. Die Botschaft lautet, dass man für jene Personen, die aufgrund ihrer körperlichen Konstitution, ihres geistigen Vermögens oder ihrer sozialen Herkunft als beeinträchtigt angesehen werden, in Gemeinschaft mit anderen, die alle nicht dem Modell der Patentperson genügen, mehr tun kann, als wenn sie unter sich bleiben. Selbst Menschen mit schwerwiegenden Entwicklungsdefiziten und Verhaltensauffälligkeiten können in einer Umgebung »ganz normaler« Heterogenität mehr Ausgleichserfahrungen machen als im Ghetto verordneter Homogenität.

Diese drei Zugänge bilden den Hintergrund für eine bemerkenswerte Verschiebung vom allzu bekannten Begriff der »gesellschaftlichen Integration« zu dem merkwürdig technisch klingenden der »sozialen Inklusion«. Vergesellschaftung bedeutet nicht mehr Einpassung in einen Rahmen und Ausrichtung auf einen Wert, sondern Aushandlung in einem Kontext und Verständigung über Prinzipien. Im ersten Fall erscheint die Gesellschaft als gusseiserne Form, die Plätze offeriert und Rollen anmutet, im zweiten als situatives Geschehen, in dem Anschlüsse hergestellt werden und Bindungen knapp sind. In den Systemen der Integration sind die Bereiche getrennt, werden die Verhaltenserwartungen auf Positionen bezogen und zu Rollen gebündelt, damit man weiß, wann man auftreten und was man von sich geben muss – und wann man in Ruhe gelassen wird und sich hinter seiner Rolle verstecken kann. Bei den Szenen der Inklusion kommt alles auf den Einzelnen an, gibt es nie eine Ruhe und steht alles unter Vorbehalt. Stößt im einen Fall das »Modell des übersozialisierten Menschen« (Dennis H. Wrong) auf, ist im anderen die Disposition zur Eigenleistung und zur Dauerpräsenz zu

---

3 Franco Basaglia: Die negierte Institution oder die Gemeinschaft der Ausgeschlossenen, Frankfurt/M. 1971.

spüren. Dem direkten Zwang zur Konformität steht der indirekte zur Nonkonformität gegenüber.

In der gedachten Welt der Inklusion gibt es kein »abweichendes Verhalten« mehr, keine »psychischen Erkrankungen«, keine »Altersrollen«, keine »Klassenmilieus« und keine »Geschlechtscharaktere«. Die Einzelnen verhalten sich manchmal merkwürdig, unterliegen Stimmungsschwankungen, sind so alt, wie sie sich fühlen, stehen nur für sich und lassen sich nicht so einfach auf ein Geschlecht festlegen. Es kommt eben darauf an, welche Interpretation sich in welcher Situation mit welchem Einsatz durchsetzt. Die Spannung zwischen Individuum und Gesellschaft ist eine von der einzelnen Person gesetzte und nicht mehr eine von den Anderen zugemutete und erzwungene. Mit anderen Worten: Die Gesellschaft ist eine Konstruktion des Individuums und nicht mehr das Individuum eine Konstruktion der Gesellschaft.

Der Wunderbegriff für das derart erstarkte und ermächtigte Subjekt ist der Begriff der »Kompetenz«. Kompetenz meint die Fähigkeit, sich unter variablen Bedingungen auf unvorhersehbare Aufgaben und unbekannte Herausforderungen einstellen zu können. In der entsprechenden Fachsprache ist von den konstruktiven und generativen Implikationen von Kompetenzen die Rede: die Fähigkeit, aus endlichen Mitteln unendlichen Gebrauch zu machen, lautet die berühmte Formulierung von Wilhelm von Humboldt. Kompetent in diesem Sinne kann man alles Mögliche handhaben: Rechenaufgaben lösen, Texte verstehen, soziale Beziehungen knüpfen, Emotionen regulieren und die Einzigartigkeit des eigenen Ichs darstellen. Man spricht daher von kognitiven, interpretativen, interaktiven, emotionalen Kompetenzen sowie von der Kompetenz zum »Impression Management« (Erving Goffman).

Wie solche Kompetenzen vermittelt werden, ist allerdings ein Geheimnis mit sieben Siegeln. Es soll nicht um das Lernen von Inhalten, sondern um das Lernen des Lernens von Inhalten gehen. Der paradigmatische Fall dafür ist das Erlernen einer Sprache, die sich das Kind durch das »Ausbuchstabieren« (Noam Chomsky) des Sprachmaterials seiner Eltern und Geschwister selbst beibringt. Das kann man sich für das Operieren mit mathematischen Gleichungen und für das Verständnis von logischer Axiomatik durchaus vorstellen. In Bezug auf Gedichte von Hölderlin und Celan kommt man schon in Schwierigkeiten. Und wie geht das für die Interaktion zwischen Palästinensern und Israelis, für das Verständnis von depressiven Verstimmungen, für die Haltung zur Rhetorik des Hasses im Pop oder für die Liebe zwischen

Männern und Frauen und anderen Geschlechtswesen? Dass es für all dies jeweils besondere Kompetenzen geben könnte oder dass eine übergreifende Kompetenz für kompetente Umgangsweisen vermittelbar wäre, erscheint doch einigermaßen absurd.

Das Problem besteht in der Abstraktion, die der Begriff der Kompetenz über ganz verschiedene Bezirke der Erfahrung und ganz unterschiedliche Modalitäten des Erlebens vornimmt. Es ist zumindest nicht sofort einzusehen, wie bestimmte Methoden des Interpretierens und bestimmte Prozeduren des Problemlösens die mannigfaltigen Welten unserer gesellschaftlichen Wirklichkeit und deren konfliktuösen Begegnungen abdecken könnten. Damit fällt allerdings eine der wesentlichen Voraussetzungen im Begriff der inklusiven Gesellschaft: nämlich die Idee des universell anschlussfähigen und lebenslang lernwilligen Subjekts. Es ist zweifellos gut und nützlich, wenn man zur Rollenübernahme, zum Perspektivenwechsel und zur Affektbeherrschung in der Lage ist, aber garantieren tut das nichts. Dafür sind wir uns selbst zu unsicher, wenn wir auf Menschen treffen, die unserer Vorstellung von Normalität, Zivilität und Sozialität auf den ersten Blick nicht entsprechen. Die wachsende Heterogenität unseres gesellschaftlichen Lebens ist nicht zu leugnen, es ist jedoch auch nicht von der Hand zu weisen, dass gerade im Zeichen von Globalisierung die sozialen Abschottungen zunehmen und die sozialmoralischen Ansteckungsängste sich ausbreiten.

Die Einbeziehung des Anderen gestaltet sich viel fragiler, offener und vorsichtiger als man sich das in einer Philosophie des kompetenten Subjekts denkt. Der Andere ist nämlich immer ein Mensch aus Fleisch und Blut, der von merkwürdigen Ideen beherrscht und von abstoßenden Affekten getrieben sein kann.

Empathie verlangt dann einen Einsatz, der das Ich aufs Spiel setzt. Das ist dann nicht bloß eine Interaktion, die man beliebig beenden oder in rascher Folge wechseln kann, sondern eine Begegnung zwischen singulären Wesen, die grundsätzlich misslingen kann. Ein Philosoph der Begegnung wie Emmanuel Levinas[4] sieht darin die eigentliche Herausforderung für eine Gesellschaft der Heterogenität: Die Bereitschaft, sich im Zweifelsfall dem Anderen auszuliefern, um am Gesetz des Anderen sein eigenes Gesetz finden zu können.

Dafür existiert in der Tradition emanzipatorischer Gesellschaftstheorien ein sehr großer, aber auch sehr abgeschliffener Begriff: Das ist der Begriff der »Solidarität«, der diese Bezugnahme auf Andere meint, die in Not sind, die

---

4 Emmanuel Levinas: Die Spur des Anderen, Freiburg im Br./München 1999.

sich nicht selbst zu helfen wissen oder die von den Mächtigen ins Abseits gedrängt werden.[5]

Das Üben von Solidarität in Situationen des Unrechts ist etwas anderes als die Einhaltung von Regeln sozialer Gerechtigkeit.[6] Die Theorie der sozialen Gerechtigkeit, so wie sie namentlich von John Rawls in Parallelität zu den Theorien freier Märkte entfaltet worden ist[7], entwirft ein moralisch anspruchsvolles Programm für die Zuerkennung legitimer Anteile durch die Umverteilungsmaßnahmen im demokratischen Kapitalismus. Sie setzt auf den »zwanglosen Zwang des besseren Arguments« (Jürgen Habermas) für die Einrichtung einer »guten Gesellschaft«, lässt aber offen, warum ich dem besseren Argument überhaupt folgen sollte und vor allem welches Engagement für mich daraus folgt.[8]

Der Begriff der Solidarität thematisiert dagegen genau den Zusammenhang von Anteilnahme und Engagement. Weil diese Anderen mich in ihrer Lage berühren, kann ich gar nicht anders, als mich solidarisch zeigen. Solidarität ist freilich mehr als der Ausdruck momentaner Empörung und mehr als das Beiwerk ständiger Empörtheit. Es handelt sich um einen Akt der Zuwendung, die mich etwas kostet und die den Begriff meiner Selbst in Frage stellt. Dadurch stärkt der Begriff der Solidarität die Spannung zwischen Individuum und Gesellschaft. Ich bin nicht allein der Konstrukteur meiner Gesellschaft, ich erkenne mich vielmehr als Teil einer Gesellschaft, die auf meine Anteilnahme und mein Engagement angewiesen ist. Ich kann nicht einer Politik zuweisen, was mich selbst beunruhigt und herausfordert.

In diesem Sinne belebt der alte Begriff der Solidarität den neuen der Inklusion. Er macht auf verschwiegene technokratische Effekte und auf verborgene normative Selbstmissverständnisse in der gedachten Ordnung der inklusiven Gesellschaft aufmerksam. Die Rhetorik der sozialen Inklusion wird dann zur Plastikformel eines »therapeutischen Staates«[9], wenn sie die Frage nach dem Ursprung von Anteilnahme und Engagement vergisst. Vielleicht sollten wir uns die »inklusive Gesellschaft« als eine »solidarische Gesellschaft« vorstellen.

---

5 Thomas M. Scanlon: What we Owe to each Other, Cambridge (MA) 1999.

6 Francois Dubet: Ungerechtigkeiten. Zum subjektiven Ungerechtigkeitsempfinden am Arbeitsplatz, Hamburg 2008.

7 John Rawls: Gerechtigkeit als Fairness, Frankfurt/M. 1977.

8 Christoph Menke: Spiegelungen der Gleichheit, Berlin 2000.

9 James L. Nolan: The Therapeutic State. Justifying Government at Century's End, New York 1998.

Die erste Frage der Gerechtigkeit

Rainer Forst

1

Versuchen wir zunächst, den Begriff der politischen und sozialen Gerechtigkeit zu klären. Er bezieht sich auf einen Kontext politischer und sozialer Verhältnisse, die nach einer gerechten Ordnung verlangen. Wir meinen damit eine gesellschaftliche »Grundstruktur« (J. Rawls), die die politischen und die zentralen sozialen und wirtschaftlichen Institutionen umfasst: die Verfassung, die wichtigsten ökonomischen Institutionen sowie gesellschaftliche Einrichtungen wie die Schule oder die Familie – all die Institutionen also, die die Lebenschancen der Einzelnen entscheidend bestimmen und deren Regelung politisch möglich und notwendig ist. Damit muss von vornherein der Fokus auf diese öffentliche Institutionenordnung gelegt werden.

Eine *gerechte* Ordnung ist eine, in der die Regeln und Institutionen der sozialen Kooperation von Formen *willkürlicher Herrschaft* frei sind, d.h. gegenüber einer jeden beteiligten Person als Freie und Gleiche gerechtfertigt werden können – und zwar im Modus demokratischer Selbstbestimmung.[1] Ein Kontext der Gerechtigkeit ist ein institutioneller Zusammenhang, in dem bestimmte Güter – Bildung, soziale Positionen, Einkommen, Vermögen, Gesundheit etc. – gemeinsam erwirtschaftet und verteilt werden – und zwar nach allgemein legitimierbaren Regeln. Der Gegenbegriff zur Gerechtigkeit ist der Begriff der »sozialen Willkür«, und sie wird durch Verfahren der Rechtfertigung gebannt. Dieses Verständnis von Gerechtigkeit ist reflexiver Natur: Denn die Rechtfertigungen, die bestimmte Verteilungen legitimieren, müssen nicht nur eine bestimmte Qualität haben, sie müssen auch durch Verfahren hindurch gegangen sein, an denen alle Betroffenen ausreichende Beteiligungschancen hatten. Die besondere Qualität von Gerechtig-

---

1 Vgl. dazu ausführlicher Rainer Forst: Kritik der Rechtfertigungsverhältnisse, Frankfurt/M. 2011, Kap. 1.

keitsgründen besteht darin, dass sie besonders vor denen bestehen können, die sozial am schlechtesten gestellt sind. Denn die Frage der Gerechtigkeit ist *ihre* Frage – die Frage danach, wieso eigentlich Verhältnisse sind, wie sie sind, und wieso dabei bestimmte Gruppen (mehr oder weniger) regelmäßig schlecht abschneiden. Die reflexive Pointe der Gerechtigkeit besteht darin, dass sie der Demokratie eine besondere Rechtfertigungsschwelle vorgibt: nämlich in realen Beteiligungsverfahren die Gründe derer besonders zur Geltung zu bringen, die am kooperativen Geschehen nur am Rande oder kaum teilnehmen, weil es nach Regeln verläuft, die sie nicht beeinflussen können und die sie ausgrenzen. Die Gerechtigkeit spricht nicht an ihrer Stelle, sondern sie verlangt zunächst, ihnen eine Stimme zu geben.

Gerechtigkeit ist im sozialen Rahmen eine relationale Größe. Sie kommt in die Welt, um Verhältnisse zu ordnen, die aus den Fugen geraten sind (oder wo dies droht). Die reflexiv verstandene Gerechtigkeit bezieht sich auf das, was Einzelne als Teile des Ganzen haben oder nicht haben und können oder nicht können, aber mehr noch als das *Haben* betrifft sie die *Beziehungen* untereinander. Gerechtigkeit ist eine Qualität von sozialen Verhältnissen und Institutionen, sie betrifft nicht allein das, was man hat, sondern wie man behandelt wird: ob als eigenständiger und gleichberechtigter Teil einer Rechtfertigungsordnung oder nicht. Die größte Ungerechtigkeit ist das Übergangenwerden, das legitimatorische »Luftsein« der »Unsichtbaren« oder Sprachlosen. Das ist der tiefere Zusammenhang von Gerechtigkeit, von Inklusion und Partizipation, wie er in den Berichten des Zukunftsforums angesprochen wird: Die gerechte Gesellschaft bezieht nicht Einzelne als nur passive Empfänger von Gütern ein, sondern als aktive Bürgerinnen und Bürger, die an der Gestaltung der allen zugänglichen Institutionen als Freie und Gleiche mitwirken. Das ist ein anspruchsvolles Verständnis von Inklusion, das auf Partizipation, kritische Partizipation, hinausläuft. Anders gesagt: Wer an distributiver Gerechtigkeit interessiert ist, der blickt nicht nur darauf, was Einzelne an Gütern haben oder nicht haben, sondern wo und wie darüber befunden wird, wer was hat oder worauf einen Anspruch hat. Das ist die erste Frage der Gerechtigkeit, die politische Frage der Beteiligung und der Macht.

Machen wir uns das an einem Beispiel klar. Wie ein Kuchen aufgeteilt werden soll, das mag zwischen den Kindern einer Familie umstritten sein. Ein Kind hat beim Backen geholfen und beansprucht mehr, ein anderes hat länger nichts gegessen, ein drittes plädiert für strenge Gleichverteilung. Die Gerechtigkeit, reflexiv verstanden, fordert ein faires Abwägen dieser Ansprüche, und man muss dabei beachten, dass Menschen sich unter Umständen mit Lösungen einverstanden erklären können, die sie, ohne an ihrem Zustandekommen beteiligt gewesen zu sein, niemals akzeptieren würden – aber wenn sie angemessen beteiligt wurden und auf die Ansprüche anderer reagieren konnten, sind sie viel häufiger zu Einigungen, auch zu Einbußen bereit. Der erste Anspruch der Gerechtigkeit ist somit nicht einer, der abstrakt gesehen auf Aspekten von Verdienst, Bedürfnis oder materialer Gleichheit beruht, sondern der, bei einer Entscheidung über das Gerechte als Gleiche(r) fair beteiligt zu sein.

Aber mehr noch. Dies richtig durchdacht warnt uns davor, diesem (beliebten) Beispiel nicht auf den Leim zu gehen. Denn häufig erscheint darin die Mutter der Familie als unhinterfragte Verteilungsinstanz. Dabei wird oft vergessen, dass die eigentliche Gerechtigkeitsfrage die ist, wer im politischen Kontext eigentlich Mutter (oder Vater) spielen darf. Allzu oft verbleibt nämlich unser Gerechtigkeitsdenken noch dem Absolutismus verhaftet – als ob wir Kinder wären, die an übergeordnete Autoritäten Ansprüche auf Güter stellen, in der Hoffnung, gehört zu werden. Aber diese Mutter gibt es im Politischen so nicht; hier gibt es keine vorgeordnete natürliche Autorität, und wir sind nicht Empfänger von Gaben, sondern selbst die Autorität, politische und ökonomische Verhältnisse zu bestimmen – zumindest der Idee der Gerechtigkeit nach.

2

Versteht man den Begriff der Gerechtigkeit so, dann klären sich einige in öffentlichen Diskursen weit verbreitete Missverständnisse. Eines besteht darin, Gerechtigkeit als einen »Wert« zu begreifen, der neben anderen wie »Freiheit« oder »Gleichheit« steht und jeweils gegen diese abgewogen werden muss. Dann steht etwa ein Freiheitsanspruch gegen einen Gerechtigkeitsanspruch. Diese Rede aber ist falsch. Denn die Göttin der Gerechtigkeit ist zu erhaben, als dass sie sich auf dieses Getümmel einließe: Sie entscheidet darüber, wer welchen Freiheitsanspruch wem gegenüber hat – denn die Freiheit des einen, die Umwelt zu gefährden, ist die Unfreiheit der anderen, die dann unter Fluglärm, schlechter Luft oder dem Ansteigen der Meere leiden und womöglich ihre Heimat verlieren. Hier übertrumpft dann nicht die Gerechtigkeit die Freiheit, sondern sie macht klar, dass die Freiheit des einen nicht zu Lasten von der der anderen gehen darf – und welche die wichtigere ist, das sagt die Gerechtigkeit, nicht die Freiheit.

So ist es denn auch falsch, den Begriff der Gerechtigkeit abstrakt in eine Opposition zu dem der Demokratie zu bringen. Denn recht verstandene politische Gerechtigkeit ist recht verstandene Demokratie, in der im Modus der öffentlichen Rechtfertigung darüber entschieden wird, was allgemein gelten soll. Gleichzeitig heißt dies aber auch, dass eine Demokratie, in der sich Mehrheiten das Recht herausnehmen, die staatsbürgerlichen Grundrechte anderer einzuschränken bzw. nicht hinreichend legitimierbare Politiken zu verfolgen, die Privilegien festzurren, den Grundsatz der Demokratie verletzt, der ja genau solche Willkürpolitik ausschließen soll. Deshalb ist es so wichtig, Parteien zu haben, die die Stimme von Minderheiten geltend machen.

Betonte ich vorhin, dass die erste Frage der Gerechtigkeit die der Rechtfertigung der Herrschaftsausübung ist, so spezifiziere ich nun, dass wir der Gerechtigkeit im politischen Denken stets den Platz geben müssen, der ihr gebührt: den ersten und zentralen Platz. Denn eine politische Gemeinschaft kann und muss mit vielen Kompromissen leben, nicht aber mit einer Kompromittierung der Gerechtigkeit. Wer glaubt, die Gerechtigkeit gegen etwas anderes eintauschen zu können – Effizienz, Glück, Wohlstand, was auch immer – der verrät die Politik. Machen wir uns frei von Verkürzungen und Einschnürungen der Gerechtigkeit im öffentlichen Diskurs: Sie ist nicht ein »Wert« unter anderen, sondern der oberste Grundsatz der politischen Welt, dessen Ziel es ist, die Willkür zu bannen.

3

Seit vielen Jahren zeigen die Bestandsaufnahmen der sozialen Unterschiede in der Bundesrepublik – insbesondere die ganz passend heißenden »Armuts- und Reichtumsberichte« der Bundesregierung – das paradoxe Bild einer reicher und zugleich ärmer werdenden Gesellschaft: Während das Nettovermögen der Privathaushalte ansteigt, verringert sich der Anteil der unteren 70 Prozent der Haushalte daran immer mehr, im Jahre 2007 auf unter 9 Prozent (der Anteil der 10 Prozent bestgestellten Haushalte stieg indessen auf 60 Prozent an).[2] Zudem erhöht sich der Prozentsatz derer, die unterhalb der Ar-

---

2 Wochenbericht des DIW Berlin Nr. 4/2009, 59.

mutsgrenze leben müssen; und das Armutsrisiko steigt, auch bei denjenigen, die Arbeit haben. Dazu kommt, dass alle Bildungsberichte bestätigen, dass in kaum einem anderen OECD-Staat die Bildungschancen so sehr von der sozialen Herkunft abhängen wie in unserem Land.

Mit dieser Entwicklung droht das, was man eine »Refeudalisierung« der Gesellschaft nennen könnte, d.h. eine Gesellschaft, in der Reichtum ebenso wie Armut innerhalb abgegrenzter sozialer Gruppen »vererbt« werden – und zwar nicht nur durch die Weitergabe bzw. das Fehlen von materiellen Gütern, sondern – sozialisatorisch weit früher und tiefgreifender – insbesondere durch die soziale Determination von Bildungs- und Aufstiegschancen. So sind die Chancen eines Kindes aus einem Elternhaus mit sozial hohem Status mehr als sechsmal größer, ein Studium aufzunehmen, als die eines Arbeiterkindes. So entsteht ein »Adel« der Chancen am einen Ende, und am anderen finden sich die Gruppen der Besitz- und Ressourcenlosen ohne Perspektiven. Dies ist eine besondere Form der Herrschaft der gesellschaftlichen Willkür; und ein anderes Wort hierfür ist das des Privilegs: Wir leben in einer Gesellschaft der Privilegien des Zugangs zum politischen und sozialen Leben, die sich beständig reproduzieren.

Deshalb ist es so wichtig, dass der Zugang zu gesellschaftlichen und politischen Institutionen im Zentrum eines neuen sozialpolitischen Denkens steht, wie es der zweite Bericht des Zukunftsforums betont; aber wichtig ist es auch, dass wir dabei die diskursiven Verengungen und Verdrehungen überwinden, die der neoliberalen Eiszeit geschuldet sind, deren Ende aufgrund des Versagens der politisch-ökonomischen Institutionen seit 2008 eingeläutet sein sollte (aber darauf wetten sollte man nicht). Damit meine ich Folgendes:

Erstens, das Phänomen der »Unterschichten« wurde verstärkt als kulturelles dargestellt, als Problem von »Kulturen der Armut und der Abhängigkeit« (Paul Nolte), die es »aufzubrechen« gelte. Während gleichzeitig die »alte« Gerechtigkeit als fürsorgend-entmündigende und zudem kostspielige, unproduktive Form der »Umverteilung« gedeutet wurde, betonte die »neue« Gerechtigkeit nicht nur die Verantwortung und Solidarität der Gesellschaft für die sogenannten »Schwachen«, sondern auch deren Verantwortung für sich selbst gegenüber der Gesellschaft. Dies führte dazu, dass in der Öffentlichkeit die Rechtfertigungslasten nahezu umgedreht wurden: Sozial schlechter gestellte Gruppen mussten erklären, weshalb sie aus ihrer Lage nicht herauskommen; aus einer Exklusion wurde damit eine Selbstexklusion gemacht. Diese Verdrehung ist nicht hinnehmbar.

Zweitens, die neue Semantik der Gerechtigkeit ging mit einer überbordenden Pluralisierung von Gerechtigkeitsverständnissen – etwa: Generationen-, Bildungs-, Zugangs-, Leistungs-, Bedarfs-, Befähigungsgerechtigkeit – einher, die – zunächst einmal ganz zurecht – auf unterschiedliche Ex- bzw. Inklusionsfelder verweisen. Doch birgt dies die Gefahr zu verschleiern, dass all diese »Gerechtigkeiten« innerhalb eines sozialen Gesamtsystems zusammenzuführen sind: Es gibt in einer komplexen Gesellschaft einen Plural von Gerechtigkeitssphären, nicht aber der Gerechtigkeit selbst. Es stimmt zwar, dass das Auge der Gerechtigkeit sich erweitern muss, insbesondere auf die Verhältnisse in Familien (zwischen den Geschlechtern sowie Eltern und Kindern), auf Probleme kultureller Differenz und Missachtung, auf ökologische Problematiken, auf die Beziehung zwischen den Generationen – aber es bleibt dabei doch *ein* umfassender Begriff der Gerechtigkeit notwendig, und es bleibt *ein* gesellschaftlicher Zusammenhang der Gerechtigkeit, den wir betrachten müssen. Denn blickt man auf die »Verlierer« gegenwärtiger sozialer Arrangements, dann sieht man, dass die vielzähligen Ausschlussmechanismen häufig kombiniert und kumuliert auf sie zutreffen: Geschlechterdiskriminierung, kulturelle Ausgrenzung, mangelnde Ausbildungsmöglichkeiten, Arbeitslosigkeit.

Aber mehr noch, der Plural der Gerechtigkeiten bringt auch schiefe Bilder mit sich. So wird häufig argumentiert, dass es ein Gebot der Generationengerechtigkeit sei, etwa durch die Kappung von öffentlichen Ausgaben und Transferleistungen die Staatsverschuldung zu reduzieren, um »unseren Kindern und Kindeskindern« nicht einen großen Schuldenberg zu hinterlassen. Das ist gut gesprochen, aber das wahre Bild der Gesellschaft sieht etwas anders aus: Es gibt nicht eine einzige eindeutige Kluft zwischen der älteren und der jüngeren Generation, sondern in erster Linie eine *innerhalb* der jeweiligen Generationen. Blickt man nämlich auf die Zahlen, welche Vermögen zwischen den Generationen künftig vererbt werden, so ist ersichtlich, welche materiellen Lichtjahre Mitglieder ein- und derselben Generation voneinander entfernt sind und sein werden. Durch soziale Sparmaßnahmen werden dann nicht selten diejenigen besonders getroffen, die ohnehin im Wettbewerb innerhalb ihrer Generation verlieren werden, wenn nicht politisch gegengesteuert wird.

Drittens wird im Zuge der neuen Gerechtigkeitsdebatte zuweilen unklar, worin genau die Bedeutung von »Gerechtigkeit« liegt, wenn sie mehr sein sollte als eine solidarische oder barmherzige »Hilfe zur Selbsthilfe«. Denn ein Diskurs, der die »Ausgeschlossenen« wie Opfer von Naturgewalten behandelt, denen »geholfen« werden muss, oder als »Schwache«, die »gestrauchelt« sind, blendet die Ursachen der Ungerechtigkeit aus. Eine Gesellschaft, die Exklusion strukturell produziert, etwa in ihrem Bildungssystem, soll nicht den »Schwachen helfen«, sondern hat die Pflicht, die Strukturen zu verändern, die »Schwäche« hervorbringen.

4

Was heißt dies nun für die Idee der »Teilhabegerechtigkeit«? Wir müssen hier zwei Konzeptionen davon unterscheiden. Die eine, reduzierte Version, ist primär güter- und empfängerzentriert und minimalistisch. Danach hat der Sozialstaat die Aufgabe, die gravierendsten Exklusionsauswirkungen der ökonomischen Ordnung und anderer Institutionen zu kompensieren. Er zielt darauf ab, Möglichkeiten der Teilhabe an gesellschaftlichen Gütern wie Bildung und Einkommen etwa zu eröffnen, kann dabei aber nicht mehr als eine minimale Grundsicherung bzw. Hilfe zur Verfügung stellen. Bei dieser Konzeption tritt das Ziel der basalen sozialen Inklusion an die Stelle einer umfassenderen Gerechtigkeit: Die Frage nach der Rechtfertigbarkeit einer Grundstruktur, die die oben erwähnten Phänomene der Ungleichheit zeitigt, gegenüber denen, die in ihr am schlechtesten gestellt sind, wird weitgehend ausgespart. Die wesentlichen Strukturen scheinen jenseits der Rechtfertigung zu liegen, angepeilt wird lediglich die Reparatur der Folgen struktureller Defizite.

Ein alternatives, unverkürztes Verständnis von Teilhabegerechtigkeit hingegen fragt nicht nur danach, wer welche Güter in einem minimalen, grundlegende Lebensstandards erfüllenden Sinn braucht, sondern umfassender danach, welche Güter aus welchen Gründen an wen legitimerweise zu verteilen sind, und mehr noch danach, wer über die Bedingungen von gesellschaftlicher Produktion und Verteilung bestimmt. Dies ist der ursprüngliche, politische Sinn der Gerechtigkeit. Theorien, die primär allokativ-kompensatorischer Natur sind, sind entsprechend verkürzt, sofern sie die Gerechtigkeit nur von der »Empfängerseite« her denken, ohne die politische Frage nach der Bestimmung der Strukturen der Hervorbringung und der Verteilung von Gütern zu stellen. Ich spreche hier von *radikaler*, an die Wurzel gehender Gerechtigkeit. Hier ist die ganze institutionelle Ordnung einer Gesellschaft das Thema, die von Anfang an die Lebensmöglichkeiten der Einzelnen bestimmt.

Die erste Aufgabe dessen, was ich »fundamentale Gerechtigkeit« nenne, ist somit die Herstellung einer *Grundstruktur der Rechtfertigung*, d.h. die strukturelle Ermöglichung einer Gesellschaft ohne Privilegien bzw. zumindest die Eröffnung von Möglichkeiten, Privilegien und willkürliche Herrschaft in Frage zu stellen. Dazu bedarf es einer Reihe von Rechten und Möglichkeiten des Zugangs zu den Institutionen, in denen soziales und reales Kapital erworben wird – von guten Bildungs- und Ausbildungsmöglichkeiten hin zum Arbeitsmarkt, aber eben auch zu den Verfahren, in denen darüber entschieden wird, wie diese Institutionen funktionieren. Deshalb ist Inklusion bzw. Güterumverteilung ohne Partizipation nur die halbe Gerechtigkeit.

Ein Vergleich mit der Gerechtigkeitstheorie von John Rawls mag hier hilfreich sein. Dessen berühmtes »Differenzprinzip« besagt, dass soziale Ungleichheiten nur dann als gerechtfertigt betrachtet werden können, wenn keine andere mögliche Verteilung den »Schlechtestgestellten« einer Gesellschaft ein Mehr an Grundgütern einbringen würde – was nach Rawls impliziert, dass die »worst off« ein »Vetorecht« in Verteilungsfragen haben: »Diejenigen, die mehr Vorteile haben, müssen das vor denen, die die geringsten Vorteile haben, rechtfertigen können«.[3] Meinem Vorschlag zufolge wird dieses Prinzip nicht selbst zu einem bestimmten Güterverteilungsprinzip, sondern zu einem übergeordneten, diskursiven Prinzip der Rechtfertigung möglicher Verteilungen.[4] Dabei muss allerdings darauf geachtet werden, dass, je nachdem, welches Gut zur Verteilung ansteht, die Gruppe der »worst off« wechseln kann: Es können Arbeitslose, Alleinerziehende, Alte, Kranke, ethnische Minderheiten sein, um nur einige zu nennen, und insbesondere Kombinationen dieser Merkmale – zumal unter Geschlechtergesichtspunkten – verschärfen die Situation. Wesentlich ist dabei, dass die Mitglieder dieser Gruppen nicht als Objekte, sondern als Subjekte der Gerechtigkeit gelten; die erste Aufgabe der Gerechtigkeit ist es, ihnen eine echte Teilnahme und Teilhabe an den Institutionen der Gesellschaft zu ermöglichen.

---

3 John Rawls: Eine Theorie der Gerechtigkeit, Frankfurt/M. 1975, 176.
4 Rainer Forst: Das Recht auf Rechtfertigung, Frankfurt/M. 2007.

Das bedeutet, dass die Gerechtigkeit auf die Verteilung der wichtigsten Güter – politische Partizipationsmöglichkeiten, Gesundheit, Arbeit, Einkommen, Bildung, Freizeit etc. – eine *doppelte Perspektive* einnimmt: einmal in Bezug auf die Herstellung fundamentaler Gerechtigkeit und einmal in Bezug auf die weitergehende gerecht(fertigt)e Verteilung, danach fragend, welche Werte und welchen Zweck die Verteilung eines Gutes fördern sollen. Die erste Perspektive ist grundsätzlich egalitär, die zweite differenziert, denn verschiedene Güter sind nach unterschiedlichen Kriterien zu verteilen. Im Bereich der Bildungsmöglichkeiten etwa forderte fundamentale Gerechtigkeit eine größtmögliche Chancengleichheit in Kindergärten und Schulen ohne Einfluss finanzieller oder sozialer Herkunft, um auf weiteren Stufen Qualifikationsmöglichkeiten fair und nach Gesichtspunkten der Eignung verteilen zu können. Liegt Ersteres nicht vor, kann Letzteres nicht folgen. Dies ist übrigens ein zentrales Problem der Rede von »Leistungsgerechtigkeit«: Sie kann nur dort sinnvoll sein, wo Chancengleichheit besteht – und so müsste dies das Feld sein, auf dem die Verteidiger der »Leistung« sich zunächst fänden.

5

In diesem Lichte gesehen geht die Stärkung und Erneuerung öffentlicher Institutionen, die die sozialen Möglichkeiten Einzelner determinieren, in die richtige Richtung, wenn sie neben Inklusion auch Partizipation zum Ziel hat und darüber hinaus festsitzende Systeme der Privilegierung bestimmter Schichten angreift: durch eine (wesentlich) bessere Ausstattung von Schulen in sozialen Brennpunkten, aber auch schon früher durch Institutionen frühkindlicher Bildung und durch ganztägige Betreuung. Das Aufbrechen etablierter struktureller Asymmetrien muss aber nicht nur hier ansetzen, sondern auch bei grundlegenden Verteilungsaspekten wie Einkommen und Löhnen (einschließlich eines Mindestlohns), sozialer Sicherung ohne Gängelung, des Zugangs zum Arbeitsmarkt, der Etablierung einer Bürgerversicherung ohne Privilegien bestimmter Einkommen auf dem Feld der Gesundheit, aber natürlich auch bei der Höhe sozialer Sicherung. Denn wie bereits Adam Smith sagte, ist es eine Grundforderung der Gerechtigkeit – wenn auch bei weitem nicht deren Erfüllung – dass jeder die Möglichkeit hat »to appear in public without shame«. Eine gute Kindergarten- und Schulbetreuung für Kinder aus sozial schlechter gestellten Familien muss auch mit einer Verbesserung der sozialen und das heißt eben auch: finanziellen Möglichkeiten dieser Familien einhergehen. So wird Selbstbewusstsein als Beteiligungsvoraussetzung gestärkt, denn nicht umsonst geht es bei der Gerechtigkeit nicht nur um materielle Güter, sondern auch um die Selbstachtung. Diese hängt aber auch von materiellen Möglichkeiten ab, die man hat, und so müssen die verteilungspolitischen und die institutionenpolitischen Aspekte gemeinsam betrachtet werden.

Wir sollten uns nicht mit einer Politik zufrieden geben, die die Dysfunktionalität des Marktes nur kompensiert, aber nicht strukturell verändert – aber das heißt nicht, dass es nicht hier und jetzt einer Besserstellung von Gruppen bedürfte, die sich an der Armutsgrenze bewegen und in der Exklusion sozusagen eingeschlossen sind. Es geht dabei darum zu verhindern, dass jemand durch Armut in einer wohlhabenden Gesellschaft erniedrigt wird; nur so können selbstbewusste Bürgerinnen und Bürger daran gehen, die Strukturen zu verändern, die Exklusion produzieren. Jede Formel in Bezug auf das Verhältnis der Investitionen in Institutionen und in sogenannte »Sozialtransfers« muss auf diese Balance achten, und sie muss sich fragen lassen, wie sie es schafft, eine Gesellschaft asymmetrischer Lebenschancen strukturell zu verändern. Das ist natürlich nicht zuletzt auch eine Frage der Einnahmenseite und der Bereitschaft, durch faire Steuern angesichts der Entwicklungen von Einkommen und Vermögen Gerechtigkeit herzustellen. Es wäre freilich ein Fehler, in dieser Diskussion Investitionen in Lebensmöglichkeiten in eine falsche Alternative zu Investitionen in Institutionen zu bringen, denn nicht die Institutionen sollen die Menschen lenken, sondern umgekehrt. Und das können nur Freie und Gleiche, die sich auf Augenhöhe begegnen. Eine Gesellschaft solcher Augenhöhe wäre ein schönes Ziel, noch keine gerechte Gesellschaft, aber ein wichtiger Schritt.

Was heißt öffentlicher Raum?

Ole Meinefeld

Inwiefern Inklusion und öffentlicher Raum?

Wenn wir in politischen Debatten von einem »öffentlichen Raum« sprechen, häufig sein Absterben beklagen, seine Wiederbelebung fordern, selten einmal seine Lebendigkeit feiern, dann ist durchaus nicht klar, was wir mit »öffentlichem Raum« meinen. Es gibt zahlreiche kulturgeschichtliche und philosophische Diagnosen zum Verfall des öffentlichen Raums im 20. Jahrhundert, die an dieser Stelle nicht wiederholt werden müssen.[1] Es soll hier vielmehr nach der Bedeutung des öffentlichen Raums in den programmatisch-politischen Diskursen zur Inklusion gefragt werden. Es wird dabei um eine »zu präzisierende Strategie der gemeinsamen, schichtenübergreifenden öffentlichen Räume«[2] gehen, um eine Erfahrung von milieu- und schichtenübergreifender sozialer Anerkennung freizusetzen. Es geht daher auch um die Bedeutung von Zugängen zu öffentlichen Orten, Netzen und Systemen.

Öffentlicher Raum meint hier zunächst den allgemein zugänglichen Bereich, in dem gemeinsame Erfahrungen geteilt werden können und Menschen sich im Anschluss an diese Erfahrungen kulturell und politisch engagieren. Damit ist öffentlicher Raum vor allem als ein »Bezugsgewebe« (Hannah Arendt) von zivilgesellschaftlichen und staatlichen Akteuren bestimmt. Wenn wir im Weiteren öffentlichen Raum so verstehen, dann ist der Gegensatz von öffentlich und privat als Gegensatz rechtlicher Kategorien kein hinreichendes Kriterium, um zu bestimmen, was gemeint ist. Denn

---

1 Jürgen Habermas: Strukturwandel der Öffentlichkeit. Untersuchungen zu einer Kategorie der bürgerlichen Gesellschaft, Frankfurt/M. 1962. Hannah Arendt: Vita activa oder Vom tätigen Leben, München/Zürich 2008. Richard Sennett: Verfall und Ende des öffentlichen Lebens. Die Tyrannei der Intimität, Frankfurt/M. 1986. Axel Honneth: Das Recht der Freiheit. Grundriss einer demokratischen Sittlichkeit, Frankfurt/M. 2011.

2 Vgl. im vorliegenden Band den Beitrag von Peter Siller.

ein Café, das ein (auch) gewinnorientiertes, privates Unternehmen ist, kann zu einem wichtigen Treffpunkt im öffentlichen Raum werden; eine privatrechtlich getragene Universität kann im Prinzip genauso eine relativ hohe Zugänglichkeit aufweisen wie eine staatliche Institution öffentlichen Rechts, die ihrerseits wiederum ebenso ein hohes Maß an Exklusivität vorhalten kann. Öffentlich darf dann keinesfalls mit staatlich gleichgesetzt werden, auch wenn staatliche Institutionen hier eine wichtige Rolle spielen.[3]

Es geht in der Folge um eine sozialpolitische Strategie, die sich auf eine Programmatik zum Regieren oder Opponieren in politischen Systemen bezieht. Eine rein zivilgesellschaftliche Strategie dürfte sicherlich anderen Dynamiken folgen.

Inklusion wird dabei allerdings keine schlichte Variante der Wiederbelebung von wohlfahrtsstaatlicher Politik bedeuten. Öffentlicher Raum darf nämlich nicht als Produkt staatlichen Agierens missverstanden werden. Das würde eine problematische Zentralisierung von Inklusion bedeuten, durch eine Verengung des Konzepts auf zentrale Steuerung. Es können dadurch sogar negative Effekte in Bezug auf Inklusion durch mangelnde Beteiligung und das Fehlen milieuspezifischer Selbstbestimmung entstehen, sofern zivilgesellschaftliche Akteure ausgeschlossen bleiben. Die privat getragene und zivilgesellschaftliche Selbstorganisation darf jedenfalls nicht allein als System von Trägerschaft für staatliche Programmatik gelten, sondern stellt einen unabdingbaren Bestandteil einer Strategie inklusiver Politik dar. Öffentlicher Raum kann so vorläufig nur als ein Geflecht unterschiedlicher (auch staatlicher) Organisationsformen und diverser »locations« gelten. Für die Frage nach der Inklusion wird es dementsprechend entscheidend sein, wie verschiedene Menschen und Gruppen in dieses Geflecht einbezogen werden.

Gesucht wird demzufolge öffentlicher Raum, der geeignet ist, dem Anspruch auf Zugang gerecht zu werden und sozio-kulturelle Spaltungen innerhalb einer Gesellschaft zu überwinden – oder realistischer formuliert: ein öffentlicher Raum, der als *Raum der Begegnung* überhaupt die Begegnung von einander Fremden ermöglicht, gemeinsame Erfahrungen nach sich zieht und die Möglichkeiten des Teilens eröffnet. Das ist insbesondere für die Begegnung verschiedener Milieus, Ethnien, Geschlechter, Handicaps, Alters-

---

3 Vgl. Bündnis 90/Die Grünen: Antworten auf die auseinanderfallende Gesellschaft. Konturen der sozialen Idee der Grünen. Erster Bericht Zukunftsforum Gesellschaft, 2011, 141, http://www.gruene.de/fileadmin/user_upload/Dokumente/201106_Erster_ Bericht_Zukunftsforum_Gesellschaft.pdf, letzter Zugriff am 8.9.2014.

stufen etc. einzulösen. Damit wäre politisch, so die These, ein wichtiger Beitrag zur Inklusion von Vielfalt in öffentlichen Institutionen gelegt.

Für eine sozialpolitische Strategie der Inklusion muss noch genauer geklärt werden, was dieser öffentliche Raum ist (Öffentlichkeit wird häufig als ein Synonym verwendet). Das kann nicht ohne Weiteres durch eine Definition aus dem Weg geräumt werden: Um es deutlich zu sagen, sollte unter dem Titel »Was heißt öffentlicher Raum?« keine Klärung dessen erwartet werden, was *der* öffentliche Raum ist – nicht allein, weil das politisch wenig weiterhelfen würde, sondern auch, weil es die Sache im Grunde nicht erlaubt. Sich über *einen* großen Raum Gedanken zu machen, in den das gesamte kulturelle, politische und soziale Leben einer Gesellschaft gehört, scheint aus neuerer sozialtheoretischer Perspektive obsolet wie in praktischer politischer Hinsicht wenig sinnvoll. Wenn etwa Martina Löw Raum als »eine relationale (An-)Ordnung von Lebewesen und sozialen Gütern an Orten«[4] versteht, ist ein Begriff gemeint, der vor allem an das Verständnis menschlicher Praktiken in ihrer Vielfältigkeit anschließt. Die Analyse geht dabei zu Recht von einer »soziale[n] Tatsache«[5] der Vielfalt aus, sodass es viel sinnvoller erscheint, von *Räumen* auszugehen anstatt von einem einzigen Raum.

Das hat selbstverständlich nicht nur Auswirkungen auf das Verständnis öffentlichen Raums, sondern genauso auf die Vorstellung von Inklusion. Dieser Auffassung von öffentlichem Raum entspricht nämlich nur ein aufgefächertes Verständnis von Inklusion und Exklusion. Beide differenzieren sich in verschiedenen sozialen Feldern aus und lassen sich nicht auf einen einzigen Prozess reduzieren. Entscheidend für die Frage nach Inklusion sind daher die vielfältigen Ausprägungen von öffentlichem Raum; das umfasst gleichermaßen Bildungseinrichtungen, Arbeitsplätze, Netze und Sicherungssysteme, Straßen- und Wohnhäuser, Stadtviertel und Parks, Jugendzentren und Kultureinrichtungen. Noch einmal mit Löw gesagt, sollte der Fokus anstelle eines einzigen Raums auf »Pfaden, Verbindungen und Knotenpunkten« liegen.

Der Hinweis auf Vielfalt heißt aber wiederum auch nicht, dass wir permanent in einen Plural ausweichen müssen und nicht von einem öffentlichen Raum sprechen können. Eine politische Strategie der Inklusion sollte dabei von der Vorstellung ausgehen, dass mit öffentlichem Raum vor allem ein Raum der Begegnung gemeint ist. In Anbetracht des bisher Gesagten,

---

4 Martina Löw: Raumsoziologie, Frankfurt/M. 2001.
5 Vgl. im vorliegenden Band den Beitrag von Martina Löw.

kann es sich offensichtlich nur um ein Geflecht unterschiedlicher Räume handeln, in denen Menschen einander alltäglich begegnen, insbesondere auf der Straße, in Cafés, auf Plätzen und in Verkehrsmitteln, aber auch in Schulen, Krankenhäusern, Stadtteilzentren, Parteien u.v.m. Das führt unwillkürlich im Alltag zu gemeinsamen Erfahrungen von Menschen, die Wege, Mittel und Themen potenziell miteinander teilen.

Politisch allerdings wird öffentlicher Raum eigentlich erst dann wichtig, wenn aus diesem Potenzial die Begegnung von Fremden, praktische Hilfe gegenüber sozial Schwächeren oder die Gründung politischer Bewegungen, die Unterstützung von Kampagnen und anderes mehr erwachsen. In diesem Sinne kann von einem Raum der Begegnung auch politisch die Rede sein. Dazu muss vor allem das Begegnen näher bestimmt werden: Die gemeinten Begegnungen müssen nämlich einen bestimmten Charakter aufweisen. Eine bloße Inklusion in ein System genügt keineswegs, um den normativen Ansprüchen von Inklusion gerecht zu werden. Markus Schroer definiert eine diesen Ansprüchen angemessene, basale Erfahrung von Inklusion, die im öffentlichen Raum eine zentrale Rolle spielt. Er umschreibt diese Qualität der Begegnung als »eine in der täglichen Interaktion mit anderen erlebbare Form der Berücksichtigung der eigenen Person, die das Gefühl verschafft, nicht geschnitten und gemieden, sondern beachtet und beteiligt zu werden.«[6]

Folglich sind beliebige Räume der Begegnung noch kein Garant für Inklusion in einem anspruchsvollen Sinn. Unter widrigen Umständen kann aus diesen eine Einschränkung der gemeinten Erfahrung von Zugang oder gar eine Bedrohung der eigenen Unversehrtheit werden. Das Funktionieren des Verkehrsanschlusses, ein Park oder ein Jugendzentrum sichern nämlich noch nicht Inklusion. Dergleichen lässt sich besonders in Stadtvierteln beobachten, die auf dem absteigenden Ast sind, deren Infrastruktur noch funktionieren mag, die aber keinen Raum der Begegnung mehr als Möglichkeit zu gemeinsamer Emanzipation darstellen, wie Heinz Bude in einer Studie am Beispiel gesellschaftlich ausgeschlossener Jugendlicher herausgearbeitet hat: »So verwandelt sich der öffentliche Raum Schritt für Schritt von einer Sphäre der Begegnung, Verpflichtung und Kooperation in eine Bühne für die Auftritte von Virtuosen des Aufschneidens, Herablassens und Demütigens, die die Stimmung der sozialen Leere für sich nutzen.«[7]

---

6 Vgl. im vorliegenden Band den Beitrag von Markus Schroer.
7 Heinz Bude: Die Ausgeschlossenen. Das Ende vom Traum einer gerechten Gesellschaft, München 2008, 68.

Daraus wird »ex negativo« ersichtlich, was die Bedeutung von öffentlichem Raum ausmacht: Dieser kommt zum Vorschein, wenn sich Menschen öffentlich in das kulturelle und politische Leben einer Gesellschaft einschalten, z.b. wenn auf einem öffentlichen Platz, auf dem sich alltäglich urbanes Leben abspielt, eine politische Kundgebung stattfindet. An solchen Orten können sich Menschen begegnen, die einander sonst zumindest nicht so begegnen würden. Aktivitäten können dabei politische Bedeutung entfalten, die diese niemals innehatten. So entstehen Orte, wie z.b. der Taksim-Platz in Istanbul, die dann eine symbolische Bedeutung erlangen können. Allerdings geht es nicht allein um Orte; es können genauso die Netze, wie etwa die U-Bahn im alltäglichen Großstadtleben, Raum für identitätspolitische Statements bieten, oder es können sich in den Systemen, wie z.B. dem Hochschulsystem, die Beteiligungsorgane politisieren. Das kann dazu führen, dass sich Menschen organisieren und in öffentliche Debatten einschalten, wie es besonders während der Ereignisse um das Jahr 1968 der Fall war. Gleiches kann auch über mediale Netze geschehen, die deshalb aber keineswegs eine virtuelle Parallelwelt zum öffentlichen Raum sind.

Aus diesen Überlegungen lässt sich bereits erkennen, dass öffentlicher Raum eine Pluralität von Erfahrungen braucht und nicht auf einem einzigen ideellen Konzept, z.B. des deliberierenden Publikums, fußen oder auf die Bausubstanz von Wohnorten, wie einem öffentlichen Platz, reduziert werden sollte.

Die politische Bedeutung von öffentlichem Raum als Raum der Begegnung und als Raum für politische und kulturelle Aktivitäten ist daher auch etwas, dass sich nicht einfach institutionell einrichten oder lokal bauen lässt. Selbst scheinbar optimale Bedingungen der Erreichbarkeit eines Ortes mit Freiräumen und guter institutioneller Einbettung garantieren keineswegs ein Funktionieren als lebendiger, belebter öffentlicher Raum. Auch das zeigt sich am besten »ex negativo«: Zu der Möglichkeit von autoritären Regimen, öffentliche Räume gewaltsam für die lebendige Bürgerschaft zu verschließen oder als Projektionsfläche für Propaganda zu missbrauchen, gibt es kein Äquivalent durch politische Steuerung in Demokratien, durch die sich öffentlicher Raum herstellen ließe. Öffentlicher Raum in einer Demokratie funktioniert anders.

Gerade in seiner politischen Bedeutung ist öffentlicher Raum etwas Unverfügbares, wenn Demonstrationen nicht angeordnete Jubelveranstaltungen sind, Cafés Exklusivität durch niedrige Preise vermeiden oder eine Stadtverwaltung akzeptiert, dass Grünflächen für die Besucherinnen und

Besucher eines Parks da sind. Ohne die Ungezwungenheit von Begegnungen und Freiräumen, z.B. für Phänomene wie Straßenkunst, ohne das lebendige Engagement von Bürgerinnen und Bürgern ist öffentlicher Raum nicht zu denken.

Das Dilemma besteht nun darin, dass öffentlicher Raum zwar unverfügbar sein mag, das politische Gemeinwesen aber für eine emanzipatorische Politik der Bürgerinnen und Bürger auf öffentlichen Raum angewiesen ist.[8] Daher kann, wie schon gesagt, eine sozialpolitische Strategie der Inklusion, die auf öffentlichen Raum setzt, nicht von einem einzigen Raum ausgehen, sondern von einer Pluralität von Räumen. Folglich muss sich Sozialpolitik ebenfalls von der Vorstellung verabschieden, dass es einen großen Raum gibt, der alle Spaltungen einer Gesellschaft überwindet, und stattdessen zur Kenntnis nehmen, dass es viele Räume braucht (und gibt). Sozialpolitik findet in diesen Räumen eine Vielfalt von Inklusionen und Exklusionen vor, auf die eine politische Strategie reagieren muss.

Dazu muss eine Konzeption von Inklusion differenziert betrachtet werden – und zwar genauso differenziert wie die verschiedenen Exklusionen unserer Gesellschaften. Die Debatten zur Exklusion liefern dabei mehr als die kritische Bestandsaufnahme, dass in unserer Gesellschaft Menschen auf eine höchst bedenkliche Weise ausgeschlossen werden, wenn sie z.B. keinen Ausbildungsplatz bekommen, mit dem Öffentlichen Nahverkehr nur mühsam die Zentren erreichen oder in einem Wohngebiet keine Cafés, Plätze usw. vorhanden sind, die sich als Orte der Begegnung etablieren könnten. Auf einer anderen Ebene gesellt sich dazu das Fehlen von Institutionen, wie z.B. Parteien, in denen ausgeschlossene Menschen glauben, eine Stimme zu haben.

Exklusion ist allerdings nicht nur ein Manko der Sozialstruktur von modernen Gesellschaften, sondern erweist sich zudem als ein konstitutives Merkmal von komplexen Gesellschaften, deren Differenzierung immer Ausschlüsse nach sich ziehen. Es entstehen immer wieder neue Exklusionen, was für die Sozialstruktur Deutschlands zunächst rein deskriptiv bedeutet, dass »die Ausgeschlossenen längst zu einem integralen Teil unserer Gesellschaft«[9]

---

8 Eine treffende Bestimmung von Emanzipation bietet der Beitrag von Heinz Bude im vorliegenden Band: »Eine emanzipatorische Gesellschaftspolitik hat demgemäß eine doppelte Aufgabe: Einerseits das Spiel der heterogenen Lebenspraxen zu ermöglichen und andererseits die Gesellschaft als öffentlichen Raum zu bewahren, in dem die Einzelnen sich begegnen und ihre jeweiligen Lebensentwürfe aufeinander beziehen können.«
9 Bude (2008), a.a.O., 20.

geworden sind. Dem lässt sich Inklusion nicht einfach als Aufhebung aller Exklusionen gegenüberstellen. Zumal nicht jede Inklusion, z.B. in die Märkte des Wirtschaftslebens oder durch den Zugang zu Grundrechten qua Rechtssystem, bereits dem Anspruch des hier gesuchten Verständnisses von Inklusion gerecht wird. Es geht gerade um das Phänomen multipler Inklusionen und Exklusionen in unseren Gesellschaften, deren soziale Wirkung es zu bedenken gilt. Daher ist auch die Vorstellung von zwei mehr oder minder fest umrissenen Kohorten von Menschen irreführend, die in einer Gesellschaft einfach drinnen oder draußen stünden.

Es kann also kein großes Dach für das Ganze der Gesellschaft geben, die sich unter diesem Dach bewegt und eine Umgebung »vollinklusiv« einrichtet. Für den öffentlichen Raum ergibt sich daraus eine wichtige Konsequenz: Öffentlicher Raum ist kein großer Container, der alle Einzelnen oder die Ganzheit einer Gesellschaft inkludiert. Das zeigen auch Beiträge wie der von Mark Terkessidis am Begriff der Integration: Es gilt zu beachten, dass wir z.B. eine Stadt in Zeiten interkultureller Verflechtungen nicht als »organisierten Behälter, in den die Hinzukommenden eingepasst werden«[10], verstehen können. Es kann also nicht erwartet werden, dass sich ein wie auch immer beweglicher und differenzierter Raum bildet, der alle sozialen, kulturellen, städtebaulichen und geschlechtlichen Exklusionen aufhebt und so *ein einziges* Angebot der Inklusion darstellt.

Wie kann sich dann aber eine Strategie der Inklusion überhaupt auf einen öffentlichen Raum stützen? Wie gesagt, kann ein solcher öffentlicher Raum, der Aufgaben der Inklusion übernehmen soll, nicht einfach hergestellt werden. Die politische Perspektive muss dennoch danach ausgerichtet werden, wie Inklusion durch einen Einschluss von Gruppen und Individuen im öffentlichen Raum gelingen kann. Der Fokus der Sozialpolitik muss dabei trotz der Einwände auf der politischen Steuerung liegen. Daher ist zu fragen: Wie kann eine Strategie der Inklusion das Entstehen und die Erhaltung von lebendigen öffentlichen Räumen unterstützen?

Ziel einer solchen Politik muss es sein, auf die bisherigen Erfahrungen von Inklusion im öffentlichen Raum zu bauen. Dabei sollte ein politisches Gemeinwesen greifbar werden, das in entscheidender Weise durch das öffentliche Auftreten von Bürgerinnen und Bürgern zur Geltung kommt. Ohnehin sind es immer schon die bereits geteilten Erfahrungen im öffentlichen Raum, die Bürgerinnen und Bürger motivieren, sich politisch, sozial oder

---

10 Vgl. im vorliegenden Band den Beitrag von Mark Terkessidis.

kulturell zu engagieren. Die Priorisierung öffentlicher Fragen, v.a. kultureller und politischer Natur, kommt dann zustande, wenn sich die Perspektive von Privatpersonen und Konsumenten verschiebt.[11] Die Solidarität zwischen Bürgerinnen und Bürgern entsteht nicht zuletzt durch geteilte Alltagserfahrungen – unter einander bekannten Nachbarn genauso wie unter Fremden.

Die Lebendigkeit öffentlicher Räume können wir zwar nicht bauen, steuern, verordnen – ein Rahmen mit unterschiedlichen Ebenen lässt sich aber setzen. Eine Dreigliederung von Orten, Netzen und Systemen bietet einen interessanten Vorschlag zur Differenzierung,[12] die sich dafür durchspielen lässt. Es wird zu klären sein, wie öffentlicher Raum vom Ausbau oder Rückbau staatlicher Institutionen und von Investitionen in öffentliche Infrastruktur abhängt. Die drei genannten Ebenen haben den Vorzug, dass sie unmittelbar an die Fragen der politischen Steuerung anschließen: Orte entstehen oder werden zumindest auch durch die Raumplanung von Kommunen, durch das Versammlungs- und Nutzungsrecht oder durch Trägerschaft etc. strukturiert; öffentliche Netze sind in der Regel von staatlicher Infrastruktur oder zumindest staatlicher Kontrolle abhängig; Systeme befähigen durch Regulierungen und Institutionen die Menschen dazu, Dienstleistungen in Anspruch zu nehmen und sich aktiv zu beteiligen.

Öffentliche Infrastruktur: Orte, Netze, Systeme

Das dargestellte Verständnis von öffentlichem Raum hat eine vielfältige Beziehung zu den unterschiedlichen Ebenen, also zu Orten, Netzen und Institutionen bzw. Systemen. Die naheliegendste Ebene ist zunächst der Ort. Solche *Orte* werden z.B. daran erkannt, dass sie sich zur Begegnung eignen, also keine abgesteckten Claims oder anonyme Wohnburgen sind, sondern beispielsweise Stadtteilzentren, Jugendtreffs, Parks, Plätze, Cafés, Märk-

---

11 Vgl. dazu auch den Eröffnungsvortrag von Klaus Offe zur Konferenz »The Decline and Rise of Public Spaces. Papers and Presentations from the International HSoG Conference«, Oktober 2008. Veröffentlicht in: Hertie School of Goverance, Working Paper, No. 39, Februar 2009.

12 Vgl. Bündnis 90/Die Grünen: Teilhabe durch gute Institutionen für alle. Qualität, Inklusion, Partizipation: Eine grüne Institutionenstrategie für mehr Gerechtigkeit. Zweiter Bericht Zukunftsforum Gesellschaft, 2012, http://www.gruene.de/fileadmin/user_upload/Dokumente/20120618_Zweiter_Bericht_Zukunftsforum_Institutionen.pdf, letzter Zugriff am 9.9.2014.

te usw., die zu lebendigen Orten werden können, wenn sich dort Menschen begegnen. Solche Orte sind öffentlicher Raum, wenn sie als Parks, Plenarsäle, Gemeindehäuser, als Aula einer Schule, als Treffpunkte, Bühnen, Podien, Ausstellungsflächen usw. fungieren. Bei ihnen sind Zugänge oder doch zumindest nur geringe Zugangshürden vorhanden.[13] Aber nicht nur derart offensichtliche Versammlungsorte sind von Bedeutung, sondern auch Cafés mit erschwinglichen Preisen, Grünflächen ohne »Betreten verboten«-Schilder, Museen usw.

Was das mit Inklusion zu tun hat, wird oft erst durch das Fehlen solcher Orte deutlich. Und dabei müssen noch nicht einmal die geeigneten Gebäude, Freiflächen und Begrünungen real fehlen. Verwaiste Gebäude, z.B. eines Stadtteilzentrums, seien sie auch noch so offen und transparent gestaltet, haben keine breite Inklusionswirkung; genauso wenig wie Plätze, die von bestimmten sozialen Gruppen dominiert werden, seien es nun Jugendliche aus einem Problemkiez oder die adrett gekleideten Besucher einer *Soirée*. Das Gegenbeispiel bilden Orte, von denen bekannt ist, dass sie Treffpunkte zum Austausch verschiedener Erfahrungen sind, sich hier Leute kennenlernen, es aber nicht (allein) auf milieuspezifische Authentizität ankommt.

Solche Orte bilden sich selbstredend eher an Knotenpunkten, etwa von Geschäften, Gastronomie, Verkehrsanschlüssen etc. So gesehen, laufen an solchen lebendigen Orten in der Regel verschiedene Netze zusammen. Die Institutionalisierung kann ebenso entscheidend sein, wenn z.B. ein besetztes Haus durch die Einrichtung eines Kulturzentrums in Verantwortung eines Trägervereins den Bestand eines Ortes mit erheblicher Inklusionswirkung sichert, während durch mangelnde Einbindung in das institutionelle Geflecht einer Kommune ein solcher Ort seine Zugänglichkeit schnell verlieren kann, sobald eine Überführung in privaten Besitz ansteht und eine Räumung nicht verhindert werden kann.

Auch hier kann das Fehlen funktionierender *Netze* – nicht selten unter dem Stichwort »öffentliche Infrastruktur« diskutiert – deutlich machen, welche Bedeutung diese für die inklusive Wirkung von öffentlichem Raum haben. Bei den Netzen muss es gar nicht immer die volle Exklusion sein, die zum Problem wird; es genügt eine hohe Zugangshürde, also beispielswei-

---

13 Ähnliches besagt auch der Erste Bericht Zukunftsforum Gesellschaft. Bündnis 90/Die Grünen (2011), a.a.O., 23: »Ausschlaggebend für sozialen Ausschluss ist jedoch in der Regel der Ausschluss von öffentlichen Gütern bzw. aus den entsprechenden, öffentlichen Institutionen. Deshalb muss hier die strategische Priorität einer Politik der Verteilungsgerechtigkeit liegen.«

se der Aufwand, den es bedeutet, öffentliche Einrichtungen erreichen und nutzen zu können. Daher sind gemeinsam genutzte Netze auf ihre inklusive Wirkung hin zu prüfen, z.B. ob sie barrierefrei sind. Das muss sich keineswegs auf die Frage nach Barrieren im engeren Sinne beschränken, ob etwa ein Verkehrsmittel für gehbehinderte Menschen ungeeignet ist, sondern kann genauso das Funktionieren der Müllabfuhr (ein bekanntes Gegenbeispiel wäre Neapel) oder die Sicherheit beim nächtlichen Fahren mit der U-Bahn einbeziehen. Netze sind außerdem nicht ohne Orte denkbar, an denen sie lokalisierbar sind, erreicht, erweitert, gepflegt werden können. Damit ist der wichtige Aspekt ihrer politischen Gestaltung aber zugleich angesprochen. Denn ohne einen Status als System, das als Verkehrssystem, Hochschulsystem etc. institutionalisiert ist, wären die Netze nicht für eine politische Gestaltung zugänglich.

Auf der Ebene der *Systeme* geht es um die Zugänglichkeit öffentlicher Dienstleistungen, also beispielsweise um eine Versorgung mit Kita-Plätzen am jeweiligen Wohnort, für die verschiedenen Lebenslagen, in denen eine adäquate Unterstützung nachgefragt und angeboten werden kann, z.B. durch zivilgesellschaftliche Beratungseinrichtungen. Politische Institutionen spielen hier eine ganz entscheidende Rolle (Parteien, Verbände, Bürgerforen u.a.). Als öffentlicher Raum lassen sich diese Institutionen deshalb bezeichnen, weil sie die Interaktion von Bürgerinnen und Bürgern strukturieren. Institutionen können so als eine verrechtlichte Form der lebendigen Bezugsgewebe verstanden werden.

Politisch stellt sich gerade auf dieser Ebene die Frage der Zugänglichkeit und im übertragenen Sinne der Barrierefreiheit.[14]

Systeme können die Inanspruchnahme öffentlicher Dienstleistungen ermöglichen oder verhindern. Sozialpolitik muss sich daher mit einer differenzierten Strategie über die Zustände von radikalem Ein- und Ausschluss Gedanken machen sowie über eine Erleichterung von Zugängen bzw. den Abbau von Hürden. Dazu gehören beispielsweise Fragen bzgl. der Zugänglichkeit zum aktiven und passiven Wahlrecht mittels einer Staatsbürgerschaft.[15]

Die Frage der Inklusion stellt sich ebenfalls dann, wenn die Arbeit von Parteigremien »öffentlich« ist, also jeder und jede im Prinzip daran mitwirken oder zumindest in diese Einsicht nehmen könnte, aber die Hürden eines formalen Sitzungsgebarens, eines »dresscodes«, des Tagungsortes, der

14 Vgl. ebd., 141: Die Qualität bei Institutionen sei über die »Gewährleistung von Zugängen« zu bestimmen.

15 Vgl. dazu im vorliegenden Band den Beitrag von Robin Celikates.

Abkürzungen etc. eine Partizipation erheblich erschweren. Solche Barrieren für Partizipation spiegeln, weshalb empirische Befunde (in Bezug auf die Wahlbeteiligung) in Deutschland von einer sozial gespaltenen Demokratie sprechen.[16]

Es ist dazu noch einmal in Erinnerung zu rufen, dass öffentlicher Raum insbesondere durch die lebendige Interaktion von Bürgerinnen und Bürgern zum Vorschein kommt. Hier wird deutlich, worin das Problem liegt, wenn die soziale Zusammensetzung kaum eine Begegnung von verschiedenen sozio-kulturellen Hintergründen erlaubt. An vielen Stellen sind in diesem Zusammenhang private Netzwerke eine Alternative zu Institutionen. Damit kann in gewisser Weise eine intensive Form von Inklusion realisiert werden. Fraglich ist allerdings, ob sich in diesen Aktivitäten auch eine öffentlich-politische Seite findet. Eine Privatisierung von Politik und Politikformen kann das institutionelle Gewebe nicht ersetzen, weil sich nur in diesem die Verbindung von Gesellschaft und Gesetzgebung sinnvoll knüpfen lässt. Dagegen gibt es Netzwerke in Communities, Unternehmen und Bewegungen, die beim Fehlen allgemein zugänglicher Institutionen in besonderem Maße exklusive Wirkungen entfalten: Die berüchtigten Männerbünde oder einfach Vitamin-B zeigen beispielsweise, dass öffentlicher Raum sich nicht allein auf Netzwerke stützen darf, um inklusive Wirkung zu entfalten. Es bedarf dazu z.B. geschlechterparitätischer Besetzungen von Gremien, um Zugänge zu ermöglichen.[17]

Soll die Vielfalt als strukturelles Moment öffentlicher Räume zur Geltung kommen, dann wird es allerdings auch zum Problem, wenn Institutionen an bestimmten Orten keine repräsentative Kraft entfalten können, also wenn z.B. die Polizei in einem wegen Migration mit türkischer Muttersprache geprägten Stadtteil selbst kaum Polizeikräfte hat, die Türkisch beherrschen. Das gilt genauso für die Geschlechterzusammensetzung von Grundschulkollegien und für die Reinigungskräfte in öffentlichen Parks, die oft einen erkennbaren Migrationshintergrund haben. Und das gilt nicht zuletzt auch für politische Institutionen, die etwa in der Zusammensetzung ihres Spitzenpersonals zu selten die gesellschaftliche Pluralität darstellen.

Öffentliche Räume können also eine inklusive Wirkung entfalten. In der Politik muss aber auf mehreren Ebenen gleichzeitig überlegt werden, wie sozialpolitische Maßnahmen inklusiv wirken. Einige Individualtransfers in den

---

16 Vgl. dazu im vorliegenden Band den Beitrag von Robert Vehrkamp.
17 Vgl. dazu im vorliegenden Band den Beitrag von Petra Ahrens.

Sozialsystemen können beispielsweise einen negativen Saldo in puncto Inklusion aufweisen. Ein besonders deutliches Beispiel wäre hier die Maßnahme des sogenannten Betreuungsgeldes, das im Verdacht steht, insbesondere Kinder und Eltern eines bestimmten, eher sozial schwachen Milieus vom Besuch einer Kita fernzuhalten. Angenommen diese Befürchtung trifft zu, so mag es sich zwar immer noch um eine Maßnahme handeln, die sich als finanzielle Unterstützung von Familien rechtfertigen lässt, in Bezug auf öffentlichen Raum erscheint sie aber als problematisch. Bei engen finanziellen Spielräumen der öffentlichen Haushalte lässt sich argumentieren, dass dieses Geld in Kinderbetreuungseinrichtungen fehlt. Beispielsweise kann eine Kita Begegnungsort für Eltern und Kinder sein, ein Netz von Betreuung und Beratung und eine Institution der Erziehung, mit anderen Worten: lebendiger und erfahrbarer öffentlicher Raum. Das Beispiel dieses Politikfeldes verdeutlicht durch seine Verflechtung der Zuständigkeiten von Bund, Ländern und Kommunen allerdings auch, wie kompliziert koordinierte Programme in dieser Hinsicht zu entwickeln sein dürften. Sozialpolitik, die auf Individualtransfers wie das Betreuungsgeld setzt, scheint so leichter umzusetzen als eine Politik, die ihr Augenmerk auf die Wirkung von Maßnahmen im öffentlichen Raum legt. Es muss daher noch anders für die Wirksamkeit von Inklusion argumentiert werden, damit eine solche Strategie nicht zwischen den verschiedenen Ebenen zerfällt. Deshalb sollten institutionelle Transfers gerade ökonomisch Benachteiligten zugutekommen, denen andere Zugänge nicht offen stehen. Gleichzeitig sollte aber eine von vielen finanzierte öffentliche Infrastruktur für alle greifbar werden, nicht zuletzt für diejenigen mit höherem Steueraufkommen.

Das obige Beispiel beleuchtet nämlich zunächst, wie der öffentliche Raum eine andere Dimension der Wirksamkeit von sozialpolitischen Maßnahmen zeigt: Lebendige Orte, funktionierende Netze und partizipative Institutionen bilden die normativ geforderten Zugänge aus. Es gibt aber mutmaßlich andere Inklusionseffekte in einer funktionierenden Kita (auch für Eltern, und zwar jedes Steueraufkommens), wenn eine Betreuung als öffentliche Dienstleistung in Anspruch genommen wird, nicht als private Dienstleistung. Das gilt beispielsweise auch für eine gut ausgestattete Stadtbibliothek, durch die Inklusion in Ort, Netz und Institution wahrscheinlicher sind als z.B. durch Individualtransfers über Bildungsgutscheine für bedürftige Kinder.

Dem möglichen Einwand, dass es sich um einen Versuch handelt, vor allem den Staat ins Spiel zu bringen, lässt sich so begegnen, dass öffentlicher

Raum gerade nicht als ein Produkt zentraler Steuerung gelten kann, sondern nur dort lebendig ist und damit inklusiv wirksam, wo es um die »Kollaboration« (Terkessidis) mit Bürgerinnen und Bürgern geht. Die inklusive Wirkung insbesondere öffentlicher Institutionen ist mehr als ein Mitnahmeeffekt. Eine solche »Kollaboration« der öffentlichen Institutionen mit den Bürgerinnen und Bürgern sollte gerade als eine sozialpolitische Strategie für ein anspruchsvolles Konzept von Inklusion verstanden werden. Partizipation und Transparenz gelten daher mit Recht als Schlüssel zur Inklusion. Unter diesem Leitsatz müssen Autonomie und Binnenorganisation von Institutionen gefördert werden. Das bedeutet, dass öffentlicher Raum in seinem Bestand von der Einbindung der Bürgerinnen und Bürger abhängt. Eine Sozialpolitik sollte daher in der Gestaltung gemeinsamer Räume effektiv auf demokratische und kulturelle Teilhabe möglichst aller abzielen. Aktivierend ist eine solche Sozialpolitik dann nicht im Sinne der Anstrengung von Ausgeschlossenen zur Verbesserung ihrer Situation, wie das in den Debatten zur aktiven Arbeitsmarktpolitik durchklang, sondern wenn sich Politik als eine Anstiftung zur Teilhabe versteht.

Möglicherweise lässt sich über die Frage nach öffentlichem Raum so eine neue Dimension sozialer Fragen eröffnen, die quer zu den Fragen der Verteilung von Wohlstand und Chancen liegt. Unter anderem ist hier die Frage entscheidend, ob Steuern und Abgaben in greifbarer Gestalt denjenigen, die für sie aufkommen, alltäglich in ihrer Umwelt, in einem öffentlichen Raum, wieder begegnen. Das gelingt aber nur, wenn Bürgerinnen und Bürger einerseits dem eigenen Tun und Lassen auch eine öffentliche Dimension beimessen, die über ihre privaten oder familiären Interessen hinausreicht. Darüber entscheidet andererseits bei den Erfahrungen mit Institutionen die Transparenz von Verfahren und Wirksamkeit von demokratischer Mitbestimmung. Es muss politisch gelingen, insbesondere eine bürgerliche Mittelschicht zu überzeugen, dass eine Erfahrung von Inklusion an den lebendigen Beziehungen von Menschen hängt – entsprechend müssen Orte geschaffen werden, die eine inklusive Wirkung haben, an denen diese Beziehungen entstehen und sich stabilisieren können. Zugleich braucht es bürgerschaftliches Engagement in politischen Institutionen. Daher gilt es auch, abgekoppelte Milieus jenseits der genannten Schicht zu einer Öffnung zu motivieren und keinen Gegensatz aufzubauen von Staat und Parteien einerseits sowie zivilgesellschaftlichem Engagement andererseits.

Eine Strategie der Inklusion muss dementsprechend ein Gespür für diese Wirkung von Maßnahmen entwickeln, eine Sensibilität für Inklusion und

Exklusion. Dies könnte als eine »soziale Haptik« bezeichnet werden. Das meint zum einen die Erfahrung und Greifbarkeit von öffentlichem Raum, zum anderen eine Reflexion darüber, wie sich das Wissen um diese Erfahrung in eine sozialpolitische Strategie der Inklusion überführen lässt. Eine solche Strategie muss sich dann wiederum ausdifferenzieren lassen: Was folgt für die drei Ebenen aus den Überlegungen sozialpolitisch?

Erstens ergibt sich in Bezug auf die Sozialsysteme der Schluss, dass Investitionen in Dienstleistungen gegenüber Individualtransfers priorisiert werden sollten, und zwar in einem Verhältnis von Zweidritteln zu einem Drittel Individualtransfers.[18]

Zweitens sollte bei den Orten besonderes Augenmerk auf die sozio-kulturelle Durchmischung gelegt und eine Diversität von Orten erhalten werden.

Drittens müssen dementsprechend Netze auf eine breite und dezentrale Versorgung ausgerichtet werden.

Für einzelne sozialpolitische Maßnahmen kann das bedeuten, sie auf eine Art Inklusionsüberschuss hin zu testen, d.h. neben einer Verteilungswirkung immer auch zu fragen, ob sie darüber hinaus Prozesse der Inklusion befördern. Dafür, so sollte deutlich geworden sein, muss eine sozialpolitische Strategie argumentativ herausarbeiten, warum vor allem die Investitionen in öffentliche Infrastruktur mehr sind als ein Faktor für einen Wirtschaftsstandort oder die Gewährleistung von sozialen Standards. Solche Investitionen in öffentliche Infrastruktur versprechen zwar keine »blühenden Viertel« oder die automatische Belebung von öffentlichen Institutionen. Es lässt sich aber die Priorisierung bei den staatlichen Ausgaben dadurch legitimieren, dass ein Rahmen geschaffen wird, in dem die Möglichkeiten von Inklusion entstehen, sobald Bürgerinnen und Bürger sie ihrerseits annehmen.

---

18 Dazu auch Bündnis 90/Die Grünen (2011), a.a.O., 33: »Unsere teilhabeorientierte Politik einer gezielten Stärkung öffentlicher Institutionen schlägt sich auch in einer klaren Priorisierung auf der Ausgabenseite im Verhältnis 2:1 nieder: Neben möglichen Umschichtungen im Haushalt wollen wir für jeden zusätzlichen Euro für Individualtransfers zwei zusätzliche Euro in öffentliche Infrastruktur investieren, die die Teilhabe aller an den zentralen öffentlichen Gütern ermöglicht.«

Räume der Begegnung – schichten- und milieuübergreifend

Politisch lässt sich die Frage nach dem öffentlichen Raum noch einmal zuspitzen. Dabei muss vor allem nach einem öffentlichen Raum gefragt werden, in dem schichten- und milieuübergreifende Begegnungen von Menschen möglich und wahrscheinlich werden. Dem stehen praktisch in der Regel die Zugangshürden von vielen Institutionen und Netzen sowie gentrifizierte Orte und segregierte Städte entgegen. Darüber, wie diese Zugänge entstehen, lässt sich allerdings streiten, und zwar auch dann, wenn das emanzipatorische Ziel einer solchen Politik im Prinzip unstrittig ist.

Eine Strategie der Inklusion sollte davon ausgehen, dass sich grob zwei Vorstellungen unterscheiden lassen, wie Inklusion zu realisieren ist: zum einen die einer Identitätspolitik, bei der bestimmte Milieus und Schichten eine Identität in relativ geschützten Szenestadtteilen, Cafés, Vereinen etc. ausbilden und auf diese Weise ein Netz von Inklusionen wachsen lassen. Daran schließen vor allem zivilgesellschaftliche Bewegungen an, die z.B. in ihrem Viertel etwas bewegen wollen. Zum anderen gibt es die Vorstellung einer Politik der öffentlichen Institutionen, die versucht durch (häufig staatliche) Maßnahmen allgemeine Grundlagen des Zusammenlebens in einer politischen Gemeinschaft entlang der drei vorgestellten Ebenen bereitzustellen. An diese Vorstellung schließen vor allem Parteien an.

Soviel vorweg: Eine sozialpolitische Strategie muss zwischen diesen zwei Polen von Identitätspolitik und institutioneller Politik vermitteln.

Zunächst aber zum Konflikt dieser zwei Ausrichtungen, um den es geht: Einerseits scheint es zumindest teilweise ein Zusammenfallen von Identitätspolitik und Individualtransfers zu geben, die eine möglichst große Autonomie der individuellen und milieuspezifischen Selbstorganisation annehmen; und andererseits eine Sozialpolitik, die öffentliche Infrastruktur mit dem Ziel der Stärkung öffentlicher Institutionen finanzieren will. Dass sich diese Optionen nicht kategorisch ausschließen, dürfte leicht ersichtlich sein, sofern auch Identitätspolitik von öffentlicher Infrastruktur abhängt und Institutionen durch zivilgesellschaftliche Impulse belebt werden müssen.

Für die dennoch unumgängliche Frage nach den Prioritäten jeder Sozialpolitik in puncto Finanzierung bedeutet das allerdings eine Verschiebung: Institutionelle Transfers sollten, wie gesagt, gegenüber Individualtransfers priorisiert werden, weil ihre Inklusionswirkung in der Regel höher einzuschätzen ist. Auch Individualtransfers können Milieus ermöglichen, in denen sich Identitätspolitiken ausformen, die jeder vielfältigen Gesellschaft innewohnen. Dadurch besteht aber ein gewisses Spannungsverhältnis zwischen der Autonomie von Milieus einerseits und der Sorge um eine allgemeine Zugänglichkeit andererseits.

Mit Blick auf die unterschiedlichen Milieus einer Gesellschaft scheint insbesondere den Orten, die relativ kleine Gewebe von menschlichen Bezügen bilden, eine besondere Rolle zuzukommen. Sie wirken unter Umständen wie ein Laboratorium, in dem sich die Identitäten von neuen Lebensformen autonom entwickeln können, in denen Modi der Interaktion im Kleinen erprobt werden und Initiativen entstehen. Eine solche Identitätspolitik ist in einer liberalen Gesellschaft selbstredend nicht nur legitim, teilweise kann sie sogar wie ein Laboratorium für die Institutionen von Staaten wirken. Dafür lohnt es sich zu vergegenwärtigen, dass schwer greifbare Institutionen wie Sozialversicherungen letztlich auf Solidarität beruhen, von der erst in der konkreten Betroffenheit von Arbeitslosigkeit oder in der Situation von Flüchtlingen klar wird, wann sie fehlt oder greift. Die primäre Erfahrung von Solidarität und ähnlicher Modi der Interaktion dürfte daher in Netzwerken liegen, die sich tatsächlich aus Kontakten in Milieus ergeben. Das mag auch erklären, weshalb wir von Kommunen als »Orten der Staatlichkeit«[19] sprechen können.

Diese sind damit jedoch noch keineswegs automatisch inklusiv im Sinne einer Vielfalt der Gesellschaft. Das Gegenteil kann der Fall sein: Sie können segregieren durch sich abschottende Milieus. Am Wohnort ergibt sich damit in der Regel schon unterhalb der Ebene einer Kommune ein Geflecht verschiedener Orte, die für Individuen und Gruppen eine inklusive oder exklusive Wirkung entfalten.

Wenn das zutrifft, dann wird es politisch nicht genügen, sich auf die Identitätspolitik politischer Milieus zu verlassen, die Inklusion schon besorgen werden. Denn es steigt mit der Staatsferne und der Betonung von Autonomie noch nicht unbedingt die Inklusivität, etwa für bildungsferne und ökonomisch benachteiligte Schichten. Im Gegenteil: Szenecodes können alternative Milieus mit Bildungsnähe und Plattenbausiedlungen mit eher bildungsfernen Einwohnerinnen und Einwohnern voneinander segregieren und zu einer Parallelexistenz ohne gemeinsame Bezüge führen. Damit dürfte auch klar sein, dass eine ausbleibende Durchmischung der sozialen Schich-

---

19 Vgl. im vorliegenden Band den Beitrag von Berthold Vogel.

ten und kulturellen Milieus nicht nur in Parteien und ähnlichen Institutionen ein Problem wäre.

Es muss sich deshalb hier die kritische Frage anschließen, inwieweit öffentliche Räume überhaupt die Vielfalt von Bürgerinnen und Bürgern gegenwärtig aufnehmen. Aus Sicht der Identitätspolitik müsste die kritische Rückfrage an die Institutionen im öffentlichen Raum dementsprechend lauten, ob diese »fit« sind für Vielfalt,[20] ob sie neue, bisher unbekannte, fremde Personen, Einflüsse, Bewegungen aufnehmen können, ohne a priori eine Anpassung als Eintrittsbedingung zu stellen.[21]

Wie gesagt, ist es um die inklusive Wirkung von vielen Institutionen sicherlich nicht gut bestellt. Andersherum müssen sich auch Milieus, um Inklusion zu entfalten, von einer Identitätspolitik in Reinkultur verabschieden. Solche Milieus laufen z.B. Gefahr, soziale Probleme wie Gewalt auf Straßen, Plätzen und in Verkehrsmitteln zu bagatellisieren und Orte, an denen diese gehäuft vorkommen, in der Folge als Zone ohne staatliche Gängelung zu idealisieren. Damit kann eine angebliche Toleranz enorm exklusive Tendenzen entfalten. Dem wäre auf der Ebene politischer Steuerung insbesondere in Großstädten gezielt die Durchmischung entgegenzusetzen, etwa durch Instrumente wie den sozialen Wohnungsbau oder gebaute Freiräume für experimentelle Lebensformen.

Auf diese Weise kann ein Versuch unternommen werden, dem Anspruch einer »Politik für alle« gerecht zu werden. In Bezug auf eine sozialpolitische Strategie ist dazu aber noch ein anderer Aspekt zu bedenken: Wenn sich ein solches Politikangebot an alle Bürgerinnen und Bürger richtet, ist damit keineswegs gesagt, dass es auch von Bürgerinnen und Bürgern aller Schichten und Milieus gewählt und aktiv in Anspruch genommen wird. Es lässt sich erahnen, auf welche Widerstände eine solche Politik treffen könnte.

Zumindest zwei Einwände lassen sich gegen eine Strategie zur Öffnung von sozialen Räumen formulieren, die eigentlich ein und denselben Grund haben: Zum einen geht es um die aus Mittel- und Oberschicht zusammengesetzten Netzwerke. Diese stehen einer höheren Durchlässigkeit und der damit einhergehenden Durchmischung in den vor allem staatlichen Institutionen skeptisch gegenüber; sie reklamieren nicht selten Orte und Netze für sich (wie z.B. die Hamburger Elternproteste gegen ein gemeinsames längeres Lernen in den Schulen ihrer Kinder). Zum anderen sind die verschiedenen

---

20 Vgl. im vorliegenden Band den Beitrag von Mark Terkessidis.
21 Vgl. zur Rolle von einzelnen Personen den Beitrag von Terkessidis sowie den Verweis auf »best persons« bei: Ton von der Pennen, Best Persons, in: vhw FWS 2 / März-April 2013.

marginalisierten Gruppen der Gesellschaft zu nennen, die von sozialer Exklusion durch die Mehrheitsgesellschaft betroffen sind und sich durch eine autonom formulierte Identitätspolitik ihrerseits zu behaupten suchen. Beide Arten von Vorbehalten mögen ihre Berechtigung haben, eine Strategie der Inklusion sollten sie allerdings nicht blockieren.

Sind diese Schwierigkeiten einmal erkannt, muss sich Sozialpolitik vergegenwärtigen, wie eine »Politik für alle«[22] aussehen kann. Gemeint ist: *Wen* kann emanzipatorische Politik *auf welche Weise* für eine Strategie der Inklusion gewinnen, wenn die Ausgeschlossenen und diejenigen, die gegen diese Ausschlüsse votieren, nicht unbedingt dieselben Personen sind? Eine Politik, die Interessens- und Milieubefindlichkeiten direkt attackiert, wird auf wenig Zustimmung stoßen und muss unter Umständen mit erheblichem Gegenwind nicht zuletzt aus der eigenen Wählerschaft rechnen. Daraus folgt allerdings nicht gleich ein Dilemma von Identitätspolitik und Besitzstandwahrung versus politische Strategie einer Partei. Eine sozialpolitische Strategie sollte keinesfalls einfach auf die Beharrungskräfte einer Gesellschaft verweisen, die sich vermeintlich auf den Wahlzetteln zu Ungunsten solcher politischen Kräfte manifestieren. Vielmehr muss eruiert werden, wie Verfahren durch Partizipation und Transparenz eine Brücke zwischen der systemischen Rahmensetzung durch politische Steuerung und der konkreten Ausgestaltung vor Ort schlagen können.

Für die Überlegung, wie sich Mehrheiten finden ließen für eine solche Strategie der Inklusion, scheint dann aber ein anderes Argument noch bedeutsamer: Dürfte es nicht leichter fallen, diejenigen, die für die Einnahmen des Staates durch Steuern und Abgaben überproportional aufkommen, von einer Investition in öffentliche Infrastruktur zu überzeugen, wenn sich diese Investition in öffentlichen Räumen sichtbar manifestiert? Erfahrbare Räume, die Inklusion realisieren, scheinen dafür geeigneter als ein abstrakter Transfer von einem privaten Haushalt in einen anderen. Das heißt selbstverständlich nicht, dass diese Transfers damit obsolet wären. Die Forderung, von Transfers weitgehend abzurücken, wäre nicht nur unrealistisch, sondern auch sozialpolitisch falsch. Trotzdem sollte eine emanzipatorische Sozialpolitik mit Verve für eine Verschiebung zugunsten der institutionellen Transfers eintreten. Wenn es gelingt, einen institutionellen Rahmen zu schaffen, funktionierende Netze bereitzustellen und eine Vielfalt von Orten zu schützen, kann eine solche Politik, die auf öffentlichen Raum setzt, erfolgreich sein.

---

22 Bündnis 90/Die Grünen (2011), a.a.O., 133.

Neben dieser Verschiebung sollte eine politisch-institutionelle Strategie der Inklusion auch den Blick auf die Umsetzung in den politischen Institutionen wenden. Wird das Gebot des Zusammenwirkens mit den Bürgerinnen und Bürgern ernst genommen, dann sind die exklusiven Wirkungen auch und gerade von Parteien als Bindeglied zwischen Bevölkerung und Staat von zentraler Bedeutung. Das läuft auf die Öffnung dieser Organisationen hinaus, nicht in erster Linie, um Plattform für zivilgesellschaftliche Bewegungen zu sein, sondern um das Bezugsgewebe der politischen Akteure zu durchmischen. Die Formen, in denen Parteien dann öffentlich auftreten, und die Themen ihrer Programmatik müssen in dieser Hinsicht immer wieder erneuert und erweitert werden. Damit ist klar, dass Parteien sich keine Deutungshoheit darüber zuschreiben dürfen, was öffentlich und was privat ist. Zugleich muss aber das Bezugsgewebe von Institutionen, wie den Parteien, als eine legitime und wichtige Instanz gesellschaftlich anerkannt werden. Auch für diese Anerkennung wäre zu werben in Zeiten von grassierender Parteienverdrossenheit und in Anbetracht einer zunehmenden Privatisierung von Politik.

II
Von der Exklusion zur Inklusion:
Die soziale Frage als Frage
von Drinnen und Draußen

Exklusion: Ursprung, Debatten, Probleme

Janina Zeh

Ursprünge des Exklusionsparadigmas und erste Verwendung des Begriffs

Exklusion wird im Allgemeinen als Bedrohung des sozialen Zusammenhalts (soziale Kohäsion) diskutiert und ist somit eng mit der Grundfrage der Soziologie, nämlich der Frage nach der sozialen Ordnung, verbunden. Mit dieser Frage haben sich Klassiker der Soziologie in verschiedenster Form befasst und daher findet man bereits bei ihnen viele Hinweise zum Thema Exklusion, auch wenn sie den Begriff selbst noch nicht verwenden.

Der Begriff Exklusion tauchte zum ersten Mal im Frankreich der 1960er Jahre auf. Entscheidend wurde er durch das 1974 erschienene Buch *Les exclus – Un Français sur dix* von René Lenoir geprägt, Staatssekretär in der Regierung Jaques Chirac.[1] Diese erste Verwendung und die weitere Verbreitung des Begriffs standen weniger in einem akademischen als in einem politischen Zusammenhang.[2] Erst in den 1980er Jahren rückte der Begriff Exklusion durch die Erfahrungen der »Krise des Fordismus« und der daraus resultierenden Rückkehr und strukturellen Verfestigung der Massenarbeitslosigkeit stärker ins Zentrum der akademischen Diskussionen.[3]

---

1 Rudolf Stichweh: Inklusion/Exklusion, funktionale Differenzierung und die Theorie der Weltgesellschaft, in: *Soziale Systeme*, 3, H. 1, 1997, 123–136, 124.

2 Hilary Silver/Mary Daly: Social exclusion and social capital: A comparison and critique, in: *Theory and Society*, Vol. 37, No. 6, 2008, 537–566, 543.

3 Roland Anhorn: Zur Einleitung: Warum sozialer Ausschluss für Theorie und Praxis Sozialer Arbeit zum Thema werden muss, in: ders./Frank Bettinger/Johannes Stehr (Hg.), Sozialer Ausschluss und Soziale Arbeit. Positionsbestimmungen einer kritischen Theorie und Praxis Sozialer Arbeit, Wiesbaden 2008, 13–48, 33. Martin Kronauer: Exklusion. Die Gefährdung des Sozialen im hoch entwickelten Kapitalismus, Frankfurt/M. und New York 2002, 41.

Akademische und politische Debatten um Exklusion

In Frankreich war und ist die akademische Diskussion um Exklusion durch eine starke Orientierung an Lohnarbeit und Arbeitsmarkt gekennzeichnet. Zentrale theoretische Überlegungen stammen von Robert Castel und Serge Paugam, die beide kritisch mit dem Exklusionsbegriff umgehen und ihn in letzter Konsequenz ablehnen. Castel beschreibt in *Die Metamorphosen der sozialen Frage* die Entwicklung der Lohnarbeit als Entwicklung und Krise der organischen Solidarität, d.h. einer Form der Solidarität, die auf sozialer Arbeitsteilung basiert. Er interpretiert reguläre, sozial abgesicherte und stabile Erwerbsarbeit als »irreduzible[n] Integrationsanker«[4], jedoch nimmt er an, dass für einen immer größer werdenden Teil der Erwerbsbevölkerung die »Identität durch Arbeit«[5] verloren gegangen ist. Er geht von einer starken Korrelation zwischen dem innerhalb der gesellschaftlichen Arbeitsteilung eingenommenen Platz einerseits und der Teilhabe an den Netzen der primären Sozialbeziehungen sowie den sich daran anschließenden Sicherungssystemen andererseits aus. Daraus abgeleitet entwickelt er drei Zonen sozialer Kohäsion: die Zone der Integration, der Verwundbarkeit und der Entkopplung.[6] Castel weist damit den Begriff der Exklusion zurück, da es nach ihm für Menschen unmöglich ist, außerhalb gesellschaftlicher Bezüge zu leben. Er verwendet stattdessen den Begriff »désaffiliation«, d.h. Ausgliederung, Entkopplung.[7] Entkopplung droht vor allem jenen, die für den wirtschaftlichen Wettbewerb nicht qualifiziert sind. Für Castel ist es zentral, »das *Kontinuum von Positionen* zu rekonstruieren, durch das die ›drinnen‹ und die ›draußen‹ verbunden sind, und die Logik zu erfassen, nach der die ›drinnen‹ die ›draußen‹ produzieren«.[8] Exklusion ist somit »eine Form negativer Diskriminierung, die nach strengen Regeln konstruiert ist«.[9]

---

4 Klaus Kraemer: Prekäre Arbeit – Ein Problem sozialer Integration? In: Pascale Gazareth/Anne Juhasz/Chantal Magnin (Hg.), Neue soziale Ungleichheit in der Arbeitswelt, Konstanz 2007, 127–143, 128.

5 Robert Castel: Die Metamorphosen der sozialen Frage. Eine Chronik der Lohnarbeit, Konstanz 2000, 360.

6 Ebd., 13, 360ff.

7 Vgl. Robert Castel: Nicht Exklusion, sondern Desaffiliation. Ein Gespräch mit François Ewald, in: *Das Argument*, 38, 1996, 775–780.

8 Robert Castel: Die Fallstricke des Exklusionsbegriffs, in: Heinz Bude/Andreas Willisch (Hg.), Exklusion. Die Debatte über die »Überflüssigen«, Frankfurt/M. 2008, 69–86, 73 (Hervorhebungen im Original).

9 Ebd., 83.

Stärker in der Tradition der Armutsforschung verwurzelt, entfernt sich Paugam ebenso wie Castel vom Begriff der Exklusion. Er arbeitet mit dem Konzept der sozialen Disqualifizierung, das sich »auf den Prozess der Verdrängung breiter Kreise der Bevölkerung vom Arbeitsmarkt [richtet] und die Erfahrungen, die im Rahmen des Fürsorgebezugs [...] gemacht werden«.[10] Soziale Disqualifizierung ist für ihn ein Prozess mit unterschiedlichen Phasen, die sich aneinanderreihen und in Situationen extremer Deprivation enden können, jedoch nicht irreversibel sind.[11] Disqualifizierende Armut zeichnet sich nach ihm durch ein kollektives »Bewusstwerden des Phänomens der ›Neuen Armut‹ oder der ›Ausgrenzung‹« und durch eine kollektive Furcht vor dem Ausgrenzungsrisiko aus.[12] Da die Angst, ausgegrenzt zu werden, vor allem Menschen im Erwerbsalter betrifft, stellt Paugam die Hypothese auf, dass diese Angst besonders durch die Furcht vor Arbeitslosigkeit und prekärer Beschäftigung genährt wird.[13] Während für Castel Ausgrenzung am Arbeitsmarkt praktisch eine notwendige Bedingung für Exklusion – besser: Entkopplung – ist, nimmt Paugam an, dass auch Menschen, die stabile Arbeitsplätze besitzen, ausgegrenzt sein können.[14]

Den deutschsprachigen Raum erreichte der Exklusionsbegriff mit einer gewissen zeitlichen Verzögerung. Es war nicht zuletzt Niklas Luhmann, der das Thema Mitte der 1990er Jahre erneut aufgriff und ihm damit zu seinem Durchbruch verhalf. Luhmann distanziert sich unter dem Eindruck seiner Besuche der Favelas südamerikanischer Großstädte von der Annahme der Vollinklusion durch funktionale Differenzierung.[15] Die Systemtheorie büßte jedoch bald ihre zentrale Stellung in der deutschsprachigen Debatte um Exklusion ein, und es waren insbesondere Autorinnen und Autoren aus den Bereichen der Ungleichheits- und Armutsforschung, die die Diskussion weiter vorantrieben. Ein zentraler Autor in diesem Kontext ist Martin Kronau-

---

10 Serge Paugam: Die elementaren Formen der Armut, Hamburg 2008, 214.
11 Serge Paugam: Armut und soziale Exklusion: Eine soziologische Perspektive, in: Hartmut Häußermann/Martin Kronauer/Walter Siebel (Hg.), An den Rändern der Städte. Armut und Ausgrenzung, Frankfurt/M. 2004, 71–95, 74.
12 Paugam 2008, a.a.O., 114, 213ff.
13 Ebd., 222.
14 Serge Paugam: The Spiral of Precariousness: A multidimensional approach to the process of social disqualification in France, in: Graham Room (Hg.), Beyond the threshold. The measurement and analysis of social exclusion, Bristol 1995, 49–79, 66.
15 Niklas Luhmann: Jenseits von Barbarei, in: Max Miller/Hans Georg Soeffner (Hg.), Modernität und Barbarei. Soziologische Zeitdiagnose am Ende des 20. Jahrhunderts, Frankfurt/M. 1996, 219–230, 228.

er. Für ihn sind die beiden Modi gesellschaftlicher Zugehörigkeit »Interdependenz« und »Partizipation«.[16] Interdependenz umfasst die Einbindung in familiäre und anderweitige soziale Netze sowie die Einbindung in die gesellschaftlich anerkannte Arbeitsteilung. Partizipation umfasst die drei Dimensionen materielle, politisch-institutionelle und kulturelle Teilhabe. Interdependenz und Partizipation gingen nach dem Zweiten Weltkrieg eine bis dahin nicht gekannte Verbindung ein, die jedoch durch die »Krise des Fordismus« massiv in Frage gestellt wurde. Im Inneren des Geltungsbereichs von Staatsbürgerrechten sind infolgedessen Kämpfe darüber entbrannt, wie sich Interdependenz und Partizipationsrechte in Zukunft zueinander verhalten sollen.[17]

Für die mehrdimensionale Betrachtung des Exklusionskonzepts sowie dessen empirische Überprüfung setzt sich insbesondere Petra Böhnke ein, die drei Dimensionen sozialer Ausgrenzung vorschlägt. *Erstens*, eine distributionale beziehungsweise materielle Dimension; *zweitens*, eine relationale beziehungsweise partizipatorische Dimension; *drittens*, eine subjektive Dimension. Diese dritte Dimension ist wichtig, weil Exklusion individuell erfahren wird und Wahrnehmungen sowie Bewertungen die Lebens- und Handlungsweisen von Individuen entsprechend strukturieren.[18]

In der sozialpolitischen Diskussion um Exklusion ist ein europäischer Bezugsrahmen dominant. Der Kampf gegen Exklusion fand gesonderte Erwähnung in der Präambel der Sozialcharta der Europäischen Union (EU) und ist seitdem wichtiger Bestandteil der europäischen Sozialpolitik.[19] Ab Ende der 1980er Jahre förderte die Europäische Kommission vermehrt Studien und Programme zur Vermeidung von Exklusion. Problematisch ist, dass in der EU-Politik häufig vom Kampf gegen Exklusion gesprochen wird, auch wenn es sich lediglich um Maßnahmen gegen Armut und Arbeitslosigkeit

---

16 Kronauer (2002), a.a.O., 151ff.

17 Ebd., 117f.

18 Petra Böhnke: Am Rande der Gesellschaft – Risiken sozialer Ausgrenzung, Opladen 2006, 88. Dies.: Die exklusive Gesellschaft. Empirische Befunde zu Armut und sozialer Ausgrenzung, in: Stefan Sell (Hg.), Armut als Herausforderung. Bestandsaufnahme und Perspektiven der Armutsforschung und Armutsberichterstattung, Berlin 2002, 45–64.

19 Jos Berghman: Social Exclusion in Europe: Policy Context and Analytical Framework, in: Graham Room (Hg.), Beyond the threshold. The measurement and analysis of social exclusion, Bristol 1995, 10–28, 10f.

handelt.[20] Die EU-Politik betrachtet Arbeit somit nach wie vor als zentrales Integrationsmedium, was jedoch problematische Züge bergen kann, wenn hierdurch beispielsweise die Ausbreitung prekärer Beschäftigung gerechtfertigt und weitere zentrale Partizipationsbereiche ausgeklammert werden.

Probleme des Exklusionsbegriffs

Wie sich bereits abzeichnet, ist der Exklusionsbegriff problembelastet. Das *erste Problem* liegt in der Unklarheit darüber, was mit Exklusion genau bezeichnet ist. Durch den Mangel an theoretischer Präzision, der auch beim Versuch einer empirischen Umsetzung beziehungsweise Messung des Konzepts zutage tritt, bleibt die Abgrenzung des Exklusionsbegriffs vom klassischen Armutsverständnis eine offene Frage. Die Beantwortung der Frage wird zudem dadurch erschwert, dass die Definition von Exklusion an den sozialstaatlichen Versorgungscharakter des jeweiligen Landes und die dort vorherrschenden Diskurse gebunden ist.[21]

Das *zweite Problem* betrifft die sogenannte »Diskontinuitätsannahme«. Diskontinuität meint in der Exklusionsdebatte eine zweigeteilte (dichotome) Unterscheidung von »Dazugehören« und »Nichtdazugehören«. Kronauer bezeichnet die Diskontinuitätsannahme als eine »paradoxe Vorstellung einer Innen-Außen-Spaltung der Gesellschaft«.[22] Zum einen stehen selbst Personen, die besonders scharfen Diskriminierungen und Benachteiligungen ausgesetzt sind, immer noch in vielfältigen sozialen Bezügen.[23] Ein komplettes Herausfallen aus allen gesellschaftlichen Bezügen findet, besonders in hoch entwickelten kapitalistischen Gesellschaften, nicht statt.[24] Zum anderen verstellt die analytische Trennung nach Inkludierten und Exkludierten

20 Ruth Levitas: The concept of social exclusion and the new Durkheimian hegemony, in: Critical Social Policy, 16, 1996, 5–20.

21 Böhnke (2002), a.a.O., 48.

22 Martin Kronauer: Die Innen-Außen-Spaltung der Gesellschaft. Eine Verteidigung des Exklusionsbegriffs gegen seinen mystifizierenden Gebrauch, in: Sebastian Herkommer (Hg.), Soziale Ausgrenzungen. Gesichter des neuen Kapitalismus, Hamburg 1999, 60–72, 62.

23 Oliver Callies: Konturen sozialer Exklusion, in: Heinz Bude/Andreas Willisch (Hg.), Exklusion. Die Debatte über die »Überflüssigen«, Frankfurt/M. 2008, 261–284, 264.

24 Hilary Silver: Social Exclusion, in: Encyclopedia of Sociology, Oxford 2006, 4411–4413, 4411.

den Blick auf den Konflikt zwischen ihnen. Daher bleibt auch unbeachtet, wie das »Draußen« durch das »Drinnen« produziert wird. Weiterhin läuft eine dichotome Einteilung Gefahr, das »Drinnen« zu idealisieren und Probleme auf das »Draußen« zu verlagern.[25] Dies geht häufig mit einer Defizithypothese über die Menschen draußen und mit einer Be- und Verurteilung dieser einher, beispielsweise als »bedingt gesellschaftsfähig«.[26]

Als *drittes Problem* erhält der Begriff Exklusion seine Bedeutung durch den Bezug auf sein Gegenbild, d.h. durch die normative Vorstellung davon, was Zugehörigkeit zu einer Gesellschaft bedeutet.[27] Besonders in der Systemtheorie, aber auch in anderen Theorietraditionen, gilt Inklusion geradezu als logisches Gegenteil der Exklusion. Jedoch wird auch der Inklusionsbegriff von verschiedenen Seiten kritisch hinterfragt. Hilary Silver und Mary Daly beispielsweise betonen, dass Inklusion implizieren kann, sich an Praktiken und Werten von Gruppen assimilieren zu müssen.[28] Weiterhin ist Inklusion nach Silver gewöhnlich ein Euphemismus für die Wiedereingliederung der Arbeitskraft.[29] Dagegen existieren auch Vorstellungen von Inklusion, wie die von Jürgen Habermas, die sich strikt gegen jede Form von Uniformität richten. Inklusion heißt für ihn, dass sich »das politische Gemeinwesen offenhält für die Einbeziehung von Bürgern jeder Herkunft, ohne diese *Anderen* in die Uniformität einer gleichgearteten Volksgemeinschaft einzuschließen«.[30]

Fazit: Welcher Begriff von Exklusion?

Aus den dargestellten Problemen des Exklusionsbegriffs lässt sich folgende Arbeitsdefinition von Exklusion ableiten:

---

25 Anhorn (2008), a.a.O., 25f.

26 Helga Cremer-Schäfer: Situationen sozialer Ausschließung und ihre Bewältigung durch die Subjekte, in: Roland Anhorn/Frank Bettinger/Johannes Stehr (Hg.), Sozialer Ausschluss und Soziale Arbeit. Positionsbestimmungen einer kritischen Theorie und Praxis Sozialer Arbeit, Wiesbaden 2008, 162–178, 162.

27 Martin Kronauer: »Soziale Ausgrenzung« und »Underclass«: Über neue Formen der gesellschaftlichen Spaltung, in: *Leviathan. Zeitschrift für Sozialwissenschaft,* 25, 1997, 28–49, 36.

28 Silver/Daly (2008), a.a.O., 556.

29 Silver (2006), a.a.O., 4413.

30 Jürgen Habermas: Die postnationale Konstellation. Politische Essays, Frankfurt/M. 1998, 112 (Hervorhebung im Original).

Erstens muss Exklusion als ein relationaler Begriff betrachtet werden. In Bezug auf soziale Teilhabe und Rechte stehen dabei Fragen zur Ressourcenverteilung, zu Interaktionsbeziehungen und zur Chancengleichheit im Zentrum.

Zweitens stellt Exklusion ein mehrdimensionales Phänomen dar, wobei der subjektiven Wahrnehmung von Exklusion eine besondere Rolle beigemessen wird.

Drittens ist Exklusion ein gradueller Prozess, d.h. eine klassisch dualistische Vorstellung von Exklusion ist durch eine dynamische zu ersetzen.

Ausgrenzung ist als Ausgrenzung *in* der Gesellschaft zu betrachten. Ziel politischer Bemühungen muss daher nicht Wiedereingliederung, sondern die Beseitigung ausgrenzender sozialer Verhältnisse sein.

»Ene, mene, muh und raus bist du«

Zur Kontinuität von Ausschlusserfahrungen

Markus Schroer

Gemengelagen

Ein scheinbar harmloser Abzählreim mag verdeutlichen, wie früh wir mit Auswahl-, Ausgliederungs- und Ausschließungsprozeduren konfrontiert werden, die uns ein Leben lang begleiten. Kinder üben sich täglich in Inklusions- und Exklusionsritualen, die an Ernsthaftigkeit nichts zu wünschen übrig lassen: Wer darf mitmachen? Wer wird ausgewählt? Wer gehört dazu? Nicht berücksichtigt, nicht gewählt, nicht beteiligt zu werden, ist wohl eine der einschneidendsten menschlichen Erfahrungen, die bereits Kinder machen können. Selbst ausgeschlossen zu werden oder Ausschlüsse und deren Folgen bei anderen Kindern zu beobachten, das steht im Mittelpunkt ihrer Erfahrungen und bildet einen Kern ihrer täglichen Sorgen und Nöte. Warum ist Max eingeladen, aber ich nicht? Warum hat die Klassenlehrerin schon wieder Lara für den Wettbewerb vorgeschlagen und nicht mich? Warum wählt Riko mich nie in seine Mannschaft? Diese Fragen verweisen schon auf das Typische einer jeden Exklusion. Während eine gemeinsame Exklusionserfahrung sogar eine gemeinschaftsstärkende Erfahrung sein kann – etwa wenn eine Gruppe von Teenagern mit dem Hinweis »Kinder unter 16 Jahren haben keinen Zutritt« vom Besuch einer Diskothek abgehalten wird –, ist der erlebte Unterschied, dass einigen der Zugang erlaubt wird, anderen aber nicht, das eigentliche Skandalon. Wenn alle ausgeschlossen werden, kann das die Gruppe zusammenschweißen; sind es nur Teile, werden Grenzen in einen sozialen Verband eingezogen, gibt es mit einem Mal diejenigen, die drinnen, und diejenigen, die draußen sind. Läuft es gut, können durchaus schmerzhafte Erfahrungen der Exklusion schon bei Kindern kompensiert werden durch parallel gemachte Inklusionserfahrungen. Zwar ist man für das Fußballspiel nicht in die Mannschaft gewählt worden, dafür aber ist man bei den Läufern dabei. Zwar hat mich Leonie nicht zu ihrem Geburtstag eingeladen, dafür aber Anka. Zwar nimmt mich die Kunstlehrerin einfach nie dran, wenn ich mich melde, der Mathematiklehrer dagegen immer. Auf diese Weise halten sich Inklusions- und Exklusionserfahrungen oftmals die Waage, sodass sich eine Gemengelage aus Dazugehörigkeiten und Ausschlüssen ergibt, die für die überwiegende Mehrheit der Bevölkerung wohl als typisch angesehen werden darf. Denn auch für Erwachsene gilt, dass sie in viele Sozialzusammenhänge inkludiert, aus anderen aber exkludiert sind. Für jedes Lebensalter ist dabei entscheidend, dass man sich als ausgeschlossen nur dann fühlen kann, wenn einem die gewünschte Teilnahme verwehrt wird. Insofern können etwa ausbleibende Einladungen nur dann als ausschließend erfahren werden, wenn man mit einer Einladung fest gerechnet, sie erwartet oder sich sogar ausdrücklich um sie bemüht hatte. In diesem Fall hat man es zumeist mit einer implizit bleibenden Form der Exklusion zu tun, die als Nichtberücksichtigung oder Indifferenz daherkommt: Es wird einem nicht eigens mitgeteilt, dass man nicht eingeladen wird. Daneben gibt es eine explizite Form der Exklusion, die sich in Zurückweisungen oder Verboten ausdrückt: »Nicht versetzt!«, »Sie haben nicht bestanden!«, »Ihr Konto wurde gesperrt!«, »Sie dürfen nicht ein/ausreisen«; »Ihr Antrag wurde abgelehnt!«, »Ihr Manuskript wurde nicht angenommen!«, »Sie sind entlassen!«, »Zutritt nur für Personal!«, »Betreten verboten!«, »Wir müssen draußen bleiben!«, »Du kommst hier nicht rein!«, »Nur für EU-Bürger!«. Hinter jeder dieser verbalen Ausschließungen verbirgt sich eine Gruppe, die die Prüfung bestanden hat, deren Konto weiterhin geführt wird, die die Einreise antreten darf, denen es erlaubt ist, das Gelände oder den Raum zu betreten. Insofern wird durch jeden Akt der Exklusion gleichzeitig eine Gruppe der Inkludierten geschaffen. Darüber hinaus gibt es klar identifizierbare Instanzen und Entscheider, die den Ausschluss aussprechen: eine Staatengemeinschaft, eine Bank, eine Schule, ein Verlag, ein Arbeitgeber, ein Hausbesitzer, ein Türsteher usw. Intransparent bleiben dagegen oft die Kriterien, nach denen die einen inkludiert, die anderen aber exkludiert werden, was oft ein stärkeres Ärgernis darstellt als die Zurückweisung selbst. Auch zeitliche Verzögerungen der Exklusion – »weg bist du noch lange nicht, sag mir erst wie alt du bist« – oder für die Zukunft in Aussicht gestellten Inklusionen – »Der nächste frei werdende Job gehört ihnen« – helfen nicht wirklich weiter.

Es gibt Stimmen, die nun gerade die nicht explizit gemachten, sich eher unauffällig und schleichend vollziehenden Exklusionen als kennzeichnend für die heutige Gesellschaft ansehen.[1] Wenn dem so sein sollte – wobei die expliziten Formen keineswegs als obsolet angesehen werden dürfen – dann hat dies wohl vor allem mit einer vielfach zu beobachtenden Form der Selbstexklusion zu tun, die der Fremdexklusion, also der Exklusion durch Andere, gewissermaßen zuvorkommt. Um sich die Schmach der nicht bestandenen Prüfung gar nicht erst auszusetzen, die Kosten für den abgelehnten Antrag zu vermeiden oder sich dem unfreiwilligen Abtransport aus dem illegal betretenen Gelände zu entziehen, werden die entsprechenden Handlungen von vornerein unterlassen, Exklusion also in vorauseilendem Gehorsam an sich selbst vollzogen. Zahlreiche Institutionen profitieren von solcher Art Vermeidungsverhalten, da auf diese Weise das unerwünschte Publikum gar nicht erst aufwendig exkludiert werden muss. Wenn man den so genannten bildungsfernen Schichten nur lange genug einredet, dass sie für ein Studium nicht gemacht sind und auch sonst für kaum etwas taugen, dann werden sie dies irgendwann so fest verinnerlicht haben, dass sie jede Begegnung mit Bildung mit dem schon klassischen Hinweis umgehen werden, den schon Arbeitereltern an ihre Arbeiterkinder weitergegeben haben: »Das ist nichts für uns!« Überall dort, wo man gerne unter sich bleiben möchte, werden mehr oder weniger subtile Signale ausgesandt, die eine Begegnung mit dem Anderen, Fremden, Unbekannten und Unvertrauten von vornerein unterbinden oder doch zumindest minimieren helfen. Das können Gesten und Blicke, bestimmte Verhaltensrepertoires, Kleidung und Modeaccessoires, räumliche Arrangements oder bestimmte Gegenstände sein.

Sie alle tragen dazu bei, dass soziale Welten weitgehend überschneidungsfrei existieren können, Konflikte dadurch vermieden, Konfrontationen schon im Keim erstickt und soziale Ordnung damit aufrechterhalten werden kann.

Radikaler Ausschluss?

So richtig es ist, dass mit vielen der bisher erwähnten Beispiele durchaus schmerzhafte Erfahrungen für den Einzelnen oder auch Gruppen verbunden

---

1 Rudolf Stichweh: Zum Verhältnis von Differenzierungstheorie und Ungleichheitsforschung. Am Beispiel der Systemtheorie der Exklusion, in: Thomas Schwinden (Hg.), Differenzierung und soziale Ungleichheit. Die zwei Soziologien und ihre Verknüpfung, Frankfurt/M. 2004, 353–367.

sind, so richtig ist es auch, dass es sich dabei meist um weit verbreitete Exklusionsphänomene handelt, mit denen jeder im Laufe seines Lebens konfrontiert wird. Anders wird dies erst dann, wenn einmalige, situative und vorübergehende Ausschließungen sich wiederholen, summieren und verfestigen. In diesem Fall können sich weitgehend undramatische Lebensereignisse in dramatische verwandeln. Es ist diese Form der ineinandergreifenden Ausschlüsse, die den Bielefelder Systemtheoretiker Niklas Luhmann angesichts der Begegnung mit Elendsquartieren in verschiedenen Regionen der Welt zu ungewohnt drastischen und alarmistischen Tönen veranlasst hatte.[2] Angesichts der Konfrontation mit den lateinamerikanischen Favelas, den Kohlenbergbausiedlungen in Wales, den Slums nordamerikanischer Großstädte und den Lebensbedingungen in Afrika ist von einem Ausmaß an Elend die Rede, das jeder Beschreibung spotte und mit den üblichen Erklärungsmustern von sozialer Ungleichheit, Armut oder Ausbeutung nicht annähernd erfasst werden könne, da diese vertrauten Kategorien im Grunde zu harmlos seien, um das zu beschreiben, was sich dem wachsamen Beobachter gegenwärtiger Gesellschaften darbiete. Dabei gehe es keineswegs nur um einige wenige Ausnahmefälle, die man als regional bedingte Randphänomene abtun könnte, sondern um eine in die Milliarden gehende Anzahl von Menschen, die unter den Bedingungen der Exklusion lebten. Dramatisch werden diese Exklusionen nach Luhmann, weil die in funktional differenzierten Gesellschaften gegebene »Mehrfachabhängigkeit von Funktionssystemen den Exklusionseffekt verstärkt«[3]. Mit anderen Worten: Es bleibt zumeist nicht bei der Exklusion aus einem Funktionssystem, die verschmerzt oder durch die Inklusion in ein anderes Funktionssystem kompensiert werden könnte. Die Rede ist vielmehr von sich gegenseitig verstärkenden Exklusionen, die die Ausgeschlossenen immer weiter ins Abseits drängten, so lange bis sie von nahezu allen Kommunikationsbezügen abgekoppelt seien. Zwar gibt es für Luhmann nach wie vor keine Gesamtexklusion aus der Gesellschaft, weil diese als Weltgesellschaft kein Außen mehr kenne, aber ein innergesellschaftlicher Ausschluss, eine nahezu vollständige Abkoppelung vom gesellschaftlichen Leben scheint nicht nur im Bereich des Möglichen, sondern in zunehmenden Maße beobachtbar zu sein. Luhmann haben sie zu der Überlegung veranlasst, ob die Inklusion/Exklusion-Unterscheidung womöglich an die Stelle der Logik funktionaler Differenzierung trete. Das würde bedeuten,

---

2 Niklas Luhmann: Inklusion und Exklusion, in: ders.: Soziologische Aufklärung, Bd. 6. Opladen: 1995, 237–264.
3 Niklas Luhmann: Die Gesellschaft der Gesellschaft, Frankfurt/M. 1997, 631.

dass nur einige Teile der Weltbevölkerung Zugang zum Rechtssystem hätten und andere nicht und dass keineswegs immer und überall sichergestellt wäre, ob sich Politik, Bürokratie, Polizei und Militär an das Recht hielten oder nicht. Der Zugang zu den Funktionssystemen wäre dann nicht mehr länger für alle Bewohner gleichermaßen gewährleistet, sondern nur mehr für den inkludierten Teil. Während Luhmann angesichts einer so nicht für möglich gehaltenen sozialen Wirklichkeit die genannten eigenen theoretischen Annahmen in Zweifel zu ziehen bereit war, bemühten sich seine Schüler eilig um die Verbreitung der Botschaft: »Alles halb so schlimm!« Sieht Luhmann Exklusionsmechanismen am Werk, die dem Einzelnen so gut wie keine Teilhabe an der Gesellschaft mehr ermöglichen, sprechen andere dagegen von »ganz normalen Anschlussproblemen«[4] und zeigen sich damit deutlich um Entdramatisierung der gesellschaftlichen Zustände bemüht. Niklas Luhmann, dem man bis dato in allen Annahmen bereitwillig gefolgt war, wurde nunmehr vorgeworfen, sich der Dramatisierung und Exotisierung sozialer Verhältnisse schuldig gemacht[5], ja, seine eigene Theorie wohl nicht richtig verstanden zu haben. Das gegen Luhmanns Perspektive mit viel rhetorischem Aufwand ins Feld geführte Hauptargument lautet dabei im Kern, dass von Exklusion nicht einmal in den von Luhmann bemühten Extrembeispielen die Rede sein könne, weil es eine Exklusion aus der Gesellschaft insgesamt unter modernen Bedingungen schlicht nicht geben könne, Inklusion insofern unvermeidlich sei. Deshalb hat man Luhmanns Augenzeugenbericht über die Zustände in brasilianischen Favelas als phänomenologische Entgleisung gebrandmarkt, ohne sich freilich selbst diesen Eindrücken je ausgesetzt zu haben – eine letztlich wohl als hygienische Vorsichtsmaßnahme gegen die Gefahr einer Verunreinigung der Theorie anzusehende Strategie. Der unbedingte Wille, sich nicht mit der Thematisierung sozialer Ungleichheiten zu beschäftigen und in alteuropäische Semantiken abzugleiten, verführt postluhmannianische systemtheoretische Positionen offenbar dazu, es bei der starren Inklusions/Exklusions-Unterscheidung zu belassen, Exklusion im starken Sinne als letztlich unmöglich auszuweisen und die Losung »Inklusion genügt!« auszugeben.

---

4 Dirk Baecker: Die Überflüssigen. Ein Gespräch zwischen Dirk Baecker, Heinz Bude, Axel Honneth und Helmut Wiesenthal, in: Heinz Bude/Andreas Willisch (Hg.), Exklusion. Die Debatte über die »Überflüssigen«, Frankfurt/M. 2008, 37.

5 Sina Farzin: Inklusion/Exklusion. Entwicklungen und Probleme einer systemtheoretischen Unterscheidung, Bielefeld 2006, 59.

Es liegt eigentlich auf der Hand, dass man mit einer derart entrückten Vogelperspektive auf Dauer nicht weiter kommt. Zu groß ist die eingenommene Distanz zu den beschriebenen Phänomenen. Überzeugt zeigt man sich hier stattdessen, dass einem die Nähe zu den Phänomenen nur den notwendig distanzierten Blick auf diese verstellt. Der umgekehrten Gefahr, »daß strenge Theorie in den Sozialwissenschaften am Ende fast einem Erkenntnisverbot gleichkommt«[6], die sich nicht zuletzt einem Übermaß an Distanz verdankt, wird dagegen nicht vorgebeugt.

Dieser Perspektive entgegengesetzt findet man bei so unterschiedlichen Autoren wie Michel Foucault, Robert Castel, Pierre Bourdieu, Jean-Luc Nancy, Giorgio Agamben und einigen anderen eine ausgeprägte Sensibilität für Exklusionsphänomene, die so etwas wie eine gemeinsame Klammer poststrukturalistischer und postmoderner Ansätze auszumachen scheint.[7] Obwohl auch hier die Einsicht vorherrscht, dass eine radikale Exklusion aus der (post)modernen Gesellschaft insgesamt nicht vorstellbar ist, weil auch die Ausgeschlossenen innerhalb der Gesellschaft, allerdings in eigens für sie eingerichtete Institutionen, verbleiben, wird dies keineswegs zum Anlass genommen, das Exklusionsthema gesellschaftstheoretisch zu entsorgen, sondern dazu, die Dynamiken der innergesellschaftlichen Inklusions- und Exklusionsprozesse näher zu analysieren und die Aufgabe darin zu sehen, die Inklusions- und Exklusionsformen trennschärfer voneinander zu unterscheiden, statt beide Bereiche bis zur Unkenntlichkeit aneinander zu rücken. Angetrieben wird dieses Unternehmen von der Erkenntnis, dass Exklusion kein Restproblem einer Gesellschaft ist, die sich auf dem Weg zur Vollinklusion aller Gesellschaftsmitglieder befindet, sondern konstitutiv für das Funktionieren einer jeden Gesellschaft: »Durch welches Ausschließungssystem, durch wessen Ausmerzung, durch die Ziehung welcher Scheidelinie, durch welches Spiel von Negation und Ausgrenzung kann eine Gesellschaft beginnen zu funktionieren?«[8]

---

6 Ralf Dahrendorf: Lebenschancen. Aufsätze zur sozialen und politischen Theorie, Frankfurt/M. 1979, 8.

7 Markus Schroer: Soziologie und Zeitdiagnose. Moderne oder Postmoderne? In: Georg Kneer u.a. (Hg.), Soziologie. Zugänge zur Gesellschaft. Münster/Hamburg 1994, 225–246.

8 Michel Foucault: Mikrophysik der Macht, Berlin 1976, 57.

Diverse Formen der Inklusion

Wenn man es nicht bei der Auskunft belassen will, dass die gesamte Weltbevölkerung in eine Gesellschaft inkludiert ist, da sie – in welch loser bzw. minimalistischer Form auch immer – an den Leistungen der Funktionssysteme partizipiert, muss man das ebenso strikte wie formale Entweder/Oder der Inklusion/Exklusion-Unterscheidung aufgeben und nach den weiteren Differenzierungen innerhalb des Inklusions- und Exklusionsbereichs fragen. Denn zum einen gibt es nicht nur eine Form von Exklusion, wie von Jean-Luc Nancy beschrieben: »Ungerechtigkeit vollzieht sich immer in irgendeiner Weise als Ausschluß. Und wie man ja weiß, *schließt* die Gemeinschaft […] immer und grundsätzlich *aus*. Der Ausschluß bzw. die Abgrenzung kann Unterscheidung heißen oder Exil, Verbannung, Opfer, Verachtung, Marginalisierung, Identifizierung, Normalisierung, Selektion, Wahl, Abstammung etc. Im Grunde will die Gemeinschaft das ausschließen, was in ihr nicht identifizierbar ist.«[9] Weniger beachtet wird bisher, dass es zum anderen ebenso viele Formen der Inklusion gibt. Die Gesellschaft inkludiert qua Geburt, durch die Verleihung der Staatsbürgerschaft, durch Bildung, das Erlangen von Zertifikaten, das Wahlrecht, das Einkommen aus Arbeit usw. Sie inkludiert Männer und Frauen, Reiche und Arme, Gesunde und Kranke, Gläubige und Ungläubige, Beschäftigte und Arbeitslose. Aber sie inkludiert sie nicht in gleicher Weise. Sie weist ihnen vielmehr verschiedene Plätze zu, an denen sie unterschiedlich behandelt werden. Wer zwischen den beiden Inklusionskarrieren, die durch Sätze wie »Sie sind verhaftet!«, »Ihr Gesuch auf Ausreise wurde abgelehnt!«, »Sie sind entlassen!« auf der einen Seite oder Sätzen wie »Sie haben die Prüfung bestanden!«, »Sie haben den Job!« und »Sie dürfen ausreisen!« auf der anderen Seite in Gang gesetzt werden, nicht mehr zu unterscheiden vermag, bringt sich damit nicht nur um die Möglichkeit, zwischen unterschiedlichen Inklusionsformen unterscheiden zu können, sondern entwirft damit auch zwangsläufig ein Zerrbild der sozialen Realität. Denn während die zweite Gruppe von Aussagen Erfolge anzeigt, die Möglichkeiten gesellschaftlicher Teilhabe beinhalten und zukünftige in Aussicht stellen, setzt die erste Gruppe Maßnahmen in Gang, die Formen von Zwangsinklusion durch Aufenthalt in einer Haftanstalt ebenso nach sich ziehen können wie eine Art Dauerinklusion im Sinne einer wah-

---

9 Jean-Luc Nancy: Das gemeinsame Erscheinen. Von der Existenz des »Kommunismus« zur Gemeinschaftlichkeit der »Existenz«, in: Joseph Vogl (Hg.), Gemeinschaften. Positionen zu einer Philosophie des Politischen, Frankfurt/M. 1994, 195.

ren Belästigung staatlicher Behörden in Form von Vorladungen, rechtlichen Hinweisen und diversen Mitteilungen über das Erfüllen bestimmter Auflagen, um in den Genuss wohlfahrtsstaatlicher Leistungen zu gelangen. Diese Beispiele machen deutlich: Inklusion ist nicht gleich Inklusion. Inklusion bedeutet Zugang, aber Zugang ist nicht Teilhabe und Teilhabe nicht Zugehörigkeit. Wer nur zugelassen, die Teilhabe aber erschwert oder gar verweigert wird, wird sich dennoch nicht zugehörig fühlen. Michel Foucault beschreibt in seiner Typologie »von anderen Räumen« einen Ort, der diese Form einer merkwürdigen Zwischenlage verdeutlichen mag: »Ich denke etwa an die berühmten Kammern in großen Landgütern in Brasilien und in ganz Südamerika. Diese Kammer hatte keine Verbindung zu den eigentlichen Zimmern der Familie, und jeder, der vorbeikam, jeder Reisende durfte die Tür öffnen und in die Kammer treten, um dort eine Nacht zu schlafen. Aber diese Kammern waren so gebaut, dass man von dort nicht zu den inneren Räumen der Familie gelangen konnte. Wer dort eintrat, blieb ein durchreisender Gast und war im Grunde nicht einmal eingeladen worden.«[10] Im Gegensatz zu seiner Einschätzung, dass diese Art Raum aus unserer Zivilisation beinahe verschwunden ist, ist damit eine ganz typische Zwischenlage beschrieben, auch wenn sie sich nicht immer in bestimmten Räumen materialisiert. Im Kern geht es um den nur scheinbar offenen Zugang zu verschiedenen Angeboten, der sich bei Lichte betrachtet jedoch als verschlossen erweist. Alle diejenigen, die von einem Land, einer Schule oder einem Parlament zugelassen und aufgenommen worden sind, können als Migranten, Behinderte und Bundestagsabgeordnete davon berichten, dass der offizielle Akt der Aufnahme mit der vollständigen Zugehörigkeit zum jeweiligen Kollektiv keineswegs gleichzusetzen ist. Jetzt beginnt vielmehr erst der Kampf, die Zulassung nicht zu verspielen und sich eine Position zu erkämpfen, die über den zugewiesenen Status hinausgeht. Zulassungen auf formalrechtlicher Ebene sagen über den im alltäglichen Leben erfahrbaren Stellenwert in den Augen der anderen und über die tatsächlich bestehenden Möglichkeiten des Partizipierens am gesellschaftlichen Leben letztlich nichts aus. Hinzukommen muss eine in der täglichen Interaktion mit anderen erlebbare Form der Berücksichtigung der eigenen Person, die das Gefühl verschafft, nicht geschnitten und gemieden, sondern beachtet und beteiligt zu werden.

---

10 Michel Foucault: Von anderen Räumen, in: Jörg Dünne/Stephan Günzel (Hg.), Raumtheorie. Grundlagentexte aus Philosophie und Kulturwissenschaften, Frankfurt/M. 2006, 326.

Inklusions- und Exklusionsbemühungen

Schon der banale Abzählreim am Anfang hat deutlich gemacht, dass Inklusion und Exklusion nicht als blind waltende Systemlogiken, sondern als gesellschaftliche Prozeduren verstanden werden müssen, die von individuellen oder kollektiven Akteuren aktiv betrieben werden. Wie gezeigt, werden von diesen Akteuren Anstrengungen unternommen, bestimmte Individuen, soziale Gruppen oder Kollektive nach keineswegs immer nachvollziehbaren Kriterien auszuschließen. Weniger beachtet wird, dass auch von individuellen wie kollektiven Akteuren Anstrengungen zur Inklusion unternommen werden. Dabei geht es jedoch nicht allein darum, als inkludiert betrachtet werden zu können, weil man von anderen als kommunikative Adresse, also als Empfänger oder sogar als Gegenstand von Nachrichten, behandelt wird, sondern vor allem darum, auch selbst als aktiver Sender tätig zu sein, der bei anderen Gehör findet für seine Belange. Jemanden allein deshalb für inkludiert zu halten, weil über ihn berichtet wird, setzt ein bloß passives Inkludiert-Sein mit Inklusion schlechthin gleich und verfehlt damit eine durch die digitale Revolution eingeleitete Transformation der In- und Exklusionsverhältnisse. Die eigentliche Revolution der neuen Medien und sozialen Netzwerke besteht ja gerade darin, Millionen von Empfängern von Nachrichten in die Lage zu versetzen, selbst zu Sendern werden zu können. Der aktuelle soziale Kampf wird darum geführt, Aufmerksamkeit bzw. Resonanz für sich selbst zu erzeugen, um sich für relevant halten zu können. Ohne Resonanz keine Relevanz. Wessen Botschaften auf kein sei es auch noch so kleines Publikum stößt, keine Erwiderung und Kommentierung erfährt, der mag im systemtheoretischen Sinne zwar durchaus inkludiert sein, er wird sich aber dennoch irrelevant und unsichtbar vorkommen.[11] Insofern besteht die Frage, ob die Definition von Inklusion als Teilhabe an den Angeboten der Funktionssysteme weiterhin als ausschlaggebend angesehen werden kann. Obwohl sie gesellschaftstheoretisch gut begründbar erscheint, scheint sie die Lebenswirklichkeit der Menschen im 21. Jahrhundert doch letztlich zu verfehlen. Vor die Logik der funktional differenzierten Gesellschaft und ihren Definitionen von Inklusion und Exklusion schiebt sich immer deutlicher eine von ihr nicht erfasste andere Logik, die sich eher auf

---

11 Markus Schroer: Sichtbar oder unsichtbar? Vom Kampf um Aufmerksamkeit in der visuellen Kultur, in: *Soziale Welt* 64, 2013, 17–36. Ders.: Soziologie der Aufmerksamkeit. Grundlegungen zu einem Theorieprogramm, in: *Kölner Zeitschrift für Soziologie und Sozialpsychologie* 66, 2014, 193–218.

der Basis von Interaktionsbeziehungen und der Zugehörigkeit zu Gemein-schaften aller Art vollziehen, die quer zu den Angeboten der Funktionssys-teme liegen. Es hat den Anschein, als gäbe es eine wachsende Anzahl von Menschen, die auf die Angebote von Politik, Kunst, Religion und Familie gut und gerne auch verzichten können, so lange ihnen nur die Einbindung in soziale Beziehungen und Netzwerke gelingt. Erst wenn diese vollständig verloren geht, entsteht der gut begründbare Eindruck, aus der Gesellschaft herauszufallen, da nicht einmal mehr ein Minimum an sozialem Austausch stattfindet, was jedoch die Grundvoraussetzung für die Teilnahme am gesell-schaftlichen Leben ausmacht. Wir werden uns an den Gedanken gewöhnen müssen, dass die alltagsweltlich relevanten Inklusionsleistungen nicht von den offiziell dafür vorgesehenen Stellen, die nur mehr eine Art Grundver-sorgung liefern, sondern in zunehmendem Maße von TV-Serien, Internet-portalen und sozialen Netzwerken sowie der Teilnahme an Events, Feiern und Festen erbracht werden. Zusammengenommen stellen all diese Ange-bote keinen zusätzlichen und verzichtbaren Luxus des gesellschaftlichen Le-bens dar, vielmehr bilden sie dessen Kern, dem Inklusions- und Exklusions-praktiken inhärent sind.

Inklusive Sozialpolitik und die Entwicklung des Teilhabegedankens[1]

Frank Nullmeier

Inklusion ist ein allseits genannter sozialpolitischer Wertbegriff, er wird aber jüngst meist in einer verengten Perspektive verwendet. Die öffentliche Debatte hat sich thematisch auf die Fragen der Gestaltung inklusiver Schul- und Bildungspolitik verlegt, und sie hat sich auf die Gruppe der Behinderten – oder wie der Teilhabebericht der Bundesregierung definiert – auf Menschen mit Beeinträchtigungen konzentriert.[2] Potentiale der UN-Behindertenrechtskonvention für eine allgemeine Neuausrichtung der Sozialpolitik gehen dabei leider verloren. Diese liegen zum einen darin, *alle* gesellschaftlichen Felder daraufhin zu befragen, ob sie hinreichende Teilhabe zulassen, zum anderen darin, nicht mehr die Merkmale einer Bevölkerungsgruppe ins Zentrum zu stellen, sondern die (nachteiligen) Folgen, die aus dem *Zusammenwirken* von Menschen mit bestimmten Merkmalen und gesellschaftlichen Strukturen erwachsen. Nicht die Gruppencharakteristika stehen daher im Vordergrund, sondern die misslingende Teilhabe. Geht man konsequent von den Teilhabechancen aus, dann bezieht sich Inklusionspolitik auf alle Personengruppen, die aufgrund welcher Merkmale oder Orientierungen auch immer keine volle Teilhabe erreichen.

Statt der Tendenz der gegenwärtigen Thematisierung zu folgen, bietet es sich für die Fortentwicklung der Sozialpolitik an, den Inklusionsgedanken über die Gruppe der Behinderten hinaus zur Geltung zu bringen und zur Grundkategorie der Sozialpolitik generell zu erheben. Statt die Debatte einzuengen, ist vielmehr die Brisanz des Inklusionsgedankens weiter zu entfalten. Daher soll hier kurz skizziert werden, was inklusive Sozialpolitik als eine

---

1 Dieser Text nutzt in Teil 2 leicht abgewandelt längere Passagen aus: Frank Nullmeier, »Teilhaberechte und Teilhabegerechtigkeit im demokratischen Staat«, in: Lutz Raphael, Herbert Uerlings (Hg.), Zwischen Ausschluss und Solidarität. Modi der Inklusion/ Exklusion von Fremden und Armen in Europa seit der Spätantike, Frankfurt/M. u.a. 2008, 443–460.

2 Teilhabebericht der Bundesregierung über die Lebenslagen von Menschen mit Beeinträchtigungen. Teilhabe – Beeinträchtigung – Behinderung, Berlin 2013.

verallgemeinerte Inklusionspolitik bedeuten könnte, und die Vorgeschichte einer so verstandenen Sozialpolitik in der Entwicklung des Begriffs der »Teilhabe« und der »Teilhaberechte« aufgezeigt werden.

Auf dem Weg zu einer inklusiven Sozialpolitik

Teilhabe aller an allen gesellschaftlichen Feldern

Inklusion kann verstanden werden als ein alle Menschen betreffendes Konzept, das generell dazu verpflichtet, für jede Art der »Besonderung« von Personen und Personengruppen, die im Zusammenspiel mit gesellschaftlichen Strukturen dazu führt, dass die volle und wirksame Teilhabe an und in allen gesellschaftlichen Teilsystemen verhindert wird, Ausgleich zu schaffen. Die Barrieren, also jene gesellschaftliche Strukturen, die zum Hindernis für Teilhabe werden, müssen beseitigt werden. Im Unterschied zur Definition von Behinderung, die auf »langfristige körperliche, seelische, geistige oder Sinnesbeeinträchtigungen«[3] abstellt, ist nun jede Art von Besonderung aufzuführen: Es ist all das zu nennen, was an personenbezogenen Merkmalen und Orientierungen unter bestimmten Bedingungen zu gesellschaftlichen Teilhabenachteilen führen kann, also zumindest Geschlecht, Klasse, Rasse, Einkommens- oder Vermögenssituation, Bildungsgrad, Alter, ethnische Herkunft, Religion, sexuelle Orientierung, Weltanschauung, Gesundheitszustand, Familienstand. Inklusion bedeutet Teilhabe für alle an und in allen gesellschaftlichen Feldern: Teilhabe ist dann gegeben, wenn aus dem Zusammenspiel von Strukturmerkmalen der gesellschaftlichen Felder und beliebigen Merkmalen einer Person keine besondere Belastung für diese Person entsteht. Barrieren sind alle gesellschaftlichen Strukturen, die bei Vorliegen eines oder mehrerer der genannten Merkmale volle und wirksame Teilhabe

---

3 UN-Behindertenrechtskonvention Art. 1, hier nach der Zusammenstellung der Fassungen durch den Beauftragten der Bundesregierung für die Belange behinderter Menschen, siehe http://www.behindertenbeauftragte.de/SharedDocs/Publikationen/DE/ Broschuere_UNKonvention_KK.pdf;jsessionid=9D4B78A47C8A110CDC0341102418 94B9.2_cid292?__blob=publicationFile. Anstoß zu diesen Überlegungen gab die Masterarbeit im Studiengang Sozialpolitik an der Universität Bremen von Nikolai Goldschmidt: Inklusion als sozialpolitischer Imperativ? Zugänglich unter http://bidok.uibk. ac.at/library/goldschmidt-inklusion-dipl.html Bremen 2013.

verhindern. Der wesentliche Punkt: Es ist nicht Aufgabe der Personengruppe, die Merkmale, die sich als Teilhabehindernisse erweisen, aufzuheben und sich zu integrieren, es ist auch nicht allein Aufgabe eines sozialstaatlichen Komplementärsystems, Ausgleichsmaßnahmen vorzunehmen, um Teilhabe durch Transfers zu ermöglichen – es ist vielmehr im Sinne dieses weiten Verständnisses von Inklusion Aufgabe der Institutionen jedes gesellschaftlichen Feldes, von sich aus Barrieren zu beseitigen und innerhalb des Feldes selbst den Ausgleich vorzunehmen, um Zugang und Mitwirkung zu ermöglichen.

Der Begriff der »Barrierefreiheit«, der ohnehin nicht allein auf die Einführung von technischen Zugangshilfen ausgerichtet ist, muss dann noch viel weiter gefasst werden. Zu Barrieren werden bestimmte institutionelle Vorkehrungen in den gesellschaftlichen Feldern selbst. Wenn Einkommensarmut zur Exklusion aus dem kulturellen Feld führt, sind jene Strukturen im Kultursystem zu ändern, die eine Kultur-Teilhabe an bestimmte Einkommen binden. Es ist Aufgabe des institutionellen Apparats dieses gesellschaftlichen Feldes, grundlegende Teilhabebeschränkungen wegen Einkommensarmut aufzuheben, also grundlegende einkommensbezogene Barrieren zu beseitigen. Inklusive Sozialpolitik verlagert die Aufgabe der Sozialpolitik zurück in die gesellschaftlichen Primärsysteme: Inklusive Sozialpolitik bezieht sich auf die inneren Strukturen der Bereiche von Arbeit, Bildung, Kultur etc. statt sozialen Ausgleich allein als Aufgabe zusätzlich hinzutretender Umverteilungs-, Transfer- und Dienstleistungsinstitutionen anzusehen.

Inklusive, aktivierende und nachsorgende Sozialpolitik

Der Begriff »Inklusion« sollte aber nicht genutzt werden, um etablierte Formen sozialstaatlicher Intervention nun minder zu schätzen oder gar verdrängen zu wollen. Inklusive Sozialpolitik ersetzt nicht die tradierte Sozialpolitik, weder in der Form der nachsorgenden Transfer- und Dienstleistungssysteme noch in der Form präventiver, aktivierender oder investiver Sozialpolitik. Es bedarf sowohl gesonderter Sicherungssysteme als auch einer Politik der Mobilisierung von Eigeninitiative. Es bedarf aber ebenso einer institutionellen Teilhabepolitik, die die Zugänge und Wirkungsmöglichkeiten in den gesellschaftlichen Teilhabebereichen gegenüber individuellen Merkmalsausprägungen und Verhaltensweisen offen hält. Inklusive Sozialpolitik ist damit ein *drittes Element der Sozialpolitik*. Sie ist als Ergänzung der klassischen sozialen Sicherungspolitik und der vorsorgenden, investiven und aktivierenden

Sozialpolitik angelegt. Erst Inklusion, Vorsorge und Sicherung zusammen machen heute eine angemessene Form sozialstaatlicher Politik aus. Zwar können die klassischen Systeme der sozialen Sicherung teilweise entlastet werden, wenn es gelingt, durch inklusive Sozialpolitik gar keine Nachteile und Risiken entstehen zu lassen, die des nachträglichen Ausgleichs bedürften. Das wird wohl immer nur in begrenztem Maße möglich sein. Die inklusive Sozialpolitik macht die klassische Sozialtransfer- und Dienstleistungspolitik nicht überflüssig, verdrängt sie nicht, aber erleichtert ihr vielleicht in einigen Feldern die Arbeit. Das Ergänzungsverhältnis der drei Komponenten sozialstaatlicher Politik, die Sicherung einer Balance und eines Zusammenspiels zwischen ihnen wird darüber entscheiden, ob der Sozialstaat die zukünftigen Herausforderungen erfolgreich bestehen kann.

Die inklusive Sozialpolitik ersetzt nicht die aktivierende Sozialpolitik, sie kann erst mit ihr zusammen das Potential zur Verbesserung sozialer Lagen erhöhen. Inklusive Sozialpolitik ist der aktivierenden aber durchaus vorgeordnet, da sie sich auf institutionelle Voraussetzungen bezieht, die vorhanden sein müssen, damit auch Aktivierungen bei jenen überhaupt sinnvoll und erfolgreich werden können, die selbst durch hohe Eigenaktivierung nicht die Schwellenwerte erreichen können, die institutionell als Zugangshürden gesetzt werden. Dem Modell der Konzentration auf die einzelne Person, auf die Änderung ihrer Verhaltensweisen und die Förderung ihrer (Bildungs-) Potentiale wird mit der inklusiven Sozialpolitik ein Modell zur Seite gestellt, das einen Vorrang der institutionellen Veränderung vor der personalen Anpassung fordert.

Mit den institutionellen Veränderungen wird aber zugleich ein wesentlicher Beitrag dazu geleistet, dass Aktivierung auf allen Ebenen und in allen Dimensionen überhaupt Sinn ergibt. Die Anstrengung der Selbständerung und der Qualifizierung lohnt sich, wenn niedrigschwellige Zugangsbedingungen als genuines Element in den Institutionen z.B. des Arbeitsmarktes vorhanden sind.

Inklusive Sozialpolitik als Institutionenreform

Ein naheliegender Einwand sieht in dieser Verallgemeinerung des Inklusionsgedankens nur eine weitere Steigerung der Staatszentrierung sozialen Denkens. Der Staat werde in die Pflicht genommen, für jede beliebige Merkmals-Differenz Ausgleichmaßnahmen und angepasste Infrastrukturen bereitzustellen – eine prinzipiell unendliche und damit unerfüllbare Aufgabe. Dem ist zu entgegnen: Dies ist keineswegs alleinige Aufgabe des Staates. Die Teilhabe muss durch alle gesellschaftlichen Institutionen: Staat, Unternehmen, Zivilgesellschaft gleichermaßen gewährleistet werden. Dem Staat kommt hierbei durch Gesetzgebung die Funktion zu, Standards und Aufgaben für alle gesellschaftlichen Felder zu definieren. In dieser regulativen Tätigkeit setzt er aber nur eine Politik fort, die im Behindertenrecht, aber auch im Antidiskriminierungsrecht bereits recht weit fortgeschritten ist. Inklusive Sozialpolitik ist nur die generelle und systematische Fassung eines Politikansatzes, der bereits auf den Weg gebracht worden ist. So liegt der Kern des Konzeptes weniger in erweiterter Staatstätigkeit als in der Zumutung an alle gesellschaftlichen Institutionen, sich der Herstellung sozialer Teilhabe in der eigenen Institution bewusst zu werden.

Inklusive Sozialpolitik ist Institutionenpolitik.[4] Sie verlangt von allen Institutionen, Teilhabemöglichkeiten zu schaffen und nicht Teilhabe nachgelagert durch sozialstaatliche Politik erst wieder herstellen zu lassen, nachdem diese zunächst versagt worden ist.

Inklusive Sozialpolitik ist vorgelagerte Sozialpolitik. Sie ist eine Öffnung der gesellschaftlichen Felder und Institutionen für die Anliegen des sozialen Ausgleichs und der Teilhabe aller. Sie ist keine weitere bürokratische Ausformung von Sozialstaatlichkeit, sondern verlangt nur eine Erweiterung regulativer Politik, die die gesellschaftlichen Felder und die dort tragenden Institutionen mit Aufforderungen zur Reflexion auf die teilhabegerechte Ausgestaltung ihres Bereichs konfrontiert.

Zur Vorgeschichte inklusiver Sozialpolitik

Konzeptionelle Ursprünge einer solch allgemein gefassten inklusiven Sozialpolitik liegen in der Entwicklung der Begriffe der »Teilhabe« und der »Teilhaberechte«. Beide waren nicht auf ein gesellschaftliches Feld oder eine Personengruppe bezogen. An den historischen Wandlungen des Teilhabever-

---

4 Die Institutionen sind auch gefordert, um die Erfüllung von Inklusionsansprüchen nicht allein an die Bürger und Bürgerinnen zu delegieren, die damit – ohne entgegenkommende Institutionen – überfordert wären. Siehe Franziska Felder: Inklusion und Gerechtigkeit. Das Recht behinderter Menschen auf Teilhabe, Frankfurt/M. und New York 2012, 241.

ständnisses lassen sich begriffliche Potentiale und Grenzen einer teilhabebezogenen Sozialpolitik ablesen.

Teilnahme, Teilhabe und Teilhaberechte

Der Teilhabebegriff hat eine wichtige Rolle für die philosophische und religiöse Selbstverständigung der Menschen gespielt. »Teilhaben« wie »teilnehmen« treten zuerst im Mittelhochdeutschen auf. Man kann Teil an Gott oder am Reich Gottes haben. »Teilnehmen« hat dagegen eine stärker emotionale Komponente, da es als »Anteil nehmen« und Mitleid empfinden interpretiert wird – insbesondere im Übergang von der Klassik zur Romantik um 1800. Teilnahme und Teilhabe nutzen Elemente, die im Bedeutungsspektrum des lateinischen »participatio« vereint sind. Auch das griechische »methexis« ist sowohl als Teilhabe als auch als Teilnahme übersetzt und verstanden worden.[5] Die Auseinandersetzung zwischen Platon und Aristoteles über die Ding-Idee-Beziehung nutzte den Terminus »methexis« (eher: Teilnahme).[6] Volker Gerhardt, der vor einiger Zeit eine Theorie der Politik vorgelegt hat, die sich auf den Begriff der Partizipation gründet, interpretiert die Verwendung von »methexis« und »metechein« in Aristoteles' *Politik* als Kategorie zur Kennzeichnung des Teil und Anteil nehmenden Bürgers, noch genauer des an der Ausübung von Ämtern teilnehmenden Bürgers.[7] In den theologischen Schriften von Paulus und Augustinus wird mit »participatio« sowohl allgemeine Zugehörigkeit als auch die Vorstellung bezeichnet, dass Gott Teilhabe an seinem Wesen schafft und zugleich Erkenntnis durch Teilnahme an seinem Wort ermöglicht. Die noch in der Scholastik zentrale Stellung von »participatio« verliert sich schließlich im philosophischen Denken der Neuzeit.

Erst in den 1960er Jahren wird »Partizipation« wieder zu einer zentralen Vokabel – nunmehr der Demokratietheorie – und eindeutig verwendet in einem Verständnis als »Teilnahme« oder »Beteiligung«. Während die »partizipative« oder »partizipatorische« Demokratie in der Politikwissenschaft reüssiert, entfaltet sich ungefähr zeitgleich der Begriff der »Teilhaberechte« in

---

5 Jacob und Wilhelm Grimm: Deutsches Wörterbuch, Band 21, T bis Treftig, München 1999 (Nachdruck der Ausgabe Leipzig 1935), Sp. 353/354.

6 R. Schönberger: Teilhabe, in: Joachim Ritter/Karlfried Gründer (Hg.), Historisches Wörterbuch der Philosophie, Bd. 10, Basel 1998, Sp. 961–969.

7 Volker Gerhardt: Partizipation. Das Prinzip der Politik, München 2007, 26f.

der Rechtswissenschaft. Eingeführt wurde dieser Begriff in den juristischen Diskurs bereits durch den Verwaltungsrechtler Ernst Forsthoff in einem berühmt gewordenen Vortrag auf der Staatsrechtslehrertagung 1953 zu »Begriff und Wesen des sozialen Rechtsstaates«.[8] Ebenso wie die Begriffsinnovation der »Daseinsvorsorge« geht das juristische Verständnis von Teilhabe auf Forsthoffs Schriften aus den 1930er Jahren zurück.[9] In der zweiten Auflage von *Der totale Staat* aus dem Jahre 1934 erhält die »Teilhaberschaft an der Ehre und Größe der Nation« als Komplementärelement zur Gemeinschaft der Arbeit eine herausgehobene Rolle. In der 1938 veröffentlichten Schrift *Die Verwaltung als Leistungsträger* tritt Teilhabe gar an die Stelle der Kategorie der Grundrechte. Die zunehmende Abhängigkeit des Menschen in den technisierten Lebensräumen lässt dessen Existenz als gefährdet und risikobehaftet erleben und schafft ein Bedürfnis nach Sicherheit und Daseinsfürsorge durch die politische Gemeinschaft. Kersten fasst die Grundidee Forsthoffs wie folgt zusammen: »Der Einzelne gibt also lieber individuelle Freiheit auf, als in einer Gesellschaft zu leben, in der er sein Daseinsrisiko selbst trägt. Er ›tauscht‹ Freiheit in der Gesellschaft gegen Teilhabe an einer Gemeinschaft, die ihn vom Daseinsrisiko vollkommen entlastet. Insofern lautet denn auch der verfassungspolitische Programmsatz der Monografie durchaus folgerichtig: ›Die Grundrechte gehören der Geschichte an.‹ An die Stelle der Grundrechte tritt die Teilhabe. Diese ist jedoch nicht als subjektives Recht, sondern institutionell aus der ›stets gemeinschaftsbezogenen und pflichtgebundenen‹ ›Rechtsstellung des Volksgenossen‹ zu fassen.«[10]

Unter den ganz anderen Bedingungen des demokratischen Staates der Bundesrepublik Deutschland, denen sich die Forsthoffsche Begriffsbildung anzupassen sucht, erwächst aus diesen theoretischen Überlegungen im Jahre 1953 eine Gegenüberstellung von Rechts- und Sozialstaat, wobei die Teilhabe den Kern des Sozialstaates ausmacht: »Sozialrechtliche Gewährleistungen gehen in erster Linie nicht auf Ausgrenzung, sondern auf positive Leistung, nicht auf Freiheit, sondern auf Teilhabe. Freiheit und Teilhabe sind die Kardinalbegriffe, die heute das Verständnis des einzelnen zum Staate bestimmen. Jede von ihnen bezeichnet die Beziehung zu staatlichen Funktionen, die unter sich sehr verschieden, ja gegensätzlich sind. Die durch Ausgren-

---

8 Ernst Forsthoff: Rechtsstaat im Wandel. Verfassungsrechtliche Abhandlungen 1954–1973, 2. Auflage, München 1976.
9 Dazu Jens Kersten: Die Entwicklung des Konzepts der Daseinsvorsorge im Werk von Ernst Forsthoff, in: *Der Staat* 2005, 543–569.
10 Ebd., 553.

zung gesicherte Freiheit bezieht sich auf einen Staat, der sich Grenzen setzt, der den einzelnen seiner gesellschaftlichen Situation, wie sie ist, überlässt, einen Staat also, der in dieser Relation der Freiheit den Status quo gelten lässt. Die Teilhabe als Recht und Anspruch meint einen leistenden, zuteilenden, verteilenden, teilenden Staat, der den einzelnen nicht seiner gesellschaftlichen Situation überlässt, sondern ihm durch Gewährungen zu Hilfe kommt. Das ist der soziale Staat.«[11]

Es ist der umverteilende, bürokratische Sozialstaat, der Teilhaberechte schafft. Forsthoff kritisiert den Sozialstaat der Teilhaberechte, weil diese Rechte keinen normierbaren Umfang besitzen, wesentlich vom Einzelfallbezug leben und bei unmittelbarer Geltung dieser Grundrechte zu einem Verwaltungsstaat führen würden, einem Staat, dem das Politische im Sinne Carl Schmitts verloren ginge: Die Schaffung einer Verwaltungsmaschinerie zur Bereitstellung von Gütern bedeutet für Forsthoff nichts anderes als die Auflösung souveräner Staatlichkeit. Diese Position hat Forsthoff auch später beibehalten: »Diese Teilhabe [an Leistungen der Daseinsvorsorge, F.N.] verfassungsrechtlich abzusichern muß aber an der gekennzeichneten Logik und Struktur der rechtsstaatlichen Verfassung scheitern.«[12]

Auch wenn hier die weitere Begriffsgeschichte nicht im Detail analysiert werden kann, so sind doch zumindest zwei Rezeptionswege dieser Forsthoffschen Innovation zu unterscheiden: Ein Weg führt von der »Teilhabe« zur »Teilnahme«, zu Beteiligung und Partizipation. Paradigmatisch kann dafür die 1958 entstandene und 1961 als Einleitung zur Studie »Student und Politik« veröffentlichte Schrift von Jürgen Habermas »Zum Begriff der politischen Beteiligung« gelten.[13] Die innerjuristische Wirkung der Forsthoffschen Begriffsbildung war es, eine beteiligungsorientierte Auffassung zu blockieren, wie sie in der Nachfolge von Hermann Heller vor allem bei Wolfgang Abendroth nahegelegt wird: »Teilhabe heißt also nicht etwa Mitbestimmung oder die Emanzipation des einzelnen in der Wirtschaft durch seine nicht nur rechtliche, sondern auch gesellschaftspolitische Stützung als Subjekt des Ge-

---

11 Ernst Forsthoff (1976), Rechtsstaat, a.a.O., 74f. Vgl. zum Begriff »Teilen« auch Carl Schmitt: Nehmen/Teilen/Weiden (1953), in: ders., Verfassungsrechtliche Aufsätze 1924–1954. Materialien zu einer Verfassungslehre, 2. Auflage, Berlin 1973, 489–504.

12 Ernst Forsthoff: Der Staat der Industriegesellschaft. Dargestellt am Beispiel der Bundesrepublik Deutschland, München 1971, 78.

13 Wie ungefestigt der Wortgebrauch »Teilhaberechte« damals noch ist, zeigt sich auch daran, dass Jürgen Habermas sowohl von »Teilhaberrechten« als auch von »Teilnehmerrechten« spricht, vgl. Jürgen Habermas: Kultur und Kritik. Verstreute Aufsätze, Frankfurt/M. 1973, 37.

schehens. Teilhabe heißt von nun an in der ›herrschenden‹ Sozialstaatsinter-
pretation: Recht und Anspruch auf Hilfe durch den Staat.«[14]

Grundrechte als Teilhaberechte

Die dominierende Entwicklungslinie in der Rechtswissenschaft wertet in der
Folge Teilhabe positiv auf, trennt sie aber von der Teilnahme. Der entfaltete
Begriff der »Teilhaberechte« seitens der Carl Schmitt folgenden Schule wird
von der konkurrierenden Wissenschaftlergruppe um Rudolf Smend[15] aufgegriffen und umgedeutet zu einer neuen, sozialstaatlichen Interpretation
der Grundrechte als Teilhaberechte. In den 1960er und frühen 1970er Jahren kann sich diese alternative Interpretation der sozialen Rechte als Teilha-
be- und Leistungsrechte im Umfeld eines auf Integration von Staat und Gesellschaft zielenden institutionellen Verständnisses der Grundrechte langsam
etablieren, im Numerus Clausus-Urteil des Bundesverfassungsgerichts aus
dem Jahre 1972 erhält ein positiv besetzter Begriff der Teilhaberechte den offiziellen Charakter als geltende Grundrechtsinterpretation.[16] Teilhabe(recht)
wird zur Grundformel eines sozialstaatlichen Grundrechtsverständnisses.[17]
Gegenüber dem tradierten Verständnis der Grundrechte als Freiheits- oder
Abwehrrechte bezeichnet eine Interpretation als Teilhaberechte, dass mit
Grundrechten auch »Ansprüche auf Erweiterung der gegebenen Handlungsmöglichkeiten« verbunden sind.[18] Nicht allein die Abwehr staatlicher Intervention ist grundrechtlich verbürgt, sondern in der Aufforderung zur
Herstellung der sozialen Voraussetzungen zur Nutzung der Freiheitsrechte

---

14 Hans-Hermann Hartwich: Sozialstaatspostulat und gesellschaftlicher Status quo, Opladen 1970, 318.
15 Zu diesen beiden Schulen der Staatsrechtslehre vgl. Frieder Günther: Denken vom Staat
her. Die bundesdeutsche Staatsrechtslehre zwischen Dezision und Integration 1949–
1970, München 2004.
16 BVerfGE 33, 303–358, 18.7.1972.
17 Vgl. u.a. Peter Häberle: Grundrechte im Leistungsstaat, in: VVDStRL 30, 1972; Peter Häberle: Das Bundesverfassungsgericht im Leistungsstaat – Die Numerus-clausus-
Entscheidung vom 18.7.1972, in: *Die öffentliche Verwaltung* 1972, 729–740. Dietrich
Wiegand: Sozialstaatsklausel und soziale Teilhaberechte, in: *Deutsches Verwaltungsblatt*
1974, 657–663. Peter Badura: Staatsaufgaben und Teilhaberechte als Gegenstand der
Verfassungspolitik, in: *Aus Politik und Zeitgeschichte* 41 (49), 1991, 20–28.
18 Dietrich Murswiek: Grundrechte als Teilhaberechte, soziale Grundrechte, § 112, in:
Josef Isensee/Paul Kirchhof (Hg.), Handbuch des Staatsrechts der Bundesrepublik
Deutschland, Band V: Allgemeine Grundrechtslehren, Heidelberg 1992, 244.

reagieren die Grundrechte selbst auf das Auseinanderfallen von abwehrrechtlicher Freiheit und realen Handlungsfreiheiten. Als Teilhaberecht interpretiert gewähren Grundrechte Ansprüche auf jene staatliche Leistungen oder Interventionen, die erforderlich sind, um an der Nutzung von Freiheitsrechten überhaupt teilhaben zu können.

Aus dem Umfeld der Schmitt-Schule werden gegen diese Interpretation die schon bei Forsthoff angeführten Argumente angeführt und detaillierter ausgearbeitet. So kritisiert Ernst-Wolfgang Böckenförde, dass Grundrechte als Teilhaberechte unbestimmte Aufträge darstellen und Leistungsansprüche ohne Maßstab für Umfang, Mindesthöhe, Durchschnitt und Maximum gegen den Staat bedeuten, die diesen zwingen, erhebliche finanzielle Mittel zur Grundrechtsumsetzung zu verwenden. Darin bestehe ebenso ein grundlegender Unterschied zu den liberalen Abwehrrechten wie in der fehlenden Unbedingtheit derartiger monetär quantifizierbarer Rechte. Zudem bestehe nicht nur die Gefahr des Verwaltungsstaates, sondern durch die zunehmende Rolle des Verfassungsgerichts in der Grundrechtsauslegung auch die Gefahr einer fortschreitenden Juridifizierung bis hin zum Justizstaat. Das NC-Urteil bilde nur deshalb keinen entscheidenden Schritt in dieser Richtung, weil es nur von Zugangsteilhabe zu vorhandenen staatlichen Einrichtungen mit Monopolcharakter spreche.[19]

Auch von Seiten der partizipatorisch ausgerichteten Demokratietheorie erfolgt ein Einspruch gegen das sozialstaatliche Rechtsparadigma der Teilhaberechte – so bei Jürgen Habermas in *Faktizität und Geltung* im Namen eines auf Verfahren und Teilnahme setzenden »prozeduralistischen« Paradigmas der Grundrechtsinterpretation.[20]

Trotz dieser Kritik verbreitete sich der Begriff »Teilhabe« zunehmend im Recht. Gerade in den Sozialgesetzbüchern findet sich diese Vokabel nun an zentralen Stellen der Gesetzestexte. Auch spezifische »Leistungen zur Teilhabe« sind dort definiert. Der Teilhabebegriff erhält positiv-rechtlich insbesondere dort Relevanz, wo Bedarfe definiert werden, wo sozialpolitische Leistungen nicht in Abhängigkeit von Vorleistungen (Beiträgen) erfolgen, sondern sich auf ein »Notwendiges«, »Erforderliches« beziehen. Teilhabe ist so auch eine politische Vokabel gegen die Nichtberücksichtigung oder Relativierung von Bedarfen. Statt auf die Interessen von Betroffenen kann man

---

19 Ernst-Wolfgang Böckenförde: Staat, Verfassung, Demokratie. Studien zur Verfassungstheorie und zum Verfassungsrecht, Frankfurt/M. 1991, insb. 136–139, 155.

20 Jürgen Habermas: Faktizität und Geltung. Beiträge zur Diskurstheorie des Rechts und des demokratischen Rechtsstaats, Frankfurt/M. 1992, hier 468–537.

sich mit der Vokabel »Teilhabe« auch auf eine objektivierbare, aber durchaus dynamische Bedarfsdefinition berufen. Zugleich gehen die neuen Erkenntnisse der Armuts- und Ungleichheitsforschung in diese Formel ein: Statt nur die Ressourcenausstattung zu messen und Schichtvariablen wie Einkommen, Bildung und Beruf zu betrachten, ist zur Beschreibung beispielsweise der Veränderung von Armut die Mehrdimensionalität der Lebenslagen hinreichend zu berücksichtigen. Kinderzahl, Geschlecht, Alter, sozialer Kontakt, Erreichbarkeit von Institutionen und Wohnung sind ebenso zentrale Dimensionen von Ungleichheit wie das Einkommen. Der Teilhabebegriff konzentriert sich daher nicht nur auf eine Ressource, sondern auf das Ensemble einer sozialen Lage. Teilhabe meint umfassende Einbeziehung in die wesentlichen gesellschaftlichen Vorgänge und Institutionen.

Teilhabegerechtigkeit

Die sich seit den späten 1990er Jahren immer weiter verzweigende Gerechtigkeitsdebatte in Wissenschaft und Öffentlichkeit führte auch zum Aufstieg des Terminus »Teilhabegerechtigkeit«. In den Debatten der Parteien zur Neufassung des Gerechtigkeitsverständnisses fanden sich die ersten Verwendungen dieses Begriffs mit größerer medialer Wirkung. In diesem neuen Kontext veränderte »Teilhabe« ihren Sinn. Der Teilhabebegriff vollzog – parallel zum Aufstieg der Kategorien »Identität« und »Differenz« in der politischen Theorie und der Debatte um Multikulturalismus – den Übergang von einem traditionell sozialstaatlichen Denken in einen Diskurs um Zugehörigkeit. Zur vollen Entfaltung kam diese Tendenz aber erst, nachdem Inklusion und Exklusion prominent auf der Diskursbühne auftauchten und die wirtschaftliche Lage sich soweit verschlechtert hatte, dass mit der massenhaften Dauerarbeitslosigkeit ein auch die Mittelschicht mental erreichendes Phänomen der Ausgrenzung sichtbar wurde. Marktinklusion wird dann zu einem ernsten Problem, ja zur Staatsaufgabe – und so besinnt sich auch die Sozialpolitik darauf, dass nicht zwingend »Dekommodifizierung«, sondern gerade umgekehrt »Kommodifizierung«, die Beförderung des Warencharakters der Arbeit, Funktion sozialstaatlicher Regelungen sein sollte.

Folgt man einer Differenzierung von Iris Marion Young[21] in externe und interne Exklusion bzw. Zugangs- und Mitwirkungsteilhabe, so lässt sich die

---

21 Iris Marion Young: Inclusion and Democracy, Oxford 2000, hier 53–55.

neue Akzentuierung im Begriff der Teilhabegerechtigkeit besser fassen: Zugangsteilhabe beseitigt Hürden, die den Zutritt zu einer gesellschaftlichen Arena verunmöglichen. Sie verlangt, dass Zugangsregeln geändert und Zugangsfähigkeiten geschaffen werden, und erreicht damit so etwas wie basale Inklusion. Mitwirkungsteilhabe dagegen beseitigt Hindernisse, die die gleichberechtigte Mitwirkung innerhalb einer gesellschaftlichen Arena nach vollzogenem Zugang verunmöglichen. Das verlangt mehr. Nunmehr müssen Prozessregeln geändert und Mitwirkungsfähigkeiten gestärkt werden. Der Teilhabegerechtigkeitsdiskurs zielt in sozialpolitischen Kontexten meist allein auf Zugangsteilhabe. Die Semantik der Sozialpolitik wird von einer graduellen Logik des Mehr oder Weniger in der Mitwirkung an einer gesellschaftlichen Sphäre auf das bloße Entweder/Oder bzw. In/Out des Zugangs und der Zugehörigkeit zu einer Sphäre umgestellt, was zur Folge hat, dass der politische Forderungsraum sich verkleinert, dass es eher zu einer Schwächung sozialstaatlicher Impulse kommt. Dieser Teilhabegerechtigkeits-Diskurs hat sich aber gegenüber dem ersten Jahrzehnt des 21. Jahrhunderts inzwischen deutlich abgeschwächt, im Zuge der ökonomischen Wachstumsentwicklung der Bundesrepublik Deutschland wurde Teilhabe wieder in einem umfassenderen Sinne zum Thema. Vor allem mit dem Vorrücken des Begriffs »Inklusion« im Zuge der Rezeption und Umsetzung der UN-Behindertenrechtskonvention hat sich die Bedeutung des Teilhabebegriffs wieder erweitert. Neben dem Zugangsverständnis ist auch ein Mitwirkungsverständnis öffentlich präsent.

Inklusion als allgemeines Teilhaberecht

Während aber der ältere Teilhabebegriff und insbesondere die Diskussion um Teilhaberechte sich auf alle Bürger bezogen, findet aktuell eine Rückbewegung allein auf die Gruppe der Behinderten bzw. der Menschen mit Beeinträchtigungen statt. Der wachsende politische Streit um die Umsetzung von Inklusionsangeboten im Bildungssektor trägt dazu entscheidend bei. Es geht in der Öffentlichkeit nur noch um die inklusive Schule, insbesondere die Frage, ob das bisherige mehrgliedrige Bildungssystem durch Inklusionsanforderungen überfordert wird oder ob die Vorstellung der gemeinsamen Beschulung nicht ganz andere Ressourcen verlangt als bisher. So wird die Schulpolitik zum Feld, in dem über das Verständnis und die Interpretation von Inklusion generell entschieden wird. Dieser Verengung ist entgegenzuwirken.

Inklusion und Teilhabe können und sollten in einem weiten Sinne interpretiert werden als Kategorien universeller Ansprüche an die Gestaltung gesellschaftlicher Zusammenhänge. Soziale Rechte als Menschenrechte[22] zielen darauf, allen Menschen Teilhabe zu ermöglichen, sie sind im Kern Teilhaberechte. Inklusive Sozialpolitik ist wesentlich, um Teilhaberechte in jenem umfassenden Sinne, der alle potentiell Benachteiligten einbezieht, zur Geltung kommen zu lassen. Sie muss zur präventiven, aktivierenden und investiven Sozialpolitik ebenso wie zur traditionellen Sozialversicherungs-, Grundsicherungs- und sozialen Dienstleistungspolitik hinzutreten, damit der Teilhabeanspruch auch nur annähernd realisiert werden kann. Erst wenn alle drei Formen der Sozialpolitik zusammenkommen, ist zu erwarten, dass Teilhabe in einem höheren Maße – und für alle Gruppen der Bevölkerung – erreicht wird.

---

22 Siehe dazu Sigrid Graumann: Assistierte Freiheit. Von einer Behindertenpolitik der Wohltätigkeit zu einer Politik der Menschenrechte, Frankfurt/M. und New York 2011.

III
Vom Sonderbereich zur Inklusion:
Die Arbeitsdebatte und die Frage nach
dem gemeinsamen Ort

Soziale Inklusion – neue Triebfeder oder Modeerscheinung in der Sozialpolitik?

Ernst-Ulrich Huster

Der Weg hin zur Europäischen Union war zunächst und vor allem wirtschaftlich begründet und ist es im Kern bis heute geblieben. In weiten Teilen ist die EU eine wirtschafts- und währungspolitische Union geworden, auch wenn es immer wieder Ansätze gegeben hat, soziale Aspekte in den Blick zu nehmen. Dieses bezog sich zunächst auf sozialversicherungsrechtliche Regelungen der Wanderarbeit. Erst in den 1970er Jahren kamen Fragen der allgemeinen sozialen Lage und hier insbesondere Fragen der Verbreitung von Armut in der damaligen Europäischen Gemeinschaft ins Blickfeld, wobei allerdings schon alleine der Begriff »Armut« zur Beschreibung von Folgeerscheinungen der ökonomischen Entwicklung bei einigen Regierungen Widerstand gegen zu weitgehende Kompetenzen der EU auf diesem Gebiet provozierte. Der im englischen und im französischen Sprachraum übliche Begriff der »social exclusion« bzw. »exclusion sociale« trat vom Gebrauch und Gewicht her an die Stelle von »poverty« bzw. »pauverté«, ohne diesen allerdings gänzlich zu verdrängen. Kaum war über das Vertragswerk von Amsterdam (1997) und die konkretisierende Lissabon-Strategie (2000) die Bekämpfung von sozialer Ausgrenzung im Rahmen der Offenen Methode der Koordination (OMK) zum Programm der Agenda 2010 erhoben worden,[1] bildete sich neuer Widerstand gegen diese – wie befürchtet – prominente Schau auf Ausgrenzungsprozesse in den einzelnen Mitgliedstaaten.

Aber die EU hält – bei allen Modifikationen – an dem in Artikel 3 der gemeinsamen Bestimmungen des Vertrages über die Europäische Union (2008) gesetzten Ziel fest: »Ziel der Union ist es, den Frieden, ihre Werte und das Wohlergehen ihrer Völker zu fördern. [...] Sie bekämpft soziale Aus-

---

1 Im nunmehr gültigen Vertrag von Lissabon ist dieses in Artikel 153 geregelt; vgl. Jürgen Boeckh/Ernst-Ulrich Huster/Benjamin Benz: Sozialpolitik in Deutschland. Eine systematische Einführung, 3. Auflage, Wiesbaden 2011, 400f.

grenzung und Diskriminierungen und fördert soziale Gerechtigkeit und sozialen Schutz [...] Sie fördert den wirtschaftlichen, sozialen und territorialen Zusammenhalt und die Solidarität zwischen den Mitgliedstaaten.«[2]

Die Grundsatzentscheidung, die Ausgestaltung von Sozialstaatlichkeit in der nationalen Kompetenz zu belassen – gemeinsame Beschlüsse bedürfen hier der Einstimmigkeit –, gleichwohl aber im Rahmen der Offenen Methode der Koordination Folgen nationaler Sozialpolitik zu beobachten und in einem Benchmarking zu bewerten, führt zu zwei gegensätzlichen Prozessen: Zum einen wird der nationale soziale Zusammenhalt Gegenstand *europäischer* Beobachtung, zum anderen sucht *nationale* Politik – mal stärker, mal schwächer – unter Adaptation an europäische Begrifflichkeit letztlich doch nach eigenen, in ihrer jeweiligen Tradition verhafteten Lösungsansätzen sozialer Konfliktlagen. Gleichwohl findet im politischen, sozialen und im wissenschaftlichen Rahmen eine Auseinandersetzung um eben diese Problemfelder statt. Zentral sind dabei:

– soziale Eingliederung vor allem derjenigen, die am weitesten entfernt sind vom Arbeitsmarkt;
– Zugang aller zu sozialen Diensten;
– Hilfen gerade für diejenigen, die am meisten von Armut und sozialer Ausgrenzung betroffen sind;
– Zusammenhang zwischen Wirtschaftswachstum, Beschäftigung und sozialen Inklusionserfolgen;
– Fortschritte bei der Gleichstellung der Geschlechter.

Integraler Bestandteil der im Rahmen der Lissabon-Strategie aus dem Jahr 2000 beschlossenen Maßnahmen gegen soziale Ausgrenzung waren die sogenannten »Laeken-Indikatoren«, durch die sowohl der Ist-Zustand in den Mitgliedsländern vergleichbar als auch Fortschritte messbar werden sollten. Dabei kann seit 2004 mit dem »European Survey on Income and Living Conditions« (EU-SILC) auch auf zumindest weitgehend einheitlich erfasste Datensätze zurückgegriffen werden, die Längsschnittbetrachtungen erlauben. Der qualitative Unterschied gegenüber einem bloß einkommenszentrierten Armutsbegriff liegt dabei in der mehrdimensionalen Perspektive. Andererseits ist das Konzept im Vergleich zu dem in Deutschland entwickelten und verbreiteten Lebenslagenansatz enger, da eine sehr begrenzte Anzahl

---

2 Vertrag von Lissabon, in der Fassung des Vertrages über die Arbeitsweise der Europäischen Union vom 13. Dezember 2007, hg. von der Bundeszentrale für politische Bildung, Bonn 2008.

an Indikatoren, nämlich zehn, für soziale Ausgrenzung festgelegt worden ist. Zu den Hauptindikatoren gehören neben der Armutsgefährdungsquote (60% des Median), der Quote dauerhafter Armutsgefährdung, der relativen Armutsgefährdungslücke und der Langzeitarbeitslosenquote auch einige, die nicht unmittelbar an der Einkommenshöhe oder Erwerbstätigkeit anknüpfen. Dies sind beispielsweise die Zahl der Schulabbrecher, die Lebenserwartung bei Geburt und der Anteil der Personen im obersten und untersten Einkommensquintil, die ihren Gesundheitszustand als schlecht oder als sehr schlecht bezeichnen. Gerade Indikatoren wie die letztgenannten »sollen dabei die Multidimensionalität von Armut widerspiegeln«.[3] Ergänzend zu diesen primären Indikatoren, die bei den als am wichtigsten erachteten Gründen für soziale Ausgrenzung ansetzen, gibt es eine Reihe sekundärer Indikatoren. Diese bieten zusätzliche Details bzw. zeigen weitere Dimensionen der Ausgrenzungsproblematik auf.

Im Gegensatz zu dem eher widerständigen Verhältnis zwischen nationaler Politik in Deutschland und EG-Initiativen im Rahmen der drei Armutsprogramme beteiligte sich die deutsche Politik an diesen europäischen Initiativen; allerdings blieb der Widerspruch, dass konkrete politische Maßnahmen auf nationaler Ebene wenig Wirkungen entfalteten. Auch im Rahmen des »mutual learning« beteiligten sich die nationalen Regierungen an Peer Reviews, die das Ziel verfolgen, »die Zusammenarbeit bei der Modernisierung des Sozialschutzes« sowie die »Bekämpfung von Armut und sozialer Ausgrenzung innerhalb der Europäischen Union zu fördern«. Die Mitgliedstaaten sollen so »voneinander lernen und ein Austausch über Maßnahmen, die sich als besonders wirksam herausgestellt haben, vorangetrieben werden. Zielvorstellung ist dabei, dass nationale Divergenzen abgebaut und der europäische Integrationsprozess insgesamt auf ein höheres Wachstums- und Wohlfahrtsniveau gehoben werden kann.«[4]

Das Nachfolgeprogramm – »Europa 2020« – wurde zwischen den Regierungen der Mitgliedstaaten sehr kontrovers diskutiert. Noch stärker als bei der Lissabon-Strategie wurden wirtschaftspolitische Wachstumsziele festgelegt, denen Bildung, Forschung, ökologische Ziele und auch soziale Ziele zugeordnet wurden: Erhöhung der Beschäftigungsquote, Anhebung der

3 Wolfgang Strengmann-Kuhn/Richard Hauser: International vergleichende Armutsforschung, in: Huster/Boeckh/Mogge-Grotjahn (Hg.), Handbuch Armut und Soziale Ausgrenzung, Wiesbaden 2012, 175.

4 Peter Krause/Daniel Ritz: EU-Indikatoren zur sozialen Inklusion in Deutschland, in: *Vierteljahreshefte zur Wirtschaftsforschung*, Nr. 75, 2006, 156f.

Ausgaben für Forschung, Entwicklung und Innovationen, Verringerung der Treibhausgasemissionen, Verbesserung der Schulabschlüsse und schließlich Verringerung der Zahl der von Armut und sozialer Ausgrenzung bedrohten Menschen um mindestens 20 Millionen. Zwar wurden einerseits zu den einzelnen Hauptzielen konkrete Daten festgelegt, aber die Wege dahin blieben und bleiben offen. Wie auch immer: Der soziale Zusammenhalt und das Ziel der sozialen Inklusion bleiben auf der politischen Agenda in der Europäischen Union.[5]

Armut und soziale Ausgrenzung: Skandalon oder Funktionalität für die Durchsetzung marktorientierter Verteilungsprozesse?

Der Sozialstaat hat von seiner Intention her das Ziel, die Lebenslagen jener Bevölkerungsgruppen zu schützen oder zu verbessern, die von sozialen Risiken und Problemen besonders betroffen sind. Zugleich will er einen Beitrag zur sozialen Eingliederung der Gesellschaftsmitglieder in das gesamte Gemeinwesen leisten. Klassisch hat dieses die Kaiserliche Botschaft in Deutschland vom 17. November 1881 formuliert: »Schon im Februar dieses Jahres haben Wir Unsere Überzeugung aussprechen lassen, dass die *Heilung der sozialen Schäden nicht ausschließlich im Wege der Repression* sozialdemokratischer Ausschreitungen, sondern gleichmäßig auf dem der *positiven Förderung* des Wohles der Arbeiter zu suchen sein werde. Wir halten es für Unsere Kaiserliche Pflicht, dem Reichstage diese Aufgabe von Neuem ans Herz zu legen; und würden Wir mit um so größerer Befriedigung auf alle Erfolge, mit denen Gott Unsere Regierung sichtlich gesegnet hat, zurückblicken, wenn es Uns gelänge, dereinst das Bewusstsein mitzunehmen, dem Vaterlande neue und dauernde Bürgschaften seines inneren Friedens und *den Hülfsbedürftigen größere Sicherheit und Ergiebigkeit des Beistandes*, auf den sie Anspruch haben, zu hinterlassen.«[6]

---

5 Wolfgang Strengmann-Kuhn/Richard Hauser: International vergleichende Armutsforschung, in: Huster/Boeckh/Mogge-Grotjahn (Hg.), Handbuch Armut und Soziale Ausgrenzung, Wiesbaden 2012, 175.

6 Jürgen Boeckh/Ernst-Ulrich Huster/Benjamin Benz: Sozialpolitik in Deutschland. Eine systematische Einführung, 3. Auflage, Wiesbaden 2011, 57.

Doch war und ist dieses nur die eine Seite der – nicht nur deutschen – sozialstaatlichen Medaille. Es ist zwar die Aufgabe der Sozialpolitik, sozial unverträgliche Folgen der Marktwirtschaft auszugleichen, aber in der Weise, dass diese Wirtschaftsform nicht in Frage gestellt wird. Hierin kommt das konservativ-revolutionäre »Doppelwesen« von Sozialpolitik zum Ausdruck, wie es Eduard Heimann klassisch formuliert hat.[7] Soziale Folgen privatwirtschaftlichen Wirtschaftens werden vom Ort ihres Entstehens externalisiert und außerhalb des Produktionsprozesses bearbeitet. Doch Ansprüche gegenüber diesen externen Leistungsträgern müssen zuerst »verdient« werden, ihre Leistungserbringung zielt der Sache nach auf die Reintegration in die Erwerbsarbeit bzw. bindet deren Ersatz an hohe Zugangsbarrieren.

Dieser Prozess in die bzw. aus der Erwerbsarbeit erfolgt in Deutschland vorwiegend dadurch, dass die *Ursache* des eingetretenen Schadens erkundet und davon Leistungsansprüche abgeleitet oder verwehrt werden. Es charakterisiert den deutschen Sozialstaat, dass zwar derartige kausal begründete Rechtsansprüche immer stärker ausgeweitet wurden, dass dieser Weg sozialer Eingrenzung allerdings immer dort an Grenzen stößt, wo mit dem Grundsatz der Kausalität keine Rechtsansprüche erworben worden sind bzw. deren Ertrag zu niedrig ausfällt.

Sozialstaatlichkeit hatte und hat deshalb immer auch eine disziplinierende Funktion: Der Erwerb von Rechtsansprüchen, deren Begrenzung oder deren Verweigerung dienen der Durchsetzung von Erwerbsarbeit als vorrangiger Form der Subsistenzsicherung. Die geschichtlich zurückliegenden Formen der Disziplinierung (Arbeitshaus, Armenpolitik etc.) wurden allmählich durch die Ausweitung der Formen, Rechtsansprüche in einem kausal orientierten Sicherungssystem zu erwerben, der Form nach zurückgedrängt, im Prinzip aber nicht aufgehoben. Exklusion als Folge mangelnder kausal begründeter Leistungsansprüche wird aus dieser Perspektive nicht nur nicht als abzuhelfender Missstand gedeutet, sondern hat eine Erziehungsfunktion, die diejenigen treffen soll, die sich der vorherrschenden Form der Subsistenzsicherung – Erwerbsarbeit – entziehen bzw. zu entziehen scheinen.

---

7 Eduard Heimann: Soziale Theorie des Kapitalismus. Theorie der Sozialpolitik, Frankfurt/M. 1980, 172.

Soziale Inklusion: Wer wird wie im Sozialstaat sozial eingegliedert?

Als Kompromiss zwischen staatlicher Versorgung und staatsfernem Selbsthilfegedanken entstanden, prägen die Bismarck'schen Arbeitnehmersozialversicherungen den deutschen Sozialstaat bis heute. Mehr als zwei Drittel aller Sozialleistungen werden über die fünf Sozialversicherungszweige abgewickelt. Das *Versicherungsprinzip* eröffnet hier Inklusionsprozesse, zugleich aber auch Inklusionsgrenzen: Zugang zu den Leistungen der Sozialversicherungen hat zunächst einmal nur, wer als abhängig Beschäftigter auch Zugang zum Arbeitsmarkt hat bzw. hatte. In der Terminologie von Gøsta Esping-Andersen gesprochen, erlauben dementsprechend Sozialversicherungssysteme trotz ihres – vergleichsweise hohen – Leistungsniveaus nur ein begrenztes Maß an Dekommodifizierung[8]: Das mit den Sozialversicherungsleistungen einhergehende Maß an Unabhängigkeit vom Arbeitsmarkt ist nämlich gerade auf all jene begrenzt, die dort ihre Arbeitskraft tatsächlich auch verkaufen können. Hierfür kommt es zum einen auf den Umfang der geleisteten Arbeit an. Zum anderen ist auch die Dauer der Erwerbstätigkeit relevant, denn der Zugang zu Versicherungsleistungen ist teilweise an Anwartschaften gebunden. Während das Versicherungsprinzip über das »Ob-überhaupt« der Inklusion entscheidet, bestimmen das *Äquivalenz- und das Solidarprinzip* das »Wie-weit«. So ist die Höhe des vorherigen Einkommens entscheidend für die des Arbeitslosengeldes I oder auch des Krankengeldes. In besonderem Maße relevant ist dies für die Rentenversicherung, die die Berufs- und Statusunterschiede während der Erwerbsphase auf die gesamte Phase des Ruhestandes unerbittlich festschreibt.

Dem Gros der kausal strukturierten Leistungen, denen eigentumsrechtliche, weil durch Beitragszahlung erworbene Rechtsansprüche zugrunde liegen, steht eine Minderheit *finaler* Elemente gegenüber. Diese sind in aller Regel subsidiär und bedürftigkeitsabhängig, so etwa das Arbeitslosengeld II, die Sozialhilfe oder die Grundsicherung im Alter: »Die Fähigkeit sozialer Sicherungssysteme, gesellschaftliche Teilhabe sicherstellen und soziale Exklusion verhindern zu können, bestimmt sich aber nicht nur durch materielle

---

8 Vgl. Gøsta Esping-Andersen: The Three Worlds of Welfare Capitalism, Cambridge 1990. Der Grad der Dekommodifizierung gibt nach Esping-Andersen darüber Auskunft, in welchem Maße die Arbeitskraft durch sozialstaatliche Leistungen gegenüber den freien Marktkräften geschützt ist.

Aspekte, sondern auch durch immaterielle und symbolische Eigenschaften sozialer Rechte. So wird die Erfahrung sozialer Exklusion auch davon beeinflusst, ob ihre Inanspruchnahme als gesellschaftlich legitim – als gutes Recht ›würdiger Armer‹ – oder als ›Gnadenakt der Fürsorge‹ gegenüber im Verdacht der Unwürdigkeit stehenden Beziehern betrachtet wird.«[9]

Die steuerfinanzierten, bedürftigkeitsabhängigen *Fürsorgeleistungen* sind daher nicht nur mit einer Bedürftigkeitsprüfung verbunden, um auszuschließen, dass jemand ungerechtfertigterweise auf Kosten der Allgemeinheit lebt, sondern können etwa im Rahmen der sogenannten »Mitwirkungspflicht« zugleich soziale Härten beinhalten bzw. rechtfertigen. Kommen wie bei der Sozialhilfe noch Rückgriffsmöglichkeiten auf nahe Angehörige hinzu, kann dies zur Nichtinanspruchnahme von Leistungen führen und damit zu verdeckter Exklusion. Hauser und Becker haben versucht, eine entsprechende Dunkelziffer zu ermitteln, und sind dabei zu dem Ergebnis gekommen, dass auf drei Empfänger von Sozialhilfe »mindestens zwei, eher drei weitere Berechtigte« kamen, die ihren Leistungsanspruch nicht geltend machten.[10] Die Grundsicherung im Alter und bei Erwerbsminderung stellt in dieser Hinsicht aufgrund ihrer erleichterten Zugangsvoraussetzungen (erweiterte Familiensubsidiarität) allerdings einen Fortschritt gegenüber der strikteren Sozialhilfe dar.

Sozialversicherungsleistungen auf der einen, Fürsorgeleistungen auf der anderen Seite – wie beim direkten Vergleich von Arbeitslosengeld I und II deutlich wird, kann man in Deutschland von sozialstaatlichen Leistungen erster und zweiter Klasse sprechen. Bei einer grundsätzlich gleichen Ausgangssituation wirken diese im einen Fall tendenziell inkludierend, im anderen Fall tendenziell exkludierend.

---

9 Katrin Mohr: Soziale Exklusion im Wohlfahrtsstaat. Arbeitslosenversicherung und Sozialhilfe in Großbritannien und Deutschland, Wiesbaden 2007, 69.
10 Richard Hauser/Irene Becker (2005): Nicht-Inanspruchnahme zustehender Sozialhilfeleistungen, Bundesministerium für Arbeit und Soziales, URL: http://www.bmas.de/portal/1736/property=pdf/nicht__inanspruchnahme__zustehender__sozialhilfe.pdf (02.04.2011), 138.

Erweiterung des Versichertenkreises in der Gesetzlichen Sozialversicherung

In der Vergangenheit wurde dieses System auf Personenkreise erweitert, die mangels eines entsprechenden Beschäftigungsverhältnisses eigentlich nicht davon erfasst würden. Dabei wurde sehr stark von »Als-ob-Konstruktionen« Gebrauch gemacht: Kindergartenkinder, Schüler oder Studierende sind – wie Auszubildende – in der Gesetzlichen Unfallversicherung versichert, *als ob* sie sich in einer entsprechenden Qualifizierungsphase befänden. Das gleiche gilt für Handwerker, Künstler und andere Selbstständige, die Mitglieder in der Rentenversicherung sind, *als ob* sie Angestellte oder Arbeiter wären. Bezieher von Arbeitslosengeld II erhalten Zugang zu Maßnahmen der Beschäftigungsförderung des SGB III, *als ob* sie Leistungsansprüche in der Arbeitslosenversicherung besäßen. Spätaussiedler mit Zugang zur deutschen Staatsbürgerschaft werden innerhalb der Rentenversicherung so behandelt, *als ob* sie ihr Arbeitsleben in Deutschland verbracht und entsprechende Beitragsleistungen erbracht hätten. Diese Beispiele ließen sich fortsetzen. Gerade aber weil mittels solcher Als-ob-Konstruktionen immer größere Teile der Bevölkerung in ein dafür ursprünglich nicht vorgesehenes Sozialversicherungssystem integriert worden sind, stellt sich die Frage, welche Gruppen mangels entsprechender Rechtssetzung *nicht* inkludiert wurden bzw. durch veränderte Umstände wieder herauszufallen drohen.

Sozialversicherungspflichtigkeit und Normalarbeitsverhältnis

Gerade weil in einem Sozialversicherungsstaat wie dem deutschen die soziale Inklusion an die Existenz eines Normalarbeitsverhältnisses anknüpft, ist soziale Ausgrenzung in hohem Maße die Folge fehlender Beschäftigungsmöglichkeiten. Als Normalarbeitsverhältnis gilt eine nicht befristete, sozialversicherungspflichtige Vollerwerbsbeschäftigung, einschließlich arbeitsrechtlicher Absicherung. Die Veränderungen am Arbeitsmarkt führen dazu, dass ausgerechnet diejenigen, die am meisten auf die inkludierende Wirkung der Sozialversicherungen angewiesen wären, zunehmend davon ausgeschlossen werden.

Von vornherein ausgeschlossen sind all jene, die formal aus dem Wirkungsbereich der Sozialversicherungen herausfallen. Davon betroffen sind insbesondere die steigende Zahl der versicherungsfreien Minijobber sowie die oftmals nicht versicherten Single-Selbstständigen. Daneben werden aber auch immer mehr eigentlich sozialversicherte Erwerbstätige faktisch ausgeschlossen: Das Erwerbsleben ist zunehmend von Phasen der Arbeitslosigkeit, Teilzeitarbeit und prekären Beschäftigungsverhältnisse im Niedriglohnbereich geprägt. Dies hat erhebliche Folgen für die Leistungsansprüche insbesondere in der Arbeitslosen- und Rentenversicherung. So sind die durch eine Mitgliedschaft in der Arbeitslosenversicherung erworbenen Leistungsansprüche gewissermaßen ein »Inklusionsanspruch durch und auf Zeit«. Inkludiert wird nur, wer *lange genug gearbeitet* hat und *nicht zu lange arbeitslos* ist. Die Bedeutung des Arbeitslosengeldes I (ALG I) als vorrangig konzipierte Leistung zur Sicherung bei Arbeitslosigkeit hat in den vergangenen Jahren laufend abgenommen. Insgesamt beziehen nur ca. ein Drittel aller Arbeitslosen diese Sozialversicherungsleistung. Statt zu einer Normleistung mit starken Inklusionseffekten ist das ALG I so zu einer »Exklusivleistung« für einen privilegierten Kreis von Arbeitslosen geworden. Als unmittelbare Folge davon, dass die Realität dem Idealfall eines weitgehend gleichmäßig verteilten und eher kurzfristigen Arbeitslosigkeitsrisikos immer weniger entspricht, ist heute die große Mehrheit der Arbeitslosen auf diese Grundsicherungsleistung angewiesen.

Auch für die Rentenansprüche hat der Bedeutungsrückgang des Normalarbeitsverhältnisses gravierende Folgen. Die steigende Teilzeitquote, die Zunahme geringfügiger Beschäftigung und der wachsende Niedriglohnbereich führen zu unterbrochenen Erwerbsbiografien mit entsprechend unzureichenden Rentenansprüchen. Ist dann kein Ausgleich durch andere Einkommen oder aufgrund von Vermögen möglich, droht Altersarmut. Besonders bedroht sind Frauen, die (in erster Linie in Westdeutschland) deutlich häufiger in Teilzeitarbeit oder geringfügiger Beschäftigung sind und damit geringere Rentenansprüche erwerben als Männer.[11]

Die Rentenreformen des vergangenen Jahrzehnts verschärfen diese Entwicklung. Das Rentenniveau soll langfristig sinken.[12] Damit ist bereits die Versorgung von durchschnittlich verdienenden Vollzeitbeschäftigten gefährdet, die nur kleinere Brüche in ihrer Erwerbsbiografie aufweisen. Nach Berechnungen der Arbeitnehmerkammer Bremen muss ein Durchschnittsver-

---

11 Kay Bourcarde: Ein Alter ohne Not, in: Huster/Boeckh/Mogge-Grotjahn (Hg.), Handbuch Armut und Soziale Ausgrenzung, Wiesbaden 2012, 453ff.

12 Vgl. Kay Bourcarde: Die Rentenkrise: Sündenbock Demographie. Kompromissbildung und Wachstumsabkopplung als Ursachen von Finanzierungsengpässen, Wiesbaden 2011, 213.

diener, der im Jahr 2030 in den Ruhestand geht, eine Versicherungsdauer von 34 Jahren aufweisen, um das Sozialhilfeniveau zu erreichen. Wer nur 75 Prozent des Durchschnittsentgelts verdient, müsste sogar 45 Jahre durchgehend eingezahlt haben.[13]

Wie angesprochen, hat die Grundsicherung – hier im Alter – von ihrer Ausgestaltung her einerseits eine inkludierende Wirkung, indem anders als bei der Sozialhilfe nur in extremen Fällen ein Unterhaltsrückgriff auf die Angehörigen erfolgt; so soll versteckter oder verschämter Altersarmut vorgebeugt werden. Dies ist insoweit als Fortschritt zu betrachten, da es schon immer Geringverdiener gegeben hat und heute noch gibt, deren Rentenansprüche unterhalb der Sozialhilfesätze lagen bzw. liegen und die auch über keine weiteren finanziellen Ressourcen verfügen. Andererseits bleibt auch die Grundsicherung eine bedürftigkeitsabhängige Sozialleistung, die nicht in gleichem Maße wie selbstverständlich bezogen werden kann wie beispielsweise eine staatliche Mindestrente, die jedem unabhängig davon gewährt wird, ob er nun arm ist oder nicht.

Als Ausgleich für die drohende Versorgungslücke sieht die sogenannte Riester-Rente zwar eine staatlich geförderte Privatvorsorge vor. Doch von dieser geht eine stark exkludierende Wirkung aus, setzt sie doch voraus, dass die Förderungsberechtigten zumindest über geringe finanzielle Spielräume verfügen. Insgesamt hat schätzungsweise nur jeder Dritte der Förderberechtigten bislang überhaupt einen Riestervertrag abgeschlossen.[14]

Der aktivierende Sozialstaat – ein Weg zur Inklusion?

In einem Sozialversicherungsstaat wie in Deutschland mit seinen vornehmlich kausal ausgerichteten Leistungen ist soziale Inklusion somit ohnehin in einem sehr starken Maße von der Integration in den Arbeitsmarkt abhängig. Durch den Übergang hin zum *aktivierenden Sozialstaat* mit seinem Grundsatz des »Forderns und Förderns« ist dieser Zusammenhang noch enger geworden. Vertreter des sogenannten »Dritten Weges« setzen »Exklusion

---

13 Johannes Steffen: Rente und Altersarmut. Handlungsfelder zur Vermeidung finanzieller Armut im Alter, Bremen 2008, 13f., http://www.arbeitnehmerkammer.de.
14 Kornelia Hagen/Lucia A. Reisch: Riesterrente: Politik ohne Marktbeobachtung, in: DIW- Wochenbericht, Nr. 8, 2010, 8ff.

kurzerhand mit dem Ausschluss aus Erwerbsarbeit« gleich, was dementsprechend auch deren sozialpolitischen Strategien nachhaltig prägt.

Eine solche Umstellung hat jedoch nur dann Sinn, wenn der Einzelne auch die Möglichkeit hat, durch seine Integration in den Arbeitsmarkt seinen Pflichten zu genügen.

Dies ist zum einen von der Lage am Arbeitsmarkt abhängig. Denn gerade bei einem derart engen Verständnis von sozialer Inklusion über den Erwerbsarbeitsmarkt kann diese nicht unabhängig von der Qualität und Dauerhaftigkeit der vermittelten Arbeitsplätze einfach als gegeben betrachtet werden. So zeigt etwa das Beispiel der Leiharbeiter, von denen nur eine Minderheit den Weg in ein normales Beschäftigungsverhältnis schafft, dass die Beendigung von Arbeitslosigkeit nicht mit Inklusion gleichgesetzt werden darf. Dies gilt für den Niedriglohnsektor insgesamt, bietet doch selbst Vollzeitarbeit für einen wachsenden Teil der Erwerbstätigen kein Einkommen oberhalb des ALG-II-Niveaus mehr. Dementsprechend fällt die Zahl der Aufstocker bis zur Einführung eines Mindestlohns im Jahr 2015 nach wie vor mit über einer Million sehr hoch aus. Auch hier kann trotz einer Integration in den Arbeitsmarkt nur begrenzt von sozialer Inklusion gesprochen werden, besteht doch die Abhängigkeit von einer bedürftigkeitsabhängigen Grundsicherung weiter. Insgesamt ist auf den weiten Sektor prekärer Beschäftigung hinzuweisen, charakterisiert u.a. durch zeitliche Befristung, Minijobs und andere Formen der Unterbeschäftigung. Inwieweit der Mindestlohn von 8,50 Euro diese Entwicklung abmildern kann bzw. wird, kann derzeit – August 2015 – noch nicht abschließend bewertet werden.

Zum anderen aber soll sich der Betroffene selbst in den Arbeitsmarkt eingliedern. Gesucht wird der leistungswillige Arbeitslose. Dessen Kompetenzen und Ressourcen sollen, wie die Öffnung der Leistungen des SGB III für Arbeitslosengeld-II-Empfänger zeigt, nun in besonderem Maße gefördert werden. Bei einer »aktivierenden Politik« aber hat die schnelle Integration in den Arbeitsmarkt absolute Priorität. Damit besteht das Risiko, dass Maßnahmen auf die leichter vermittelbare Zielgruppe konzentriert werden, wohingegen Langzeitbezieher mit hohen Vermittlungshemmnissen vernachlässigt werden. So macht die Bundesagentur für Arbeit die Eingliederungsmaßnahmen von dem individuellen Profil der Arbeitslosen abhängig, die in vier Kundengruppen eingeordnet werden. Gerhard Bäcker spitzt sarkastisch zu: »Die ›Bestenauslese‹ findet sich somit nicht mehr nur als unerwünschter Effekt in der Programmumsetzung, sondern ist nun selbst integraler Bestandteil der (neuen) Programme in der Arbeitsmarktpolitik geworden (›institutionalisiertes creaming‹).«[15]

Indem der Staat eine bestimmte Bevölkerungsgruppe faktisch als für den Arbeitsmarkt verloren aufgibt, sie aber zugleich jenen Mechanismen unterwirft, die soziale Inklusion hauptsächlich über Arbeitsmarktintegration herstellen wollen, wird ihre Exklusion geradezu zementiert.

Vergröbert betrachtet, sind damit zwei gegensätzliche Trends zu beobachten. Einerseits gibt es die langfristige Entwicklungslinie, innerhalb der die an abhängige Beschäftigungsverhältnisse anknüpfenden Sozialversicherungssysteme durch Als-ob-Konstruktionen auf immer größere Teile der Bevölkerung ausgeweitet wurden. Hierher gehört auch die gesetzlich festgelegte Verpflichtung von Krankenversicherung, alle ehemals bei ihnen versicherten, aber aus verschiedenen Gründen (v.a. Beitragsrückstände) ausgeschlossenen Mitglieder wieder aufzunehmen; es besteht nunmehr in Deutschland eine allumfassende Versicherungspflicht für das Krankheitsrisiko, wobei notfalls das Sozialamt die Beiträge für Mittellose übernimmt. Andererseits aber ist insbesondere innerhalb der vergangenen zehn Jahre eine dazu konträre Politik des »aktivierenden Staates« zu beobachten, durch die diejenigen Bevölkerungsgruppen stärker ausgeschlossen werden, die keinen Zugang zum Arbeitsmarkt finden. Während also über eine lange Zeit hinweg eine zunehmende Inklusion von Personen erfolgte, die nicht abhängig beschäftigt waren, dies aber völlig zweifellos auch nicht sein *konnten*, werden nun alle jene exkludiert, denen in irgendeiner Weise *unterstellt* wird, dass sie nicht abhängig beschäftigt sein *wollen*.

Soziale Inklusion – ein übergreifendes Ziel?

Es gibt kein europäisches Sozialmodell, es zeichnet sich auch keines ab. Der auf Vorschlag des vormaligen deutschen Bundeskanzlers Helmut Kohl in das Vertragswerk von Amsterdam aufgenommene Begriff der »Subsidiarität« schien eine elegante Lösung zu eröffnen, nämlich aus dem abgestuften Interventionsmodell in der katholischen Soziallehre den »kleineren« Einheiten

---

15 Gerhard Bäcker/Jennifer Neubauer: Soziale Sicherung und Arbeitsförderung bei Armut durch Arbeitslosigkeit, in: Ernst-Ulrich Huster/Jürgen Boeckh/Hildegard Mogge-Grotjahn (Hg.), Handbuch Armut und Soziale Ausgrenzung, Wiesbaden 2012, 638.

– den Nationalstaaten – nur dann zu Hilfe zu kommen, wenn diese es aus eigener Kraft heraus nicht schaffen. Dass der Begriff in mehr als einer Hinsicht fehlplatziert ist, soll hier nicht weiter problematisiert werden: Er erfasst weder die qualitative Dimension noch tatsächlich die privaten, kommunalen und staatlichen Interventionsstrategien[16], denen nun quasi eine vierte zugeordnet würde – diese vierte Ebene, die europäische, hat keine der staatlichen Handlungsebene vergleichbare Kompetenzen bekommen! Artikel 153 des Vertrages von Lissabon sieht ausdrücklich den »Ausschluss jeglicher Harmonisierung der Rechts- und Verwaltungsvorschriften der Mitgliedstaaten« auf dem Gebiet der sozialen Inklusion vor.[17] Es wird vielmehr auf die weichen Steuerungsinstrumente verwiesen: Information und Zielvereinbarungen – letztere im allgemeinen Konsensverfahren. Zudem darf nicht übersehen werden, dass einkommensbezogene Inklusions-Indikatoren lediglich Ungleichheiten innerhalb der jeweiligen Länder widerspiegeln und nicht anzeigen, inwieweit sich die ökonomischen Lebensverhältnisse EU-weit annähern.

Trotz aller Unklarheit des Begriffs »Soziale Inklusion« geht von ihm eine strukturell *finale* Orientierung von Sozialpolitik aus. Entscheidend ist für einen derartigen Politikansatz nicht das Warum (*causa*), sondern das Wohin (*finis*)! Des Weiteren bewirken der inzwischen breite Austausch von Informationen – sozialstatistische Daten, Rechtsvergleiche (MISSOC), Parallelstrategien etwa zwischen Beschäftigung, Alterssicherung, Gesundheit/Pflege und Sozialer Inklusion – und die Verständigung auf Ziele in einem gewissen Zeitraum zweierlei: Einmal das allgemeine Agenda-Setting, zum anderen die Möglichkeit, Politik im gesamteuropäischen Vergleich auf Effizienz und Zielerreichung(-sdefizite) hin zu untersuchen. Der gesamte Prozess ist nicht sanktionsbewehrt, aber auch nicht folgenlos. Insgesamt kommen unterschiedliche Zielsetzungen von nationaler Sozialpolitik ins Blickfeld – *non vis sed saepe cadendo* (Nicht durch Kraft, sondern durch stetes Fallen höhlt das Wasser den Stein!).

Dabei geht es auch um das gegenseitige Lernen. Ein Gegenmodell zu den *kausal* strukturierten Sozialversicherungen etwa in Deutschland sind die universalistisch ausgerichteten Sozialleistungen. Ein Beispiel hierfür ist die »Algemene Ouderdomswet« (AOW) in den Niederlanden, die parallel zu einer betrieblichen und einer privaten Altersvorsorge besteht. Bei der AOW han-

---

16 Ernst-Ulricher Huster: Subsidiarität – Historische und systematische Aspekte zu einem Leitprinzip in der Sozialpolitik, in: *WSI-Mitteilungen*, Heft 7/1985, 370ff.

17 Jürgen Boeckh/Ernst-Ulrich Huster/Benjamin Benz: Sozialpolitik in Deutschland. Eine systematische Einführung, 3. Auflage, Wiesbaden 2011, 400f.

delt es sich um eine Altersrente in Form eines Basiseinkommens auf das jeder Anspruch hat, der sein Leben in den Niederlanden verbracht hat. Eine solche bedarfsunabhängige Grundrente hat eine stark inkludierende Wirkung.

Aber nicht nur auf der Leistungsseite besteht ein entsprechendes Benchmarking: Der deutsche Sozialstaat finanziert sich in hohem Maße über Sozialversicherungsbeiträge, der skandinavische Sozialstaat hingegen stärker über Steuereinnahmen, noch dazu über indirekte Steuern, ohne dass durch letzteres etwa der Lebensstandard der unteren Einkommensbezieher niedriger ausfällt als etwa in Deutschland. Vergleicht man beispielsweise die Armutsquoten in Schweden und in Deutschland jeweils vor und nach Sozialleistungen, dann zeigt sich zugleich die deutlich höhere armutsvermeidende Potenz des schwedischen Systems. Richard Hauser hat aktuell bestätigt, dass in Deutschland vor allem das Rentensystem armutsreduzierend wirkt, während die anderen sozialpolitischen Leistungen die Diskrepanzen bei den Markteinkommen deutlich weniger verringern.[18]

Es bleiben die wichtigen eingangs zitierten Grundsatzforderungen: die soziale Eingliederung gerade derjenigen, die am weitesten vom Arbeitsmarkt entfernt sind; die Sicherstellung des Zugangs aller zu sozialen Diensten; die Suche nach Hilfen gerade für diejenigen, die am meisten von Armut und sozialer Ausgrenzung betroffen sind; und die Politikfolgenabschätzung im Zusammenhang von Wirtschaftswachstum, Beschäftigung sowie sozialer Inklusion. Es wird zugleich deutlich, dass der Inklusionsbegriff einer breiten Interpretationsvarianz unterliegt wie die Begriffe Arbeit, Armut, Alter und andere auch. Gleichwohl bietet diese Begrifflichkeit den Ansatzpunkt, ex negativo die Überwindung von sozialer Ausgrenzung als Ziel zu formulieren, auch wenn »Soziale Inklusion« sowohl als Ziel als auch als Prozess offen bleibt, offen bleiben muss. Denn diese werden letztlich von sozialen und politischen Interessenträgern bestimmt, verworfen, ideologisch überhöht etc.

So sehr das Konzept der sozialen Inklusion auf ein breiteres, mehrdimensionales Verständnis von Armut abstellt, so wenig spiegelt sich dies oftmals in politischen Ansätzen wider, die – wie gezeigt – gerade im aktivierenden Sozialversicherungsstaat ganz im Sinne von »Sozial ist, was Arbeit schafft« vornehmlich darauf setzen, soziale Inklusion über die Integration in den Arbeitsmarkt zu erreichen. Dass Arbeitslosigkeit eine Hauptursache von Armut ist, kann – *kausal* – nicht bestritten werden. Aber angesichts erheblicher De-

---

18 Vgl. Richard Hauser: Überwindung von Armut und sozialer Ausgrenzung – eine Illusion? In: Huster/ Boeckh/Mogge-Grotjahn (Hg.), Handbuch Armut und Soziale Ausgrenzung, Wiesbaden 2012, 615.

fizite an Arbeitsplätzen, noch dazu zu Bedingungen einer den Lebensunterhalt sichernden Entlohnung, und angesichts der nach wie vor ethnisch und qualifikatorisch segmentierten Arbeitsmärkte fehlt ein Konzept sozialer Inklusion gerade für diejenigen, die am weitesten vom Arbeitsmarkt entfernt sind. Hier muss – *final* – auch nach Lösungen außerhalb des ersten Arbeitsmarktes gesucht werden.[19] Doch insgesamt gibt es nun ein ganzes Set von verbindlichen Indikatoren – auch wenn dieses noch nicht alle Dimensionen sozialer Ausgrenzung abdecken mag –, um den Erfolg sozialer Inklusion verschiedener Ansätze zu überprüfen, zu vergleichen und Kurskorrekturen einzufordern. Kurz gesagt liegt die Stärke des Konzepts der sozialen Inklusion also in dessen Operationalisierung.

Der Staatsrechtler Helmut Ridder sprach dem Sozialstaatsgedanken im Grundgesetz die Aufgabe einer »Generalnorm« zu[20]; mit dem Zusatz »Soziale Inklusion« könnte diese präzisiert werden. Schon Ridder sah in dem Sozialstaatsbegriff mehr eine Prüfnorm für konkrete Politik, ohne dass sich daraus konkrete soziale Institute ableiten ließen. In diesem Sinne könnte der Inklusionsbegriff zur Prüfnorm werden, mittels derer Zwischenstufen und Ziele dieses Prozesses verfolgt werden. Wenn schon der Konservative Bismarck mit der Sozialversicherung eine soziale und eine politische Inklusionsleistung verbunden hatte, dann wäre unter den politischen Konstellationen des 21. Jahrhunderts und angesichts der Folgen weitreichender sozialer und politischer Destabilisierungen als Folge nationaler und internationaler Wirtschafts- und Finanztransaktionen eine europäische Auffangstrategie wichtiger denn je. Doch diese wird zumindest jetzt und in absehbarer Zeit nicht in einem europäischen Sozialstaat münden, könnte aber die weicheren Steuerungsinstrumente immer stärker und konsequenter anwenden. Und für eben diesen Prozess bietet das Konzept von der sozialen Inklusion sicher einen handhabbaren Zugang.

---

19 Robert Wycislo: Öffentlich geförderte Beschäftigung als Instrument der aktiven Arbeitnehmerpolitik in den Bundesländern, Berlin 2015.

20 Vgl. Helmut Ridder: Die soziale Ordnung des Grundgesetzes: Leitfaden zu den Grundrechten einer demokratischen Verfassung, Opladen 1975.

(Irr-)Wege in die inklusive Arbeitsgesellschaft

Über Exklusion und Inklusion im deutschen Arbeitsmarkt[1]

Helmut Wiesenthal

Beim Vergleich der EU-Staaten schneidet Deutschland seit einigen Jahren recht günstig ab. Das vergleichsweise hohe Beschäftigungsniveau wird vor allem auf die Arbeitsmarkt- und Sozialpolitik der rot-grünen Regierung unter Kanzler Gerhard Schröder zurückgeführt. In der Tat haben die damals – gegen erheblichen Protest – durchgeführten Reformen zur raschen wirtschaftlichen Erholung nach der Weltfinanzkrise von 2008 beigetragen. Aber sie haben auch eine Kehrseite. Als Nebenfolge der sogenannten Hartz-Reformen haben sich einige negative Besonderheiten des deutschen Arbeitsmarktes vertieft.

Die schleichende Segmentierung der Arbeitswelt

Bereits in den 1970er Jahren, als erstmals mehr als eine Million Arbeitslose registriert wurden, machte sich eine nachhaltige Segmentierung des Arbeitsmarktes bemerkbar. Es zeigte sich, dass bestimmte Gruppen von Arbeitnehmern – vor allem An- und Ungelernte, Frauen, Jüngere und Personen

---

[1] Im Herbst 2009 berief die Heinrich-Böll-Stiftung die Fachkommission »Sozialpolitische Innovationen« ein, die nach der Publikation ihrer *Wege zu einer inklusiven Arbeitsgesellschaft* als »Demographie-Kommission« weiter arbeitete und die Ergebnisse in der Publikation *Sicherheit und Fairness in der alternden Gesellschaft* veröffentlichte. Dieser Beitrag beruht in großen Teilen auf den Fakten und Argumenten, die in den genannten Publikationen dargelegt sind. Auch die im Folgenden skizzierten Reformschritte sind dort ausführlich begründet. Vgl.: Ute Brümmer/Andrea Fischer/Frank Nullmeier/Dieter Rulff/Wolfgang Schroeder/Helmut Wiesenthal: Wege in eine inklusive Arbeitsgesellschaft, Berlin: Heinrich Böll Stiftung, 2011. Andrea Fischer/Frank Nullmeier/Dieter Rulff/Wolfgang Schroeder/Helmut Wiesenthal: Sicherheit und Fairness in der alternden Gesellschaft, Berlin: Heinrich-Böll-Stiftung, 2013.

ausländischer Herkunft – als erste von Arbeitslosigkeit betroffen waren und dann erheblich schlechtere Chancen als andere hatten, wieder einen Arbeitsplatz zu finden. Mit steigender Arbeitslosenquote wuchs der Anteil dieser besonders benachteiligten Arbeitnehmergruppen. Schließlich stieg die Arbeitslosenquote im Zuge der Deindustrialisierung der neuen Bundesländer auf Werte um zehn Prozent.

Mittlerweile ist die Arbeitslosenquote auf unter sieben Prozent gesunken. Damit hat sich allerdings die ungleiche Chancenverteilung am Arbeitsmarkt nicht verringert, sondern im Gegenteil weiter verstärkt. Ein beträchtlicher Teil der Arbeitslosen sieht sich langfristig vom Erwerbsleben abgekoppelt und ohne Chance, ihre Situation aus eigener Kraft zu verändern. Denn der Verlust des Arbeitsplatzes hat auf längere Sicht nicht nur materielle Einschränkungen zur Folge, sondern führt auch zur Entwertung von Fähigkeiten, Arbeitsmotivation und Selbstachtung. Inklusion in die Arbeitsgesellschaft ist nämlich eine grundlegende Voraussetzung individueller Entwicklung und sozialer Teilhabe.

Die Hartz-Gesetze der Regierung Schröder haben die Ende der 1990er Jahre bestandene Ungleichverteilung der Lebens- und Erwerbsbedingungen nicht beseitigt, sondern nur in ihrer Erscheinungsform verändert. Außer vielen Langzeit-Arbeitslosen wurden auch zahlreiche Sozialhilfebezieher auf den Arbeitsmarkt geworfen, ohne dass sich dort die Nachfrage, d.h. ihre Beschäftigungschance, nennenswert erhöht hätte. Vielmehr sahen Arbeitgeber, unter anderem im Einzelhandel, eine Möglichkeit der Kosteneinsparung, indem sie Vollzeitstellen aufteilten und billigere Minijobber einstellten. So kam es zur explosionsartigen Ausweitung von atypischen Beschäftigungsformen und einem entsprechenden Abbau von unbefristeten Vollzeitarbeitsplätzen.[2] Das Ziel der Integration in den ersten Arbeitsmarkt konnte gleichwohl nur für rund ein Drittel der einst 4,5 Mio. Arbeitslosen eingelöst werden.

Zwischen 2,5 und drei Millionen Arbeitslose und eine weitere Million in beschäftigungsorientierten Maßnahmen sind weiterhin dem Anpassungsdruck der SGB-II-Instrumente ausgesetzt – mit allenfalls bescheidener Aussicht, diesen restriktiven und entmutigenden Bedingungen wieder zu entkommen. Mit dem Umbau des Arbeitsmarktes zu einer atypischen Beschäftigungslandschaft mit reduzierten Optionen und geringer Durchläs-

---

2 Berndt Keller/Hartmut Seifert: Atypische Beschäftigungsverhältnisse: Formen, Verbreitung, soziale Folgen, in: *Aus Politik und Zeitgeschichte* 27/2009.

sigkeit der einzelnen Segmente erfuhr die Arbeitsgesellschaft einen ebenso tiefgreifenden wie fatalen Gestaltwandel. Es ist höchste Zeit, diese Entwicklung zu korrigieren.

Die neue Weltwirtschaft

Der Rückgang der Arbeitslosenquote von über zehn auf knapp sieben Prozent mag mancherorts die Illusion geweckt haben, dass sich die ungleiche Chancenstruktur des Arbeitsmarktes im Laufe der Zeit wie von selbst auswachsen würde. Doch dem ist nicht so. Im Gegenteil. Die schleichenden, aber unaufhaltsamen Veränderungen der Wirtschaft haben sämtlich die Konsequenz, die bestehenden Spaltungs- und Exklusionstendenzen am Arbeitsmarkt zu verstärken. Denn die Strukturen von Wirtschafts- und Arbeitswelt sind im letzten Jahrzehnt unter enormen Wandlungsdruck geraten.

Mit dem Aufstieg der neuen Industrieländer ist die Welt in eine historisch einmalige Wachstumsphase eingetreten. Wir sehen das zum Beispiel an den kurzen Innovationszyklen der Informationstechnologie (Handys, Smartphones, Software). Und es spiegelt sich in den Wachstumsraten der Weltwirtschaft: So wuchs die Weltwirtschaft zwischen 2003 und 2007 um jährlich 4,8 Prozent – dank der »Emerging Economies«, die dazu mit sieben Prozent p.a. beitrugen, wohingegen die »alten« Industrieländer nur auf 2,5 Prozent kamen. Für die nächsten 15 Jahre wird erwartet, dass sich das Volumen der Weltwirtschaft gegenüber 2007 glatt verdoppelt. Statt mit einer »Post-Wachstums-Gesellschaft« sollten wir mit einer Wirtschaftsentwicklung von enormer Wachstums- und Innovationsdynamik rechnen.[3] Gleichzeitig wird der Strukturwandel der Volkswirtschaft, den wir seit Beginn der Industrialisierung kennen, weitergehen. Nach dem Niedergang von Kohle, Eisen und Stahl, Textilindustrie und Druckereigewerbe, der sich in Westdeutschland über fast fünfzig Jahre erstreckte, im Osten aber in nur fünf Jahren bewältigt werden musste, erleben wir nun die informationstechnische Durchdringung aller Produktionsbereiche. Sie wird begleitet vom Rückgang der Massenautomobilherstellung und den mit der Energiewende verbundenen Innovations- und Umbauprozessen.

---

3 Ralf Fücks: Intelligent wachsen: Die grüne Revolution, München 2013.

Als Folge des forcierten Wirtschaftswandels wird die Zahl der Industrie-
beschäftigten weiter sinken, während der Anteil der Dienstleistungssektoren
an der Beschäftigung steigt. Die Volkswirtschaften Europas befinden sich
im Übergang zu einer überwiegend wissensbasierten Dienstleistungsökonomie. Welche Auswirkungen das auf den Arbeitsmarkt hat, ist schon heute
erkennbar.

Der Bedarf an hoch qualifizierten Arbeitskräften, den das Bildungssystem kaum noch befriedigen kann, nimmt weiter zu. Der Anteil von Arbeitsplätzen für gering qualifizierte Arbeitnehmer bleibt dagegen konstant oder
sinkt geringfügig. Allerdings wird der Bedarf an Arbeitskräften im mittleren
Qualifikationsspektrum spürbar abnehmen. Denn die Arbeit in vielen »pa-
pierverarbeitenden« Angestelltenberufen, einschließlich einfacherer EDV-
Arbeit und Softwarepflege, wird entweder entbehrlich oder auslagerbar in
Länder mit niedrigeren Arbeitskosten. Und nicht zu vergessen: Alle Arbeitnehmer, ob hoch oder geringer qualifiziert, werden zu mehr Mobilität und
häufigerem Arbeitsplatzwechsel genötigt sein. Denn das Angebot an Arbeitskraft wird sich in den kommenden Jahrzehnten spürbar verknappen.[4]

Arbeitskraft wird knapp

Niedrigere Geburtenraten haben dazu geführt, dass die Zahl der Beschäftigten in Europa in den nächsten zehn bis 15 Jahren um rund 60 Millionen
sinken wird, während gleichzeitig der Anteil der Rentnerinnen und Rentner an der Gesamtbevölkerung wächst. Betrug der Altersquotient, der das
Verhältnis von Rentnern zu Erwerbsfähigen bezeichnet, im Jahr 2005 noch
32 zu 100, so wird er bis 2050 auf über 50 zu 100 steigen. Dann werden einem Altersrentner, statistisch betrachtet, weniger als zwei Erwerbstätige gegenüberstehen. In Deutschland wird der demografische Wandel bis 2050 zu
einem Rückgang der Erwerbspersonenzahl um etwa neun auf ca. 36 Millionen führen.

Die Arbeits- und Sozialpolitik hat begonnen, dem Rückgang der Erwerbs-
spersonenzahl entgegenzusteuern. Eine der wirksamsten Gegenmaßnah-

---

4 Axel Börsch-Supan: Gesamtwirtschaftliche Folgen des demographischen Wandels, in:
Axel Börsch-Supan et al. (Hg.), Produktivität in alternden Gesellschaften, Stuttgart
2009.

men, die Verlängerung der Lebensarbeitszeit durch schrittweise Erhöhung des Renteneintrittsalters auf 67 Jahre, ist jedoch auf vehemente Opposition gestoßen und wurde mit der Rentenreform 2014 teilweise zurückgenommen. Weitgehend akzeptiert ist dagegen die Absicht, die Erwerbsbeteiligung von Frauen zu erhöhen, vor allem durch das garantierte Anrecht auf einen Kitaplatz. Aber auch in diesem Fall wurde das Bemühen um verbesserte Arbeitsmarkt-Inklusion bald wieder ausgebremst: durch das neu eingeführte Betreuungsgeld für Eltern, die keinen Kitaplatz in Anspruch nehmen. Eine weitere Option, die Erwerbspersonenzahl zu erhöhen, besteht in erleichterter und selektiv geförderter Zuwanderung.[5] Wünschenswert ist ein jährlicher Zuwanderungssaldo in der Größenordnung von 150. bis 200.000 Personen – und eine entsprechende »Willkommenskultur«. Doch diese existiert zurzeit bestenfalls als Idee.

Selbst wenn alle drei Optionen genutzt würden, ließe sich damit der Rückgang der Erwerbspersonenzahl lediglich halbieren. Wenn also vermieden werden soll, dass der demografische Wandel mit einem (relativen) Wohlstandsverlust einhergeht, gibt es nur drei Möglichkeiten:

Möglichkeit (oder besser: Erfordernis) *Nummer Eins* ist die »Normalisierung« der Beschäftigungsverhältnisse all jener Personen, die mehr oder weniger unfreiwillig in Minijobs, Teilzeitarbeit oder befristeter Arbeit stecken. Normalisierung heißt dabei: Rückkehr in Vollzeitarbeit oder Vereinbarung einer selbst gewählten Wochenstundenzahl.

Erfordernis *Nummer Zwei* ist die Motivierung und (Re-) Qualifizierung eines Großteils der als erwerbslos registrierten, aber nur schwer vermittelbaren Personen. Zwar mag das Entlastungspotential im Hinblick auf die erwartete Lücke im Arbeitsangebot relativ gering sein. Doch sollte spätestens die demografische Situation Anlass sein, für die umfassende gesellschaftliche Teilhabe auch dieses Personenkreises zu sorgen.

Erfordernis *Nummer Drei* ist es, den Rückgang der Wirtschaftsleistung dadurch zu verhindern, dass man das Produktivitätswachstum beschleunigt. Das setzt vor allem eine durchgreifende Revolution des Bildungssystems sowie die uneingeschränkte Bildungsinklusion aller Kinder und Erwachsenen voraus. Ergebnis muss die Verallgemeinerung hoher kognitiv-analytischer Fähigkeiten und die Anhebung der tradierten Qualifikationsniveaus sein.

---

5 Holger Hinte/Ulf Rinne/Klaus F. Zimmermann: Zuwanderung, Demografie und Arbeitsmarkt: Fakten statt Vorbehalte, *IZA-Standpunkte* Nr. 37, Mai 2011.

Inklusion – Paradigma einer neuen Arbeitspolitik

Betrachtet man alle vorgenannten Herausforderungen im Zusammenhang – die von verschärftem Wettbewerb begleitete Weltmarktintegration (»Globalisierung«), die rasante technologische »Informatisierung« der Arbeit, den Wandel der Wirtschaftsstruktur in Richtung Dienstleistungen und die sukzessive Verlagerung der Arbeitsnachfrage zugunsten höherer Qualifikationen –, so verweist das auf die Notwendigkeit eines gesellschaftspolitischen Paradigmenwechsels. Der geballten Herausforderung der »alten« und »neuen« Arbeitsmarktprobleme vermögen die Arbeits- und Sozialpolitik nur dadurch beizukommen, dass sie sich von überlieferten Sichtweisen der Problemverwaltung trennen und endlich die Inklusion aller erwerbsfähigen Personen in den Mittelpunkt stellen.[6]

Inklusive Arbeits- und Sozialpolitik hat drei Bezugspunkte. Im Mittelpunkt steht das Ziel, allen erwerbsfähigen Menschen die arbeitsvermittelte *gesellschaftliche Teilhabe* zu ermöglichen. Ein umfassendes Konzept der gesellschaftlichen Inklusion impliziert aber nicht nur, dass jede/r Erwerbsfähige befähigt wird und die Gelegenheit erhält, ein *existenzsicherndes Einkommen* zu erzielen. Gesellschaftliche Inklusion beruht darüber hinaus auf effektiven *Chancen zur persönlichen Entwicklung* – zum einen durch Qualifizierung und beruflichen Aufstieg, zum anderen durch Einbettung in soziale Beziehungsnetze.

Die Arbeitsmarktentwicklung des letzten Jahrzehnts hat die Verwirklichung dieses Ziels nicht gerade begünstigt. Um der Segmentierung des Arbeitsmarktes und der wachsenden sozialen Ungleichheit Einhalt zu gebieten, bedarf es dezidierter Priorität für das Regulationsziel Inklusion. Die entsprechende Veränderung der überlieferten und dysfunktional gewordenen Regelwerke erlaubt gleichzeitig, das Missverhältnis zwischen dem tendenziell unzureichenden Arbeitskräfteangebot auf der einen Seite und der tendenziell anspruchsvolleren, aber noch in tradierten Berufsbildern befangenen Nachfrage auf der anderen Seite zu überwinden.

Die Entscheidung für das Ziel der inklusiven Arbeitsgesellschaft beruht auf der Einsicht, dass Arbeitsbeteiligung nicht nur den wichtigsten Zugang zur Sicherung des Lebensunterhaltes darstellt, sondern gleichermaßen als Medium der individuellen Selbstverwirklichung und als Grundlage wechsel-

---

6 Wolfgang Schroeder: Vorsorge und Inklusion. Wie finden Sozialpolitik und Gesellschaft zusammen, Berlin 2012.

seitiger gesellschaftlicher Anerkennung fungiert. Obwohl nicht selten missachtet, ist der Austausch von Leistung und Gegenleistung konstitutiv für die Funktionsweise und den Zusammenhalt der Gesellschaft, ja ein zentraler Maßstab für soziale Gerechtigkeit.

Wichtigstes Instrument ist die Herstellung neuer Rahmenbedingungen für die Erwerbssphäre, die sowohl dem Problem der sozialen Segmentierung als auch dem beschleunigten Strukturwandel der Arbeitsgesellschaft Rechnung tragen. Konkret geht es um die Inklusion aller Erwerbsfähigen auf drei Ebenen der gesellschaftlichen Teilhabe: *erstens*, auf *ökonomischer* Ebene als realistische Chance der Erzielung eines existenzsichernden Einkommens; *zweitens*, auf *individueller* Ebene in Gestalt realer Möglichkeiten zur persönlichen Entwicklung und Qualifizierung; und schließlich, *drittens*, auf *sozialer* Ebene als Teilhabe an sozialen Beziehungsnetzen.

Das bedingungslose Grundeinkommen – keine gleichwertige Alternative

Die Forderung nach einem bedingungslosen Grundeinkommen (BGE) wird regelmäßig mit zwei »starken« Argumenten begründet. Das BGE soll, *erstens*, dem verbreiteten Verlangen nach sozialer Gerechtigkeit zum Durchbruch verhelfen und, *zweitens*, die Herausbildung einer »besseren« und harmonischeren Gesellschaft fördern. Die Wirklichkeit sieht jedoch anders aus.

Untersuchungen zum garantierten Grundeinkommen zeigen, dass es in Zeiten der Arbeitslosigkeit keineswegs pauschal als Instrument der Bekämpfung von Arbeitslosigkeit im Sinne sozialer Gerechtigkeit veranschlagt werden kann, sondern als Niedriglohnsubvention bzw. Kombilohnmodell wirkt. Es verbessert nicht die Wahlmöglichkeiten auf Seiten der Arbeitsanbieter, sondern auf Seiten der Arbeitskraftnachfrager. Um die individuelle Wahlfreiheit der Arbeitnehmer zu steigern, müsste zumindest garantiert sein, dass Bezieher des Grundeinkommens keinerlei soziale Diskriminierung erfahren. Doch das ist sehr unwahrscheinlich. Anders als behauptet, vermag das bloße Vorhandensein eines Grundeinkommens nicht zu mehr zivilgesellschaftlichem Engagement oder zur Stärkung demokratischer Beteiligung beizutragen. Für eine generelle Verhaltensänderung, die sich einzelne BGE-Befürworter für sich selbst vorstellen mögen, gibt es weder empirische noch theoretische Anhaltspunkte. Eher zutreffend scheint dagegen die Erwartung, dass ein Grundeinkommen – als gebündelte Transferleistung – eine Verschlankung der Sozialstaatsbürokratie ermöglicht. Aber diese kommt erfahrungsgemäß nicht den Leistungsbeziehern zugute.

Was die gesellschaftliche Akzeptanz eines Grundeinkommens angeht, so zählt vor allem seine Wirkung auf das allgemeine Gerechtigkeitsempfinden. So vermittelt das BGE keinen Gewinn an Verteilungsgerechtigkeit, weil es immer wieder mit dem Postulat der Bedarfsgerechtigkeit kollidiert: Es sichert allenfalls das soziokulturelle Existenzminimum, aber lässt individuelle und gruppenspezifische Bedarfe unbefriedigt. Noch gravierender ist der Verstoß gegen das Prinzip der Leistungsgerechtigkeit. Denn das BGE beruht nicht nur auf einer Umverteilung zwischen erwerbstätigen und bedürftigen Personen, sondern soll auch alle freiwillig Nicht-Erwerbstätigen finanzieren. Wenn die Erwerbstätigen aber auch für alle jene aufkommen müssen, die prinzipiell zur eigenen Existenzsicherung in der Lage sind, würde selbst gewählte Bedürftigkeit gesellschaftlich belohnt und Nichtbedürftigkeit bestraft. Damit würden grundlegende Vorstellungen von Fairness und Solidarität verletzt. Schließlich ist nicht zu übersehen, dass ein BGE auch das Gebot der Teilhabegerechtigkeit negiert, indem auf die Inklusion aller in alle gesellschaftlichen Funktionsbereiche verzichtet wird. Das BGE gewährleistet Teilhabe allein mit Bezug auf die Konsumsphäre, aber nicht hinsichtlich der Produktionssphäre von Wirtschaft und Gesellschaft. Es fungiert vielmehr als ein Instrument sozialer Exklusion und würde es der Politik erlauben, missliebige oder »überflüssige« Gruppen gezielt vom Arbeitsmarkt fernzuhalten. Die Einführung des bedingungslosen Grundeinkommens würde somit die ohnehin bestehenden Spaltungstendenzen verstärken und den Weg zu einer inklusiven und solidarischen Arbeitsgesellschaft blockieren.[7]

Die gesetzliche Grundsicherung

Ein Wort noch zu der gelegentlich als Ärgernis erfahrenen gesetzlichen Grundsicherung. Als allgemeines Bürgerrecht bildet sie das soziale Netz der Arbeitsmarktintegration aller erwerbsfähigen Personen, aber ist dabei von gänzlich anderem Charakter als ein BGE. Während das BGE im Hinblick

---

7 Stefanie Gundert/Christian Hohendanner: Soziale Teilhabe ist eine Frage von stabilen Jobs, IAB-Kurzbericht 4/2011.

auf eine inklusive Arbeitsgesellschaft als überwiegend nachteilig zu beurteilen ist, kommt der Institution Grundsicherung zentrale Bedeutung zu. Nach ihr haben alle Gesellschaftsmitglieder einen unbedingten Anspruch auf die zur Existenzsicherung notwendigen Mittel, wenn sie über keinen anderen Zugang zu ausreichenden Mitteln der Existenzsicherung verfügen. Allerdings erlaubt die Grundsicherung nur eine Lebensführung auf sehr bescheidenem Niveau. Die Mangelsituation soll ein Anreiz sein, sich nachdrücklich um die (Wieder-) Aufnahme einer Erwerbsarbeit zu bemühen.

Die fatale Kehrseite dieses Prinzips ist jedoch, dass es seine Funktion nur dann erfüllt, wenn eine entsprechende Nachfrage nach Arbeitskraft besteht. Über den Eingliederungserfolg entscheiden nicht nur die Betroffenen, sondern auch die aktuelle Wirtschaftskonjunktur, das tarifliche oder gesetzliche Lohnniveau sowie technologische und wirtschaftsstrukturelle Entwicklungen. Aus diesem Grund darf sich die Gesellschaft, die immerhin mehrheitlich vom wirtschaftlichen Wandel profitiert, nicht auf eine bloße Alimentation der Erwerbslosen beschränken, sondern steht in der Pflicht, auch für günstige Bedingungen der Inklusion in die Erwerbsarbeit zu sorgen.

Einheitliche Rahmenbedingungen für alle Beschäftigten

In der Vergangenheit sorgte eine Vielzahl von Sonderregeln für unterschiedliche Beschäftigungsformen zur Entstehung von abgeschotteten Teilarbeitsmärkten. In Zukunft wird es darauf ankommen, die entstandene Segmentierung der Arbeitswelt aufzulösen und den Betroffenen Übergänge in günstigere Beschäftigungsverhältnisse zu ermöglichen. Darum müssen künftige Arbeitsmarktreformen dem *Prinzip der Normalisierung* gehorchen. Alle Beschäftigungsverhältnisse, gleich welchen zeitlichen Umfangs, sollen den prinzipiell gleichen, in der Regel entgeltproportionalen Abgabepflichten unterliegen und den Arbeitnehmerinnen und Arbeitnehmern prinzipiell gleichwertige Wahlmöglichkeiten bieten. Die quantitativen Parameter, insbesondere das Stundenpensum und die Entgelthöhe, sollen weiterhin von den Vertragsparteien – unter Beachtung der rechtlichen und tariflichen Normen – frei vereinbart werden können. Und die in atypischen Beschäftigungsverhältnissen stehenden Arbeitnehmerinnen und Arbeitnehmer sollen die Möglichkeit einer Aufwertung ihres Beschäftigungsstatus erlangen, ohne dabei eine Kündigung zu riskieren. Dafür bedarf es der Abschaffung beziehungsweise Veränderung mehrerer Sonderregelungen. Abzuschaffen sind insbesondere die Ausnahmeregelungen zugunsten der *geringfügigen Beschäftigung*. Diese sogenannten »Minijobs«, die keinen existenzsichernden Lebensunterhalt ermöglichen, wirkten als starker Anreiz zur Zerstückelung von Vollzeitarbeitsplätzen und erweisen sich als nachteilig für die Mehrheit der Arbeitnehmerinnen und Arbeitnehmer wie auch für die Finanzierung der Sozialversicherungen. Wenn die abgabenrechtliche Privilegierung der Minijobs als prominenteste Form der atypischen Beschäftigung entfallen ist, wird es Arbeitnehmerinnen und Arbeitnehmern wesentlich leichter fallen, Arbeitsverträge über die von ihnen gewünschte Wochenstundenzahl abzuschließen.

Als ähnlich nachteilig hat sich die Beschäftigungsform *Kombilohn* erwiesen. Die Aufbesserung eines niedrigen Lohnes durch Zuschüsse aus öffentlichen Kassen, wie z.B. bei den Hinzuverdienstmöglichkeiten in der Grundsicherung nach ALG-II, hat zu erheblichen Mitnahmeeffekten geführt und das Wachstum des Niedriglohnsektors begünstigt. Sofern ab 2015 nicht ohnehin der Anspruch auf Mindestlohnbezahlung besteht, soll an die Stelle von Kombilohnmodellen die verpflichtende Wahrnehmung von Qualifizierungs- und Weiterbildungsangeboten treten: Bildungsinvestitionen statt Lohnsubventionen.

In anderen Fällen der atypischen Beschäftigung kommt es darauf an, die überhandgenommene und oft missbräuchliche Anwendung auf solche Fälle zu beschränken, für die sie einst geschaffen wurden. Das gilt insbesondere für *Leih-* und *Zeitarbeit* als Beschäftigungsformen, deren Verbreitung geradezu explosionsartig zunahm. Ihre Anwendung muss auf die Bewältigung von betrieblichen Kapazitätsengpässen zurückgeführt werden. Dafür ist die maximale Überlassungsdauer auf sechs Monate zu begrenzen. Gleichzeitig sind den Zeitarbeitnehmerinnen und -arbeitnehmern vom ersten Tag der Überlassung an die gleiche Entlohnung und die gleichen Rechte wie den Stammbelegschaften zu gewähren. Auch bei der *befristeten Beschäftigung* ist es notwendig, dem missbräuchlichen Einsatz Einhalt zu gebieten. Dafür ist am besten ein mit der Dauer der Betriebszugehörigkeit wachsender Anspruch auf Kündigungsschutz geeignet. Mitarbeiter, die sich über wiederholte befristete Verträge hinweg bewähren, sollen damit schrittweise den Status der unbefristeten Beschäftigung mit entsprechender Beschäftigungssicherheit erlangen können. Neben den Maßnahmen zur Normalisierung der abhängigen Erwerbsarbeit ist es auch angebracht, den Bedingungen *selbständiger Erwerbsarbeit* Aufmerksamkeit zu schenken. Insbesondere kommt es darauf an, Gründern und »kleinen« Selbständigen faire Startbedingungen zu ermöglichen sowie noch bestehende Marktzutrittsschranken und wettbewerbshemmende Vorschriften (z.B. in Handwerks- und Gewerbeordnungen) abzubauen. Bei der Krankenversicherungspflicht besteht Verbesserungsbedarf hinsichtlich der Berücksichtigung des aktuellen Einkommens für die Beitragsbemessung. Ferner wird empfohlen, die Mitgliedschaft in der Gesetzlichen Rentenversicherung auf alle Selbstständigen auszuweiten, wobei die Beiträge für die ersten drei Jahre auf Antrag zu stunden wären.

Die Inklusionsaufgabe des öffentlichen Beschäftigungssektors

Für einen beträchtlichen Kreis von erwerbslosen, aber nicht vermittelbaren Personen (im Umfang von drei bis vier Prozent eines jeden Jahrgangs) stellt sich nicht die Frage, wie ihre (Wieder-) Eingliederung in den Arbeitsmarkt bewerkstelligt, sondern wie ihre gesellschaftliche Inklusion gesichert oder überhaupt erst ermöglicht werden kann. Die auf den Ersten Arbeitsmarkt zielenden Integrationsinstrumente haben sich für diesen Personenkreis als ungeeignet erwiesen.

Ein Teil der in Frage stehenden Personen ist durch »sekundäre« Erwerbsverläufe charakterisiert, die mit dem regulären Arbeitsmarkt, der auf privatwirtschaftliche Beschäftigung abzielt, kaum noch in Berührung kommen. Das trifft zum Beispiel auf einzelne Gruppen von Migranten und Bewohnern von deindustrialisierten Regionen zu. In der gleichen Situation, aber in stärkerer Vereinzelung befinden sich Personen, die aufgrund eines persönlichen Schicksals oder ihrer individuellen Disposition (der Motivationsprobleme, der gesundheitlichen oder körperlichen Beschränkungen, der strukturellen Diskriminierung u.a.m.) außerhalb des Arbeitsmarktes existieren. Ihre Existenzsicherung kann weder den Marktbedingungen noch den Interessenverbänden überantwortet werden, sondern ist zuvörderst eine Aufgabe der staatlichen Sozialpolitik. Ebenso wenig sind die im SGB-II vorgesehenen »Arbeitsgelegenheiten mit Mehraufwandsentschädigung« (Ein-Euro-Jobs) geeignet, die soziale Exklusion der Betroffenen aufzuheben. Weder bieten sie eine angemessene Entlohnung noch eine nachhaltige Qualifikations- und Inklusionsperspektive. Zudem sind diese Arbeitsverhältnisse zeitlich zu kurz angelegt; und ihre Funktion reduziert sich häufig auf das pure Beschäftigtsein. Um den unterschiedlichen Lebens- und Kontextbedingungen der exkludierten Personen Rechnung zu tragen, sind effektivere und gezieltere Maßnahmen erforderlich, als sie der beschäftigungspolitische Instrumentenkasten vorhält. Ihr Funktionsumfang muss von Formen der Betreuung über solche der Bildung und des Trainings bis zur sozialen Re-Integration reichen und dabei dem Wunsch der Betroffenen nach sinnvoller Betätigung und gesellschaftlicher Anerkennung entgegenkommen. Hierfür werden die Einrichtung bzw. Fortführung von Förderplätzen in bestehenden bzw. neu zu gründenden öffentlichen Trägerinstitutionen empfohlen, denen im Interesse höherer Planungssicherheit ein Förderungszeitraum von mindestens fünf Jahren (statt halbjährlich wiederkehrender Neuverhandlungen) zuzugestehen ist. Die Förder(arbeits)plätze mit sozialversicherungspflichtiger Entlohnung sollen über Zeiträume von zwei bis drei Jahren mit Personen besetzt werden, die entweder aufgrund ihres Lebensalters und/oder ihrer Erwerbsbiografie als nicht (mehr) vermittelbar anzusehen sind oder aufgrund von Qualifikations- und/oder Motivationsdefiziten der Einbettung in einen stabilen organisatorischen Zusammenhang bedürfen. Für die gesellschaftliche Inklusion dieser Personen sind im gemeinschaftlichen Arbeitszusammenhang vermittelte Gewinne an Bildung, Sozialkompetenz und Selbstbewusstsein zunächst bedeutsamer als die Aneignung beruflicher Fachkenntnisse.

Bildungspolitische Reformen

Die inklusive Arbeitsgesellschaft setzt voraus, dass ihre Mitglieder mit weitestgehend gleichen Chancen ins Arbeitsleben starten. Das ist aber nur möglich, wenn die Erziehungs- und Förderungsleistungen des Bildungssystems früher und individueller als heute wirksam werden.

Auf die Tagesordnung der Arbeits- und Bildungspolitik gehört deshalb eine ganze Palette von Bildungsreformen, die geeignet sind, frühe Lernfähigkeit zu fördern und hohe kognitiv-analytische Kompetenzen zu einem gesellschaftlichen Allgemeingut zu machen. Es gilt, die größtmögliche Zahl von Menschen zu befähigen, in verschiedenartigen Zusammenhängen und auf unterschiedlichen Qualifikationsniveaus tätig zu sein. Eine solche Anhebung des allgemeinen Bildungsniveaus ist nicht nur eine notwendige Voraussetzung, um den strukturellen und den demografischen Wandel zu meistern, sondern gleichzeitig eine tragfähige Basis der arbeitsgesellschaftlichen

Inklusion. Wichtige Ansatzpunkte der notwendigen Reformen sind die Förderung der frühkindlichen und vorschulischen Bildung, die Generalisierung der Sekundarstufe und die Aufwertung der beruflichen Bildung. Eine Bringschuld der Schule muss künftig sein, dass kein/e Jugendliche/r die Schulzeit ohne Abschluss beendet, unabhängig davon, ob ihr/ihm dafür neun, zehn oder zwölf Jahre Lernzeit zur Verfügung gestellt werden. Auch das Niveau der beruflichen Bildung gilt es anzuheben, u.a. durch verstärkten Erwerb systematischen Wissens in Berufsschulen und außerbetrieblichen Ausbildungsstätten, die Flexibilisierung der Lernzeit und eine bessere Eingangsförderung leistungsschwacher Jugendlicher. Leitendes Prinzip soll sein, dass kein Qualifizierungsschritt ohne Abschluss, Anerkennung oder Anrechnung bleibt.

Um dem künftig vermehrten Bedarf an neuen Spezial-, Zusatz- und Querschnittsqualifikationen gerecht zu werden, gehören auch die Angebote des Weiterbildungssektors auf den Prüfstand. Noch immer haben gering qualifizierte Beschäftigte so gut wie keine Chance, dazuzulernen oder überhaupt erst die für lebenslanges Lernen notwendigen Kompetenzen zu erwerben.

Inklusion nach dem Arbeitsleben

Die inklusive Arbeitsgesellschaft darf nicht mit dem Übergang in den Ruhestand enden. Sie muss sich auch auf die Art und Weise erstrecken, in der die Alterssicherung organisiert ist. Alle, die im Arbeitsleben stehen, müssen darauf vertrauen können, im Rentenalter eine faire Gegenleistung für ihre Rentenbeiträge zu erhalten. Und ebenso selbstverständlich haben die, die nicht mehr im Arbeitsleben stehen, den Anspruch auf ein sicheres und ausreichendes Alterseinkommen. Das Verhältnis zwischen Arbeitenden und Rentenbeziehern muss deshalb zu jedem gegebenen Zeitpunkt gemäß den Prinzipien sozialer Fairness justiert sein.

Die zukünftigen Finanzierungsprobleme der Gesetzlichen Rentenversicherung (GRV) waren der Sozialpolitik frühzeitig Anlass, einen Wechsel des GRV-Leitprinzips vorzunehmen: An die Stelle der Leistungsorientierung (d.h. der Rentenhöhe) wurde die Beitragsorientierung (d.h. ein möglichst geringer Anstieg des Beitragssatzes) gesetzt. Die Versicherten wurden aufgefordert, die resultierenden Einbußen bei ihrer Altersrente durch Abschluss einer privaten, kapitalgedeckten Versicherung zu schließen. Dieses Vorhaben wird heute, im Lichte der Kapitalmarktentwicklung nach der Finanzkrise von 2008, als gescheitert angesehen.[8] Nun gilt die GRV wieder als Hauptsäule der Alterssicherung. Und ein temporäres Finanzpolster lässt sich sogar, wie die Rentenreform von 2014 zeigt, zur Einlösung leichtfertiger Wahlversprechen verfrühstücken – auf Kosten der jüngeren Generationen. Vor diesem Hintergrund gilt es, die Mindestbedingungen eines fairen Systems der Altersvorsorge in Erinnerung zu rufen:

1. Die gesetzliche Rentenversicherung (GRV) ist aufgrund ihres umfassenden Leistungsspektrums, das neben der Altersrente auch Leistungen zur Rehabilitation und bei Invalidität sowie die Hinterbliebenenversorgung umfasst, allen finanzmarktabhängigen Versicherungen überlegen. Die GRV-Grundprinzipien – solidarische Umlagefinanzierung, beitragsäquivalente Rentenansprüche und die Steuerfinanzierung der versicherungsfremden Leistungen – dürfen auch in schwierigen Zeiten nicht kurzfristigen Haushalts- oder Parteiinteressen geopfert werden. Ein Verstoß gegen dieses Prinzip, wie bei der Rentenreform von 2014, darf sich nicht wiederholen.

2. Im Interesse einer fairen Risikoverteilung, der Akzeptanz des Umlageverfahrens und der langfristigen Leistungsfähigkeit der GRV ist die Ausdehnung der Versicherungspflicht auf alle Bürgerinnen und Bürger, insbesondere die Selbstständigen und Beamten, geboten. Gleichzeitig muss die teilweise allzu großzügig gestaltete Beamtenversorgung den Bedingungen in der gesetzlichen Rentenversicherung angeglichen werden.

3. Die neue, nach strengen Ausschlusskriterien gestaltete »Lebensleistungsrente« für Versicherte mit mindestens 35 Beitragsjahren bringt neue Ungerechtigkeiten. Auch Personen mit einer geringeren Beitragszeit als 35 Jahren müssen eine Aufbesserung der Grundsicherung im Alter nach Maßgabe ihrer während des Arbeitslebens geleisteten Beiträge erhalten können. Ferner ist anzustreben, dass jede/r, die/der längere Zeit regelmäßig, verbindlich und nachweisbar eine entgeltlose, aber gesellschaftlich nützliche Tätigkeit (z.B. als ehrenamtliche Arbeit) ausgeübt hat, ebenfalls eine Aufbesserung ihrer/seiner niedrigen Rentenansprüche erfahren kann.

---

8 Antonio Brettschneider: Legitimitätsprobleme der »Basissicherung«. Die deutsche Alterssicherungspolitik nach dem Paradigmenwechsel, *Zeitschrift für Sozialreform* (2) 58, 2012.

4. Mehr als 40 Prozent der zum Bezug von Grundsicherung im Alter berechtigten Personen verzichten auf die Geltendmachung ihres Aufstockungsanspruchs. Deshalb ist eine effektive Verbesserung der Information über und des Zugangs zu dieser Leistung fällig. Insbesondere muss der sozialen Stigmatisierung des Grundsicherungsbezugs wirksam entgegengetreten werden. Allzu oft und völlig unberechtigt wird die Grundsicherung im Alter mit der Bewilligungspraxis im Rahmen der Hartz-IV-Regelungen in Verbindung gebracht. Neben der notwendigen Entstigmatisierung dieses Bürgerrechts kommt es darauf an, die Zugänglichkeit der Grundsicherung im Alter grundlegend zu verbessern. Die Bedürftigkeitsprüfung ist von allen unnötig diskriminierenden Elementen zu bereinigen. Um Zugangsschwellen abzubauen, ist u.a. auf zeitgemäße Formen der »aufsuchenden Sozialarbeit« zurückzugreifen. Das schließt die Einschaltung von Ombudsleuten und Beauftragten für (erbetene) Hausbesuche sowie die generelle Akzeptanz von Begleitpersonen beim Behördengang ein.

Resümee

Die in wirtschaftlichen Krisenzeiten und durch kurzsichtige Fehlentscheidungen entstandenen Segmentierungs- und Exklusionstendenzen haben sich mit den Arbeitsmarktreformen der letzten zwei Jahrzehnte weiter vertieft. Zudem drohen die neuen Herausforderungen der kompetitiven Globalökonomie, der technologischen Dynamik und des Strukturwandels zur »informatisierten« Dienstleistungswirtschaft die tradierten Bildungs- und Sozialsysteme zu überfordern. Während zunehmend *anders* und *höher* qualifizierte Arbeitskräfte benötigt werden, nimmt das Arbeitskraftangebot infolge des demografischen Wandels stetig ab. Dennoch bleibt zur selben Zeit ein beträchtlicher Kreis von Personen aus verschiedenartigen Gründen vom Arbeitsmarkt ausgeschlossen.

Angesichts dieser komplexen Problemkonstellation ist ein entschlossener Kurswechsel in der Arbeits-, Sozial- und Bildungspolitik erforderlich. In der Arbeits- und Arbeitsmarktpolitik geht es um eine (Re-) Normalisierung der Beschäftigungsverhältnisse, die die Segmentierung von abgeschlossenen Teilmärkten aufhebt und den Personen in atypischen Beschäftigungsformen echte Wahlmöglichkeiten verschafft. Damit und mit dem inklusionsorientierten Ausbau des öffentlichen Beschäftigungssektors lassen sich die Rahmenbedingungen für die Inklusion aller Bürger/innen in die sich wandelnde Arbeitsgesellschaft entscheidend verbessern. Gleichzeitig soll eine bildungspolitische Revolution die Grundlagen für die gesellschaftsweite Fundierung hoher Allgemeinkompetenzen schaffen.

Der solidarische Sozialstaat vermag die Herausforderungen der kommenden Jahre nur zu bestehen, wenn neben der Bewahrung hoher wirtschaftlicher Leistungs- und Innovationsfähigkeiten auch die Inklusion aller Gesellschaftsmitglieder gelingt. Deshalb verdient die Gewährleistung eines hinreichend hohen Niveaus der gesellschaftlichen Inklusion Priorität.

Wirtschaftsdemokratie

Politische Inklusion durch Eigentumsteilhabe

Tilo Wesche

Wirtschaftsdemokratien leben von der Einsicht, dass Demokratien ihrem Namen nur dann gerecht werden, wenn auch die ökonomische Macht weitgehend gleich verteilt ist und möglichst viele Bürgerinnen und Bürger am Eigentum an Produktivressourcen beteiligt werden. In Wirtschaftsdemokratien hält möglichst jede Person Eigentum an Unternehmen, Kapital und Land, mit denen im Markt Reichtum und Vermögen erzeugt werden. Genossenschaften, etwa der Genossenschaftsverbund Mondragón Cooperative Corporation, und Arbeitnehmerfonds, wie sie beispielsweise von Rudolf Meidner entworfen worden sind, gelten als Musterbeispiele für eine solche möglichst breite Eigentumsstreuung. Diese Eigentumsteilhabe stellt die ökonomische Basis für eine *politische Inklusion* dar, indem sie ermöglicht, dass die demokratischen Freiheiten aller Gesellschaftsmitglieder gleichermaßen verwirklicht werden.[1]

Politische Inklusion zielt dabei auf die wirksame Ausübung der politischen Rechte aller Bürgerinnen und Bürger. Damit sie sich als Gleiche unter Gleichen begegnen, müssen sie ihre politischen Rechte, die ihre Gleichheit garantieren, auch effektiv wahrnehmen können. Die gleichheitssichernde Inklusion aller in eine effektive demokratische Meinungs- und Willensbildung wird durch eine wirtschaftsdemokratische Eigentumsteilhabe gewährleistet; ohne sie würde sich die demokratische Ebenbürtigkeit in der bloßen Garantie formaler Rechte erschöpfen.

Wirtschaftsdemokratien erzeugen stabilisierende Effekte für den politischen Prozess der demokratischen Selbstbestimmung, der durch eine hohe Eigentumskonzentration untergraben wird. In Gesellschaften, in denen der

---

1 Diese Einbettung der Demokratie in eine Eigentumsteilhabe schlägt ebenfalls vor: Ralf Fücks, Eigentum für alle! Demokratie braucht eine demokratische Basis, in: Gerd Grözinger/Michael Maschke/Claus Offe (Hg.), Die Teilhabegesellschaft. Modell eines neuen Wohlfahrtsstaates, Frankfurt/M. 2006, 139–144.

Großteil des Produktiveigentums in den Händen weniger liegt, wird der normative Demokratiekern ausgehöhlt, demzufolge Bürgerinnen und Bürger die gleichen Einwirkungsmöglichkeiten auf den Prozess der Gesetzgebung ausüben können. Als Eigentümer besitzen Wirtschaftsakteure ökonomische Macht. Sie können einen informellen Einfluss ausüben durch Investitionsversprechen oder drohenden Kapitalabzug, durch Schaffung und Steuerung öffentlichkeitswirksamer Aufmerksamkeitsmonopole oder durch kostenintensive Reklamen für griffige Wertvorstellungen, Lifestyle-Entwürfe und Sinnangebote. Wer dagegen vom Produktiveigentum ausgeschlossen ist, dem bleiben nur die bloß formalen Einwirkungsmöglichkeiten des Wahlaktes. Wenn ökonomische Macht ungleich verteilt ist und in politische Macht umgewandelt wird, dann sind auch die demokratischen Einwirkungsmöglichkeiten ungleich verteilt.

Die ungleich größere politische Einflussnahme ökonomischer Schwergewichte führt dazu, dass die demokratische Ebenbürtigkeit auf den Augenblick des formalen Wahlaktes zusammenschmilzt. Im Kontrast schaffen Wirtschaftsdemokratien die Voraussetzungen dafür, dass die politische Idee einer demokratischen Gesellschaft von Freien und Gleichen eingelöst wird.

Seit den Anfängen der Debatte über eine Wirtschaftsdemokratie ab 1920 durch Fritz Naphtali, Hugo Sinzheimer, Rudolf Hilferding und andere führen ihre Kritiker den Einwand ins Feld, dass sie dem freiheitlichen Eigentumsverständnis liberaler Gesellschaften zuwiderlaufe.[2] Dieser Einwand lässt sich durch das Argument entkräften, dass im Gegenteil Wirtschaftsdemokratien das Freiheitsversprechen des Eigentums allererst einlösen. Die Freiheitsgründe, aus denen sich Eigentum rechtfertigt, schließen das Argument für eine wirtschaftsdemokratische Eigentumsordnung mit ein. Das Junktim zwischen Demokratie und Eigentum liegt im letzteren selbst begründet. Das Recht auf Wirtschaftsdemokratie lässt sich dem marktfreiheitlichen Eigentumsverständnis selbst entlocken, indem es am eigenen Freiheitsanspruch gemessen wird. Die gleiche Freiheit, aus der sich Eigentum herleitet, rechtfertigt seine wirtschaftsdemokratische Ausgestaltung. Für ihre Begründung

---

2 Siehe zu Neudeutungen der Wirtschaftsdemokratie: Alex Demirović: Demokratie in der Wirtschaft. Positionen – Probleme – Perspektiven, Münster 2007. Helmut Martens: Neue Wirtschaftsdemokratie. Anknüpfungspunkte im Zeichen der Krise von Ökonomie, Ökologie und Politik, Hamburg 2010. Klaus Dörre: Wirtschaftsdemokratie – ein zukunftstaugliches Leitbild gesellschaftlicher Transformation? In: S. Wall-Strasser/H. Füreder et al. (Hg.), Europa am Scheideweg. Marktkonforme Demokratie oder demokratiekonformer Markt? Wien 2012, 103–118.

brauchen die Verteidiger freiheitlichen Eigentums somit von nichts anderem überzeugt zu werden, als sich von ihren eigenen Lippen ablesen lässt.

Gemeinschaftliches Eigentum an Grundgütern

Freiheit, aus der Eigentum begründet wird, setzt sich aus den drei Bedeutungen der materiellen, politischen und epistemischen Selbstbestimmung zusammen. Materielle Selbstbestimmung besteht in der Verfügungsgewalt über die materiellen Lebensbedingungen und wird als die Freiheit ausgeübt, sich die Sachen verschaffen zu können, die für ein gutes Leben wichtig sind, damit man selbst entscheiden kann, welche Ziele im Leben verfolgt werden. Diese Selbstbestimmung ermöglicht eine materielle Unabhängigkeit von einem Versorger, der den Seinen gibt, was sie brauchen. Sie erlaubt es, frei von Angst und Furcht vor Sanktionen durch den Versorger einen Willen auszubilden und öffentlich zu vertreten. Eigentum nun verleiht Personen eine solche Entscheidungsgewalt über die materiellen Bedingungen, unter denen ein gutes Leben geführt wird. Das Recht, sich selbst mit den lebensrelevanten Sachen zu versorgen, wird als das Recht auf den ungehinderten Erwerb von Eigentum an solchen Sachen institutionalisiert. Eigentum ermöglicht somit die Befreiung aus feudalen, paternalistischen und hegemonialen Abhängigkeiten und garantiert, dass Sachen unabhängig von Herkunft, Ansehen, Gesinnung und Geschlecht angeeignet werden dürfen.

Materielle Selbstbestimmung wird einerseits durch Privateigentum effektiv verbürgt, weil die Entscheidung, welche Sachen man für ein gutes Leben nutzt und verbraucht, nicht von einer Zuteilung, sondern von der eigenen Wertschöpfung abhängt. Über die Privateigentumsordnung werden Sachen in einer Gesellschaft zwischen ihren Mitgliedern so verteilt, dass jeder den Wert, den er durch Arbeit schöpft, für ein gutes Leben nutzen und verbrauchen darf. Andererseits wird die materielle Selbstbestimmung durch gemeinschaftliches Eigentum ermöglicht.[3] Privateigentumsbasierte Selbstbestimmung beschränkt sich auf persönliches Eigentum und stößt in Bezug

---

3 Siehe zu einem Konzept gemeinschaftlichen Eigentums, das sich vom Staatssozialismus ebenso abhebt wie vom Kapitalismus: Erik Olin Wright: Envisioning Real Utopias, London 2010. Tilo Wesche: Demokratie und ihr Eigentum. Von der Marktfreiheit zur Wirtschaftsdemokratie, in: *Deutsche Zeitschrift für Philosophie*, 62, H. 3, 2014, 443–486.

auf Grundgüter an eine Grenze. Es trifft nicht zu, dass durch die Privatisierung von Grundgütern wie Wasser, Energie, Wohnraum und Gesundheitsleistungen sich jedermanns materielle Selbstbestimmung verbessert. Privateigentum rechtfertigt sich aus der Befreiung von Abhängigkeiten, schafft aber in Bezug auf Grundgüter neue Abhängigkeiten. Die Privatisierung von Grundgütern zwingt Verbraucher dazu, sich in die Abhängigkeit von Privatunternehmen zu begeben, die der Logik der privaten Gewinnmaximierung unterliegen.

Materielle Selbstbestimmung erfüllt sich wesentlich in der unabhängigen Güterversorgung. Diese Unabhängigkeit wird jedoch ausgehebelt durch die Kontingenzen der Marktentwicklung, den Zwang der Verwertungslogik und dem Primat der Wachstumssteigerung. Preisstabilität, Qualitätssicherheit, Versorgungsgarantie und Mitgestaltungsmöglichkeiten werden eher gewährleistet, wenn die Nutzer selbst die Kontrolle über die Grundgüter ausüben.[4]

Diese Kontrolle wird ihnen durch ihre gemeinsame Eigentümerschaft verliehen. Der Eigentümerschaft müssen dabei demokratische Rechte folgen. Entweder werden Leitungsgremien direkt-demokratisch von den Eigentümerinnen gewählt, wie zum Beispiel im Energieversorgungsunternehmen SMUD in der kalifornischen Hauptstadt Sacramento. Durch direkt-demokratische Beteiligung wurde hier zudem das einzige betriebseigene Atomkraftwerk bereits 1989 abgeschaltet. Oder der gemeinsamen Eigentümerschaft gehen auf kommunaler Ebene wirksame Kontroll- und Durchgriffsrechte der kommunalen Parlamente einher. Insbesondere Bürgerhaushalte (»partizipatives Budget«) ausgestattet mit der Budgetkontrolle sind für die Eigentümer ein wirksames Instrument der Selbstbestimmung; ausführlich dokumentiert sind die Erfahrungen mit der Haushaltsbeteiligung in Porto Alegre.

Kommunale Energieselbstversorgung und kommunaler Wohnungsbau eingebettet in einer parlamentarischen Kontrolle sind weitere Beispiele für das gemeinschaftliche Eigentum an kostenintensiven Versorgungssystemen. Materielle Selbstbestimmung wird im Fall von Grundgütern also nicht durch Privateigentum, sondern durch Gemeineigentum ermöglicht.

---

4 Gar Alperovitz hat in seiner bahnbrechenden Studie diese Vorzüge anhand von Nonprofit-Versorgungssystemen in den USA ausgeführt. Selbst Preisstabilität und Qualitätssicherheit, geschweige denn Versorgungsgarantie und Mitgestaltungsmöglichkeiten setzen nicht notwendigerweise Wahlfreiheit voraus, die sich Verbrauchern durch Privatisierung bietet. Vgl.: Gar Alperovitz: America Beyond Capitalism. Reclaiming our Wealth, our Liberty and our Democracy, Hoboken 2006.

Eigentumsordnung mit politischer Mitbestimmung

Die demokratische Integrationskraft des Eigentums erschöpft sich mitnichten in der materiellen Selbstbestimmung. Diese ist zwar ein notwendiger, aber kein hinreichender Grund für die Eigentumsordnung moderner Gesellschaften. Denn materielle Selbstbestimmung im Allgemeinen und der Grundsatz »Eigentum aus Arbeit« im Besonderen schaffen neue Zwänge. Für sich genommen lassen sie den Zwang zu, dass die Arbeit, aus der Eigentum entsteht, durch irgendwelche Tätigkeiten, unter jedweden Zeit-, Gehalts- und Werkbedingungen und mit beliebigen Zielen ausgeübt wird. Freiheit schließt deshalb die *Mitbestimmung* darüber mit ein, welche sinnvollen Tätigkeiten als Arbeit gelten, unter welchen Zeit-, Gehalts- und Werkbedingungen die Arbeit ausgeübt wird und mit welchen ökonomischen, sozialen und politischen Zielen die Arbeit verbunden ist. Solche sozioökonomischen Bedingungen, unter denen die Eigentumsbildung aus Arbeit stattfindet, stellen die Rahmenbedingungen einer Eigentumsordnung dar, die die Betroffenen mitgestalten können müssen. Freiheit umfasst sowohl den Anspruch, dass Personen sich die lebensrelevanten Sachen selbst verschaffen können müssen, als auch den Anspruch, darüber mitentscheiden zu können, wie sie verschafft werden. Materielle Selbstbestimmung allein untergräbt Freiheit, weil sie den Zwang erzeugt, unter fremdbestimmten Bedingungen sich materiell mit Sachen versorgen zu müssen. Soll durch Eigentümerschaft Freiheit verwirklicht werden, so muss die Eigentumsbildung durch die Mitbestimmung über ihre sozioökonomischen Rahmenbedingungen ergänzt werden. Mitbestimmung ist ein Erfordernis, das also aus dem freiheitlichen Eigentumsverständnis selbst folgt. Sie ist eine immanente Bedeutungskomponente des Eigentums, das sein Freiheitsversprechen nur dann einlöst, wenn materielle Selbstbestimmung durch demokratische Rechte der Mitbestimmung flankiert wird.

Die erforderliche Mitbestimmung steht unter dem egalitären Vorbehalt der Gleichheit und nimmt deshalb die Gestalt der *demokratischen Selbstbestimmung* an. Jede Person muss die gleiche Möglichkeit haben, sich an der Entscheidungsfindung zu beteiligen. Denn sie führt ein selbstbestimmtes Leben hier nur dann, wenn niemand einen größeren Einfluss auf die sie betreffenden Entscheidungen ausübt als sie selbst. Sie muss die demokratische Erfahrung der Ebenbürtigkeit machen können, dass trotz sozialer Distinktionen niemandes Stimme mehr zählt als die eigene. Selbstbestimmung erfolgt deshalb über die gleichen und damit demokratischen Einwirkungsmöglichkeiten auf die Entscheidungen, die die Rahmenbedingungen einer Eigentumsordnung gestalten.

Marktteilnehmern werden solche Einwirkungsmöglichkeiten zunächst durch ihre Eigentümerrechte verschafft. Da aber Eigentum ungleich verteilt ist, bestehen hier auch ungleiche Einwirkungsmöglichkeiten. Die Einwirkungsmöglichkeiten müssen deshalb von der ökonomischen Sphäre entkoppelt werden und über ein anderes Medium als die Eigentümerrechte erfolgen. Sie werden stattdessen durch politische Rechte garantiert. Die Mitbestimmung über die Rahmenbedingungen einer Eigentumsordnung nimmt daher die Gestalt *politischer Selbstbestimmung* an. Politische Institutionen, Verfahren und Rechte verkörpern eine ausgleichende Kraft, die die eigentumsbedingten Ungleichheiten neutralisieren und den Betroffenen die gleichen Mitgestaltungsmöglichkeiten einräumen soll. Nur als Staatsbürger mit politischen Partizipationsrechten üben Marktteilnehmer die gleichen Einwirkungsmöglichkeiten auf den sozioökonomischen Gestaltungsprozess aus. Die Formierung der Rahmenbedingungen geht somit an den Gestaltungsanspruch der Politik über.

Mitbestimmung erfolgt sowohl auf der Makroebene der politischen Gesetzgebung als auch auf der vorpolitischen Mikroebene der unternehmerischen, betrieblichen und überbetrieblichen Mitbestimmung. Auf der Makroebene wird über den politischen Prozess der Selbstgesetzgebung eine Beteiligung an der Entscheidungsfindung garantiert. Kollektiv verbindliche Gesetze regeln die Angelegenheiten der sozioökonomischen Rahmenbedingungen: Welche Arten von Risiko einer Investition und ihren Kosten sind für alle tragbar? In welche Bereiche soll investiert werden; in nachhaltige Energieträger, in den Verarbeitungssektor von Rohstoffen (statt sie unverarbeitet zu exportieren), in welche Finanzprodukte? Welcher Anteil an der Gesamtwirtschaft sollen jeweils der Realwirtschaft und der Finanzwirtschaft eingeräumt werden? Welche Umweltrisiken und ökologischen Knappheiten dürfen nicht geduldet werden? In welchem Maße muss der Wert der Natur in Unternehmensbilanzen berücksichtigt werden? Welche Einkommensunterschiede sollen hingenommen, und welche inakzeptablen Einkommensunterschiede (beispielsweise zwischen Berufsgruppen im sozialen Dienstleistungsbereich und im Finanzsektor) sollen eingehegt werden? Wie weit muss die Solidarität gegenüber Bedürftigen und in Not geratener Unternehmen reichen? Welche sinnvollen Tätigkeiten sollen als Arbeit gelten, aus der Eigentum entsteht? Welche Lebens- und Wochenarbeitszeiten sollen gelten? Entscheidungen über solche Fragen gehen als Ergebnisse aus einer demokratischen Meinungs- und Willensbildung hervor. Diese sichert Bürgerinnen und Bürgern die gleichen Mitgestaltungsmöglichkeiten, welche sie in ungleichheitsanfälligen Eigentumsordnungen nicht haben.

Auf der vorpolitischen Mikroebene der unternehmerischen, betrieblichen und überbetrieblichen (Pensions- und Versicherungsfonds etc.) Mitbestimmung werden in dem gesetzlich vorgegebenen Rahmen unter der Beteiligung der Arbeiterschaft Entscheidungen konkretisiert und spezifiziert. Mitbestimmung kann entweder durch Miteigentümerschaft gesichert oder für abhängig Beschäftigte durch Gewerkschaften und Betriebsräte wahrgenommen werden. Mitbestimmung wird hier gewährleistet durch die Beteiligung an der Entscheidungsfindung – ggf. mit zusätzlicher Expertise – über managerielle Fragen der Arbeitsgestaltung, Produktdiversifikation, Investition etc.: Wie sollen die unmittelbaren Arbeitsbedingungen und Verwaltungsabläufe gestaltet werden? Welche Einkommensunterschiede sollen in einem Unternehmen etwa zwischen Angestellten und Managern gelten? Wie viel Kapital soll ein Unternehmen im Alltag vorhalten? Wie viel Kapital soll als Dividende ausgeschüttet oder reinvestiert werden? In welche Produkt- und Verfahrensinnovationen soll investiert werden? Ein normativer Vorrang gebührt jedoch der politischen Selbstbestimmung auf der Makroebene, weil hier kollektiv verbindliche Gesetze beschlossen werden, die alle Akteure einer Gesellschaft betreffen. Die Frage etwa, in welchem Maße der Wert der Natur in Unternehmensbilanzen berücksichtigt werden soll, kann nicht jedem Unternehmen anheimgestellt werden, sondern muss verbindlich für alle Unternehmen innerhalb einer Rechtsgemeinschaft entschieden werden.

Erst die demokratische Beteiligung am politischen Prozess einer Gesetzgebung, die eine effektive Gestaltungskraft auf die sozioökonomischen Rahmenbedingungen ausübt, verschafft also Eigentumsordnungen ihre Legitimation. Eigentumsordnungen und Demokratie teilen sich deshalb nicht zwischen dem Privaten und dem Öffentlichen auf, als dürfe der Gesetzgeber in Eigentumsordnungen gestaltend nicht eingreifen und müsse er sich auf Aufgaben des Eigentumsschutzes zurückziehen. Im Gegenteil lösen Eigentumsordnungen ihr Freiheitsversprechen nur dann ein, wenn politische Freiheitsrechte die demokratische Mitgestaltung ihrer sozioökonomischen Rahmenbedingungen garantieren. Ungleichheitsanfälligen Eigentumsordnungen wird ihre Legitimation durch eine demokratische Gesetzgebung verschafft, die trotz der Eigentumsungleichheiten Bürgerinnen und Bürger die gleiche Mitgestaltungsmöglichkeiten der sozioökonomischen Rahmenbedingungen verbürgt.

Wirtschaftsdemokratie als Basis der Politik

Wirtschaftsdemokratien liegt die ernüchterte Annahme zugrunde, dass Eigentumskonzentrationen eine demokratische Selbstbestimmung zwangsläufig erodieren und dass diese Erosionseffekte durch keinen gesetzgeberischen Spielraum wirtschafts-, arbeits- und sozialpolitischer Initiativen aufgefangen werden. Die möglichst breite Streuung von Produktiveigentum schafft zuallererst die Voraussetzung für eine politische Deliberation über gemeinsame Ziele.

Hochkonzentriertes Produktiveigentum bereitet den Nährboden für Vorurteile. Wenn eine Mehrheit der Gesellschaft von der steuerfinanzierten Umverteilung des Reichtums abhängt, der durch das Eigentum einer Minderheit erzeugt wird, dann nährt die vergiftete Debatte um Verfassungsinhalte soziale und politische Voreingenommenheiten. In Gesellschaften mit Produktiveigentum in hoher Konzentration gedeihen zwei gegensätzliche Arten von Vorurteilen. Auf der einen Seite neigen die Eigentümer von Produktivressourcen zu Gerechtigkeitsvorstellungen, die ihren Besitzstand zu sichern helfen. Zu solchen Vorstellungen zählen Überzeugungen über verdienten Reichtum; über das Recht auf die Externalisierung von Kosten des Marktes; über Wachstum und Gewinn als Selbstzweck; die Geringschätzung von vermeintlich leistungsschwächeren Schichten; darüber, dass, wie jüngst Londons Bürgermeister Boris Johnson befand, ökonomische Ungleichheit Neid und Gier fördere, die ein wertvoller Ansporn für ökonomische Aktivität seien; über materielle Unzufriedenheit, die nur durch mehr Eigeninitiative bekämpft werden könne; über ökonomischen Erfolg als alleinigen Grad für gesellschaftlichen Aufstieg; und über die Autorität, selbst zu entscheiden, wem mildtätige Spenden zugutekommen sollen. Zu solchen Vorurteilen gehören auch einseitige Eigentumsvorstellungen: wenn etwa Steuern als Eigentumsverletzungen betrachtet werden oder Eigentum auf Privateigentum verkürzt und seiner sozialen Gestalt beraubt wird.

Am anderen Ende des Leistungstransfers nehmen sich Personen nur als Empfänger von Leistungen wahr, die durch das Eigentum Anderer erzeugt werden. Sofern sie nicht gleichermaßen wie ihre Mitbürgerinnen und Mitbürger in der Lage sind, die eigenen Angelegenheiten zu regeln, erfahren sie den Leistungstransfer als eine Quelle von niedrigem Status. Im Vergleich nehmen sie sich als Gescheiterte wahr. Damit können, wie die Ungleichheitsforschung nachweist, Einstellungen der Minderwertigkeit und Verbitterung sowie zynische oder gleichgültige Einstellungen gegenüber dem politischen System entstehen.[5] Auf fruchtbaren Boden fallen hier der Populismus, dass die da oben alle Verbrecher seien und wir hier die Guten, sowie – nach dem Balzacschen Motto, hinter jedem Vermögen steht ein Verbrechen – Ressentiments und Neid gegenüber jedem, der mehr hat als man selbst. Charakteristisch für solche Vorurteile ist eine gewissermaßen paradoxe Einstellung: Einerseits ist hochkonzentriertes Produktiveigentum, von dem sie ausgeschlossen sind, nicht wohlgelitten; andererseits übt es den Reiz eines erstrebenswerten Ziels aus, dem man nacheifern sollte.

Vorurteile begünstigen dabei die Umwandlung von ökonomischer Macht in politische Macht. Vorurteile sind Meinungen, die für begründeter gehalten werden, als sie sind, indem man sich für Argumente, Kritik und Erfahrung verschließt. Überzeugungen werden hier nicht durch Argumente gefestigt, sondern durch die Beharrlichkeit, mit der an ihnen festgehalten wird. Eine solche Unempfänglichkeit für Argumente führt dazu, dass zwischen rivalisierenden Überzeugungen nicht mehr Argumente vermitteln. Überzeugungen verdanken hier ihre Durchschlagskraft nicht dem besseren Argument, sondern der Macht, sich gegenüber anderen durchzusetzen. Über den Ausgang einer Meinungs- und Willensbildung entscheiden Überzeugungen, die sich dank ihrer kompromisslosen Härte durchsetzen. Problemlösende Argumentation wird somit durch die Ausübung von Macht ersetzt. Die Konzentration des Produktiveigentums hemmt die vorurteilsfreie Meinungs- und Willensbildung und öffnet dadurch ein Einfallstor für interessenorientierte Einflussnahmen.

Eigentümer produktiver Ressourcen besitzen dabei einen Machtvorteil. Denn nur wer über Produktiveigentum verfügt, besitzt auch ökonomische Macht, die in politische Macht umgemünzt werden kann. Wirtschaftsdemokratische Eigentumsordnungen lassen dagegen jene Vorurteile nicht aufkeimen, die in Gesellschaften mit konzentriertem Produktiveigentum gedeihen. Sie erlauben deshalb eine möglichst vorurteilsfreie Beratschlagung über gemeinsame Werte. Problemlösende Argumentation tritt in der demokratischen Deliberation an die Stelle von Vorurteilen. Wirtschaftsdemokratische Eigentumsordnungen mobilisieren dabei eine unvoreingenommene Meinungs- und Willensbildung aus drei Gründen:

Eigentümerschaft aktiviert, *erstens*, die unvertretbare Bereitschaft, sich ein eigenes Bild über Ziele zu machen. Sie befugt Eigentümer zur Verfü-

---

5 Richard Wilkinson/Kate Pickett: Gleichheit ist Glück. Warum gerechte Gesellschaften für alle besser sind, Berlin 2009.

gungsgewalt, Sachen nach selbstbestimmten Zwecken zu gebrauchen, zu verwerten und zu transferieren. Wenn die Gestaltungsmöglichkeiten aber in den eigenen Händen liegen, tritt die Frage, was einem wichtig ist, näher an einen heran. Miteigentümerschaft befähigt deshalb zu einer gemeinsamen Verständigung, in die alle ihre unvertretbaren Werturteile einspeisen.

Eigentümerschaft erhöht, *zweitens*, die Erfahrung der Selbstwirksamkeit. Ohne die Hintergrundgeräusche informeller Einflussnahmen machen Beteiligte eher die Erfahrung, dass ihre Stimme in der Meinungs- und Willensbildung gehört wird und sie etwas bewirken können. Die Bereitschaft zur unvoreingenommenen Verständigung wird somit gestärkt durch die demokratische Erfahrung, dass man in den Entscheidungen vorkommt.

Eigentümerschaft wirkt sich, *drittens*, auf die demokratische Deliberation als eine soziale Kooperation aus. In wirtschaftsdemokratischen Eigentumsordnungen erfolgt die gemeinsame Beratschlagung als soziale Kooperation, in der die Beteiligten das gemeinsame Interesse an einer auf Argumenten gestützten Sachklärung teilen: das reflexive Interesse daran, dass anstelle von Vorurteilen Argumente die Debatten prägen. Sie beteiligen sich hier nicht als Gegenspieler, sondern als Mitspieler an einer bürgerschaftlichen Willensbildung um reversible Streitfragen der Solidarität, der Nachhaltigkeit und des guten Lebens.

Der Arbeitsmarkt[1]

Axel Honneth

Schon immer standen sich in den modernen Gesellschaften Westeuropas zwei Auffassungen des ökonomischen Marktes gegenüber, deren Unterschiede daran zu ermessen waren, ob dessen soziale Einrichtung eher als Ermöglichung von wechselseitiger Interessenbefriedigung oder von individueller Vorteilsmehrung verstanden wurde. Die Anstrengungen nicht nur der Arbeiterbewegung, sondern auch vieler Wohltätigkeitsorganisationen, »bürgerlicher« Parteien und staatlicher Organe, den Arbeitsmarkt sozial einzuhegen, indem soziale Rechte etabliert, Maßnahmen zur Humanisierung der Arbeitswelt ergriffen und Mitbestimmungsmöglichkeiten geschaffen wurden, waren Ausdruck einer gewissen Dominanz der ersten dieser beiden Vorstellungen des Marktes: Es sollten in einer Perspektive kontinuierlichen Fortschritts all die rechtlichen, bildungspolitischen und innerbetrieblichen Voraussetzungen institutionalisiert werden, die es am Ende jedem Lohnabhängigen erlauben würden, sich unter Bedingungen faktischer Chancengleichheit in die soziale Arbeitsteilung einbezogen zu wissen, um hier im marktvermittelten Austausch seiner Leistungen das eigene, zufriedenstellende Auskommen zu sichern und sich derart seiner Anerkennung als vollwertiges Gesellschaftsmitglied zu vergewissern. In unserer idealisierenden, eine solche aufsteigende Linie unterstellenden Rekonstruktion haben wir nicht nur gesehen, auf wie viele Widerstände in unternehmerischen Verwertungsinteressen derartige Versuche einer Realisierung von sozialer Freiheit jeweils gestoßen sind, sondern auch, dass mit jedem erkämpften Zwischenschritt der Umfang der normativ erforderlichen Maßnahmen nur immer größer zu werden schien: Der Etablierung sozialer Rechte, die vor den größten Risiken marktabhängiger Beschäftigung schützen sollten, folgte die Einsicht in die Notwendigkeit von Bildungsreformen, welche die Bedingungen von Chancengleichheit zu verbessern hatten, schon kurz danach setzte sich die Erkenntnis durch,

---

1 Dieser Text ist ein Auszug aus: Axel Honneth, *Das Recht der Freiheit. Grundriß einer demokratischen Sittlichkeit,* Frankfurt/M. 2011.

dass auch monotone, rein routinemäßig zu bewältigende Tätigkeiten letztlich zu beseitigen seien, weil sie jede Erfahrung der arbeitsteiligen Mitwirkung verunmöglichten, und schließlich – wir sind nun schon in der Mitte
des 20. Jahrhunderts – gewann allmählich die Überzeugung an Boden, wonach nur eine aktive Einbeziehung der Lohnabhängigen in die betrieblichen
Entscheidungsprozesse tatsächlich zur Zähmung unternehmerischer Verwertungsinteressen und damit zur kooperativen Einhegung des Marktes führen
würde. Sicherlich, kaum eine dieser im Laufe von hundertfünfzig Jahren des
sozialen Konfliktes gewonnenen Einsichten ist je schon auch nur halbwegs
zu institutioneller Verwirklichung gelangt; stets wieder wurden politisch ins
Auge gefasste Reformen abgebrochen, scheiterten an der Marktmacht großer Kapitalunternehmen, versandeten aufgrund von finanziellen Engpässen
des Staates oder kamen, trotz anfänglicher Erfolge, infolge wirtschaftspoliti-
scher Stimmungswechsel zum Erliegen. Aber immerhin schien es im Lichte einer zwar diskontinuierlichen, in der Abfolge der Generationen jedoch
ohne weiteres erkennbaren Aufwärtslinie sozialer Errungenschaften möglich
zu sein, die schrittweise Reform des Arbeitsmarktes als ein gesellschaftliches
Projekt zu begreifen, das von einer breiten Zustimmung zu einer sozialmoralischen Sicht der kapitalistischen Wirtschaft getragen wurde; die Bedingungen der sozialen Chancengleichheit mussten verbessert, die entwürdigenden Formen einer eintönigen, zermürbenden Arbeit beseitigt und die
Mitgestaltungsmöglichkeiten der Lohnabhängigen in den Betrieben erhöht
werden, weil man im Grunde, zwar nicht immer ausdrücklich, aber doch
im Sinn einer stillschweigenden Nötigung des Gewissens, die Überzeugung
teilte, dass der ökonomische Markt allen Beteiligten zugutekommen sollte
und also als eine Institution der sozialen Freiheit zu verstehen sein müsste.
Wenn sich in den letzten Jahrzehnten nun tatsächlich, wofür viele Anhaltspunkte sprechen,[2] die Zuschreibung von Verantwortung im Kontext marktwirtschaftlichen Handelns stark individualisiert hätte, so dass nicht mehr
»wir«, sondern der oder die Einzelne für den eigenen ökonomischen Erfolg zuständig wären, so würde das eine Auflösung genau dieser normativen
Hintergrundüberzeugung nahelegen: Der Markt würde von den Beteiligten
nicht mehr vornehmlich als eine soziale Einrichtung begriffen, die uns gemeinsam die Möglichkeit eröffnet, in ungezwungener Gegenseitigkeit unse-

---

2 Vgl. zusammenfassend: Klaus Günther: Zwischen Ermächtigung und Disziplinierung.
Verantwortung im gegenwärtigen Kapitalismus, in: Axel Honneth (Hg.), Befreiung
aus der Mündigkeit. Paradoxien des gegenwärtigen Kapitalismus, Frankfurt/M. 2002,
117–139.

re Interessen zu befriedigen, sondern als ein Organ des Wettbewerbs um die möglichst kluge Maximierung des eigenen Nutzens. Alles, was in der Vergangenheit als ein notwendiger Schritt der Annäherung an einen Zustand marktvermittelten Zusammenwirkens begriffen werden konnte, müsste in dieser veränderten Deutung des Marktes bestenfalls als ein pazifizierendes, den Klassenkampf stillstellendes Reformwerk, schlechtestenfalls als ein überflüssiges Produkt sozialer Gesinnungen betrachtet werden, dazu angetan, die Anstrengungen des einzelnen Wirtschaftssubjekts erlahmen zu lassen und den Konkurrenzdruck ungerechtfertigterweise abzumildern.

Es ist sicherlich zu früh, soziologisch beurteilen zu wollen, ob sich ein solcher allgemeiner Einstellungswandel im Begriff des Marktes in den letzten Jahrzehnten wirklich vollzogen hat; und wahrscheinlich gehört schon die bloße Erwägung eines derartigen Stimmungsumschwungs genau zu jener Klasse von sozialdiagnostischen Hypothesen, über die sich eine endgültige Klarheit nie wird gewinnen lassen, weil sie sich der empirischen Überprüfung letztlich entziehen. Es stehen uns aber kaum andere Deutungen zur Verfügung, um den relativ plötzlichen Wegfall aller sichtbaren »Empörung« auf den flexibilisierten Arbeitsmärkten zu erklären, so dass es durchaus sinnvoll sein mag, der nur erst vagen Vermutung einer Wandlung in der öffentlichen Wahrnehmung des Marktes weiter nachzugehen.

Fragt man sich in diesem Sinne, welche soziale Ursachen nun ihrerseits einen derartigen Einstellungswandel bewirkt haben könnten, so stößt man schnell auf jenes Bündel an wirtschaftspolitischen und unternehmerischen Maßnahmen, mit denen vor etwa zwanzig Jahren der Prozess der Desorganisation des Kapitalismus in den westeuropäischen Ländern eingeleitet wurde. Damals, als unter dem Druck der ökonomischen Globalisierung die staatlichen Regierungen ihre gesellschaftlichen Kontrolltätigkeiten zurückschraubten und statt dessen institutionelle Großanleger die Gewinnmargen in den größeren Unternehmen festzulegen begannen, fand ja weitaus mehr statt als bloß eine erneute Verselbständigung kapitalistischer Verwertungsimperative; vielmehr wurde das zunächst nur auf die großen Kapitalgesellschaften angewandte Paradigma der berechenbaren Rentdefähigkeit aller sektoral getätigter Investitionen nun auch im Überschwang des Glaubens an die Effizienz marktvermittelten Wettbewerbs auf viele andere Bereiche übertragen, so dass alsbald auch die öffentlichen Dienste und der gesamte Bildungssektor unter den Druck der finanziellen Konkurrenzfähigkeit gerieten.[3] Was in der Folge für die entsprechenden Behörden, Ausbildungseinrichtungen und Wohlfahrtsverbände bedeutete, sich auf eine verstärkte Überprüfung einzelner Kostenfaktoren umzustellen und im ganzen eine Strategie der inneren und äußeren Vermarktlichung zu entwickeln, hatte für die dort Beschäftigten einen massiven Wandel in der Einstellung gegenüber ihren Tätigkeiten zur Konsequenz. Diese selbst mussten nun aus der Binnenperspektive viel entschiedener als früher als steigerungsfähige Größen in einer übergreifenden Kosten-Nutzen-Analyse betrachtet werden, so dass auch hier, wie schon in den privaten Unternehmen, Zwänge der individuellen Selbstvermarktung um sich zu greifen begannen. Solche Prozesse einer Verallgemeinerung des Verhaltensstils strategischer Selbstoptimierung steigern vermutlich, so ließe sich weiter schließen, die Tendenzen zur Wahrnehmung der Gesellschaft als eines Netzwerkes von nur noch auf ihren eigenen Nutzen bedachten Akteuren; und nichts liegt daher näher, als darin zugleich auch die Ursache zu sehen für jene Individualisierung der Verantwortungszuschreibung, die wir zuvor als Scharnier der Rückkehr zu einer desozialisierten Sicht des ökonomischen Marktes ausgemacht haben. Sobald Beschäftigungsverhältnisse und Sozialleistungen, deren Bereitstellung bislang noch als gemeinschaftliche Aufgabe einer demokratisch organisierten Zivilgesellschaft aufgefasst werden konnte, einem Diktat der Kommerzialisierung, der Steigerung des ökonomischen Ertrags aller getätigten Ausgaben unterworfen werden, ändert sich infolge des dadurch bewirkten Wandels im Selbstverständnis der Beteiligten wahrscheinlich auch das Bild des Marktes im ganzen: Dieser wird nicht mehr als eine soziale Einrichtung gesehen, für die wir gemeinsam als Mitglieder einer Kooperationsgemeinschaft die Verantwortung tragen, sondern als Stätte einer Konkurrenz um die jeweils selbst zu verantwortende Nutzenoptimierung.

Einen solchen kausalen Zusammenhang zwischen dem Dominantwerden finanzmarktlicher Leitvorstellungen und einem kulturellen Wandel im herrschenden Bild des Marktes zu unterstellen, heißt natürlich, um es zu wiederholen, nur eine mögliche Kausalkette unter anderen hervorzuheben und sie zur alles bestimmenden Ursache zu machen; es mag sein, dass sich in Zu-

---

3 Für die öffentlichen Dienste vgl. Mark Freedland: The Marketization of Public Services, in: Colin Crouch/Klaus Eder/Demian Tambini (Hg.), Citizenship, Markets, and the State, Oxford 2001, 90–110. Für die Universitäten: Sheila Slaughter/Gary Rhoades: Academic Capitalism and the New Economy. Markets, State, and Higher Education, Baltimore 2009.

kunft alternative Deutungsansätze als weitaus geeigneter erweisen werden, um die gegenwärtig stattfindende Individualisierung der Verantwortungszuschreibung in der Sphäre marktwirtschaftlichen Handelns zu erklären. Aber dieser Umstand selbst, die wachsende Aushöhlung der normativen Leitidee gesellschaftlicher Mitverantwortung, dürfte sich im Augenblick wohl kaum in Zweifel ziehen lassen; nicht nur in empirischen Untersuchungen, sondern auch in literarischen Zeugnissen spiegelt sich schon seit Jahren, dass Erfolg oder Misserfolg bei der Bewährung auf den ökonomischen Märkten heute zunehmend als etwas erfahren werden, das nur dem Geschick, dem Engagement und notgedrungen dem Glück des je einzelnen zugeschrieben werden kann.[4] Ist ein derartiger Wandel im Verantwortungsbegriff die semantische Oberfläche, unter der sich eine grundsätzliche Veränderung in der kollektiven Wahrnehmung des Marktes verbirgt, so lässt sich damit der irritierende Wegfall aller sichtbaren »Empörung« über die wachsende Entgrenzung des Arbeitsmarktes erklären: Während vorher, bis in die siebziger und achtziger Jahre hinein, eine noch relativ intakte Vorstellung der kooperativen Rahmung von Märkten dafür gesorgt hat, dass auf jeden Vorstoß einer solchen Flexibilisierung öffentlich erkennbare Gegenreaktionen erfolgten, ist heute eine weitgehend desozialisierte Vorstellung des Marktes verantwortlich für die Tendenz, das moralische Unbehagen allein privat zu artikulieren und nur zu entsprachlichten Formen der Abwehr zu greifen.

Die damit umrissene Fehlentwicklung, mehr als nur eine Verselbständigung finanzkapitalistischer Imperative, sondern auch eine entsprechende Verschiebung in den kulturellen Deutungsmustern des Marktes, bringt unsere normative Rekonstruktion in die Verlegenheit, so hatte ich oben schon gesagt, auf normative Gegenbewegungen im Augenblick nicht mehr setzen zu können; der demokratischen Sittlichkeit, deren Chancen für die Gegenwart wir hier nachzuspüren versuchen, fehlt damit eines ihrer Kernelemente, weil von der Aussicht auf eine vollständige Einhegung des Arbeitsmarktes letztlich abhängt, ob sich die Gesellschaftsmitglieder mittels ihrer ökonomischen Tätigkeiten in einen Kooperationszusammenhang einbezogen wissen können. Eine derartige soziale Freiheit aber, Legitimationsgrundlage des Marktes seit jeher, scheint aus der institutionellen Sphäre der Erwerbsarbeit inzwischen so gut wie verbannt; alles Auskommen und jeder Erfolg hängen hier, der offiziellen, weitverbreiteten Doktrin nach, allein vom Durch-

---

4 Vgl. das großartige Kapitel »The Cult of Personal Responsability« von Brian Barry, in: ders., Why Social Justice Matters, Cambridge 2005, Kap. IV.

setzungsvermögen des einzelnen ab, so als sei dieses nicht eigentlich durch die Klassenlage und die Bildungschancen der jeweiligen Herkunftsfamilie bestimmt. Folgerichtig sind an die Stelle der älteren Ideen, wonach Chancengleichheit, Arbeitsplatzverbesserungen und Mitbestimmung erforderlich seien, um die normativen Versprechungen des Arbeitsmarktes zu erfüllen, längst Programme der allseitigen Selbstaktivierung getreten, die mit blankem Zynismus suggerieren, jeder sei für sein Erwerbsschicksal ausschließlich allein verantwortlich.[5] Der Grad der Fehlentwicklung, mit dem wir es heute in der marktvermittelten Sphäre der gesellschaftlichen Arbeit zu tun haben, ist exakt an dieser Rückverwandlung des Versprechens sozialer Freiheit in die Verheißung von bloß noch individueller Freiheit zu ermessen.

Eine Alternative zu diesen rückschrittlichen Entwicklungen scheint sich im Augenblick nur dort aufzutun, wo organisierte Gegenkräfte darangehen, auf transnationaler Ebene für eine erneute Eingrenzung des Arbeitsmarktes zu kämpfen. Weil die nationalstaatlichen Regierungen in Westeuropa in den letzten Jahrzehnten einiges von ihrer Fähigkeit verloren haben, mit den eigenen Mitteln der Einflussnahme regulierend auf die verwertungsbestimmten Bedingungen in der Produktions- und Dienstleistungssphäre einzuwirken, wird nur eine nachholende Internationalisierung von Gegenbewegungen die Chance mit sich bringen, die ursprünglichen Absichten von Mindestlohn, von Arbeitsplatzsicherheit und selbst von Mitbestimmung noch einmal wiederaufleben zu lassen. Unter dem Druck von transnationalen Gewerkschaftsverbänden und Nichtregierungsorganisationen sind erste Verfahren schon geschaffen worden, die es erlauben, auf die Normen der längst global vonstatten gehenden Erwerbsregulierung einen Einfluss zu nehmen; Zertifizierungen von Standards der Arbeitsqualität, Prozeduren der Überwachung von getroffenen Vereinbarungen und öffentliche Kampagnen über Ländergrenzen hinweg scheinen die Wege zu sein, die heute eingeschlagen werden müssen, um wieder Anschluss an die abgebrochene Geschichte einer schrittweisen Vergesellschaftung des Arbeitsmarktes zu finden.[6] Je stärker die transnationalen Gemeinschaften sein werden, die sich zum Zweck der Verfolgung solcher Projekte zusammenzuschließen vermögen, über je mehr an öffentlich gestützter Vetomacht sie verfügen werden, um Normen sozialer Freiheit in den deregulierten Erwerbsverhältnissen der global vernetzten Unternehmen

---

5 Zu diesem Übergang von der Idee der staatlichen Wohlfahrt zu der der »privaten Sicherungsverantwortung« und den damit einhergehenden Aktivierungsprogrammen vgl. Stephan Lessenich: Die Neuerfindung des Sozialen, Bielefeld 2008.
6 Ludger Pries: Erwerbsregulierung in einer globalisierten Welt, Wiesbaden 2010.

durchzusetzen, desto eher wird sich von neuem die Aussicht auf eine moralische Zivilisierung der kapitalistischen Marktwirtschaft eröffnen.[7] Allerdings dürfte es sich bei der gesellschaftlichen Rückgewinnung eines solchen Projekts, berücksichtigt man das Ausmaß der Fehlentwicklungen, die in den letzten Jahrzehnten hier hingenommen werden mussten, vorläufig nur um die Wiedereroberung eines bereits einmal erfolgreich erkämpften Territoriums handeln.

---

7 Marie-Laure Djelic/Sigrid Quack (Hg.) : Transnational Communities. Shaping Global Economic Governance, Cambridge 2010.

IV
Von der Gentrifizierung zur Inklusion:
Der neue Kampf um die Städte und die
Frage nach dem gemeinsamen Ort

Räumliche Segregation und innerstädtisches Ghetto

Hartmut Häußermann und Martin Kronauer

Tiefgreifende Veränderungen am Arbeitsmarkt und in der Beschäftigung, in den sozialen Beziehungen und den Rahmenbedingungen wohlfahrtsstaatlicher Regulierung drohen eine wachsende Zahl von Menschen in Deutschland am gesellschaftlichen Leben nicht mehr angemessen teilhaben zu lassen. Die deutlichsten Anzeichen dafür sind eine in den letzten beiden Jahrzehnten drastisch, wenngleich in zyklischen Schwankungen angestiegene Arbeitslosigkeit und eine zunehmende Armut. Beide Phänomene betreffen nicht mehr nur den gesellschaftlichen »Rand«. Auch unter Beschäftigten, die selbst noch nicht arbeitslos geworden sind, breiten sich Unsicherheiten und Abstiegsängste aus. Das gilt mittlerweile selbst für den öffentlichen Dienst und die Kernbereiche profitabler Industrieunternehmen.

Deutschland steht mit diesen Problemen nicht allein da, wenngleich sie hier in Verbindung mit der jüngsten Geschichte der deutschen Vereinigung besondere Formen annehmen. Seit dem Ende der 1990er Jahre wird in der Europäischen Union die neue soziale Frage unter dem Begriff der »Exklusion«, der sozialen Ausgrenzung, diskutiert. Er markiert eine historische Zäsur gegenüber der Phase relativer Vollbeschäftigung, zurückgehender Einkommensungleichheit und zunehmender Einbindung der arbeitenden Bevölkerungen in sozialstaatliche Rechte und Leistungen in den Jahrzehnten nach dem Zweiten Weltkrieg.

Der Strukturwandel der Arbeitsmärkte und der Beschäftigung als Folge des Wandels von der Industrie- zur Dienstleistungsgesellschaft hat zu einer vergrößerten Spreizung in der Einkommensverteilung und zu einem Anwachsen der Armut geführt. Betroffen davon sind vor allem dauerhaft Arbeitslose und solche Erwerbstätige, deren Einkommen nur noch für eine Lebensführung weit unterhalb der durchschnittlichen Konsumstandards ausreicht (»working poor«). Armut ist ökonomisch-materiell definiert, üblicherweise als Einkommen unterhalb der Grenze von 60% des Medianeinkommens. Sie hat jedoch auch soziale und kulturelle Konsequenzen, die zu einer Situation führen können, die wir als »Ausgrenzung« oder »Exklusion« bezeichnen.

Das Risiko, in die Armut zu geraten, trifft vor allem Individuen oder Haushalte, die einen niedrigen Bildungsstand und keine berufliche Qualifikation aufweisen und allein leben beziehungsweise alleinerziehend sind. Die Gefahr der Ausgrenzung wird allerdings nicht allein durch solche Faktoren bestimmt, sondern zusätzlich davon, inwieweit die Betroffenen in der Lage sind, diese Situation zu meistern oder wieder aus ihr herauszukommen. Dabei spielt es eine Rolle, in welchen räumlichen Zusammenhängen die Menschen beziehungsweise Haushalte leben, die in Armut geraten sind. Die Nachbarschaft, das Quartier stellt nämlich einen Raum dar, der soziale und materielle Ressourcen bereitstellt oder den Zugang zu solchen Ressourcen erschwert oder verhindert.

Für soziale Gruppen, die über wenig eigene Ressourcen in Form von materiellem, sozialem oder kulturellem Kapital verfügen, hat die nähere räumliche Umgebung eine größere Bedeutung als für andere Gruppen, die überlokale Beziehungen pflegen, weil sie diesen lokalen Nahraum seltener verlassen und sich auch ihre sozialen Beziehungen dort konzentrieren. Dadurch wird das Quartier, wird der Raum zu ihrem Sozialraum. Der Sozialraum hat Einfluss auf die Einbindung in soziale Netzwerke und auf die Verfügung über Ressourcen, die nicht direkt vom Einkommen abhängig sind; der Sozialraum kann soziales Kapital bereitstellen – oder auch nicht. Das Wohnen in einem Quartier, in dem sich benachteiligte Haushalte konzentrieren, kann Armut verstärken und Ausgrenzungstendenzen unterstützen, es kann andererseits aber auch informelle Hilfen bereitstellen, einen respektvollen Umgang sichern und für soziale Einbettung sorgen – die Folgen von Armut also mildern.

Sozialräume werden durch die quartierlichen sozialen Strukturen und die Alltagspraxis ihrer Bewohner geprägt. Die soziale Zusammensetzung einer Bewohnerschaft, die vorherrschenden sozialen Lagen und die Verhaltensweisen der Bewohner formen Milieus, die ihrerseits Rückwirkungen auf die Orientierungen, die Verhaltensmöglichkeiten und Lebenschancen der Bewohner haben. Daher ist die soziale Zusammensetzung der Quartiersbevölkerung von Bedeutung. Die starke Konzentration von ökonomisch, sozial und kulturell marginalisierten Gruppen in manchen Quartieren kann daher selbst zu einem Faktor von Benachteiligung werden. Man könnte auch sagen: Aus benachteiligten Quartieren können benachteiligende Quartiere werden.

Soziales Kapital eines Quartiers ist eine vor- beziehungsweise außer-
marktliche Ressource, die auf Vertrauen und bis zu einem gewissen Grad
auch auf Solidarität angewiesen ist. Ob und inwieweit auf sie zurückgegriffen werden kann, ist keineswegs selbstverständlich, denn der Prozess der Modernisierung und der Individualisierung hatte ja gerade in der Emanzipation
aus lokalen oder verwandtschaftlichen Abhängigkeitsverhältnissen eine entscheidende Triebkraft. Nachdem dieser Prozess lang anhaltend gewirkt hat,
ist nicht zu erwarten, dass man sich in einer Notsituation einfach wieder auf
traditionale Beziehungen verlassen kann.

Um dies genauer zu erläutern, werden wir im Folgenden zunächst umrei-
ßen, wie sich die sozialen Sicherungssysteme entwickelt haben und warum
die »neue Armut« einen so tiefen Einschnitt in der Entwicklung Deutschlands seit dem Ende des Zweiten Weltkriegs darstellt. Dann erörtern wir, was
mit Ausgrenzung und ihren verschiedenen Dimensionen genau gemeint ist.
Anschließend fragen wir nach den Ursachen sozialräumlicher Segregation
und fassen dann die Ergebnisse der bisherigen Forschung zu den »Nachbar-
schaftseffekten« zusammen, die als Folge der zunehmenden Konzentration
von armen Haushalten in bestimmten Quartieren entstehen können.

Ausgrenzung und ihre Dimensionen

Gesellschaftliche Zugehörigkeit und Teilhabe wurden im ersten Vierteljahrhundert nach dem Zweiten Weltkrieg in Deutschland und anderen hoch entwickelten Industriegesellschaften Westeuropas (und in einem gewissen Umfang auch in den USA) im Wesentlichen auf zwei Wegen gefördert: durch
ein starkes wirtschaftliches Wachstum, das sich in Beschäftigungs- und Ein-
kommenswachstum übersetzte, und durch die Ausweitung sowie finanzielle
Absicherung wohlfahrtsstaatlicher Leistungen und Schutzrechte für Lohn-
abhängige. Die Voraussetzungen für dieses Integrations- und Wachstums-
modell waren der Wiederaufbau und die Erneuerung von Produktionsstät-
ten, Infrastruktur und Wohnungen sowie die Einbeziehung der ländlichen
Bevölkerung (und ihrer vormals noch zum Teil auf Eigenversorgung ausgerichteten Tätigkeiten) in den inneren Markt der Konsumenten und Pro-

duzenten[1]; ein hohes Maß von staatlichem Einfluss auf Investitionsbedin-
gungen und Beschäftigungshöhe durch fiskal- und wirtschaftspolitische
Maßnahmen im Rahmen nationaler Grenzen; die Anerkennung einer kollektiven Verantwortung der Gesellschaft für die Befriedigung grundlegender
Bedürfnisse und die Sicherstellung vergleichbarer Lebenschancen ihrer einzelnen Mitglieder – vor dem Hintergrund der Erfahrungen mit Weltwirt-
schaftskrise, zwei Weltkriegen und Faschismus, aber auch in der Konfrontation mit dem Kalten Krieg.

Sozialökonomische Ungleichheit wurde dadurch nicht aufgehoben. Gerade in Deutschland reproduzieren die sozialen Sicherungssysteme durch
ihre Beitragsabhängigkeit Ungleichheiten der sozialen Lage, wie sie durch
das Erwerbssystem vorgegeben sind. Aber Armut und Einkommensungleichheit gingen bis in die Mitte der 1970er Jahre zurück, der Fahrstuhl von
Einkommen und Lebensstandard bewegte sich für (fast) alle nach oben.[2]
Arbeitslosigkeit verschwand bis auf eine kleine Restgröße, die vor allem auf
kurzfristige Such- und Übergangsphasen zurückzuführen war.

Zugleich wurden soziale Bürgerrechte in einem bis dahin unbekannten
Maß finanziell abgesichert und in ihrer Reichweite ausgedehnt. Auch diese
Entwicklung hatte ihre Kehrseite. Bürgerrechte sind an Mitgliedschaft gebunden und schließen Nicht-Bürger und Nicht-Bürgerinnen aus oder allenfalls partiell ein. Das galt und gilt bis heute für Migrantinnen und Migranten. Arbeitsmigranten und -migrantinnen wurden als beitragszahlende
»Gastarbeiter« zwar in die sozialen Sicherungssysteme einbezogen, blieben
aber von politischen Rechten ausgeschlossen.

Gleichwohl bestätigte sich zunächst die Erwartung des englischen Sozio-
logen und Wohlfahrtsstaatstheoretikers Thomas H. Marshall, geäußert vier
Jahre nach dem Ende des Zweiten Weltkriegs, dass das 20. Jahrhundert zu
einem Jahrhundert der Ausbreitung und Durchsetzung sozialer Rechte werde (so wie das 18. Jahrhundert die persönlichen und das 19. Jahrhundert die
politischen Rechte auf die Tagesordnung gesetzt habe). Soziale Rechte sollen
ihm zufolge zweierlei leisten:

Zum einen sollen sie allen Mitgliedern der Gesellschaft gleichen, nicht-
diskriminierenden Zugang zu den zentralen gesellschaftlichen Institutionen

---

1 Vgl. Burkart Lutz: Der kurze Traum immerwährender Prosperität. Eine Neuinterpre-
tation der industriell-kapitalistischen Entwicklung im Europa des 20. Jahrhunderts,
Frankfurt/M. 1989, 194.

2 Vgl. Hans-Ulrich Wehler: Deutsche Gesellschaftsgeschichte 1949–1990, München
2008.

der Vermittlung von Lebenschancen verschaffen, vor allem zu denen der Bildung, des Gesundheitswesens und der sozialen Sicherung. Sie sollen also eine Statusgleichheit der Individuen gegenüber diesen Institutionen herstellen, ungeachtet aller sonstigen ökonomischen und Herkunftsunterschiede zwischen den Bürgerinnen und Bürgern. Auch im auf sozialer Ungleichheit aufbauenden Sozialversicherungssystem gilt, trotz der unterschiedlichen Beiträge und Leistungen, dass jeder und jede Einzahlende vom Status her gleichermaßen anspruchsberechtigt (und nicht Bittsteller) ist.

Zum anderen und zugleich sollen soziale Rechte für alle ein Minimum an gemeinsamen Lebenschancen und kulturell einen dem erreichten Wohlstandsniveau angemessenen Lebensstandard (einschließlich der Wohnbedingungen) gewährleisten. Also nicht nur der Zugang zu institutionellen Leistungen, sondern auch die Qualität der Leistungen ist Gegenstand sozialer Rechte.[3]

Der Gedanke, dass die Wahrnehmung persönlicher und politischer Rechte nur dadurch sichergestellt werden kann, dass soziale und materielle Absicherungen hinzukommen und dass Individuen vor völliger Marktabhängigkeit geschützt sein müssen, ist in vielen Ländern des westlichen Europas nach dem Zweiten Weltkrieg zu einem Grundbestandteil des Demokratieverständnisses geworden. Er bildet den Kernbestand aller wohlfahrtsstaatlichen Programmatik, auch wenn seine institutionelle Umsetzung und das Ausmaß der Befreiung von Marktzwängen in den einzelnen Ländern beträchtlich variieren.[4]

Die hier umrissene Entwicklung weist vor allem zwei Schwachstellen auf. Zum einen gerieten Individuen und Haushalte in eine zunehmende und unwiderrufliche Abhängigkeit von Markt und Staat. Alternative Unterstützungs- und Einbindungsformen, wie die über familiäre und verwandtschaftliche Beziehungen, verloren mit dem Ende der Subsistenzwirtschaft weitgehend ihre ökonomische Eigenständigkeit. In ihren materiellen Leistungen hängen sie nun ihrerseits von markt- und staatsvermittelten Einkommen ab. Nach wie vor spielt familiäre Unterstützung, vor allem in der Generationenfolge, zwar eine wichtige Rolle, aber gerade in den unteren Einkommensgruppen sind in Krisenzeiten die finanziellen Ressourcen rasch erschöpft. Das ist die bedrohliche Seite der Individualisierung.

---

3 Vgl. Thomas H. Marshall: Bürgerrechte und soziale Klassen. Zur Soziologie des Wohlfahrtsstaats, Frankfurt/M. 1992, 40, 73.

4 Vgl. Franz-Xaver Kaufmann: Varianten des Wohlfahrtsstaats. Der deutsche Sozialstaat im internationalen Vergleich, Frankfurt/M. 2003.

Noch gravierender aber ist die zweite Schwachstelle. Die Finanzierung umfassender wohlfahrtsstaatlicher Leistungen hängt von einer hohen Erwerbsbeteiligung ab, oder aber, bei niedriger Erwerbsbeteiligung, von hohen Wachstumsraten und einer starken Bereitschaft zur Umverteilung zwischen Erwerbstätigen und Nicht-Erwerbstätigen. Marshall sprach deshalb in seinen Vorlesungen von einer »Pflicht zur Erwerbsarbeit«. Er erwähnte allerdings nicht, dass einer solchen Pflicht kein Recht auf Erwerbsarbeit gegenübersteht – und in kapitalistischen Marktwirtschaften auch nicht gegenüberstehen kann. Denn ein »Recht auf Arbeit« würde im Kern in das Eigentumsrecht der Kapitalbesitzer und Kapitalbesitzerinnen sowie in ihre Entscheidungsgewalt über Einstellungen und Entlassungen eingreifen und somit das freie Unternehmertum grundsätzlich in Frage stellen. Allenfalls mit indirekten, fiskalischen und wirtschaftspolitischen Mitteln können Regierungen versuchen, das Beschäftigungsniveau zu beeinflussen. Die Verbindung von sozialen Rechten und kapitalistischer Marktwirtschaft birgt deshalb schon immer das Risiko, prekäre Lebenssituationen (wieder) zuzulassen. Prekär bleiben damit immer auch sozial-ökonomische Zugehörigkeit und gesellschaftliche Teilhabe.

Bis in die 1970er Jahre hinein konnte Vollbeschäftigungspolitik den latenten Konflikt überdecken. Weitreichende Umbrüche in der Erwerbsarbeit und am Arbeitsmarkt, Veränderungen in den sozialen Beziehungen und die Schwächung der Regelungs- und Ausgleichskapazitäten von Sozialstaaten werfen seitdem aber erneut und in besonderer Weise das Problem der ökonomischen und sozialen Ausgrenzung auf:

– Der Rückgang der industriellen und der Anstieg der Dienstleistungsbeschäftigung ist verbunden mit einer größeren Spreizung der Einkommen; die Verdrängung arbeitsintensiver und technologisch ausgereifter Industrien durch internationale Konkurrenz und der Einsatz neuer Technologien und neuer Formen der »flexiblen« Arbeitsorganisation in den verbleibenden Schlüsselindustrien ist verbunden mit einer drastischen Entwertung un- und angelernter Industriearbeit; die Deregulierung der Finanzmärkte und die zunehmende Bedeutung der Anlegerinteressen für die Unternehmenspolitik (Shareholder-Orientierung) führen häufig zu einer Reduzierung von Belegschaften und der Verletzung von Interessen anderer Stakeholder. Dies sind Kennzeichen für Veränderungen in der Erwerbsarbeit mit weitreichenden Folgen. Sie wurden mit einer Rückkehr der Arbeitslosigkeit auf hohem Niveau bezahlt sowie mit einer beträchtlichen Unsicherheit in den Erwerbs- und Beschäftigungsaussichten für eine wachsende Zahl von Menschen.

- Wachsender Wohlstand und Bildungsexpansion nach dem Krieg, gegründet auf Vollbeschäftigung und sozialstaatliche Leistungen, haben die Spielräume für individuelle Lebens- und Karriereentwürfe erweitert, aber auch die Zwänge zur eigenständigen Gestaltung der Biografien verstärkt und den Einfluss von Konventionen und milieugestützten Sozialbindungen abgeschwächt. Die Reste einer eigenständigen Arbeiterkultur in den Städten mit Organisationen gegenseitiger Hilfe, aber auch sozialer Kontrolle auf Nachbarschaftsbasis haben sich aufgelöst.[5] Eigenarbeit und Subsistenzwirtschaft im Familienverbund sowie nachbarschaftliche Netzwerke haben im Zuge der durchgesetzten Urbanisierung ihre Kraft als Gegengewichte gegen ökonomische Notlagen verloren. Wer am Markt scheitert, ist schnell auf staatliche Hilfe angewiesen. Er oder sie hat aber auch kaum noch die Möglichkeit, dies als kollektives Schicksal zu deuten und wird gedrängt, es dem eigenen Versagen zuzurechnen.

- Der soziale Kompromiss zwischen Kapiteleignern und abhängig Beschäftigten, der die wohlfahrtsstaatliche Entwicklung nach dem Zweiten Weltkrieg getragen hat, erodiert. Die Globalisierung der Finanzmärkte, selbst ein Ergebnis politischer Entscheidungen, erweiterte die internationalen Anlagemöglichkeiten für Kapital und erschwerte den fiskalischen Zugriff in nationalen Grenzen – nach dem Zusammenbruch dieses Systems im Jahr 2008 versuchen die Regierungen nun, Kontrollmöglichkeiten zurückzugewinnen. Steuerbegünstigungen, um Anleger zu halten oder zu gewinnen, und Steuerflucht haben die öffentlichen Haushalte zusätzlich eingeschränkt. Bei dem in Deutschland in den ersten Jahren des 21. Jahrhunderts praktizierten »Umbau« des Sozialstaats mit dem Ziel, die internationale Wettbewerbsfähigkeit zu stärken, verschieben sich die Gewichte vom Schutz vor Marktabhängigkeit zur Mindestsicherung, verbunden mit der Forderung nach Eigenvorsorge am Markt. Soziale Rechte werden noch enger an individuelle Pflichten gebunden – vor allem an eine Verpflichtung zur Erwerbsarbeit um fast jeden Preis, und damit werden sie relativiert.

Durch diese Entwicklungen stehen für eine zunehmende Zahl von Menschen gesellschaftliche Zugehörigkeit und Teilhabe in wesentlichen Dimensionen in Frage:

---

5 Vgl. Josef Moser: Arbeiterleben in Deutschland 1900–1970, Frankfurt/M. 1984.

– Die Einbindung durch Erwerbsarbeit in die gesellschaftlich anerkannte Arbeitsteilung ist gekennzeichnet durch wechselseitige (allerdings durch Machtungleichgewichte gekennzeichnete) Abhängigkeiten in formalisierten Kooperationsbeziehungen. Sie vermittelt nicht nur Einkommen, sondern auch soziale Identität, und in einer grundlegenden Weise die Erfahrung, gesellschaftlich gebraucht zu werden. Wechselseitige Abhängigkeiten in Erwerbsarbeitsverhältnissen ermöglichen Anerkennung, aber auch Widerstand gegen Bevormundung und Ausbeutung. Ausgrenzung in dieser Dimension bedeutet Marginalisierung am Arbeitsmarkt und in der Beschäftigung, bis hin zum völligen Ausschluss von Erwerbsarbeit, ohne in eine andere, gesellschaftlich anerkannte Position ausweichen zu können. Ausgegrenzt sein heißt dann, in der Gesellschaft keinen Ort zu haben, überflüssig zu sein.[6] An die Stelle der wechselseitigen Abhängigkeiten in der Gesellschaft tritt die einseitige Abhängigkeit von der Gesellschaft: »die ›Überzähligen‹ sind nicht einmal ausgebeutet«[7].

– Die Einbindung in unterstützende soziale Netze, in die informelle Reziprozität persönlicher Nahbeziehungen steht in Frage. Die Ausgrenzungsdimension besteht hier in Isolation durch eine Beschränkung der sozialen Beziehungen auf Menschen in gleicher, benachteiligter Lage und damit eine weitere Einschränkung bei Ressourcen und Möglichkeiten, die Lage zu verändern – oder aber, im Extremfall, die soziale Isolation, der weitgehende Rückzug oder Ausschluss aus sozialen Beziehungen.

– Berührt ist auch die Teilhabe am Lebensstandard und an Lebenschancen, wie sie in einer gegebenen Gesellschaft als kulturell angemessen gelten, vermittelt über Bildungseinrichtungen, Gesundheitsversorgung, rechtliche (auch tarifliche) Regelungen der Arbeitsverhältnisse und Institutionen der betrieblichen und politischen Interessenvertretung – das Anrecht auf ein Mindestmaß an materieller Sicherheit und Unterstützung auch in kritischen Lebensphasen, ohne entwürdigenden Verfahren unterworfen zu werden. Ausgrenzung in dieser Dimension kann durch die Verweigerung von Bürgerrechten und den Ausschluss von Institutionen entstehen, aber auch durch diskriminierende Behandlung in Institutionen, ungenügende Schutzrechte und Leistungen, die es nicht erlauben, entsprechend allgemein anerkannter (und damit zugleich auch erwarteter)

---

6 Vgl. Heinz Bude und Andreas Willisch: Exklusion. Die Debatte über die »Überflüssigen«, Frankfurt/M. 2008.

7 Robert Castel: Die Metamorphosen der sozialen Frage, Konstanz 2000, 19.

Standards zu leben.[8] Ausgrenzung manifestiert sich dann in der Unfähigkeit, mit anderen »mitzuhalten«, und der Erfahrung von Macht- und Chancenlosigkeit.[9]

Exklusion und Ausgrenzung sind multidimensionale Prozesse. Zwischen Erwerbsstatus, sozialen Beziehungsnetzen, sozial(rechtlich)er Absicherung und Höhe des Einkommens bestehen enge, empirisch nachzuweisende Zusammenhänge.[10] Anhaltende Arbeitslosigkeit erhöht die Risiken der Verarmung und der sozialen Isolation deutlich.

Erwerbsarbeit bindet Menschen in grundlegender und objektivierter Weise in die Wechselseitigkeit sozialer Beziehungen ein – aber sie sichert nicht für alle Beschäftigten einen gesellschaftlich angemessenen Lebensstandard, und schon gar nicht für diejenigen, die nicht in dieser Form arbeiten oder arbeitslos sind. Soziale Rechte wiederum sichern im besten Fall Qualitäten der gesellschaftlichen Teilhabe in jener Wechselseitigkeit ab – Lebensstandard, Status, Lebensperspektiven und -chancen – und ermöglichen überdies unter bestimmten Voraussetzungen Teilhabe auch für Menschen, die nicht erwerbstätig sind. Aber sie können unter marktwirtschaftlichen Bedingungen keine Erwerbsarbeit garantieren. Schon gar nicht können sie für familiäre und freundschaftliche Beziehungen sorgen, für unterstützende persönliche Nahbeziehungen, die dritte Dimension der Ausgrenzung also. Allerdings bestehen Zusammenhänge zwischen der Reichweite und Zusammensetzung sozialer Netze auf der einen Seite und dem Erwerbsstatus auf der anderen.[11]

Die verschiedenen Integrationsinstanzen vermitteln gesellschaftliche Einbindung und Teilhabe auf unterschiedliche Weisen und nach unterschiedlichen Zuteilungslogiken. Sie leisten jeweils eigenständige Beiträge zur Integration und sind zugleich aufeinander angewiesen. Für die Auseinandersetzung mit sozialer Ausgrenzung hat dies weitreichende Folgen. Keine der

---

8 Wie solche Standards zur Bemessung von Ausgrenzung anhand von Indikatoren für »relative Deprivation« empirisch ermittelt werden können, zeigt Hans Jürgen Andreß: Leben in Armut. Analysen der Verhaltensweisen armer Haushalte mit Umfragedaten, Wiesbaden 1999.

9 Für eine ausführliche Darstellung der Dimensionen und ihrer internen Differenzierung sowie von Erfahrungen mit Ausgrenzungsbedrohung und Ausgrenzung vgl. Martin Kronauer: Exklusion, Frankfurt/M. 2002, 151ff.

10 Ebd.

11 Vgl. Martin Diewald: Kapital oder Kompensation? Erwerbsbiografien von Männern und die sozialen Beziehungen zu Verwandten und Freunden, in: *Berliner Journal für Soziologie*, Bd. 13, 2003, 213–238. Kronauer (2002), a.a.O., 168ff.

Integrationsweisen für sich allein gewährleistet Zugehörigkeit und Teilhabe, jede kommt mit ihrer eigenen Qualität ins Spiel. Eingliederung in eine Erwerbsarbeit, die nicht aus der Armut heraushilft und/oder unter unwürdigen Bedingungen erbracht werden muss, bedeutet ebenso wenig gesellschaftliche Teilhabe wie ein anhaltender Ausschluss von Erwerbsarbeit mit entwürdigender Abhängigkeit von stigmatisierter Fürsorge.

Ausgrenzung hat auch eine räumliche Dimension. Gerade wenn die formalisierten Systeme von Rechten und der sozialen Sicherung gesellschaftliche Teilhabe nicht mehr hinreichend gewährleisten, gewinnt der Sozialraum, in dem man lebt, an Bedeutung.

Insbesondere durch die Diskussion um die »new urban underclass«, die William Julius Wilson 1987 in den USA angestoßen hat,[12] ist die räumliche Dimension von Exklusion inzwischen zu einem zentralen Thema der Sozialforschung und der Stadtpolitik geworden. Wilson hat mit der These Aufsehen erregt, dass das Leben im schwarzen Ghetto von Chicago über die rassistische Diskriminierung hinaus die Bewohner durch Sozialisationseffekte und Mobilitätsbeschränkungen benachteilige.[13] Dadurch bilde sich eine neue Unterklasse in den von Deindustrialisierung betroffenen Städten. Zwar gibt es in deutschen Städten bisher keine Parallele zu den Ghettos der Schwarzen, bei denen sich die Härte der Ausgrenzung aus rassistischer Diskriminierung, fehlenden sozialstaatlichen Sicherungen und strikt marktförmiger Wohnungsversorgung ergibt,[14] aber Auswirkungen einer sozialräumlichen Ausgrenzung sind auch in unseren Städten zu beobachten. Sie beruht auf »Kontexteffekten«, also auf dem Einfluss des Wohngebiets auf Verhalten, Normen und Lebenschancen. Die Abkoppelung mancher Quartiere vom Trend der Gesamtstadt, gemessen vor allem in hohen Arbeitslosenquoten, niedrigem Bildungsstand und einer hohen Dichte von Sozialhilfe-Empfängern, ist der Anlass für politische Interventionen (»area-based strategies«), die in verschiedenen europäischen Ländern seit Mitte der 1990er Jahre implementiert werden.

---

12 Vgl. William Julius Wilson: The truly disadvantaged: the inner city, the underclass, and public policy, Chicago 1987.

13 Vgl. Hartmut Häußermann et al. (Hg.): An den Rändern der Städte, Frankfurt/M. 2004.

14 Vgl. dazu Loic Wacquant: Urban outcasts. A comparative sociology of advanced marginality, Cambridge 2008.

Exklusion durch Segregation

Marginalisierung auf dem Arbeitsmarkt, so die zentrale These dabei, setze sich in sozialen und kulturellen Ausschluss um und werde durch räumliche Isolation verstärkt. Der Verlust der angestammten Wohnung ist häufig der Beginn eines Ausgrenzungsprozesses, in dem buchstäblich der soziale Halt verloren geht. Durch die Vermehrung der Zahl der Haushalte, die nicht aus eigener Kraft ihre Wohnbedingungen gestalten können, bilden sich einerseits durch die Selektionsprozesse auf dem privaten Wohnungsmarkt, andererseits durch die Zuweisungsprozesse der Wohnungsämter, die nur auf ein ständig kleiner werdendes Reservoir von Belegwohnungen zurückgreifen können, marginalisierte Quartiere, in denen sich Haushalte konzentrieren, die mit einer Vielzahl von sozialen Problemen beladen sind. So bilden sich sozialräumliche Milieus, die selbst weitere Benachteiligungen und Probleme mit sich bringen.

Der Stadtteil kann einerseits als »Ressource der Lebensbewältigung«[15] dienen, kann aber – im Gegenteil – auch als Beschränkung der Lebenschancen wirken.[16] Johannes Boettner hat in einer Fallstudie zu Duisburg-Marxloh gezeigt, dass diese Ambivalenz in widersprüchlichen Deutungsrahmen zum Ausdruck kommt, die er als divergierende »Problemmuster« bezeichnet.[17] Während nach der einen Deutung das homogene Milieu gleichsam sozialpflegerisch »optimiert« werden soll, legt das konträre Muster ein »Gegensteuern« nahe, also den Versuch, die Konzentration von problembeladenen Haushalten aufzulösen. Wirksame Strategien zur Verringerung der sozialräumlichen Segregation sind, obwohl die soziale Mischung als oberstes Leitziel der Stadtplanung regelmäßig beschworen wird, bisher in Deutschland allerdings nicht entwickelt worden.

Welche Mechanismen werden gedacht, wenn von »Kontexteffekten« die Rede ist? Mögliche Effekte eines Quartiers können in drei Dimensionen gruppiert werden:

---

15 Ulfert Herlyn et al.: Armut und Milieu, Basel 1991. Rainer Neef et al.: Wir sind keine »Sozialen«. Marginalisierung und Ressourcen in deutschen und französischen Problemvierteln, Konstanz 2007.

16 Vgl. Andreas Kapphan: Das arme Berlin: Sozialräumliche Polarisierung, Armutskonzentration und Ausgrenzung in den 1990er Jahren, Opladen 2002.

17 Vgl. Johannes Boettner: Vom tapferen Schneiderlein und anderen Helden. Fallstricke des integrierten Handelns. Eine Evaluation, in: Uwe-Jens Walther (Hg.), Soziale Stadt – Zwischenbilanzen, Opladen 2002, 101–114, 105f.

a) *Sozialisation*: Durch die vorherrschenden Überzeugungen und das dominante Verhalten der Bewohner entsteht eine lokale Kultur beziehungsweise ein Milieu, dem sich auch diejenigen nicht entziehen können, die ihm bisher nicht angehörten. Vorgestellt wird also gleichsam ein epidemischer Prozess.

b) *Materielle Ausstattung*: Physisch-materielle Merkmale eines Quartiers (Qualität als Wohnort, Erreichbarkeit) sowie seine institutionelle Ausstattung (Dienstleistungen und soziale Infrastruktur) machen entweder die Lebensführung beschwerlich oder schränken die Handlungsmöglichkeiten ihrer Bewohnerinnen und Bewohner objektiv ein.

c) *Stigmatisierung*: Das negative Image eines Quartiers, das aufgrund eigener Erfahrungen entsteht oder aufgrund von Vorurteilen dem Quartier aufgedrückt wird, schränkt sowohl nach innen (erfahrene Abwertung) als auch von außen (Stigmatisierung der Bewohner) die Handlungsmöglichkeiten der Bewohner weiter ein.

Normatives Regelsystem, materielle Ausstattung und symbolische Repräsentation bilden drei Dimensionen des lokalen Einflusses, die in verschiedenen Sozialräumen sehr unterschiedlich ausgeprägt sind.

Benachteiligte oder depravierte Milieus bilden sich in den verschiedensten baulichen Kulissen: Die innenstadtnahen, unsanierten Altbaugebiete gehören ebenso dazu wie sanierte Quartiere in der Innenstadt, jüngere Wohnkomplexe des sozialen Wohnungsbaus, aber auch bereits ältere Großsiedlungen am Stadtrand, insbesondere in den ostdeutschen Städten. Wenn von benachteiligten Quartieren die Rede ist, kann dies nicht gleichgesetzt werden mit einer bestimmten physisch-baulichen Struktur, vielmehr muss vom »sozialen Substrat« gesprochen werden.

Das soziale Milieu

Die benachteiligenden Effekte eines Milieus, das aus Benachteiligten gebildet wird, ergeben sich aus den Sozialisationseffekten und den Beschränkungen sozialer Interaktion, d.h. aus der Einschränkung der sozialen Erfahrung und aus dem restriktiven Charakter von Austauschprozessen.

Die Milieuthese geht von dem Wirken einer Subkultur aus: In einer Nachbarschaft, in der vor allem Modernisierungsverlierer, sozial Auffällige und sozial Diskriminierte wohnen und in der vor allem bestimmte (abweichende) Normen und Verhaltensweisen repräsentiert sind, andere hingegen nicht oder immer weniger, wird ein internes Feedback erzeugt, das zu einer Dominanz abweichender Normen führt, die als Anpassungsdruck, als Homogenisierungstendenz wirkt. Sowohl durch sozialen Druck als auch durch Imitationslernen werden diese Normen im Quartier verbreitet und eine Kultur abweichenden Verhaltens wird zur dominanten Kultur. Das so gelernte Verhalten mag durchaus funktional sein innerhalb einer Umgebung, die als ganze in vielen Dimensionen von der »Normalgesellschaft« ausgegrenzt ist. Es wird aber dysfunktional und bildet einen Nachteil, wenn eine Integration in den Mainstream der Gesellschaft kaum mehr möglich ist. Insbesondere Kindern und Jugendlichen fehlen dann die Rollenmodelle, an denen sie ein »normales« soziales Verhalten erkennen und es durch Imitation lernen könnten. Wenn Kinder oder Jugendliche z.B. überhaupt niemanden mehr kennen, der oder die einer regelmäßigen Erwerbsarbeit nachgeht, entwickeln sie keine Vorstellung davon, dass pünktliches und regelmäßiges Aufstehen und die Aufrechterhaltung einer äußeren Ordnung (Selbstdisziplin) eine Lebensmöglichkeit darstellen, die mit Vorteilen verbunden sein kann. Wenn Jugendliche in ihrem lokalen Bekanntenkreis niemanden mehr kennen, der mit »normaler« Erwerbstätigkeit seinen (wenn auch bescheidenen) Lebensunterhalt verdient, hingegen einige, die sich mit kleinkriminellen Aktivitäten ohne großen Aufwand eine spektakulärere Lebensführung ermöglichen und sich obendrein über einen perspektivlosen Schulbesuch lustig machen – welche Handlungsalternative erscheint dann nahe liegend? Die permanente Erfahrung, mit dem eigenen Verhalten und mit den angeeigneten Normen außerhalb des Milieus auf Ablehnung zu stoßen, führt zu reaktiven Verstärkungen und weiterer Distanzierung von der »normalen« Gesellschaft.

Die Verachtung gegenüber sinnlos erscheinenden Anstrengungen, die Attraktivität von Erfolg gegenüber Leistung,[18] wirkt sich besonders desaströs in den Schulen aus. Die Dominanz von Versagern und Leistungsverweigerern in den Schulklassen zieht, wie die PISA-Studien immer wieder zeigen, auch diejenigen nach unten, die interessiert und fähig wären, den Weg durch die Schulen erfolgreich zu gehen. Der Anpassungsdruck nach unten ist nicht nur für Jugendliche relevant, vielmehr werden das Selbstbild und die Selbstachtung von Erwachsenen durch die soziale Umwelt über die Bezugsgruppen ebenfalls beeinflusst. Wenn eigene Aspirationen und Normen durch die Umwelt ständig entwertet und lächerlich gemacht werden, ist es – wenn die

---

18 Vgl. Sighard Neckel: »Leistung« und »Erfolg«: Die symbolische Ordnung der Marktgesellschaft, in: Eva Barlösius et al. (Hg.), Gesellschaftsbilder im Umbruch: Soziologische Perspektiven in Deutschland, Opladen 2001, 245–265.

Exit-Option, d.h. ein Wegzug, nicht möglich ist – sehr wahrscheinlich, dass eine Anpassung an diese Umwelt erfolgt.

Diese Argumente können allerdings nur dann Geltung beanspruchen, wenn sich die Erfahrungsräume und Kontaktnetze tatsächlich auf das Quartier begrenzen. Die Nachbarschaft hat wegen der enorm gesteigerten Kommunikations- und Mobilitätsmöglichkeiten über größere Entfernungen hinweg im Allgemeinen keinen besonderen Einfluss mehr auf die Reichweite und die Zusammensetzung der Verkehrskreise. Status-Homogenität ist für diese heute wichtiger als räumliche Nähe.[19] Räumliche Nähe erzeugt nicht notwendigerweise soziale Nähe, sie kann auch zu heftigen Konflikten führen.

Innerhalb sozial homogener Verkehrskreise spielt räumliche Nähe jedoch eine Rolle, weil die Kontakte häufiger und intensiver sind, wenn sie durch räumliche Nähe erleichtert werden. Das ist bei Unterschichtsangehörigen der Fall. Ihre Kontakte sind stark lokal eingegrenzt und auf das Quartier konzentriert. In der Arbeitslosigkeit verengen sich die ohnehin schon vergleichsweise kleinen Netze weiter durch Rückzug ins Private wegen Selbstzweifeln und Resignation, durch den Verlust von Kontakten, die mit dem Arbeitsplatz verbunden waren, oder durch Vermeidung von Kontakten, die mit solchen Lebensweisen verbunden sind, die man selbst gerade nicht mehr führen kann, weil sie mit Geldausgaben einhergehen.[20]

Die sozialen Netzwerke werden nicht nur enger, sondern auch homogener, und dadurch verändert sich ihre Qualität. Lose geknüpfte soziale Netzwerke, die in ihrer sozialen Zusammensetzung heterogen sind, sind weit produktiver und ertragreicher als eng geknüpfte soziale Netze, die sozial homogen sind.[21] Daraus kann gefolgert werden: Wenn ein Haushalt aufgrund von Einkommensverlusten oder durch einen Umzugsbefehl seitens des Jobcenters im Rahmen der Hartz IV-Gesetzgebung seinen Wohnstandort wechseln und in ein benachteiligtes Quartier ziehen muss, sinken seine Chancen für eine Selbstbehauptung auch in der informellen Ökonomie, denn dann wird der Bekanntenkreis vor allem von Leuten gebildet, die ähnliche Proble-

---

19 Vgl. Jürgen Friedrichs: Do Poor Neighbourhoods Make Their Residents Poorer? Context Effects of Poverty Neighbourhoods on Residents, in: Hans-Jürgen Andreß (Hg.), Empirical Poverty Research in a Comparative Perspective. Ashgate 1998, 77–99. Andreas Farwick: Segregation und Eingliederung. Zum Einfluss der räumlichen Konzentration von Zuwanderern auf den Eingliederungsprozess, Wiesbaden 2009.

20 Vgl. Martin Kronauer et al.: Im Schatten der Arbeitsgesellschaft. Arbeitslose und die Dynamik sozialer Ausgrenzung, Frankfurt/M. 1993.

21 Vgl. Bernd Wegener: Vom Nutzen entfernter Bekannter, in: *Kölner Zeitschrift für Soziologie und Sozialpsychologie*, 39, 1987, 278–301.

me haben. Auch werden die Informationskreisläufe inhaltsleerer, zumindest was die Information über offene Arbeitsstellen angeht. Die vergleichsweise engen Nachbarschaftsbeziehungen in problembeladenen Quartieren, denen unter fürsorgerischer Perspektive Respekt entgegengebracht wird, sind hinsichtlich der Erfahrungen und der Interaktionschancen, die damit verbunden sind, als ausgesprochen negativ einzustufen. Der negative Effekt der sozial selektiven Mobilität in der Stadt resultiert aus der folgenden Kausalität: Aus den problembeladenen Stadtteilen ziehen diejenigen weg, die (noch) über das ökonomische und soziale Kapital verfügen, um den negativen Wirkungen des Quartiers zu entkommen, andererseits werden die Quartiere dadurch immer weniger heterogen und damit die Gründe für einen Wegzug weiter verstärkt. Das gleiche ist der Fall, wenn ein Quartier durch eine Arbeitsmarktkrise insgesamt in finanzielle Not gerät, wenn gleichsam durch einen Fahrstuhleffekt« nach unten aus einem »Arbeiterquartier« ein »Arbeitslosenquartier« wird.

Für diejenigen, die in die Armut geraten sind und ihr wieder entkommen wollen, stellen Quartiere mit einer hohen Konzentration problembeladener Haushalte eine paradoxe Situation dar. Wie Pierre Bourdieu et al. gezeigt haben, verlangt ein Leben in Armut, das sich noch an den kulturellen Standards der Integrierten misst, eine hohe Disziplin bei der Geldeinteilung, beim Konsumverhalten und bei der zeitlichen Planung. Es müssen »Gewohnheiten der Notwendigkeit« entwickelt werden, eine starke Disziplin vorausschauender Planung – und selbst dann noch die Einhaltung der rechtlichen und sozialen Normen, wenn die Not groß und die Gelegenheiten für eine Übertretung günstig wären. Denn dass sich anders auch leben lässt, demonstriert die Umwelt:

»Man läßt sich einfach hängen und verdrängt, man nimmt Schulden für horrende Zinsen auf, um sich auch einmal etwas zu leisten, oder man flieht in die Scheinwelt der Drogen. Daß Konflikte nicht mit einem kühlen Kopf, sondern mit körperlicher Gewalt ›gelöst‹ werden, daß kleinkriminelle Delikte begangen werden, anstatt zu sparen, sind weitere Beispiel für ein Verhalten, das aus der auferlegten Notwendigkeit ›ausbricht‹ und dabei gegen gesellschaftliche Anstandsregeln und Normen verstößt. Solche Verhaltensweisen können kurzfristig die depravierte Lebenslage der Personen subjektiv oder objektiv verbessern. Für die benachteiligten Personen sind sie deshalb auch nicht per se irrational. Langfristig führen sie in der Regel freilich nicht aus dem Mangel heraus, sondern verfestigen und vertiefen vielmehr die Deprivationen.«[22]

---

22 Carsten Keller: Armut in der Stadt, Opladen 1998, 123.

Der Verlust an integrierten Bewohnerinnen und Bewohnern (Familien, Erwerbstätige, Personen mit sozialer Kompetenz) verringert die soziale Stabilität im Quartier, weil es keine ausreichende Zahl von (Peer-)Trägern, von quartiersbezogenen Institutionen, Vereinen, Initiativen usw. mehr gibt. Familien mit Kindern, so die Annahme, kümmern sich stärker um die Qualität ihrer Wohnumwelt als mobilere und ortsunabhängigere Gruppen der Bewohnerinnen und Bewohner. Damit gehen konfliktmoderierende Potentiale und Gelegenheiten der Begegnung und Interaktion – insbesondere in den Bereichen Sport, Freizeit, Jugendarbeit und in der Schule – verloren. Da sich soziale Marginalität und Migrationshintergrund der Bewohnerinnen und Bewohner häufig überlagern, wird auch die politische Repräsentation zunehmend geschwächt: Die Wahlbeteiligung ist niedrig, Ausländer haben kaum politische Rechte, gemeinsame zivile Initiativen werden unwahrscheinlich.[23]

Die materielle Dimension

Vermüllung und Verwahrlosung der öffentlichen Räume sind äußere Anzeichen einer abnehmenden Bindung an und Verantwortung für die eigene Lebensumwelt. Das Gefühl, dass es »abwärts« geht, verbreitet sich ebenso wie das Gefühl, ohnmächtig einer Entwicklung ausgeliefert zu sein, die den eigenen Vorstellungen widerspricht und der man am liebsten entfliehen möchte. Der »Kündigung durch die Gesellschaft« wird resigniert oder trotzig eine »Kündigung gegenüber der Gesellschaft« entgegengehalten.

Hinzu kommen Veränderungen in der infrastrukturellen Versorgung. Sinkende Kaufkraft hat ein Absinken der Qualität des Warenangebots zur Folge – bis hin zur Häufung von Geschäftsschließungen, die zu Leerständen führen. Dadurch verstärkt sich der äußere Eindruck des Niedergangs des Quartiers, der seine innere Entsprechung in einer Entwertung des Selbstwertgefühls findet – eine Verschlechterung in der materiellen Dimension, die auch eine starke symbolische Bedeutung hat.

Die als besonders problematisch bezeichneten Quartiere sind häufig durch städtebauliche Barrieren (wie Bahndämme oder breite Straßen) gegen die Nachbarschaft abgegrenzt. Dadurch werden sie von den übrigen Stadtbe-

---

23 Vgl. Hartmut Häußermann und Jens Wurtzbacher: Die Gemeinde als Ort politischer Integration, in: Wilhem Heitmeyer und Peter Imbusch (Hg.), Integrationspotenziale einer modernen Gesellschaft. Analysen gesellschaftlicher Integration und Desintegration, Wiesbaden 2005, 429–450.

wohnern und -bewohnerinnen weder intentional noch zufällig aufgesucht, den Geschäften fehlt eine Laufkundschaft. Diese Isolation eines Quartiers hat Folgen für die interne Kultur und für das Dienstleistungsangebot: Für spezialisierte Kulturangebote findet sich kein ausreichend großes Publikum, sodass in dieser Hinsicht die heterogene (ethnische und kulturelle) Zusammensetzung eher einen Nachteil als einen Reichtum darstellt. Im kommerziellen Sektor ist es ähnlich: Das Angebot des Handels z.B. muss sich ausschließlich an der Nachfrage aus dem Quartier orientieren, sinkt also mit sinkender Kaufkraft in Niveau und Breite (erst stirbt der Blumenladen, dann der Buchladen usw.). Es entsteht der Eindruck von Ärmlichkeit.

In den während der 1960er und 1970er Jahre entstandenen Großsiedlungen mit einem hohen Anteil an sozialem Wohnungsbau kommen häufig Erreichbarkeitsprobleme hinzu und die geringe Vielfalt von Einrichtungen für Konsum, Unterhaltung und Freizeit sowie das Fehlen von Arbeitsplätzen in den reinen Wohngebieten. Mangelnde Instandhaltung erschwert das Wohnen, für Kinder und Jugendliche stellt das Quartier einen reizarmen Lebensraum dar, weshalb sie dann oft genug eine eigene Reizkultur entfalten, die von anderen wiederum als Vandalismus eingestuft wird.

Die symbolische Bedeutung des Quartiers

Räume sind auch symbolische Orte, sie sind sozial konstruiert. Sie bilden gesellschaftliche Hierarchien und Machtstrukturen ab, und die Gestaltung von Räumen ist selbst ein Mittel der Herrschaft. Die Bewertung von Räumen hat Folgen für die Bewohnerinnen und Bewohner, und sie dient der sozialen Strukturierung des Stadtraums. Dabei geht es nicht nur um die Wechselbeziehung zwischen dem physischen Raum und den Strukturen des Sozialraums, sondern auch um Prozesse der Aneignung beziehungsweise Entfremdung von Raum, die tief in die Lebenschancen von Einwohnern eingreifen können. Auch diese Prozesse sind widersprüchlich und werden »von innen« und »von außen« unterschiedlich bewertet bzw. erlitten.[24]

Ist eine gewisse Stufe in der Abwärtsentwicklung erreicht, beginnt ein Stigmatisierungs- und Labeling-Prozess sowohl durch die Umwelt als auch durch die Einwohner selbst. Die Wahrnehmungen der Bewohnerinnen und

---

24 Vgl. Pierre Bourdieu et al.: Das Elend der Welt. Zeugnisse und Diagnosen alltäglichen Leidens an der Gesellschaft, Konstanz 1997, 159ff.

Bewohner sind zwar nicht einheitlich, aber je nach Orientierungen und nach noch vorhandenen Aspirationen auf bessere Lebenschancen (beziehungsweise »bessere Zeiten«) äußern sie selbst sehr krasse Urteile über das soziale Milieu, in dem sie leben (müssen). Ausgegrenzte Jugendliche werten ihr eigenes Wohnquartier extrem ab[25] – in jüngerer Zeit auch öffentlich im sogenannten »Gangsta-Rap«, der eine hohe Attraktivität in diesen Stadtteilen genießt.

Die Stigmatisierung eines Quartiers beeinflusst das Selbstwertgefühl von Bewohnerinnen und Bewohnern, die nicht (oder nicht mehr) freiwillig im Gebiet wohnen. Sie fühlen sich als Gefangene. Eine stigmatisierende Außenwahrnehmung wirkt sich nachteilig auf die sozialen Teilhabechancen aus, insbesondere bei der Lehrstellen- und Arbeitsplatzsuche.

Zur symbolischen Dimension gehören auch die Funktionszuweisungen durch die städtebauliche Anlage, durch die Qualität der öffentlichen Räume – ebenso durch die ästhetische Qualität sowohl der Gebäude als auch der Freiräume (ihr Pflegezustand usw.). Offensichtliche Desinvestition und Vernachlässigung der Bausubstanz zählen zu jenen Formen symbolischer Demütigung oder symbolischer Gewalt, denen die Bewohner hilflos ausgeliefert sind.

Eine bestimmte Lage in der Stadt ist nicht selten Anlass zur Stigmatisierung: hinter dem Bahnhof, an einer verkehrsreichen Straße, in der Nähe von Mülldeponien oder Recyclinganlagen. Auch die Geschichte eines Quartiers kann zu unauslöschlichem Labeling führen, was teilweise mythische Qualitäten annimmt. Es existiert eine Pfadabhängigkeit der Nutzungen bei Häusern, Plätzen oder Quartieren. Das kollektive Gedächtnis ist nur schwer zu täuschen oder zu überwinden, Lagen haben für lange Zeit ihr Image.

Bourdieu bezeichnet die symbolische Ausgrenzung als »Ghetto-Effekt«: Das Ghetto degradiere »symbolisch seine Bewohner, indem es in einer Art Reservat Akteure sammelt, die, aller Trümpfe ledig, deren es bedarf, um bei den diversen sozialen Spielen mitmachen zu können, nichts anderes gemeinsam haben als ihre gemeinsame Exkommunikation«.[26]

---

25 Vgl. François Dubet/Didier Lapeyronnie: Im Aus der Vorstädte. Der Zerfall der demokratischen Gesellschaft, Stuttgart 1992. Martin Kronauer: Revolte in den Banlieues. Anmerkungen aus deutscher Sicht, in: *Prokla*, 37, H. 149, 2007, 597–602.

26 Pierre Bourdieu: Physischer, sozialer und angeeigneter physischer Raum, in: Martin Wentz (Hg.), Stadt-Räume. Die Zukunft des Städtischen, Frankfurt/M. 1991, 25–34, 32f.

Der Stand der empirischen Forschung

Gibt es eine Evidenz dafür, dass individuelle soziale und ökonomische Chancen durch das Leben in einem bestimmten Quartier tatsächlich beeinflusst werden? Die bisherige Forschung zu den Kontexteffekten für verschiedene Gruppen der Bevölkerung (insbesondere Kinder und Jugendliche) beruht im Prinzip auf Annahmen, die mit der These von der »Armutskultur« (»culture of poverty«) verbunden sind. Dabei können verschiedene konzeptionelle Ansätze unterschieden werden, die die bisher genannten systematisieren und erweitern:

1. Das *epidemische Modell*, in dem die angenommenen Effekte vorwiegend von Peer Groups ausgehen und sich dadurch problematisches Verhalten verbreitet. Die sozialen Normen sind beeinflusst durch das Gewicht von unterschiedlichen Gruppen in einer Bevölkerung.
2. Alternativ dazu kann man von einem *Modell Kollektiver Sozialisation* sprechen, in dem die in der Nachbarschaft verfügbaren Rollenmodelle und die Beobachtung von erfolgreichen Biographien einen wichtigen Bestandteil in der Sozialisation von Kindern spielen.
3. Das *institutionelle Modell* geht davon aus, dass Nachbarschaftseffekte indirekt durch die Qualität von Dienstleistungen wirken, die in einer Nachbarschaft verfügbar sind, oder durch die Schwierigkeit, besonders qualifiziertes Personal für Einrichtungen in Armutsgebieten zu finden. Dazu gehört auch finanzieller Mangel.
4. Das *Netzwerkmodell* hat einen engen Bezug zum Arbeitsmarkt. Nach diesem Modell hängt die soziale Inklusion von Verbindungen zu den stärker integrierten Gruppen der Gesellschaft ab, weil diese wichtige Informationen, materielle Unterstützung und moralische Vorbilder liefern, die nur schwer zugänglich sind, wenn man räumlich von diesen Gruppen getrennt ist. Nach dieser Vorstellung ist also die Anwesenheit von Bewohnern und Bewohnerinnen, die über höhere Einkommen und bessere Informationen verfügen, von Vorteil.
5. Ein alternatives *Erwartungsmodell* beruht weniger auf dem Zugang zu Informationen als auf der Wahrnehmung vom wahrscheinlichen Erfolg beim Ausnutzen von Gelegenheiten. Das heißt, durch die soziale Umgebung wird man ermutigt oder entmutigt, sich um etwas zu bemühen. Hier bestehen deutliche Anklänge an das epidemische Modell, wobei die

Betonung aber darauf liegt, dass durch reale Erfahrungen (etwa durch Diskriminierung) der Erwartungshorizont gesenkt worden ist.

Ein großes Problem für die Analyse besteht in der Simultaneität der Wirkung verschiedener Effekte.[27] Die Menschen sind durch den Kontext beeinflusst, zur gleichen Zeit aber beeinflussen sie diesen Kontext. Das zweite Problem ist die Qualität und die Relevanz der Maßzahlen, besonders auf der Nachbarschaftsebene. Das dritte Problem besteht darin, dass zwar nicht alle, doch viele Bewohner sich ein Quartier ausgewählt haben, so dass eine Tendenz zu ähnlichem Verhalten möglicherweise bereits vorher gegeben war. Das wäre ein Kompositionseffekt.

Empirische Ergebnisse

Für Deutschland liegen inzwischen einige Studien vor, die sich der letzteren Frage zuwenden. Andreas Farwick hat einen Anstieg der Zahl von »Armutsgebieten« in den Städten Bremen und Bielefeld im Zuge des generellen Anstiegs der Zahl von Sozialhilfeempfängern und Sozialhilfeempfängerinnen festgestellt. Infolge zunehmender Armut kommt es also zu einer Ausweitung und Verfestigung der räumlichen Konzentration von Armut. Offenbar hat dies Effekte der zuvor beschriebenen Art: In Gebieten mit einer hohen Sozialhilfedichte ist auch eine längere Verweildauer in der Sozialhilfe festzustellen – und dies gilt für alle Bevölkerungsgruppen, die man nach Alter, Staatsangehörigkeit, Geschlecht usw. abgrenzen kann. Für diesen Effekt sind also Stigmatisierung und die Verbreitung abweichender Verhaltensweisen verantwortlich.[28]

In einer vergleichenden Studie von vier Kölner Stadtteilen haben Jürgen Friedrichs und Jörg Blasius festgestellt, dass das Wohngebiet tatsächlich »einen Effekt auf die Bewohner dergestalt [hat], dass sie zusätzlich benachteiligt werden«[29]. Die Bewohner benachteiligter Gebiete haben deutlich kleinere soziale Netzwerke, und da sie vergleichsweise viel Zeit in ihrem Quartier ver-

---

27 Vgl. Hannes Alpheis: Kontextanalyse, Wiesbaden 1988.
28 Vgl. Andreas Farwick: Segregierte Armut in der Stadt: Ursachen und soziale Folgen der räumlichen Konzentration von Sozialhilfeempfängern, Opladen 2001, 171.
29 Jürgen Friedrichs/Jörg Blasius: Leben in benachteiligten Wohngebieten, Opladen 2000, 193.

bringen, haben diese geringen Kontaktmöglichkeiten eine große Bedeutung für ihren Lebensalltag. Deutsche Bewohnerinnen und Bewohner, insbesondere allein lebende Männer über 50, leben in großer sozialer Isolation und neigen zu Suchtverhalten (Alkoholabhängigkeit).

In der Analyse von statistischen Massendaten aus einem sozio-ökonomischen Panel in Großbritannien konnte Nick Buck einige Effekte der räumlichen Konzentration von Armut identifizieren.[30] Seine Fragestellung richtete sich darauf, ob sich (negative) »Kontext-Effekte« erkennen lassen, die durch einen politisch motivierten Eingriff in diesen Kontext verringert oder beseitigt werden können. Der National Strategy Action Plan der britischen Regierung aus dem Jahre 2001 – wie ja auch das Bund-Länder-Programm »Soziale Stadt« aus dem Jahr 2000 – betrachtet Nachbarschaften als Milieu-Kontext, d.h. als signifikante Dimension in der Strukturierung sozialer und ökonomischer Ungleichheit. Die britische Regierung hat sich zum Ziel der Erneuerung von Quartieren gesetzt, »innerhalb von 10–20 Jahren [dafür zu sorgen], dass niemand ernsthaft dadurch benachteiligt wird, wo er lebt«.[31] Die Ungleichheiten, die durch Nachbarschaftseffekte verursacht werden, werden dabei als sich selbst verstärkend betrachtet. Es geht also – entsprechend der zuvor geführten Diskussion – um die Kontexteffekte eines benachteiligten Quartiers für die soziale Ausgrenzung. In der Untersuchung wird dies auf die Frage zugespitzt: Hat ein Individuum mit bestimmten persönlichen Merkmalen, die von denjenigen der Durchschnittsbewohner des Quartiers abweichen, schlechtere Lebenschancen in einem benachteiligten Quartier? Verringert es die Lebenschancen, wenn der Nachbar oder die Nachbarin eher arm als reich ist oder wenn ein großer Teil der Bevölkerung in der Nachbarschaft arm oder in der einen oder anderen Dimension benachteiligt ist?

Ausgrenzung im Unterschied zu Armut wurde von Buck definiert als Ausschluss von den normalen Aktivitäten in einer Gesellschaft, also als »nicht-monetäre Armut«[32]: Die Haushalte sind nicht in der Lage, Formen von Konsumtion und sozialer Aktivität wahrzunehmen, die als zentrale Elemente einer vollen Partizipation in der Gesellschaft betrachtet werden können. Bei der statistischen Analyse zeigt sich, dass der Einfluss des Gebietes zwar signifikant ist, aber nicht besonders stark. Je kleiner die Gebietseinheit

---

30 Vgl. Nick Buck: Identifying neighbourhood effects on social exclusion, in: *Urban Studies*, Vol. 38, No. 12, 2001, 2251–2275.

31 SEU (Social Exclusion Unit): A New Commitment to Neighbourhood Renewal: National Strategy Action Plan, London 2001, 8.

32 Buck (2001), 2262.

gewählt wurde, desto stärker war der Einfluss.[33] Das Gebiet hat einen substanziellen Einfluss auf die Wahrscheinlichkeit, auf dem Arbeitsmarkt Fuß zu fassen.

Es gibt also einen klaren Nachbarschaftseffekt bei nicht-monetärer Armut, die von der längeren Dauer der Armut in den benachteiligten Gebieten herrührt oder von einer Reihe von Hindernissen für die Partizipation und für die Konsumtion in diesen Gebieten. Die Erwartung der Menschen, wieder einen Job zu bekommen, und die Wahrscheinlichkeit, tatsächlich einen zu bekommen, sind niedriger. Die Chancen, die Armut zu verlassen, sind ebenfalls niedriger, und die Wahrscheinlichkeit, wieder in die Armut zu geraten, ist größer.

Kontexteffekte haben eine verstärkende Wirkung in einer Biografie, die schon in einer bestimmten Richtung angelegt ist. Sowohl die Akkumulation von negativen Attributen als auch die geringe Wahrscheinlichkeit, positive Attribute zu erwerben, beeinflussen die Lebenschancen, indem sie inkrementelle Beiträge zur Bildung von Human- beziehungsweise Sozialkapital oder sogar von Finanzkapital leisten. Deutlich wird also die enge Verschränkung von sozialem und räumlichem Kontext, der sich nicht in ein einfaches Ursache-Wirkungs-Schema auflösen lässt – deutlich wird aber auch, dass die soziale Segregation Armut befestigt.

In einer Studie über die Wirkungen von Nachbarschaften auf die Gewaltbereitschaft von Jugendlichen hat Dietrich Oberwittler solche Effekte nur bei männlichen Jugendlichen gefunden, die die Hauptschule besuchen und deren Verkehrskreis auf die Nachbarschaft konzentriert ist.[34] Die sozialen Beziehungen von Jugendlichen, die höhere Schulen besuchen und aus sozial höher stehenden Elternhäusern kommen, beschränken sich dagegen nicht auf die Nachbarschaft, sind also nicht räumlich, sondern sozial strukturiert. Sie distanzieren sich vom lokalen Milieu, und daher hat dieses auch kaum einen Einfluss auf ihr Verhalten. Das Quartier ist also kein völlig determinierender Zusammenhang, man kann sich gegen seinen Einfluss schützen oder sich von ihm befreien.

Wenn sich allerdings Sozialraum und soziale Deklassierung decken, entstehen destruktive Effekte, die zu Exklusion führen können. Exklusion wird

---

33 Ebd.; gleiche Ergebnisse bei Farwick (2001).
34 Vgl. Dietrich Oberwittler: Stadtstruktur, Freundeskreise und Delinquenz. Eine Mehrebenenanalyse zu sozialökologischen Kontexteffekten auf schwere Jugenddelinquenz, in: ders./Susanne Karstedt (Hg.), Soziologie der Kriminalität, Wiesbaden 2004, 135–170.

zwar nicht räumlich erzeugt, aber die räumliche Konzentration von Ausgegrenzten verstärkt und verfestigt deren Effekte.

Die zunehmende soziale Polarisierung im Stadtraum[35] hat bisher zwar keine innerstädtischen Ghettos hervorgebracht, wie sie von Wilson für Chicago beschrieben worden sind. Aber die Tendenzen sind eindeutig: Dauerarbeitslosigkeit und eine gewachsene Bedeutung von Marktprozessen bei der Zuteilung von Wohnstandorten schaffen Sozialräume, die Ausgrenzungsprozesse unterstützen und verfestigen.

Der Zusammenhang zwischen der Entwicklung von sozialen Rechten, materieller Absicherung und gesellschaftlicher Teilhabe in Zeiten von Arbeitslosigkeit und zunehmender Armut auf der einen Seite und der sozialräumlichen Struktur der Städte auf der anderen wird nun deutlich. Wenn Arbeitsmarkt und soziale Sicherungssysteme Inklusion nicht mehr garantieren, und wenn die residentielle Segregation der so marginalisierten Bevölkerung zu einer stärkeren Konzentration von problembeladenen Haushalten führt, dann bilden Quartiere keinen »vormodernen« Integrationsraum – im Gegenteil: Dann können sie die Ausgrenzung verstärken.

---

35 Vgl. Hartmut Häußermann/Andreas Kapphan: Berlin: von der geteilten zur fragmentierten Stadt? Opladen 2000. Kapphan (2002). Hartmut Häußermann et al.: Stadtpolitik, Frankfurt/M. 2008.

Vielfalt und Repräsentation

Über den Bedeutungsverlust der symbolischen Mitte[1]

Martina Löw

Öffentlicher Planung fehle heute die Legitimation, weil eine Orientierung der Planungsziele an einer allgemeinen »Grundstruktur öffentlichen Interesses« unmöglich werde, so eine zentrale These, die im Rahmen der »Internationalen Bauausstellung Hamburg« 2012 diskutiert wurde. Pluralisierung und Individualisierung der Gesellschaft führten, lautete die Begründung, zu auseinanderstrebenden Interessenlagen und erschwerten die Erarbeitung einvernehmlicher Zielsetzungen für die Planung öffentlicher Räume. Die These, dass Gemeinwesen durch vielfältige Interessen- und Lebenslagen unregierbar werden, ist nicht neu. Jürgen Habermas[2] hatte die Legitimationsprobleme im Spätkapitalismus schon in den Blick genommen, Fritz W. Scharpf besorgt die Frage nach der »Handlungsfähigkeit des Staates am Ende des 20. Jahrhunderts«[3] gestellt und Armin Nassehi die Moderne für »letztlich unregierbar« erklärt.[4]

Neu ist jedoch, dass die Krisennarrative sich nicht allein auf die demokratische Rechtsordnung und die Staatskonstruktion beziehen, sondern auch jene gesellschaftlichen Gruppen erfassen, die öffentliche Interessen in ihrer Arbeit zu vertreten haben, jedoch weder durch Wahlen legitimiert sind noch diese als Gesetzgeber normieren. Gerade die große Gruppe an Professionen – neben Recht und Politik –, die mit der Ausgestaltung des Gemeinwesens und damit mit der Wahrung öffentlicher Interessen betraut ist, kon-

---

1 Dieser Text basiert auf dem Eröffnungsvortrag der Autorin beim 36. Kongress der Deutschen Gesellschaft für Soziologie am 1. Oktober 2012 in Bochum. Der Vortrag wurde zuerst veröffentlicht in: *Soziologie,* Heft 1, 42. Jg., Leipzig 2013, 29–41.

2 Jürgen Habermas: Legitimationsprobleme im Spätkapitalismus, Frankfurt/M. 1973.

3 F. W. Scharpf: Die Handlungsfähigkeit des Staates am Ende des zwanzigsten Jahrhunderts, in: B. Kohler-Koch (Hg.), Staat und Demokratie in Europa. 18. wissenschaftlicher Kongress der Deutschen Vereinigung für politische Wissenschaft, Opladen 1992, 93.

4 A. Nassehi: Der Ausnahmezustand als Normalfall. Modernität als Krise, in: A. Nassehi (Hg.), Kursbuch Nr. 170: Krisen lieben, Hamburg 2012, 40.

statiert regelmäßig Handlungsunfähigkeit angesichts der wahrgenommenen Vielfalt der Gesellschaft. Gemeint sind Architekten und Planerinnen, die die öffentlichen Räume gestalten; Denkmalpflegerinnen und -pfleger, die zu schützendes Erbe festlegen; Kulturschaffende, die Erinnerungspolitiken fördern; Sozialarbeiterinnen und Sozialarbeiter, die Formate von Gemeinschaften in Quartieren strukturieren; Lehrerinnen und Lehrer, die zwischen Wissenswertem und Nebensächlichem auswählen; Medienfachleute, die Informationen in Nachrichten umwandeln.

Umgekehrt verweist die Rechtswissenschaft auf die Kompetenz jener Gruppen von Expertinnen und Experten, denn ein sogenannter unbestimmter Rechtsbegriff[5] wie das »öffentliche Interesse« könne nur relational zu den sich wandelnden Gemeinwohlbildern[6] öffentlich wirksamer Professionen definiert werden. In rechtswissenschaftlichen Texten heißt es in diesem Zusammenhang, dass im demokratischen Verfassungsstaat die Definition öffentlicher Aufgaben zu wesentlichen Anteilen »in das bloß Soziologische abgeschoben und der Gesellschaft zugeordnet wird«[7].

Gemeint ist damit, dass in demokratisch verfassten Staaten (in Abgrenzung zu autoritären Regimen) das Rechtssystem öffentliche Interessen zwar normativ festschreiben muss, allerdings eine „essentialistische Apriori-Bestimmung des Gemeinwohls mit den Prinzipien einer freiheitlichen Demokratie nicht vereinbar" ist.[8]

Anlässlich des 36. Kongresses der Deutschen Gesellschaft für Soziologie, der unter dem Motto »Vielfalt und Zusammenhalt« stand, drängte sich die Frage auf, wie die Repräsentation öffentlicher Interessen unter Bedingungen von Vielfalt möglich bleibt.

---

5 E.-W. Böckenförde: Gemeinwohlvorstellungen bei Klassikern der Rechts- und Staatsphilosophie, in: H. Münkler/K. Fischer (Hg.), Gemeinwohl und Gemeinsinn im Recht. Konkretisierung und Realisierung öffentlicher Interessen, Berlin 2001, 63.

6 Peter Häberle: Öffentliches Interesse als juristisches Problem. Eine Analyse von Gesetzgebung und Rechtsprechung, Bad Homburg 1970, 49.

7 Ebd., 24.

8 H. Münkler/K. Fischer: Einleitung, in: dies. (Hg.), Gemeinwohl und Gemeinsinn im Recht. Konkretisierung und Realisierung öffentlicher Interessen, Berlin 2002, 10.

Im öffentlichen Interesse

Öffentliches Interesse wird in der Regel mit Gemeinwohl gleichgesetzt. Der Begriff des öffentlichen Interesses ruft allerdings durch den expliziten Bezug auf Öffentlichkeit eine pluralistische Struktur auf, die das Interesse fundiert, die der Gemeinwohlbegriff nicht enthält.[9] Beide Begriffe gelten als Grundpfeiler im »Normenbau« der Rechtsordnung[10], der Begriff des »öffentlichen Interesses« zudem als integrierendes Verständigungsmittel[11] in der Organisation gesellschaftlichen Zusammenhalts. Unübersehbar ist, dass öffentliches Interesse nicht nur Interpretationsgegenstand ist, der Handeln motivieren soll, sondern auch appellativ oder argumentierend eingesetzt wird, um Handeln zu legitimieren.

Nun also mehren sich die Stimmen von Personengruppen, die professionell nicht Partikularinteressen, sondern öffentliche Interessen zu vertreten haben, und verkünden, dass unter Bedingungen zunehmender Vielfalt ihr Handlungsauftrag unbestimmt ist. Wie gestaltet man öffentliche Räume in einer »Stadt für alle« (so die Formel, die heute von der AG Soziales Hamburg genauso verwendet wird wie vom international agierenden Architekturbüro Albert Speer)? Man muss nicht gleich an indische Großfamilien denken, die in Deutschland keinen Wohnraum für Mehrgenerationenhaushalte finden; auch die Bewegungsmuster von Kindern und Erwachsenen, die Erwartungen von Frauen und Männern an städtische Räume oder die ästhetischen Präferenzen nach Milieu unterscheiden sich eklatant. So wird schnell deutlich, dass jede Planung unter Legitimationsdruck gerät. Die Interessen scheinen sich gegenseitig auszuschließen. Nicht einmal die Prioritäten sind unumstritten: Geht es in erster Linie um bauliche Angebote für viele Interessengruppen gleichzeitig am selben Ort oder darum, ästhetisch ansprechend zu bauen (in welcher Ästhetik?), die lokale Wirtschaft zu fördern oder sozialer Benachteiligung entgegenzuwirken? Wie verhält sich die Planung des öffentlichen Raumes zur Strukturierung des Wohnungsmarktes? Die Interessen der städtischen Bevölkerung sind offensichtlich ebenso divers wie die

---

9 Ebd., 18. G. Vobruba: Gemeinschaft ohne Moral. Theorie und Empirie moralfreier Gemeinschaftskonstruktionen, Wien 1994, 171ff.

10 Peter Häberle: Öffentliches Interesse als juristisches Problem. Eine Analyse von Gesetzgebung und Rechtsprechung, Bad Homburg 1970, 204.

11 W. Brugger: Gemeinwohl als Ziel von Staat und Recht, in: D. Murswiek/H. Quaritsch (Hg.), Staat –Souveränität – Verfassung. Festschrift für Helmut Quaritsch zum 70. Geburtstag, Berlin 2002, 68.

Nutzungsanforderungen. Während die einen das Recht auf die Stadt einklagen und dringend staatliche Interventionen und sozial gerechtere Planung fordern[12], werfen andere skeptische Kommentare in die Debatte ein.

Die Aufwertung von Quartieren sei – in Maßen – immer auch wünschenswert und erhalte gerade urbane Vielfalt.[13] Andere wiederum wollen in Wohnungen investieren, um ihre Rente zu verbessern, und verteidigen die Höhe der Mieten als Ergebnis von Marktgesetzen.

Man kann auch über eine andere Gestaltungsaufgabe als Beispiel für die Komplexität öffentlicher Interessen nachdenken: Im öffentlichen Interesse ist es ohne Zweifel, Zusammenhalt und Zukunftsfähigkeit zu erzeugen, indem Erinnern und Gedenken materiell und symbolisch Gestalt verliehen wird. Aber auch hier ist jedes Projekt umstritten. In der Gedenkpolitik führt dies dazu, dass beispielsweise die meisten wichtigen Gedenkstätten für die Verbrechen im Nationalsozialismus in Deutschland von israelischen oder US-amerikanischen Künstlern bzw. Architekten gestaltet wurden: Micha Ullman, Richard Serra, Daniel Libeskind, Peter Eisenman. Mit anderen Worten: Die Gestaltung des Gedenkens an den Holocaust wird an jene delegiert, deren Familien einst Opfer deutscher Genozidpolitik waren und außerhalb des Landes leben.[14] Man muss nicht nur an Holocaust-Mahnmale denken, sondern kann sich auch den Palast der Republik in Berlin, das Denkmal für die ermordete Muslimin Marwa el-Sherbini in Dresden oder die geplante Konstruktion des Kaiser-Krönungsweges in Frankfurt ins Gedächtnis rufen, um die Frage allgemeiner zu formulieren: Können Denkmäler bzw. kann Erinnerungspolitik in einem öffentlichen Interesse gestaltet werden, können Sprechakte in einem öffentlichen Interesse erfolgen, wenn gleichzeitig Vielfalt der Lebensformen, Werthaltungen und Weltsichten Alltag ist? Vergleichbare Fragen lassen sich für Sozialarbeit, Kunst, Bildung oder Medien stellen: Kann Zusammenhalt noch symbolisch Ausdruck verliehen werden, wenn jede Wahrnehmung von gemeinsamen Interessen und Ausdrucksformen schwindet?

---

12 C. Twickel: Gentrifidingsbums oder Eine Stadt für alle, Hamburg 2010.
13 R. Kaltenbrunner: Gendrifizierung in Berlin. Das bisschen Luxus mischt sich unter, in: *Frankfurter Rundschau* vom 24. April 2012, 32–33.
14 B. Mathes: Teutonic Shifts, Jewish Voids. Remembering the Holocaust in post-Wall Germany, *Third Text,* Vol. 26, Issue 2, 2012, 165–175.

Vielfalt heute

Aber wie verhält es sich nun mit der Vielfalt? Nimmt nur die Wahrnehmung der Vielfalt oder auch die Vielfalt zu? Wahlabsichten, Kirchgangshäufigkeit und Gewerkschaftsmitgliedschaft lassen sich heute häufig nicht mehr eindeutig Klassen oder Schichten zuordnen.[15] Die Interessen werden heterogener und weniger erwartbar. Schaut man dagegen in die Sektoren Bildung und Arbeit, so schrumpft die Vielfalt von Milieus und individuellen Positionierungen wieder. Die Möglichkeit, die Handlungsmuster vieler auf die Konstruktion einiger weniger Klassen zu reduzieren, weist zwar noch Zeichen einer größeren Vielfalt als eine zu konstatierende Gleichartigkeit der Bevölkerung auf; unüberschaubare Vielfalt als Befund drängt sich gleichwohl nicht auf. Noch immer hängen die Bildungschancen stark von der Herkunftsklasse ab. In einer 18 europäische Länder vergleichenden Studie kommt Fabrizio Bernardi zum Beispiel zu dem Ergebnis, dass die Wahrscheinlichkeit, einen Hochschulabschluss zu erwerben, stark von der sozialen Klasse abhängt, aus der ein junger Mensch kommt.[16]

Im Unterschied dazu hat sich das Freizeithandeln deutlich homogenisiert. Die Klassenlage bestimmt nur noch geringfügig den Musik-[17] oder auch den Filmgeschmack[18]. Zwar stehen teure Freizeitvergnügen (zum Beispiel Skifahren) nur wenigen offen, doch zeigt sich umgekehrt, dass gerade diejenigen, die über Geld und Bildung verfügen, sich heute für sehr unterschiedliche Feierabendvergnügen und Ästhetiken interessieren, was tendenziell die Koppelung von Freizeitaktivität und Klassenzugehörigkeit unterläuft.[19]

---

15 R. Schnell/R. und U. Köhler: Eine empirische Untersuchung einer Individualisierungshypothese am Beispiel der Parteipräferenz von 1953–1992, in: J. Friedrichs (Hg.), Die Individualisierungs-These, Opladen 1998, 221–247.

16 F. Bernardi: Globalizzazione, individualizzazione e morte delle classi sociali. Uno studio empirico su 18 paesi Europei, Polis 2, 2009, 195–220. M. Lörz/S. Schindler: Bildungsexpansion und soziale Ungleichheit. Zunahme, Abnahme oder Persistenz ungleicher Chancenverhältnisse – eine Frage der Perspektive? *Zeitschrift für Soziologie*, 40. Jg., Heft 6, 2011, 458–477.

17 G. Otte: »Klassenkultur« und »Individualisierung« als soziologische Mythen? Ein Zeitvergleich des Musikgeschmacks Jugendlicher in Deutschland, 1955–2004, in: P. Berger/R. Hitzler (Hg.), Individualisierungen. Ein Vierteljahrhundert »jenseits von Stand und Klasse«? Wiesbaden 2010, 73–95.

18 J. Rössel/K. Bromberger: Strukturiert kulturelles Kapital auch den Konsum von Populärkultur? *Zeitschrift für Soziologie*, 38. Jg., Heft 6, 2009, 494–512.

19 T. Chan/J. Goldthorpe: Social Stratification and Cultural Consumption. Music in England, *European Sociological Review*, 23. Jg., Heft 1, 2007, 1–19.

Unverändert ist, dass Menschen sich selbst einer Klasse zuordnen; allerdings fällte es heute schwerer, andere Menschen vom bloßen Eindruck her nach Klassen zu gruppieren.[20] Blickt man auf Klassen- und Milieudifferenzierungen, so ist die Frage nach mehr oder weniger Differenz nur abwägend zu beantworten: Es gibt neue Zuspitzungen, zum Beispiel durch den Anstieg der Mieten in den Großstädten, neue Annäherungen, zum Beispiel in gemeinsamen Freizeitinteressen, und neue Diversifizierungen, zum Beispiel in Bindungen an Parteien und Interessenverbänden.

Anders sieht die Lage aus, wenn man auf das Thema Migration schaut: In den letzten 50 Jahren hat sich der Anteil der in Deutschland lebenden Ausländer fast vervierfacht.[21] Damit geht einher – wenn auch nicht ausschließlich auf Zuwanderung zurückzuführen –, dass der Alltag in Städten heute durch eine wachsende Vielfalt von Glaubensgemeinschaften geprägt ist. Deutschland ist ein multikulturelles Land geworden.

Arbeit ist zwar nach wie vor der zentrale Bezugspunkt des Handelns aller sozialer Gruppen[22], doch haben sich Arbeitsformen flexibilisiert, und prekäre Beschäftigung wird häufiger. Das bedeutet, dass die Lebensplanung für alle Milieus komplizierter geworden ist[23], was allerdings insbesondere die Mittelschichten zu bedrohen scheint. Nun gilt aber eine breite Mittelschicht als starker Integrationskern der Gesellschaft. Droht die Mittelschicht zu schrumpfen, so ist zu erwarten, dass eine Polarisierung sozialer Ungleichheit den gesellschaftlichen Zusammenhalt gefährdet. Tatsächlich sind die mittleren Einkommen, über die die Mittelschicht definiert wird, aber nur geringfügig gesunken.[24] Konstatiert werden müssen soziale Abstiege, aber auch Aufstiege. Die Unsicherheiten werden manchmal als Belastung, manchmal

---

20 S. Pape/J. Rössel/H. Solga: Die visuelle Wahrnehmbarkeit sozialer Ungleichheit. Eine alternative Methode zur Untersuchung der Entkopplungsthese, *Zeitschrift für Soziologie*, 37. Jg., Heft 1, 2008, 25–41.

21 L. Pries: Erweiterter Zusammenhalt in wachsender Vielfalt, in: L. Pries (Hg.), Zusammenhalt durch Vielfalt? Bindungskräfte der Vergesellschaftung im 21. Jahrhundert, Wiesbaden 2012, 13–48.

22 H.-P. Blossfeld/D. Hofäcker/H. Hofmeister/K. Kurz: Globalisierung, Flexibilisierung und der Wandel von Lebensläufen in modernen Gesellschaften, in: M. Szydlik (Hg.), Flexibilisierung. Folgen für Arbeit und Familie, Wiesbaden 2008, 23–46.

23 K. Dörre: Die Selbstmanager. Biographien und Lebensentwürfe in unsicheren Zeiten, in: A. Bolder (Hg.), Neue Lebenslaufregimes – neue Konzepte der Bildung Erwachsener? Wiesbaden 2010, 139–149.

24 Institut für Sozialforschung und Gesellschaftspolitik: Überprüfung der These einer »schrumpfenden Mittelschicht« in Deutschland, hg. vom Bundesministerium für Arbeit und Soziales , Köln 2011.

aber auch als Preis gestiegener Freiheitsgrade und Wahlmöglichkeiten interpretiert.[25] Noch nicht einmal für das Unsicherheitsempfinden lässt sich nachweisen, dass es bei Angehörigen der Mittelschicht linear oder im Vergleich zu anderen Gruppen stärker stiege.[26] Zusammenfassend bedeutet das: Vielfalt ist eine soziale Tatsache. Städte sind der Inbegriff von Vielfalt. Lässt sich keine Pluralität von Lebensformen finden, so handelt es sich im soziologischen Sinne gar nicht um eine Stadt. Vielfalt hat in Bezug auf die Dimensionen Sprache, Religion, Nationalität und Staatsangehörigkeit zugenommen. In diesem Sinne kann von Pluralisierung gesprochen werden. Allerdings ist »religiöse Vielfalt in Europa historisch der Normalfall und nicht die Ausnahme«.[27] Insofern stellt sich hier die Frage, wann die Gefährdung des Zusammenhalts eher eine in den Massenmedien gerne kolportierte Deutung ist und wann stattdessen (nur) notwendig ambivalente Prozesse des sozialen Wandels, der Auf- und Abstiege, der biografischen Neuorientierung, der Fremdheit und des Vertrautwerdens beobachtet werden können.

Mit anderen Worten: Der Punkt, an dem Vielfalt in eine unzumutbare Praxis umschlägt, scheint nicht erreicht zu sein. Krisendiagnosen sind mit Vorsicht zu genießen. In repräsentativen Untersuchungen bestätigen sie sich selten. Vielfalt ist Alltag. Vielfalt ist ein »Verbrauchsgut mit einer Halbwertszeit«, so Wolf-Dietrich Bukow[28], weil Fremdheit sich wieder verliert und Vertrautheit zunimmt. Zuweilen kann noch nicht einmal mit Sicherheit gesagt werden, ob eine neue gesellschaftliche Entwicklung ein Beleg für Homo- oder für Heterogenisierung ist. Ist die rechtliche Angleichung von Ehe und eingetragener Partnerschaft gleichgeschlechtlicher Paare ein Hinweis auf eine Differenz-Toleranz in der Gesellschaft oder die Angleichung einer zuvor differenzbildenden Lebensform an die dominanten Institutionen?

---

25 C. Koppetsch: Jenseits der individualisierten Mittelstandsgesellschaft? Zur Ambivalenz subjektiver Lebensführung in unsicheren Zeiten, in: P. Berger und R. Hitzler (Hg.), Individualisierungen. Ein Vierteljahrhundert »jenseits von Stand und Klasse«? Wiesbaden 2010, 225–243.

26 N. Burzan/S. Kohrs: Vielfältige Verunsicherung in der Mittelschicht. Eine Herausforderung für sozialen Zusammenhalt? In: L. Pries (Hg.), Zusammenhalt durch Vielfalt? Bindungskräfte der Vergesellschaftung im 21. Jahrhundert, Wiesbaden 2012, 101–122.

27 A.-K. Nagel: Vielfältige Verunsicherung in der Mittelschicht – eine Herausforderung für sozialen Zusammenhalt? In: L. Pries (Hg.), Zusammenhalt durch Vielfalt? Bindungskräfte der Vergesellschaftung im 21. Jahrhundert, Wiesbaden 2012, 158.

28 W.-D. Bukow: Vielfalt in der postmodernen Stadtgesellschaft. Eine Ortsbestimmung, in: W.-D. Bukow/G. Heck/E. Schulze/E. Yildiz (Hg.), Neue Vielfalt in der urbanen Stadtgesellschaft, Wiesbaden 2011, 213.

Vielfalt bleibt ambivalent. Sie ist das Kennzeichen moderner Gesellschaften und die Herausforderung, die in den Städten gesucht und erwartet wird. Jede neue Vielfalt, bzw. jede neue Welle in der Erfahrung mit Vielfalt drängt zu weiteren Auseinandersetzungen. Neu ist dabei, auch als Herausforderung für die Bestimmung öffentlicher Interessen, der jeweilige Inhalt, nicht die Tatsache der Vielfalt.

Erving Goffmans Beschreibung der US-amerikanischen Gesellschaft zufolge ist »ein junger, verheirateter, weißer, städtischer, nordstaatlicher, heterosexueller protestantischer Vater mit Collegebildung, voll beschäftigt, von gutem Aussehen, normal in Gewicht und Größe und mit Erfolgen im Sport«[29] ein nicht zu beschämender Mensch. Was sich in der Wahrnehmung zunehmender Vielfalt und in der Einschätzung von Expertengruppen, dass gemeinsame Willensbildung unrealistisch erscheint, offenbart, ist der Verlust eines symbolischen Zentrums. Über Jahrzehnte hinweg funktionierte Stadtplanung, um noch einmal auf dieses Beispiel zurückzukommen, indem weiße, berufstätige, verheiratete, erwachsene Männer als Zielgruppe imaginiert wurden. An den Rändern wurden Zonen für Kinder in Form von Spielplätzen eingerichtet und der Alltag von Frauen unter Formeln wie »Schlafstadt« für ganze Wohngebiete imaginär gelöscht. Nach dem Geschlechterstreit der 1970er und 1980er Jahre, nach dem Demografieschock der Jahrtausendwende und der daraus folgenden Einsicht in die Altersdifferenzierung sowie mit der Gewissheit, ein Einwanderungsland zu sein, werden alle beschämbar. Es gibt keine gesellschaftliche Gruppe mehr, die imaginär als gesellschaftlicher Kern überhöht werden könnte; zu sehr sind die Beziehungen zwischen Geschlecht, Klasse und Ethnizität zu jederzeit verfügbaren Wissensbeständen geworden, gerahmt von Differenzbezügen wie Sexualität, Alter, Religion, Nationalität.[30]

---

29 E. Goffman: Stigma. Über Techniken der Bewältigung beschädigter Identität, Frankfurt/M. 1957, 158.
30 H. Lutz und N. Wenning: Differenzen über Differenz – Einführung in die Debatten, in: dies. (Hg.), Unterschiedlich verschieden: Differenz in der Erziehungswissenschaft, Opladen 2001, 11–24.

Formen der Repräsentation

Die Einsicht in Vielfalt als gesellschaftskonstitutives Element ist so alt wie die moderne Gesellschaft und somit immer Ausgangspunkt der Soziologie gewesen. Zusammenhalt entsteht in der modernen Gesellschaft aus dem Wissen, aufeinander angewiesen zu sein; Solidarität basiert auf Verflechtungsbeziehungen.[31] Wir wissen, dass ohne Arbeitsteilung der Alltag zusammenbrechen, ohne Migration die Gesellschaft erstarren würde, ohne Vielfalt in den Lebensformen die eigenen Wahlmöglichkeiten wegfielen. Vielfalt ist nicht nur theoretisch Voraussetzung und grundlegender Mechanismus der Stiftung von Bindungen, sondern es existiert auch ein kollektives Wissen um die Notwendigkeit systemischer und sozialer Differenz. Verloren haben wir eine Einheitsfigur im Zentrum der Differenz. Der zur Norm erhobene Mann, weiß, berufstätig und christlich, bildete symbolisch eine Mitte im Pluralen. Ein Teil tritt für das Ganze ein: Das Männliche steht für das Menschliche; das Eigene tritt gegen das Fremde an; das Heterosexuelle hält sich für Sexualität schlechthin.

Konfrontiert sind wir als beschämbare Menschen mit der Einsicht, dass Unifizierungen unglaubwürdig werden, mehr noch, dass »das herkömmliche Schema der Inklusion der Teile ins Ganze [...] außer Geltung gesetzt« ist.[32] Damit wankt auch die Vorstellung, dass konsensuell Willensbildung möglich wird. Die Idee von zu repräsentierenden öffentlichen Interessen basiert ganz wesentlich auf der Sicherheit, dass unter Bedingungen gesellschaftlicher Pluralität in der Regel durch Vernunft Einigung auf grundlegende Inhalte und Werte möglich ist, die dann die Grundlage für Handeln bieten: Wo eine Mitte ist, ist auch ein Weg. Gleichsam fremd blieb daneben Hannah Arendts pluraler und agonaler Handlungsraum, genannt »Öffentlichkeit«, in dem nicht Einigung, sondern Urteilsmut, Widerstand und gleiche Partizipationschancen gesellschaftliche Entwicklung befördern.[33] Aber Arendt

---

31 Siehe u.a. E. Durkheim: De la division du travail social. Étude sur l'organisation des sociétés supérieures, Paris 1893.

32 A. Koschorke: Ein neues Paradigma der Kulturwissenschaften, in: E. Eßlinger/T. Schlechtriemen/D. Schweitzer/A. Zons (Hg.), Die Figur des Dritten. Ein kulturwissenschaftliches Paradigma, Frankfurt/M. 2010, 12ff.

33 H. Arendt: Kultur und Politik, in: H. Arendt/U. Ludz (Hg.): Zwischen Vergangenheit und Zukunft. Übungen im politischen Denken I, München 1994, 277–304. Siehe auch W. Thaa: Das ungelöste Inklusionsproblem in den partizipatorischen Neubewertungen politischer Repräsentation, in: M. Linden/ W. Thaa (Hg.), Die politische Repräsentation von Fremden und Armen, Baden Baden 2009, 61–78.

sah immer das einzelne Subjekt, das sich ins Licht der Öffentlichkeit traut. Repräsentation gegenüber blieb sie skeptisch, fragte aber auch nur nach politischer Repräsentation.

Aus Sorge um das Gemeinwohl und die Gestaltung der Gemeingüter (im öffentlichen Interesse) muss man zwangsläufig über das Individuum hinausdenken. Konsensbildung ist die naheliegende Konsequenz. Wo sie nicht überzeugt, erweist sich Gruppenrepräsentation als Alternative. Iris Marion Young zum Beispiel plädiert dafür, dass eine fair gestaltete Repräsentation die Stimmen gesellschaftlicher Minderheiten besser sichern könne als Formen direkter Demokratie.[34] Die Pointe dabei ist, dass Young weiß, dass erst die Antizipation der Repräsentation die zu repräsentierenden Gruppen formt, das heißt, das Format »Denkmal für die homosexuellen Opfer des Nationalsozialismus« zum Beispiel die Homogenisierung lesbischer und schwuler Lebensformen mit produziert. Gleichzeitig ist Young davon überzeugt, dass das Beharren auf gruppenspezifischen Repräsentationen für Interessen von Minderheiten deutlich vorteilhafter ist als die Suche nach konsensfähigen Entscheidungen. Wogegen sich Young wendet (wie viele andere auch, in der Stadtplanung ist es zum Beispiel Rem Kohlhaas), ist der Glaube an die Synthese im Konsens. In Raumbildern gesprochen, basiert die Konsensfigur auf der Vorstellung eines großen Raumes, der über einen Masterplan gestaltbar ist. Durch geregelte Verfahren und Messungen entsteht für alle die Möglichkeit, die Gestaltung der Belange an Experten zu delegieren. Heute ist unübersehbar geworden, dass die Synthese der Interessen keineswegs konsensfähige Ergebnisse erzeugt. Das Vertrauen in Masterformen ist schwer erschüttert. Dagegen stehen nun Bilder von vielen Räumen. Die vielen Welten existieren nebeneinander und müssen jede für sich repräsentiert werden. Die Teile ergeben kein Ganzes. Eine Synthese erscheint unmöglich. Nicht, dass sich die Räume nicht überlappen, doch die jeweiligen sozialen Verhältnisse können nicht ineinander aufgehen. Im öffentlichen Interesse ist es, dass jede Gruppe ihre eigene Stimme bekommt.

---

34 I. M. Young: Deferring Group Representation, in: I. Shapiro und W. Kymlicka (Hg.), Ethnicity and Group Rights, New York 1997, 349–376.

Verflechtung und Bindung

Fazit: Vielfalt ist ein Kennzeichen moderner Gesellschaften. Vielfalt stellt all jene, die im öffentlichen Interesse agieren, nicht vor neue Herausforderungen, sondern kontinuierlich vor Herausforderungen. Vielfalt variiert in ihren Erscheinungsformen, nicht als soziale Tatsache. Als alternative Formen scheinen auf: Repräsentation auf der Basis von Konsens versus gruppenspezifische Repräsentation. Die Figur des Konsenses, der qua Vernunft mittels geregelter Verfahren trotz Vielfalt erreicht wird, ist leistungsstark und gut etabliert, doch schwindet die Zuversicht der Experten mit der Kritik an den Resultaten. Dagegen steht die Figur gruppenspezifischer Repräsentation. Letzteres hieße, konsequent für die verschiedenen, eine Gesellschaft formenden Gruppen die Interessen zu bedenken: ihre Räume, ihre Geschichtsnarrative, ihre Relevanzmuster.

Die Alternative von breitem Konsens versus Gruppenrepräsentation vermag jedoch nicht zu überzeugen. Der Verlust einer symbolischen Mitte wird nur dann zur Chance für Zusammenhalt, wenn nicht dort, wo bislang Konsens erwartet wurde, nun Gruppen zu Entitäten werden, sondern stattdessen Beziehungen in den Blick rücken. Unübersehbar ist, dass jeder Einzelne widersprüchliche, sich wandelnde Identifizierungen mit Gruppen leistet und sich somit an unterschiedliche soziale Zusammenhänge bindet.[35] Wofür im Sinne des öffentlichen Interesses eine Sprache gefunden werden muss, das ist das Geflecht von in sich widersprüchlichen Gruppenbildungen in ihrem Abhängigkeitsverhältnis zueinander. Viel überzeugender als eine Alternative einer Repräsentation auf der Basis von Konsensbildung und einer Repräsentation auf der Grundlage von Gruppenbildung erscheint mir daher, das öffentliche Interesse im Sinne der Repräsentation als Sichtbarmachen und Berücksichtigen von Relationen zwischen inkonsistenten sozialen Gruppen zu verstehen. Außerdem sollten wir uns des Geflechts, in dem wir leben, bewusst werden; es ist kein verhärtetes Fangnetz, sondern eine responsive Einbettung – das heißt, es existieren gleichzeitig Identitäten, Loyalitäten, Präferenzen und Beziehungen, Energien, Überlagerungen. Die Anderen bilden keinen stummen Hintergrund, sondern erzeugen Widerhall und Nachhall, Schwung und Widerstand. In einer Moderne, die eine Reihe von Fundamentalismen hervorgebracht hat, ist es aufregend und anre-

---

35 Ausführlich J. Benjamin: Der Schatten des Anderen. Intersubjektivität, Gender, Psychoanalyse, Frankfurt/M. und Basel 2002. Sowie die Debatte um Hybride siehe zum Beispiel P. Mecheril: Politik der Unreinheit. Ein Essay über Hybridität, Wien 2009.

gend, Unifizierung ebenso zu meiden wie trennscharfe Differenzierungen. Für die Gestaltung öffentlicher Räume, die Planung des Schulunterrichts, die Durchführung von Quartiersmanagement und die Organisation der Denkmalpflege gilt gleichermaßen: Wenn all diese Aufgaben weder so bearbeitet werden, dass sie konsensfähig erscheinen, noch den Interessen von Teilgruppen folgen, sondern vielmehr sich der komplexen Anforderung stellen, Verflechtungen (und damit auch Widersprüche und Bindungen) räumlich und zeitlich erlebbar zu machen, dann wird Repräsentation ihrer Darstellungsfunktion gerecht. Es wird etwas anwesend, was ohne sie unsichtbar geblieben wäre, sich nur spurenhaft in den diskursiven Ordnungen realisiert hätte: die Muster der Verflechtung. Zusammenhalt wird als gegenseitige Verwiesenheit erfahrbar. In Raumbildern gesprochen: Notwendig scheint der Blickwechsel von einem absoluten Raum zu dessen Alternative, zu vielen einzelnen Räumen, hin zu den Pfaden, Verbindungen und Knotenpunkten. Statt Durchschnitte zu suchen und abzubilden oder scharfe Schnitte zwischen Gruppen zu ziehen (hier die Opfer dort die Täter, jeder Gruppe ihre Quote), können Bindungen und Verwerfungen in einer vielfältigen Gesellschaft in den Blick rücken.

Sokrates, so vermutet Simmel[36], fiel der Gleichartigkeit zum Opfer, denn bei größerer Vielfalt der Lebensformen hätten seine Reden nicht so durchgreifend die Gemeinschaft erschüttern können. Nicht die Vielfalt ist das Problem, sondern die notwendige Reorganisation des Denkens und Handelns in Vielfalt. In diesem Sinne ist die Verunsicherung vieler Professionen eine produktive Herausforderung.

---

36 G. Simmel: Soziologie. Untersuchungen über die Formen der Vergesellschaftung, Frankfurt/M. 1992 (1898), 677.

Vom Rand in die Mitte

Migration und Stadtentwicklung[1]

Felicitas Hillmann

Einleitung

Die Stadtentwicklungspolitik in Deutschland hat sich über viele Jahre hinweg an einigen wenigen Stereotypen im Umgang mit »Migration« und »Mobilität« orientiert, indem sie Migration und Migrant/innen vornehmlich als »Problemzonen« der Stadtentwicklung rezipierte. In dieser Logik verwenden einige Stadtforscher bis heute mangels anderer Daten den Anteil der nichtdeutschen Bevölkerung als kleinräumigen Armutsindikator. Denn umgekehrt haben Stadtteile mit einer in der Regel älteren und sozial etablierten einheimischen Bevölkerung fast immer auch niedrige »Ausländeranteile«.[2] Stadtteile, die lange schon die Integrationsarbeit für die restliche Stadt übernommen haben, sind besonderen Anforderungen ausgesetzt. Sie sind beispielsweise das bevorzugte Ziel von armen EU-Zuwanderern aus Bulgarien und Rumänien, sie werden zum Austragungsort für europäische Flüchtlingsfragen (man denke an die Gerhart-Hauptmann-Schule in Berlin Kreuzberg).

Der Stadtraum liefert nicht nur Daten über allgemeine gesellschaftliche Trends, er hat sich durch Migration seit etwa fünf Jahren auch massiv verändert. Er wurde gleichsam zur Bühne für das »Migrantische« und repräsentiert die internationalen Einflüsse, beispielsweise in Form einer rasanten Zunahme

---

1 Dieser Text ist ein überarbeiteter und erweiterter Wiederabdruck des Beitrags »Marginale Urbanität« aus dem Jahr 2012. Vgl. zu diesem Themenkomplex auch Felicitas Hillmann (Hg.): Marginale Urbanität. Migrantisches Unternehmertum und Stadtentwicklung, Bielefeld 2011; sowie dies.: Marginale Urbanität als neue Form der Integration in der Stadtgesellschaft, in: Martin Kronauer/Walter Siebel (Hg.), Polarisierte Städte. Soziale Ungleichheit als Herausforderung für die Stadtpolitik, Frankfurt a.M. 2013, 151–169.

2 Stadt Essen (Hg.): Soziale Kontextbedingungen der Stadtteilentwicklung 2006–2009: Indikatoren-gestütztes Monitoring im Rahmen der Evaluation des integrierten Handlungsprogramms »Soziale Stadt« in Nordrhein-Westfalen, Essen 2013, 19f.

von Shisha-Cafés, die als Ausdruck einer von den Migrant/innen installierten Populärkultur interpretiert werden können.[3] Migrant/innen rücken inzwischen als Akteure ins Zentrum der Vorstellung von Urbanität und besetzen zunehmend eine eigene Position in der Stadtentwicklungspolitik. Nicht nur die Stadtgesellschaften selbst verändern sich, es verändern sich eben auch die Erwartungen der Bewohnerinnen und Bewohner an das, was Urbanität ausmacht. Vor allem den migrantischen Ökonomien, allgemeiner gesprochen: der aktiven Unternehmerschaft von Migrant/innen in den Städten – gerne als »marginal« übersehen – kommt eine Schlüsselrolle bei der Einleitung dieses sich abzeichnenden »Paradigmenwechsels« zu. Berlin ist ein gutes Beispiel für diesen Übergang und findet deshalb hier besondere Beachtung.

Dieser Beitrag erörtert die These, dass wir aktuell einen Übergang von einer »urbanen Marginalität« hin zu einer »marginalen Urbanität« beobachten können. Was zunächst wie ein Wortspiel anmutet, birgt einen tieferen Kern: Angesichts des demografischen Wandels und im Hinblick auf die stärkere Bedeutung von Migration und Mobilität für die Stadtentwicklung, rückt diese verstärkt ins Zentrum der Aufmerksamkeit – allerdings ohne dass dies von der Mehrheitsbevölkerung in all ihren Konsequenzen auch wahrgenommen würde. Eine veränderte Position der »Ausnahme« von der Normalität der Sesshaftigkeit weist auf eine größere gesellschaftliche Wandlung hin. Die Städte nehmen eine Vorreiterrolle in dieser Transformation ein – der Trend ist jedoch bundesweit nachzuweisen.

Urbane Marginalität in Westdeutschland

Ab Mitte der 1950er Jahre wurden aufgrund des Booms im produzierenden Gewerbe erstmals gezielt ausländische Arbeitskräfte nach West-Deutschland geholt. Aus den »Fremdarbeitern«, die es seit dem Kaiserreich gab, wurden jetzt »Gastarbeiter«. Ihre Unterkunft in den Städten war lange genauso provisorisch wie ihr Aufenthaltsstatus, sie lebten zunächst in Sammelunterkünften. Sie waren Teil der Arbeitswelt, nicht aber Teil der Stadt. Die Gastarbeiter durchliefen eine Zeit der »Integration auf Widerruf«, so lautete die ausländerpolitische Leitlinie der Bundesregierung im Jahre 1974. Zeitgleich mit

---

3 Delphine Pagès-El Karoui: Shisha Cafés in France: Reinventing the Oriental Dream, from Exoticism to Beurs Integration, in: *Die Erde,* 141, Heft 1–2, 2010, 31–63, 58.

dem Anwerbestopp 1973, wurde ihnen das Recht auf Familienzusammen-
führung zugestanden – was dazu führte, dass die Arbeitsmigrant/innen aus
den Wohnheimen auszogen und Mietwohnungen in der Stadt suchten. Sie
zogen überwiegend in billige, fabriknahe Wohnungen oder in Sanierungsge-
biete in der Innenstadt. In einigen Städten entstand so etwas wie »Einwande-
rerkolonien«, denen eine doppelte Funktion zukam: Für Neuankömmlinge
wirkten sie als Integrationsschleuse in die neue Gesellschaft und gleichzeitig
als Ort der Orientierung und des Halts in der Herkunftskultur.[4] Als Reaktion der ausländischen Bevölkerung auf die regionalen Konzentrationen wurden von 1975 bis 1977 in einigen deutschen Städten Zuzugssperren eingerichtet, die einen weiteren Zuzug ausländischer Bevölkerung in bestimmte
Stadtteile verhindern sollten. Von ihrem politischen Selbstverständnis her
war die Bundesrepublik Deutschland kein Einwanderungsland, und man
ging davon aus, dass die »Gastarbeiter« in ihre Heimat zurückgingen, man
plante nicht mit oder etwa für diese Bevölkerungsgruppe.

Mit dem ökonomischen Strukturwandel war auch ein Sockel struktureller
Arbeitslosigkeit bei den ehemaligen Industriearbeitern entstanden, die jetzt
kontinuierlich auf staatliche Unterstützung angewiesen waren. Sie konzentrierten sich in einigen Städten in bestimmten Stadtteilen, und sie zogen tendenziell in bereits degradierte Gebiete, die den Planern schon als »Ghettos
von sozial leistungsschwachen Familien«[5] bekannt waren. Diese Sanierungs-
gebiete wurden »in Wissenschaft und Öffentlichkeit gerne als Negativ-Bild
zur ›Normalbevölkerung‹ dargestellt«[6]: als marginal und abgekoppelt von der
Mehrheitsgesellschaft. Es waren Quartiere wie Berlin-Wedding, in denen traditionell bereits viele Arbeiter und Rentner lebten. Die Wahrnehmung der
»Ausländer« durch Öffentlichkeit, Planung und Sozialreformer blieb auf die
defizitorientierte Seite der Migration fokussiert. Im angelsächsischen stadtsoziologischen Jargon wurde dies als »urban marginality« betitelt. Gemeint
war die steigende Peripherisierung und Stigmatisierung armer Nachbarschaften, die zunehmend kontrollierende Verwaltung von Segregation und Integration als Instrument sozialer Kontrolle mit dem Ziel des Schutzes der wohl-

---

4 Friedrich Heckmann: Die Bundesrepublik: Ein Einwanderungsland? Zur Soziologie der
  Gastarbeiterbevölkerung als Einwandererminorität, Stuttgart 1981.
5 Katrin Zapf: Rückständige Viertel. Eine soziologische Analyse der städtebaulichen Sa-
  nierung in der Bundesrepublik, Frankfurt/M.: 1969, 55.
6 Ebd., 126.

habenden Klassen.[7] Dies beflügelte auch den stadtsoziologischen Diskurs in Deutschland. Hier wurde der Übergang von der Armut zur Ausgrenzung als eine Entwicklung beschrieben, die die Städte direkt betraf. Das schleichende Verschwinden der Industriegesellschaft mit ihren Arbeitermilieus brachte eine Multidimensionalität der Ausgrenzung mit sich. In ganz Europa wurden nun die Großsiedlungen als Quartiere der Randständigkeit identifiziert. Die Integrationsmaschine Stadt hatte ihre Integrationskraft verloren. Auf diese strukturellen, sich jedoch zunächst vornehmlich lokal auswirkenden Defizite reagierte man in Deutschland mit sozialen Maßnahmen und Programmen wie der »Sozialen Stadt«. Sie zielten darauf, den angenommenen »Teufelskreis« einer weiteren Destabilisierung dieser benachteiligten Stadtteile zu durchbrechen. Hierzu setzte man erstmals neue Maßnahmen der Stadtentwicklung ein. Ganz neue Planungsinstrumente wie beispielsweise das »Quartiersmanagement« nahmen das Quartier in den Blick, sie bezogen Migrant/innen aktiv in ihre Maßnahmen ein, ganz dezidiert auch das »migrantische Unternehmertum«. Die Stadtentwicklungspolitik richtete ihr Augenmerk stärker wieder auf den Sozialraum und entfernte sich von den vorherrschenden sektoralen Ansätzen (Arbeitsmarkt, Aus- und Weiterbildung, Sozialarbeit). Relativ im Windschatten dieser quartiersbezogenen Trends entstanden in vielen Städten, so auch in Berlin, interkulturelle Werkstätten, und viele Seiten bemühten sich um eine Einbindung von Migrant/innen in die kulturellen, zivilgesellschaftlich organisierten Aktivitäten. Veranstaltungen, Paraden und Karnevals, die von einer gewissen Exotik leben, wurden wichtiger Teil einer Stadtentwicklungspolitik, die auf Festivalisierung und kulturelle Vielfalt setzte.

Die Entstehung von marginaler Urbanität in den Städten

Die bundesdeutschen Städte sind heute stark von Zuwanderung geprägt. Die Stadtstaaten Berlin, Bremen und Hamburg weisen einen Ausländeranteil von um die 13 Prozent auf; die kreisfreien Städte Frankfurt, München, Stuttgart, Köln, Nürnberg und Düsseldorf liegen mit mindestens 17 Prozent deutlich darüber. In absoluten Zahlen ist ausländische Bevölkerung in Berlin, Hamburg und München am zahlreichsten vertreten. Betrachtet man

---

7 Vgl. hierzu Loïc Wacquant: Urban Marginality in the Coming Millenium, in: *Urban Studies*, Vol. 36, No. 10, 1999, 1639–1647.

die Bevölkerung in den Städten, dann gehören Frankfurt (43 Prozent Bevölkerung mit Migrationshintergrund), Stuttgart (38 Prozent) und Nürnberg (37 Prozent) zu den am stärksten durch Migration geprägten Städten
in Deutschland. In Stadtteilen wie München-Milbertshofen-Am Hart, dem
Ortsteil Berlin-Neukölln oder etwa im Frankfurter Gallus-Viertel liegt der
Anteil der migrantischen Bevölkerung inzwischen bei mindestens 50 Prozent.[8] Die postindustriellen Arbeitswelten in den Städten führten einerseits zu der beschriebenen Polarisierung, doch sie brachten auch eine stärkere Fragmentierung bzw. Milieurisierung der Stadtgesellschaften mit sich.
Neue, gemischte Milieus waren entstanden – auch bei den Migrant/innen.[9]

Die wachsende berufliche Selbständigkeit der migrantischen Bevölkerung war *eine* mögliche Reaktion auf die schwierigen Bedingungen auf
dem Arbeitsmarkt. Sie ist außerdem Teil einer generellen Tendenz zu atypischen Beschäftigungsverhältnissen (mehr Befristungen, mehr Teilzeit, mehr
450-Euro-Jobs). Die Dynamik dieser Entwicklung und ihre Bedeutsamkeit
für die Stadtentwicklung insgesamt lassen sich an den Meldungen zur Ge-
werbemeldestatistik ablesen. Die Daten für 2011 zeigen, dass sich die Zahl
der Gewerbeanmeldungen seit 2005 in allen Bundesländern um ungefähr
ein Viertel erhöht hat und dass die Anmeldungen von »Ausländern« (d.h.
Personen ohne deutsche Staatsangehörigkeit) in einigen Bundesländern heute die Mehrheit darstellen. Dies trifft auf Berlin, Bremen, Hamburg und
Hessen zu. Während die Gewerbeanmeldungen der »Deutschen« zurückge-
hen, steigen die Meldungen der »Ausländer«. Bei den Abmeldungen ist es
umgekehrt: Deutsche Staatsbürger melden seltener ab, »Ausländer« häufiger. Die Aufschlüsselung dieser Zahlen nach Herkunftsregionen belegt, dass
es sich hier weitgehend um eine Nebenwirkung der Europäisierung handelt:
Die meisten Anmeldungen stammen von Polen, Bulgaren und Rumänen.
Für Deutschland lässt sich auch eine Zunahme der Überschuldungen aus
dem Grunde der gescheiterten Selbständigkeit belegen, was als Hinweis auf
die prekäre Situation vieler Unternehmer/innen gewertet werden kann.

In der »mental map« vieler Stadtbewohner/innen sind die migrantischen
Unternehmen immer noch auf den Gemüseladen an der Ecke beschränkt –

---

8 Marcus Engler: Statistik: Migrantenanteil in deutschen Großstädten wächst, 2012,
   http://www.bpb.de/gesellschaft/migration/newsletter/148820/migrantenanteil-in-deut-
   schen-grosstaedten-waechst, letzter Zugriff am 24.7.2014. Aktuell: Nadine Körner-
   Blätgen/Gabriele Sturm: Internationale Migration in deutsche Großstädte, BBSR-Ana-
   lysen KOMPAKT 11/2015.
9 Vgl. die SINUS-Studie über Migranten-Milieus in Deutschland, 2008.

was schon damit zusammen hängt, dass man die vielen migrantischen Unternehmer/innen, die Teil einer städtischen Dienstleistungsgesellschaft sind, weniger augenfällig im Stadtraum wahrnimmt.

Durch das Programm »Soziale Stadt«, das auf die Stabilisierung von Stadtteilen abzielte, hatte die Stadtentwicklungspolitik seit 1999 eine stärkere Hinwendung zu bis dahin von der Stadtentwicklungspolitik kaum wahrgenommen Gruppen, vor allem auch der Migrant/innen, vorangetrieben. Sie sollten besonders auch durch die Unterstützung lokaler Ökonomien, speziell auch migrantischer Ökonomien, »eingefangen« werden. Doch die sehr spezielle Situation der migrantischen Unternehmer/innen passte gar nicht recht in die Art und Weise, wie man viele Jahre Stadtentwicklung betrieben hatte. Traditionelle Förderinstrumente prallten auf eine städtische Realität, die sich als kurzatmig, prekär und ohne klare Ansprechpartner/innen herausstellte. Die Anlaufschwierigkeiten und Einarbeitungsmühen der neuen Stadtentwicklungsmaßnahmen wurden in sehr vielen Fällen unterschätzt, und eine Kontinuität der Projekte konnte oft nicht gesichert werden. Auch die Vorstellung, dass es so etwas wie »automatische Solidarität« unter den kleinen Unternehmer/innen gäbe, stellte sich für die Planer/innen als Illusion heraus. Trotz dieser Schwierigkeiten ist das migrantische Unternehmertum mittlerweile in vielen Städten fester Bestandteil der Urbanität geworden. Die traditionellen Ansätze der Stadtentwicklungspolitik griffen häufig nicht, Migrant/innen fühlten sich nicht angesprochen. Auch deshalb wurden die migrantischen Unternehmer/innen zu bevorzugten Ansprechpartnern für Institutionen und trugen durch ihre Präsenz insgesamt zu einer Stabilisierung der Stadtteile bei, weil viele als einziges Scharnier zwischen den Institutionen und den Communities vermitteln konnten. Nur so lässt sich das starke Interesse verschiedener Träger, wie des Sachverständigenrat deutscher Stiftungen für Integration und Migration (SVR), und der vielen Studien zur »Standortentwicklung« verstehen. Die Akteure der Stadtentwicklung, d.h. Planer/innen, Institutionen, Quartiersmanager/innen, Freiwillige versprechen sich von den migrantischen Ökonomien, dass sie zu einer Stärkung der Wirtschaftsstruktur allgemein beitragen können und dass sie die Möglichkeit zu einer stärkeren Partizipation an der Stadtentwicklung bieten.

Hier tritt ein Umgang mit dem »Fremden« bzw. dem »Anderen« hervor, der sich durch die Stadtgeschichte zieht: Es gab die Akzeptanz des »Anderen« jeweils dann, wenn sich mit diesem eine ökonomische Verwertungslogik verband. In einigen europäischen Städten, beispielsweise in London mit seiner BrickLane oder in Amsterdam, ist dieser Prozess so stark vorangeschritten, hat sich ein solches Image um die von migrantischen Ökonomien geprägten Stadtteile gebildet, dass Jan Rath und Volkan Aytar von einem »Ausverkauf des Ethnischen« sprechen. »Selling ethnic neighborhoods« nennen sie die Entwicklung, solche von Migrant/innen geprägten Stadtteile als Touristenattraktion zu nutzen.[10] Dies findet – im Vergleich mit den multikulturell ausgerichteten Gesellschaften – in Deutschland noch in bescheidenem Maße statt, und Berlin ist hier sicherlich eine Ausnahmeerscheinung. Doch verfügt heute jede deutsche Großstadt über solche migrantisch geprägten Viertel in der Stadt, die durch zahlreiche migrantische Unternehmen hervorstechen und die so auch als besonders »urban« gelten – sei es die Keuppstraße in Köln oder das Bahnhofsvorviertel in München oder Neukölln in Berlin. Das postmigrantische Theater in Kreuzberg ist ein weiteres Beispiel für die besondere Rolle des Migrantischen in der städtischen Kultur.

Das »Ethnische«, das »Migrantische« wird zum Vermarktungsfaktor in der Stadtentwicklung, wenn es irgendwie erfolgreich ist. Ein solches »Erfolgreich-Sein« kann sich sogar nur auf die Oberfläche der migrantischen Unternehmen beziehen: Für das Stadtmarketing reichen die bunten Fassaden, die Kreuzberg und Neukölln für Touristen interessant machen. Hierin liegt ein der Stadt Berlin eigenes Potential der Urbanität (dies äußert sich beispielsweise in den Etiketten, Berlin sei »arm, aber sexy«, »bunt«). In einigen europäischen Städten hat sich ein solches Image um die von migrantischen Ökonomien geprägten Stadtteile gebildet, so dass »place brandings«, ein politisches Instrument in »New urban governance«-Manier, etabliert sind.

Festivals und Paraden sind in diesen Städten ein weiterer Berührungspunkt von Migration und Stadtentwicklung und sorgen dafür, dass auch die Stadtteile multikulturell zelebriert werden. Sie leiten eine Kommerzialisierung ein, die mittlerweile schon wieder kontraproduktiv wirkt. Der »Karneval der Kulturen« in Berlin ist eine Massenveranstaltung, die auch im Jahr 2013 mit einem Umzug und 76 teilnehmenden Gruppen wohl die größte Parade ihrer Art in Deutschland ist. Was in anderen Städten erst als Konzept in Miniatur übernommen wird (z.B. als Samba-Karneval in Bremen), leidet in Berlin unter Verschleißerscheinungen. Im Jahr 2013 haben verschiedene Gruppen, darunter die afro-brasilianische Gruppe Afoxé Loni, die traditionell an der Spitze des Zuges läuft, ihre zukünftige Teilnahme in Frage gestellt. In der entsprechenden Pressemitteilung heißt es, dass die Hochkultur

---

10 Volkan Aytar/Jan Rath: Selling Ethnic Neighborhoods: the Rise of Neighborhoods as Place of Leisure and Consumption, London 2011.

mit Millionenbeträgen gefördert werde, die migrantische Kultur jedoch als »minderwertige Folklore« abgetan werde und keinerlei Förderung erhalte. Seit 18 Jahren engagierten sich die Migrant/innen ehrenamtlich, viele könnten sich dies nicht länger leisten. Es handele sich deshalb um eine »Kulturpolitik der Missachtung, Instrumentalisierung und Ausbeutung von kultureller Vielfalt«[11] – so die Initiatoren. Neben dem »Karneval der Kulturen« gibt es aber kleinere Veranstaltungen, wie beispielsweise das seit circa zehn Jahren regelmäßig laufende Kunst- und Kulturfestival »48 Stunden Neukölln«, bei denen man sich von stadtpolitischer Seite aktiv um eine Einbeziehung von Migrant/innen bemüht. Dies wird von den beteiligten Akteur/innen durchaus kritisch gesehen, denn man weiß, dass die Gefahr besteht, gerade die schon prekär situierten Migrant/innen und Künstler/innen in gewisser Weise »auszunutzen« – entweder persönlich oder als Begründung für den Anspruch auf mehr Stadtentwicklungsgelder.

Es gibt schließlich noch einen dritten Trend, der die veränderte Bedeutsamkeit von Migration und Mobilität für die Stadtentwicklung verdeutlicht. So wird die Stadtentwicklungspolitik in Berlin durch neue Wohnformen wie Multilokalität oder die Umnutzung von Wohnbestand zu Ferienwohnungen mit ganz neuen Anforderungen an die Stadtentwicklung konfrontiert. Transitäre Bewohner/innen fragen nur eine temporäre Wohnfunktion nach, an einer sozialen Einbindung oder an nachbarschaftlichem Engagement sind sie nicht interessiert.[12] Anstelle von Nachbarschaften entstehen Verwertungsgemeinschaften, die eben nicht auf eine langfristige Gemeinsamkeit hin ausgerichtet sind, sondern an einer transitären Nutzung von Gütern interessiert sind. Man kann diese Transformation im semi-öffentlichen Raum auch an Orten beobachten, die von vielen Touristen besucht werden. Die langansässigen Stadtbewohner/innen fühlen sich ausgegrenzt, angestarrt und immer weniger »zuhause« (ein gutes Beispiel für dieses Reaktionsmuster sind die (verbalen) Angriffe auf Touristen in Kreuzberg). Ein weiteres Beispiel für den starken Einfluss von Migration auf die Stadtentwicklung ist der momentane Umgang mit Flüchtlingen: In einigen Kommunen führt der Ansturm zu einer Besinnung auf die Gemeinschaft; andere Kommunen zeigen sich komplett überfordert.

---

11 Murah Soares/Krista Zeißig/Dudu Tucci: Offener Brief der Gruppe »Afoxe Loni«, 2011, http://ber-ev.de/aktuelles/aktuelles-archiv/PortalMOVEglobal/dokumente-und-bilder/pm-afoxe, letzter Zugriff am 9.9.2014.

12 Christine Hannemann: Heimischsein, Übernachten und Residieren – Wie das Wohnen die Stadt verändert, in: Schwerpunkt: Stadtentwicklung in Deutschland. *Aus Politik und Zeitgeschichte* (APuZ), Nr. 17, 2010, 15–20.

Fazit

Man kann von einem Paradigmenwechsel ausgehen, der Migrant/innen sowie überhaupt Mobilität einen viel stärkeren Stellenwert für die städtische Entwicklung beimisst, als dies noch vor einigen Jahren der Fall war. Anders als noch in den 1990er Jahren bleibt der Blick der Planer/innen und Akteur/innen in der Stadt nicht nur auf die Frage des Moscheebaus oder aber auf die Stabilisierung sozialer Brennpunkte geheftet, sondern der Umgang der Städte und Kommunen mit den Migrant/innen ist zentral für die Stadtentwicklung geworden und damit ausschlaggebend für die zukünftige Definition von »Urbanität«. Gerade auch die migrantische Selbständigkeit als Teil atypischer Beschäftigungsverhältnisse – was entweder als Ausdruck einer Notlösung angesichts fehlender Möglichkeiten der Menschen am Arbeitsmarkt interpretiert werden kann oder aber als Potential im Sinne einer von den Migrant/innen selbst gestalteten Existenzsicherung – trägt zu dieser Umgestaltung des Stadtraumes bei. Die einst marginale Rolle dieser Unternehmen ist passé, die Wirtschaftsförderung konzentriert sich ganz besonders auf diese Gruppe. Der springende Punkt ist also, dass die migrantischen Unternehmer/innen ein dynamisches Element der städtischen Entwicklung darstellen.

Wie sich eine Stadtentwicklung unter Einbeziehung auch migrantischer und transitärer Bewohner/innen erreichen lässt, ist bislang noch kaum erforscht. Viele Fragen bleiben offen: Wie geht man damit um, dass auch transitäre Formen von Mobilität, deren Träger den bewohnten Raum nicht zwangsläufig als steten Aufenthaltsort ansehen, großen Einfluss gewinnen?

Ab wann werden Migrant/innen eigentlich zu Postmigrant/innen oder zu »neuen Deutschen«[13]? Auch dies ist eine der Fragen, die sich in der Stadtentwicklungspolitik stellt. Der zugestandene Grad der Einmischung und Partizipation der Stadtbewohner/innen – ganz unabhängig davon, ob sie Migrant/innen sind oder nicht – rührt am Grundverständnis der demokratischen Gesellschaften, er erfordert eine breiter angelegte Debatte über Partizipation und »urban citizenship«.

---

13 Naika Foroutan, Neue Deutsche, Postmigranten und Bindungs-Identitäten. Wer gehört zum neuen Deutschland? In: Jürgen Manemann/Werner Schreer (Hg.), Religion und Migration heute. Perspektiven – Positionen – Projekte, Regensburg 2012, 111–121.

V
Von der neuen Demokratiefrage zur Inklusion: Die Frage von sozialer Teilhabe und demokratischer Beteiligung

Sozial gespaltene Demokratie

Warum die niedrige Wahlbeteiligung der Demokratie schadet

Robert Vehrkamp

Die Wahlbeteiligung bei der Bundestagswahl 2013 war die zweitschlechteste seit Gründung der Bundesrepublik. Fast 30 Prozent verzichteten auf ihr Wahlrecht. Wachsende regionale und soziale Unterschiede der Wahlbeteiligung verschärfen die politische Ungleichheit. Die demokratische Repräsentation erodiert und die Demokratie verliert nach Meinung vieler an innerer Legitimität. Die geringe Wahlbeteiligung schadet deshalb der Demokratie. Eine gesetzliche Wahlpflicht lehnen die Wählerinnen und Wähler in Deutschland jedoch ab.

Wahlbeteiligung verharrt auf historischem Tiefststand

Die Wahlbeteiligung hat sich bei der Bundestagswahl auf historisch niedrigem Niveau verfestigt. Mit 71,5 Prozent lag sie nur geringfügig um 0,7 Prozentpunkte über dem Negativrekord der Bundestagswahl 2009. Erneut haben von den insgesamt 61,8 Millionen Wahlberechtigten mehr als 17,6 Millionen Menschen ihr Wahlrecht bei einer Bundestagswahl nicht ausgeübt. Die Wahlbeteiligung ist damit nicht nur die zweitschlechteste seit Gründung der Bundesrepublik, sondern die zweitschlechteste bei einer nationalen Wahl in Deutschland seit fast 120 Jahren. Von ihren Höchstwerten Anfang der 1970er Jahre hat die Wahlbeteiligung in Deutschland bis heute um nahezu ein Viertel abgenommen, seit 1998 war sie bei drei Bundestagswahlen in Folge rückläufig. Diese zunehmende Hartnäckigkeit und Dauerhaftigkeit des Wahlverzichts vieler Menschen korrespondiert mit der abnehmenden Bedeutung des Wahlrechts für viele Wählerinnen und Wähler: Mehr als 20 Prozent sehen ihr Wahlrecht inzwischen als nicht mehr »sehr wichtig« an. Von den politisch nicht besonders interessierten Wahlberechtigten sagt das sogar fast jeder Dritte. Noch ausgeprägter ist die abnehmende Bedeutung des Wahlrechts in der Generation der ostdeutschen Erst- und Zweitwählerinnen und -wähler: In der Altersgruppe der 16- bis 29-Jährigen empfindet nur noch etwas mehr als die Hälfte ihr Wahlrecht als ein sehr wichtiges demokratisches Grundrecht.[1] Das zeigt: Die Nichtwählerinnen und -wähler in Deutschland sind in ihrer großen Mehrheit keine »Wähler auf Urlaub« oder »Wähler im Wartestand«, und die sinkende Wahlbeteiligung ist auch kein lediglich konjunkturelles Phänomen einer vorübergehenden Parteien- oder Politikverdrossenheit. In Deutschland hat sich seit Anfang der 1980er Jahre ein wachsendes Potential dauerhafter Nichtwählerinnen und -wähler etabliert, das die Demokratie vor ernsthafte Herausforderungen stellt.

Sinkende Wahlbeteiligung verschärft die politische Ungleichheit

Eine dieser Herausforderungen ergibt sich aus den ausgeprägten regionalen und sozialen Unterschieden der Wahlbeteiligung, die zu einer sich verschärfenden politischen Ungleichheit in Deutschland führen. Während die hohe Wahlbeteiligung der 1970er Jahre noch sehr gleichmäßig über alle Regionen und Schichten des Landes verteilt war, hat sich die soziale und regionale Schere der Wahlbeteiligung in den letzten Jahrzehnten stetig geöffnet. Ein erster Indikator dafür ist die Unterschiedlichkeit der Wahlbeteiligung auf Ebene der Wahlkreise, die seit Ende der 1970er Jahre drastisch zugenommen hat:

– Bei der Bundestagswahl 1972 lag die Wahlbeteiligung bei insgesamt 91,1 Prozent aller Wahlberechtigten. Der Unterschied zwischen den zehn Prozent der Wahlkreise mit der jeweils höchsten und niedrigsten Wahlbeteiligung lag bei lediglich 5,4 Prozentpunkten.

– Bei der Bundestagswahl 2013 lag die Wahlbeteiligung bei insgesamt 71,5 Prozent aller Wahlberechtigten. Der Unterschied zwischen den zehn Prozent der Wahlkreise mit der jeweils höchsten und niedrigsten Wahlbeteiligung lag dabei mit 15,3 Prozentpunkten drastisch höher als 1972.

---

1 Thomas Petersen/Dominik Hierlemann,/Robert Vehrkamp/Christopher Wratil: Gespaltene Demokratie – Politische Partizipation und Demokratiezufriedenheit vor der Bundestagswahl 2013, Bertelsmann Stiftung, Gütersloh 2013.

Die Unterschiede zwischen den Wahlkreisen mit der höchsten und niedrigsten Wahlbeteiligung haben sich damit zwischen 1972 und der Bundestagswahl 2013 nahezu verdreifacht. Noch schärfer zeigt sich die Ungleichheit der Wahlbeteiligung auf der Ebene einzelner Stimmbezirke. Hier lag der Unterschied zwischen den Stimmbezirken mit der höchsten und niedrigsten Wahlbeteiligung 2013 bereits bei 30 Prozentpunkten und damit im Vergleich zur Spreizung bei den Wahlkreisen fast doppelt so hoch: Die höchste Wahlbeteiligung in den Stimmbezirken erreichte 83,6 Prozent, während die geringste bei lediglich 54,1 Prozent lag.

Die Analyse von 28 Großstädten und 640 bundesweit repräsentativen Stimmbezirken zeigt darüber hinaus: Die sozialen Lebensverhältnisse, der soziale Status und die Milieuzusammensetzung eines Wohngebietes bestimmen die Höhe der Wahlbeteiligung. Festmachen kann man diese unterschiedlichen sozialen Realitäten u.a. an den gesellschaftlichen Milieus, die ein Wohngebiet prägen und an der Höhe der Arbeitslosigkeit sowie dem Bildungsstand der dort jeweils lebenden Haushalte.[2]

Die Wahlbeteiligung sinkt, je prekärer die Lebensverhältnisse in einem Stadtviertel oder Stimmbezirk sind. Konkret bedeutet das: Je größer der Anteil der sozial schwächeren Milieus, je höher die Arbeitslosigkeit, je schlechter die Wohnverhältnisse und je geringer der Bildungsstand und die durchschnittliche Kaufkraft in einem Stadtteil oder Stimmbezirk, umso geringer ist die Wahlbeteiligung.

Sozial gespaltene Wahlbeteiligung

Besonders anschaulich werden die Unterschiede in den Lebensverhältnissen, wenn man die gesellschaftlichen Milieus betrachtet und sie in Bezug zur Wahlbeteiligung setzt. Früher sprach man von *der* Oberschicht und *der* Mittelschicht – heute ist der Blick auf gesellschaftlichen Gruppen differenzierter: Mit den auf den Sinus-Milieus® basierenden microm Geo Milieus® steht ein Ansatz zur Verfügung, der sozialen Status und Einstellungen kombiniert. Sie verdichten Informationen über Haushaltseinkommen, Bildung und Be-

---

2 Armin Schäfer/Robert Vehrkamp/Jeremie Gagne: Prekäre Wahlen – Milieus und soziale Selektivität der Wahlbeteiligung bei der Bundestagswahl 2013, Bertelsmann Stiftung, Gütersloh 2013.

ruf zu einer Dimension sozialer Schichtung und ergänzen diese durch eine zweite Dimension, in die Werte und Einstellungen einfließen. Setzt man nun diese insgesamt zehn Milieus und ihre Verteilung in einem bestimmten Gebiet in Zusammenhang mit der Wahlbeteiligung, so zeigt sich ein eindeutiges Bild: Je mehr Menschen aus den sozial schwächeren Milieus in einem Stadtviertel wohnen, umso geringer ist die Wahlbeteiligung, während dort, wo überdurchschnittlich viele Menschen aus den sozial stärkeren Milieus wohnen, auch die Wahlbeteiligung überdurchschnittlich hoch ausfällt.[3]

Wo viele Menschen aus dem liberal-intellektuellen Milieu und dem Milieu der sogenannten »Performer« leben, ist die Wahlbeteiligung überdurchschnittlich hoch. Die Bildungs- und jungen Leistungseliten dieser Milieus legen viel Wert auf ein selbstbestimmtes Leben, global-ökonomisches Denken und sind von vielfältigen intellektuellen Interessen geprägt.

Einen ebenfalls positiven Einfluss auf die Wahlbeteiligung haben das konservativ-etablierte Milieu und das sozialökologische Milieu. Hier findet sich das klassische Establishment, das von einer starken Verantwortungs- und Erfolgsethik gekennzeichnet ist. Aber auch konsumkritische Gruppen mit sehr klaren Vorstellungen vom normativ »richtigen« Leben und einem starken sozialen Gewissen gehören dazu. Dort, wo diese Milieus überdurchschnittlich vertreten sind, stellt man einen leicht positiven Effekt auf die Höhe der Wahlbeteiligung fest.

Ein entgegengesetzter und damit negativer Effekt auf die Wahlbeteiligung zeigt sich dort, wo die drei sozial schwächeren Milieus leben – das Milieu der Traditionellen, der Prekären und das der Hedonisten. Sicherheitsbedürfnis, Ordnungsliebe und Kleinbürgertum prägen diese Milieus ebenso wie große Zukunftsängste, geringe Aufstiegsperspektiven und soziale Benachteiligungen. Gleichzeitig sind vor allem die Milieus der Prekären und Hedonisten aber auch geprägt von einer spaß- und erlebnisorientierten Unterschicht, die sich den Konventionen und Verhaltenserwartungen der Leistungsgesellschaft verweigert. Wo diese Grundhaltungen auftauchen, ist die Wahlbeteiligung unterdurchschnittlich.

Keinen messbaren Effekt auf die Wahlbeteiligung haben dagegen die Milieus der bürgerlichen Mitte, der Adaptiv-Pragmatischen und Expeditiven. Hier steht die ambitionierte kreative Avantgarde neben dem bür-

---

3 Robert Vehrkamp: Politische Ungleichheit – neue Schätzungen zeigen die soziale Spaltung der Wahlbeteiligung, in: EINWURF, Policy Brief des Programms »Zukunft der Demokratie«, Bertelsmann Stiftung, Gütersloh 2015.

gerlichen Mainstream und der modernen jungen Mitte mit ausgeprägtem Lebenspragmatismus.

Gerade innerhalb der sozial schwachen Milieus macht die Grundorientierung und Werthaltung einen entscheidenden Unterschied: Traditionelle Werte erleichtern den Weg zur Wahlurne, individualistische und experimentelle, auf Neuorientierung sowie Spaß- und Erlebnisorientierung abzielende Grundeinstellungen führen eher zur Nichtwahl.

Insgesamt bleibt festzuhalten: In den Stadtteilen mit der niedrigsten Wahlbeteiligung gehören fast zehnmal so viele Menschen (67 Prozent) einem der drei sozial prekären Milieus an wie in den Stadtteilen mit der höchsten Wahlbeteiligung (7 Prozent). Neben dem geringen Niveau der Wahlbeteiligung sind es vor allem diese drastischen sozialen Unterschiede in der Wahlbeteiligung, die unsere Demokratie vor eine Herausforderung stellen. Denn bei der Bundestagswahl 2013 kamen überproportional viele Nichtwählerinnen und -wähler aus den sozial prekären Milieus. Ihre Meinungen, Präferenzen und Interessen sind im Wahlergebnis unterrepräsentiert. Die Bundestagswahl 2013 war deshalb eine sozial prekäre Wahl.

Innerer Legitimitätsverlust der Demokratie

Eine weitere Herausforderung für die Demokratie ergibt sich aus dem inneren Legitimitätsverlust von Wahlergebnissen und Gewählten, der mit niedrigen Wahlbeteiligungen verbunden ist: Je weniger Wählerinnen und Wähler sich beteiligen, umso geringer ist der Grad der Repräsentation der Bevölkerung, und je geringer der Grad der Repräsentation, umso geringer die innere Legitimität der gewählten demokratischen Institutionen.

Wie stark die Repräsentation durch die Wahlbeteiligung inzwischen erodiert ist, zeigen die folgenden Überlegungen zum aktuellen Zweitstimmenergebnis der Bundestagswahl 2013: Von den insgesamt 68,7 Millionen Einwohnern in Deutschland im wahlfähigen Alter waren 61,8 Millionen Menschen wahlberechtigt. Von allen Wahlberechtigten haben sich 71,5 Prozent an der Wahl beteiligt, in absoluten Zahlen haben bei dieser Bundestagswahl also 44,2 Millionen Wählerinnen und Wähler an der Wahl teilgenommen. Nimmt man als Grundgesamtheit statt der Wahlberechtigten alle Einwohner im wahlfähigen Alter, sinkt die Wahlbeteiligung von 71,5 auf nur noch 64,3 Prozent. Aber nicht nur die Wahlberechtigung und die Wahlbeteiligung beeinflussen den Grad der Repräsentation eines Wahlergebnisses. In Deutschland führt auch die Fünf-Prozent-Hürde des Wahlrechts zu einer weiteren Absenkung der effektiven Repräsentation der Wählerinnen und Wähler durch die Gewählten. Bei der Bundestagswahl 2013 wurde ein Rekordanteil von 15,7 Prozent der abgegebenen Stimmen aufgrund der Fünf-Prozent-Hürde nicht gezählt. Insgesamt ergibt sich daraus für den neu gewählten Bundestag eine Repräsentationsquote in Höhe von lediglich 59,5 Prozent aller Wahlberechtigten. In Bezug auf alle Einwohner im wahlfähigen Alter sinkt diese Repräsentationsquote noch weiter auf lediglich noch 53,6 Prozent.

Zusammengefasst heißt das: Die Zusammensetzung des neu gewählten 18. Deutschen Bundestages repräsentiert nur noch die Stimmen von 59,5 Prozent aller Wahlberechtigten und von lediglich noch 53,6 Prozent aller Einwohner Deutschlands im wahlfähigen Alter.

Dass sich aus derart niedrigen Repräsentationsquoten erhebliche innere Legitimitätsverluste der Demokratie in Deutschland ergeben, zeigen die Einstellungen der deutschen Wählerinnen und Wählern gegenüber Wahlergebnissen mit niedriger Wahlbeteiligung: Der Auffassung, bei einer niedrigen Wahlbeteiligung könne nicht mehr von einem demokratischen Wahlergebnis gesprochen werden, stimmt fast ein Drittel (30,8 Prozent) aller Wählerinnen und Wähler in Deutschland zu. Nur noch etwas mehr als die Hälfte der Wahlberechtigten (57,3 Prozent) sehen die demokratische Legitimation unabhängig von der Höhe der Wahlbeteiligung.

Die Wählerinnen und Wähler selbst sehen also eine »Demokratie ohne Wähler« schon heute als weniger demokratisch und weniger legitim an. Nur noch gut die Hälfte aller Wählerinnen du Wähler in Deutschland empfindet die Wahlergebnisse auch unabhängig von der Höhe der Wahlbeteiligung als uneingeschränkt demokratisch. Bereits fast jeder Dritte sieht schon heute wachsende innere Legitimitätsdefizite der Demokratie durch Wahlergebnisse mit niedriger Wahlbeteiligung und daraus resultierenden drastisch sinkenden Repräsentationsquoten. Aus diesen Entwicklungen kann leicht ein Teufelskreis sinkender Wahlbeteiligung, abnehmender Repräsentation und abnehmender gefühlter Legitimität der demokratischen Institutionen entstehen, die dann wiederum zu einer weiter sinkenden Wahlbeteiligung führt. Deutschland ist längst in diesem Teufelskreis angekommen.

Erodierende Repräsentation der Direktmandate

Das Problem einer abnehmenden Repräsentation zeigt sich auch bei den Erststimmenergebnissen, mit denen die Direktkandidaten in den Wahlkreisen gewählt werden. Auch hier erodiert der Stimmenanteil der direkt in den Bundestag gewählten Abgeordneten und führt zu stark abnehmenden Repräsentationsquoten:

– Bei der Bundestagswahl 1972 wurden alle Direktmandate im Durchschnitt noch mit einer knappen absoluten Mehrheit (50,2 Prozent) der Erststimmen gewählt. Der durchschnittliche Wahlsieger repräsentierte damit auch zumindest die Mehrheit aller abgegebenen Stimmen in seinem Wahlkreis. Selbst in den zehn Prozent der Wahlkreise mit den knappsten Direktwahlergebnissen wurden die Direktmandate noch mit immerhin durchschnittlich 42,2 Prozent der Erststimmen gewählt.
– Bei der Bundestagswahl 2013 wurden die Direktkandidaten im Durchschnitt nur noch mit einem deutlich niedrigeren Stimmergebnis gewählt. In den unteren zehn Prozent der Wahlkreise mit den knappsten Direktwahlergebnissen sank die relative Wahlkreismehrheit sogar auf nur noch etwas mehr als ein Drittel (35,9 Prozent).

Noch deutlicher zeigen sich die Repräsentationsverluste der direkt gewählten Abgeordneten, wenn man als Grundgesamtheit die Anzahl aller Einwohner eines Wahlkreises im wahlfähigen Alter über 18 Jahre wählt:

– Bei der Bundestagswahl 1972 wurden die Direktmandate noch mit durchschnittlich 45,2 Prozent aller Einwohner im wahlfähigen Alter gewonnen. Selbst in den Wahlkreisen mit den knappsten Direktwahlergebnissen lag das Wahlergebnis der direkt gewählten Abgeordneten nur knapp unterhalb der 40-Prozent-Marke (37,6 Prozent).
– Bei der Bundestagswahl 2013 wurden die Direktmandate im Durchschnitt aller Wahlkreise nur noch von weniger als einem Drittel aller Einwohner im wahlfähigen Alter gewählt. In den zehn Prozent der Wahlkreise mit den knappsten Direktwahlergebnissen lag dieses Stimmergebnis mit 24,3 Prozent sogar leicht unterhalb der 25-Prozent-Schwelle, d.h. noch nicht einmal jeder vierte Einwohner über 18 Jahre hat den direkt in den Bundestag gewählten Abgeordneten seines Wahlkreises auch tatsächlich gewählt.

Die insgesamt 299 direkt in den neuen Bundestag gewählten Abgeordneten repräsentieren damit im Durchschnitt nur noch wenig mehr als ein Drittel der Bevölkerung ihrer jeweiligen Wahlkreise im wahlfähigen Alter über 18 Jahre. In den zehn Prozent aller Wahlkreise mit besonders niedriger Wahlbeteiligung und knappen Direktwahlergebnissen liegt diese Repräsentationsquote der Direktkandidaten sogar bereits unterhalb von 25 Prozent, d.h. die jeweils direkt gewählten Abgeordneten wurden noch nicht einmal von jedem vierten Bürger im wahlfähigen Alter gewählt.

Trotz Negativrekord gegen Wahlpflicht

Als scheinbar einfache Methode zur Steigerung der Wahlbeteiligung wird häufig die Einführung einer gesetzlichen Wahlpflicht diskutiert. Auch wenn die internationalen Erfahrungen in Ländern mit Wahlpflicht sehr unterschiedlich sind, scheint eine sanktionsbewehrte gesetzliche Wahlpflicht zunächst durchaus geeignet, um Wahlbeteiligungen in Höhe von über 90 Prozent aller Wahlberechtigten zu gewährleisten. Das zeigt zum Beispiel die Erfahrung in Australien, wo die Wahlpflicht mit Bußgeldern und – als Ultima Ratio – sogar mit der Androhung von Haftstrafen durchgesetzt wird. Am Beispiel Italien zeigt sich allerdings gleichzeitig auch, dass ohne begleitende Sanktionen eine Wahlpflicht allein noch kein zuverlässiger Garant einer höheren Wahlbeteiligung ist. In Deutschland lehnen ohnehin fast vier Fünftel (79 Prozent) aller Wählerinnen und Wähler die Einführung einer gesetzlichen Wahlpflicht ab. Lediglich etwa jede/r siebte Wahlberechtigte (15,1 Prozent) hält eine Wahlpflicht in Deutschland für eine gute Idee. Dem demokratischen Grund- und Selbstverständnis der Deutschen scheint eine gesetzliche Wahlpflicht jedenfalls nicht zu entsprechen.

Ihre Einführung gegen den Willen einer großen Mehrheit aller Wahlberechtigten könnte die ohnehin wachsenden Legitimitätsdefizite der Demokratie sogar noch verstärken. Die Deutschen scheinen ohnehin eher die Parteien in der Verantwortung zu sehen, wieder für eine höhere Wahlbeteiligung zu sorgen. Immerhin fast die Hälfte (46,7 Prozent) aller Wahlberechtigten hält es für einen guten Vorschlag, die Höhe der staatlichen Wahlkampfkostenerstattung für die Parteien direkt von der Höhe der erreichten Wahlbeteiligung abhängig zu machen. Je geringer die Wahlbeteiligung, desto geringer sollte nach ihrer Meinung auch die staatliche Wahlkampfkostenbeteiligung ausfallen. Nur gut ein Viertel (26,7 Prozent) hält das für eine nicht so gute Idee. Einseitig den Parteien die Verantwortung zunächst für das Sinken der Wahlbeteiligung – Stichwort Parteienverdrossenheit – und darüber hinaus auch für die Behebung der daraus resultierenden Repräsentations- und Legitimationsdefizite zuzuschieben, wäre jedoch weder angemessen noch erfolgversprechend. Das Erreichen einer wieder höheren Wahlbeteiligung, einer verbesserten demokratischen Repräsentation, einer sozial repräsentativeren Wählerschaft und im Ergebnis einer verbesserten Legitimität unserer demokratischen Institutionen, ist eine gesellschaftliche Aufgabe. Die Parteien spielen dabei eine wichtige Rolle, sind allein damit jedoch überfordert.

Höhere Wahlbeteiligung als gesellschaftliche Herausforderung

Einfache Patentrezepte gibt es leider nicht. Aber wir wissen beispielsweise aus den Erfahrungen in Schweden und Dänemark: Demokratien mit starkem gesellschaftlichen Zusammenhalt, einer hohen sozialen Homogenität und einem inklusiven Bildungs- und Sozialsystem scheinen diese Herausforderungen deutlich besser zu meistern als weniger inklusive und sozial heterogenere Gesellschaften. Gesellschaftlicher Zusammenhalt, Inklusion und soziale Gerechtigkeit sind langfristige gesellschaftliche Herausforderungen. Die Familien, Bildungsinstitutionen, Vereine, Religionsgemeinschaften, Kommunen und Nachbarschaften sind hier ebenso gefragt wie die politischen Vereinigungen und Parteien.

Dennoch stellen sich dabei auch sehr konkrete Fragen an das politische System, unser Wahlrecht und die Parteien: Ist es gut für die Demokratie in Deutschland, wenn fast sieben Millionen Menschen ohne deutschen Pass von einer Teilnahme an Wahlen ausgeschlossen bleiben? Sollten wir unser Staatsbürgerschafts- und/oder Wahlrecht nicht daraufhin überprüfen, ob mehr Inklusion und Teilhabe an der gemeinsamen Demokratie machbar ist? In welchem Verhältnis steht der demokratische Repräsentations- und Legitimitätsverlust einer Fünf-Prozent-Hürde im Wahlrecht, wenn dadurch mehr als 15 Prozent der abgegebenen Stimmen für die Sitz- und Machtverteilung im Bundestag entfallen? Wie groß kann der Beitrag der Parteien sein, wenn sie sich stärker der Mitwirkung auch von Nichtmitgliedern öffnen? Könn-

te ein Wahlrecht, in dem Wählerinnen und Wähler auch über die Kandidatinnen und Kandidaten der Parteien mitentscheiden, die Identifikation, Repräsentation und Legitimität einer Wahl erhöhen? Welche Rolle spielt die
Wahrnehmung vieler Bürgerinnen und Bürger für die Höhe der Wahlbeteiligung, Parteien seien hermetisch abgeriegelte Mitgliederorganisationen mit
dem Ziel der eigenen Machterhaltung? Welche Rolle können neue Formen
der Bürgerbeteiligung und der direkten Demokratie bei der Aktivierung von
Nichtwählerinnen und -wähler spielen?

Fragen, die eine Antwort brauchen, bevor unsere Demokratie durch weiter sinkende Wahlbeteiligungen, eine erodierende Repräsentation und die
daraus resultierenden Legitimitätsverluste ernsthaften Schaden nimmt!

Wie kann Bürgerbeteiligung inklusiv sein?

Eine Analyse am Beispiel des Verfahrens Planungszelle/
Bürgergutachten

Birgit Böhm

Soziale Ungleichheit in der politischen Beteiligung und die Frage der Inklusion

Die soziale Ungleichheit ist in Deutschland hoch. Aktuell belegen Kai Schmid und Ulrike Stein die gewachsene Ungleichheit der Haushaltsnetto-einkommen für den Zeitraum 1991 bis 2010.[1] Der im Vierten Armuts- und Reichtumsbericht der Bundesregierung aufgezeigte Trend, wonach seit 2005 beziehungsweise 2007 die Einkommensungleichheit leicht abnahm,[2] wurde bereits wieder gestoppt.[3] Konstant liegt die Armutsrisikoquote, die den armutsgefährdeten und den direkt von Armut betroffenen Anteil der Bevölkerung erfasst, seit 2007 zwischen 14 Prozent und 16 Prozent.[4] Aktuell ist sie laut Datenreport 2013 wieder gestiegen, und zwar von 15,2 Prozent in 2007 auf 16,1 Prozent in 2011. Als armutsgefährdet oder arm wird dabei eingestuft, wer weniger als 980 Euro monatlich zur Verfügung hat.[5]

Auch viele Personen, die in einem Arbeitsverhältnis stehen, sind von Armut bedroht oder dauerhaft arm, weil sie atypisch arbeiten, also befristet,

---

1 Kai Daniel Schmid/Ulrike Stein: Explaining Rising Income Inequality in Germany, 1991–2010, in: IMK Study, 32, 2013, http://www.boeckler.de/pdf/p_imk_study_32_2013.pdf, letzter Zugriff am 2.7.2014.

2 Bundesministerium für Arbeit und Soziales: Lebenslagen in Deutschland. Der Vierte Armuts- und Reichtumsbericht der Bundesregierung, 2013, X, https://www.bmas.de/SharedDocs/Downloads/DE/PDF-Publikationen-DinA4/a334-4-armuts-reichtumsbericht-2013.pdf?__blob=publicationFile, letzter Zugriff am 5.7.2014.

3 Markus M. Grabka/Jan Goebel: Rückgang der Einkommensungleichheit stockt, in: DIW Wochenbericht, Nr. 46, 13.11.2013, http://www.diw.de/sixcms/detail.php/431412, letzter Zugriff am 2.7.2014.

4 Bundesministerium für Arbeit und Soziales (2013): IX.

5 Vgl. Statistisches Bundesamt (Destatis) und Wissenschaftszentrum Berlin für Sozialforschung (Hg.): Datenreport 2013. Ein Sozialbericht für die Bundesrepublik Deutschland, 2013, 158ff., https://www.destatis.de/DE/Publikationen/Datenreport/Downloads/Datenreport2013.pdf?__blob=publicationFile, letzter Zugriff am 9.7.2014.

geringfügig, in Teilzeit oder in Leiharbeit. Alleinerziehende Familien und Familien mit Migrationshintergrund sind dabei überdurchschnittlich häufig von Armutsrisiken betroffen. Fast 50 Prozent der Alleinerziehenden bezogen im Jahr 2010 Leistungen nach SGB II (»Hartz IV«). Von den alleinerziehenden Frauen mit Kindern im Alter unter sechs Jahren hat rund die Hälfte keinen Berufsabschluss und fast ein Fünftel keinen Schulabschluss.[6] Ein fehlender oder niedriger Bildungsabschluss der Eltern verringert die Chancen ihres Kindes, nach der Grundschule ein Gymnasium zu besuchen.[7] Zwar gibt es auch positive Entwicklungen, denn der Anteil an Kindern, die in einer Risikolage aufwachsen (erwerbsloses, armutsgefährdetes oder bildungsfernes Elternhaus) ist in Deutschland von 32,4 Prozent im Jahr 2005 auf 29,1 Prozent im Jahr 2012 gesunken,[8] aber es findet sich neben der sozialen Ungleichheit auch immer noch eine ausgeprägte soziale Undurchlässigkeit. Kinder aus einem einkommensschwachen Elternhaus haben nur geringe Chancen, in ein einkommensstärkeres Milieu zu wechseln. In einer Studie für die Heinrich-Böll-Stiftung kommt Reinhard Pollack zu einem ähnlichen Ergebnis wie die bekannten PISA-Studien und stellt in einem europäischen Vergleich fest, »[…] dass der Einfluss des Elternhauses auf eigene Mobilitätschancen in kaum einem anderen Land so stark ausgeprägt ist wie in Deutschland«.[9] Ungleichheit und Undurchlässigkeit zeigen sich auch daran, dass den rund 15 Prozent armutsgefährdeten und armen Haushalten und einer Mittelschicht mit höchst unterschiedlichen Milieus 10 Prozent der vermögensstärksten Haushalte gegenüberstehen, die über die Hälfte des ge-

---

6 Ulrich Schneider/Gwendolyn Stilling/Christian Woltering: Arme Kinder, arme Eltern: Familien in Hartz IV, 2012, 5f., http://www.derparitaetische.de. Markus M. Grabka und Joachim Frick: Weiterhin hohes Armutsrisiko in Deutschland: Kinder und Jugendliche sind besonders betroffen, in: DIW Wochenbericht, Nr. 7, 17.2.2010, 2, http://www.diw.de/documents/publikationen/73/diw_01.c.347307.de/10–7-1.pdf, letzter Zugriff am 10.7.2014.

7 Bundesministerium für Arbeit und Soziales 2013, 96.

8 Autorengruppe Bildungsberichterstattung: Bildung in Deutschland 2014. Ein indikatorengestützter Bericht mit einer Analyse zur kulturellen Bildung im Lebenslauf, 2014, 2, http://www.bildungsbericht.de/daten2014/bb_2014.pdf, letzter Zugriff am 2.7.2014.

9 Reinhard Pollak: Kaum Bewegung, viel Ungleichheit. Eine Studie zu sozialem Auf- und Abstieg in Deutschland. Im Auftrag und herausgegeben von der Heinrich-Böll-Stiftung. Schriften zu Wirtschaft und Soziales, Bd. 5, 2010, 38, http://www.boell.de/sites/default/files/KaumBewegung-vielUngleichheit_V01_kommentierbar.pdf, letzter Zugriff am 6.7.2014.

samten Nettovermögens verfügen. Ihr Vermögensanteil »ist dabei im Zeitverlauf immer weiter angestiegen«.[10]

Soziale Ungleichheit und Undurchlässigkeit finden ihr Abbild auch in der Ungleichheit bei der politischen Beteiligung. »Bildungsferne Schichten« und damit »jene Bevölkerungsgruppen haben sich vom Urnengang verabschiedet, die eigentlich die meisten Forderungen an Mandatsträger zu stellen hätten, und zwar Bürger mit niedrigem Bildungsniveau und geringem Einkommen«.[11]

Aber nicht nur im Bereich der gesetzlich geregelten oder institutionalisierten politischen Beteiligung – Wahlen, Bürger- und Volksbegehren, Bürger- und Volksentscheide –, sondern auch bei den nicht gesetzlich geregelten, informellen, deliberativen, also beratenden Beteiligungsformen findet sich dieser Trend. Dabei haben Schulabschluss beziehungsweise Bildungsniveau und Einkommen einen größeren Einfluss auf die Partizipationswahrscheinlichkeit als ethnische Zugehörigkeit oder Migrationshintergrund. Brigitte Geißel stellt dazu fest: »Bildungsferne und einkommensschwache Migrantinnen und Migranten partizipieren kaum, Migrantinnen und Migranten mit hohem Bildungsniveau beteiligen sich immer häufiger.« Und Geißel fährt fort: »Die politische Abstinenz bildungsferner und einkommensschwacher Personen sowie die wachsenden Macht- sowie Einflussasymmetrien haben fatale Folgen und könnten auf lange Sicht sogar Demokratie, Gesellschaft und Ökonomie gefährden.«[12]

Es ist eine gewachsene Ausgrenzung, Abkopplung und politische Abstinenz ganzer Bevölkerungsgruppen und eine zunehmende Spaltung der Gesellschaft in Arm und Reich festzustellen, womit sich die Frage stellt, welche Wege zu mehr Teilhabe und Inklusion sowie einer »neuen sozialen Kohäsion«[13] und damit zu einem wieder wachsenden Zusammenhalt führen. Diese Frage wird auch im Bereich der Bürgerbeteiligung intensiv diskutiert. Wie kann also Bürgerbeteiligung inklusiv sein? Auf diese Frage werden hier am Beispiel des Verfahrens Planungszelle/Bürgergutachten Antworten gegeben. Außerdem werden Empfehlungen formuliert, die sich daraus für den

---

10 Bundesministerium für Arbeit und Soziales (2013): XII, Zahlen für 2008.
11 Brigitte Geißel: Politische (Un-)Gleichheit und die Versprechen der Demokratie, in: *APuZ*, Nr. 38–39, 2012, 32–37, 32.
12 Ebd., 34.
13 Bernd Hallenberg/Peter Rohland: Herausforderung »Neue Soziale Kohäsion«, in: *Forum Wohnen und Stadtentwicklung*, H. 5, 2013, 231–234, 231.

weiteren Einsatz des Verfahrens ableiten lassen, und es wird gezeigt, wie das Verfahren bisher von Teilnehmenden bewertet wird.

Chancen der Inklusion im Verfahren Planungszelle/ Bürgergutachten

Das Beteiligungsverfahren Planungszelle/Bürgergutachten wurde Anfang der 1970er Jahre von Peter C. Dienel an der Forschungsstelle Bürgerbeteiligung und Planungsverfahren der Bergischen Universität Wuppertal entwickelt und seither vielfach eingesetzt. Die ursprüngliche Idee, die hinter der Entwicklung der Methode stand, war der verbreitete Wunsch nach einer stärkeren Mobilisierung der Kompetenzen von Bürgerinnen und Bürger für politische Willensbildungsprozesse. Hinzu kamen der ausgeprägte selektive Charakter anderer Partizipationsverfahren und deren starke Beeinflussung durch Interessengruppen. Bei den meisten betrachteten Beteiligungsverfahren in den 1970er Jahren stellte Dienel als eines von mehreren generellen Defiziten fest: »Kaum eines von ihnen erfasst alle sozialen Schichten in entsprechenden Anteilen«.[14]

Das Verfahren Planungszelle/Bürgergutachten, das er ausgehend von seiner Defizitanalyse entwickelte, sollte daher nicht nur zu einer rationaleren Bewertung von Sachverhalten, einer stärkeren Orientierung an zukunftsrelevanten Fragen, einer größeren Legitimierung staatlichen Handelns und mehr Interaktion mit den Bürgerinnen und Bürgern und damit zu mehr Beteiligung beitragen. Es sollte auch einen Sozialisierungseffekt, d.h. einen Lern- und Befähigungseffekt, haben, und damit zu einer »Umverteilung sozialer Macht [...] zwischen den sozialen Milieus und zwischen den organisierten und nichtorganisierten Gruppen«[15] beitragen. Vor diesem Hintergrund konstruierte er die Planungszelle als deliberativ-konsultatives Verfahren mit folgenden charakteristischen Merkmalen:

– Fünfundzwanzig per Zufall aus dem Einwohnermelderegister ausgewählte Bürgerinnen und Bürger entwickeln für drei bis vier Tage Empfehlungen zu einer konkreten Problemstellung.

---

14 Peter C. Dienel: Die Planungszelle. Der Bürger als Chance. 5. Aufl., mit Statusreport, Opladen 2002, 62.
15 Ebd., 206.

- Sie werden dafür von alltäglichen Verpflichtungen freigestellt und erhalten eine Aufwandsentschädigung beziehungsweise eine Erstattung für den Verdienstausfall.
- Sie werden durch eine neutrale Prozessmoderation begleitet.
- Ihre Beteiligung im Verfahren erfolgt nach einer Struktur aus jeweils vier anderthalbstündigen Arbeitseinheiten pro Tag, zwischen denen jeweils halbstündige (für das Mittagessen einstündige) Pausen liegen. Das Hauptthema der Planungszelle wird in zeitlich zu bewältigende Teilthemen aufgeteilt. In jeder Arbeitseinheit wird eines dieser Teilthemen bearbeitet. Jede Arbeitseinheit folgt wiederum einer Struktur aus Information, Kleingruppendiskussion, Präsentation der Kleingruppenergebnisse im Plenum sowie individueller Gewichtung der Empfehlungen.
- Die Teilnehmenden erhalten Informationen in Form von Kurzreferaten durch Expertinnen und Experten, aber auch durch Vertreterinnen und Vertreter betroffener Interessengruppen. Die Informationen sind möglichst allgemeinverständlich und im vorgegebenen Zeitrahmen zu vermitteln. Dabei bestehen jeweils Rückfragemöglichkeiten für die Bürgerinnen und Bürger.
- Sie diskutieren ihre Empfehlungen nach der Informationsvermittlung in wechselnd zusammengesetzten Kleingruppen, die nicht moderiert werden. Die wechselnde Zusammensetzung soll eine möglichst gerechte Diskussionssituation ermöglichen, in der charakterlich dominante Persönlichkeiten zurückgehalten werden, und sie soll dazu beitragen, dass die Teilnehmenden die Meinungen möglichst vieler Personen kennenlernen.
- Sie präsentieren die Empfehlungen ihrer Kleingruppen im Plenum.
- Sie können nach der Präsentation jeweils noch individuell gewichten, welche Empfehlungen ihnen am wichtigsten sind.
- Ihre Empfehlungen beziehungsweise die Empfehlungen aus mehreren Planungszellen werden schließlich als Bürgergutachten dokumentiert und veröffentlicht.

Diese Verfahrensmerkmale sollen nicht nur mehr Beteiligung, sondern auch eine Inklusion verschiedener sozialer Milieus ermöglichen. Mit Andreas Strunk wird dabei »Inklusion« von »Integration« abgegrenzt. Während Integration eine nachträgliche Eingliederung von Individuen in einen sozialen Kontext beschreibt, zielt Inklusion darauf ab, die Gesellschaft von Beginn an so zu organisieren, dass sämtliche Mitglieder gleichberechtigt an allen Prozessen und Strukturen partizipieren und diese mit aufbauen können. Hierbei dürfen weder individuelle Fähigkeiten, noch die ethnische und soziale Herkunft oder das Geschlecht und das Alter eine Rolle spielen. Idealtypisch wird Inklusion »durch das Zusammensein und das gegenseitige Akzeptieren aller Menschen in einem konkreten Lebensraum«[16] verwirklicht. Im Kern gehört dazu die Schaffung eines Raumes durch öffentliche oder private Instanzen, der Möglichkeiten bietet, Inklusion zu praktizieren.[17] Die Planungszelle lässt sich als ein solcher Raum verstehen, wobei insbesondere das Zufallsverfahren eine für die Gesamtbevölkerung möglichst repräsentative Zusammensetzung der Teilnehmenden gewährleisten soll. Da eine Teilnahme als Bildungsurlaub gemäß Bildungsurlaubsgesetz anerkannt werden kann, können die Teilnehmenden von ihren beruflichen Verpflichtungen entbunden werden.

Das Verfahren eröffnet mit diesen Merkmalen den Teilnehmenden die Chance, Selbstwirksamkeit zu erleben, denn »Selbstwirksamkeit des eigenen Engagements in einem Beteiligungsprozess muss erlebbar sein, damit Inklusion gelingt«.[18] Planungszellen/Bürgergutachten wurden in den letzten Jahrzehnten nicht nur lokal und auf kommunaler Ebene durchgeführt, auch auf Landesebene und bei europäischen Themen sind sie effektiv, um Bürgerinnen und Bürger zu einem möglichst frühen Zeitpunkt des Willensbildungsprozesses in die Gestaltung politischer oder wissenschaftlicher Projekte einzubeziehen. Erfahrungen aus verschiedenen Planungszellen/Bürgergutachten, die durchgeführt und veröffentlicht wurden, der Austausch im »Qualitätsnetzwerk Bürgergutachten«, einem Netzwerk von Instituten, die in Deutschland Planungszellen/Bürgergutachten durchführen, sowie Evaluationen des Verfahrens[19] zeigen, dass die beschriebenen Verfahrensmerkmale Inklusion fördern können.

---

16 Andreas Strunk: Die inklusive Gemeinde. Artikel für die Heinrich-Böll-Stiftung, 12.3.2013, http://www.boell.de/de/node/277142, letzter Zugriff am 8.7.2014.

17 Ebd.

18 Rixa Gohde-Ahrens: Partizipation und soziale Inklusion aus der Quartierssicht – ein Blick nach Hamburg, in: eNewsletter Bürgerbeteiligung, Nr. 1, 20.3.2013, http://www.netzwerk-buergerbeteiligung.de/fileadmin/Inhalte/PDF-Dokumente/newsletter_beitraege/nwbb_beitrag_gohde_ahrens_130320.pdf, letzter Zugriff am 6.7.2014.

19 Z.B. Ulrich Sarcinelli: Bürgerbeteiligung im Rahmen der Kommunal- und Verwaltungsreform (KVR): Ergebnisse der wissenschaftlichen Begleitforschung, in: Kurt Beck/ Jan Ziekow (Hg.), Mehr Bürgerbeteiligung wagen: Wege zur Visualisierung der Demokratie, Wiesbaden 2011, 149–167.

Grenzen der Inklusion im Verfahren Planungszelle/Bürgergutachten

Bei der Inklusion im Verfahren Planungszelle/Bürgergutachten bestehen aber auch Grenzen, auf die hinzuweisen und über deren Überwindung nachzudenken ist. Eine Grenze der Inklusion, die sich ergeben kann, ist die Freiwilligkeit der Teilnahme. Da es den per Zufallsstichprobe ausgewählten Personen freisteht teilzunehmen, hängt ihre Zusage von der Wichtigkeit ab, die sie mit dem Thema verbinden, von ihrer Überzeugung, Einfluss nehmen zu können, und vom Vertrauen, sich im Rahmen des Verfahrens äußern zu können. Sozial benachteiligte, bildungsferne Gruppen könnten sich hier tendenziell eher gegen die Teilnahme entscheiden, wenn sie für sich zu wenige Einfluss- und Artikulationsmöglichkeiten sehen. In diesem Kontext stellt Helmut Klages fest, dass sich das Verfahren Planungszelle/Bürgergutachten zwar »durch eine direkte und zwingende Repräsentationsregel für die Mitgliederrekrutierung« von anderen Verfahren abhebt. Er kritisiert jedoch, dass allein »Willige«, also diejenigen Bürgerinnen und Bürger aus der Zufallsauswahl, die auch den Willen dazu haben, sich beteiligen, sodass von einer »wirklichen Repräsentation nicht die Rede sein«[20] könne. Mit dem Begriff »Repräsentation«, der in diesem Kontext unüblich ist, meint Klages vermutlich die von ihm an anderer Stelle sogenannte »Repräsentativität im Sinne statistischer Ausgewogenheit«.[21]

Eine weitere Grenze, die die Teilnahmebereitschaft von sozial benachteiligten, bildungsfernen Gruppen und insbesondere von Migrantinnen und Migranten betreffen kann, besteht in erforderlichen Sprachkenntnissen. In Wohnvierteln mit einer sehr heterogenen ethnischen Zusammensetzung der Bevölkerung kann das Verfahren auch bei einem Angebot des Dolmetschens an seine Grenzen stoßen, wenn in mehrere Sprachen übersetzt werden muss, was zeitaufwändig und kostenintensiv ist.

Rose Beaugrand weist in ihrer Untersuchung von Planungszellen/Bürgergutachten anhand der von ihr untersuchten Fallbeispiele darauf hin, dass Grenzen der Inklusion auch bereits im Prozess der Auswahl von Themen bestehen können, zu denen das Verfahren durchgeführt wird. Minderhei-

---

20 Helmut Klages: Beteiligungsverfahren und Beteiligungserfahrungen. Gutachten für den Arbeitskreis »Bürgergesellschaft und aktivierender Staat« der Friedrich Ebert-Stiftung, 2007, 45, http://library.fes.de/pdf-files/kug/05014.pdf, letzter Zugriff am 7.7.2014.
21 Ebd., 32.

ten hätten, wie sie anführt, generell weniger Einfluss darauf, welche Themen aufgegriffen werden sollen, insbesondere wenn sie nicht in Interessengruppen organisiert seien. Ebenfalls begrenzend könnten Normen und Regeln des Verfahrensablaufs wirken. Das Verfahren geht, so Beaugrand, von einem autonomen Subjekt aus, das sich seiner demokratischen Teilhabemöglichkeiten bewusst ist und seine Partizipationschancen wahrnehmen will. Es setzt Vertrautheit und Identifizierung mit den in ihm enthaltenen, kulturspezifischen Normen, Regeln und Prozeduren voraus, die jedoch bei Minderheiten Ablehnung und Entfremdung hervorrufen können. Wenn potentielle Unsicherheiten, Gefühle geringen Selbstwertgefühls oder Entfremdung nicht von den Auftraggebern und Prozessbegleitern des Verfahrens als Einflussfaktoren berücksichtigt werden, können sie das Ausmaß an Mitsprache und Mitentscheidung von Minderheiten im Verfahren vermindern, selbst wenn diese in der Planungszelle vertreten sind. Denn die Anwesenheit im Verfahren bedeutet, so Beaugrand, nicht zwangsläufig auch die Wahrnehmung von Teilhabechancen, z.B. in Form von Fragen an die Fachleute oder Redebeiträgen in den Diskussionen der Kleingruppen. Gerade in den Kleingruppendiskussionen könne es, trotz wechselnder Zusammensetzung, durch die fehlende Moderation zu sozialen Machtasymmetrien kommen, weil dominante Teilnehmende nicht ausreichend zurückgehalten werden können. Teilnehmende aus Minoritäten würden sich dann eher zurücknehmen, und ihre Wertvorstellungen, Meinungen und Empfehlungen wären infolgedessen nicht ausreichend im Bürgergutachten vertreten.[22]

Empfehlungen für die Sicherung der Inklusion im Verfahren Planungszelle/Bürgergutachten

Den oben genannten Grenzen lässt sich jedoch durch bewusste Reflexion bei der Verfahrensvorbereitung und Organisation und durch gezielte Maßnahmen entgegenwirken, um die im Verfahrenen gegebenen Inklusionschancen auszuschöpfen. Dazu werden im Folgenden einige Empfehlungen gegeben, die sich aus jahrelanger Praxis ableiten:

---

22 Rose Beaugrand: A critical assessment of planning cells as a means of ensuring democratic participation for national ethnic and minorities: A comparative case study. Dissertation, London 2011, 25ff.

Das Thema der Planungszelle(n) sollte mit starkem Bezug zu aktuellen, lokalen Fragen und Problemen und hoher Bedeutung für alle lokalen Bevölkerungsgruppen gewählt werden.

– Eine höhere Repräsentativität ließe sich für Planungszellen möglicherweise durch eine geschichtete Stichprobenziehung erreichen. Dabei wird eine Grundgesamtheit, z.b. die Bevölkerung in einem Ort, in definierte Schichten (im statistischen Sinne) aufgeteilt, also in Teilgruppen in Bezug auf Merkmale wie z.b. Alter, Bildungsabschluss und Wohnort. Aus jeder Teilgruppe wird dann nach dem Zufallsprinzip eine Anzahl von Personen gezogen. Für jede Teilgruppe würde für die Planungszellen so lange rekrutiert, bis eine gewünschte Quote erreicht ist. Am Ende dieses Vorgehens wären dann alle Teilgruppen in einer Verteilung vertreten, die derjenigen der Grundgesamtheit möglichst vergleichbar wäre. In dieser Weise geht man z.b. bei der »Citizens Jury«[23] vor, einem Verfahren, das den Planungszellen sehr ähnlich ist. Jedoch ist zu beachten, dass die Verteilung von Merkmalen, wie z.b. Bildungsabschluss, in Gesamtheit nicht bekannt sein kann und dass bei ihrer Abfrage in besonderer Weise Datenschutzbelange zu beachten sind.

– Die Einladung an die Zufallsauswahl sollte sprachlich so gestaltet sein, dass auch sozial benachteiligte und bildungsferne Gruppen angesprochen und motiviert werden.

– Die Teilnahmebereitschaft von Minoritäten lässt sich durch den Kontakt mit Schlüsselpersonen, die für sie eine wichtige Bedeutung haben, erhöhen, wenn diese das Verfahren unterstützen. Auf diese Weise gelang es z.b. bei Planungszellen zu Stadtquartieren in Berlin die Teilnahmebereitschaft von Migrantinnen und Migranten zu erhöhen.[24]

– Bei der Planung des Verfahrens ist ausreichend Zeit für aufsuchende Motivation in Form von persönlicher Ansprache, z.b. durch einen Anruf

23 Vgl. Jefferson Center: Components of a Citizens Jury, 2014, http://jefferson-center.org/what-we-do/citizen-juries/components-of-a-citizens-jury/, letzter Zugriff am 6.9.2015.

24 Vgl. Senatsverwaltung für Stadtentwicklung Berlin/Bezirksamt Tiergarten (Hg.): Quartiersmanagement Berlin. Bürgergutachten: Ergebnisse der Planungszellen im Quartier Magdeburger Platz, Tiergarten-Süd, 2000a, http://www.nexusinstitut.de/images/stories/content-pdf/buergergutachten_magdeburger.pdf, letzter Zugriff am 4.7.2014. Senatsverwaltung für Stadtentwicklung Berlin/Bezirksamt Wedding (Hg.): Quartiersmanagement Berlin. Bürgergutachten: Ergebnisse der Planungszellen im Quartier Sparrplatz, Wedding, 2000b, http://www.nexusinstitut.de/images/stories/content-pdf/buergergutachten_sparr.pdf, letzter Zugriff am 4.7.2014.

oder einen Besuch, zu berücksichtigen, um Fragen potenziell teilnahme-
bereiter Personen zu beantworten, ihre Befürchtungen zu berücksichtigen und sie soweit wie möglich zu unterstützen, damit sie am Verfahren
teilnehmen können.

– Mit Einverständnis der per Zufall ausgewählten Personen kann auch
Kontakt zum Arbeitgeber gesucht werden, um die Freistellung von Mitarbeiterinnen und Mitarbeitern zu erleichtern.

– Insgesamt ist auf einen barrierefreien Zugang zu den Räumlichkeiten am
Veranstaltungsort der Planungszelle zu achten. Zudem ist neben einer
leicht verständlichen Informationsvermittlung eine Schrift- beziehungsweise Gebärdensprach-Übersetzung im Sinne einer inklusiven Teilhabe
anzubieten.

– Die Aufwandsentschädigung beziehungsweise der Verdienstauswahl sollte ausreichend hoch kalkuliert werden. Das Argument, dass es sich bei
der Teilnahme an einer Planungszelle um ehrenamtliches Bürgerenga-
gement handeln würde, das wie auch sonst üblich nicht extra honoriert
werden sollte, überzeugt nicht. Vielmehr ist eine ausreichend hohe Aufwandsentschädigung inklusionsfördernd, denn sie stellt den Zeitauf-
wand, den die Teilnehmenden haben, auf eine »Augenhöhe« mit Personen, die professionell Politikempfehlungen erarbeiten, und kann als Teil
einer »Kultur der Anerkennung« angesehen werden.[25]

– Dienel schlägt vor, weitere offene Partizipationsmöglichkeiten anzubieten, die gleichzeitig und integrativ wirkend durchgeführt werden.[26] Bereits in der Vorbereitungsphase könnten zudem in den jeweiligen Themenbereichen Gruppen engagierter Bürgerinnen und Bürger sowie
Interessengruppen einbezogen werden, und ein heterogen zusammen-
gestellter Beirat aus Bürgerinnen und Bürgern könnte die angemessene
Durchführung gewährleisten.[27]

– »Interessante Anwendungs- wie auch Weiterentwicklungsmöglichkeiten«
des Verfahrens sieht Dienel auch in »Änderungen des Teilnehmer-Ein-

---

25 Vgl. hierzu auch Tülin Kabis-Staubach/Regina Hermanns: Politisch mitwirken – Die
Rolle des Bürgers in der lokalen Demokratie mit speziellem Augenmerk auf Menschen
mit Migrationshintergrund, in: eNewsletter Bürgerbeteiligung, Nr. 1, 20.3.2013, http://
www.netzwerk-buergerbeteiligung.de/fileadmin/Inhalte/PDF-Dokumente/newslet-
ter_beitraege/nwbb_beitrag_kabis-staubach_hermanns_130320.pdf, letzter Zugriff am
29.7.2014.
26 Vgl. Dienel (2002).
27 Vgl. Stiftung Mitarbeit (Hg.): Planungszelle, 2014, http://www.buergergesellschaft.
de/?id=109309, letzter Zugriff am 5.7.2014.

zugsbereiches«, d.h. in der Bildung »projekt- oder organisationsspezifischer« Gruppen oder einer »altersspezifischen Zusammensetzung«[28]. Es wurden schon Planungszellen mit spezifischer Gruppenzusammensetzung durchgeführt, z.b. zur altersgerechten Gestaltung des öffentlichen Raumes mit Seniorinnen und Senioren.[29] Denkbar sind weitere themenspezifische Gruppenzusammensetzungen für Planungszellen, da sie Teilnahmevorbehalte möglicherweise reduzieren könnten.

– Es sollte noch genauer erforscht werden, wie verschiedene kulturelle sowie ethnische und insbesondere sozial benachteiligte sowie bildungsferne Gruppen das Verfahren heute erleben und bewerten und welche Anpassungen und Ergänzungen sie vorschlagen würden. Hier erscheinen vor allem auch qualitative Forschungsmethoden wie teilnehmende Beobachtung und Interview als geeignet, weil sie eine Möglichkeit bieten, die Erfahrungen und Bewertungen der Teilnehmenden in einer Form aufzunehmen, die weitestgehend der alltagssprachlichen Kommunikation entspricht.

– Die derzeitige Tendenz, Planungszellen eher in einer Zwei-Tages-Variante durchzuführen, weil sich Auftraggeber und Durchführungsträger dadurch eine höhere Teilnahmebereitschaft erhoffen oder weil Kosten gesenkt werden sollen, ist kritisch zu hinterfragen. Drei oder vier Tage bieten den Teilnehmenden mehr Zeit, Informationen aufzunehmen, sich in das zu beratende Thema einzuarbeiten und Selbstwirksamkeit zu erfahren.

---

28 Dienel (2002), 227.

29 In Artern und Heringsdorf. Vgl. nexus – Institut für Kooperationsmanagement und interdisziplinäre Forschung (Hg.): »Unser Boulevard« – Bürgergutachten zur Gestaltung des öffentlichen Raumes in Artern durch ältere Menschen. Im Auftrag des Bundesministeriums für Verkehr, Bau und Stadtentwicklung, 2009a, http://www.nexusinstitut.de/images/stories/download/09–10–01_BG_Artern_END.pdf, letzter Zugriff am 8.7.2014. nexus – Institut für Kooperationsmanagement und interdisziplinäre Forschung (Hg.), »Usedom als deutsch-polnische Insel« – Bürgergutachten älterer Menschen der Gemeinde Heringsdorf. Im Auftrag des Bundesministeriums für Verkehr, Bau und Stadtentwicklung, 2009b, http://www.nexusinstitut.de/images/stories/download/09–11–28_BG_Heringsdorf_END.pdf, letzter Zugriff am 8.7.2014.

Verfahrensbewertung der Teilnehmenden

Eine per Fragebogen erfasste Verfahrensbewertung durch die Teilnehmenden gehört zum Standard bei der Durchführung von Planungszellen/Bürgergutachten und wird im Bürgergutachten veröffentlicht.[30] Eine deutliche Mehrheit der Teilnehmenden bewertet das Verfahren insgesamt als »gut« oder »sehr gut« und ist in hohem Maße zufrieden mit Information, Ablauf und Ergebnissen. Die meisten Teilnehmenden wünschen sich, dass diese Art von Bürgerbeteiligung insbesondere auf lokaler und kommunaler Ebene generell deutlich häufiger eingesetzt werden sollte. Die Zufriedenheit der Teilnehmenden ist dabei vermutlich immer auch eine Zufriedenheit der Teilnehmenden mit sich selbst, weil das Verfahren ihnen den Raum bietet, gemeinsam ein Ergebnis zu erarbeiten und damit ihren Empfehlungen eine Stimme zu geben. Mit seiner Mehrtägigkeit bietet das Verfahren ein Zeitfenster, um diese Empowerment- oder Selbstwirksamkeitswirkung zu entfalten.

Akzeptanz und Erfolg von Planungszellen/Bürgergutachten einschließlich ihrer Leistungsfähigkeit für das Anliegen der Inklusion hängen aber nicht nur von den inhärenten Qualitäten des Verfahrens ab, sondern auch vom Umfeld. Für den Prozess der Meinungsbildung dürfte es für die meisten Personen selbstverständlich sein, dass von Expertinnen und Experten, Medien oder Politik Kommentare und Einschätzungen abgegeben werden und dass entsprechend das aus der jeweils eigenen Perspektive Wünschenswerte

---

30 Vgl. z.B. nexus – Institut für Kooperationsmanagement und interdisziplinäre Forschung (Hg.): Verlässlich, verantwortlich, bürgernah. Bürgergutachten zu den Eckpunkten der Kommunal- und Verwaltungsreform in Rheinland-Pfalz. Im Auftrag des Ministeriums des Innern und für Sport Rheinland-Pfalz, 2008, 129ff., http://www.nexusinstitut.de/images/stories/download/08–09–12_RLP_Buergergutachten.pdf, letzter Zugriff am 29.7.2014. Komoserv-Projekt im Kompetenzzentrum für Angewandte und Transferorientierte Forschung/Hochschule Harz/Fachbereich Verwaltungswissenschaften (Hg.): Bürgergutachten zur Nutzung des Ochsenteichgeländes in Wernigerode. Im Auftrag des Bürgerbündnisses für Weltoffenheit und Demokratie Wernigerode, 2013, 31ff., http://www.komoserv.info/data/_uploaded/file/BG_Wernigerode.pdf, letzter Zugriff am 29.7.2014. Gesellschaft für Bürgergutachten (Hg.): Bürgergutachten zum Kunstareal München. Im Auftrag des Referats für Stadtplanung und Bauordnung der Landeshauptstadt München, 2014, 94ff., http://www.buergergutachten.com/fileadmin/downloads/Kunstareal/BG_Kunstareal_pdf_web.pdf, letzter Zugriff am 29.7.2014; Senatsverwaltung für Stadtentwicklung und Umwelt Berlin (Hg.), Bürgergutachten-Planungszellen zur Entwicklung des Quartiers am Tempelhofer Damm, 2014, 47ff., http://www.tempelhoferfreiheit.de/fileadmin/user_upload/Ueber_die_Tempelhofer_Freiheit/Planung/Oeffentlichkeitsbeteiligung/2014–03_Buergergutachten.pdf, letzter Zugriff am 29.7.2014.

formuliert wird. Abgesehen von der Meinungsforschung, die auf Basis quantitativer Methoden kaum komplexe Sachverhalte thematisieren kann, wird es in der Öffentlichkeit (noch) selten als Mangel begriffen, wenn die Bewertungen und Empfehlungen der Bürgerinnen und Bürger zu einem interessierenden Sachverhalt unbekannt bleiben. Planungszellen/Bürgergutachten werden in noch zu geringem Umfang propagiert. Wie eingangs dargestellt wurde, gibt es aber in Deutschland eine weiter wachsende soziale Ungleichheit. Für eine Verringerung ihrer gesellschaftspolitischen Folgen bieten Planungszellen/Bürgergutachten ein großes Potential und eine Chance zu größerer Inklusion im Bereich der Bürgerbeteiligung.

Wählen, abstimmen und losen

Auf der Suche nach Wegen aus der Formkrise der repräsentativen Demokratie

Hubertus Buchstein

Angesichts der routinierten Regelmäßigkeit, mit der Krisen der modernen repräsentativen Demokratie aufgerufen werden, könnte man auf den Gedanken kommen, dass wir es gar nicht unbedingt mit tatsächlichen Krisen zu tun haben, sondern dass das Gespräch über die Krise zur Normalität einer funktionierenden Demokratie dazugehört. Erst Krisenszenarien öffnen den Raum für kritische Diagnosen und den genaueren Blick auf problematische Phänomene, und erst Krisendebatten bieten den Anlass für politische Selbstvergewisserung oder die Suche nach Reformvorschlägen. In diesem Sinne möchte ich die aufgeworfene Frage nach der Krise der modernen repräsentativen Demokratie zunächst zum Anlass nehmen, in aller Kürze das traditionelle Selbstverständnis der repräsentativen Demokratie ins Gedächtnis zu rufen. Danach werde ich dann das häufig als Ergänzung zur repräsentativen Demokratie vorgeschlagene Instrument des Referendums mit einigen kritischen Fragen konfrontieren. Vor diesem Hintergrund möchte ich in einem dritten Schritt eine heute fast vergessene Alternative zum Wählen von Repräsentanten und zum direkten Abstimmen von Sachentscheidungen wieder neu ins Spiel bringen: die Auslosung von politisch entscheidungsberechtigten Bürgerinnen und Bürgern als Instrument der politischen Inklusion. Am Beispiel des Vorschlages für die Einrichtung einer ausgelosten Zweiten Kammer auf Ebene der Europäischen Union werde ich diese Idee konkreter erläutern und schmackhaft machen.

Das klassische Verständnis der repräsentativen Demokratie

Die argumentativen Grundlagen, auf denen die Theorie der repräsentativen Demokratie ruht, sind aus heutiger Sicht vergleichsweise alt. Sie stam-

men von »Vor-Denkern« politischer Entwicklungen, die ihre Traktate im
18. und 19. Jahrhundert verfasst haben. Diese Ideen haben sich seitdem in
ihrem argumentativen Kern kaum verändert. Wichtig ist dabei, dass die repräsentative Demokratie von Seiten ihrer Befürworter – beispielsweise in
der US-amerikanischen Verfassungsdebatte, im Nachklang der Französischen Revolution oder im englischen und deutschen Linksliberalismus des
19. Jahrhunderts – nie als bloßer Ersatz für eine vermeintlich wirkliche Demokratie, bei der sich alle Bürger versammeln, verstanden wurde. Nach der
»Ersatz-Doktrin« besteht das ideale Original der Demokratie darin, dass sich
die Bürger auch tatsächlich versammeln, um gemeinsam zu diskutieren und
zu entscheiden. Nur die Tatsache, dass sich in dem größeren Territorium einer modernen Gesellschaft nicht mehr alle Bürgerinnen und Bürger unmittelbar versammeln können, macht die Wahl von Vertretern nötig. »Besser«
sei aber natürlich das Original, weshalb man versucht, den gewählten Repräsentanten möglichst eng umrissene Aufträge von ihrer Wählerbasis mit auf
den Weg zu geben. Ganz anders argumentierten diejenigen, die die repräsentative Demokratie als einen politischen Ordnungstypus eigener Art ver-
fochten. Für sie war die repräsentative Demokratie kein aus pragmatischen
Gründen eingegangener Kompromiss mit den territorialen Gegebenheiten
einer modernen Gesellschaft, sondern sie war eine eigenständige und eine
bessere Variante der Demokratie. Für diese Behauptung brachten sie vier Argumente in Anschlag:

1. *Eliten-Argument*: Die Ausgangsüberlegung dieses Arguments lautete, dass
   es bei der Wahl von Repräsentanten logischerweise zu einem Wettbewerb
   von mehreren Kandidatinnen und Kandidaten kommen wird. Diesen
   Wettbewerb, so die Überlegung, gewinnt der- oder diejenige, der oder
   die in den Augen der Wählerinnen und Wähler am besten für das Amt
   geeignet ist. Das sei die Person, der es gelungen ist, sich in den Wahl-
   kampfdebatten oder später im politischen Amt am besten zu bewähren.
   Die repräsentative Demokratie erzeugt auf diese Weise demokratisch le-
   gitimierte Eliten (ein klassischer Vertreter dieses Arguments ist John Stuart Mill).
2. *Arbeitsteilungs-Argument*: Das zweite Argument geht von der Beobachtung aus, dass sich die seit dem Ende des 18. Jahrhunderts herausbilden-
   de moderne Gesellschaft zu einer hochgradig arbeitsteiligen Gesellschaft
   entwickelt hat. Nach dieser Logik soll auch Politik funktionieren. So wie
   es trainierter Spezialisten bedarf, um gute Schuhe, Dampfmaschinen
   oder Nano-Partikel-Beschichtungen herzustellen, so kann auch der im-

mer komplizierter werdende politische Entscheidungsbetrieb nicht mehr von Gelegenheitspolitikern, sondern allein von echten Profis, die sich voll und ganz der Politik widmen, gemanagt werden (ein klassischer Vertreter dieses Arguments ist der französische Liberale Abbe Sieyes).

3. *Beratungs-Argument*: Für den Vorrang der repräsentativen Demokratie wurde ins Feld geführt, dass nur in einer nicht zu großen Versammlung von Menschen – entweder dem Plenum des Parlaments oder in seinen noch sehr viel kleineren Unterausschüssen – die Chance besteht, dass es zu einem besonnenen und fairen Austausch von Sachargumenten kommt. Die repräsentative Demokratie, so lautet die Schlussfolgerung, produziert aus diesem Grund klügere Entscheidungen als die große Versammlungsdemokratie oder die direkte Abstimmung durch die Bürgerinnen und Bürger (ein klassischer Vertreter dieses Arguments ist der Franzose Alexis de Tocqueville).

4. *Minderheitenschutz-Argument*: Dieses beruht auf einer Art politiktheoretischer Wahrscheinlichkeitsrechnung. Sie besagt, dass in einer Versammlung von Repräsentanten, die aus einem großen und damit in sozialer, wirtschaftlicher und kultureller Hinsicht sehr heterogenen Einzugsbereich stammen, die Wahrscheinlichkeit steigt, dass diese Repräsentanten auch eine größere Sensibilität für die Bedeutung des Minderheitenschutzes entwickeln und sich entsprechend mehr für die Rechte Einzelner einsetzen (klassische Vertreter dieses Arguments sind die Autoren der Federalist Papers in der amerikanischen Revolution).

Zusammengenommen bilden diese vier Argumentationsfiguren den Begründungskern der repräsentativen Demokratietheorie bis heute. Doch nach den Erfahrungen mit der Praxis haben alle vier Argumente mittlerweile an Glanz und Überzeugungskraft verloren. Zu den demokratischen *Eliten* gehören in Abweichung von der Theorie häufig nicht die Personen, die am besten für ihr politisches Amt geeignet wären, sondern solche, die beim Erringen von Plätzen für aussichtsreiche Kandidaturen in politischen Parteien die Geschicktesten waren und im modernen, über Massenmedien betriebenen Wahlkampf die meisten Sympathiepunkte gewinnen.

Auch hat die Logik der gesellschaftlichen *Arbeitsteilung* mittlerweile die Arbeit von Parlamenten so weit durchdrungen, dass selbst Themen von allergrößter Wichtigkeit – wie die Krise des Finanzmarktkapitalismus und die damit verbundene Frage nach der Einrichtung von Rettungsschirmen für die Länder der Euro-Zone –, in den Fraktionen von einem kleinen Kreis von Fachpolitikern und ihren außerparlamentarischen Beratern entschieden werden, denen sich dann die anderen Abgeordneten (in der Regel fast ohne Ausnahme) im Rahmen der Fraktionsdisziplin anschließen.

Zugleich ist die *Beratungsfunktion* der Repräsentativversammlung in Verruf geraten. Heutige Parlamentsdebatten dienen weniger der gemeinsamen politischen Willensbildung, sondern in erster Linie – und das ist natürlich auch eine ganz wichtige Funktion – der öffentlich wirksamen Darlegung von unterschiedlichen politischen Positionen der im Parlament vertretenen Parteien.

Und schließlich ist der Schutz von *Minderheitenrechten* immer weniger eine Angelegenheit von Repräsentativversammlungen geworden, sondern ist in den Aufgabenbereich von Verfassungsgerichten gerückt, die ihn vielfach sogar gegen Gesetzesbeschlüsse von Parlamenten verteidigen mussten.

Zusammengenommen: Auch wenn keines der vier Argumente heute völlig obsolet geworden ist, so lässt sich nach unseren Erfahrungen mit der Praxis einer auf Wahlen basierenden repräsentativen Demokratie keines von ihnen mehr ohne Abstrich aufrechterhalten. Es verwundert deshalb nicht, dass die heutige repräsentative Demokratie in Legitimationsprobleme geraten ist und dass viele Bürgerinnen und Bürger sowie Politikerinnen und Politiker Ausschau nach alternativen Formen der Organisierung einer modernen Demokratie halten.

Die Probleme der direktdemokratischen Alternativen

Die Reformvorschläge, die als Antworten auf die angedeuteten Probleme präsentiert werden, lassen sich danach sortieren, aus welcher Richtung die Reparatur erfolgen soll. Der Politikwissenschaftler Claus Offe hat in diesem Zusammenhang zwischen drei Richtungspfeilen von Reformbemühungen unterschieden. Einmal »von unten«, indem man die Einflussmöglichkeiten der Bürger stärkt, etwa durch die Etablierung der direkten Demokratie, durch neue Verfahren der Bürgerbeteiligung, durch Kampagnen für politisch motivierte Konsumentenentscheidungen oder mit Hilfe des Internets, wie es die Piratenpartei mit ihrer »Liquid Democracy« versucht hatte. Ein anderer reformpolitischer Richtungspfeil setzt »von oben« an und zielt darauf ab, verantwortliche Gremien zu stärken, die aus dem politischen Dauerkonflikt herausgehalten werden. Zu dieser Strategie gehört beispielsweise die Einrichtung oder Stärkung von Verfassungsgerichten, Zentralbanken, Bewertungsagenturen, ausgelagerten Kommissionen mit weitreichender Entscheidungskompetenz oder eines ökologischen Rats, der die Rechte zukünftiger Generationen und der Natur sichern helfen soll. Drittens schließlich gibt es eine Reihe an Reformvorschlägen, die gleichsam »seitwärts« zwischen den politischen Institutionen ansetzen. Dazu gehören unter anderem Überlegungen zur besseren Beteiligung von Kirchen und Verbänden, zu Änderungen im Parteiwesen oder – als großes Dauerthema der bundesdeutschen Politik – die (erneute) Föderalismusreform.

Im Folgenden möchte ich beispielhaft für ein Reformvorhaben »von unten« eingehen, nämlich Referenden, weil diese Aktionsform in den öffentlichen Diskussionen zum Reformbedarf unserer Demokratie am häufigsten geradezu als Königsweg angesehen wird. Sie gehören unter die Überschrift »direkte Demokratie«, neben anderen Formen von Bürgerbeteiligungen sowie Protestkundgebungen oder politischem Konsumboykott.

Referenden – darunter verstehe ich die direkte Abstimmung der Bürgerinnen und Bürger über einzelne Sachthemen – gibt es in vielfältigen Formen, und sie haben in modernen Demokratien – die USA und die Schweiz sind die bekanntesten Beispiele – mittlerweile eine längere Tradition. In der Bundesrepublik Deutschland finden wir sie sowohl auf kommunaler wie auf Länderebene. Vielfach gefordert wird ihre Einrichtung auch für die Ebene des Bundes sowie für das politische System der Europäischen Union. Aus der politikwissenschaftlichen Forschung kennen wir nicht nur die Vorzüge, welche die Abhaltung von Referenden bieten. Die alten Vorwürfe und Bedenken, etwa dass Referenden in erster Linie Demagogen begünstigen würden oder dass rechtspopulistisches Gedankengut auf diese Weise zur besseren Durchsetzung gelange, sind in dieser Allgemeinheit längst widerlegt. Aber es gibt doch einige andere Effekte und Nebenwirkungen dieser Art von »Politik von unten«, die von vielen Befürwortern nicht beabsichtigt sind. Um nur zwei zu nennen: Die erste ist die *soziale Trennung.* Die grundlegende Idee des Referendums besteht darin, dass die Bevölkerung direkt und unmittelbar über ein Thema entscheiden soll, und zwar ohne die Zwischenschaltung von parteipolitischen, wirtschaftlichen oder anderen Interessen. An diese Erwartung schließt sich die folgende Frage an: Inwieweit entscheidet die »Bevölkerung« tatsächlich bei einem solchen Referendum? Eine ganze Reihe von empirischen Forschungen über die tatsächliche Teilnahme an Referenden – sei es auf kommunaler, regionaler oder auch nationaler Ebene – kommt (bis auf ganz wenige besonders gelagerte Fälle) in einem Befund überein: Die Beteiligung der Bürger an solchen Abstimmungen ist deutlich geringer als ihre

Beteiligung an allgemeinen Wahlen. Noch etwas anderes sticht bei den Befunden ins Auge: Die Angehörigen unterer Schichten der Gesellschaft bleiben solchen Abstimmungen deutlich überproportional fern. Durchgängig gilt für Referenden folgende Regel: Je geringer die Beteiligung daran ist, desto größer ist dieser soziale Trennungseffekt zu beobachten. Besonders augenfällig wurde dies in Deutschland 2010 bei der Abstimmung über die Hamburger Schulpolitik, bei der 21 Prozent der Bürgerinnen und Bürger eine parlamentarisch gefällte Entscheidung revidierten. Es ist nicht die gesamte Bevölkerung, die sich an Referenden beteiligt, sondern es sind in der Regel solche Bürger, die zu den obersten beiden Dritteln der Gesellschaft gehören. Man mag dies bedauern oder sogar so weit gehen, den Angehörigen der unteren Schichten selbst die Schuld für ihre mangelnde Beteiligung an Referenden zuzuschreiben; Versuche, dieses soziale Gefälle abzumildern, sind in der Vergangenheit sämtlich gescheitert. Beheben ließe sich dieses Manko durch eine rechtliche Pflicht zur Teilnahme an solchen Abstimmungen, ähnlich der Wahlpflicht, wie es sie in einigen Ländern gibt. Ich habe starke Sympathien für solch einen Vorschlag. Realistische Chancen hat er aber wohl keine, denn ob beispielsweise ehemalige Bürger der DDR für die der individuelle Verzicht an der Teilnahme an Wahlen beziehungsweise Abstimmungen zu den 1989 neu errungenen Freiheiten gehört, für eine solche Pflichtveranstaltung zu begeistern sind, möchte ich eher bezweifeln. Der beschriebene soziale Trennungseffekt gilt im Übrigen in noch größerem Maße für andere politische Beteiligungsformen. So sinkt der Anteil der Bereitschaft der Bürgerinnen und Bürger mit geringerem Einkommen und geringerem Bildungsgrad, sich über Wählen und Abstimmen hinaus an anderen Formen politischer Aktivität zu beteiligen – Abzeichen tragen, Petition unterschreiben, Mitarbeit in Partei, Produkt boykottieren, Teilnahme an Demonstration – in weitaus größerem Maße als unter den besser Verdienenden und besser Gebildeten.

Ein zweites Problem ist die *Thematisierungsfähigkeit*. Referenden werden nicht einfach von »der Bevölkerung« initiiert, sondern es bedarf dafür aktiver Menschen, die eine solche Volksabstimmung in Gang setzen. Dies sind beispielsweise Aktivisten aus Nichtregierungsorganisationen, den christlichen Kirchen oder aus wirtschaftlichen Interessengruppen, zuweilen sind es auch politische Parteien oder sogar die Regierung. In jedem Fall sind es ressourcenstarke Akteurinnen und Akteure, die häufig zur Mittelschicht oder höheren sozialen Schichten gehören und über ein gehobenes Maß an Organisations- und Kampagnenfähigkeit verfügen. In den USA haben sich in den vergangenen Jahrzehnten verschiedene professionelle Firmen gegründet, die von der ersten Unterschriftensammlung über die Werbekampagne bis zur endgültigen Stimmensammlung einen »full-service« für finanzstarke Akteurinnen und Akteure auf dem politischen Markt anbieten. Vor diesem Hintergrund darf man sich nicht wundern, wenn man von Forschern im Fach Politikwissenschaft des Weiteren erfährt, dass Referendumsentscheidungen zu finanz- und sozialpolitischen Fragen (gut belegt ist dies für die USA und die Schweiz) vor allem den Interessen der sozial besser gestellten Hälfte der Gesellschaft zugutegekommen sind. Diejenigen hingegen, die auf staatlich finanzierte Transferleistungen stärker angewiesen sind – sei es in den Bereichen von Bildung, Gesundheit oder Arbeitsmarktpolitik – haben bei Referenden in der Regel das Nachsehen. Im Ergebnis setzen diese Effekte eine von vielen Befürwortern von Referenden sicher nicht beabsichtigte politische Exklusions-Spirale in Gang: An Referenden beteiligen sich vor allem die oberen zwei Drittel der Bevölkerung, die dann häufig zu Entscheidungen gegen die Interessen des unteren Drittels ausfallen, wodurch deren prekäre Situation weiter verfestigt wird. Die Hoffnung durch mehr direkte Demokratie zu mehr und zu besserer Demokratie zu gelangen, trügt. Die direkte Demokratie ist nach der Interpretation der Sozialdaten ein politisches Projekt der gut ausgebildeten Mittelschichten.

Wählen, abstimmen und losen

Nun gibt es in der langen Geschichte der Demokratie neben dem Wählen (von Repräsentanten) und dem Abstimmen (über Sachentscheidungen) noch eine dritte Verfahrensweise, die heutzutage allerdings ein wenig aus dem Blick geraten ist: das Auslosen.

Schon in der antiken Demokratie Athen gab es das Verfahren, die meisten politischen Ämter unter den Bürgern auszulosen. Auch in der Bibel finden wir zahlreiche Hinweise auf den Gebrauch des Loses, und einige sogar mit ausgesprochen politischen Zusammenhängen.

In der jüdischen Geschichte war der Losentscheid eine beliebte Form, den göttlichen Willen zu ermitteln – sei es bei der Aufgabenaufteilung im Tempel (1 Chr 24–26), der Opferung von »Sündenböcken« aus den eigenen Reihen (3 Mose 16,5–11), der Verteilung von gefangen genommenen Sklaven (Josua 13,4), bei Landaufteilungen (zum Beispiel 4 Mose 26,52–

53) oder der Kür Samuels zum König (1 Sam 10,17–24). Die ausschließlich religiöse Deutung eines Lotterieergebnisses änderte sich mit dem Christentum. Bereits im Neuen Testament stoßen wir auf zwei unterschiedliche Auffassungen von Lotterien. Zum einen in der jüdischen Traditionslinie als authentischer Ausdruck des Willens Gottes – schön nachzulesen in den Passagen über den Losentscheid, der zur Aufnahme des Matthias in den Kreis der Jünger führte (Apostelgeschichte 1,21). Zum anderen aber auch – wie bei der Auslosung der Kleider Jesu unter den drei Soldaten, nachdem sie ihn zum Kreuz eskortiert hatten (diesbezüglich gleichlautend Mt 27,35, Mk 15,24 und Joh 19,23–25) – als ein rein zufallsbasiertes Verfahren.

Diese Deutung und damit die Ablehnung des Verständnisses von Lotterien als einem Verfahren, den authentischen Willen Gottes zu ermitteln, fand später ihr theologisches Fundament innerhalb des Christentums bei Thomas von Aquin. Von da an konnte sich das Losverfahren in den italienischen Stadtrepubliken der Renaissance – am prominentesten in Venedig und Florenz – problemlos verbreiten, und der Zufall erlebte eine neue Blütezeit bei der Bestimmung von politischen Amtsträgern. An dieses weltliche Verständnis einer Lotterie als einem künstlichen Mechanismus zur Erzeugung von zufälligen Resultaten möchte ich im Folgenden anschließen.

Politische Inklusion: Ein »House of Lots« als Zweite Kammer des Europäischen Parlaments

Der Vorschlag besteht in der Einführung einer gelosten Zweiten Kammer des Europäischen Parlaments. Mit einer solchen Einrichtung ließe sich das Demokratiedefizit der Europäischen Union wirksam reduzieren, denn ein solches »House of Lots« (Haus der Ausgelosten) trüge gleichzeitig zur Stärkung der Beteiligung der Bürgerinnen und Bürger als auch zur sachlichen Qualität von politischen Entscheidungen auf Ebene der EU bei. Zunächst: Wie soll man sich eine solche europäische Loskammer konkret vorstellen? Sie sollte aus 200 Mitgliedern bestehen, die ganz genau wie bei der (dann) Ersten Parlamentskammer – also dem heutigen Europäischen Parlament – nach dem Prinzip der abnehmenden Proportionalität die Bürgerinnen und Bürger der EU-Mitgliedsstaaten repräsentieren. Die Abgeordneten würden für jeweils zweieinhalb Jahre im Rhythmus der alle fünf Jahre stattfindenden Wahlen zur Ersten Kammer ausgelost, wobei jeder Bürger zeitlebens höchstens einmal ein Mandat erhalten dürfte. Die Teilnahme an der Lotterie sollte – analog zur Geschworenengerichtsbarkeit etwa in den USA – zu den obligatorischen Pflichten der EU-Bürger gehören. Gegen ein reines Freiwilligenmodell, bei dem sich die Teilnehmenden zur Loskammer-Lotterie erst anmelden müssten, spricht, dass dann politische Aktivisten überrepräsentiert wären und sich soziale Trennungseffekte möglicherweise erneut verstärken würden.

Im Sinne des Zieles einer statistischen Repräsentanz der gesamten Bevölkerung wären daher alle Wahlberechtigten zur Teilnahme an der Lotterie verpflichtet, und die Gründe für die Ablehnung eines Mandats wären eng gefasst. Ganz wichtig in diesem Zusammenhang: Die Abgeordnetentätigkeit würde finanziell und organisatorisch so attraktiv ausgestaltet, dass die denkbaren Benachteiligungen für die ausgelosten Bürger weitgehend ausgeräumt wären. Die Loskammer soll die sonstigen Institutionen im politischen System der EU nicht ersetzen, sondern lediglich ergänzen. Die politischen Mitwirkungsrechte einer solchen Loskammer sollten deshalb auch hauptsächlich auf Gesetzgebungsakte bezogen sein. Die Kontrolle des Rates, der Kommission und der anderen europäischen Institutionen verbliebe in der Kompetenz der (gewählten) Ersten Kammer. Folgende Zuständigkeiten wären sinnvoll: *Erstens* sollte die Zweite Kammer in allen Gesetzgebungsfragen jederzeit Empfehlungen für die Erste Kammer, die Kommission und den Rat der EU beschließen können. *Zweitens* erhielte die Loskammer ein absolutes Vetorecht. Zwischen Beschluss und Erlass aller Legislativakte gälte eine 14-tägige Frist, in der die Kammer den betroffenen Akt zur Begutachtung einziehen könnte. Daraufhin verlängerte sich diese Einspruchsfrist auf 90 Tage, bis zu deren Ablauf die Loskammer den Rechtsakt ablehnen dürfte. *Drittens* sollte man dem »House of Lots« ein umfassendes Initiativrecht zubilligen, inklusive Fragen des europäischen Steuerrechts, der Sozial- oder der Umweltpolitik. Nicht zuletzt sollten aber auch alle zukünftigen Änderungen der Europäischen Verträge sowie der Beitritt neuer Mitgliedsstaaten der Zustimmungspflicht der Loskammer unterliegen. Damit würden zum einen alle Entscheidungen über die Grundlagen der Europäischen Integration erstmals wirksam demokratisiert und könnten nicht mehr ohne öffentliche Debatten getroffen werden. Zum anderen wäre die Union gezwungen, zukünftige Beitritte nicht nur rhetorisch, sondern auch faktisch an die Erfüllung klar definierter Kriterien zu binden und die Beitrittsverfahren von Beginn an entsprechend durchzuführen. Bei der Arbeitsorganisation des »House of Lots« wären mehrere Aspekte zu beachten. Die Kammer müsste über eine große wissenschaftliche Abteilung verfügen – so groß und differenziert, dass die Abgeordneten sich jederzeit und unabhängig von Lobbyeinflüssen Zugang zu allen für relevant gehaltenen Informationen, Standpunkten, Werten und Interessen der jeweils betroffenen Bürgerinnen und Bürger, Mitgliedsstaaten und Organisationen verschaffen könnten. Zudem müsste die Kammer über eine ausreichend ausgestattete Petitionsabteilung verfügen, an die sich alle Bürgerinnen und Bürger mit Vorschlägen wenden könnten.

Die Finanzierung einer solchen Zweiten Parlamentskammer stellt im Übrigen kein ernsthaftes Problem dar. Es böte sich an, die beiden Kammern einfach auf die bereits bestehenden Parlamentssitze in Brüssel und Straßburg aufzuteilen und damit zudem die Unsinnigkeit der »Parlamentskarawane« zu beenden. Allein dies würde voraussichtlich den Großteil der Kosten der neuen Kammer finanzieren. Sinnvollerweise sollte dabei die eng in den europäischen Politikbetrieb eingebundene Erste Kammer in Brüssel verbleiben, während die Zweite Kammer örtlich getrennt in Straßburg anzusiedeln wäre.

Die Lotterie als eine realistische Reformoption?

Dieser Vorschlag, bei dem ausgelosten Bürgerinnen und Bürgern eine gewichtige politische Stimme gegeben werden soll, um dadurch den Reformbemühungen der europäischen Demokratie »von unten« eine handhabbare institutionelle Form zu geben, ist allerdings kein Patentrezept für die Behebung des Demokratiedefizits auf europäischer Ebene. Auch sollte man sich keine Illusionen über die kurzfristige Realisierbarkeit eines solchen Vorschlages machen, denn dem Losverfahren haftet bei vielen modernen Menschen immer noch das Image an, Ausdruck von Irrationalität zu sein.

Um dem Losverfahren in der modernen Demokratie neben der Wahl und der Abstimmung einen größeren Platz einzuräumen, bedürfte es wohl erst eines gesellschaftlichen Mentalitätswechsels zugunsten einer größeren Akzeptanz des Zufälligen. Doch mit Blick auf die politische Zukunft Europas gefragt: Sollte nicht gerade die schwere Krise, wie sie die europäische Politik nun schon seit Beginn des Jahres 2011 fast ohne Pause durchlebt und die ihre Fundamente grundsätzlich in Frage zu stellen droht, den Anlass bieten, im Hinblick auf den notwendigen Bau einer politisch enger verzahnten Europäischen Union auch einige zunächst ungewohnt anmutende Ideen nüchtern in Erwägung zu ziehen?

VI
Von der Integration zur Inklusion: Die Migrationsdebatte und die Frage von Rechten und berechtigten Erwartungen

Kollaboration statt Integration

Interkulturelle Herausforderungen an die Stadt der Zukunft

Mark Terkessidis

Ist die »Toleranzschwelle« in Sachen Einwanderung überschritten? Gibt es zu viel Vielfalt in »unserer« Gesellschaft? Zu viele »Integrationsunwillige«? Nicht unbeträchtliche Teile der Bevölkerung sagen: ja. In einem der erfolgreichsten Sachbücher der letzten Jahrzehnte entwirft Thilo Sarrazin düstere Aussichten für die Zukunft: In den Städten hat die deutsche Sprache abgedankt, Schulen und Stadtviertel sind entlang der Muttersprachen der Einwanderer »entmischt«, und das einheimische, bürgerliche Kulturerbe verfällt. Obwohl solche Sarrazin'schen »Alpträume« nicht mal annähernd etwas mit der Wirklichkeit zu tun haben, zeigt der erhebliche Widerhall auf seine Thesen, dass die Veränderungen durch Einwanderung und Internationalisierung oftmals als Niedergang erlebt werden. Tatsächlich stellen diese Thesen auch so etwas dar wie die polemische Zuspitzung einer durchaus verbreiteten Ansicht über die Städte, einer Erzählung über ihre problematische Zukunft (jenseits von politischer Orientierung). Wenn man sich die Debatten der vergangenen Jahrzehnte in den Medien und teilweise auch in der Wissenschaft anschaut, dann ging es zumeist um Niedergang, um »den Verlust der Integrationsfähigkeit«[1], um tatsächliche Desintegration oder das Verschwinden des öffentlichen Raums – wahlweise verursacht von neoliberaler Politik (Privatisierung, »McDonaldisierung«, »Gentrifizierung«) oder von der Einwanderung (»Parallelgesellschaften«, »Problembezirke«).

Die Einwanderungsgesellschaft spielt sich seit jeher am intensivsten in den Städten ab, und die Ideen über Stadt und »Integration« sind in Deutschland häufig an Normvorstellungen orientiert. Die Stadt erscheint als wohlgeordneter, konfliktfreier und im Grunde familiär organisierten Behälter, in den die Hinzukommenden eingepasst werden. Zwar sind Städte noch nie so gewesen, aber diese Ideen funktionieren als eine Art »nostalgische Uto-

---

[1] Hartmut Häußermann/Ingrid Oswald: Zuwanderung und Stadtentwicklung, in, dies. (Hg.), Zuwanderung und Stadtentwicklung, *Leviathan*, Sonderheft 17/1997, 17.

pie«. Die reale Stadt, ihre Unruhe und ständige Veränderung wirken stets mangelhaft und angsteinflößend: Man muss ihre Beweglichkeit eindämmen. Zweifellos ist die Gesellschaft heute jenem Prozess unterworfen, den man gemeinhin Globalisierung nennt, was bedeutet: weniger ökonomische Sicherheit und Planungskontrolle, mehr Mobilität und Vielfalt. Dabei erweisen sich die Veränderungen jedoch keineswegs durchweg als negativ, sondern als widersprüchlich. Vor allem stellen sie Herausforderungen: Statt der routinierten Klage benötigt es einen an der Zukunft orientierten Willen zur Gestaltung.

Leben in der Parapolis

Was bedeuten nun zunehmende Mobilität und Vielfalt konkret? Zweifellos waren die Städte immer schon Orte des Transits, Knotenpunkte in einem internationalen Gewebe – beunruhigend erscheint die aktuelle Mobilität wohl nur auf dem Hintergrund der Jahrzehnte nach dem Zweiten Weltkrieg, in denen der Akzent stark auf einer berechenbaren Sesshaftigkeit lag. Die aktuelle Situation kennzeichnet, dass es eine zunehmende Anzahl von Personen gibt, deren Status aus unterschiedlichen politisch-ökonomischen Gründen nicht eindeutig festzulegen ist. Heute leben in den Städten »Ausländer« mit einer durchschnittlichen Aufenthaltsdauer von fast 19 Jahren; »Pendler«, die im Durchschnitt für ein halbes Jahr bleiben; »Geduldete«, deren Aufenthaltsperspektive nach einem Jahrzehnt immer noch bei einem halben Jahr liegt; »Papierlose«, die als Touristen eingereist sind und deren Existenz von der offiziellen Statistik ganz geleugnet wird. Man findet zahlreiche Studenten aus anderen Ländern, die eine bestimmte Zeit in der Stadt bleiben; »Expatriates« jeglicher Couleur, die wegen Arbeit, Liebe oder einer neuen Lebensperspektive in die betreffende Stadt gezogen sind; Zweitwohnungsbesitzer, deren Familie in einer anderen Stadt lebt; oder auch Touristen, die mit ihren wiederholten Wochenendtrips und ihrem Szenewissen auf eine noch nie dagewesene Weise ins Gewebe der Stadt eindringen.

Diese Personengruppen stellen sämtlich eine »anwesende Abwesenheit« dar – sie sind da, aber gleichzeitig noch an einem anderen Ort. Diese neue Mobilität hat die geografischen Verhältnisse von Nähe und Ferne, aber auch von Nachbarschaft völlig verändert. So existieren in der Stadt Orte, die nur noch lose mit ihrer Umgebung korrespondieren. In den Niederlassungen

transnationaler Unternehmen etwa ist die Umgangssprache längst nicht
Deutsch, sondern Englisch, und die Mitarbeiter stammen aus verschiedenen Ländern und werden vielleicht schon bald an einen anderen Ort versetzt. Diese Büros haben viel mehr zu tun mit dem globalen Kommunikati-
onsraum des Unternehmens als mit ihrer direkten Nachbarschaft. Zugleich
haben die Städte unsichtbare Vororte, die geografisch weit entfernt liegen,
tatsächlich aber eher wie eine Nachbarschaft funktionieren. Viele Arbeitsmigranten, die ursprünglich nur für »ein, zwei Jahre« nach Deutschland gehen
wollten und sich doch ansiedelten, haben gleichzeitig in ihrem Herkunftsland Häuser gebaut oder Wohneigentum erworben – ohne tatsächlich zu-
rückzukehren. So existieren aktuell vor allem außerhalb von Europa, etwa
in Marokko, ganze Stadtviertel, die sich im Sommer mit Auswanderern füllen. Selbst wenn Einwanderer keine Immobilien in ihrem Herkunftsland
besitzen, bewohnen sie einen familiären Raum, der Netzwerke über die nationalen Grenzen hinweg spannt. In ähnlicher, aber ganz anderer Weise haben Touristen und »Rentenauswanderer« in großer Zahl an der europäischen
Sonnenperipherie, etwa in Spanien, Häuser oder Wohnungen erworben. Sie
bewohnen dort Siedlungen, die veritable »Parallelgesellschaften« darstellen
und die mit ihrer physischen Nachbarschaft wiederum nur sehr lose Verbindungen aufweisen. Es handelt sich ebenfalls um verkappte Vororte westeu-
ropäischer Städte.

Seitdem die deutsche Statistik auch das Kriterium des Migrationshin-
tergrunds erfasst, ist zudem der dramatische demografische Wandel ins Bewusstsein vorgedrungen – bei den unter 6-jährigen in den deutschen Städten sind die Kinder mit einer Einwanderungsgeschichte in der Mehrheit;
für Frankfurt oder Nürnberg ergeben sich Anteile von annähernd 70 Prozent.[2] Diese Vielheit lässt sich nicht mehr auf Einheit und Eindeutigkeit
reduzieren. Die traditionelle Polis ist längst auseinandergefallen, sie hat sich
zu einer vielgliedrigen »Parapolis« entwickelt – das Wort bezeichnet die vage,
quasi illegitime »Para«-Version der Polis. Aber zudem verbirgt sich in dem
Wort »para poli«, was »sehr viel« heißt: Man könnte also von einem Ort des
»sehr viel«, eben nicht nur der Vielfalt, sondern der Fülle sprechen. Das Be-
wegungsschema der urbanen Vielheit erschöpft sich dabei nicht länger in
den auf so etwas wie ethnische Identität beruhenden Vorstellungen des herkömmlichen Multikulturalismus. Die oben geschilderten Personen lassen

---

2 8. Bericht der Beauftragten der Bundesregierung für Migration, Flüchtlinge und Integration über die Lage der Ausländerinnen und Ausländer in Deutschland, Berlin 2010,
54.

sich nicht länger einfach auf Traditionen und Gemeinschaften hochrechnen. Sie sind uneindeutig, weil sie in einer komplizierten Gemengelage von Polyglottie und transnationalen Bezügen leben, was im Übrigen auch zunehmend für die sogenannten Einheimischen zutrifft.

In diesem Sinne hat auch die Sinus-Studie über die »Lebenswelten von Migranten in Deutschland« (2007) gezeigt, dass in dieser Bevölkerung zweifellos eine enorme Spreizung von Werten existiert. Allerdings sind die Unterschiede hinsichtlich der Werte innerhalb der jeweiligen ethnischen Gruppen größer als zwischen diesen Gruppen – der ethnische Hintergrund hat also nur begrenzte Aussagekraft. Insofern könnte der Begriff Ethnizität in Bezug auf Gestaltungsfragen in der Einwanderungsgesellschaft durch den Begriff Referenzrahmen ersetzt werden, der Einflüsse durch Herkunft nicht ausschließt, aber gleichzeitig akzeptiert, dass Personen ihre Bezugsräume mit unterschiedlichen Ressourcen aktiv konstruieren. Das stellt Planung vor erhebliche Herausforderungen. Wenn sie von »farbenblinder« Ignoranz abrücken möchte, dann braucht es mehr als »interkulturelle Kompetenz«, die leicht in eine Art Ethno-Rezeptwissen umschlagen kann. Die Planung benötigt ein flexibles Kontextwissen.

Ein »Programm Interkultur« statt Integration

Mit den alten Vorstellungen von Integration kommt man jedenfalls nicht mehr weiter. Auch wenn der Begriff Integration heute deutlich pragmatischer verstanden wird, transportiert er unausgesprochen normative Ideen aus den 1970er Jahren. So erscheinen Einwanderer weiterhin oft als defizitäre Personen, die durch kompensatorische Sondermaßnahmen an die Norm herangeführt werden müssen. Trotz der oben genannten Veränderungen geht es seit rund vier Jahrzehnten stets um die gleichen Defizite: Sprachprobleme, patriarchale Familienverhältnisse und »Ghettobildung«, unterdessen »Parallelgesellschaft« genannt. Die Logik der integrativen Kompensation suggeriert, die gesellschaftlichen Institutionen und Normen seien intakt, bloß die »Hinzugekommenen« reformbedürftig. Doch funktionieren die herkömmlichen Institutionen tatsächlich, wenn in Stuttgart heute 40% der Bevölkerung Migrationshintergrund haben? Was sind die allgemeinen Normen, wenn etwa im schweizerischen Zürich unterdessen 60 Prozent der Einwohner einen Migrationshintergrund haben? Der Blick auf die »Anderen« sorgt letztlich für die konsequente Vermeidung von Innovation. Nur ein Perspektivwechsel kann die Blockade aufheben.

Anstatt sich unentwegt mit den »Problemkindern« zu befassen, steht vielmehr eine Überprüfung der bestehenden Institutionen, Organisationen und Einrichtungen an: Sind sie »fit« für die Vielheit? Inwiefern berücksichtigt der Regelbetrieb in Sachen Planung, Bildung, Gesundheit, Arbeitsvermittlung oder Kultur die unterschiedlichen Voraussetzungen, Hintergründe und Referenzrahmen der Individuen und unterstützt sie dabei, ihr Potential auszuschöpfen? Eine solche Selbstbefragung bedeutet, die Herausforderung der Einwanderungsgesellschaft anzunehmen und den gesellschaftlichen Wandel als Anlass für Erneuerung zu nehmen. Heute findet sich etwa in den Schulen die »Parallelgesellschaft« keineswegs in den Klassenzimmern oder auf dem Pausenhof, sondern im Lehrerzimmer. Wenn ein Drittel der deutschen Schüler einen Migrationshintergrund besitzen, Tendenz steigend, dann darf unter den Lehrern keine Homogenität herrschen. Institutionen können nicht funktionieren, wenn sie die Vielheit nicht abbilden.

In den USA wird schon seit den 1990er Jahren über »Diversity« mit einem großen D gesprochen – dabei handelt es sich um Programme, mit denen die Unternehmen der vielfältigeren Zusammensetzung der Belegschaft in Bezug auf Geschlecht, Alter, Herkunft und sexuelle Orientierung gerecht werden wollen. Tatsächlich benötigt die Gestaltung der Parapolis ein »Programm Interkultur«. Der Leitfaden lautet: Wie müssen sich der Personalbestand und die Organisationskultur verändern, um der Vielheit zu entsprechen? Die Städte werden aktuell verwaltet und geplant von einem Personal, das mit der Zusammensetzung der Bevölkerung nicht mehr übereinstimmt – es gibt hier wie in anderen Bereichen eine enorme »Krise der Repräsentation«. Daher müssen Ausbildungschancen verbessert und Rekrutierungsverfahren gerechter gestaltet werden. Zudem braucht es aktive Strategien, um den Anteil an Personen mit Migrationshintergrund zu erhöhen – etwa nach dem Vorbild der Kampagne »Berlin braucht dich« oder dem Handlungskonzept »Lehrkräfte mit Zuwanderungsgeschichte« in Nordrhein-Westfalen.

Der Wandel des Personalbestandes allein kann aber nicht funktionieren, wenn es keine Veränderung der Organisationskultur gibt. Organisationen bringen immer einen gewissen »Typus« hervor, der als »normal« gilt und selbstverständliche Privilegien genießt. Personen, die mit diesem Typus übereinstimmen, bemerken gewöhnlich nicht, wie »deutsch« und ausgrenzend bestimmte Rede- und Verhaltensweisen oder bestimmte Strukturen eigentlich sind. Wenn aber die impliziten Regeln nicht reflektiert werden, dann scheiden die »Anderen« möglicherweise sehr schnell wieder aus. Ein Beispiel: Der ehemalige, mit der Aufklärung der Morde des »Nationalsozialistischen Untergrundes« (NSU) befasste Leiter der Münchener Mordkommission meinte in einem Interview, für die Recherchen im lange verdächtigen »Milieu« der Kleinunternehmer türkischer Herkunft seien auch »türkische Polizeibeamte« eingesetzt worden. Dieser Auffassung nach handelt es sich also nicht um deutsche Beamte, die eine Zusatzqualifikation besitzen (türkisch sprechen), sondern um »türkische Beamte«. Diese kommen offenbar primär dann zum Einsatz, wenn es notwendig erscheint, die Sprache von Delinquenten zu verstehen. Die Wahrnehmungsroutinen bleiben dabei intakt: Es ist klar, welche Personengruppe unter Verdacht steht, und die Beamten nichtdeutscher Herkunft gehören eigentlich zu einem »ausländischen« Kontext und werden entsprechend für einen bestimmten Zweck instrumentalisiert. Auch wenn sich die Polizei aktiv um eine Veränderung der Belegschaft bemüht, drohen solche Auffassungen den Prozess zu konterkarieren und müssen aktiv angegangen werden.

Das Ziel aller Maßnahmen ist nicht bloß die Beseitigung von Diskriminierung, sondern die Herstellung von »Barrierefreiheit«. Dieser Begriff wird gewöhnlich verwendet, um die baulichen Umbauten für Menschen mit Behinderungen zu bezeichnen, doch lässt sich der Begriff auch auf eine Reihe von unsichtbaren Schwellen erweitern. Letztlich geht es um ein Grundpostulat der demokratischen Gesellschaft: Alle Personen sollen sich frei bewegen können, körperlich wie sozial, und gerecht behandelt werden bei der Verteilung von Ressourcen und Dienstleistungen.

Dazu wird eine Perspektive benötigt, die Paradoxe aushalten kann, denn sowohl eine »farbenblinde« Haltung als auch eine, die der Differenz stets mit Sonderbehandlung begegnet, können diskriminierende Effekte haben. Insofern geht es immer um eine genaue und reflektierte Abwägung. Ohne die Betonung von Migrationshintergrund komme ich nicht aus, solange mit diesem Merkmal Benachteiligung einher geht. Gleichzeitig darf der Migrationshintergrund im Alltag einer Demokratie keine Rolle spielen. Dieses Paradox lässt sich nicht auflösen.

Strategien für die vielheitliche Stadt

In der Parapolis nun müssen alle Gestaltungsansätze von der Vielheit der Bevölkerung im urbanen Raum ausgehen. Die Aufgabe kann eben nicht darin bestehen, diese Vielheit wieder auf Einheit und Eindeutigkeit zu reduzieren. Zum einen muss im Rahmen der Globalisierung ein gewisser Kontrollverlust realistisch anerkannt werden; zum anderen sollte dennoch der Versuch unternommen werden, die Stadt so zu arrangieren, dass sie die unterschiedlichen Voraussetzungen und Hintergründe der Individuen berücksichtigt und diesen ermöglicht, ihr Potential auszuschöpfen – als Personen, die sich in ihrem Gemeinwesen engagieren und eben dadurch eine Vorstellung von Gemeinschaft entwickeln.

Diese Gestaltungsaufgabe lässt sich in fünf Punkten kurz skizzieren:

1. Die Städte müssen ihre Institutionen daraufhin befragen, ob sie der Mobilität und Vielfalt der städtischen Gesellschaft gerecht werden – die programmatische Verpflichtung auf Interkultur wurde oben bereits erläutert.
2. Es ist für die Zukunft der Städte höchst relevant, welches Bild sie von sich selbst entwerfen. Eine Stadt, welche die Vielheit als Niedergang begreift, ist für die Zukunft nachweislich schlechter gerüstet als eine, die ihre Vielheit als kreative Ressource begreift. Letztere stärkt bei ihren Bürgern den Optimismus und erhöht die Anziehungskraft für Zuzügler und Touristen. Eine Studie aus den 1990er Jahren hat etwa für das Vereinigte Königreich gezeigt, dass eine Stadt wie Manchester, die mit der inneren Diversität offensiv umgeht, deutlich besser mit dem Strukturwandel umgehen konnte als etwa Sheffield, wo die Heterogenität eher im Zusammenhang mit dem Niedergang gesehen wurde.[3] In den deutschen Städten wird die Vielfalt kaum einmal als Vorteil gesehen. Wenn man etwa auf der Homepage der Stadt Duisburg einen Blick auf die Marketing-Videos für Touristen wirft,[4] dann wird die antiseptische Darstellung von ortlosen Architektur, Kultur- und Sportangeboten ausschließlich mit Personen illustriert, die »weiß« erscheinen, jedenfalls der realen Zusammensetzung der Stadt überhaupt nicht entsprechen. Anstatt des-

---

3 Ian A. Taylor et al.: A Tale of Two Cities: Global Change, Local Feeling and Everyday Life in the North of England. A Study in Manchester and Sheffield, London/New York 1996.

4 »Visit Duisburg«, https://www.duisburg.de/freizeit/tourismus_freizeit.php, letzter Zugriff am 27.9.2013.

sen wäre es fruchtbarer, die Vielfalt als Markenzeichen einzusetzen. Tatsächlich sorgt der »Mythos« etwa des Stadtteils Kreuzberg für einen regen Zustrom von Bewohnern und Touristen – diese Personen suchen den Ort zweifellos nicht wegen seiner städtebaulichen Schönheit auf, sondern eben wegen der Attraktion des Vielheitlichen.

3. Der urbane Raum benötigt aufgrund der Mobilität eine neue Idee eines an den Wohnort gebundenen »Rechts auf einen Ort«. Gerade in Zeiten knapper Finanzmittel sind die Städte auf mehr Beteiligung angewiesen. Die Zeiten autoritärer Planung durch Experten sind vorüber – Regieren bedeutet heute auch Kollaboration mit den Bürgern. Eine ernsthafte Beteiligung der Einwohner an Planungs- und Haushaltsprozessen verstärkt die Legitimität von Entscheidungen in der »Parapolis«. Dabei müssen auch für Personen mit uneindeutigem Status Mitbestimmungsmöglichkeiten geschaffen werden – möglicherweise in kleineren sozialräumlichen Einheiten, also Nachbarschaften oder Viertel, ansetzend bei ganz konkreten Problemen. Allerdings müssen die Kollaborationsangebote ernst gemeint sein, was auch bedeutet: Die Bürger müssen tatsächlich Entscheidungsspielraum besitzen. Es macht keinen Sinn, sich ohnehin getroffene Entscheidungen durch halbgare Partizipationsverfahren abnicken lassen zu wollen. Kollaboration bedeutet auch die Einbeziehung von Personen, die Jude Broomfield als »intercultural innovators« bezeichnet.[5] Sie entsprechen etwa den »best persons« im Rahmen von Stadterneuerungsprozessen, die Ton van der Pennen vorgestellt hat.[6] Bei diesen Personen handelt es sich um selbstbewusste und aktive Grenzüberschreiterinnen und Grenzüberschreiter, die sich nicht an die üblichen Problemdefinitionen halten. Durch ihr forsches Auftreten werden sie aber oftmals von den bestehenden Institutionen als Gefahr und Konkurrenz gesehen – ihre Rolle muss dagegen gestärkt werden.

4. Die Städte sind dazu aufgerufen, sich in ihrer baulichen Gestalt an der Vielheit zu orientieren (»Designing for Diversity«) und gleichzeitig Orte zu schaffen, in denen sich diese Vielheit verkörpert. Das wird auch in deutschen Kommunen teilweise bereits angegangen. In der Stadtentwicklungsstrategie »Duisburg 2027« etwa, die zum neuen Flächennutzungsplan führen soll, hat der Rat sogenannte »Querschnittsbelange«

---

5 Vgl. Jude Bloomfield: Profile of intercultural innovators, Comedia 2006, http://www. coe.int/t/dg4/cultureheritage/culture/cities/Publication/ProfileInterculturalInnovators. pdf, letzter Zugriff am 27.9.2013.

6 Vgl. Ton von der Pennen: Best Persons, in: vhw FWS 2/März-April 2013.

festgelegt, zu denen neben der Gleichstellung der Geschlechter und der Barrierefreiheit auch ausdrücklich »interkulturelle Urbanität« gehört. Das Kriterium ist wiederum in sechs Leitlinien aufgeteilt, die interkulturelle Urbanität als Grundlage einer innovativen Wirtschaftsstruktur definieren und die Schaffung von »Orten der Begegnung«, eine »interkulturelle Kulturarbeit« sowie eine »vielfältige Baukultur« als Orientierungspunkte festlegen. Bislang handelt es sich noch um »Wording«, doch die Richtung stimmt. So sollte bei der Planung öffentlicher Gebäude danach gefragt werden, an wen sie sich eigentlich richten, welche Traditionen sie wie selbstverständlich aufgreifen und welche Schwellen sie aufrichten. Zudem wäre auch darüber nachzudenken, wie die interkulturelle Stadt sich symbolisch in sogenannten Leuchttürmen verkörpern könnte. Tatsächlich scheinen die Pläne für das »Humboldt-Forum« in der Mitte Berlins darauf hinzudeuten, dass die Vielfalt in der Mitte der deutschen Hauptstadt verankert werden soll – unter diesem Namen sollen die ethnologischen Sammlungen der staatlichen Museen in das wieder aufgebaute preußische Stadtschloss einziehen. Allerdings lässt die derzeitige Konzeption vermuten, dass es sich eher um eine Einhegung der lebendigen Vielheit handelt – hinter einer preußischen Fassade und unter dem Namen eines deutschen Forschers sollen die Artefakte einer vergangenen Authentizität neu präsentiert werden. Das wäre denn eher eine Strategie, die im englischsprachigen Bereich als »Containment«, als Eindämmung bezeichnet wird.

5. Geboten wäre – auch gegen solche Art von »Containment« – die Schaffung von Plattformen, von offenen Räume, die sich eben nicht am Vorbild der repräsentativen Plätze des 19. Jahrhunderts orientieren. Ein alternatives Modell wäre – um bei einem Berliner Beispiel zu bleiben – der Görlitzer Park im Stadtteil Kreuzberg. Im Sommer wird der überfüllte Park zu einer Fläche, auf der alle Formen von »everyday urbanism«[7] zu beobachten sind. In den alltäglichen Praxen der Raumaneignung wird Interkulturalität permanent ausgehandelt. Allerdings geben solche Orte keineswegs Anlass zur Romantisierung – die endemischen Probleme wie Konflikte, Kriminalität oder Abfall liegen auf der Hand und bedürfen wiederum der Regelung. »Plattform« bedeutet nicht, den Raum mehr oder minder sich selbst zu überlassen (was in Kreuzberg häufig der Fall

---

7 John Chase/Margaret Crawford/John Kaliski (Hg.): Everyday Urbanism, New York 2008.

ist). Aber die Politik sollte bei den zivilen Aushandlungen und auch Auseinandersetzungen ansetzen, die eben kein statisches multikulturelles Nebeneinander definieren, sondern einen neuen interkulturellen Raum. An der Gestaltung dieses Raums sollten so viele Personen wie möglich mitwirken können. Erst wenn sich Bewohner in ihrem Gemeinwesen engagieren, kann sich eine Vorstellung von Gemeinsamkeit entwickeln. Die so skizzierte Gestaltung setzt einen unvoreingenommenen Blick auf die Städte voraus. Einen Blick, der sich nicht von normativen Vorstellungen, sondern von jenem »in-between-awareness« leiten lässt, das Aldo van Eyck definiert hat als ein Sensorium für Schwellen, Bewegung und Ambivalenzen.[8] Ein Blick, der forscht und »lernt« im gleichen Sinne wie Robert Venturi, Denise Scott-Brown und Steven Izenour vom scheinbaren Abfalleimer der US-Architektur, Las Vegas, gelernt haben. Die zweite Prämisse wäre ein neues Ethos der Kollaboration. Wenn die Stadt unhintergehbar eine Vielheit ist, dann ist nicht »Integration«, sondern Kollaboration der zentrale Wert des Zusammenlebens. Durch Kollaboration lernen sich die »Fremden« kennen, welche die Stadt seit jeher ausmachen. Die traditionellen Ideen von Gemeinschaft haben sich stets auf die Vergangenheit bezogen. In der Parapolis teilen die Bewohner aber nur eine sehr kurze Geschichte. Für heutige Gesellschaften kommt es darauf an, sich auf eine Gemeinschaft der Zukunft hin zu entwerfen.

---

8 Vgl. Aldo van Eyck: The child, the city, the artist. An essay on architecture. The in-between realm, in: ders., Writings. The Child, the City and the Artist. Collected Articles and Other Writings 1947–1998, Amsterdam 2008, 53 ff.

Demokratische Inklusion: Bürgerschaft oder Wahlrecht?[1]

Robin Celikates

In Kalifornien und der Schweiz sind rund 20 Prozent der erwachsenen, dauerhaft ansässigen Bevölkerung ohne Wahlrecht; in Deutschland sind es ca. 8–9 Prozent. Abgesehen von Minderjährigen stellen sogenannte »resident aliens« bzw. »non-citizens«, also »Ausländer/innen mit festem Wohnsitz« bzw. »Wohnbürger/innen ohne Staatsbürgerschaft« in liberalen Rechtsstaaten die größte Gruppe der von der Teilnahme am politischen Prozess Ausgeschlossenen dar – das betrifft vor allem das Wahlrecht, in vielen Fällen aber auch andere politische Grundrechte. In welcher Hinsicht ergibt sich aus dieser Situation ein demokratietheoretisches Problem?

Das Problem

Um einer Antwort auf die Frage nach dem demokratietheoretischen Problem näherzukommen, scheint es hilfreich, an die fundamentale Ambiguität von Staatsbürgerschaft zu erinnern. Staatsbürgerschaft ist nämlich ein wesentlich »geteilter Begriff« (Linda Bosniak) und sowohl durch eine interne Inklusivität gekennzeichnet, die darin besteht, dass allen Bürgerinnen und Bürgern ein gleicher Status und gleiche Rechte zugesprochen werden, als auch durch eine externe Exklusivität, nämlich den Ausschluss aller Nicht-Staatsbürger/innen von diesem Status und diesen Rechten. Staatsbürgerschaft ist daher immer auch ein Mechanismus der Schließung (was in progressiven Narrativen von der inklusiven Dynamik moderner Staatsbürgerschaft oft vernachlässigt wird). Dies mag mit Bezug auf nicht dauerhaft auf dem Territorium des betreffenden Staates ansässige Ausländer/innen ein

---

1 Eine längere Fassung dieses Beitrags ist erschienen in: Andreas Cassee/Anna Goppel (Hg.): Migration und Ethik, Münster 2012.

gerechtigkeitstheoretisches Problem darstellen. Ein demokratietheoretisches Problem ergibt sich aber erst aus einem anderen Aspekt dieser exkludieren-den Seite von Staatsbürgerschaft, nämlich aus der internen Exklusion dauer-haft ansässiger Nicht-Staatsbürger/innen.

Die demokratietheoretisch relevante Frage ist, ob die Präsenz dieser Grup-pe in einem Staat dessen demokratische Legitimität infrage stellt. Das hängt offensichtlich davon ab, wie man die Idee der demokratischen Legitimität versteht. Nun bedeutet Demokratie bekanntlich zunächst einmal Herrschaft des Volkes und verweist damit auf die politische Selbstbestimmung des *de-mos*, also der politischen Gemeinschaft der Bürgerinnen und Bürger. Ent-sprechend wird Demokratie meistens primär als eine Frage demokratischer Prozeduren verstanden, also der institutionellen Umsetzung der Idee der politischen Selbstbestimmung in konkreten Verfahren (Wie wird entschie-den?). Aber darin geht die Idee der Demokratie nicht auf. Ebenso wichtig ist die Frage des Zugangs zu diesen Prozeduren, also der Zusammensetzung der Gruppe der zur Partizipation Berechtigten (Wer entscheidet?).

Damit rückt die Frage ins Zentrum, wie der »demos« zu bestimmen ist bzw. wer dazu gehört – eine Frage, die lange Zeit in der Annahme ausge-klammert wurde, dass wir es bereits mit ordentlich konstituierten »demoi« zu tun haben. Ob diese Annahme jemals gerechtfertigt war, sei dahingestellt – heute besteht weitgehend Einigkeit darüber, dass sie angesichts der Rea-lität von Migration in Frage steht. Wir suchen also nach einem Prinzip der demokratischen Inklusion, das dann auch eine Antwort auf die Frage zu lie-fern hat, ob die genannten Formen der internen Exklusion zu rechtfertigen sind oder nicht.

Wie also soll die Frage der Zusammensetzung des »demos« und damit des Zugangs zu den Prozeduren der politischen Selbstbestimmung beant-wortet werden? Der aussichtsreichste Kandidat für das gesuchte Prinzip kann im Prinzip der Unterworfenheit (»all subjected principle«) gesehen werden, dem zufolge alle diejenigen, die der Autorität des Staates (oder ei-ner in relevanter Hinsicht staatsähnlichen Institution) bzw. der staatlichen Gesetze dauerhaft und umfassend (also in wesentlichen Lebensbereichen) unterworfen sind, ein Recht auf Partizipation haben – der Slogan »no taxa-tion without representation« bringt die Grundidee dieses Prinzips ganz gut zum Ausdruck.[2] Im nicht-idealen Rahmen der gegenwärtigen Diskussion können wir davon ausgehen, dass dieses Prinzip primär – wenn auch nicht

---

2 Vgl. etwa Nancy Fraser: Scales of Justice, New York 2009, 65.

ausschließlich – in territorial organisierten Staaten (oder staatsähnlichen Gebilden) Anwendung findet. Eine wichtige Frage, die sich gleich zu Beginn stellt, ist, ob die zeitliche Logik des Prinzips der Unterworfenheit vergangenheits- oder zukunftsorientiert ist: Folgt man der plausibleren zweiten Interpretation, dann erscheint die bisher im Land verbrachte Zeit als an sich normativ irrelevant und erhält eine normative Bedeutung allein in abgeleiteter Weise, insofern sie den besten oder einzigen Indikator für den zukünftigen Aufenthaltsort (und damit die Erfüllung des Kriteriums der dauerhaften und umfassenden Unterworfenheit) darstellen sollte. Ließe sich auch auf andere Weise feststellen, ob jemand dauerhaft bzw. auf unbestimmte Zeit in einem Land leben wird, würde dem Prinzip der Unterworfenheit zufolge der entsprechende Anspruch auf Partizipationsrechte mit dem Betreten des Territoriums entstehen.

Was folgt aus dem Prinzip der Unterworfenheit für die Frage der Konstitution des »demos«? Es folgt, was aus der Perspektive der klassischen Demokratietheorie vielleicht erstaunlich ist, dass der »demos« eben nicht das Recht hat, frei über seine eigene Zusammensetzung zu bestimmen (wie das bei einem Verein der Fall sein mag). Aus diesem Grund kann die Zusammensetzung des »demos« (eventuell im Unterschied zur Regulierung des Zugangs zum Territorium) nicht selbst wieder Gegenstand der demokratischen Entscheidung des »demos« sein. Heißt das, dass diese Frage auf un- oder antidemokratische Weise entschieden werden muss? Ganz im Gegenteil, sie muss im Einklang mit einem grundlegenden Prinzip der demokratischen Inklusion entschieden werden, nämlich dem Prinzip, dass alle diejenigen, die der Autorität des Staates dauerhaft und umfassend unterworfen sind, ein Recht auf Partizipation haben. Ein analoges Beispiel mag dies verdeutlichen: Auch in der Auseinandersetzung um das Frauenwahlrecht hätte der »demos« in seiner bisherigen – rein männlichen – Zusammensetzung ja nicht das Recht gehabt, selbst zu entscheiden und Frauen das Wahlrecht einfach weiterhin vorzuenthalten. Gerade diese Beschränkung ist zu Recht als unvereinbar mit der Idee der Demokratie kritisiert worden, und so kann man die unterinklusive Zusammensetzung des »demos« vielleicht sogar als das paradigmatische Demokratiedefizit bezeichnen. Aus demokratietheoretischer Sicht kann sich der »demos« mithin jedenfalls innerhalb bereits konstituierter politischer Einheiten nicht einfach selbst definieren.

Bevor ich mich der Frage zuwende, was aus diesem Prinzip der demokratischen Inklusion für die oben aufgeworfene Frage nach dem politischen Status dauerhaft ansässiger Nicht-Staatsbürger/innen folgt, sollte betont werden, dass selbst diejenigen, die annehmen, Staaten hätten ein Recht, Immigration zu regulieren und sogar relativ restriktiv zu handhaben, argumentieren können, dass alle, die »drinnen« sind, auch einen Anspruch auf politische Partizipation haben – so vertritt etwa Michael Walzer die Auffassung, dass die Herrschaft von Bürger/innen über Nicht-Bürger/innen historisch gesehen die am weitesten verbreitete Form der Tyrannei darstellt, die sich im Umgang mit politisch so gut wie rechtlosen »Gastarbeiter/innen« bis in die Gegenwart erstreckt.[3] Gleichwohl scheint die empirische Tendenz schwer bestreitbar, dass sich restriktive Immigrationsregelungen in restriktive Einbürgerungs- und Wahlrechtsregelungen übersetzen, so dass zumindest aus politisch-strategischen (wenn auch nicht unbedingt aus philosophischen) Gründen beide Fragen nicht vollständig unabhängig voneinander behandelt werden sollten.

Zwei Probleme?

Nun könnte es aber sein, dass sich aus der Perspektive des »all subjected principle« zwei Probleme ergeben und nicht nur eines. Das scheint dann der Fall zu sein, wenn man das Prinzip so versteht, dass alle *und nur* diejenigen, die der Autorität des Staates bzw. der staatlichen Gesetze dauerhaft und umfassend unterworfen sind, ein Recht auf Partizipation haben. Der aus Sicht dieses Prinzips normativ defiziente Status quo ist dann nämlich doppelt bestimmt – und zwar dadurch, dass einerseits dauerhaft (oder schon immer) im Ausland lebende Emigrant/innen (oder deren Nachfahren) ohne relevante Verbindung zum gesellschaftlichen und politischen Leben des fraglichen Staates zum Teil alle mit dem Bürgerstatus verbundenen Rechte genießen, während andererseits viele derjenigen, die am gesellschaftlichen Leben teilnehmen und den staatlichen Entscheidungen direkt unterworfen sind, von diesem Status und den entsprechenden Rechten ausgeschlossen sind. Dem Problem der Unterinklusivität – nicht alle, die im relevanten Sinn unterworfen sind, sind auch Bürger/innen – scheint das Problem der Überinklusivität zu entsprechen: Nicht alle, die Bürger/innen sind, sind auch im relevanten Sinn unterworfen.

---

3 Vgl. Michael Walzer: Spheres of Justice, New York 1984, 56–63.

Sollten Bürger/innen ihren Bürgerstatus und damit ihre politischen Partizipationsrechte also auch dann behalten dürfen, wenn sie dauerhaft in einem anderen Land leben?

Dagegen spricht das folgende Symmetrieargument: Da permanent im Ausland lebende Bürgerinnen und Bürger der Autorität des Staates bzw. der staatlichen Gesetze nicht mehr (dauerhaft und umfassend) unterworfen sind und da nach dem Prinzip der Unterworfenheit ethnische Zugehörigkeit, ursprüngliche Nationalität und subjektive Identifikation an sich keine normative Relevanz besitzen, haben sie nicht länger einen Anspruch auf den Bürgerstatus – denn warum sollten sie auf die Politik eines Staates Einfluss nehmen können, dessen Autorität und Gesetzen sie nicht mehr oder zumindest nicht in relevantem Maße, nämlich dauerhaft und umfassend, unterworfen sind? Daraus könnte man den Schluss ziehen: »Permanent non-residents should be disenfranchised«.[4] Allerdings folgt das nur unter »idealen« Bedingungen – unter den nicht-idealen Bedingungen der politischen Wirklichkeit, in denen politische Partizipationsrechte normalerweise eben nicht gemäß des Prinzips der Unterworfenheit zugeschrieben werden, muss sichergestellt sein, dass diese »permanently non-resident citizens« durch eine entsprechende Anwendung des Prinzips auf das Problem der Überinklusivität nicht staatenlos werden und dass sie weiterhin Einreisefreiheit genießen. In einer nicht-idealen Welt ist Mehrfachstaatsbürgerschaft und die damit einhergehende Kumulierung politischer Partizipationschancen demnach zu akzeptieren. Wie auch immer man diese konkreten Fälle nun genauer beurteilt, eine normative Konsequenz aus der einigermaßen symmetrischen Anwendung des Prinzips der Unterworfenheit scheint die Forderung nach einer Graduierung von Ansprüchen auf Partizipationsrechte – nota bene: nicht notwendigerweise der Partizipationsrechte selbst – zu sein, so dass man mit Shachar von »ascending and descending membership entitlements« sprechen kann, die auf der einen Seite die Inklusion der »resident stakeholders« fordern und auf der anderen die Exklusion der »nominal heirs« nahelegen, die ihre Staatsbürgerschaft einfach von ihren Vorfahren erben, ohne jemals in dem entsprechenden Land gelebt zu haben.[5] Eine Alternative zur etwas rabiat erscheinenden »Ausbürgerung« könnte hier – in Spiegelung der beiden im nächsten Abschnitt diskutierten Strategien – freilich die Entkopplung von politischen Partizipationsrechten und Staatsbürgerschaft darstellen

---

4 Claudio López-Guerra: Should Expatriates Vote? In: *The Journal of Political Philosophy* 13 (2), 2005, 217.

5 Vgl. Ayelet Shachar: The Birthright Lottery, Cambridge/MA 2009, 165.

(Emigrant/innen könnten also nach einer gewissen Zeit ihre Partizipations-rechte im Heimatland verlieren, ohne deshalb der Staatsbürgerschaft und zum Beispiel des Rechts auf Rückkehr verlustig zu gehen). Wer die Auffassung vertritt, dass Überinklusivität im Prinzip kein demokratietheoretisches Problem darstellt, muss jedoch gewichtige Gründe anführen, die über einen Hinweis auf die faktische affektiv-identitäre Dimension von Bürgerschaft und die oben angeführten pragmatischen Überlegungen hinausgehen. Wie Claudio López-Guerra meines Erachtens zu Recht feststellt: »Just as nationality and culture are invalid criteria for denying political rights to residents, they are likewise unacceptable for granting them to non-residents.«[6] Im Folgenden geht es mir jedoch allein um das Problem der Unterinklusivität – und dieses Problem müssen und können sich als demokratisch verstehende Staaten auch unabhängig davon angehen, was andere Staaten tun.

Zwei Strategien der Inklusivitätssteigerung und ihre Schwierigkeiten

Wenden wir uns nun endlich der Frage zu, wie auf das demokratietheoretische Problem der Unterinklusivität reagiert werden sollte, so lassen sich zwei grundsätzlich verschiedene Strategien unterscheiden, die in der Literatur ausgiebig diskutiert worden sind und die als Strategie der Disaggregation und als Strategie der Einbürgerung bezeichnet werden können.

Die Strategie der Disaggregation bzw. des »enfranchising«, also der Verleihung des Wahlrechts (manchmal unter dem Titel »alien suffrage«) unabhängig von der Staatsbürgerschaft, zielt auf die Entkopplung von individuellen Rechten und der Staatsbürgerschaft als Status. Häufig wird darin, etwa im Anschluss an die Untersuchung von Yasemin Soysal, die logische Konsequenz eines historischen Trends zur Ablösung von Rechten und Bürgerschaft gesehen, der zu post-nationalen Formen der Mitgliedschaft und zu einer Umstellung von der »logic of national citizenship« auf die »logic of personhood« geführt habe.[7] Diese Strategie stößt trotz ihrer augenscheinlichen

---

6 Claudio López-Guerra, a.a.O., 226.
7 Vgl. Yasemin Soysal: Limits of Citizenship, Chicago 1994.

Attraktivität[8] jedoch auf einige gravierende Probleme. Zunächst ist anzumerken, dass sie in der Praxis vor allem für liberale Abwehrrechte und für einige soziale Teilhaberechte, normalerweise aber nicht für politische Teilnahmerechte (insbesondere nicht für das Wahlrecht auf überkommunaler Ebene) zu funktionieren scheint. Das zeigt sowohl die US-amerikanische Rechtsprechung als auch ein Blick ins deutsche Grundgesetz, das bekanntlich zwischen den Menschenrechten bzw. den sogenannten »Jedermannsrechten« auf der einen und den Staatsbürgerrechten bzw. den sogenannten »Deutschenrechten« auf der anderen Seite unterscheidet – und die meisten politischen Rechte inklusive der Versammlungs- und Vereinigungsfreiheit zu den letzteren zählt. Da zudem die im Kontext der Disaggregation gewährten Rechte häufig nicht als *gleiche* Rechte gewährt werden, führt diese Strategie in der Praxis oft zu einem System stratifizierter, konditionaler, konzedierter und reversibler (und zunehmend auch restringierter) Rechte. Zudem stellt sich auf praktischer Ebene die Frage, ob diese Strategie die Einbürgerung letztlich erleichtert, indem sie den Weg zu ihr ebnet, oder ob sie diese erschwert, indem sie sie entwertet und damit falsche Anreize schafft, nicht zuletzt indem Staatsbürgerschaft weiter ethnisiert und identitär aufgeladen wird.

Damit steht das Grundproblem dieser Strategie bereits deutlich vor Augen: Die Disaggregation von Wahlrecht und Bürgerschaft führt zu einer Art Re-Feudalisierung des Bürgerstatus durch die Einführung einer Unterscheidung von Bürgerinnen und Bürgern erster und zweiter Klasse, die in der Praxis sehr schnell relevant werden kann, wenn man nur an den Schutz vor Ausweisung und das Recht auf diplomatischen Beistand denkt (man erinnere sich des Falls des »Bremer Taliban«). Dass es eine privilegierte Gruppe von Vollbürgerinnen und -bürgern gibt und daneben oder darunter eine von Proto-/Quasi-Bürger/innen, denen nur eine Teilmenge an Rechten zukommt, scheint mit der Idee der Demokratie als Selbstbestimmung der Gleichen und Freien unvereinbar zu sein. Wie will man rechtfertigen, dass manche Rechte und Pflichten nur Staatsbürgerinnen und -bürgern zukommen (wie etwa bestimmte soziale Rechte, diplomatischer Schutz, der Schutz vor Ausweisung oder das Recht auf Wiedereinreise bzw. -einwanderung)? Die mit der Strategie der Desaggregation einhergehende »citizenship light« und die Etablierung verschiedener Klassen von Rechtsadressat/innen, von denen

---

8 Vgl. Robin Celikates/Hilal Sezgin: Freie Wahl für freie Mitbürger, in: *DIE ZEIT* 26, 2009, 13. David Owen: Resident Aliens, Non-Resident Citizens and Voting Rights, in: Gideon Calder (Hg.) Citizenship Acquisition and National Belonging, Basingstoke 2009, 52–73.

nur manche Vollbürger/innen sind, bedeutet in zumindest zweifacher Hinsicht einen nicht akzeptablen Rückfall hinter den erreichten und erkämpften Stand der Rechtsentwicklung. Nehmen wir zunächst an, politische Rechte würden ohne die anderen mit der Staatsbürgerschaft einhergehenden Rechte und Sicherheiten verliehen: Wird man wirklich davon ausgehen können, dass jemand seine politischen Rechte im vollen Umfang und das heißt in gleichem Maße wie die Staatsbürger/innen nutzen wird oder nutzen kann, der letztlich nicht sicher sein kann, ob er nicht doch wieder rausgeworfen wird, wenn er missliebige politische Positionen vertritt, weil das unbedingte Bleiberecht eben ein Privileg der Staatsbürger/innen ist? Auch wenn es gar nicht zu faktischen Eingriffen in die politische Freiheit der Betroffenen kommen mag, ist ihre Freiheit doch schon aufgrund ihres untergeordneten Status (und der damit eventuell einhergehenden Formen der vorauseilenden Selbstbeschränkung) kompromittiert.

Ähnlich könnte man gegen die Entkopplung von politischen und sozialen Rechten einwenden, dass die Einheit der Rechte eine in der Theorie und der Praxis hart erkämpfte Errungenschaft ist, die nicht so einfach aufs Spiel gesetzt werden sollte, denn die Ausübung politischer Rechte – auch des Wahlrechts – hat Voraussetzungen, die durch andere Arten von Rechten – etwa durch soziale und ökonomische Rechte – garantiert werden müssen, sollen die Rechtsträger/innen wirklich dazu in der Lage sein, ihre Rechte effektiv zu nutzen und damit den fairen Wert der formal gleichen Rechte zu realisieren. Es ist sicherlich richtig, dass in vielen liberalen Rechtsstaaten auch diese Rechte dauerhaft ansässigen Nicht-Bürger/innen gewährt werden. Aber sie werden ihnen doch auf andere Weise gewährt, als sie den Bürger/innen zustehen, und daher haben sie diese Rechte auch auf andere Weise.

Es sind also durchaus Zweifel angebracht an der vorausgesetzten Kompatibilität der Unterscheidung zweier Status – Vollbürgerschaft vs. Wahlberechtigung – mit der demokratietheoretischen Grundidee der Selbstbestimmung von Freien und Gleichen. Die Strategie der Disaggregation beruht auf der problematischen Annahme, die klassischerweise in der Idee der Staatsbürgerschaft miteinander verkoppelten Rechte ließen sich so einfach disaggregieren. Man kann aber eben nicht für jedes einzelne Recht (etwa für das Wahlrecht) isoliert die Frage stellen, ab wann es dauerhaft ansässigen Nicht-Staatsbürger/innen gewährt werden muss und an was für Bedingungen es geknüpft werden kann. Dass die verschiedenen Rechte in der Staatsbürgerschaft miteinander verkoppelt sind, ist nicht kontingent, sondern ihrem internen Zusammenhang geschuldet. Mit anderen Worten: Die Rechte, um die es geht, funktionieren nicht atomistisch, sondern holistisch. Der Vorschlag der Entkopplung würde daher den aus demokratietheoretischer Perspektive sowieso schon problematischen Status quo in zumindest diesen Hinsichten noch verschlimmern.

Die Alternative zur Strategie der Disaggregation besteht in der Strategie der Einbürgerung, also in der Öffnung des Staatsbürgerstatus im Einklang mit dem Prinzip der Unterworfenheit. Diese zweite Strategie zielt auf die Erleichterung der Einbürgerung bzw. Naturalisierung, also auf die Erweiterung des (weiterhin als Gesamtheit der (Staats-)Bürger/innen bestimmten) »demos«. Sie kann als politisch progressiv bewertet werden, weil sie Staatsbürgerschaft als rein politischen und nach normativ relevanten Kriterien zuzuschreibenden Status versteht und damit zu dessen De-Ethnisierung beiträgt.

Zwei prominente Vorschläge zur Konkretisierung dieser Strategie sind das von Rainer Bauböck entwickelte Modell der »stakeholder citizenship« und Ayelet Shachars »jus nexi«. Bauböck zufolge sind diejenigen Individuen »stakeholder«, »die ein permanentes Interesse an Mitgliedschaft und politischer Partizipation haben und nicht nur Rechtsunterworfene oder von einzelnen Entscheidungen Betroffene sind«.[9] Diese Art der »stakeholdership« generiert Bauböck zufolge einen Anspruch auf Staatsbürgerschaft. Dem von Shachar vorgeschlagenen »jus nexi« zufolge ist es die (normativ relevante) soziale Tatsache faktischer Mitgliedschaft, die Ausdruck von »choice and consent« sei, die den Anspruch auf Staatsbürgerschaft begründet, nicht zufällige (und normativ irrelevante) Tatsachen der Geburt wie Geburtsort (»jus soli«) und Abstammung (»jus sanguinis«).[10]

Auch diese beiden Vorschläge werden allerdings mit einigen Problemen konfrontiert, die für eine etwas andere Formulierung dieser zweiten Strategie sprechen. Sie werfen nämlich die Frage nach den Voraussetzungen bzw. Bedingungen der Einbürgerung auf: Wann liegt die faktische soziale Mitgliedschaft und ein permanentes Interesse vor, das den Anspruch auf Einbürgerung zu begründen vermag? Ist die Aufenthaltsdauer dafür ein guter (oder vielleicht der einzige) Indikator? Wie steht es um oft genannte weitere Bedingungen wie Integration bzw. Integrationswilligkeit, Sprachfähigkeiten, kulturelle Kompetenzen, Identifikation etc.? Wie wir gesehen haben, sind diese Bedingungen aus der Perspektive des Prinzips der Unterworfenheit allesamt normativ gesehen nicht haltbar oder zumindest problematisch:

---

9 Rainer Bauböck: Jenseits des Selbstbestimmungsprinzips, in: *terra cognita* 17, 2010, 19.
10 Vgl. Ayelet Shachar, a.a.O., 165.

Worauf es ankommt, ist allein, ob das Kriterium der dauerhaften und umfassenden Unterworfenheit erfüllt ist. Daraus folgt nach dem Grundsatz der Gleichbehandlung, dass alle, die diese Bedingung erfüllen, auch den gleichen Anspruch auf den gleichen politischen Status haben. Solange politischer Status primär über Staatsbürgerschaft organisiert wird, heißt das, dass ein gleicher Anspruch auf eben diesen Status und die damit einhergehenden Rechte besteht, für den die ursprüngliche Nationalität und ähnliche Faktoren schlicht irrelevant sind.

Im Unterschied zur Idee der »stakeholder citizenship« und des »jus nexi« hat die direkte Begründung von Ansprüchen auf Partizipationsrechte über das »all subjected principle« zudem den Vorteil, sich nicht auf eine Graduierung politischer Rechte je nach »stake« oder »nexus« einlassen zu müssen. Sicher, auch diese Strategie wird mit bestimmten Problemen konfrontiert sein – vom Problem ständigen Staatsbürgerschaftswechsels durch ständigen Wohnortwechsel über die Frage der Belastungsfähigkeit staatsbürgerlicher Solidarität bis zur Frage der menschen- und asylrechtlichen Implikationen –, aber das Problem der Unterinklusivität, das sie löst, scheint normativ und politisch betrachtet doch signifikanter als diejenigen Probleme, die sie in Ausnahmefällen schaffen mag.

Resümee

Wie wir gesehen haben, haben beide Strategien jeweils Vor- und Nachteile. Insgesamt aber scheint die zweite Strategie sehr viel besser geeignet, der Grundidee der demokratischen Inklusion Rechnung zu tragen.[11] Worauf es ankommt, ist aus dieser Perspektive nicht so sehr, dass man den Status und die Rechte, die mit Staatsbürgerschaft verbunden sind, in irgendeinem Land hat (etwa in dem Land, in dem man geboren wurde), sondern dass man sie in dem Land hat, in dem man sein Leben lebt und dessen Gesetzen man unterworfen ist. Gleiche Bürgerschaft ist kein von staatlicher Seite verliehenes Privileg, sondern ein grundlegender Anspruch. Dieses Verständnis schreibt sich in die politischen Auseinandersetzungen um Staatsbürgerschaft ein, in denen dieser Anspruch angemeldet und seine Anerkennung erkämpft wird.

---

11 Damit vertrete ich nun eine andere Auffassung als noch in Robin Celikates/Hilal Sezgin, a.a.O.

Diese Auseinandersetzungen sind historisch immer auch Kämpfe gegen den exkludierenden Charakter von Staatsbürgerschaft und für deren De-Naturalisierung und De-Ethnisierung gewesen. Diese Geschichte und damit auch die Auseinandersetzungen, aus denen sie besteht, scheinen noch lange nicht abgeschlossen zu sein.

Soziales und politisches Engagement von »Migranten«[1]

Chantal Munsch

Zur Notwendigkeit eines weiten Begriffs von Engagement

Der Diskurs über Zivilgesellschaft und bürgerschaftliches Engagement ist stark von der Norm der Solidarität und Integration geprägt. Diese Forderung, dass Partizipationsprozesse niemanden ausschließen sollten, macht es äußerst schwierig, Ausgrenzungsprozesse zu erkennen. Statistische Untersuchungen zeigen zwar, dass sozial benachteiligte Gruppen, z.b. Arbeitslose, Menschen mit niedrigem Einkommen und Bildungsstatus, Frauen und eben auch Personen mit Migrationshintergrund im Kontext bürgerschaftlichen Engagements unterrepräsentiert sind,[2] dies wird jedoch zumeist individualisierend und kulturalisierend durch fehlende Kompetenzen erklärt. Feministische und diversitätstheoretische Studien haben demgegenüber deutlich gemacht, dass der Begriff der politischen Partizipation die Beteiligung von Minderheiten ausgrenzt.[3] Dies ist v.a. in der Dichotomie zwischen einer politisch-öffentlichen und einer privat-persönlichen Sphäre begründet, welche das Verständnis von politischer Partizipation bis heute prägt. Poli-

---

1 Nachdruck des gleichnamigen Artikels aus Bettina Lösch/Andreas Thimmel (2010): Kritische politische Bildung. Ein Handbuch, Schwalbach/Ts: Wochenschau Verlag, 327–338.

2 Thomas Gensicke/Sibylle Picot/Sabine Geiss: Freiwilliges Engagement in Deutschland 1999–2004. Ergebnisse der repräsentativen Trenderhebung zu Ehrenamt, Freiwilligenarbeit und bürgerschaftlichem Engagement. Durchgeführt im Auftrag des Bundesministeriums für Familie, Senioren, Frauen und Jugend, München 2005.

3 Barbara Holland-Cunz: Öffentlichkeit und Intimität – demokratietheoretische Überlegungen, in: Elke Biester/Barbara Holland-Cunz/Birgit Sauer (Hg.), Demokratie oder Androkratie? Theorie und Praxis demokratischer Herrschaft in der feministischen Diskussion, Frankfurt/M. und New York 1994, 227–246. Seyla Benhabib (Hg.): Democracy and Difference. Contesting the Boundaries of the Political, Princeton/New Jersey 1996.

tischer Partizipation liegt die Vorstellung eines »Aktivbürgers« zu Grunde, der sich losgelöst von der Sorge um die Reproduktion der eigenen Existenz bzw. derjenigen der Familie für das Gemeinwohl engagieren kann und soll. Die Trennung beider Sphären reproduziert Herrschaftsverhältnisse, indem sie Themen und Partizipationsformen aus dem privat-persönlichen Bereich als unpolitische ausgrenzt. Im Vordergrund stehen rationale, entpersönlichte Interaktionsformen in formellen Zusammenhängen, während emotionale und körperliche Formen von Engagement in informellen Zusammenhängen tendenziell abgewertet werden. Dieses Verständnis politischer Partizipation bezieht sich v.a. auf die Engagementformen statushöherer sozialer Gruppen und blendet diejenigen von Minderheiten tendenziell aus. Diese Analysen können auf bürgerschaftliches Engagement gut übertragen werden. So verdeutlicht eine ethnografische Studie, wie marginalisierte Menschen durch die bürgerschaftlichem Engagement implizit zu Grunde liegenden Interaktionsformen tendenziell ausgegrenzt werden.[4] Bürgerschaftliches Engagement kann in diesem Sinne als Dominanzkultur im Sinne von Birgit Rommelspacher[5] beschrieben werden: Im Kontext eines egalitären Gesellschaftsverständnisses wird Ausgrenzung nicht mehr explizit, sondern implizit – oft unbewusst – durch Normalisierung reproduziert: im Kontext von Engagement, indem die Engagementformen statushöherer sozialer Gruppen für alle verallgemeinert werden.[6] Um das Engagement von sogenannten Migranten analysieren und beschreiben zu können, ist deshalb ein weiter Begriff »sozialen und politischen Engagements« notwendig.[7] Soziales und politisches Engagement wird dabei nicht abstrakt anhand bestimmter Kriterien definiert, sondern vielmehr im Kontext struktureller Rahmenbedingungen und lebensweltlicher wie biografischer Erfahrungen verstanden.

---

4 Chantal Munsch: Die Effektivitätsfalle. Bürgerschaftliches Engagement und Gemeinwesenarbeit zwischen Ergebnisorientierung und Lebensbewältigung, Hohengehren 2005.

5 Birgit Rommelspacher: Dominanzkultur. Texte zu Fremdheit und Macht, Berlin 1995.

6 Chantal Munsch: Engagement und Diversity. Der Kontext von Dominanz und sozialer Ungleichheit am Beispiel Migration, Weinheim/München 2010, 21ff.

7 Vgl. Chantal Munsch: Engagement und Diversity. Der Kontext von Dominanz und sozialer Ungleichheit am Beispiel Migration, Weinheim/München 2010, 37ff.

Zugänge zur öffentlich-politischen Sphäre im internationalen Vergleich

Der Erfolg und die öffentliche Sichtbarkeit sozialen und insbesondere politischen Engagements sind nicht allein von den Anstrengungen und Kompetenzen der Akteurinnen und Akteure abhängig. Vielmehr wirken sich politische Rahmenbedingungen maßgeblich auf das Selbstverständnis, die Strategien und Ergebnisse von Engagierten aus, wie der Ansatz der »political opportunity structures«[8] für soziale Bewegungen beschreibt. In Bezug auf das Engagement von »Migrant/innen«[9] spielen insbesondere der Zugang zur Staatsbürgerschaft, die staatlichen Inkorporationsmodi für Zugewanderte und das Verhältnis von Allgemeinem und Besonderem in Nationalkulturen eine prägende Rolle.

Im internationalen Vergleich wird deutlich, wie unterschiedlich diese Aspekte gestaltet sind. So ist der Zugang zur Staatsbürgerschaft unterschiedlich restriktiv geregelt. Die Staatsbürgerschaft ermöglicht nicht nur den Zugang zu Wahlen, sondern verleiht den politischen Forderungen von »Migrant/innen« dadurch auch mehr Gewicht. Ein einfacher Zugang zur Staatsbürgerschaft besteht v.a. in Ländern, in denen alle dort geborenen Kinder automatisch die Staatsbürgerschaft erhalten (»jus soli«) und mehrfache Staatsbürgerschaften möglich sind.

Auch über den Zugang zu Staatsbürgerschaft hinaus unterscheiden sich die Definitionen der »Fremden« und ihre Einbindung in politische Entscheidungsprozesse in hohem Maße. Sie sind geprägt durch in historischen Kontexten entstandene und veränderbare Verständnisse von nationaler Gemein-

---

8 Sidney Tarrow: States and opportunities: The political structuring of social movements, in: Doug McAdam/John McCarthy,/Mayer N. Zald (Hg.), Comparative perspectives on social movements. Political opportunities, mobilizing structures, and cultural framings, Cambridge 1996, 41.

9 Der Begriff »Migration« wird im Folgenden in Anführungsstriche gesetzt, um herauszustreichen, dass es sich hierbei um eine soziale Konstruktion handelt, die jedoch im Alltag höchst wirksam ist. Das Label »Migrant/in« betrifft weder alle zugewanderten Menschen in gleichem Maße, noch ist es auf Zugewanderte beschränkt. Es betont Anderssein und stellt Fremdheit her und zwar, ohne das subjektive Zugehörigkeitsempfinden der so Bezeichneten zu beachten (vgl. Chantal Munsch: Wer sind eigentlich »Menschen mit Migrationshintergrund«? Über die Notwendigkeit eines reflexiven Migrationsbegriffs, in: *Forum Erziehungshilfen*, Heft 2/2014, 68–72.

schaft. Werner Schiffauer[10] verdeutlicht, wie unterschiedlich das Verhältnis von Individuellem und Allgemeinem in verschiedenen politischen Kulturen gestaltet ist. Während in Frankreich eine ausgeprägte rechtliche Gleichstellung dominiert und »Migrant/innen« durch gesetzliche Regelungen vor Diskriminierung geschützt werden, werden parallel dazu kulturelle, ethnische und religiöse Unterschiede aus der öffentlichen in die Privatsphäre verbannt. In Großbritannien spielen Gruppenrechte und der Freiheitsbegriff eine zentrale Rolle, wodurch »ein bemerkenswerter Pluralismus von Lebensstilen«[11] ermöglicht wird.

Um das Allgemeinwohl gibt es intensive öffentliche Auseinandersetzungen. In Deutschland ist das Verhältnis von Individuellem und Allgemeinem sehr stark durch Identifikation geprägt: Nur demjenigen, der sich mit der Gemeinschaft identifiziert, wird auch zugestanden, sie mitzugestalten. Mit dem Begriff der »Migrant/innen« werden im öffentlichen Diskurs nicht alle Zugewanderten bezeichnet, sondern vielmehr jene Gruppen, welchen die Stereotype des kulturell Fremden pauschal zugeschrieben werden – auch wenn diese schon in dritter Generation in Deutschland leben.

Ein wichtiger Unterschied im internationalen Vergleich besteht darin, ob Minderheitenorganisationen staatlich gefördert und Minderheitengruppen formell in politische Entscheidungsprozesse eingebunden werden. Dies ist v.a. in korporatistisch organisierten Staaten wie Schweden und den Niederlanden der Fall. In beiden Ländern sind soziale Gruppen auf regionaler und nationaler Ebene gut organisiert und ethnische Minderheiten in diese Struktur integriert. In liberalen Inkorporationsregimen steht demgegenüber nicht die Gruppenzugehörigkeit, sondern das Individuum im Zentrum staatlicher Inkorporationsmodi. Beispiele sind – bei aller Unterschiedlichkeit – die Schweiz und Großbritannien. Spezielle gruppenbezogene Förderpolitiken stehen ihrem Selbstverständnis entgegen. Da beide Länder keine spezifischen wohlfahrtsstaatlichen Unterstützungsleistungen für ethnische Minderheiten anbieten, übernehmen eigenethnische Organisationen diese Dienste. In staatszentrierten Inkorporationsregimen schließlich werden »Migrant/innen« ähnlich wie in liberalen Regimen als Individuen und nicht als Angehörige einer bestimmten Gruppe wahrgenommen. Ihre Inkorporation ist jedoch sehr stark staatlich organisiert. Prototyp für einen solchen starken zentralistischen Staat ist Frankreich. Während in korporatistischen Re-

---

10 Wolfgang Schiffauer: Die civil society und der Fremde. Grenzmarkierungen in vier politischen Kulturen, in: ders. Fremde in der Stadt, Frankfurt/M. 1997, 35–49.
11 Ebd., 40.

gimen die Zusammenarbeit zwischen ethnischen Eigenorganisationen und dem Staat durch ein partnerschaftliches Verhältnis geprägt ist, hat die zentralistische Politik eines starken Staates zur Folge, dass ethnische Minderheiten in Frankreich, prominent der »mouvement beur«, landesweit in Protestaktionen gegen staatliche Politiken mobilisieren. Staatliche Inkorporationsmodi wirken sich also auf die Engagementformen ethnischer Minderheiten aus, sowohl was ihr Aufgabengebiet (Interessenvertretung, Wohlfahrt, Kulturpflege etc.) als auch die Form (nationale oder regionale Organisationen, Formalisierung etc.) und die Art der Kooperation mit dem Staat betrifft.[12] Die Vergleichsstudien zwischen deutschen, niederländischen und britischen Städten der Gruppe um Ruud Koopmans[13] haben den beträchtlichen Einfluss regionaler und nationaler Inkorporationsmodi auf die politischen Forderungen (»claims making«), Identitäten und Organisationsformen ethnischer Minderheiten verdeutlicht.

»Political opportunity structures« wirken sich jedoch nicht für alle »Migrant/innen« gleich aus. Ein Überblick über die verschiedenen Gruppen von Zugewanderten – Rückkehrer gleicher Ethnizität, Menschen aus ehemaligen Kolonien, Gastarbeiter, Flüchtlinge, hochqualifizierte Arbeitskräfte und Einwanderer ohne gültige Papiere – verdeutlicht die sehr unterschiedlichen staatlichen Umgangsweisen, denen sie ausgesetzt sind und die ihre Partizipationsmöglichkeiten erheblich beeinflussen.[14] Wenig beachtet wird auch die Heterogenität innerhalb von ethnischen Gruppen. Gerade korporatistische Politiken, die eine einheitliche Vertretung bzw. Positionierung von Minderheitengruppen fordern, vernachlässigen die gruppeninternen Unterschiede und können dazu führen, dass der Zugang von Minderheiten innerhalb von Minderheiten, z.B. schwarze Frauen[15] oder Homosexuelle, zur öffentlich-politischen Sphäre erschwert wird.

---

12 Yasemin N. Soysal: Limits of Citizenship. Migrants and Postnational Membership in Europe, Chicago/London 1994.

13 Ruud Koopmans: Migrant Mobilisation and Political Opportunities: Variation Among German Cities and a Comparison with the United Kingdom and the Netherlands, in: *Journal of Ethnic and Migration Studies,* Vol. 30, Nr. 3, 2004, 449–470.

14 Norbert Cyrus/Ruby Gropas/Ankica Kosic/Dita Vogel: Universität Oldenburg, Interdisziplinäres Zentrum für Bildung und Kommunikation in Migrationsprozessen, IBKM (Hg.): Opportunity structures for immigrants‹ active civic participation in the European Union: sharing comparative observations. Oldenburg 2005, http://www.uni-oldenburg.de/politis-europe/download/WP2_POLITIS_CyrusGropasKosicVogel_2005.pdf.

15 Beverley Bryan/Stella Dadzie/Suzanne Scafe: The heart of the race. Black women's lives in Britain, London 1985.

Schließlich prägt auch der eingeschränkte Zugang ethnischer Minderheiten zu Erwerbsarbeit, Einkommen und Bildung ihr soziales und politisches Engagement. Denn er bestimmt nicht nur, welche Ressourcen ihnen für ihr Engagement zur Verfügung stehen, sondern auch, welche Problemlagen sie durch ihr Engagement zu bewältigen und/oder zu verändern versuchen.[16]

Diese Prägung des sozialen und politischen Engagements durch gesellschaftliche Strukturen, die die Zugänge zur politisch-öffentlichen Sphäre, zu Erwerbsarbeit, Einkommen und Bildung sowie zu Anerkennung bestimmen, bezeichne ich als »strukturelle Passung des Engagements«.[17]

Der deutsche Diskurs: Assimilation oder Segregation

Der öffentliche und politische Diskurs sowie die Forschung über die Partizipation von Personen mit Migrationshintergrund in Deutschland ist geprägt von der Frage, ob eigenethnische Organisationen die Integration oder die Segregation der jeweiligen Gruppen befördern. Diesbezüglich stehen sich zwei Positionen »scheinbar unversöhnlich«[18] gegenüber. Den theoretischen Bezugspunkt dieser Debatte bildet bis heute die Auseinandersetzung zwischen Georg Elwert und Hartmut Esser in den 1980er Jahren, in der Esser[19] die segregative Wirkung »ethnischer Kolonien« betonte, während Elwert die These der »gesellschaftlichen Integration durch Binnenintegration«[20] vertrat. Die Partizipation von »Migranten« wird also v.a. in der Form eigenethnischer Organisationen, im Kontext »ethnischer Kolonien« diskutiert. Die Beteiligung an Organisationen der Einwanderungsgesellschaft ist allerdings auch international kaum thematisiert und erforscht. Während »der Grad der

---

16 Chantal Munsch: Engagement und Diversity. Der Kontext von Dominanz und sozialer Ungleichheit am Beispiel Migration, Weinheim/München 2010.

17 Ebd.

18 Uwe Hunger: Wie können Migrantenselbstorganisationen den Integrationsprozess betreuen? Wissenschaftliches Gutachten im Auftrag des Sachverständigenrates für Zuwanderung und Integration des Bundesministeriums des Innern der Bundesrepublik Deutschland, Münster/Osnabrück 2004, 23.

19 Hartmut Esser: Ethnische Kolonien: »Binnenintegration« oder gesellschaftliche Isolation? In: Jürgen H. P. Hollmeyer-Zlotnik (Hg.), Segregation und Integration. Die Situation von Arbeitsmigranten im Aufnahmeland, Berlin 1986, 106–117.

20 Georg Elwert: Probleme der Ausländerintegration. Gesellschaftliche Integration durch Binnenintegration? In: KZSS, 34 Jg., H. 4, 1986, 717–73.

zivilgesellschaftlichen Organisation [...] häufig als ein Maß für die Demokratisierung einer Gesellschaft gesehen« wird, gelten »Selbstorganisationen von Migranten [...] oft gerade nicht als Instrumente gesellschaftlicher Partizipation, sondern werden im Gegenteil unter den Verdacht der Selbstabschottung, des Rückzugs aus der Gesellschaft und der ›Selbstghettoisierung‹ gestellt«[21]. So standen in den 1960er und 1970er Jahren spanische und italienische Organisationen unter Kommunismusverdacht, und in den letzten Jahren wachsen die Bedenken gegen muslimische Vereine, sie würden religiösen Fundamentalismus und »undemokratische« Werte und Normen verbreiten. Im Kontext der Diskussion um bürgerschaftliches Engagement und interkulturelle Öffnung von Jugendverbandsarbeit gewinnt jedoch eine positive Sicht auf die integrationsfördernden Aspekte der Partizipation von »Migranten« zunehmend an Bedeutung.

Die Dichotomie von Assimilation und Segregation im deutschen Diskurs reduziert die Möglichkeiten der »Migranten« auf die zwei Alternativen, sich entweder für die »einheimische« Gesellschaft, in deren Organisationen und für deren Ziele zu engagieren oder mit ihrem Engagement in der »ethnischen Enklave« zu verbleiben. Besonders prägnant ist dies z.B. in den Forschungen von Claudia Diehl[22], welche zwischen »herkunftsland-« und »aufnahmelandorientierten« eigenethnischen Organisationen unterscheiden. Die Diskussion und Forschung reproduziert auf diese Weise weitgehend den Dualismus zwischen einer homogen gedachten Nationalgesellschaft und den Anderen. Ausgeblendet bleibt, dass eigenethnische Organisationen zumeist Bezüge sowohl zum »Herkunftsland« als auch zum »Aufnahmeland« aufweisen[23]. Dies ist auch der Fall für Moscheevereine, die oft als Prototyp der Herkunftslandorientierung dargestellt werden.[24] Insbesondere bleibt in dieser Zuschreibung verdeckt, dass sich die Trennung zwischen Herkunfts- und

---

21 Martin Sökefeld: Integration und transnationale Orientierung: Alevitische Vereine in Deutschland, in: Karin Weiss/Dietrich Thränhardt (Hg.), SelbstHilfe. Wie Migranten Netzwerke knüpfen und soziales Kapital schaffen, Freiburg i. B. 2005, 47.

22 Claudia Diehl: Die Partizipation von Migranten in Deutschland. Rückzug oder Mobilisierung? Opladen 2002.

23 Chantal Munsch: Engagement und Diversity. Der Kontext von Dominanz und sozialer Ungleichheit am Beispiel Migration, Weinheim/München 2010.

24 Gaby Straßburger/Horst Unbehaun/Lale Yalçin-Heckmann: Die türkischen Kolonien in Bamberg und Colmar: Ein deutsch-französischer Vergleich sozialer Netzwerke von Migranten im interkulturellen Kontext, Universität Bamberg 2000: Online-Schriftenreihe Turkologie und Türkeikunde.

Aufnahmeland aufgrund der vielfältigen Vermischungen von unterschiedlichen Kulturen und Zugehörigkeiten nicht aufrechterhalten lässt.

Das Verständnis von Kultur und Zugehörigkeit, welches der Diskussion und Forschung über das soziale und politische Engagement von »Migranten« zu Grunde liegt, hat also einen wesentlichen Einfluss darauf, wie dieses wahrgenommen wird und welche Mitgestaltungsmöglichkeiten ihnen zugestanden werden. Ansätze, welche Kulturen als in sich geschlossen und statisch verstehen, werden im Wissenschaftsdiskurs zunehmend abgelöst von einem Verständnis, wonach Kultur als sich ständig veränderndes Diskursfeld gesehen wird. In der Pädagogik und Sozialen Arbeit haben sich Ansätze durchgesetzt, welche die gleichzeitige Zugehörigkeit zu mehreren ethnokulturellen Kontexten als »mehrfache Zugehörigkeiten«[25] oder »interkulturelle Zwischenwelten«[26] beschreiben. Die ihnen zu Grunde liegende Rekonstruktion der Teilnehmersicht verdeutlicht zum einen, wie sich kulturelle und ethnische Zugehörigkeiten biografisch vermischen. Sie zeigen zum anderen aber auch, wie wirkmächtig essentialistische Zuschreibungen über die Eigenschaften verschiedener ethnischer Kulturen bleiben. Aus der Metaperspektive der Kulturwissenschaften wird demgegenüber die untrennbare Vermischung aller Kulturen deutlich. Insbesondere der Ansatz der Hybridität argumentiert gegen die implizite Normativität des Entweder-Oder, gegen ein dualistisches Denken, das Eigen und Fremd unterscheidet.[27]

Die postkolonialen Analysen, die belegen, wie die Konstruktionen einer reinen Kultur Imperialismus und Machtverhältnisse legitimieren, unterstützen und verdecken, lassen sich gut auf das soziale und politische Engagement von »Migranten« anwenden. Denn ihre kritische Analyse der Verständnisse von Kultur und Zugehörigkeit macht deutlich, dass die Reduktion auf die zwei Alternativen, sich entweder für eine als homogen konstruierte einheimische Gesellschaft zu engagieren, ohne dabei interkulturelle Erfahrungen einbringen zu können, oder mit dem Engagement in der ethnischen Enklave zu verbleiben, ein effektives Mittel ist, ethnischen Minderheiten die Mitgestaltung einer pluralen Gesellschaft zu verwehren. Wenn die kulturell Ande-

---

25 Paul Mecheril: Prekäre Verhältnisse. Über natio-ethno-kulturelle (Mehrfach-) Zugehörigkeit, Münster 2003.

26 Marion Gemende: Interkulturelle Zwischenwelten. Bewältigungsmuster des Migrationsprozesses bei MigrantInnen in den neuen Bundesländern, Weinheim/München 2002.

27 Stuart Hall: Die Frage der kulturellen Identität, in: ders.: Rassismus und kulturelle Identität, Hamburg 1994, 180–222. Edward W. Said: Culture and Imperialism, London 1994.

ren auf ihr anderes Engagement festgeschrieben werden, wird damit verhindert, dass sie die Mehrheitsgesellschaft mit ihren Erfahrungen mit- und
umgestalten.

Zunehmend wird jedoch der Wert der Partizipation von Menschen
mit mehrfachen kulturellen Zugehörigkeiten für plurale Zivilgesellschaf-
ten öffentlich anerkannt. Ihre interkulturellen Kompetenzen sind nicht nur
wichtig, um zwischen verschiedenen Milieus und Kulturen zu vermitteln,
sondern stellen insgesamt eine wichtige Ressource dar, um öffentliche Umgangsformen mit Vielfalt zu erproben. So erkennen nationale und lokale Regierungen langsam den Wert, Menschen mit mehrfachen Zugehörigkeiten
in politische Entscheidungsprozesse einzubinden, und unterstützen, ja fordern ethnische Repräsentanten. Dies führt jedoch oft dazu, dass die Heterogenität innerhalb von Minderheitengruppen verdeckt wird und v.a. Minderheiten innerhalb von Minderheiten nur schwer zu Wort kommen. Die
Herausforderung besteht also darin, das soziale und politische Engagement
von Menschen mit mehrfachen Zugehörigkeiten zu fördern und in das gesamtgesellschaftliche Engagement einzubinden, ohne essentialistische Zuschreibungen zu verstärken.

Lebensweltliche Passung: Vielfalt von Engagementformen

Ein rekonstruktiver Blick auf das soziale und politische Engagement von
»Migranten« verdeutlicht eine Vielfalt an Engagementformen, welche sich
nicht durch kulturell eindimensionale Begriffe wie »bürgerschaftliches Engagement« und »politische Partizipation« fassen lässt. Er zeigt außerdem, wie
eng biografische Erfahrungen und Engagement verbunden sind. Der Begriff
der »biografischen Passung« beschreibt diesbezüglich zum einen, wie Menschen durch soziales und politisches Engagement biografisch relevante Themen bearbeiten.[28] Zum anderen weist er darauf hin, dass die Art und Weise des Engagements biografisch erlernt wird und im Zusammenhang von
Lebenswelten und Kulturen verstanden werden muss. Insgesamt beschreibt

---

28 Gisela Jakob: Biografische Strukturen bürgerschaftlichen Engagements. Zur Bedeutung
   biografischer Ereignisse und Erfahrungen für ein gemeinwohlorientiertes Engagement,
   in: Chantal Munsch (Hg.), Sozial Benachteiligte engagieren sich doch. Über lokales
   Engagement und soziale Ausgrenzung und die Schwierigkeiten der Gemeinwesenarbeit,
   Weinheim/München 2003.

er soziales und politisches Engagement als eine biografisch erlernte Bewältigungsform biografisch bedeutsamer Themen.[29]

Die verschiedenen Übersichten über eigenethnische Vereine in Deutschland[30] verdeutlichen, wie diese auf spezifische Bedürfnisse von »Migranten« in der Zeit ihrer Anwerbung als Gastarbeiter reagierten und wie sie sich mit den Lebensbedingungen ihrer Mitglieder veränderten. So analysiert Wolfgang Seitter in seiner biografie- und institutionenanalytischen Studie, wie die spanischen Vereine eine Möglichkeit der »biografischen Risikobearbeitung«[31] in der Migrationssituation bieten. Die ethnischen Vereine bieten Sprachkurse an und helfen v.a. in der ersten Zeit beim Zurechtfinden in der neuen Umgebung. Begegnungszentren schaffen Möglichkeiten zu sozialen Kontakten in einem Land, dessen Sprache die Gastarbeiter zu Beginn nicht gut beherrschten und dessen Einrichtungen auch heute nicht immer offen und frei von Diskriminierung sind. Möglichkeiten, Freizeit mit Menschen der gleichen Herkunft zu verbringen, bieten ethnische Freizeit- und Sportvereine. Kultur- und religiöse Vereine fördern die Pflege und Weitergabe von Gebräuchen des Herkunftslandes und bekommen eine besondere Bedeutung, wenn Kinder nachziehen oder in Deutschland geboren werden. Sie setzen sich oft für den interkulturellen und interreligiösen Dialog mit der Mehrheitsgesellschaft ein. Insbesondere islamische Vereine kämpfen in den letzten Jahren um Anerkennung in einer zunehmend islamfeindlichen Gesellschaft. Eltern engagieren sich in Elterninitiativen für eine Bildungspoli-

---

29 Chantal Munsch: Die Effektivitätsfalle. Bürgerschaftliches Engagement und Gemeinwesenarbeit zwischen Ergebnisorientierung und Lebensbewältigung, Hohengehren 2005. Chantal Munsch: Engagement und Diversity. Der Kontext von Dominanz und sozialer Ungleichheit am Beispiel Migration, Weinheim/München 2010.

30 Uwe Hunger (Hg.): Einwanderer als Bürger. Initiative und Engagement in Migrantenselbstorganisationen. Münsteraner Diskussionspapiere zum Nonprofit-Sektor 21, 2002. Norbert Cyrus: Active Civic Participation of Immigrants in Germany. Country Report prepared for the European research project POLITIS, Oldenburg 2005, http://www.uni-oldenburg.de/politis-europe/download/Germany.pdf. Jürgen Fijalkowski/Helmut Gillmeister: Ausländervereine – ein Forschungsbericht. Über die Funktion von Eigenorganisationen für die Integration heterogener Zuwanderer in eine Aufnahmegesellschaft – am Beispiel Berlins, Berlin 1997. Sabine Jungk: Selbstorganisationen von Migrantinnen und Migranten – Instanzen gelingender politischer Partizipation? In: *iza – Zeitschrift für Migration und Soziale Arbeit*, 3/4, 2001, 82–85. Ministerium für Arbeit, Soziales, Stadtentwicklung, Kultur und Sport NRW (Hg.): Selbstorganisationen von Migrantinnen und Migranten in NRW. Wissenschaftliche Bestandsaufnahme, Düsseldorf 1999.

31 Wolfgang Seitter: Riskante Übergänge in der Moderne. Vereinskulturen, Bildungsbiographien, Migranten, Opladen 1999, 416.

tik, die ihren Kindern gleiche Chancen ermöglichen soll. Angeboten werden Hausaufgabenhilfen oder Beratung bei der Wahl der richtigen Schulform. Andere Vereine bieten rechtliche Beratung an, z.B. bei Fragen der Aufenthaltssicherung oder der Einbürgerung. Seniorenorganisationen widmen sich neben der Geselligkeit auch seniorenspezifischen Fragen. Berufsverbände organisieren die Interessen der zahlreichen Selbstständigen. Politische und humanitäre Vereine engagieren sich in politischen Konflikten in der ehemaligen Heimat – wobei viele dieser Vereine sich mit der Zeit zunehmend der Situation in Deutschland zuwenden. Viele eigenethnische Vereine bieten eine Mischung von Angeboten an, die auf unterschiedliche Bedürfnisse reagieren. Dabei ergeben sich nicht nur die Angebote, sondern auch die Form der eigenethnischen Vereine aus der erlebten Situation. Denn die Gründung eigener Vereine war auch eine Antwort auf »die fehlende Öffnung der Betreuungssysteme für Migranten«, welche sie »nicht vollständig in ihr Organisationssystem mit ein(bezogen) und (sie auch nicht) als gleichberechtigte Mitglieder behandelten«.[32]

Andere als die klassische und gut erforschte Form des Engagements im Verein werden nur wenig als solche diskutiert, verdeutlichen jedoch den lebensweltlichen Zusammenhang des Engagements (nicht nur) von »Migranten«.

Rap ist ein gutes Beispiel, um politisches Engagement jenseits tradierter Formen zu veranschaulichen. Die Bedeutung des Rap bzw. Hip-Hop als kultureller Widerstand wurde v.a. für die Zeit Ende der 1980er, Anfang der 1990er in Nordamerika analysiert. Obwohl der Rap aus den schwarzen »inner cities« der US-Metropolen heute zu einem globalen Phänomen geworden ist, lassen sich diese frühen Analysen gut auf die heutige Zeit und die deutsche Szene übertragen. Der politische Gehalt beschränkt sich keineswegs auf den sogenannten politischen Rap, in dem Rassismus und Diskriminierung explizit thematisiert werden. Weil der Text, die in Reimen erzählte Geschichte, auch in anderen Strömungen, welche vordergründig auf Unterhaltung oder Provokation abzielen, konstitutiv ist, sind auch Richtungen wie z.B. der Gangsta Rap, ein Sprachrohr aus »anderen« Lebenswirklichkeiten. Die Rapsongs berichten von erlittener und ausgeübter Gewalt, von Drogen, früher Vaterschaft, Kriminalität und Prostitution, von der Trostlosigkeit der Vorstädte. Diese Geschichten lassen sich mit Robin Kelley[33] als

---

32 Uwe Hunger (Hg.): Einwanderer als Bürger, a.a.O., 5.
33 Robin D. G. Kelley: kickin' reality, kickin' ballistics: gansta rap and postindustrial los angeles, in: William E. Perkins (Hg.), Droppin' Science: Critical Essays on Rap Music

»counternarratives« verstehen, als Gegenentwürfe zu den medialen Darstellungen, denen sich die Jugendlichen aus den stigmatisierten Stadtteilen ausgesetzt sehen. Oft ist es ein Spiel und eine provozierende Überzeichnung der Stereotype – welche nicht selten auf sie selbst zurückfallen, indem sie die negativen Zuschreibungen zu bestätigen scheinen. Rosana Albuquerque[34] beschreibt für Portugal, wie der Rap den Jugendlichen afrikanischer Abstammung dazu dient, sich über ihren Platz in der Gesellschaft zu vergewissern und für ein positives Image ihrer Herkunftskultur zu kämpfen. In diesem kulturellen Kampf um Anerkennung verbinden sich traditionelle afrikanische Rede- und Antwortspiele um versteckte Bedeutungen und Beleidigungen mit den neuen Techniken und Medienkulturen. Den kulturpolitischen Gehalt des Rap allein den Texten zuzuschreiben, greift deswegen zu kurz. Vielmehr muss er mit Tricia Rose[35] verstanden werden als »struggle over context, meaning, and public space«, als Kampf um Bedeutungen, um Öffentlichkeit – auch und vielleicht gerade, wenn er nicht explizit »politisch« erscheint, sondern – wie andere Jugendkulturen auch – Spaß machen, unterhalten und provozieren will.

Intensive Auseinandersetzungen um Kultur und Differenz finden zur Zeit in den Diskussionen um den Islam statt: Gestritten wird in verschiedenen Ländern Europas um Kopftuchaffären, Moscheebauten oder den Islamunterricht an Schulen. Am Beispiel des muslimischen Kopftuches lässt sich dabei verdeutlichen, wie schwierig die Trennung zwischen einer politischen und einer privaten Sphäre ist. Die Rekonstruktion des Falls Seyide in der biografischen Studie von Sabine Strasser[36] verdeutlicht, wie das Kopftuch sowohl aus (privater) religiöser Verpflichtung getragen und gleichzeitig zum politischen Symbol werden kann. Unter dem Eindruck erlebter Diskriminierung setzt Seyide das Kopftuch explizit als Symbol in ihrem Kampf um Anerkennung und Gleichberechtigung muslimischer Frauen (in der österreichischen Mehrheitsgesellschaft genauso wie in der türkischen Community) ein. Während Seyide viele Alltagssituationen – im Supermarkt, im In-Lokal oder in der Moschee – ganz bewusst als politische Bühne nutzt, ist das Kopf-

---

and Hip Hop Culture, Philadelphia 1996, 117–158.

34 Rosana Albuquerque: Political participation of Luso-African youth in Portugal: some hypothesis for the study of gender, Revista de sociologia 60, 2002, 167–182.

35 Tricia Rose: Fear of a Black Planet: Rap Music and Black Cultural Politics in den the 1990s, in: *Journal of Negro Education,* Vol. 60, No. 3, 1991, 277.

36 Sabine Strasser: Beyond Belonging: Kulturelle Dynamiken und transnationale Praktiken in der Migrationspolitik »von unten«. Habilitationsschrift, eingereicht an der Human- und Sozialwissenschaftlichen Fakultät der Universität Wien, 2003.

tuch für andere Trägerinnen (genauso wie für die Mehrheitsgesellschaft) so sehr mit Bedeutung aufgeladen, dass es kaum mehr als rein privat wahrgenommen werden kann.

Es ist in vielen Ländern zum umstrittenen Symbol geworden in der Auseinandersetzung um die Frage, wie Gesellschaften mit kultureller Differenz und religiösen Minderheiten umgehen sollen.

Identitätspolitiken bzw. Kämpfe um Anerkennung stellen ein wichtiges Moment des politischen Engagements von »Migranten« dar. Sie beziehen sich dabei sowohl auf das kollektive Selbstverständnis der jeweiligen Gruppen als auch auf die Mehrheitsgesellschaft, von der Anerkennung gefordert wird bzw. deren Zuschreibungen in Frage gestellt werden. Die Beispiele des Rap und des Kopftuches verdeutlichen die große Bandbreite, die Identitätspolitiken annehmen können. Sie können sowohl formal organisiert sein, wie es für die alevitischen Vereine in Deutschland der Fall ist[37], als auch informell stattfinden. Die Definition von Craig Calhoun[38] weist in diesem Sinne darauf hin, dass Identitätspolitiken zwar meist kollektiv, jedoch auch individuell stattfinden können, dass öffentliche Aktionen zwar im Vordergrund stehen, private jedoch nicht ausgeschlossen sind und dass auch der reine Ausdruck der Identität ohne explizit daran geknüpfte Forderung nach Anerkennung dazu gerechnet werden kann. Identitätspolitiken verweisen also auf die Schwierigkeit, politisches Engagement eindeutig zu definieren und von der privat-persönlichen Sphäre abzugrenzen.

Während der Rap und das Kopftuch außerordentlich öffentlichkeitswirksam sind, finden sich gerade bei »Migranten« Formen sozialen und politischen Engagements jenseits der traditionellen öffentlich-politischen Sphäre. Die ethnografische Studie von Rosa Maria Jimenez Laux[39] über ein informelles Netzwerk marokkanischer Hausmädchen in Spanien verdeutlicht, wie sich diese z.B. gegenseitig über Arbeits- und Aufenthaltsregelungen und -bedingungen beraten, Informationen und Erfahrungen austauschen. Solche informellen Netzwerke und Unterstützungsformen spielen in der Situation

---

37 Vgl. Martin Sökefeld: »Wir sind auch da!«. Aleviten in Hamburg und der Kampf um Anerkennung, in: Angelika Eder (Hg.), »Wir sind auch da!«. Über das Leben von und mit Migranten in europäischen Großstädten. Forum Zeitgeschichte, Bd. 14, Hamburg u.a. 2003.

38 Craig Calhoun: The Politics of Identity and Recognition, in: ders.: Critical Social Theory, Oxford 1998, 213f.

39 Rosa Maria Jiménez Laux: Soziales Kapital in transnationalen Netzwerken marokkanischer Hausmädchen in Spanien. Eine ethnografische Studie, unveröffentlichte Dissertation, Universität Bielefeld, Fakultät für Soziologie, Bielefeld 2002.

der Migration oft eine ähnliche Rolle wie die formellen ethnischen Eigenorganisationen. Ihre informelle Organisation ist dabei im Zusammenhang mit dem eingeschränkten Zugang zur öffentlich-politischen Sphäre zu verstehen. Um das soziale und politische Engagement (nicht nur) von »Migranten« erfassen zu können, ist also ein weites Verständnis von Engagement notwendig. Ein solches öffnet nicht nur den Blick für vielfältige Formen von Engagement, sondern auch für die systemischen und lebensweltlichen Zusammenhänge, welche dieses prägen. Für das Engagement von »Migranten« bedeutet dies, sowohl den eingeschränkten Zugang zur politisch-öffentlichen Sphäre, aber auch zu materiellen Ressourcen und Statuspositionen, die Auswirkungen nationalkultureller Zugehörigkeitsverständnisse und ethnischer Stereotype sowie biografische Erfahrungen und die Einbettung in Engagementkulturen zu berücksichtigen.

VII
Von der Inklusion zur Inklusion: Politik für Menschen mit Behinderungen und die Erweiterung der Barrierenanalyse

Die UN-Konvention über die Rechte von Menschen mit Behinderungen[1]

Eine Herausforderung für die Integrations- und Inklusionsforschung

Petra Flieger und Volker Schönwiese

UN-Konvention und Forschung

Die UN-Konvention über die Rechte von Menschen mit Behinderungen präsentiert sich mit ihrer konsequenten Orientierung an Gleichstellung, Teilhabe und Selbstbestimmung von Mädchen und Buben sowie Frauen und Männern mit Behinderung nicht nur für die Politik als große Aufgabe. Auch beruflich oder fachlich mit Behinderung befasste Personen werden sich in den kommenden Jahren vertieft und nachhaltig mit der Bedeutung bzw. den Konsequenzen dieses bemerkenswerten internationalen Übereinkommens auseinandersetzen müssen. Lehr- und Forschungsbereiche, die sich wissenschaftlich mit der pädagogischen Begleitung und Unterstützung von Menschen mit Behinderung befassen, haben mit der Auseinandersetzung bereits begonnen.

Folgende Grundsätze oder Prinzipien der UN-Konvention über die Rechte von Menschen mit Behinderungen[2] gelten auch für Forschung und Lehre:

1. die Achtung der dem Menschen innewohnenden Würde, seiner individuellen Autonomie – einschließlich der Freiheit, eigene Entscheidungen zu treffen – sowie seiner Selbstbestimmung;
2. die Nicht-Diskriminierung;
3. die volle und wirksame Teilhabe an der Gesellschaft und Einbeziehung in die Gesellschaft;
4. die Achtung vor der Unterschiedlichkeit von Menschen mit Behinderungen und die Akzeptanz dieser Menschen als Teil der menschlichen Vielfalt und der Menschheit;

---

1 Nachdruck des gleichnamigen Artikels aus Petra Flieger/Volker Schönwiese (Hg.): Menschenrechte – Integration – Inklusion, Bad Heilbrunn 2011, Klinkhardt Verlag, 27–36.
2 Vgl. den Art. 3 der UN-Konvention.

5. die Chancengleichheit;
6. die Barrierefreiheit;
7. die Gleichberechtigung von Mann und Frau;
8. die Achtung vor den sich entwickelnden Fähigkeiten von Kindern mit Behinderungen und die Achtung ihres Rechts auf Wahrung ihrer Identität.

Wie diese Grundsätze für Integrations- und Inklusionsforschung umgesetzt werden können, betrachten wir als Herausforderung, die Fragen u.a. auf folgenden Ebenen provoziert[3]:

Wo sind Prioritäten inklusionspädagogischen Handlungsbedarfs zu finden, und welche Rolle ist wissenschaftlicher Begleitforschung zuzumessen, z.B. als entwicklungsfördernder, formativer Evaluation? Wo besteht allgemeiner und grundlegender Forschungsbedarf bzw. Bedarf an Theorieentwicklung? Wie können vorhandene qualitative und quantitative Daten sowie Forschungsergebnisse dokumentiert und durch (Sekundär-)Analysen aufbereitet werden, sodass deren Relevanz für die Umsetzung der Konvention beurteilt werden kann? Wie können wissenschaftlich abgesichert quantitative und qualitative Indikatoren für das Monitoring der Umsetzung der Konvention entwickelt werden? Welche Konsequenzen für (partizipatorische) Forschungsstrategien hat die durchgehende Bottom-up- und Governance-Perspektive der Konvention?

Integration und Inklusion

Der durch die UN-Konvention umfassend verankerte Paradigmenwechsel von einem medizinisch bzw. defektologischen Modell hin zu einem sozialen Modell von Behinderung führt direkt dazu, dass der lange verwendete Integrationsbegriff zugunsten eines allgemeinen Inklusionsverständnisses aufgegeben wird. Diese Entwicklung zeichnet sich seit längerem in theoretischen An-

---

3 Vgl. auch Sascha Plangger/Volker Schönwiese: Die Rolle von Forschung bei der Umsetzung der UN-Konvention über die Rechte von behinderten Menschen, Behinderte Menschen 1/2009, 27–33.

sätzen – wie z.B. einer Pädagogik der Vielfalt[4] – ab und ist spätestens seit der Verabschiedung der Salamanca-Erklärung[5] auch bildungspolitisch ein Thema. Im deutschen Sprachraum ist die Auseinandersetzung über Inklusive Pädagogik und inklusive Schulen nicht zuletzt durch Übersetzungsschwierigkeiten irritiert.[6] Die offizielle deutsche Übersetzung der UN-Konvention verwendet für den englischen Begriff »inclusion« das Wort »Integration«. Für diese und andere Übersetzungsschwächen sowie die nur marginale Einbeziehung von Interessenvertretungen behinderter Menschen ist die offizielle Version stark kritisiert worden. Das Netzwerk Artikel 3 aus Deutschland hat eine Schattenübersetzung[7] verfasst, deren Verwendung wir ausdrücklich empfehlen.

Ein anderer Kritikpunkt ist die Reduzierung des Begriffs »Inklusion« auf die (schulische) Inklusion von Kindern mit Behinderung. Dieses Problem kann sich durch die alleinige Auseinandersetzung mit der UN-Konvention, die sich ausschließlich den Rechten von Menschen mit Behinderungen widmet, schnell ergeben. Doch Inklusion bzw. Inklusive Pädagogik hat den Anspruch, Aussonderung möglichst umfassend zu überwinden bzw. Hindernisse beim Lernen und bei der Entwicklung für alle Kinder zu beseitigen. Dementsprechend heißt es in der Salamanca-Erklärung: »Das *Leitprinzip*, das diesem Rahmen zugrunde liegt, besagt, dass Schulen *alle Kinder*, unabhängig von ihren physischen, intellektuellen, sozialen, emotionalen, sprachlichen oder anderen Fähigkeiten aufnehmen sollen. Das soll behinderte und begabte Kinder einschließen, Straßen- ebenso wie arbeitende Kinder, Kinder von entlegenen oder nomadischen Völkern, von sprachlichen, kulturellen oder ethnischen Minoritäten sowie Kinder von anders benachteiligten Randgruppen oder –gebieten.«[8]

Inklusion betrifft also Menschen mit Behinderung nur als eine von vielen gesellschaftlichen Gruppen. Dichotome Einteilungen der Bevölkerung – z.B. behindert/nicht-behindert, Ausländer/Inländer, Männer/Frauen – werden zu-

---

4 Annedore Prengel: Pädagogik der Vielfalt. Verschiedenheit und Gleichberechtigung in Interkultureller, Feministischer und Integrativer Pädagogik, Opladen 1993.

5 UNESCO: Die Salamanca-Erklärung und der Aktionsrahmen für besondere Bedürfnisse, Paris 1998, UNESCO. Deutsche Übersetzung im Internet: http://bidok.uibk. ac.at/library/unesco-salamanca.html.

6 Petra Flieger: Anmerkungen zur Aktualisierung der Übersetzung, http://bidok.uibk. ac.at/library/unesco-salamanca.html, 2010.

7 Die Schattenübersetzung des Netzwerk Artikel 3 steht hier zum Download zur Verfügung: http://www.netzwerk-artikel-3.de/attachments/093_schattenuebersetzung-endgs.pdf.

8 UNESCO: Die Salamanca Erklärung …, a.a.O., Hervorhebung im Original.

gunsten eines nicht unterteilbaren Kontinuums aufgegeben[9] oder wie Feuser[10] feststellte: »Geistig Behinderte gibt es nicht.« Keinesfalls sollen dabei jedoch sozial-kulturell produzierte Unterschiede und damit verbundene spezifische Problemlagen geleugnet werden. Es geht um die Überwindung von Kategorisierungen und die Anerkennung von existierenden Unterschiedlichkeiten als sozial dynamische Phänomene, die ein hohes Entwicklungspotential enthalten.[11]

Ziel von Inklusion ist Selbstbestimmung in sozialer Kohäsion, die einer Vorstellung der »Neugestaltung der Umwelt als inklusive Gesellschaft«[12] folgt. Dies beinhaltet auch die Analyse von grundsätzlich widersprüchlichen Entwicklungen im Sinne der Ambivalenz der Moderne, die unterschiedliche Akteurinnen und Akteure hat und unterschiedliche Diskurse nebeneinander ermöglicht. Es geht dabei um die Frage, wie Inklusionspotentiale und inklusive Praktiken im Zusammenhang mit den genannten gesellschaftlichen Entwicklungen fruchtbar gemacht werden können. Die Problemlage ist komplex. Es existiert z.b. ein modern-neoliberaler eugenischer Diskurs neben dem utopischen Diskurs der »Neugestaltung der Umwelt als inklusive Gesellschaft«. Es stehen flexibel-normalistische Mainstreaming-Strategien[13] neben traditionellen Anpassungs- und Spaltungsstrategien genauso wie Pädagogiken der Befreiung, die manche Empowerment- und Inklusionsstrategien beinhalten. Für die Klärung der Bedeutung dieser Diskurse besteht ein wichtiger Anschlusspunkt zu einer allgemeinen Analyse sozialer Ungleichheit und einem Ansatz von Intersektionalität, der von den vier Strukturkategorien Klasse, Geschlecht, Ethnizität und Körper[14] ausgeht, sowie zu den Disability Studies[15].

Das Konzept der Inklusion ist keinesfalls nur auf Bildungseinrichtungen oder Bildungssysteme zu reduzieren, wiewohl diese immer noch den größten Schwerpunkt der Integrations- und Inklusionsforscher/innen im deutschen Sprachraum bilden. Daher sei abschließend erwähnt, dass sich sowohl der

---

9 Vgl. Andreas Hinz: Inklusion und Arbeit – wie kann das gehen? In: *impulse* Nr. 39, März 2006, 3–12, http://bidok.uibk.ac.at/library/imp-39–06-hinz-inklusion.html.

10 Georg Feuser: Zum Verhältnis von Menschenbild und Integration – »Geistigbehinderte gibt es nicht!«. Vortrag vor den Abgeordneten zum Nationalrat im Österr. Parlament am 29.10.1996 in Wien.

11 Vgl. Andreas Hinz: Inklusion und Arbeit – wie kann das gehen? A.a.O.

12 Ebd.

13 Vgl. Jürgen Link: Versuch über den Normalismus. Wie Normalität produziert wird, Göttingen 1998.

14 Gabriele Winker/Nina Degele: Intersektionalität. Zur Analyse sozialer Ungleichheiten, Bielefeld 2009.

15 Vgl. Volker Schönwiese: Disability Studies und integrative/inklusive Pädagogik. Ein Kommentar, in: *Behindertenpädagogik*, Heft 3/2009, 284–291.

österreichische Monitoring-Ausschuss zur Überwachung der Umsetzung der UN-Konvention als auch jener aus Deutschland bereits mit Stellungnahmen zu Artikel 24, der das Menschenrecht auf Inklusive Bildung beschreibt, geäußert haben.[16] Beide beurteilen den Ist-Stand sehr kritisch; beide konstatieren dringenden Veränderungsbedarf in den Bildungssystemen, bei der Lehrer/innen-Aus- und -Fortbildung sowie in der Verwaltung.

Partizipation

Ein zweiter in der UN-Konvention über die Rechte von Menschen mit Behinderungen verankerter Grundsatz betrifft die aktive und wirksame Teilhabe von behinderten Personen, also deren Partizipation, die in der Konvention als bedeutsames Grundprinzip immerhin siebzehnmal benannt wird. Wichtige Akteurinnen und Akteure von identitätsstiftenden zukunftsorientierten Entwicklungen sind die Bürgerrechtsbewegungen der Betroffenen selbst und mit ihnen unterschiedliche Verbündete, z.B. auch Wissenschaftler/innen. Dies ist unabhängig davon, ob Zwei-Gruppen-Theorien – z.B. im Rahmen sozial-konstruktiver Modelle von Behinderung – aufrechterhalten und gesellschaftliche Entwicklungen als prinzipiell für widersprüchlich gehalten werden oder nicht. Inklusiv-pädagogische und wissenschaftliche Professionalität erfordert eine grundsätzlich reflexive Haltung, die Verbündetsein nicht als Gegensatz zu Wissenschaftlichkeit und einem kritisch-reflexiven universitären Habitus sieht. Dazu müssen die Reichweite unterschiedlicher theoretischer Zugänge eingeschätzt sowie Konfliktlinien, Widersprüche und paradigmatische Unterschiede berücksichtigt werden. Abgrenzungen sollten vor allem dort erfolgen, wo nach aktuellen, auch menschenrechtlichen Standards Probleme deutlich werden, z.B. bei Zugangsweisen, die defektologisch orientiert Deprivationen produzieren oder Entwicklung hemmen oder bei

---

16 Stellungnahme der Monitoring-Stelle zur UN-Behindertenrechtskonvention zur Stellung der UN-Behindertenrechtskonvention innerhalb der deutschen Rechtsordnung und ihre Bedeutung für behördliche Verfahren und deren gerichtliche Überprüfung, insbesondere ihre Anforderungen im Bereich des Rechts auf inklusive Bildung nach Artikel 24, UN-Behindertenrechtskonvention, http://www.institut-fuer-menschen-rechte.de/, 2010. Siehe auch: Stellungnahme des unabhängigen Monitoringausschusses zur Umsetzung der UN-Konvention über die Rechte von Menschen mit Behinderungen. Inklusive Bildung, http://www.monitoringausschuss.at/stellungnahmen/inklusive-bildung-10-06-2010.

auf Distanz orientiertem Sprachgebrauch, der Menschen mit Behinderungen sprachlich-symbolisch zu Objekten macht.

Reflexive Kritik hat die Funktion, Widersprüchlichkeiten herauszuarbeiten, ohne dabei mögliche synergetische Zusammenhänge von unterschiedlichen Standpunkten und theoretischen Zugängen zu vernachlässigen. Diese Spielart einer an Kompetenzen inklusiv orientierten Fachlichkeit bewegt sich in Anbetracht der derzeitigen Verfasstheit der Universitäten – deren Primat an ökonomischer Effizienz sowie deren Abgrenzungs- und Konkurrenzkultur – sicherlich an den Grenzen des universitären Mainstream-Habitus. Umso mehr ist aus unserer Sicht als Gegengewicht und im Sinne einer offenen Universität die Frage der Transdisziplinarität und die Einbeziehung nicht-akademischen Wissens von Personen mit Behinderungserfahrungen in akademische Zusammenhänge zu diskutieren und im Rahmen der vorhandenen Möglichkeiten zu praktizieren. Die Forderung danach ist nicht neu[17] und wurde in den letzten Jahren z.B. unter dem Label der transdisziplinären Forschung diskutiert:»Transdisziplinäre Forschung bedeutet, [...] unterschiedliche Gruppen der ›Zivilgesellschaft‹ als potentielle NutzerInnen von Forschungsergebnissen in Forschungsprozesse mit einzubeziehen«[18]. Interessanterweise kommen starke Impulse in diese Richtung weniger aus den Sozialwissenschaften als aus der Umweltforschung, der Stadtplanung und der Technikfolgenabschätzung.

Forschung und Angstphänomene

In Aufhebung der Dualität von Theorie und Praxis sollte sich eine inklusiv orientierte Erziehungswissenschaft weder vor den realen Bedürfnissen behin-

---

17 Vgl. Volker Schönwiese: Einschätzungen zur Forschung als Entwicklungsförderung im Bereich der Lebensverhältnisse behinderter Menschen. Referat für das »Seminar zum Forschungsbereich behinderte Menschen in der Schweiz«, organisiert durch die NFP-Projekt-gruppe, Schweizerische Vereinigung PRO INFIRMIS, Bern 16.11.1998, http://bidok.uibk.ac.at/library/schoenwiese-entwicklungsfoerderung.html, 1998. Petra Flieger: Partizipatorische Forschung: Wege der Entgrenzung von ForscherInnen und Beforschten, in: Jo Jerg/Kerstin Merz-Attalik u.a. (Hg.): Perspektiven auf Entgrenzung: Erfahrungen und Entwicklungsprozesse im Kontext von Inklusion und Integration, Bad Heilbrunn 2009, 159–172.

18 Vgl. »TRAFO – Transdisziplinäres Forschen Geistes-, Sozial- und Kulturwissenschaften«, Forschungsprogramm des österr. Bundesministerium für Wissenschaft und Forschung von 2004 bis 2007: http://www.trafo-research.at/.

derter Personen in einen reflexiven Schonraum zurückziehen noch glauben, direkt für die Praxis umsetzbare Handlungsanleitungen liefern zu können. Am Gegenstand orientierte theoretische Offenheit, Partizipation und Prozessorientierung durch Forschung im Feld markieren einen möglichen »dritten Weg« in den Erziehungswissenschaften, der sich der Dualität Reflexive Erziehungswissenschaften vs. Handlungswissenschaft[19] entzieht. Dies bedeutet für Inklusive Pädagogik u.a. die Herstellung von Analyse- und Handlungsbezügen auf der Folie der UN-Konvention über die Rechte behinderter Menschen. Schwierigkeiten ergeben sich dabei allemal. Forschung im Feld ist grundsätzlich prekär, da die für Forschung typischen Distanzverhältnisse nicht aufrechterhalten werden können, die Devereux[20] in seiner Analyse des Verhältnisses von Angst und Methode in den Verhaltenswissenschaften beschrieben hat. »Es ist notwendig, unser epistemologisches Dilemma im folgenden scharf zu formulieren. Denn, von einigen rühmlichen Ausnahmen (Lévi-Strauss …) abgesehen, haben wenige Feldforscher die Intelligenz, Integrität und Furchtlosigkeit in sich vereinigt, deren es bedarf, wenn man Gegenübertragungsphänomene erkennen, d.h. herausfinden will, wie der Beobachter menschlicher Daten als Person und menschliches Wesen auf seine eigenen Beobachtungen reagiert«.[21] Gegenübertragungsphänomene beinhalten persönlich-biografische und beruflich-biografische Erfahrungen von Forscherinnen und Forschern auf der Folie kulturell-gesellschaftlicher Entwicklungen. Bereits Adriano Milani-Comparetti[22], zusammen mit Ludwig Otto Roser einer der Pioniere der integrativen Pädagogik[23], hat die »Omnipotenz der Abwehr« gegenüber behinderten Personen zentral mit Angst als persönlichem und als gesellschaftlichem Phänomen in Verbindung gebracht. Auch Niedecken[24] sieht Angstabwehr als das entscheidende Phänomen zum Verständnis von Behinderung. Dies erklärt möglicherweise einen Teil der methodischen Schwierigkeiten einer als partizi-

---

19 Heinz-Hermann Krüger: Entwicklungslinien und aktuelle Perspektiven einer kritischen Erziehungswissenschaft, in: Heinz Sünker/Heinz-Hermann Krüger, Kritische Erziehungswissenschaft am Neubeginn? Frankfurt/M.1999, 176.

20 Georges Devereux: Angst und Methode in den Verhaltenswissenschaften, Frankfurt/M.1973.

21 Weston La Barre: Vorwort, in: Georges Devereux, Angst und Methode in den Verhaltenswissenschaften, Frankfurt/M. 1973, 11.

22 Adriano Milani-Comparetti: Von der Behandlung der Krankheit zur Sorge um Gesundheit. Konzept einer am Kind orientierten Gesundheitsförderung, http://bidok. uibk.ac.at/library/comparetti-milani_medizin.html, 1986.

23 Jutta Schöler (Hg.): Normalität für Kinder mit Behinderung: Integration. Texte und Wirkungen von Ludwig-Otto Roser, Neuwied 1998, http://bidok.uibk.ac.at/library/ schoeler-normalitaet.html.

24 Dietmut Niedecken: Namenlos. Geistig Behinderte verstehen, Weinheim 2003, 4. Auflage.

patorisch oder inklusiv zu kennzeichnenden Forschung, die (selbst-)reflexive Elemente für tatsächlich alle am Forschungsprozess beteiligten Akteur/innen erforderlich macht. Die Beachtung von Gegenübertragungsphänomenen stellt eine ergänzende Querkategorie zur Beschreibung der Felder inklusiver Pädagogik und Entwicklung dar, wie sie Hinz[25] in Anlehnung an andere Autorinnen und Autoren systematisch beschreibt:

Fokus	Institutionsreform	De-Institutionalisierung	Leben mit Unterstützung
Person	Patient/in	Klient/in	Bürger/in
Rahmen von Dienstleistungen	In der Institution	In Wohngruppen, Werkstätten für Behinderte, Sonderschulen und -unterricht	In üblichen Wohnungen, Betrieben, Schulen und Klassen
Alltagstheoretische Basis der Arbeit	Pflegerisches/medizinisches Modell	Entwicklungspsycho-logisches/verhaltens-therapeutisches Modell	Modell individueller Unterstützung
Dienstleistung	Pflege/Betreuung	Förderung	Assistenz
Planungsmodelle	Betreuungs- und Versorgungspläne	Individuelle Erziehungs-/Förder-/Qualifizierungspläne	Gemeinsame persönliche Zukunftsplanung
Kontrolle durch	medizinisch/pflegerische Fachkraft	Interdisziplinäres Team	Persönlicher Unterstützerkreis
Priorität bei	Grundbedürfnissen	Tüchtigkeit	Selbstbestimmung in sozialer Kohäsion
Problemdefinition	Behinderung, Schädigung, Defizit	Abhängigkeit, Unselbstständigkeit	Umwelthindernisse für Teilhabe
Problemlösung	Behandlung, Therapie	Förderung der am wenigsten einschränkenden Umwelt	Neugestaltung der Umwelt als inklusive Gesellschaft

Tabelle 1: Entwicklungsphasen im Betreuungs-/Hilfe-/Unterstützungssystem für Menschen mit Behinderungen[26]

Unter Berücksichtigung des Ansatzes von Milani-Comparetti[27] könnte dieses Schema durch die Kategorie »gesellschaftlicher, unbewusster Kontext« in einer zusätzlichen Zeile erweitert werden:

---

25 Andreas Hinz: Inklusion und Arbeit – wie kann das gehen? A.a.O., 3–12, http://bidok. uibk.ac.at/library/imp-39–06-hinz-inklusion.html.
26 Ebd.
27 Adriano Milani-Comparetti, a.a.O., http://bidok.uibk.ac.at/library/comparetti-milani_medizin.html, 1986.

Fokus	Institutionsreform	De-Institutionalisierung	Leben mit Unterstützung
Gesellschaftlicher, unbewusster Kontext	Angstabwehr durch Verleugnung und Unsichtbarmachen	Angstabwehr durch Aggression und Anpassung	Trauerbearbeitung und direkte Auseinandersetzung

Tabelle 2: Vorschlag zur Ergänzung einer Kategorie für die in Abb. 1 dargestellten Entwicklungsphasen

Die Partizipation von Kindern, Jugendlichen und Erwachsenen mit Behinderungen in der Forschung ermöglicht nicht nur den direkten Austausch unterschiedlicher Bedeutungsinhalte, sondern auch kommunikative Validierungsprozesse, die die von Angst und Distanz geprägten gesellschaftlichen Reaktionen und Phantasmen zurückdrängen können. Die Beachtung von Gegenübertragungsphänomenen in diesem Prozess stellt einen Anschlusspunkt an Erkenntnisse psychoanalytisch-psychosozialer Theorie sowie unterschiedlicher Typen von Feldforschung her, die für die Erfüllung der Ansprüche inklusiver Forschung nur dienlich sein kann.[28]

---

28 Ein Beispiel für Feldforschung mit interaktionistischem Hintergrund ist der Klassiker von Erving Goffman: Asyle. Über die soziale Situation psychiatrischer Patienten und anderer Insassen, Frankfurt/M. 1973. Beispiele mit psychoanalytischem Hintergrund sind Ursula Koch-Straube: Fremde Welt Pflegeheim: Eine ethnologische Studie, Bern 2002, 2. Auflage. Und Dietmut Niedecken/Irene Lauschmann/Marlies Pötzl: Psychoanalytische Reflexion in der pädagogischen Praxis. Innere und äußere Integration von Menschen mit Behinderung, Weinheim 2003.

Inklusion – mehr als nur ein neues Wort?!¹

Andreas Hinz

Integrationsbegriff – selbstverständlich und unklar

Einerseits ist Integration ein Begriff, der inzwischen auch in der Pädagogik einen hohen Bekanntheitsgrad hat, der klarmacht, dass die alte Gleichung – »Normale Kinder in die allgemeine Schule, Kinder mit Behinderung in die Sonderschule« – nicht mehr stimmt, sondern dass auch Kinder mit spezifischen Bedarfen gemeinsam mit anderen in der allgemeinen Schule leben und lernen können. Und Integrationspädagogik ist die entsprechende Pädagogik, die sich auf Prozesse und Effekte des gemeinsamen Spielens, Lebens, Lernens und Arbeitens in heterogenen Gruppen bezieht. So einfach, so klar.

Andererseits ist Integration in der Praxis inzwischen alles Mögliche: gemeinsamer Unterricht in der allgemeinen Schule, punktuelle Feste und Feiern. Selbst der Besuch einer Sonderschule wird gelegentlich als Integration bezeichnet. Fast kann man sagen: Alles, was als gut, fortschrittlich und hilfreich gesehen werden will, heftet sich das Etikett »integrativ« an. Und das ist eines der vielen Probleme des Integrationsbegriffs.

Probleme der Integrationspraxis

Wenn hier über Probleme der Integration nachgedacht wird, geschieht das nicht mit der Botschaft: »Zurück – Integration war der falsche Weg!«, sondern ganz im Sinne folgender Haltung »Integration ist ein wichtiger und richtiger Weg; die Schwierigkeiten dabei fordern zu einem konsequenteren

---

1 Dieser Beitrag ist dem Heft 23 der Zeitschrift *Lernende Schule,* 2003, entnommen und leicht angepasst worden. Wir danken dem Autor und dem Friedrich Verlag für die Abdruckerlaubnis.

Blick und Zugang auf«. Auch über Deutschland hinaus sind in der Praxis der Integration eine Reihe quantitativer und qualitativer Probleme deutlich geworden.

Unter quantitativen Gesichtspunkten ist Integration ein sektorales Phänomen: im Kindergarten fast flächendeckend, in der Grundschule – bei deutlichen Unterschieden zwischen den Bundesländern – relativ weit verbreitet, in der Sekundarstufe I nur noch in geringem Maße zugelassen und in der Sekundarstufe II geradezu exotisch. Gemeinsamer Unterricht ist ein ergänzendes, nicht ein ersetzendes System geworden. In den letzten Jahren gibt es Stagnation, allerdings bei zunehmendem sonderpädagogischen Förderbedarf – eine Folge der Logik, nach der Ressourcen entsprechend den etikettierten Kindern zugewiesen werden.

Auch qualitativ gibt es sektorale Tendenzen: Kinder mit Lern-, Sprach- und Verhaltensproblemen sind zahlreich vertreten, Kinder mit höherem Unterstützungsbedarf finden sich deutlich seltener in integrativen Klassen. Allgemein scheint die Gleichung zu gelten: »je schwerer die Behinderung, desto geringer die Chancen für Integration«. In Nordamerika wird dies als »readiness-model« bezeichnet, dem zufolge mit den Fähigkeiten des Kindes auch seine Integrationsmöglichkeiten steigen und somit die Gefahr besteht, dass Kinder sich erst durch Fähigkeiten für Integration qualifizieren müssen – damit bleibt Integration etwas Selektives. Zudem bleibt es häufig bei einem Denken in zwei Gruppen: den nichtbehinderten, integrierenden, normalen und eigentlichen Kindern – und den behinderten Kindern, den zu integrierenden, anormalen »Auch-Kindern«, die dann an einem Thema *auch* etwas arbeiten können.

Das Konzept der Inklusion

Im angloamerikanischen Raum wird diese kritische Sicht auf die Integration mit dem Konzept der Inklusion verbunden.[2] Langsam gewinnt es nun auch im deutschsprachigen Raum an Bekanntheit.[3] Was ist das Neue daran? Zu-

---

2 Vgl. Susan Stainback/William Stainback: Inclusion. A Guide for Educators, Baltimore 1997. Peter Mittler: Towards Inclusive Education, London 2000.

3 Vgl. Andreas Hinz: Von der Integration zur Inklusion. Terminologisches Spiel oder konzeptionelle Weiterentwicklung? In: *Zeitschrift für Heilpädagogik*, 53, 2002, 354–361. Alfred Sander: Von der integrativen zur inklusiven Bildung. Internationaler Stand

nächst einmal ist es für die Theorie der Integrationspädagogik nichts Neues. Jedoch kann die integrative Praxis für ihre kritische Selbstreflexion einige Anregungen erhalten, denn bei Inklusion

– wird von einer untrennbaren heterogenen Lerngruppe und nicht von zweien ausgegangen;
– wird nicht nur (Nicht-)Behinderung beachtet, sondern es werden viele Dimensionen vorhandener Heterogenität zusammengedacht – Möglichkeiten und Einschränkungen, Geschlechterrollen, sprachlich-kulturelle und ethnische Hintergründe, soziale Milieus, sexuelle Orientierungen, politisch-religiöse Überzeugungen und was auch immer mehr;
– wird neben dem institutionellen Rahmen vor allem auch die emotionale und die soziale Ebene des gemeinsamen Lebens und Lernens in den Blick genommen;
– wird jede Person als wichtiges Mitglied der Gemeinschaft unabhängig von seinen Möglichkeiten und Einschränkungen, die sich ohnehin bei allen Menschen nur graduell unterscheiden, wertgeschätzt – ganz im Gegensatz zum »readiness-model« –; und schließlich
– werden Ressourcen nicht mehr einzelnen Personen zugewiesen, deren Andersartigkeit dadurch wiederum dokumentiert wird, sondern Klassen und Schulen als Ganzes bekommen sie, denn sie sind es, die sonderpädagogischen Förderbedarf haben.

Unterschiede zwischen Integration und Inklusion

Alfred Sander resümiert: Inklusion bezeichne ein optimiertes und erweitertes Verständnis von Integration.[4] Die folgende – zugespitzte – Gegenüberstellung integrativer und inklusiver Praxis führt diese qualitativen Unterschiede vor Augen:[5]

---

und Konsequenzen für die sonderpädagogische Förderung in Deutschland, in: Anette Hausotter/Werner Boppel/Helmut Menschenmoser (Hg.), Perspektiven sonderpädagogischer Förderung in Deutschland, Middlefart 2002, 143–164.
4 Sander, ebd.
5 Diese tabellarische Gegenüberstellung wurde zuerst abgedruckt in: Hinz, ebd., 359.

Praxis der Integration	Praxis der Inklusion
– Eingliederung von Kindern mit bestimmten Bedürfnissen in die allgemeine Schule	– Leben und Lernen für alle Kinder in der allgemeinen Schule
– Differenziertes System je nach Schädigung	– Umfassendes System für alle
– Zwei-Gruppen-Theorie (behindert/nichtbehindert)	– Theorie einer heterogenen Gruppe (viele Minderheiten und Mehrheiten)
– Aufnahme von behinderten Kindern	– Veränderung des Selbstverständnisses der Schule
– Individuumszentrierter Ansatz	– Systemischer Ansatz
– Fixierung auf die institutionelle Ebene	– Beachtung der emotionalen, sozialen und unterrichtlichen Ebenen
– Ressourcen für Kinder mit Etikettierung	– Ressourcen für Systeme (Schule)
– Spezielle Förderung für behinderte Kinder	– Gemeinsames und individuelles Lernen für alle
– Individuelle Curricula für einzelne	– Ein individualisiertes Curriculum für alle
– Förderpläne für behinderte Kinder	– Gemeinsame Reflexion und Planung aller Beteiligter
– Anliegen und Auftrag der Sonderpädagogik und Sonderpädagog/innen	– Anliegen und Auftrag der Schulpädagogik und Schulpädagog/innen
– Sonderpädagog/innen als Unterstützung für Kinder mit sonderpädagogischem Förderbedarf	– Sonderpädagog/innen als Unterstützung für Klassenlehrer/innen, Klassen und Schulen
– Ausweitung von Sonderpädagogik in die Schulpädagogik hinein	– Veränderung von Sonderpädagogik und Schulpädagogik
– Kombination von (unveränderter) Schul- und Sonderpädagogik	– Synthese von (veränderter) Schul- und Sonderpädagogik
– Kontrolle durch Expert/innen	– Kollegiales Problemlösen im Team

Mit diesem kritischen Blick soll nicht etwa der gemeinsame Unterricht insgesamt kritisiert und schon gar nicht die Arbeit von integrativ arbeitenden Pädagog/innen herabgewürdigt werden. Allzu häufig werden sie durch bestehende Strukturen und Denkgewohnheiten in ihrer Arbeit behindert. Manche arbeiten vielleicht dieser Gegenüberstellung folgend bereits inklusiv, allerdings häufig eher gegen Strukturen als mit deren Unterstützung – und das schafft eben qualitative Probleme.

Qualitätsentwicklung – Index für Inklusion

Im englischsprachigen Raum wurden Materialien zur Qualitätsentwicklung von Schulen entwickelt, die den Fokus genau auf jene Bereiche legten, die das Miteinander in den unterschiedlichen Dimensionen von Heterogenität betonen – so im »Index for Inclusion«, einem Instrument zur Selbstevaluation für Schulen, die »Schulen für alle Kinder« sein wollen.[6] Im Jahr 2003 entstand eine deutsch-sprachige Version als »Index für Inklusion«.[7]

Der Index umfasst einen Prozess der Selbstevaluation, in dessen Rahmen eine Reihe von Schulentwicklungsphasen durchlaufen werden: Zunächst arbeitet eine eingerichtete Koordinationsgruppe mit dem Kollegium, den schulischen Gremien, Schüler/innen und Eltern zusammen. Alle Aspekte der Schule werden von ihnen gemeinsam untersucht, Hindernisse für das Lernen und die Partizipation benannt, Prioritäten für die Entwicklung gesetzt und der Prozess reflektiert. Unterstützt wird die Selbstevaluation durch eine detaillierte Sammlung von Indikatoren und Fragen, die es der Schule ermöglicht, in eine tiefe und herausfordernde Auseinandersetzung mit ihrer derzeitigen Position in Sachen Integration und mit Möglichkeiten einer weiterreichenden inklusiven Entwicklung einzusteigen. Dieser Phase folgen die weiteren aus der Schulentwicklungsforschung bekannten Phasen, wie die Planung nächster Schritte, deren Umsetzung sowie ihre Überprüfung.

Inhaltlich bezieht sich der Prozess inklusiver Schulentwicklung auf drei Dimensionen, die analytisch getrennt werden, obwohl sie sich teilweise überschneiden. Inklusive Kulturen richten ihr Augenmerk auf das Bilden von Gemeinschaften, die Vielfalt anerkennen. Inklusive Strukturen sichern dieses Selbstverständnis organisatorisch ab, indem sie eine »Schule für alle« anstreben und Unterstützung für Vielfalt so organisieren, dass sie nicht diskriminierend, sondern inklusiv wirksam wird. Inklusive Praktiken schließlich berücksichtigen Kulturen und Strukturen in ihrem inklusiven Bemühen, sodass Lernen und Unterricht ressourcenorientiert stattfinden können.

---

6 Tony Booth/Mel Ainscow: Index for Inclusion. Developing Learning and Participation in Schools, London 2002.

7 Ines Boban/Andreas Hinz: Der Index für Inklusion – eine Möglichkeit zur Selbstevaluation von »Schulen für alle«, in: Georg Feuser (Hg.), Integration heute – Perspektiven ihrer Weiterentwicklung in Theorie und Praxis, Frankfurt/M. 2003, 37–46. Siehe auch Ines Boban/Andreas Hinz (Hg.) (2003): Index für Inklusion. Lernen und Teilhabe in der Schule der Vielfalt entwickeln, Halle (Saale).

Potential des Index für Inklusion

Das Potential des Index für Inklusion liegt neben seiner gewollt flexiblen und an konkrete Fragestellungen vor Ort anzupassenden Einsatzmöglichkeiten vor allem in zwei Aspekten.

Zum einen ist es ein Verständnis für Inklusion, das weit über den Rahmen des gemeinsamen Unterrichts mit behinderten und nicht behinderten Schülerinnen und Schülern hinausgeht und tatsächlich alle Dimensionen von Heterogenität umfasst. Dies ist insofern bedeutsam für einen möglichen Einsatz des Index, als Kollegien sich in den seltensten Fällen als Ganzes mit Integration beziehungsweise Inklusion profilbildend auseinandersetzen, denn üblicherweise ist es doch eher eine kleine Gruppe in Kollegien, die sich praktisch wie theoretisch mit diesem Schwerpunkt beschäftigt. Geht es aber um die verschiedenen Dimensionen von Heterogenität, ist automatisch jedes Kollegium als Ganzes involviert, denn Schüler/innen mit unterschiedlichen Geschlechterrollen, Schüler/innen unterschiedlicher kultureller, sprachlicher und ethnischer Herkunft und unterschiedlicher Bildungs- und Lernvorerfahrungen sind Teil jeder Schule.

Das zweite hervorstechende Moment ist die Einbindung aller beteiligter Personen beziehungsweise Personengruppen der Schule, insbesondere die selbstverständliche Einbindung der Schüler/innen der Schule – und dies gilt natürlich auch für die Grundschule. So verhilft das Instrumentarium des Index für Inklusion allen an einer Schule Beteiligten zur konkreten Auseinandersetzung mit den relevanten Lernfragen auf dem Wege zu einer Schule für alle Kinder.

Inklusion als gesellschaftliche Herausforderung

Chancen und Risiken der zukünftigen Gesellschaft[1]

Sylvia Löhrmann

Unsere Kinder von heute gestalten die Welt von morgen. Die Haltung und das Miteinander, den Respekt, die Achtung und Wertschätzung sich und anderen gegenüber, die unsere Kinder heute erfahren, tragen sie in ihrer Haltung und ihrem Verhalten morgen weiter. Sie kennen alle das Sprichwort: »Was Hänschen nicht lernt, lernt Hans nimmermehr«. Dass das in dieser Pauschalität so nicht stimmt, hat uns die moderne Hirnforschung in den letzten Jahren eindrucksvoll gezeigt. Natürlich kann Hans noch lernen! – Und Christa, Ayse und Mesut auch.

Aber wir lernen als Kinder leichter, schneller und nachhaltiger und vor allem: Das, was wir jetzt erfahren, ist das, was wir kennen, was uns vertraut ist, was wir leben, was wir verinnerlichen und woraus wir schöpfen! Viele Studien belegen, dass man sich vor Dingen und Einstellungen fürchtet, die man oder frau nicht kennt. Umso wichtiger ist ein vielfältig gestalteter Lebensraum »Schule«, sind reichhaltige innerschulische und außerschulische Angebote und inklusive Lerngruppen. Denn das, was unsere Kinder jetzt in der Gegenwart mit allen Sinnen lernen, erfahren und einüben – begreifen im vollen Wortsinn –, können sie in der Zukunft umsetzen und aus erlernter, verinnerlichter Erfahrung schöpfen. Was das nun ganz konkret bedeutet und welchen Herausforderungen wir dabei begegnen, möchte ich anhand von drei Grundsätzen etwas näher erläutern.

Mein erster Grundsatz lautet: Gesellschaft verändert sich nur durch Bildung. Denn nur durch Bildung geben wir jungen Menschen die Gelegenheit, ihre Potentiale bestmöglich zu entfalten, sich frei und selbstbestimmt zu entwickeln und verantwortungsvolle Mitglieder unserer demokratischen Gesellschaft zu werden.

---

1 Dieser Beitrag ist ein Ausschnitt des gleichnamigen Vortrages der Autorin auf der Tagung »Inklusion {er-}leben« der Heinrich-Böll-Stiftung NRW und der Landtagsfraktion von Bündnis 90/Die Grünen im November 2013.

Mein zweiter Grundsatz ist: Der bewusste Schritt von der Homogenität zur Vielfalt ist der Schritt von der Ausgrenzung zur Chancengerechtigkeit. So verändern wir mit Schule die Gesellschaft.

Mein dritter Grundsatz: Inklusion ist eine Form des gesellschaftlichen Umgangs mit Vielfalt und Verschiedenheit. Sie impliziert eine Gleichwertigkeit jedes Einzelnen und anerkennt jede individuelle Persönlichkeit und jedes individuelle Entwicklungspotential als wertvoll.

Zum ersten Punkt: So heterogen der Bildungsbegriff im Einzelnen auch verstanden wird – ich glaube, wir sind uns alle einig: Bildung ist die Grundlage dafür, den Lebensalltag kompetent zu bewältigen und so die eigene Zukunft selbstbestimmt zu gestalten. Sie ist Voraussetzung für soziale Integration und gesellschaftliche Teilhabe und legt den Grundstock für Eigenverantwortung und Solidarität in einer demokratischen Gesellschaft. Die Frage ist nun – und hier scheiden sich bekanntlich die Geister: Wie muss Schule sein, damit unsere Kinder und Jugendlichen als Erwachsene ihr Leben selbstständig führen und zum Wohle der Gemeinschaft beitragen können?

Ich denke, dass es wichtig ist, dass wir unseren Blick weiten, dass auch hier Mauern fallen. Dass wir die individuellen Fähigkeiten und Talente jedes Kindes und jedes Jugendlichen in den Blick nehmen, dass jedes Kind entsprechend seiner Fähigkeiten die passende Förderung erhält und wir verstehen, dass weder eine Momentaufnahme in Klasse 4 noch der Besuch einer Förderschule über den gesamten weiteren Schulerfolg und damit über den Lebenserfolg eines Kindes entscheiden dürfen. Nicht das Kind muss sich der Schule anpassen, sondern das System muss förderliche Funktionen für jedes Kind, seine und ihre unterschiedlichen Talente, Begabungen und Potentiale bereitstellen. Mit Jutta Almendinger gesprochen: »Die Schulen sind für die Schüler da.« Ich ergänze: Und zwar für die, die wir haben, und nicht für die, die wir gern hätten!

Die Bildungspolitik ist hier in der Pflicht, einen Rahmen zu schaffen, der Aufforderungscharakter hat, und genau das ist Kern unseres Schulkonsenses und des gerade verabschiedeten 9. Schulrechtsänderungsgesetzes. Denn der Wert von Bildung bemisst sich weder ausschließlich am Maßstab der Realisierung von fernen Idealen noch an rein ökonomischen Fragen der Effektivität und Exklusivität eines Bildungssystems. Der Wert von Bildung zeigt sich vielmehr an der Möglichkeit des Einzelnen zur Teilhabe. Und wenn es der Schule zukünftig immer besser gelingt, Angebote zu formulieren, die den Einzelnen herausfordern, seine Möglichkeiten zu erkunden und seine

Potentiale auszuschöpfen, dann sind wir meiner Meinung nach einer inklusiven Schule und damit einer zukünftigen inklusiven Gesellschaft ein großes
Stück näher gekommen.

Der Schulkonsens in Nordrhein-Westfalen ist ein erster Schritt auf diesem Weg. Eine nationale Bildungsstrategie wäre – darauf aufbauend – er-
strebenswert. Sie erscheint mir auch möglich, wenn alle Ebenen miteinander
reden und wir gemeinsam eine Strategie entwickeln, wie wir unser Bildungssystem für die Zukunft fit machen können. Politische Auseinandersetzungen
sind wichtig, sie sind das wesentliche Merkmal einer Demokratie. Sie dürfen
aber nicht zu Lasten unserer Kinder und Jugendlichen ausgetragen werden.
Ein Bildungskonsens im Großen beginnt im Kleinen und das heißt, dass der
Neubeginn nicht auf den Trümmern des Alten erfolgt, sondern auf den Fun-
damenten. Das bedeutet, wir brauchen Unterstützung. Unterstützung der
Kolleginnen und Kollegen vor Ort, von Eltern, Schulträgern, Schulaufsicht.
Wir brauchen ein Miteinander und kein Gegeneinander. Wir brauchen ein
gesellschaftliches Klima, das der Behindertenrechtskonvention gerecht wird.
Sehr prägnant formulierte dies Hubert Hüppe, der Beauftragte der Bundesregierung für die Belange behinderter Menschen: »Wer Inklusion will, sucht
Wege – wer sie nicht will, sucht Begründungen.« Wenn wir alle konstruktiv
daran mitwirken, Wege zu suchen, können wir, denke ich, zuversichtlich für
die weitere Entwicklung der Inklusion sowohl in den Schulen als auch, davon ausgehend, in unserer Gesellschaft sein.

Mein zweiter Punkt: Der bewusste Schritt von der Homogenität zur
Vielfalt ist der Schritt von der Ausgrenzung zur Chancengerechtigkeit. Wo
wir auch auf Menschen oder Menschengruppen treffen, immer sehen wir:
Jeder Mensch ist einzigartig und jede Gruppe heterogen. Wichtig ist, dass
wir diese Vielfalt der Individualitäten wertschätzen und niemanden durch
Mauern ausschließen. Chancengerechtigkeit will also eine Gleichwertigkeit
aller Menschen ohne das Ziel einer Gleichartigkeit. Das will ich an dieser
Stelle ganz deutlich sagen. Es geht gerade bei Inklusion nicht um Gleichmacherei! Es geht um Anerkennung und Wertschätzung jedes Individuums
in seiner Einzigartigkeit. Es geht also um eine Gleichbehandlung aller verschiedenen Menschen in Anerkennung ihrer Unterschiedlichkeit. Es geht
darum, endlich mit unserer Sortierung von Menschen in bestimmte Schub-
laden und Systeme aufzuhören.

Leider läuft nach Hunderten von Jahren die »Pädagogik der Vielfalt« in
Deutschland immer noch ins Leere. »In heterogenen Gruppen erfolgreich
miteinander umgehen und miteinander handeln können«, so lautet eine von

drei Schlüsselkompetenzen, die der OECD wichtig sind. Wie soll das in einem gegliederten Schulsystem geschehen, das von einer vermeintlichen und willkürlich gesetzten Homogenität ausgeht? Wie sollen dort Schülerinnen und Schüler lernen, Menschen aus anderen sozialen und kulturellen Gruppen anerkennend und respektvoll zu begegnen?

Schulen haben die Aufgabe, Kinder zu unterrichten, sie zu bilden und ihnen gesellschaftliche Werte zu vermitteln. Wie sollen sie diese Aufgabe erfüllen, wenn die Kinder getrennt werden und ihnen dadurch Lebenswelten verschlossen bleiben? Den Umgang mit Vielfalt nicht erlernen zu können und das Menschenrecht auf inklusives Lernen zu verweigern sind zentrale Probleme unseres Schulsystems. Unser Schulsystem lässt zu viele zurück – auch die Exzellenz. Bei längerem gemeinsamem inklusivem Lernen werden wir niemanden verlieren, aber viele und viel gewinnen. Und unsere Potentiale heben. Ich verweise nur auf einen in der *ZEIT* erschienenen Artikel »Perlentaucher auf der Suche« über eine Schule, an der Förderschüler und Hochbegabte gemeinsam lernen.

Allerdings: Es wäre vermessen zu glauben, die Bildung von heterogenen Lerngruppen käme pädagogischen Schneekugeln gleich, in denen sich Prozesse durch einfaches Umstülpen wie von selbst in Gang setzen. Auch das zeigt der *ZEIT*-Artikel deutlich. Gemeinsames und individuelles Lernen in heterogenen Gruppen setzt wirksame und ausgefeilte Konzepte der inneren Differenzierung voraus, die das Individuelle mit dem Gemeinsamen verbinden und Lernprozesse aufeinander zuführen, wo dies möglich ist. Die Kunst für die Lehrenden dabei ist es, die Schere im Kopf zu überwinden. Es gibt nicht den »Mittelkopf«, wie Ernst Christian Trapp es im ausgehenden 18. Jahrhundert postulierte, an dem Lehre und Lernen ausgerichtet werden könnte. Im Gegenteil: Im 21. Jahrhundert müssen wir Schülerinnen und Schülern zieldifferentes, individuelles Lernen ermöglichen.

Natürlich ist das eine Herausforderung. Für unsere Schulen, aber auch für unser gesellschaftliches Miteinander. Eine Entwicklung in die beschriebene Richtung setzt voraus, dass Lehrkräfte in der Schule und Bürgerinnen und Bürger im gesellschaftlichen Zusammenleben ein anderes Selbstbild entwickeln müssen. Mehr als bisher erfordert dieses, dass Wertschätzung und damit eine ganzheitliche Sicht auf die Schülerinnen und Schüler und auf die Mitbürgerinnen und Mitbürger zu einem Schlüsselmoment des eigenen Handelns wird. Das Denken muss von der Überzeugung ausgehen, dass die Kinder und Jugendlichen, die Mitbürgerinnen und Mitbürger wertvoll sind. Und zwar jede und jeder. Nicht die Skepsis und der Blick auf die Defizite dürfen die Ausgangspunkte sein, sondern das Vertrauen.

Der deutsche Sozialphilosoph Axel Honneth, Direktor am Institut für Sozialforschung der Universität Frankfurt und Professor an der Columbia University in New York City, hat diese Sichtweise so zusammengefasst: »Wir müssen eine Tugend der Gewährung von vorweggenommener Anerkennung […] und ein Vertrauen in die Begabung und Fähigkeiten jedes Einzelnen entwickeln.«

Nur Anerkennung und Vertrauen führen dazu, dass Mauern und Ausgrenzung in Schule und Gesellschaft keinen Ort mehr haben und Solidarität unser Handeln bestimmt.

Mein dritter und letzter Punkt: Inklusion ist eine Form des gesellschaftlichen Umgangs mit Vielfalt und Verschiedenheit. Deutschland hat die UN-Behindertenkonvention unterzeichnet, sie ist Auftrag und Verpflichtung für alle staatlichen Ebenen. Aber es geht im Kern der Sache nicht um Aufträge oder Pflichten. Es kommt auf die Haltung an! Es geht nicht nur darum, Vereinbarungen zu unterzeichnen, Gebäude umzubauen oder Fortbildungen anzubieten. Es geht um sehr viel mehr! Das hat Bundespräsident Joachim Gauck im Oktober 2012 in einer Rede sehr eindrucksvoll ausgeführt: »Dass all diese Kinder, all diese Verschiedenen gemeinsam in einer Schule zu jungen Erwachsenen reifen, ist mehr als ein Bildungsansatz. Es ist ein neues Lebenskonzept. […] Weil wir den Wert eines jeden Menschen anerkennen […] [J]eder [soll] seinen Platz im Klassenzimmer und in der Mitte unserer Gesellschaft finden.«

Es geht einer inklusiven Schule in einer inklusiven Gesellschaft also darum, jedem einzelnen Individuum durch die Beseitigung gesellschaftlich bedingter Nachteile ein Höchstmaß an Entfaltungsmöglichkeiten zu eröffnen. Es geht um echte Chancengerechtigkeit für all unsere Kinder und Jugendlichen, Mitbürgerinnen und Mitbürger. Egal welcher Herkunft, egal aus welchem Elternhaus, egal ob mit oder ohne Handicap. Wenn wir das ernst nehmen, kann der Grundgedanke der Inklusion gelingen. Dazu müssen wir allerdings folgendes beachten:

Erstens, Inklusion muss entlang der Bildungsbiografie des Einzelnen entwickelt werden. Individuelle Förderung, die auch zieldifferentes Lernen umfasst, ist eine Basis dafür.

Zweitens, Inklusion muss sich in Dynamik und Ausgestaltung an lokalen Gegebenheiten, den Wünschen der Eltern und Schülerinnen und Schülern und der Entscheidungsträger vor Ort ausrichten, und es gilt: Wo eine inklusive Beschulung an Regelschulen gewünscht ist, soll sie ermöglicht werden.

Drittens, Inklusion ist umfassend und muss in allen gesellschaftlichen Ebenen gelebt werden. In allen Schulformen des längeren gemeinsamen Lernens ebenso wie in Gymnasien, Realschulen, Berufskollegs. In kleinen, mittelständischen und großen Unternehmen ebenso wie in allen Institutionen. Ansonsten droht eine erneute Separierung unter anderen Vorzeichen.

Basis für alle drei genannten Punkte ist eine gelebte Kultur des Behaltens und der Wertschätzung. Und genau das sind meines Erachtens die wirklichen Herausforderungen, vor denen wir stehen: die Veränderung der Haltung und das Bewusstsein: »Inklusion geht uns alle an«.

Zusammenfassend: Ich bin der Auffassung, dass eine funktionierende demokratische Gesellschaft davon lebt, dass sie sich auf die gleichen Rechte für alle ihre Mitglieder und die Vielfalt ihrer Lebensentwürfe stützt. Genau dies ist auch ein Auftrag aus unserer Vergangenheit. Das bedeutet in der Konsequenz, dass jedem einzelnen Individuum unter Beseitigung der gesellschaftlichen Nachteile ein Höchstmaß an Entfaltungsmöglichkeiten eröffnet werden muss. Politisch gesehen handelt es sich hierbei um einen notwendigen Prozess in der Gesellschaft, der auch in der Schule seinen Raum findet und finden muss, aber für alle Lebensbereiche Geltung beansprucht. Entscheidend ist dabei: Individuen sind gleichwertig, aber nicht gleichartig. Deshalb geht es auch nicht um die Individualisierung von Leistungsansprüchen, sondern um die Individualisierung von Förderarrangements, um die individuellen Entwicklungsmöglichkeiten auszuschöpfen.

Ich bin überzeugt davon, dass ein Mentalitätswechsel der entscheidende Schlüssel für die vor uns liegenden Aufgaben ist. Wir alle haben es gemeinsam in der Hand, wie inklusiv und zukunftsfest demokratisch wir unsere Gesellschaft gestalten.

Inklusive Bildung – ein pädagogisches Paradoxon[1]

Georg Feuser

Die Inklusionslüge

Einleiten möchte ich meine Ausführungen mit einer kleinen Parabel, die ich der Abschlussrede von David Forster Wallace entnehme, die er 2005 am Kenyon College, Ohio, gehalten hat, verbunden mit der Botschaft an die Studierenden, selber denken zu lernen und über das *Was* und *Wie* des eigenen Denkens eine gewisse Kontrolle auszuüben. Ich wähle dieses Zitat, weil mir die Diskurse um Integration und Inklusion und die vielfältigen sich inklusiv nennenden Praxen dessen weitgehend zu entbehren scheinen.

»Schwimmen zwei junge Fische des Weges und treffen zufällig einen älteren Fisch, der in die Gegenrichtung unterwegs ist. Er nickt ihnen zu und sagt: ›Morgen, Jungs. Wie ist das Wasser?‹ Die zwei jungen Fische schwimmen eine Weile weiter, und schließlich wirft der eine dem anderen einen Blick zu und sagt: ›Was zum Teufel ist Wasser?‹«[2]

Was zum Teufel ist Integration, was Inklusion? Beide Begriffe generieren sich aus dem mittelalterlichen Latein, wurden im 19. und 20. Jahrhundert wieder aufgegriffen und wissenschaftlich vor allem in der Soziologie etabliert. Entstanden aus »integer« beschreibt der Begriff der Integration die Wiederherstellung eines Ganzen, also den Prozess im Sinne von »heil und unversehrt machen« und soziologisch die Verbindung einer Vielfalt von einzelnen Personen oder Gruppen zu einer gesellschaftlichen und kulturellen Einheit. Der Begriff Inklusion leitet sich aus den gleichen Quellen ab und meint »einschließen, einschließlich, inbegriffen«. Er beschreibt also eine

1 Dieser Text basiert auf dem Vortrag des Autors im Rahmen der Jahrestagung 2013 der Leibniz-Sozietät mit der Thematik »Inklusion und Integration« an der Universität Potsdam am 31. Mai 2013.
2 David Foster Wallace: Das hier ist Wasser, Köln 2012, 9.

Ganzheit, die der Logik nach, so sie zuvor nicht bestand, erst durch einen Prozess der Integration erreicht werden kann. Was wir heute fachlich, gesellschaftlich, politisch und ökonomisch zu bewältigen haben, ist, das in seiner hierarchisch-vertikalen und ständischen Orientierung gegliederte und dem in unserer Verfassung grundgelegten Demokratieverständnis widersprechende Erziehungs-, Bildungs- und Unterrichtssystem (EBU) in ein inklusives zu überführen, was ich mit dem Weg von der *Segregation* durch *Integration* zur *Inklusion* beschreibe. Damit sind die Begriffe ihrer Funktion nach verortet.

Das vierte Jahrzehnt dieses Weges im deutschsprachigen Raum, den ich von Anfang an kenne, mit innoviert und begleitet habe, neigt sich seinem Ende zu. Auf der Basis der Überwindung einer defizitorientierten, in biologistischen und medizinisch-psychiatrischen Orientierungen verankerten Heil- und Sonderpädagogik und einer an einem normativen Normalitätskonzept orientierten Regelpädagogik ist es durch die Synthese einer subjektwissenschaftlich orientierten Behindertenpädagogik, wie wir sie an der Universität Bremen entwickelt haben, mit der auf der kategorialen Bildungstheorie basierenden Allgemeinbildungskonzeption von Wolfgang Klafki[3] im allgemeinpädagogischen Bereich heute möglich, eine durch die vorliegenden Erkenntnisse der Humanwissenschaften fundierte Pädagogik vorzulegen, durch die eine gemeinsame Erziehung, Bildung und Unterrichtung behinderter und nichtbehinderter Kinder und Schüler, selbstverständlich eingeschlossen solche mit Migrationshintergrund, erziehungswissenschaftlich grundgelegt werden kann; die also als Integration dadurch fungiert, dass sie die Sonderschulung überwindet und die Regelpädagogik in Richtung einer Schule für alle kompetent macht. Das erfordert eine nicht ausgrenzende »Allgemeine Pädagogik, die durch eine entwicklungslogische Didaktik«[4] in der Frühen Bildung und in einer Schule für alle einen inklusiven Unterricht ermöglicht.[5] Eine solche Entwicklung konnte in Bremen von Beginn

---

3 Wolfgang Klafki: Grundzüge eines neuen Allgemeinbildungskonzepts. Im Zentrum: Epochaltypische Schlüsselprobleme, in: ders., Studien zur Bildungstheorie und Didaktik, Weinheim/Basel 1996, 43–81.

4 Georg Feuser: Allgemeine integrative Pädagogik und entwicklungslogische Didaktik, in: *Behindertenpädagogik*, 28, H. 1, 1989, 4–48. Ders.: Behinderte Kinder und Jugendliche. Zwischen Integration und Aussonderung, Darmstadt 1995. Ders.: Entwicklungslogische Didaktik, in: Astrid Kaiser et al. (Hg.), Didaktik und Unterricht. Enzyklopädisches Handbuch der Behindertenpädagogik: Behinderung, Bildung, Partizipation, Bd. 4. Stuttgart 2011b, 86–100.

5 Es sei nur kurz darauf verwiesen, dass dies nicht mit einem sogenannten zieldifferenten Unterricht erreicht wird, der letztlich, wie oft beobachtet, unter dem Dogma der Lehr-

der 1980er Jahre an bis Mitte der 1990er Jahre praktiziert werden, bis sie politisch zerstört und auf ein Kooperationsmodell reduziert wurde. So viel man auch über Inklusion redet, ich kenne keine der Bedeutung des Begriffes angemessene Praxis. Nach wie vor werden Kinder und Schüler wegen Art und Schweregrad ihrer Beeinträchtigungen aus einem gemeinsamen Lernen und Unterricht ausgrenzt, was auch dem Integrationsbegriff fundamental widerspricht. Solche Praxen, die mit Mitteln des segregierenden Systems Inklusion realisieren wollen – ein Paradoxon par excellence – bezeichne ich als *Integrationspädagogiken.*

Der Diskurs um die Begriffe »Integration« und »Inklusion« hat eine zur wissenschaftlichen Schande gereichende Entwicklung genommen. Es wurde geradezu ein Inklusionsmythos geschaffen, der nicht aufklärt, sondern die Wirklichkeit verschleiert und euphemisiert, seit Andreas Hinz in der *Zeitschrift für Heilpädagogik* eine Tabelle publiziert hat, die in fünfzehn Punkten Integration und Inklusion gegenüberstellt.[6] Der Integration werden hier in ahistorischer Weise und in extrem reduktionistischer Verengung alle als Fehlentwicklungen zu qualifizierenden Auffassungen und Praxen zugeordnet und die Inklusion als der zu erreichende Idealzustand skizziert. Dies ohne jede umfassende und kritische Aufarbeitung der ersten zweieinhalb Jahrzehnte der Integrationsentwicklung und der mit dem Begriff verknüpften Bedeutungen. Seither hat die Umetikettierung des mit Integration Gemeinten zur Inklusion einen ausufernden Verlauf genommen, so, als könne das Etikett eines Spitzenweins auf einer mit Essig gefüllten Weinflasche diesen in einen Spitzenwein verwandeln. Interessant ist, dass diese Tabelle bis in jüngste Veröffentlichungen hinein kritiklos zitiert und unhinterfragt über-

---

planherrschaft dazu führt, dass Kinder/Schüler je nach Behinderungsart in einer so genannten Integrationsklasse nach den Lehrplänen unterrichtet werden, die für sie in der entsprechenden Sonderschule gültig sind. Es geht sehr basal um eine entwicklungsniveaubezogene Innere Differenzierung der Arbeit an einem »gemeinsamen Gegenstand«. Auch wird man sich davon verabschieden müssen, fächerbezogene Lehrmittel für bestimmte Schulbesuchsjahre dem Unterricht zugrunde zu legen. Menschliches Lernen und die resultierende Entwicklung laufen nicht nach Seitenfolgen in Lehrmitteln ab. Diese können in Projekten hilfreich sein, wenn sie zerschnitten werden können und zutreffende Passagen z.B. dazu dienen, den eigenen Lernverlauf in einem Portfolio zu dokumentieren. Ferner wird nur ein Projektunterricht die Einheit von affektiv-emotionalen und kognitiven Entwicklungsbereichen sowie Kompetenzen und die Bereitschaft zur Übernahme von Verantwortung in der Gemeinschaft entfalten und sichern können.
6 Vgl. Andreas Hinz: Von der Integration zur Inklusion. Terminologisches Spiel oder konzeptionelle Weiterentwicklung? In: *Zeitschrift für Heilpädagogik,* 53, 2002, 354–361; vgl. auch Hinz' gleichnamigen Beitrag im vorliegenden Band.

nommen wird. Ich spreche diesbezüglich von der *Inklusionslüge*. Der Kontrollverlust der Pädagogik über die Begriffe *Integration* und *Inklusion* und ihre im Mainstream der Diskurse bestehende Unschärfe kennzeichnet ein hochgradiges fachwissenschaftliches Versagen.[7] Ich möchte Integration als Begriff insofern rehabilitieren, als er den Prozess der Transformation eines anerkennungsbasierten, auf die gleichberechtigte und gleichwertige Teilhabe aller an Bildung für alle orientierten, humanwissenschaftlich fundierten erziehungswissenschaftlichen Erkenntnisstandes in die pädagogische Praxis einer allgemeinen Pädagogik beschreibt, deren Zielsetzung und Realisierung durch eine entwicklungslogische Didaktik als Inklusion beschrieben werden kann.

Pädagogik einer »zersplitterten Welt«

In seiner Schrift »Philosophie der zersplitterten Welt«, eine Hommage an Walter Benjamin (1892 bis 1940), dessen Grabstein eine Aussage seiner VII. geschichtsphilosophischen These trägt, die lautet: »Es ist niemals ein Dokument der Kultur, ohne zugleich ein solches der Barbarei zu sein«, schreibt Hans Heinz Holz unter dem Aspekt des subjektiven und objektiven Charakters der Idee: »Die Idee konstituiert sich im Übergang zur Grenze, an der das Wirkliche ins Mögliche umschlägt«[8] – also die Barbarei in ihre Überwindung durch Kultur. Hier geht es um die Idee der Überwindung der im gesamten Erziehungs-, Bildungs-, Schul- und Unterrichtssystem und der in allen seinen Gliederungen etablierten selektionsorientierten Ausgrenzung und anschließenden Segregation von Menschen, was auch die Hochschulen und Universitäten betrifft, die ihrerseits, diesen Funktionsprinzipien folgend, nichts anderes als Sonderschulen sind. Und es geht an der mit einer überzeugten Integration erreichten Grenze dieses Wirklichen um den Umschlag in eine inklusive Bildungskultur. Aber auch die in Deutschland am 26. März 2009 durch ihre Ratifizierung zu nationalem Recht gewordene UN-Behindertenrechtskonvention (UN-BRK) wird, vielen Hoffnungen zum Trotz, keinen Inklusionsautomatismus auslösen.

---

7 Vgl. Georg Feuser: Zum Verhältnis von Sonder- und Integrationspädagogik – eine Paradigmendiskussion? Zur Inflation eines Begriffes, der bislang ein Wort geblieben ist, in: Friedrich Albrecht/Andreas Hinz/Vera Moser (Hg.), Perspektiven der Sonderpädagogik. Disziplin und professionsbezogene Standortbestimmung, Berlin 2000, 20–44.
8 Hans H. Holz: Philosophie der zersplitterten Welt, Bonn 1992, 102.

Einen pädagogischen Diskurs um Inklusion, der nicht wahrhaben möchte, verschweigt oder leugnet, dass Inklusion im Bildungswesen nur durch einen tiefgreifenden strukturellen Wandel des gesamten Bildungssystems und einen entsprechend auf das Gemeinwohl und Gemeinwesen bezogenen Wertewandel zu erreichen ist – eine explizit politische Aufgabe –, nenne ich *Inklusionismus*[9].[10] Eine Praxis, die auf der Vorderbühne Inklusion inszeniert und auf der Hinterbühne selektiert, ausgrenzt und vor allem die schon erwähnte, von uns im Vorfeld der 1968er-Jahre und danach im Rahmen der Enthospitalisierung als »harten Kern« bezeichnete Personengruppe[11] geistig schwer und/oder mehrfach behinderter, tiefgreifend entwicklungsgestörter und vor allem verhaltens- und sozial auffälliger Menschen[12] weiterhin in Sondersysteme inkludiert und deren Exklusion aus diesen Systemen nachhaltig unterdrückt, z.B. durch die Schaffung von »Rest-Sonderschulen«, die

---

9 Georg Feuser: Der lange Marsch durch die Institutionen … Ein Inklusionismus war nicht das Ziel! In: *Behindertenpädagogik*, 51, H. 1, 2012, 5–34. Wolfgang Jantzen: Behindertenpädagogik in Zeiten der Heiligen Inklusion, in: *Behindertenpädagogik*, 51, H. 1, 2012, 35–53.

10 Zur Geschichte der Restaurierung des deutschen institutionalisierten Bildungssystems nach dem Zweiten Weltkrieg und mit Gründung der Bundesrepublik Deutschland siehe Ludwig von Friedeburg, Bildungsreform in Deutschland. Geschichte und gesellschaftlicher Widerspruch, Frankfurt/M. 1989.

11 Georg Feuser: Naturalistische Dogmen: Unerziehbarkeit, Unverständlichkeit, Bildungsunfähigkeit, in: Markus Dederich/Wolfgang Jantzen (Hg.), Behinderung und Anerkennung. Enzyklopädisches Handbuch der Behindertenpädagogik: Behinderung, Bildung, Partizipation, Bd. 2, Stuttgart 2009, 233–289. Ders.: Gesellschafts-Politische und fachliche Perspektiven der Geistigbehindertenpädagogik, in: Karl-Ernst Ackermann/Oliver Musenberg/Judith Riegert (Hg.), Geistigbehindertenpädagogik!? Disziplin-Profession-Inklusion, Oberhausen 2013, 219–246.

12 Hier bedarf es in besonderer Weise eines Hinweises auf Menschen aus dem Autismus-Spektrum, von denen heute allenfalls jene für die Platzierung in einem Integrationssetting ausgewählt werden, die mit »Asperger-Autismus« diagnostiziert sind. Weit mehr als zwei Drittel der Kinder und Jugendlichen mit Autismus-Spektrum-Störung fallen nicht in diese Kategorie! Dass eine sehr erfolgreiche Integration gerade auch dieser Kinder und Jugendlichen im Schulsystem möglich ist, zeigt die integrative Beschulung autistischer Kinder in Wien; ein europaweit einzigartiges Modell. Siehe Georg Feuser: Erziehung und Bildung von Kindern und Jugendlichen mit Autismus-Syndrom im integrativen Unterricht an Schulen in Wien, in: Gerhard Tuschel/Brigitte Mörwald (Hg.), miteinander 2. Möglichkeiten für Kinder mit autistischer Wahrnehmung in Wiener Schulen, Wien 2007, 26–66. Ernst Berger/Regina Mutschlechner/Georg Feuser: Autismus – Häufigkeit und Schullaufbahn. Schulische Integration autistischer Kinder in Wien, in: Medizin für Menschen mit geistiger oder mehrfacher Behinderung, 2, 2005, 13–22.

auch als Spezialförderzentren verblümt werden, schafft damit das schlimmste Ergebnis, das der Inklusionismus hervorbringen kann.[13]

Zum Ausgangspunkt dieser Überlegungen zurück: Wenige Zeilen später zitiert Holz Benjamin aus dem Band 1 der gesammelten Schriften mit folgender Aussage: »So könnte denn wohl die reale Welt in dem Sinn Aufgabe sein, dass es gelte, derart tief in das Wirkliche einzudringen, dass eine objektive Interpretation der Welt sich darin erschlösse«[14]; für unseren Fall die Interpretation des Verhältnisses von Exklusion und Inklusion in unserer Gesellschaft und dessen Auswirkung auf das Bildungssystem. Dies wiederum impliziert, wie Holz herausarbeitet, die Gründe historischer Konfigurationen einsichtig zu machen und Kraft der historischen und dialektischen Methode die Spanne zwischen Wirklichem und Möglichem als Bezugspunkte der Konstellationen denken zu können[15]: Das Mögliche als das, was sein soll, was als das Andere im Unmöglichen des Wirklichen aufscheint,

---

13 Die Schaffung einer Rest-Sonderschule im Prozess der Integrations-Inklusions-Entwicklung ist bei einer kompetenten Realisierung einer Allgemeinen Pädagogik und entwicklungslogischen Didaktik nicht relevant. Sie ist eindeutig politischer Natur, denn es geht hier schließlich um jenen »Rest«, der in der Theorie von Giorgio Agamben unter Rückgriff auf die Biopolitik, wie sie Michel Foucault in seinen Vorlesungen von 1978/79 grundgelegt hat, das »nackte Leben« hervorbringt, den »homo sacer« als derjenige, wie Agamben schreibt, »[...] dem gegenüber alle Menschen als Souveräne handeln«, während der Souverän der ist, »[...] dem gegenüber alle Menschen potentiell *homines sacri* sind« (Giorgio Agamben: Homo sacer, Frankfurt/M. 2002, 94, Hervorhebung im Original.), heiliges Leben, »[...] das nicht geopfert werden kann und dennoch getötet werden darf« (ebd.: 92). Ich verweise dazu auf die offene und verdeckte Lebenswert- und Euthanasie-Debatte. Siehe z.B. Zygmunt Baumann: Verworfenes Leben. Die Ausgegrenzten der Moderne, Hamburg 2005. Riccardo Bonfranchi: Die unreflektierte Integration von Kindern mit geistiger Behinderung verletzt ihre Würde, in: *Teilhabe*, 2, 2011, 90–91. Ders.: Wirkt sich die Pränatale Diagnostik (PD) diskriminierend auf Menschen mit schwerer geistiger und mehrfacher Behinderung aus? In: *VHN*, 2, 2013, 143–146. Heinz Bude: Die Ausgeschlossenen. Das Ende vom Traum einer gerechten Gesellschaft, München 2010. Markus Dederich: Zur Frage diskriminierender Wirkungen der Pränatalen Diagnostik (PD) auf Menschen mit schwerer geistiger und mehrfacher Behinderung. Eine Antwort auf Riccardo Bonfranchi, in: *VHN*, 1, 2013, 147–151. Georg Feuser: Wider die Unvernunft der Euthanasie – Grundlagen einer Ethik in der Heil- und Sonderpädagogik, Luzern 1992. Ders.: Ein Manifest zur politischen Struktur unseres Schul- und Bildungssystems! Warum? Wozu? In: *Behindertenpädagogik*, 51, H. 4, 2012, 397–400. Ders.: Zu Riccardo Bonfranchis Frage, ob sich die Pränatale Diagnostik (PD) diskriminierend auf Menschen mit schwerer geistiger und mehrfacher Behinderung auswirke, in: *VHN* 1, 2013, 152–157.

14 Walter Benjamin zit. nach Holz (1992), a.a.O., 102.

15 Ebd., 104.

aber noch nicht wirklich ist, also eine »Idee«, muss aus dem Wirklichen heraus geschaffen und gestaltet werden – so auch Integration und Inklusion. Das Verhältnis beider zueinander sehe ich symbolisiert im Aufruf Theodor W. Adornos von 1966 in seiner Arbeit über »Erziehung nach Auschwitz«: »Die Forderung, dass Auschwitz nicht noch einmal sei, ist die allererste an Erziehung.«[16]

Inklusion kann verstanden werden als das Mögliche, das noch nicht wirklich ist, sondern »Idee«. Sie ist im Wirklichen der vor vier Jahrzehnten begonnenen Integrationsbewegung grundgelegt worden und vorhanden. Sie im Sinne der Bedeutung der Begriffe »Integration« und »Inklusion« auszugestalten, stößt u.a. an drei zentrale Dilemmata, in denen sich die Widersprüche des Gegenwärtigen akkumulieren und spiegeln, die bis heute nicht bearbeitet sind. Ich kann sie hier nur kurz programmatisch skizzieren und hoffe, sie trotzdem etwas verdeutlichen zu können.

Das Verhältnis von Welt-, Menschen- und Behinderungsbild

Der Satz: »Integration fängt in den Köpfen an – in unseren!«, vor mehr als 30 Jahren gesagt und geschrieben, ist noch heute aktuell, und er kann nicht oft genug betont werden. Vor kurzem ist am CERN-Institut in Genf gelungen, den Zerfall eines Higgs-Teilchens, des 25., nachzuweisen. Damit wird die quantentheoretische Annahme bestätigt werden können, dass auch die Masse eines Teilchens keine ihm inhärente Eigenschaft ist, sondern Ergebnis der Wechselwirkung masseloser Teilchen mit dem sogenannten Higgs-Feld. Das heißt, wir müssen die Tatsache in unser Weltbild integrieren, dass, was bisher als fundamentale Eigenschaft eines Teilchens angesehen wurde, seinerseits ein Produkt einer Wechselwirkung darstellt, also der gesamte Aufbau unseres Kosmos, soweit wir ihn heute kennen, relationaler Natur ist. Ein Prinzip, das durch alle in diesem Kosmos stattfindende Evolution nicht mehr negiert werden kann; auch nicht durch lebende Systeme. Dies im Sinne einer Annäherung an die Evolution lebender Systeme durch die Theo-

---

16 Theodor W. Adorno: Erziehung nach Auschwitz, in: ders., Erziehung zur Mündigkeit. Vorträge und Gespräche mit Hellmut Becker 1959–1969, Frankfurt/M.: 1971 (Original 1966), 88–104, 88.

rie der *Selbstorganisation* physikalischer, chemischer und biologischer Systeme, der *Systemtheorie* vor dem Hintergrund der Kybernetik zweiter Ordnung und des kritischen *Konstruktivismus*,[17] die sehr eindeutig einem historischen und dialektischen Materialismus entsprechen und für unser Fach, vor allem unter zentralem Einbezug der Psychologie der »Kulturhistorischen Schule«, weiterreichende Erklärungsmöglichkeiten entfalten. Auf diesen Erkenntnissen fußt die von uns in Bremen entwickelte »Behindertenpädagogik«[18]. Die in der Heil- und Sonderpädagogik zwar als *systemisch* bezeichnete Inbeziehungsetzung familiärer, sozialer und kultureller Verhältnisse zur Behinderung eines Menschen entbehrt weitgehend einer dialektisch zu nennenden Analyse und meint eher zwei zu vermittelnde Pole. Jedwede Evolution – das gilt es auch für die menschliche Ontogenese zu begreifen – ist Ko-Evolution, ist Ko-Ontogenese: dies wesentlich durch in kooperativen Feldern zustande kommende synergetische Prozesse, durch die neue Qualitäten emergieren können, die keinem der am Austausch beteiligten Systeme als solches essentiell inhärent ist. Ich fasse das in einem einfachen Modell zusammen: Unter pädagogischen Gesichtspunkten als das Verhältnis von Lernen[19] und Entwicklung.

Mit Bezug auf Humberto Maturana und Francisco Javier Varela[20] können wir auch festhalten: Dissipativ-autopoietische, also umweltoffene, aber operational geschlossene, sich selbst herstellende Systeme müssen sich eine Umwelt schaffen und sich in dieser störungsintegrativ verhalten, um sich selbst erhalten zu können. Was wir folglich an einem Menschen als seine Behinderung wahrnehmen, kann verstanden werden als ein entwicklungslogisches Produkt der Integration interner und externer Systemstörungen in das

---

17 Ich spreche hier vom *kritischen* Konstruktivismus insofern, als ich z.B. (sehr verkürzt) agnostizistische Auffassungen derart, dass es außerhalb der subjektiven Konstruktion von Wirklichkeit keine objektive Realität geben würde, was die Erkennbarkeit der Welt in Frage stellt, für keine wissenschaftlich vertretbare Erkenntnis halte.

18 Wolfgang Jantzen: Allgemeine Behindertenpädagogik, Teil ½, Berlin 2007.

19 Dabei ist stets zu betrachten, dass »echtes« Lernen als interner Akt der Informationsbildung und -speicherung sich stets aus Austauschprozessen (also einem Person/Welt-Verhältnis) generiert, d.h. auf der neuronalen Ebene das zentrale Nervensystem veranlasst, seine/n Zustände/Zustand zu ändern. Vgl. Georg Feuser: Gedächtnis und Gedächtnistheorien, in: ders./Joachim Kutscher (Hg.), Entwicklung und Lernen. Enzyklopädisches Handbuch der Behindertenpädagogik: Behinderung, Bildung, Partizipation, Bd. 7, Stuttgart 2013e, 203–213.

20 Humberto Maturana/Francisco Javier Varela: Der Baum der Erkenntnis, Bern/München 1990. Humberto Maturana: Biologie der Realität, Frankfurt/M. 2000. Francisco Javier Varela: Kognitionswissenschaft-Kognitionstechnik, Frankfurt/M. 1990.

System mit den Mitteln des Systems, die sich als Ausgangs- und Randbedingungen in seiner Biografie akkumulativ-strukturell und funktional vermitteln. Mithin ist das, was wir als »Behinderung« bezeichnen, Ausdruck der Kompetenz, unter den je spezifischen Ausgangs- und Randbedingungen, die ein Mensch von seiner Zeugung an hat, ein menschliches Leben zu führen. Damit wird der Begriff »Behinderung« als eine den Menschen beschreibende Kategorie obsolet und das, was wir als »pathologisch« klassifizieren, verstehbar als entwicklungslogisch unter den für einen Menschen bestehenden Ausgangs- und Randbedingungen seiner Austauschmöglichkeiten.[21] Der Begriff ist nur noch in seiner aktiven Form als die Be-*Hinderung* eines Menschen hinsichtlich seiner Lebensgestaltung und Entwicklungsmöglichkeiten sinnvoll zu verwenden. Menschliche Persönlichkeitsentwicklung kann begriffen werden als Resultat des Verhältnisses von *kooperativer Teilhabe* in Relation zum *Grad der Isolation von Teilhabe* an gesellschaftlichen Gütern, sozialem Verkehr, in kulturellen Räumen und auch an Bildung – an inklusiver! Was es allem voran durch eine Lehrer/innen-Bildung zu vermitteln und als Voraussetzung, Inklusion denken zu können, zu begreifen gilt, formuliert Lucien Sève wie folgt:»Das Individuum ist *einmalig im wesentlich Gesellschaftlichen seiner Persönlichkeit* und *gesellschaftlich im wesentlich Einmaligen seiner Persönlichkeit*; das ist die Schwierigkeit, die zu bewältigen ist.«[22]

Entwicklungslogische Didaktik als Kern inklusiven Unterrichts und der Lehrer/innen-Bildung

Von wenigen Ausnahmen abgesehen wird in integrations- und inklusionsorientierten Diskursen die Didaktik-Frage nahezu negiert; das zentralste Werkzeug einer unterrichtenden Pädagogik. Es dürfte deutlich geworden sein, dass auf der Basis humanwissenschaftlicher Erkenntnisse und der heute unbestreitbaren Annahme, dass der Mensch das erkennende Subjekt ist und die Erkenntnis in der internen Rekonstruktion der erfahrenen Welt entsteht und nicht draußen in dieser liegt, sie also von ihm oder ihr im koope-

---

21 Wolfgang Jantzen: Zur begrifflichen Fassung von Behinderung aus der Sicht des historischen und dialektischen Materialismus, in: *Zeitschrift für Heilpädagogik*, 27, H. 7, 1976, 428–436.

22 Lucien Sève: Marxismus und Theorie der Persönlichkeit, Frankfurt/M. 1973, 237 (Hervorhebung im Original).

rativ-handelnden Umgang mit den Menschen und Dingen der Welt hervorgebracht wird, auch das Wesen des Lehrens und Lernens nicht in der sachstrukturellen Seite verankert ist. Eine primär fachdidaktisch-methodische Orientierung ist für einen entsprechenden Unterricht nicht nur unzureichend, sondern unangemessen.

Eine Allgemeine (inklusionskompetente) Pädagogik[23] erfordert eine dreidimensionale Didaktik, die ihren Ausgang im Entwicklungsniveau der Lernenden und in ihren diesem Niveau entsprechend handelnden Auseinandersetzungen mit den Dingen der Welt nimmt. Die Inhalte, Gegenstände, Themen etc., die bislang den Ausgangspunkt des Unterrichts und dessen zentraler, oft alleiniger Fokus sind, werden tertiär. Sie dienen der Erkenntnisbildung und der Persönlichkeitsentwicklung der Lernenden und nicht diese dem Stoff, der als Wissen kaum länger im Gedächtnis bewahrt wird, als es die nächste Klassenarbeit erfordert und, ist diese bestanden, seinen subjektiven Sinn und damit auch seine kulturelle Bedeutung verliert. Es gilt, Unterricht als Möglichkeitsräume der Persönlichkeitsentwicklung in und durch die »Kooperation an einem Gemeinsamen Gegenstand«[24], an einer übergeordneten Idee, zu begreifen, die an einem für alle in den verschiedensten Dimensionen ihres Entwicklungsniveaus sinnhaftes und bedeutsames Ziel und/oder Produkt orientiert ist.[25] Ohne die Arbeit an einem »Gemeinsamen Gegenstand« wird es keine Kooperation, ohne diese keine Öffnung der nächsten Zonen der Entwicklung[26] der Lernenden und keine Integration geben.[27] Das erfordert auch die Überwindung eines in Fächer, die inhaltlich nichts miteinander zu tun haben, zersplitterten Unterrichts zugunsten von Projekten[28], die Überwindung von Jahrgangsklassen und anderer organisa-

---

23 Die von mir entwickelte »Allgemeine Pädagogik« im Gegensatz zur »allgemeinen Pädagogik« im derzeitigen erziehungswissenschaftlichen Verständnis ist eine nicht ausgrenzende, inklusive Pädagogik. Sie bedarf des Zusatzes »inklusionskompetent« nicht; das ist hier nur zur Verdeutlichung in Klammern eingefügt.

24 Georg Feuser: »Die Kooperation am Gemeinsamen Gegenstand« – ein Entwicklung induzierendes Lernen, in: ders./Joachim Kutscher (Hg.), Entwicklung und Lernen. Enzyklopädisches Handbuch der Behindertenpädagogik: Behinderung, Bildung, Partizipation, Bd. 7. Stuttgart 2013, 282–293.

25 Zu verweisen ist hier auch auf Lothar Klingberg: Einführung in die Allgemeine Didaktik, Frankfurt/M. o.J. Edgar Drefenstedt et al.: Didaktische Prinzipien, Berlin 1976.

26 Lew Vygotskij: Ausgewählte Schriften, Bd. 1/2, Berlin 2003.

27 Feuser (1989), a.a.O.

28 Dabei ist nicht das übliche Verständnis von ins Schuljahr eingestreuten Projektwochen gemeint, auch nicht die von John Dewey (1859–1952) begründete und auch von William Heard Kilpatrick (1871–1965) entwickelte Projektmethode. Darüber hinauswei-

tions- und ordnungspolitischer Sachverhalte, die wir zwar mit Schule und Unterricht identifizieren, die aber rein gar nichts mit einem Entwicklung induzierenden Lernen zu tun haben. Die heute hoch favorisierten Schienen der Fachdidaktiken sind nicht nur überrepräsentiert, sondern führen ohne solide Kompetenzen in allgemeiner Didaktik zu einer rezeptologischen Verengung, die für den Unterricht – völlig falsch als Didaktik bezeichnet – allenfalls methodischen Handreichungscharakter haben.

Das verweist in besonderer Weise auf Fragen einer entsprechenden Lehrer/innen-Bildung.[29] Mangels entsprechender Ausstattung der lehrerbildenden Hochschulen und Universitäten ist es in der Lehrerbildung nicht nur bezogen auf die Didaktik, sondern vor allem auch auf lern- und entwicklungspsychologische Grundlagen zu desaströsen Qualitätsverlusten zentralster pädagogischer Sachverhalte gekommen, ohne dass Integration und Inklusion dabei überhaupt eine Rolle spielen würden. Auch wird nur ein

---

send wird in diesen Kontexten die Arbeit in Projekten als didaktische Kategorie verstanden. D.h., dass der gesamte Unterricht in Form von Projekten durchgeführt wird.

29 Ich wähle den Begriff »LehrerInnen-*Bildung*« in Abhebung von der heute üblichen *Lehrerbildung* mit besonderer Betonung von *Bildung* gegenüber *Ausbildung*. Dies, zur Verdeutlichung, mit Bezug auf Adornos »Theorie der Halbbildung« von 1960. Dort definiert Adorno: »Halbbildung ist die Verbreitung von Geistigem ohne lebendige Beziehung zu lebendigen Subjekten, nivelliert auf Anschauungen, die herrschenden Interessen sich anpassen« (Theodor W. Adorno, Einleitung zur »Theorie der Halbbildung«, in: ders., Soziologische Schriften I. Gesammelte Schriften, Bd. 8, Darmstadt 1998, 574–577, 576), und er schreibt: »Denn Bildung ist nichts anderes als Kultur nach der Seite ihrer subjektiven Zueignung« (ders., Theorie der Halbbildung, in: ders.: Soziologische Schriften I. Gesammelte Schriften, Bd. 8, Darmstadt 1998, 93–121, 94). Gegen die, wie er feststellt, bemerkbaren Symptome des Verfalls von Bildung auch in der Schicht der als gebildet Geltenden selber (er spricht von der »Allgegenwart des entfremdeten Geistes« als Folge sozialisierter Halbbildung) helfen isolierte, additiv gereihte und zersplitterte pädagogische Reformen nicht (vgl. ebd., 93). Er fordert: »Bildung sollte sein, was dem freien, im eigenen Bewusstsein gründenden, aber in der Gesellschaft fortwirkenden und seine Triebe sublimierenden Individuum rein als dessen eigener Geist zukäme« (ebd., 97). Es geht mithin um *Aufklärung* und *Mündigkeit* als Praxis und Ziel einer *LehrerInnen-Bildung*. Siehe Georg Feuser: Grundlegende Dimensionen einer LehrerInnen-Bildung für die Realisierung einer inklusionskompetenten Allgemeinen Pädagogik, in: ders./Thomas Maschke (Hg.), Lehrerbildung auf dem Prüfstand. Welche Qualifikationen braucht die inklusive Schule? Gießen 2013, 11–66. Georg Feuser/Thomas Maschke (Hrsg): Lehrerbildung auf dem Prüfstand. Welche Qualifikationen braucht die inklusive Schule? Gießen 2013. Anne-Dore Stein: Inklusion in der Hochschuldidaktik, Frankfurt/M. 2011. Wie sehr das auch die betroffenen Studienabsolvent/innen fordern, wird deutlich bei Bettina Malter/Ali Hotait (Hg.): Was bildet ihr uns ein? Eine Generation fordert die Bildungsrevolution, Berlin 2012.

Lehramtsstudium, in dem die Studierenden selbst so lernen, wie sie es später in ihrer Praxis mit ihren Schülerinnen und Schülern realisieren sollen, zu den erforderlichen Qualifikationen führen. Ohne das hier weiter ausführen zu können, möchte ich kurz skizzieren, wie ein solches Studium, das selbstverständlich die Qualifikation der Fachkräfte für die Tätigkeit in Krabbelgruppen und Krippen und für die Frühe Bildung von Geburt bis zum Schuleintritt und die von Fachpersonen für personale und advokatorische Assistenz[30] einbezieht, strukturiert sein könnte. Und zwar organisiert

– als inklusives Projektstudium, das in modularisierter Form interdisziplinär angelegt und transdisziplinär orientiert ist und multiprofessionell durchgeführt wird und
– in das alle Forschungs-, Leistungs-, Praxis- und Prüfungsanteile pädagogischer und therapeutischer Art wie alle weiteren Fachanteile integriert sind.

In einer inklusiven Schule werden Regelschullehrer/innen, Sonderschullehrer/innen, aber auch therapeutische und assistierende Fachpersonen im Unterricht zusammenarbeiten. Entsprechend wären die dafür auszubildenden Fachpersonen in diese hier als Lehrerbildung bezeichnete Studienkonzeption einzubeziehen.[31] Inklusion ist keine Spezialisierung in der Lehrerbildung, sondern deren notwendige Grundlage in Anerkennung der Einzigartigkeit eines jeden Menschen. *Das zentrale Problem der pädagogischen Bewältigung*

---

30 Georg Feuser: Advokatorische Assistenz, in: Tobias Erzmann/Georg Feuser (Hg.), »Ich fühle mich wie ein Vogel, der aus dem Nest fliegt.« Menschen mit Behinderungen in der Erwachsenenbildung. Behindertenpädagogik und Integration, Bd. 6, Frankfurt/M. 2011, 203–218.

31 Diese Studienkonzeption lässt sich problemlos in eine modulbezogene Bologna-Konzeption verankern. Allerdings nicht kritiklos und nicht unter den heute üblichen Konditionen eines »Prüfungsterrors«, der die Fragen berechtigt erscheinen lässt, wann denn noch gelehrt werden kann, was geprüft werden muss. Fraktionierte Wissensbestände in den Köpfen der zukünftigen Lehrpersonen ohne hinreichend übergeordneten Erkenntnishintergrund hat nichts mit Lehrer/innen-Bildung zu tun und lässt sie hinter den Anforderungen, die ein inklusiver Unterricht an sie stellt, weit zurück. Siehe Ulf Banscherus/Annerose Gulbins/Klemens Himpele/Sonja Staack: Der Bologna-Prozess zwischen Anspruch und Wirklichkeit. Eine Expertise im Auftrag der Max-Traeger-Stiftung, Frankfurt/M. 2009. Ewald Feyerer (Hg.): European Masters in Inclusive Education, Linz 2004. Georg Feuser: Grundlagen einer integrativen Lehrerbildung, in: Ewald Feyerer/Wilfried Prammer (Hg.), 10 Jahre Integration in Oberösterreich. Ein Grund zum Feiern!? Schriftenreihe der Pädagogischen Akademie des Bundes, Oberösterreich, Bd. 10, Linz 2000, 205–226. Die ausschließlich modulbezogene Prüfungspraxis kann zu nichts anderem als zu fraktionierten Wissensbeständen führen!

der Integration bzw. Inklusion liegt in der Lösung der damit verbundenen didaktischen Fragen. Das zentrale Problem ihrer politischen Bewältigung liegt in den Strukturen des bestehenden Bildungssystems, das ausschließlich selektions-, ausgrenzungs- und segregationspotent ist und der Inklusion diametral entgegengesetzt ist. Das verweist auf ein drittes zentrales Dilemma.

Der Bildungsföderalismus, dessen Machtmissbrauch und die Unfähigkeit der KMK

Die von Anfang der Integrationsentwicklung an – bezogen auf die zahlreichen Schulversuche – restriktiven staatlichen Vorgaben und Kontrollen seitens der Bildungspolitik und die Mechanismen einer oft willkürlich agierenden Bildungsadministration bis in kleinste lokale Vorgaben hinein sowie unzureichende Ressourcen der Schulforschung und Unterrichtsentwicklung wirkten und wirken sich integrationsverhindernd aus. Auch der Kontrollverlust der Erziehungswissenschaft über die Integrations- und Inklusionsfragen und die Tatsache, dass die Politik die verfassungsrechtlich garantierte Freiheit von Wissenschaft und Forschung nur unter restriktiven Bedingungen zugelassen hat und zulässt, dürften dazu geführt haben, dass auch bezogen auf die Entwicklung von Qualifizierungskonzepten und nicht nur bezogen auf das Schulsystem die Strukturfragen nicht gestellt beziehungsweise von vornherein verworfen wurden. Die Pädagogik hinterlässt im gesamten Bildungssystem hinsichtlich subjektwissenschaftlicher Fundierung ihrer Konzepte, Theoriebildung und Praxis ein fachliches Vakuum dadurch, dass sie die Struktur des etablierten Erziehungs-, Bildungs- und Unterrichtssystems (EBU) geradezu als naturgegeben und überzeitlich gültig erachtet und in untergebenem vorauseilendem Gehorsam sich nicht erlaubt, eine ungebrochen vom Kind ausgehende und dessen Lern- und Entwicklungsmöglichkeiten dienende Pädagogik zu entwerfen und zu praktizieren. In dieses Vakuum stoßen heute vor allem die Neurowissenschaften[32], denen sicher kritisch

---

32 Ralf Caspary (Hg.): Lernen und Gehirn, Freiburg 2009. Ulrich Herrmann (Hg.): Neurodidaktik, Weinheim/Basel 2009. Gerald Hüther/Uli Hauser: Jedes Kind ist hochbegabt. Die angeborenen Talente unserer Kinder und was wir daraus machen, München 2012. Lutz Jäncke: Macht Musik schlau? Bern 2009. Gerhard Roth: Bildung braucht Persönlichkeit. Wie Lernen gelingt, Stuttgart 2011.

zu begegnen ist[33] und die der erforderlichen didaktischen Kompetenzen entbehren, sowie die Philosophie. Es dürfte die Debatte um das Buch des Philosophen Richard David Precht, *Anna, die Schule und der liebe Gott*,[34] in dem er seine Entrüstung über das deutsche Bildungssystem zum Ausdruck bringt, hinreichend gegenwärtig sein. Gleichwohl ist die Integration auch im deutschsprachigen Raum heute die bestuntersuchte Beschulungsform. Eine »Kritische Analyse der politischen Struktur unseres Schul- und Bildungssystems«[35] zentriert zwei zentrale Aspekte: den Bildungsföderalismus und seine Nachteile sowie das Versagen der *Ständigen Konferenz der Kultusminister der Länder der Bundesrepublik Deutschland* (KMK) hinsichtlich einer gelingenden Schulreform und einer vereinheitlichten Lehrerbildung.

»Eine Konsequenz ist die Notwendigkeit der Schaffung eines vielfach geforderten Nationalen Bildungsrates (NB) als Think-tank, Reflexions-, Reform- und Kontrollinstanz für das gesamte deutsche Bildungswesen, dessen Mitglieder nicht nur WissenschaftlerInnen, sondern, z.B. auch SchulleiterInnen, LehrerInnen, Eltern u.a. sein sollten, die durch den Bundespräsidenten berufen werden, und der als oberste bildungspolitische Entscheidungsbehörde in Deutschland bundesweit gültige inhaltliche Vorgaben und organisatorische Strukturen festlegt. An die Stelle des bisherigen Bundesbildungsministeriums könnte eine Art Bundeskultusministerium treten, das als ausführendes Organ und Kontaktstelle gegenüber den Bundesländern fungiert. Die Institution KMK wäre dann überflüssig und könnte abgeschafft werden.«[36]

Eine inklusive Schulentwicklung wie in gleicher Weise eine angemessene Lehrerbildung werden ohne politische Veränderungen in die hier aufgezeigten Richtungen, die sicher langfristiger Natur und für Deutschland mit Neuregelungen bis auf die Ebene des Grundgesetzes verbunden sein werden, nicht zu erreichen sein. Selbst das jenseits von Integration und Inklusion bestehende Erfordernis, eine subjektwissenschaftlich fundierte Pädagogik und Didaktik zu realisieren, wird nur gelingen können, wenn entschieden damit Schluss gemacht wird, die Kultushoheit der Länder politisch zu Machtkalkülen und Machtspielen zu missbrauchen. Gerade die Lehrerbildung ist eine sensible und sehr bedeutende Einfallstelle der Bildungspolitik dadurch, dass sie in ihrer Gesetzgebung zur Lehrerbildung und hinsichtlich der Anerkennung von Ausbildungsabschlüssen einen mächtigen Zugriff

33 Felix Hasler: Neuromythologie, Bielefeld 2012.
34 Richard David Precht: Anna, die Schule und der liebe Gott, München 2013.
35 Hans Eberwein/Georg Feuser: Kritische Analyse der politischen Struktur unseres Schul- und Bildungssystems, in: *Behindertenpädagogik*, 51, H. 4, 2012, 401–408.
36 Nach ebd., 404.

auf die Sicherung des bestehenden EBU hat. Die kultusministeriellen Verrenkungen in der Umsetzung der UN-BRK in den verschiedensten Bundesländern sind u.a. auch beredte Kunststücke der Missachtung des Geistes dieser Konvention und Ausdruck deren Umgehung zugunsten der Sicherung des einer Demokratie unwürdigen ständisch gegliederten und in seinen Zugängen zu bestimmten Bildungsgängen und Schullaufbahnen auch ständisch segregierenden Bildungssystems, das sich über Ausgrenzung steuert und reproduziert.

Das Pädagogische ist nicht die Politik, aber politisch. Das verpflichtet Politik, die in einer Gesellschaft für die durch Pädagogik wirkenden Randbedingungen menschlicher Entwicklung verantwortlich ist, diese ins Zentrum ihrer Entscheidungen zu stellen[37] und nicht ihre Dispositive von Macht und Herrschaft auf dem Rücken derer auszuleben, die zukünftig unsere Kultur tragen und weiterentwickeln sollen.

Wessen wir sicher sein können ...

Eine Befreiung aus den mit einer in allen Lebensbereichen perfekt selektierenden, ausgrenzenden und segregierenden Gesellschaft zwangsläufig auch in den Integrationsprozessen und hinsichtlich des Inklusionszieles auftretenden Widersprüchen gibt es nicht. Denn, so Adorno in seiner negativen Dialektik: »Wer für die Erhaltung der radikal schuldigen und schäbigen Kultur plädiert, macht sich zum Helfeshelfer, während, wer der Kultur sich verweigert, unmittelbar die Barbarei befördert, als welche Kultur sich enthüllte.«[38] Es sollte zu denken geben, dass wir heute, gegen Ende des vierten Jahrzehnts der Entwicklung der Integration und Inklusion auf dem besten Wege *der Integration der Inklusion in die Segregation* sind – ein Paradoxon.

---

37 Es wäre geradezu lächerlich anzunehmen, dass Kinder und Jugendliche z.B. in Schleswig-Holstein oder in Baden-Württemberg, in Nordrhein-Westfalen oder Sachsen jeweils anderen Gesetzmäßigkeiten menschlichen Lernens und menschlicher Persönlichkeitsentwicklung unterliegen würden – aber die verantwortlichen KultusministerInnen handeln, als wäre dem so.

38 Theodor W. Adorno: Negative Dialektik, Frankfurt/M. 1997, 360.

VIII
Vom Bildungsausschluss zur Inklusion: Die Schuldebatte und die Frage nach dem gemeinsamen Ort

Inklusion ist auf dem Weg

Matthias von Saldern

Zur Lage der Inklusionsdebatte

Eines der zentralen und immer wiederkehrenden Themen pädagogischen Handelns beschäftigt sich mit der Frage, wie Schülerinnen und Schüler gemeinsam unterrichtet werden können oder welche Formen der Differenzierung Anwendung finden müssen. Dieser Diskurs betraf insbesondere Menschen mit Beeinträchtigungen lange Zeit nicht: Man hat sie einfach als nicht beschulbar erklärt. Erst mit Anfang des 19. Jahrhunderts hat diese Frage mit Einführung der ersten Hilfsschulen eine Wendung erfahren: Beschulung ja, aber nicht im Regelschulsystem. Dieses Hilfsschulsystem (später Sonder-, dann Förderschule) wurde nach und nach ausgebaut, bis prinzipiell alle Förderschwerpunkte gemäß Definition der WHO abgedeckt waren. Ob Schülerinnen und Schüler mit besonderen Merkmalen überhaupt in besonderen Schulformen unterrichtet werden müssen, wurde und wird stellenweise auch in der Sonderpädagogik bezweifelt. Bei anderen Merkmalen, die zunehmend in das Zentrum des Interesses rückten, etwa ADHS oder Hochbegabung, wurde und wird diese Form der äußeren Differenzierung nicht angedacht. Kinder mit diesen Merkmalen sind in der Regelschule verblieben.

Dieser seltsame Widerspruch führte früh zur Frage, ob Schüler mit Beeinträchtigungen nicht auch integriert werden könnten. Eine Zäsur in dieser Diskussion stellte die Erklärung von Salamanca dar, in der 1984 vereinbart wurde, nicht die Integration, sondern die Separation eingehend zu begründen. Daraufhin wurde in vielen Staaten die durchaus kostenintensive Überprüfung auf sonderpädagogischen Förderbedarf eingeführt (die man in der BRD bereits kannte). Es bestand aber noch kein Rechtsanspruch auf Inklusion. Im Jahr 2006 wurde die UN-Behindertenrechtskonvention von der UN verabschiedet, 2007 wurde sie im Bundestag und Bundesrat einstimmig beschlossen. Es war also genug Zeit, um darüber zu diskutieren. Der Rechtsanspruch kam dann durch die Ratifizierung der UN-Behindertenrechtskonvention im Jahre 2009 zustande, was zu erheblichen Konsequenzen für die schulische Praxis führen musste, da es sich nun um ein Bundesgesetz handelt. (Man lese dazu die Schattenübersetzung der Konvention oder das englischsprachige Original.[1]) Damit wurden nicht nur neue pädagogische Überlegungen innerhalb des Regelschulsystems notwendig, sondern auch ein Nachdenken darüber, wie die Förderqualität für den einzelnen Schüler und die einzelne Schülerin erhalten werden kann oder wie organisatorische Abläufe mit außerschulischen Institutionen organisiert werden können.

Man darf dabei allerdings nicht übersehen, dass die Inklusion der Konvention zufolge in allen gesellschaftlichen Bereichen umzusetzen ist, nicht nur in der Schule. Diskussionen über die Veränderung der Arbeitswelt sind hingegen nur vereinzelt zu finden. Gerade dies ist völlig unverständlich, weil der Inklusionsgedanke zumindest für zwei Merkmale in diesem Feld rechtlich bereits gesichert ist: Schwerbehinderung und Geschlecht. In anderen außerschulischen Institutionen kann man allerdings bereits intensive Diskussionen beobachten, so z.B. bei der Lebenshilfe, die über weitreichende Veränderungen bis hin zur Selbstauflösung nachdenkt.

Wegen der Schulpflicht ist diese neue Herausforderung allerdings für das Schulsystem besonders brisant: Alle Menschen müssen in die Schule. Ein Blick in das Ausland ist erhellend: Die Inklusionsquote liegt europaweit bei ca. 80 Prozent, in Deutschland bei ca. 25 Prozent. Generell muss man genau hinschauen, wie die internationalen Daten, aber auch die Daten der deutschen Bundesländer generiert werden. Viele Länder kennen die Förderschule für Lernhilfe zum Beispiel nicht und auch keine Einrichtungen, die sich für Kinder mit sozio-emotionalen Beeinträchtigungen verantwortlich fühlen können. Auch wird Inklusion häufig unterschiedlich definiert: In einigen Ländern gelten Kooperationsklassen – also Klassen mit Schülerinnen und Schülern mit Beeinträchtigungen, die gesondert ausgewiesen und damit nicht in eine »normale« Klasse integriert sind – als Umsetzung des Inklusionsgedankens. Zudem sind die Unterschiede zwischen den Bundesländern exorbitant. Sie unterscheiden sich auch darin, wie stark die Integration bzw. Inklusion bereits vor der Konvention umgesetzt wurde. Das zeigt die Unsicherheit, stellenweise auch den nicht vorhandenen politischen Willen, dem Inklusionsgedanken konsequent zu folgen.

---

1 Vgl. hierzu Matthias von Saldern: Inklusion – Deutschland zwischen Gewohnheit und Menschenrecht, Norderstedt 2012. Ders. (Hg.): Inklusion II. Der Umgang mit besonderen Merkmalen, Norderstedt 2013.

Diese Zahlendifferenz führt zu drei Gedanken: Zum einen scheint Deutschland gegenüber dem europäischen Ausland einen großen Nachholbedarf zu haben, zum anderen scheint es zu gelingen, auch in der Regelschule Menschen mit Beeinträchtigungen angemessen zu fördern. Zuletzt ist aber auch auffällig, dass durchaus nicht alle Menschen mit Beeinträchtigungen im Regelschulsystem verbleiben und dies, obwohl Inklusion selbstverständlich für alle Menschen gilt. In der politischen und schulischen Praxis scheint es also Menschen zu geben, zum Beispiel mit Mehrfachschwerstbeeinträchtigungen, die aus rein praktischen Überlegungen heraus nicht in der Regelschule beschulbar zu sein scheinen. Man muss einerseits deutlich sagen, dass dies dem Inklusionsgedanken widerspricht. Schließlich erscheint es auf der anderen Seite aber kaum machbar, jede Schule so auszustatten, dass sie Mehrfachschwerstbeeinträchtigte aufnehmen kann. Die Inklusionsdebatte ist somit auch ein Politikbereich, in dem Güterabwägungen eine Rolle spielen.

Dieses neue Recht ist natürlich (wie die gesamte Rechtsprechung) normativ zu sehen und macht daher auch keine Aussage über Sinn oder Unsinn des Förderschulsystems oder gar über die Qualität der Arbeit in diesen Einrichtungen. So sind Bedenken gegen die praktische Umsetzung des inklusiven Ansatzes durchaus ernst zu nehmen, aber sie kommen zu spät. Diese Diskussion hätte bis 2009 geführt werden sollen. Es kann daher jetzt nicht mehr zulässig sein, ein Menschenrecht zu unterlaufen oder gar dessen Umsetzung zu verhindern. Die große Herausforderung für die Schulen (und in den anderen Lebensbereichen, wie gezeigt) besteht nun vielmehr darin, die qualitativ gute Arbeit in den sonderpädagogischen Einrichtungen im Sinne der Schülerinnen und Schüler in das Regelschulsystem zu transferieren. Diese Aufgabe können sie aber nicht alleine bewältigen.

Definition

Der Begriff »Inklusion« lässt sich am besten in Abgrenzung zu den Begriffen »Separation« und »Integration« erläutern. Bei der Separation trennt man Kinder aufgrund bestimmter Merkmale und weist sie z.B. unterschiedlichen Institutionen zu. Integration setzt die Separation (äußere Differenzierung) voraus, wobei man Kinder und Jugendliche nach der Separation den Regelschulen wieder zuführt. Integration beschreibt ein zielgleiches Lernen oder ein zieldifferentes Lernen mit einer äußeren Differenzierung zwischen Kindern mit und ohne Beeinträchtigung. In den Bundesländern gibt es bereits seit Jahren vorwiegend regional organisierte schulische Integrationsmodelle, auf deren Erfahrungen sich gut aufbauen lässt.

Bei der Inklusion verzichtet man auf diese Separierung von Menschen anhand willkürlich gewählter Faktoren (was immer mit einer Etikettierung, einem »Labeling«, verbunden ist). Inklusion hat also ein zieldifferentes Lernen ohne dauerhafte äußere Differenzierung zur Folge. Die Unterschiedlichkeit und Individualität jedes einzelnen Menschen soll in der Schule und anderswo anerkannt werden. Dies schließt bewährte klassische Formen der inneren Differenzierung oder das Arbeiten in Differenzierungsräumen nicht aus. Inklusiv wird erst dort gearbeitet, wo man auf den Begriff Inklusion verzichten kann.

Behinderung

Der Diskurs über Inklusion lässt aber auch an anderer Stelle über Begriffe nachdenken. Sehr unterschiedlich wird zum Beispiel der Begriff der »Behinderung« verwendet. Im Alltagsgebrauch meint man damit häufig, dass ein Mensch (zum Beispiel aufgrund einer »Schädigung«) »behindert« sei. Im internationalen Kontext verwendet man hier allerdings den Begriff der »Beeinträchtigung« (»disability«), weil man nicht behindert sei, sondern durch die Umweltumstände behindert werde (»handicap«). Dies bedeutet, dass es Menschen mit Schädigungen oder Beeinträchtigungen gibt, die nicht als behindert bezeichnet werden und sich auch nicht als behindert fühlen. Am deutlichsten wird dies vielleicht am Beispiel eines Menschen, der eine Brille benötigt. Hier liegt eine Schädigung des Auges vor, die die Bewältigung von Alltagssituationen (z.B. Lesen einer Folie während eines Vortrags) erschwert oder gar unmöglich macht. Diese »Schädigung« wird ausgeglichen durch eine technische Vorrichtung (Brille), sodass dieser Mensch – nun folgt ein sehr wichtiger Begriff – *teilhaben* kann. Ein Brillenträger ist nicht per se behindert – er würde es aber sein, wenn Sehkorrekturen verboten wären. Oder man betrachtet einen Rollstuhlfahrer: Aufgrund einer Querschnittslähmung (Schädigung) kann dieser die Treppe nicht alleine gehen (Beeinträchtigung). Ist aber eine Rampe daneben gebaut, ist er nicht behindert. Ohne Rampe wäre er es. Diese Erklärung gilt aber nicht nur für Menschen mit Schädigungen: Ein hochbegabtes Kind, das in der Schule nur Durchschnittskost bekäme, würde in seiner Entwicklung behindert werden. Der englische Originaltitel der UN-Konvention macht diese Unterscheidungen deutlich. Im Deutschen ist er falsch übersetzt: Dort ist nicht vom »handicap«, sondern von »disability« die Rede.

Diese Beispiele lenken den Fokus erneut auf die Frage, was die gesamte Gesellschaft dafür tun kann, dass alle Menschen an ihr teilhaben können. Die Verantwortung für das Behindert-Sein liegt nicht bei der betroffenen Person, sondern bei der Gesellschaft.

Das korrekte Verhalten der Gesellschaft ist übrigens schon längst im Alltag zu beobachten: Man versucht, die zu bewältigende Alltagssituation so zu gestalten, dass man keine Unterstützung benötigt, also Teilhabe ermöglicht wird. Deshalb gibt es in der Kita kleine Stühle und kleine Toiletten, an den Handläufen an Bahnhöfen Erklärungen in Blindenschrift, in Hotels Badezimmer für Menschen im Rollstuhl, in universitären Vorlesungen, wo nötig, Gebärdendolmetscher, im Drogeriemarkt große Lupen an den Einkaufswagen.

Breite des Konzeptes

Neu an der Inklusion ist auch, dass man in erster Linie nicht an Menschen mit Beeinträchtigungen denkt, sondern an alle Menschen mit ihren jeweils individuellen Merkmalen. Inklusion erfasst also – wie angedeutet – auch Menschen z.B. mit Hochbegabung, ADHS, Armut usw. Der Prozess der Inklusion ist in Deutschland zwar angestoßen worden durch die UN-Behindertenrechtskonvention, der Begriff Inklusion kommt allerdings aus dem Kontext der US-Menschenrechtsbewegung. Zentrale Frage bei allen Entscheidungen ist die Frage, ob Menschen teilhaben können. Daran wird auch deutlich, dass inklusives Denken für Schule oder anderswo gar nicht neu ist: Plant eine Lehrkraft z.B. einen Wandertag, und die Eltern eines Schülers können diesen nicht finanzieren, dann treten andere Finanzierungsmechanismen in Kraft mit dem Ziel, dass betroffene Schülerinnen und Schüler teilhaben können. Auch bei anderen besonderen Merkmalen arbeiten Schulen, Vereine usw. längst inklusiv. Da denkt man bei Hochbegabten über Beschleunigung und Anreicherung nach, bei Kindern mit ADHS, wie weit man die für diese Gruppe notwendigen klaren Strukturen anbieten kann, bei Kindern mit Beeinträchtigungen der Psychomotorik gibt es ebenso Angebote. All dies wird schon jetzt in der guten schulischen Praxis gelebt, allerdings ohne zu erkennen, dass dies bereits Inklusion ist. Gemeinsames Ziel ist immer Teilhabe.

Ein anderer Aspekt spielt noch eine große Rolle, wird aber kaum gesehen und diskutiert: Die Inklusionsdebatte erfasst nur Menschen mit Beeinträchtigungen und deren Teilhabe an der Gesellschaft. Selten wird thematisiert, dass Inklusion auch für die anderen, nicht-beeinträchtigten Menschen großen Wert hat. Die Erfahrung, dass es Menschen mit Beeinträchtigungen gibt, ist wesentlich für die eigene Persönlichkeitsentwicklung. Die eigene Weiterentwicklung ist auch abhängig von den Unterschieden, die man im Laufe seines Lebens erfährt (wissenschaftlich: Sozialisationstheorien). Es ist eine sehr tiefe Erfahrung, wenn man in unmittelbarer Nähe mit Menschen mit Beeinträchtigungen aufwächst.

Auch wird das Bild von Gesellschaft, das im Grundgesetz zu finden ist, dadurch erfahren. Wenn bis heute z.B. die Schwerbehindertenquote von 5 Prozent in der Wirtschaft noch nicht erreicht ist, dann hängt dies auch damit zusammen, dass man aufgrund fehlender Erfahrung an die Menschen mit Beeinträchtigungen nicht denkt.

Politische Reaktionen

Alle Bundesländer haben sich auf den Weg gemacht, wenn auch mit unterschiedlichen Geschwindigkeiten. So findet man unterschiedliche Pläne, ob und wann welche Förderschulformen auslaufen und durch welche Mechanismen die Förderung im Regelschulsystem zukünftig gewährleistet werden soll. Dies führt stellenweise zu einem Parallelsystem. Häufig wird dabei der Weg gewählt, dass die Eltern die Schulform bestimmen sollen. Es ist dabei noch nicht verstanden worden, dass das Recht auf Inklusion innerhalb der Schule ein Recht der Kinder und Jugendlichen ist. Eltern sollen nun meist Wahlfreiheit erhalten, aber sie sind in ihrer Entscheidung an das Recht des Kindes gebunden und können insofern keineswegs beliebig entscheiden. (Siehe hierzu auch die Kinderrechtskonvention zu den Rechten von Kindern – Kinder haben diese Rechte, egal wie die Eltern dazu stehen.)

Auch wäre darauf zu achten, dass man Förderorte, die bereits existieren, erst dann abbaut, wenn die neuen Strukturen implementiert sind. Man wird daher eine Zeit lang mit zwei ungleichzeitig verlaufenden Prozessen leben müssen: der langfristigen Umstellung des Systems und dem Wunsch von Eltern, ihr Kind sofort in der Regelschule anzumelden.

Kritisch betrachtet muss man festhalten, dass Inklusion in weiten Teilen noch gar nicht richtig gedacht, geschweige denn organisatorisch umgesetzt wird. Besser wäre es daher, die derzeitige Phase der Umwandlung des Systems als »IntegrationPlus« zu bezeichnen. Dies darf aber nur eine Zwischenphase sein, sodass genügend weitere Innovationen zu initiieren sind. So werden Artikel in den Schulgesetzen einfach umbenannt (erst Integration, nun Inklusion) oder es wird z.B. der Begriff »Förderbedarf« durch den Begriff »Unterstützungsbedarf« ersetzt. Das sind keine substanziellen Schritte.

Denkfehler

Derzeit werden große Fehler gemacht: (a) Zum einen denkt man nur an die Menschen mit Beeinträchtigungen, anstatt alle Fördermaßnahmen (z.B. für Hochbegabte, besondere Talente, Spezialbegabungen, ADHS usw.) zusammenzufassen und gemeinsam zu diskutieren. So bleibt es bei einem Nebeneinander verschiedener Fördermaßnahmen. Diese sind aus unterschiedlichen Kostenstellen finanziert, als Projekte unterschiedlich spezifiziert und laufen häufig völlig unkoordiniert nebeneinander her, was für die Schulen einen Mehraufwand bedeutet. (b) Weiterhin wird derzeit nicht überprüft, ob ältere Vorschriften (Erlasse zur Klassenbildung, Klassenfahrten und viele andere mehr) zur Inklusion eigentlich kompatibel sind. Sie müssten angepasst oder vielleicht auch komplett neu erdacht werden. (c) Außerdem ist es auffällig, dass das politische Handeln zurückgreift auf Steuerungselemente der Integration: So werden einem Schüler oder einer Schülerin z.B. immer noch eine bestimmte Anzahl Stunden einer Förderschullehrkraft zugewiesen, die dann von Schule zu Schule fährt, um ihre Arbeit zu tun. Schulen könnten geneigt sein, Schüler und Schülerinnen positiv zu testen, um an diese Stunden zu kommen. (d) Damit verbunden sind »Labeling«- und Diskriminierungseffekte: Nur die Schülerinnen und Schüler mit Beeinträchtigung werden durch Überprüfung des Förderbedarfs markiert und unterliegen anderen Regelungen wie z.B. in der Leistungsbewertung. So etikettiert man innerhalb der Gruppe. Richtig wäre es – z.B. nach einer Individualdiagnostik –, binnendifferenzierende Maßnahmen als den Normalfall für alle zu betrachten.

(e) Zuletzt wird an keiner Stelle diskutiert, ob die Trennung in der Lehrerausbildung (Regelschule/Förderschule) überhaupt noch sinnvoll ist und wie das inklusive Denken in allen Lehramtsstudiengängen zu implementieren ist. Man kann diese Liste beliebig erweitern. Eines ist allen Punkten gemeinsam: Die Idee der Inklusion ist bei vielen Verantwortlichen noch gar nicht angekommen. Das Problem für die Schulen ist, dass sich dort die Probleme fokussieren.

Grundprobleme der Umsetzung

Wenn man einmal diese rein pragmatische und organisatorische Ebene verlässt und die Gesamtsituation mit Distanz betrachtet, dann fällt auf, dass im politischen Handeln, aber auch im Handeln vor Ort neuen Herausforderungen durch die Intensivierung alter Strukturen begegnet werden soll. Viele Probleme bei der Umsetzung des Inklusionsgedankens werden erst dadurch generiert, dass man alte Steuerungsmodelle der Integration nun auf die Inklusion anwendet. Ein Merkmal der lernenden Organisation ist, dass Probleme von heute die Lösungen von gestern gewesen sein können. Konsequenz aus diesem Gedanken ist es, dass man auf neue Herausforderungen mit neuen Ansätzen reagiert. Diese Feststellung ist keineswegs neu, sondern wurde bereits mehrfach in unterschiedlichen Kontexten diskutiert. Der renommierte Schizophrenieforscher Paul Watzlawick (bekannt durch seine Bücher zur Kommunikation und zum Konstruktivismus) forderte im Kontext seiner Forschung, die Gesamtsituation immer komplett neu zu betrachten und Lösungen außerhalb des klassischen Lösungsraumes zu finden (er nannte dies »Lösung zweiter Art«).

Zur Lage der Schulen

Der hohe pädagogische und gesellschaftliche Anspruch der Inklusion und die genannten Denkfehler erleichtern die Arbeit in den Schulen keinesfalls. Dies liegt vor allen Dingen daran, dass derzeit zwei Prozesse parallel laufen: zum einen der langfristige Umbau zu einem inklusiven Schulsystem (mit allen Schulformen), zum anderen die sofort notwendige Reaktion, wenn eine

Schülerin oder ein Schüler an der eigenen Schule angemeldet wird (wozu die Eltern ein Recht haben). Aufgefangen wird diese Situation durch die bereits erwähnte Tatsache, dass Schulen in anderen Bereichen bereits inklusiv arbeiten. Natürlich wird die Heterogenität in einer Schulklasse durch den Prozess der Inklusion größer. Dagegen ist allerdings die Annahme irrig, man hätte vor der Inklusion homogene Schulklassen gehabt: Schulklassen sind in jeder Schulform heterogen zusammengesetzt und die Lehrerschaft hat es auch verstanden, damit umzugehen (wenn auch noch überholte Verfahren wie zum Beispiel das Sitzenbleiben usw. beibehalten werden).

Eine besondere Herausforderung für die Schulen und die beteiligten Lehrkräfte ist der Umgang mit pädagogischen Widersprüchen. Der pädagogische Laie vermag dies vielleicht am folgenden Beispiel nachzuvollziehen: Lehrkräfte in Regelschulen lernen in ihrer Ausbildung, die Antworten der Schülerinnen und Schüler nicht zu wiederholen (zu »spiegeln«). Ziel ist, dass die anderen Schüler auf ihre Mitschüler und Mitschülerinnen hören und ihnen nicht nur das als wichtig erscheint, was aus der Lehrkraft Munde kommt. Man stelle sich nun vor, dass in einer Klasse ein hörbeeinträchtigtes Kind mit Cochlea-Implantat ist, das durch ein Spezialmikrofon der Lehrkraft angesprochen wird. Wenn die Lehrkraft nun Antworten der Schüler nicht wiederholt, bekommt das Kind mit Cochlea-Implantat nicht mit, worüber gerade gesprochen wird. Daraus ergibt sich nun ein pädagogischer Widerspruch zwischen allgemein-schulpädagogischen Überlegungen und förderpädagogisch notwendigen Handlungen. An diesen Stellen ergibt es keinen Sinn, darüber zu reflektieren, welche Form der Pädagogik nun recht hat. Man muss stattdessen neue Lösungen suchen. In diesem Fall wäre es zum Beispiel angebracht, mehrere Mikrofone anzuschaffen, damit jede Schülerin und jeder Schüler einen mündlichen Beitrag vorbringen kann und der Mitschüler oder die Mitschülerin mit dem Cochlea-Implantat zumindest das mitbekommt, was technisch möglich ist.

Eine wichtige Voraussetzung ist dabei allerdings, den Mehrbedarf an Ressourcen für die Regelschulen zuerst pädagogisch sauber zu begründen. Der reflexartige Ruf nach mehr Geld basiert noch auf alten Steuerungsmodellen und hemmt intelligente Weiterentwicklungen.

Gelingensbedingungen für Inklusion

Inklusion kann und wird gelingen, wenn einige Bedingungen erfüllt werden. Auf den ersten Blick denkt man natürlich an ausreichende Personalschlüssel, hinreichende Finanzierung und die sächliche Ausstattung (wie zum Beispiel bauliche Maßnahmen). Hier gilt eine einfache Regel: Alle Ressourcen des Förderschulsystems müssen nach und nach in das Regelschulsystem sinnvoll integriert werden. Hier sind die Bundesländer und die Schulträger natürlich besonders in der Pflicht.

Daneben stehen allerdings nicht minder wichtige Gelingensbedingungen, die man häufig aus dem Blick verliert. Zuallererst ist hier die Haltung der einzelnen Lehrkraft gegenüber der Inklusion zu nennen. Nur wenn man Inklusion annimmt, kann sie gelingen. Alle Menschen, die mit Inklusion zu tun haben, müssen sich Fragen stellen, die der inneren Abklärung gewidmet sind: Wofür stehe ich? Was macht mich als Mensch aus? Was motiviert mich? Lebe ich diese Dinge in einer wertschätzenden Haltung? Die meisten Menschen denken nämlich gar nicht über ihre innere Einstellung nach. Sie reagieren nur auf äußere Einflüsse und geben damit die Kontrolle über ihre Situation an andere ab. Dies widerspricht allen Erkenntnissen aus der Innovationsforschung.

Zum Zweiten müssen Lehrkräfte kooperieren können. Verfahren des Team-Teaching oder des Co-Teaching werden zunehmend den schulischen Alltag bestimmen. Dies setzt die Fähigkeit zur Kommunikation, insbesondere zur Absprache, voraus, aber auch das Nachdenken über das Handeln in einer konkreten Unterrichtssituation. Zuletzt sei auf die notwendige Veränderung des Unterrichts hingewiesen: Die Zauberworte hier heißen »Binnendifferenzierung« und »zieldifferentes Lernen«. Diese beiden Konzepte sind nicht neu und jetzt schon im schulischen Alltag zu beobachten.

Diese genannten Bedingungen sind Ergebnisse der empirischen Studien der European Agency for Special Needs and Inclusive Education. So ist (um nur ein Beispiel von vielen zu nennen) die Stellungnahme des Niedersächsischen Philologenverbandes zum neuen Schulgesetz (»Ein zieldifferenter Unterricht ist nicht möglich, weil das Ziel des Gymnasiums das Abitur ist« – Anhörung zum neuen Schulgesetz) ein deutliches Zeichen dafür, dass man nicht nur inklusionsfeindlich eingestellt ist, sondern auch nicht verstanden hat, was z.B. Hochbegabtenförderung am Gymnasium bedeuten muss, nämlich zieldifferent zu unterrichten. Zudem ist die Einschätzung falsch: Es gibt bereits zahlreiche Gymnasien, die inklusiv arbeiten. Sie haben verstanden, was Reinald Eichholz (National Coalition für die Umsetzung der UN-Kinderrechtskonvention in Deutschland) dazu meinte: »Dem Diversity-Ansatz entsprechend macht gerade die Anerkennung der Vielfalt von Intelligenzen den Kern der Inklusion aus. So ist es Sache der Institutionen, durch pädagogische Phantasie, durch sinnvolle Klassengrößen, ausreichendes Lehrpersonal und unterstützende Maßnahmen Wege zu finden, um auch im «zieldifferenten» Unterricht alle Kinder ihren Begabungen gemäß zu erreichen und zu fördern.«[2]

Schließlich sei noch auf einen wesentlichen Denkfehler in der Diskussion hingewiesen: Viele Lehrkräfte fühlen sich überfordert, weil sie annehmen, sie ganz alleine müssten die Inklusion bewältigen und völlig vereinsamt alle Fördermaßnahmen in ihrer Klasse umsetzen. Diese Perspektive ist falsch und wird gefördert durch aktuelle Schlagworte wie »Auf den Lehrer kommt es an«. Tatsächlich ist es so, dass die Schule als ganzheitliches System für die Förderung des einzelnen Schülers und der einzelnen Schülerin verantwortlich ist. Die Schule empfängt ein beeinträchtigtes Kind wie jedes andere auch mit entsprechenden schulinternen Maßnahmen. Eine dieser Maßnahmen, aber eben nicht die alleinige, ist natürlich der Unterricht.

Und zuletzt sei noch darauf hingewiesen, dass nicht plötzlich Scharen von beeinträchtigten Kindern die Schule bevölkern. Derzeit gibt es bundesweit 6,4 Prozent der Schülerinnen und Schüler mit Förderbedarf. Also etwa doppelt so viel wie es Hochbegabte gibt.

Fazit

Inklusion ist ein international und bundesgesetzlich abgesicherter Rechtsanspruch. Dessen Umsetzung ist eine nationale Aufgabe, die in den nächsten Jahren vorwiegend durch Umstellungen gekennzeichnet sein wird. Grenzen werden jedoch gesehen unter der Fragestellung, was dem Wohl eines Kindes angemessen ist. Dabei ist allerdings auch zu sehen, dass es genau mit dieser Argumentation zur Formulierung der Behindertenrechtskonvention gekommen ist. Der Prozess muss daher mit Augenmaß, aber festen Schrittes vorangetrieben werden. Die Politik muss erkennen, dass man mit alten Lösungen nicht neuen Herausforderungen entgegentreten kann.

---

2 Reinald Eichholz: Gibt es ein Recht auf eine Schule für alle? Vortragsmanuskript, Saarbrücken 2009.

Der Index für Inklusion – Eine Hilfe für inklusive Schulentwicklung[1]

Andreas Hinz

Wenn Inklusion pragmatisch handlungswirksam werden soll, dann müssen konkrete Umsetzungsstrategien entwickelt werden. Diese können durch einen Katalog von konkret prüfbaren Kriterien konstruktiv begleitet werden. Als sich die Diskussion um Schulqualität in Deutschland verstärkte, gab es bei vielen Menschen, die in integrativen Zusammenhängen arbeiteten, ein gewisses Misstrauen, da in der Regel letztlich doch die Qualität von Schule schnell über die erzielten – häufig im Sinne von Standards verstandenen – Leistungen ihrer Schülerinnen und Schüler definiert wurde. Hier nimmt der in England entwickelte und mittlerweile in 24 Sprachen und 30 Versionen vorliegende Index für Inklusion eine andere Perspektive ein.[2] Er verortet die Qualität von Schule da, wo sie zumindest auch hingehört: in der Schule selbst. Damit hat der Index für Inklusion ein hohes Potential gerade auch für Schulen, die einen veränderten Umgang mit Heterogenität im Sinne der produktiven Nutzung von Vielfalt pflegen (wollen). Er nimmt also nicht nur die Situation eines Kindes in den Blick, sondern bezieht sich ausdrücklich systemisch auf die ganze Einrichtung.[3] Im Wesentlichen enthält der Index für Inklusion drei Teile: Der Index basiert auf einigen *Schlüsselkonzepten*, bietet ein *Vorgehen* an und schlägt eine *inhaltliche Systematik* vor.

Dabei werden Aspekte des willkommen heißenden Umgangs mit Vielfalt umfassend bedacht. Er ist aber kein »standardisiertes Programm«, bei dem einem vorgeschriebenen Schema zu folgen ist, sondern eher so etwas wie ein

---

1 Dieser Beitrag ist dem Heft 3 der Zeitschrift *Schulverwaltung spezial* (2011) entnommen und leicht angepasst worden. Wir danken dem Autor und dem Carl Link Verlag für die Abdruckerlaubnis.

2 Vgl. Tony Booth/Mel Ainscow (Hg.): Index for Inclusion. Developing Learning and Participation in Schools, Bristol 2002, 2011, http://www.eenet.org.uk/index_inclusion/index_inclusion.shtml.

3 Vgl. Ines Boban/Andreas Hinz (Hg.): Index für Inklusion. Lernen und Teilhabe in der Schule der Vielfalt entwickeln, Halle (Saale) 2003, 2, http://www.eenet.org.uk/index_inclusion/Index%20German.pdf.

Buffet, das den eigenen Bedürfnissen entsprechend genutzt wird – und da empfiehlt es sich, nicht zu viel oder womöglich alles zu essen.

Schlüsselkonzepte des Index für Inklusion

Die Basis des Index bilden neben dem bereits dargestellten Verständnis von Inklusion weitere drei Schlüsselkonzepte[4]:

»Barrieren für das Lernen und die Teilhabe« finden sich in allen Bereichen einer Schule und bilden Herausforderungen für alle beteiligten Menschen. Dieses Konzept, Barrieren zu beseitigen, bildet einen Kontrast zum Ansatz »sonderpädagogischer Förderbedarf«, denn dort würden wiederum zwei Gruppen konstruiert, von denen eine in der Gefahr steht, mit abgesenkten Erwartungen konfrontiert und damit ebenso diskriminiert zu werden wie andere Personengruppen durch sexistische und rassistische Sprache.[5]

– »Unterstützung von Vielfalt« ist ein weiteres Schlüsselkonzept. Eine weit verbreitete und auch in Einzelsituationen notwendige Strategie ist die Zuordnung von Personal zu Schülerinnen und Schülern, denen Probleme zugeschrieben werden. Es gibt jedoch viele andere, etwa Tutorensysteme, kooperatives Lernen in kontinuierlichen heterogenen Gruppen oder projektorientierte Lernformen.

– Schließlich ist der »Abbau institutioneller Diskriminierung« wichtig, denn Schule als Institution agiert in der Regel bestimmten Gruppen gegenüber diskriminierend. Ein prominentes Beispiel hierfür ist die Überrepräsentanz von männlichen Jugendlichen mit türkischem Migrationshintergrund in Schulen für Lernbehinderte westdeutscher Großstädte, die zumindest zum Teil das Ergebnis des monolingualen Habitus der allgemeinen deutschen Schule ist.[6]

Der Index bietet einen Prozess der Schulentwicklung mit fünf Phasen an.[7] Diese Phasen unterscheiden sich von anderen Konzepten zur Schulentwicklung dadurch, dass alle beteiligten Personen und Gruppen einer Schule an

---

4 Ebd., 9–14.
5 Vgl. Peter Mittler: Towards Inclusive Education, London 2000, 10.
6 Vgl. Mechthild Gomolla/Frank-Olaf Radtke: Institutionelle Diskriminierung. Die Herstellung ethnischer Differenz in der Schule, Opladen 2002.
7 Vgl. Ines Boban/Andreas Hinz (Hg.): Index für Inklusion, a.a.O., 22–47.

ihnen kontinuierlich partizipieren und ihre jeweils spezifische Perspektive auf die Schulsituation einbringen.

Vorschlag einer inhaltlichen Systematik: drei Dimensionen, sechs Bereiche, 44 Indikatoren

Inhaltlich wird für inklusive Schulentwicklung ein Rahmen mit drei Dimensionen und je zwei Bereichen geboten[8]:

Dimension A: Inklusive KULTUREN schaffen
Bereich A.1: Gemeinschaft bilden
Bereich A.2: Inklusive Werte verankern
Dimension B: Inklusive STRUKTUREN etablieren
Bereich B.1: Eine Schule für alle entwickeln
Bereich B.2: Unterstützung für Vielfalt organisieren
Dimension C: Inklusive PRAKTIKEN entwickeln
Bereich C.1: Lernarrangements organisieren
Bereich C.2: Ressourcen mobilisieren

»Dimension A: Inklusive Kulturen schaffen« beinhaltet den Aufbau einer akzeptierenden, zusammenarbeitenden und anregenden Gemeinschaft (Bereich A.1), in der alle Schülerinnen und Schüler, alle Mitarbeiterinnen und Mitarbeiter ihre individuell bestmöglichen Leistungen erzielen können. Sie zielt auf die Einigung über inklusive Werte (BereichA.2), die in der Schule geteilt und neuen Mitgliedern vermittelt werden.

»Dimension B: Inklusive Strukturen etablieren« sichert Inklusion als zentralen Aspekt aller Strukturen ab, so dass sie das Lernen und die Partizipationsmöglichkeiten aller Schülerinnen und Schüler (Bereich B.1) erhöhen. Unterstützung von Vielfalt (Bereich B.2) besteht in allen Aktivitäten, die zur Fähigkeit einer Schule beitragen, auf die Vielfalt der Schülerinnen und Schüler besser einzugehen.

»Dimension C: Inklusive Praktiken entwickeln« zufolge gestaltet die Schule ihre Praktiken so, dass sie ihre inklusiven Kulturen und Strukturen widerspiegeln. Die Schule stellt sicher, dass die Partizipation aller Schülerinnen und Schüler angeregt wird und sie Stärken und Talente einbringen können.

---

8 Ebd., 15f.

Lernprozesse werden so arrangiert, dass sie Lern- und Partizipationsbarrieren überwinden helfen und so gemeinsames Lernen für alle ermöglichen (Bereich C.1). Die Schulgemeinschaft mobilisiert Ressourcen innerhalb der Schule und in der örtlichen Gemeinde, um dieses aktive Lernen für alle zu unterstützen (Bereich C.2).

Dieser Rahmen wird in 44 Indikatoren aufgegliedert und schließlich in 560 Fragen ausgebreitet. Damit bringt dieses Material in einer konsistenten Systematik viele Aspekte ins Gespräch, die den Beteiligten vielleicht noch nicht vor Augen waren. Die zunehmende Konkretheit zeigt ein Blick auf einige Fragen eines Indikators:

Indikator C.1.1: Der Unterricht wird auf die Vielfalt der Schülerinnen und Schüler hin geplant.

Zum Beispiel . . .

– Geht der Unterricht von einer gemeinsamen Erfahrung aus, die in unterschiedlicher Weise entfaltet werden kann?
– Entspricht der Unterricht dem Spektrum von Interessen bei Jungen und Mädchen?
– Legt der Unterricht eine Vorstellung des Lernens als kontinuierlichen Prozess nahe statt als Erledigung bestimmter Aufgaben?
– Prüfen die Lehrkräfte Möglichkeiten, den Bedarf an individueller Unterstützung bei Schülerinnen und Schülern zu reduzieren?
– Berücksichtigt die Unterrichtsplanung, dass bestimmte Schülerinnen und Schüler wegen ihrer religiösen Vorstellungen z.B. in Kunst und Musik Schwierigkeiten haben, sich an bestimmten Inhalten zu beteiligen?
– Wird der Unterricht ggf. so angepasst, dass Schülerinnen und Schüler mit körperlichen oder Sinnesbeeinträchtigungen auch im Sportunterricht, Arbeitslehre, Hauswirtschaft sowie in Physik (bei Optik und Akustik) Wissen und Fertigkeiten erwerben können? …

Die Ebene der Indikatoren bietet Gelegenheit zum Austausch darüber, wer wie den aktuellen Stand einschätzt, wo die »dringendsten Baustellen« liegen und welche nächsten Schritte sinnvoll gegangen werden könnten. Der Index ist also kein fester Rahmen für die Evaluation von Schulen, aus dem etwa Rangplätze oder gar »Inklusionsquotienten« abgeleitet werden könnten, sondern er versteht sich als Angebot zu schulweiter Kommunikation, Einigung, Weiterentwicklung und zu ihrer Qualitätssteigerung, koordiniert durch das ebenso vielfältig wie die Schule zusammengesetzte »Index-Team« als steuernde Gruppe.

Beispiele und Erfahrungen

Projekte aus dem deutschsprachigen Raum machen mit unterschiedlichen Schwerpunkten die Flexibilität des Index deutlich.[9]

In Nordrhein-Westfalen arbeiten etwa 30 Schulen aller Schulformen und einige Kindertageseinrichtungen mit dem Index, vor allem mit den Indikatoren und Fragen. Ein Teil von ihnen hat bereits eine lange Tradition mit dem gemeinsamen Unterricht. Schwerpunkte sind hier z.b. Überlegungen der Schulgemeinschaft über die Gestaltung des Schulbeginns für die nächsten Schulanfänger und Schulanfängerinnen, die Entwicklung passender Teamstrukturen, die Reflexion und Entwicklung von Kommunikationsformen unter allen Akteuren einer Schule. Diese Entwicklungsarbeit wird auch und gerade für solche Schulen interessant, die aktuell ohne Schulleitung auskommen müssen und daraus möglicherweise neue Entwicklungsperspektiven schöpfen. Wesentlicher Bestandteil des Projektes ist zudem ein ständiger Austausch über Entwicklungen durch die Arbeit mit dem Index zwischen Schulen und Kindertageseinrichtungen mit regionalen Verwaltungs- und Aufsichtsebenen.[10]

In Kooperation mit der Universität Halle betreiben sieben sehr unterschiedliche Schulen inklusive Schulentwicklung im Rahmen der Entwicklung der bzw. zur Ganztagsschule mit Mitteln des »Investitionsprogramms Zukunft Bildung und Betreuung« (IZBB), wobei sie sich vor allem am Phasen-Modell und den Grundprinzipien der Partizipation aller Beteiligter orientieren, allen voran der Schülerinnen und Schüler.[11] Schwerpunkte bilden hier z.b. Aspekte wie die Neustrukturierung des Ganztags, die Gestaltung

---

9 Ebd.

10 Andrea Platte/Barbara Brokamp: Unterstützung inklusiver Schulentwicklung in Nordrhein-Westfalen: Moderation, Qualifikation und Vernetzung, in: Andreas Hinz/ Ingrid Körner/Ulrich Niehoff (Hg.): Auf dem Weg zur Schule für alle. Barrieren überwinden – inklusive Pädagogik entwickeln, Marburg 2010, 213–227.

11 Vgl. Ines Boban/Andreas Hinz: Inklusive Schulentwicklung ohne Gemeinsamen Unterricht!? Zur Entwicklung der Ganztagsschule mit Hilfe des Index für Inklusion im Rahmen des IZBB in Sachsen-Anhalt, in: Irene Demmer-Dieckmann/Annette Textor (Hg.): Inklusionsforschung und Bildungspolitik, Bad Heilbrunn 2007, 137–144. Ines Boban/ Andreas Hinz: Breaking down Barriers for Learning and Participation – (Ganztags-) Schulentwicklung mit dem Index für Inklusion als Aufbau kreativer Felder, in: Jo Jerg et al. (Hg.): Perspektiven auf Entgrenzung – Erfahrungen und Entwicklungsprozesse im Kontext von Inklusion und Integration, Bad Heilbrunn 2009, 239–246. Andreas Hinz/ Ines Boban/Nicola Gille/Andrea Kirzeder/Katrin Laufer/Edith Trescher: Entwicklung der Ganztagsschule auf der Basis des Index für Inklusion. Bericht zur Umsetzung des

von äußeren und inneren Bereichen der Schule, aber auch die Verbesserung der Kommunikation zwischen Lehrkräften, Schülerinnen und Schülern und Streitschlichtung. Nach drei Jahren Arbeit schlagen in zwei Schulen des Sekundarbereichs Schülervertreterinnen vor, nach den vor allem strukturellen Veränderungen nun den Unterricht zu evaluieren.

Im Kreis Schleswig-Flensburg und in der Stadt Flensburg werden allgemeine Schulen zur eigenständigen Planung von Schritten in Richtung Inklusion mithilfe des Index eingeladen, wobei die Kooperation mit dem Schulträger und dem unterstützenden regionalen Förderzentrum eine wichtige Basis für eine Entwicklung mit einem hohen Maß von Eigendynamik bildet.[12] Zunächst bleibt die bildungspolitische Unterstützung aus – der Aufbau eines landesweiten Unterstützungssystems für inklusive Schulentwicklung durch Prozessbegleiterinnen und -begleiter kommt erst später in einem eigenen Vorhaben zustande.[13]

An der Pädagogischen Hochschule Zentralschweiz in Luzern wird ein berufsbegleitender Weiterbildungsmasterstudiengang eingeführt, mit dessen Hilfe Regelklassenlehrkräfte ihre Kompetenzen im Umgang mit der Heterogenität der Schülerschaft und mit Blick auf die Entwicklung des Systems in Richtung Inklusion weiterentwickeln. Hierbei stehen zunächst die Reflexion eigener Praxis und die Grundhaltungen, auf denen Inklusion basiert, im Vordergrund. Verbunden mit systemischer Entwicklungstätigkeit an der Schule werden aufbauend Kompetenzen vertieft. Die so qualifizierten Lehrpersonen stehen den Schulen und den zu entwickelnden Unterrichtsteams mit relativ großen Pensen zur Verfügung.[14]

Mit einer langen Tradition des Gemeinsamen Unterrichts in der Volksschule beschließt die niederösterreichische Gemeinde Wiener Neudorf, sich

---

Investitionsprogramms »Zukunft Bildung und Betreuung« im Land Sachsen-Anhalt, Bad Heilbrunn 2013.

12 Vgl. Andreas Hinz/Christine Jesumann: Eine Region macht sich verstärkt auf den inklusiven Weg – der Kreis Schleswig-Flensburg und die Stadt Flensburg, in: Andreas Hinz/Ingrid Körner/Ulrich Niehoff (Hg.), Auf dem Weg zur Schule für alle. Barrieren überwinden – inklusive Pädagogik entwickeln, Marburg 2010, 228–238.

13 Vgl. Andreas Hinz/Robert Kruschel: Educational Governance als Diagnose-Instrument für die Analyse eines Projekts zur Etablierung inklusiver Entwicklungen, in: Sabine Karge/Katrin Liebers/Kirsten Puhr (Hg.), Diagnostik und Didaktik für heterogene Lerngruppen, *Zeitschrift für Inklusion*, 2012, http://www.inklusion-online.net/index.php/inklusion/article/view/177/167.

14 Vgl. Bruno Achermann/Ivo Grossrieder: Stärkung der Inklusionskraft der allgemeinen Schule, in: Andreas Hinz/Ingrid Körner/Ulrich Niehoff (Hg.): Auf dem Weg zur Schule für alle, a.a.O., 297–310.

zur inklusiven Gemeinde weiterzuentwickeln, indem sie in Kooperation mit der Pädagogischen Hochschule Niederösterreich auf der Basis des Index die Volksschule und die vorhandenen Kindergärten und Horte miteinander vernetzt und so die Übergänge verbessert.[15] Schwerpunkte hierbei sind zunächst eine Bestandsaufnahme der Situation, vor allem auch aus der Sicht der Kinder, sowie die Entwicklung einer gewaltfreien Kommunikationskultur und des kooperativen Lernens in heterogenen Gruppen – zwei Schlüsselelemente inklusiver Pädagogik.[16] Der Prozess greift jedoch über das Bildungs- und Erziehungssystem hinaus und führt zu Überlegungen über die Gestaltung des Lebens in der Gemeinde und zu einem für alle ihre Bürger offenen Lehrgang über »Kommunale Bildung« an der Pädagogischen Hochschule.

Die Beispiele verdeutlichen, dass der Index ein flexibel nutzbares Material ist, das innerhalb der Schule und über sie hinaus zu Dialog und Planung einlädt und je nach Kontext und Situation der einzelnen Schule modifiziert wird – und das auch zu Veränderungen führt.[17] In diesem Rahmen stellen sich zwei Herausforderungen: Nach innen gilt es, alle Beteiligten zur Partizipation am Prozess einzuladen und Wege für deren Realisierung zu ebnen, seien es Kinder und Jugendliche, Eltern, Lehrerinnen und Lehrer, pädagogische und weitere Mitarbeiterinnen und Mitarbeiter. Nach außen sind Schulen gefragt, sich mit allen möglichen wichtigen Partnern zu vernetzen, etwa Schulträgern, Kindertageseinrichtungen, Horten, abnehmenden Schulen, Diensten der Kinder- und Jugendhilfe, Integrationsfachdiensten oder dem Verkehrspolizisten des Ortes. Dabei kann auch der Kommunale

---

15 Vgl. Maria-Luise Braunsteiner/Stefan Germany: Wiener Neudorf – Baden und zurück? Einblicke in ein Schulentwicklungs- und Vernetzungsprojekt, in: Jo Jerg et al. (Hg.), Perspektiven auf Entgrenzung, a.a.O., 149–156. Maria-Luise Braunsteiner/Stefan Germany: Wiener Neudorf und United Nations aus dem Blickwinkel des begleitenden ForscherInnenteams – ausgewählte Ergebnisse der Begleitforschung zum Projekt »INKLUSION – Vernetzung der Bildungseinrichtungen der Gemeinde Wiener Neudorf«, in: Petra Flieger/Volker Schönwiese (Hg.), Inklusionsforschung im Lichte der UN-Konvention über die Rechte behinderter Menschen, Bad Heilbrunn 2011, 177–196.

16 Vgl. Ines Boban/Andreas Hinz: Schlüsselelemente inklusiver Pädagogik. Orientierungen zur Beantwortung der Fragen des Index für Inklusion, in: Hannelore Knauder/ Franz Feiner/Hubert Schaupp (Hg.), Jede/r ist willkommen! Die inklusive Schule – theoretische Perspektiven und praktische Beispiele, Graz 2008, 53–65.

17 Vgl. auch weitere Beispiele in Ines Boban/Andreas Hinz (Hg.): Erfahrungen mit dem Index für Inklusion, Bad Heilbrunn 2015.

Index für Inklusion helfen, der den Blick verstärkt auf die kommunalen Vernetzungen richtet[18] sowie der Index für Kindertageseinrichtungen[19].

Fazit

Der Index für Inklusion bringt eine inklusive Orientierung als »Nordstern« mit konkreten Entwicklungsschritten in Verbindung. Inklusive Schulentwicklung ist damit keine zu allen anderen Aufgaben zusätzlich zu leistende Arbeit, sondern bildet eine inhaltliche Ausrichtung, die in den Entwicklungsauftrag der Schule eine spezifische Qualität hineinbringt. So besteht die Möglichkeit, die eigenen »Realo-Anteile«, die für pädagogische Handlungsfähigkeit unabdingbar sind, zu pflegen, ohne die eigenen »Fundi-Anteile« zu vergessen oder sie in einen unrealisierbaren Spagat geraten zu lassen, der zerreißende Dynamik gewinnen könnte. Und es besteht die Möglichkeit, den grundlegenden Überzeugungen treu bleiben zu können, ohne sich im alltäglichen Handeln selbst zu dementieren. Beide Anteile können so in einem produktiven Spannungsverhältnis gehalten werden. Dies kann auch zu pragmatischem »Ungehorsam im Schuldienst«[20] führen – angesichts des demokratischen Anspruchs auf Partizipation aller Menschen eine durchaus attraktive Aussicht.[21]

---

18 Montag Stiftung Jugend und Gesellschaft (Hg.): Kommunaler Index für Inklusion. Arbeitsbuch, Bonn 2010, http://www.montag-stiftungen.com/fileadmin/Redaktion/Jugend_und_Gesellschaft/PDF/Projekte/Kommunaler_Index/KommunenundInklusion_Arbeitsbuch_web.pdf. Montag Stiftung Jugend und Gesellschaft (Hg.): Inklusion vor Ort. Kommunaler Index für Inklusion – ein Praxishandbuch, Berlin 2011.

19 Tony Booth/Mel Ainscow/Denise Kingston (Hg.): Index für Inklusion (Tageseinrichtungen für Kinder). Lernen, Partizipation und Spiel in der inklusiven Kindertageseinrichtung entwickeln, Frankfurt/M. 2006, http://www.eenet.org.uk/index_inclusion/Inde x%20EY%20German2.pdf.

20 Reinhard Stähling/Barbara Wenders (Hg.): Ungehorsam im Schuldienst. Von heutigen Schulreformern lernen, Baltmannsweiler 2009.

21 Weitere Informationen sowie die Möglichkeit, den Index für Inklusion herunterzuladen, sind verfügbar auf der Homepage von Ines Boban und Andreas Hinz unter: http://www.inklusionspaedagogik.de.

Inklusion ist Lifestyle!

Der Index erobert eine Gemeinde. Ein Praxisbericht[1]

Irene Gebhardt

Inklusion bedeutet wertegeleitete Bildungs- und Gesellschaftsentwicklung. So lautet eine der Kernaussagen von Tony Booth, dem Autor des »Index für Inklusion«.[2] Wiener Neudorf, eine Gemeinde mit ca. 9000 Einwohnern am südlichen Stadtrand Wiens, arbeitet seit 2006 daran, diese Aussage mit Leben zu füllen.[3] Basis für die Entwicklungsarbeit ist der Index für Inklusion in seinen unterschiedlichen Versionen – der Index für Schulen, der Index für Kindertagesstätten und nun auch der Index für Kommunen.

Im Jahr 2009 erhielt das Projekt von der Österreichischen UNESCO-Kommission die Auszeichnung als österreichisches Projekt der UN-Dekade

---

1 Dieser Artikel ist zuerst erschienen in der Zeitschrift für Inklusion-online.net, 2, 2013: http://www.inklusion-online.net/index.php/inklusion-online/article/view/14/14. Für die vorliegende Druckfassung wurde der Beitrag behutsam angepasst.

2 Vgl. Tony Booth: Eine internationale Perspektive auf inklusive Bildung: Werte für alle? In: Andreas Hinz/Ingrid Körner/Ulrich Niehoff (Hg.), Von der Integration zur Inklusion: Grundlagen – Perspektiven – Praxis, Marburg 2008, 53–73.

3 Vgl. die Gemeinde- und Projekthomepage: www.wr-neudorf.at/Inklusion, letzter Zugriff 4.9.2014. Irene Gebhardt: Nicht nur in der Schule ... Das Wiener Neudorfer Inklusionsprojekt, in: Ich bin nicht behindert, ich werde behindert, *polis* aktuell, Nr. 2, 2012, 5–6. Dies.: Inklusion im Ort leben – Das Wiener Neudorfer Inklusionsprojekt, in: Jo Jerg/Werner Schumann/Stephan Thalheim (Hg.), Vielfalt entdecken. Erfahrungen mit dem »Index für Inklusion« in Kindertagesstätten und Gemeinde, Reutlingen 2011, 33–48. Dies.: Warum nur in der Schule? Das Inklusionsprojekt der Gemeinde Wiener Neudorf, in: mittendrin e.V. Köln (Hg.), Eine Schule für Alle. Vielfalt leben! Materialien zum Kongress vom 12.-14. März 2010 in Köln, Köln 2011, 301–312. Marie-Luise Braunsteiner/Stefan Germany: Wiener Neudorf – Baden und zurück? Einblicke in ein Schulentwicklungs- und Vernetzungsprojekt, in: Jo Jerg et al. (Hg.), Perspektiven auf Entgrenzung. Erfahrungen und Entwicklungsprozesse im Kontext von Inklusion und Integration, Bad Heilbrunn 2009, 149–156. Montag Stiftung Jugend und Gesellschaft: Kommunaler Index für Inklusion – Vielfalt erkennen, wertschätzen und nutzen. Dokumentation eines Vorgängerprojektes, 2009, http://www.montag-stiftungen.de/jugend-und-gesellschaft/projekte-jugend-gesellschaft/projektbereich-inklusion/inklusion-vor-ort2/praxishandbuch-ivo/projekt-ivo1.html, letzter Zugriff am 7.9.2014.

»Bildung für nachhaltige Entwicklung« mit der Begründung, »dass die Initiative die gesamte Gemeinde im Kontext einer kontinuierlichen Weiterbildungsmaßnahme ansprechen will. Das Pilotmodell könnte als gute Praxis an andere Gemeinden herangetragen werden, zum Beispiel via Intranet oder die Informationsmedien des Gemeindebundes.«

Zur Vorgeschichte

Im Zuge der Auseinandersetzung mit dem Thema Inklusion in verschiedenen Zusammenhängen wurde klar: In Wiener Neudorf gibt es schon viele inklusive Bausteine. Das sollte sichtbar gemacht werden – als Ressource für Weiterentwicklung und Qualitätssicherung. Da gab es die 20-jährige Erfahrung mit gemeinsamem Unterricht in den Integrationsklassen, in den Kindergärten und auch in den Horten. Alle Kinder wurden aufgenommen, kein Kind abgewiesen. Dasselbe galt auch für die vielen im Ort ansässigen Vereine – und hier nicht nur für die Kinder, sondern auch für die Erwachsenen. Die Bildungseinrichtungen im Ort – vier Kindergärten, eine 17-klassige Volksschule, die beiden Horte – waren um gute, alle Kinder fördernde Arbeit bemüht und wurden von der Gemeinde dabei stets unterstützt. Bildung und gesellschaftliches Zusammenleben haben in der Gemeinde traditionell einen hohen Stellenwert. Bürgermeister wie auch Vizebürgermeister waren – schon bevor sie diese politischen Ämter bekleideten – engagierte Unterstützer der Integrationsbewegung. Der Vizebürgermeister hatte auch als Bezirksschulinspektor Interesse an inklusiver Qualitätsentwicklung.

Zusammenarbeit gab es an den Nahtstellen Kindergarten/Schule sowie Schule/Hort schon immer. Sie war allerdings personenabhängig und sollte nun auf breitere Basis gestellt werden. Innerhalb der Schule wollten speziell die Integrationsklassen mehr Möglichkeit für Austausch und gemeinsame Weiterentwicklung. Der Index für Inklusion bot sich als Basis an, alle Ansinnen miteinander zu verbinden. So entstand die Idee eines *Vernetzungs- und Schulentwicklungsprozesses* mit dem Index und den inklusiven Werten als gemeinsamem Bezugsrahmen.[4]

---

4 Vgl. hierzu Marie-Luise Braunsteiner/Irene Gebhardt/Stefan Germany: Der Index für Inklusion – Ein Instrument zur Schulentwicklung und Netzwerkbildung, in: Ferdinand Eder/Gabriele Hörl (Hg.), Gerechtigkeit und Effizienz im Bildungswesen, Wien 2008, 219–233. Irene Gebhardt: Inklusion in der Kommune. Alle Bürgerinnen und Bürger

Index für Inklusion

Vernetzungs- und Schulentwicklungsprozess

Die Ziele wurden mit allen Einrichtungen abgestimmt. Sie haben bis heute Gültigkeit:

- Aufbau einer Kultur des Miteinanders auf Basis der inklusiven Werthaltungen;
- die Ermöglichung von stressfreien, entwicklungsförderlichen Nahtstellen;
- die Optimierung der Ressourcen zur Unterstützung von Inklusion durch effiziente, Institutionen übergreifende Zusammenarbeit;
- der Aufbau eines Netzwerks mit bestehenden und zukünftigen Einrichtungen im Ort;
- die Entwicklung inklusiver Kulturen, Strukturen und Praktiken im Schulalltag im Rahmen von Schulentwicklung;
- die Etablierung einer Kultur der Qualitätssicherung über Selbstevaluation auf Basis des Index für Inklusion.

Vernetzung zur Unterstützung von Inklusion ist nach wie vor ein Hauptanliegen – im Ort sowie im engeren und weiteren Umfeld, auch über die Grenzen Österreichs hinaus. Organisationsentwicklung auf Basis des Index bezieht sich nun nicht mehr nur auf Schule, sondern auf alle Einrichtungen in Wiener Neudorf. Sie vollzieht sich nicht überall mit der gleichen Geschwindigkeit und Intensität und nicht überall unter dem Begriff »Inklusion«. Die inklusiven Werte und Qualitäten wie Anerkennung von und respektvoller Umgang mit Vielfalt, Teilhabe, Gemeinschaft, Gleichberechtigung und Gleichwertigkeit, Hilfsbereitschaft, Fairness, Mitgefühl, Freude, Vertrauen, Mut, Ehrlichkeit und Nachhaltigkeit sind aber immer Diskussionsgrundlage. Für die Entwicklung des Gemeindeleitbildes »Wiener Neudorf 2030« wurden die inklusiven Werte mit Gemeinderatsbeschluss in der Präambel festgehalten.

---

sind gefragt, in: *frühe Kindheit,* 6, 2011, 41–47. Montag Stiftung Jugend und Gesellschaft (Hg.): Inklusion vor Ort. Der kommunale Index für Inklusion – ein Praxishandbuch, Berlin 2011.

Herbst 2005: Alle ins Boot holen

Ein Rundruf in allen Bildungseinrichtungen brachte prinzipielle Zustimmung: Alle zeigten sich sofort zu einer Zusammenarbeit bereit. Auch die Anfrage bei der Gemeindeführung brachte grünes Licht. Offenbar war die Zeit reif für ein derartiges Anliegen! Allerdings gab es noch kaum Vorstellungen zum »Wie«.

Ines Boban und Andreas Hinz, die Herausgeber des deutschsprachigen Index für Schulen, hielten gerade Einführungsworkshops zur Arbeit mit dem Index für Inklusion in Österreich. Eine Gruppe von Pädagog/innen aus verschiedenen Einrichtungen, Eltern und Gemeindevertreter/innen nahm an einem dieser Seminare teil und war begeistert. Diese Begeisterung galt es nun, an die Menschen, die Mitarbeiter/innen in den jeweiligen Einrichtungen, weiterzugegeben. Nicht alle konnten sie teilen. Manche sahen die Anliegen sowieso schon verwirklicht, andere fühlten sich in ihrem Arbeitsbereich bereits ausgelastet und hatten Angst vor einer etwaigen Öffnung zusätzlicher Arbeitsfelder oder sahen ihre Autonomie gefährdet. Letztendlich waren aber alle mit einem Projektstart einverstanden, einerseits unter der Bedingung, dass jegliche Teilnahme an Projektaktivitäten auf freiwilliger Basis erfolgen werde, aber andererseits mit der Bereitschaft, getroffene Entscheidungen mitzutragen.

Aus heutiger Sicht wurde dieser Entscheidungsphase vielleicht zu wenig Raum gegeben. Vermutlich wäre es günstig gewesen, diesen Entscheidungsfindungsprozess von einer Expertin beziehungsweise einem Experten begleiten zu lassen, Unklarheiten und Unsicherheiten von vornherein intensiver zu thematisieren und sie gemeinschaftlich auszuräumen.

Projektsteuerung

Das Projekt brauchte ein Steuerteam für den Vernetzungsprozess – ein Index-Team. Jede der teilnehmenden Einrichtungen sowie die Eltern und die Gemeinde (als Erhalter) sollten eine Vertreterin oder einen Vertreter im Team haben, um einerseits die Anliegen der Einrichtung einbringen zu können und andererseits Informationen und Anregungen aus den Teamsitzungen wieder in die Einrichtung zu tragen. Das Index-Team sollte den Netzwerkprozess koordinieren, auf inklusive Qualität achten sowie für eine transparente Kommunikation sorgen. Die Auseinandersetzung und Weiterentwicklung in den einzelnen Einrichtungen sollte in autonomer Verantwortung erfolgen. Elf Menschen waren schließlich bereit, diese Teamarbeit zu starten. Für die geplante Zusammenarbeit musste allerdings noch die Genehmigung der vorgesetzten Stellen eingeholt werden. Nahtstellen sind ein sensibles Thema! Im Februar 2006 konnte schließlich die erste Teamsitzung stattfinden, mit der Auflage, alle Teamaktivitäten in die Freizeit zu legen sowie auf die Autonomie der Einrichtungen und den Datenschutz zu achten.

Das Team trifft sich seither alle vier bis sechs Wochen. In der Zwischenzeit ist das Steuerteam größer geworden und hat sich personell immer wieder verändert. Manche Eltern, deren Kinder der Volksschule entwachsen sind, blieben als Bürger/innen oder Vereinsvertreter/innen, andere – Vertreter/innen der Musikschule, der Lebenshilfe, der örtlichen Nähschule sowie der Gemeindeverwaltung – kamen hinzu. Nicht alle Mitglieder sind bei jeder Sitzung anwesend, es sind aber immer so viele, dass der Prozess am Laufen gehalten werden kann. Der Mehrwert des gemeinsamen Austauschs und Planens, der Möglichkeit der gemeinschaftlichen Problemlösung beziehungsweise der gegenseitigen Unterstützung sowie der Verkürzung von Kommunikationswegen war offenbar all die Jahre groß genug, um als Motivation für das Investieren von Freizeit zu dienen.

Auseinandersetzung mit dem Index

Frühjahr 2006: Auseinandersetzung mit den Schlüsselkonzepten und den Indikatoren

Nach der Auftaktveranstaltung im Mai sollte eine groß angelegte Befragung durch die wissenschaftliche Begleitung auf Basis der Indikatoren des Index stattfinden.[5] Das Personal, die Eltern aller Einrichtungen und die Kinder ab dem letzten Kindergartenjahr sollten nach ihrem Eindruck bezüglich bereits gelebter inklusiver Kulturen, Strukturen und Praxis befragt werden. Im Index-Team wie auch in den Einrichtungen begann nun eine intensive Auseinandersetzung mit dem Index. Es ging dabei in erster Linie darum, ein ge-

---

5 Vgl. zur Begleitstudie: Marie-Luise Braunsteiner: Indikatoren für gelingende Schulkultur. Fallbasiertes Forschen und Lernen in der Lehrerbildung, in: Erwin Rauscher (Hg.), Schulkultur. Schuldemokratie, Gewaltprävention, Verhaltenskultur. Pädagogik für Niederösterreich, Bd. 3, Baden 2009, 209–221.

meinsames sprachliches Verständnis zu entwickeln. Viele der Begrifflichkeiten waren oder klangen fremd. Das löste zunächst Verwirrung, manchmal sogar Ablehnung aus. Die Menschen waren zur Zusammenarbeit nach den Werten des Index bereit, zur Auseinandersetzung mit theoretischen Konzepten weniger.

Neu war auch der Blick auf die Einrichtung als Ganzes. Die Situation in der eigenen Klasse beziehungsweise Gruppe oder Gemeinschaft konnte und wollte man einschätzen, aber für die ganze Einrichtung? Teilweise waren pauschale Einschätzungen mit Gewissenskonflikten verbunden. Erst nach Jahren der Auseinandersetzung mit den Inhalten des Index begann die Entwicklung der gemeinsamen Verantwortlichkeit Fuß zu fassen. In der Schule gibt es nun z.B. regelmäßige Jahrgangs- bzw. Grundstufenkonferenzen, klassenübergreifende Ateliers für den Förderunterricht oder gemeinsam geplante Schularbeiten.

Die Teilnahme an der großen Befragung war sehr engagiert, der Rücklauf der Bögen dementsprechend hoch. Viele Menschen – Kinder wie Erwachsene – fühlten sich wertgeschätzt, um ihre persönliche Meinung befragt zu werden. Das Ergebnis beeindruckte alle: Der Wohlfühlfaktor in allen Einrichtungen war ein sehr hoher und der Zufriedenheitsgrad ebenfalls. Als potentielle Baustellen ergaben sich die Themen »Konfliktmanagement« und »Kommunikation«. Daran wird auch heute noch gearbeitet.

Eine Vergleichsbefragung drei Jahre später zeigte eine deutlich kritischere Haltung der Befragten. Zwar war der Zufriedenheitsfaktor noch immer sehr hoch, in so manchen Punkten wurde aber ein bewussteres Hinschauen und reflektierteres Beurteilen deutlich.[6]

---

6 Vgl. Marie-Luise Braunsteiner/Stefan Germany: Wiener Neudorf und United Nations aus dem Blickwinkel des begleitenden ForscherInnenteams – ausgewählte Ergebnisse der Begleitforschung zum Projekt »INKLUSION – Vernetzung der Bildungseinrichtungen der Gemeinde Wiener Neudorf«, in: Petra Flieger/Volker Schönwiese (Hg.), Inklusionsforschung im Lichte der UN-Konvention über die Rechte behinderter Menschen, Bad Heilbrunn 2011, 177–196. Dies.: Evaluation eines Schulentwicklungs- und Netzwerkbildungsprozesses in Wiener Neudorf (Österreich) von der Integration zur Inklusion, in: Simone Börner et al. (Hg.), Integration im vierten Jahrzehnt. Bilanz und Perspektiven, Bad Heilbrunn 2009a, 13–16. Marie-Luise Braunsteiner: Von der Integration zur Inklusion. Reflexionen über die Begleitforschungsstudie eines Schulentwicklungs- und Netzwerkbildungsprojekts, in: Erwin Rauscher (Hg.), Pädagogik für Niederösterreich. Festschrift zur Gründung der PH NÖ, Baden 2007, 161–169.

Auseinandersetzung mit den Werten

Bei der Auseinandersetzung mit inklusiven Werten war der Zugang von Beginn an ein sehr lebendiger. Ausgehend von der Diskussion im Index-Team wanderten Werte-Plakate durch die Einrichtungen. »Was heißt für dich Wertschätzung von Vielfalt?« war z.b. auf einem der Plakate zu lesen und »Was heißt für dich Hilfsbereitschaft?« auf einem anderen. Für eine bestimmte Zeit stand ein Plakat mit einem Wert im jeweiligen Eingangsbereich, dann »wanderte« es weiter. Alle, die daran vorbeikamen, konnten ihre Meinung beziehungsweise ihren Zugang oder ihre Erfahrung beisteuern. Nicht alle Wertediskussionen verliefen friktionsfrei. Speziell der Wert »Teilhabe« warf rasch die Frage nach etwaigen Grenzen auf. Erst der Blick auf die Gemeinschaft, die gemeinschaftliche Verantwortung für den Abbau vorhandener Barrieren, ließ den Druck schwinden, der sich breit gemacht hatte.

Die Auseinandersetzung mit den Werten und der Umsetzung im Alltag ließ nach und nach bewusst werden, was mit Inklusion gemeint ist.[7] Sie brachte Leben in das Projekt. »Ist denn das inklusiv?« war immer öfter zu hören oder: »Das war aber jetzt nicht inklusiv!«. Die daraus folgende Entwicklung fand in fünf Handlungsfeldern statt: »Teilhabe«, »gemeinsames Lernen«, »Gestaltung der Übergänge«, »Vernetzung und Kooperation« sowie »Feste feiern«.

Teilhabe

Gleich zu Beginn fand ein Demokratisierungsschub statt. Der vorweg ungeliebte, weil ungewohnte Begriff »Teilhabe« rückte immer mehr in den Mittelpunkt. Resultate waren z.B. das Kinderparlament mit gewählten Vertreter/innen der Klassen (von der Vorschulklasse bis zu den vierten Klassen), das einmal monatlich zusammentritt, um das Schulleben betreffende Anliegen zu beraten. Die Ergebnisse werden wieder in die Klassen zurückgespielt, diskutiert und schließlich im Kinderparlament zu Entscheidungen verdichtet. Auf diese Art und Weise wurden u.a. der Schulgarten geplant, Bedürfnisse der Kinder für ihr Lernen in der Schule gesammelt und den Architekt/innen für den Schulumbau übergeben sowie im Rahmen der Leitbildentwicklung »Wiener Neudorf 2030« die Vorstellungen für ein zukünftiges Le-

---

7 Vgl. Booth (2008), a.a.O.

ben in Wiener Neudorf zusammengesammelt und mit dem Bürgermeister diskutiert.

Wichtige, die ganze Schulgemeinschaft betreffende Entscheidungen – wie das Schulleitbild oder der »rote Faden« für das Zusammenleben im Schulhaus – werden nun in Schulgemeinschaftskonferenzen vorbereitet. An solchen Konferenzen nehmen neben allen Lehrer/innen sowie der Schulleiterin auch die Schulwarte, die Vertreter/innen der Eltern, das Kinderparlament sowie Bürgermeister und/oder Vizebürgermeister als Schulerhalter teil. In gemischten Gruppen werden die Anliegen diskutiert. Jede Stimme ist gleichwertig. Senior/innen, die gerne Zeit mit Kindern verbringen möchten, bringen ihre Kompetenzen im Rahmen des Generationendialogs in den Bildungseinrichtungen ein. »Für beide Seiten eine Win-win-Situation«, wie eine der Seniorinnen meinte. »Teilhabe von Klein an« – unter diesem Motto wurde das Projekt der »Windelrocker« ins Leben gerufen. Es ermöglicht Eltern und Kindern ein Gemeinschaftserleben und gemeinsames Voneinander- und Miteinander-Lernen nach eigenen Vorstellungen. Da die Treffen in einer Senioreneinrichtung stattfinden, ergeben sich zusätzliche generationenübergreifende Teilhabegelegenheiten. Ein Organisationsteam unterstützt bei der Umsetzung.

Gemeinsames Lernen

Gemeinsames Lernen in einrichtungsübergreifenden Gruppen erwies sich als ein wesentlicher Schlüssel zur Entwicklung einer Kultur des Miteinanders. Die Premiere fand im Rahmen der Seminare zur gewaltfreien Kommunikation nach Marshall B. Rosenberg statt, ein Vorhaben, das sich aus den Baustellen Konfliktmanagement und Kommunikation ergab. Damit sollte eine gemeinsame Wissensbasis geschaffen werden, die institutionenübergreifende Zusammensetzung der Gruppen sollte – über den üblichen Austausch hinaus – eine erste Annäherung ermöglichen. *Alle* Mitarbeiter/innen der Bildungseinrichtungen, Eltern, Gemeindevertreter/innen und die wissenschaftliche Begleitung waren eingeladen, teilzunehmen. Das Verlassen des »geschützten« Rahmens der eigenen Einrichtung bedeutete eine Herausforderung, trug aber letztendlich viel zur Vertrauensbildung bei.

Weitere Seminare folgten, so z.B. zur Arbeit mit dem Index für Inklusion. Der angesprochene Personenkreis wurde immer größer und vielfältiger, das Netzwerk damit zusehends tragfähiger. Ein absoluter Höhepunkt als Beispiel für gelebte Inklusion war der Hochschullehrgang »Kommunale

Bildung«, den die Pädagogische Hochschule für Niederösterreich in Kooperation mit der Gemeinde Wiener Neudorf einrichtete.[8] Schon in die Themenfindung waren die Bürgerinnen und Bürger Wiener Neudorfs eingebunden. In einem großen Workshop trug man Interessensgebiete zusammen. Das Ministerium bewilligte das daraus geformte Curriculum. Besonders an diesem Hochschullehrgang war, dass es keine Zugangsvoraussetzungen gab. Jede und jeder konnte teilnehmen. Die Gruppe der Studierenden war tatsächlich sehr heterogen: Student/innen saßen neben Pensionist/innen, Menschen aus sehr unterschiedlichem beruflichem Hintergrund und mit unterschiedlichen Lernvoraussetzungen trafen aufeinander. Darunter waren auch zwei Studierende, die ihre Schulzeit vor vielen Jahren in einer Klasse für schwerstbehinderte Kinder verbracht hatten und ihre berufliche Tätigkeit in der Lebenshilfewerkstatt erfüllen. Sie alle verhalfen dem Lehrgang in ihrer Verschiedenheit und Vielfalt zu einer besonderen Breite und zugleich Tiefe. Auch wenn für so manche anfangs noch ein wenig Skepsis dabei war, ob man denn in so einer gemischten Gruppe etwas lernen könnte, war für Studierende wie für Vortragende bald klar: Dieser Lehrgang ist eine großartige Erfahrung. Im Jahr 2010 wurde er mit dem Staatspreis für Erwachsenenbildung ausgezeichnet.

Die Kosten trug größtenteils die Gemeinde. Sie machten sich insofern bezahlt, als sich die Lehrgangsteilnehmer/innen nun als Expert/innen in diverse Gemeindethemen einbringen und so das Gemeindeleben bereichern.

Gestaltung der Übergänge

Übergänge entwicklungsförderlich nach inklusiven Parametern zu gestalten ist eines der Ziele im Inklusionsprojekt. Die Nahstellenarbeitsgruppen Kindergarten/Schule und Hort/Schule gehörten zu den ersten und bestehen auch heute noch. Das Thema »Nahtstellen« ist ein ständig aktuelles und gleichzeitig heikles Thema, sind doch unterschiedliche übergeordnete Stellen für die einzelnen Einrichtungen zuständig. Darüber hinaus verbietet der Datenschutz einen direkten Austausch über Kinder, ihre Fähigkeiten und Bedürfnisse. An der Nahtstelle Kindergarten/Schule ist daher der Vertrauensaufbau zu den Eltern sehr wichtig. Gemeinsame Elternabende von Schule und Kindergarten oder das Angebot von Übergangsgesprächen sowie eine

---

8 Vgl. PH Niederösterreich: Hochschullehrgang Kommunale Bildung, http://www.ph-noe.ac.at/ausbildung/lehrgaenge/lbk.html.

Elternschule mit Seminaren im letzten Kindergartenjahr und Folgesemina-
ren während des ersten Schuljahres sollen dazu einen Beitrag leisten. Wissen
bringt Sicherheit für Eltern und somit auch für die Kinder.

Gemeinsame Unternehmungen mit der Vorschulklasse, Lesepartner-
schaften und Bilderbuchkino lassen die Kindergartenkinder in der Schule
heimisch werden. Ein Nebeneffekt: Lesen bekommt einen ganz besonderen
Stellenwert für alle Kinder! Ein Schulschnuppertag mit kleinen Aufgaben-
stellungen hilft den Kindergartenkindern, ein Gefühl für den Schulalltag zu
entwickeln, und gibt den Lehrerinnen und Lehrern Gelegenheit, ihre zukünftigen Schülerinnen und Schüler ein bisschen kennenzulernen.

An weiteren Strategien für einen entwicklungsförderlichen Übergang
wird laufend gearbeitet. Derzeit ist gerade ein Kooperationsprojekt zur
phonologischen Bewusstheit in Ausarbeitung. Die Nahtstelle Schule/Hort
wächst immer mehr zusammen. Mit Einwilligung der Eltern finden zwei-
mal jährlich gemeinsame pädagogische Konferenzen statt, in denen – neben
organisatorischen Angelegenheiten – auch gemeinsame Unterstützungsstra-
tegien für einzelne Kinder oder Familien besprochen werden. Immer wieder
gibt es Round-Table-Gespräche Schule/Eltern/Hort. Oftmals sind auch die
Kinder eingebunden. Ein gemeinsames Mitteilungsheft vereinfacht für alle
Beteiligten den Überblick im Alltagsgeschehen.

Im Ort gibt es nur eine Grundschule, danach besuchen die Kinder wei-
terführende Schulen im Umfeld. Mit Errichtung eines Bildungscampus samt
inklusiver Sekundarstufe – als Ausweitung des örtlichen Bildungsangebots –
wird die Fortführung des Konzepts für inklusive Bildung angestrebt. In die
Planung sollen – neben Pädagog/innen, Schüler/innen und Eltern – auch die
Betriebe des zum Ort gehörigen Industriezentrums eingebunden werden. –
Inklusive Bildung als ein gemeinsames Anliegen für die Zukunft!

Vernetzung und Kooperation

Netzwerke und Kooperationen haben dem Inklusionsprozess Halt gegeben
und waren Motor für Weiterentwicklung sowie Garant für Nachhaltigkeit.
Das Projekt begann als Netzwerk der Bildungseinrichtungen und der Gemeinde als Erhalter. Bald wurde die Gemeinde nicht mehr nur als Verwal-
tungseinrichtung gesehen, sondern vielmehr als Gemeinschaft mit vielen
Vereinen (über 60!) und den Bürger/innen. Viele konnten etwas beitragen –
auf je individuelle Art und Weise. Sportvereine haben sich schon immer im
Schulalltag oder bei Festen und Projekten eingebracht. Diese Zusammenar-

beit war bereits bewährt. Nun engagierten sich auch andere Vereine. Manche absolvierten sogar eine Ausbildung, um für die Arbeit mit den Kindern gerüstet zu sein. Dies brachte – neben einer Verbreitung des Inklusionsgedankens – ein *Mehr* sowohl an Ressourcen als auch an Zugängen zum Thema.

Die Pädagogische Hochschule für Niederösterreich (NÖ) war für die ersten drei Projektjahre wissenschaftliche Begleitung sowie von 2010 bis 2012 Partner in einem Comenius-Regio-Projekt. Im Jahr 2009 entstand in Kooperation mit der Gemeinde der Hochschullehrgang für Kommunale Bildung, der sowohl in Bezug auf Entstehung als auch auf Zugangsvoraussetzungen und Gruppenzusammenstellung Pioniercharakter hatte. Enger Kontakt besteht nach wie vor auch über die Studierenden. Vom gegenseitigen Austausch profitieren alle. Derzeit ist eine Zusammenarbeit für Schüler/innen in Planung, die zuhause keine Lernunterstützung erwarten können.

Die örtliche Musikschule ist ein starker Motor für Inklusion. Ihr Eintritt ins Netzwerk begann mit einem Kooperationsprojekt mit der Schule: der Einrichtung einer Bläserklasse. Eine der dritten Klassen bekommt die Chance, eine Bläserklasse zu werden, so alle Eltern einverstanden sind. Die Gemeinde kauft die Instrumente an und bezahlt die Musiklehrerstunden. Für die Eltern entstehen keine Kosten. Das Besondere daran: Diese Klasse ist eine ganz normale Klasse, in der mehr oder weniger (musisch) begabte Kinder sitzen, mit unterschiedlichen körperlichen Voraussetzungen, mit einem höheren oder geringeren Bezug zu einem Instrument. Manche hätten ohne dieses Projekt vermutlich nie die Chance, je ein Musikinstrument zu erlernen. In einer Eingangsphase können alle Instrumente ausprobiert und schließlich eines ausgewählt werden. Es ist beeindruckend, welche Kompetenz die Kinder in zwei Jahren entwickeln! Auch die Lehrer/innen lernen mit. Das ist eine besondere Situation für alle Beteiligten! Seit Herbst 2013 gibt es nun – im Jahresrhythmus abwechselnd – nach demselben Modell auch das Angebot einer Streicherklasse.

Neben der Kooperation mit der Schule kommen Musikschulpädagog/innen in die Kindergärten und lassen die Kinder mit Instrumenten experimentieren sowie Musik erleben. Ein Musiktheater in Kooperation mit dem Hort und einer Theaterpädagogin zum Thema Vielfalt am Ende des Comenius-Projekts mit Bonn stellte einen weiteren, vielbeachteten Höhepunkt der Zusammenarbeit dar. Mittlerweile gibt es auch über die Landesgrenzen hinweg einen Austausch mit anderen Musikschulen, die sich auf einem inklusiven Weg befinden oder sich auf diesen begeben möchten.

Die Vernetzung außerhalb des Landes machten vor allem Comenius-Projekte möglich. In den Jahren 2010 bis 2012 gab es im Rahmen eines Comenius-Regio-Projekts regen Austausch mit Bonn. Durch Voneinander- und Miteinander-Lernen sollten die beteiligten Bildungseinrichtungen samt Umfeld inklusiver gestaltet werden. Vielfältige Anregungen auf unterschiedlichen Ebenen waren die Folge. So entstand in Wiener Neudorf das Projekt der »Windelrocker« und in der Nachbargemeinde – aufbauend auf der von vielen Wiener Neudorfer Schüler/innen besuchten Neuen Mittelschule – ein Aufbaurealgymnasium als weiterführendes Bildungsangebot. Die Erfahrungen für die Konzeption sowie die Gestaltung des Übergangs holte man sich von der Bertolt-Brecht-Schule, einer integrierten Gesamtschule. Die gegenseitig sehr bereichernde Zusammenarbeit wird nun auch über das Projektende hinaus fortgesetzt.

Von 2011 bis 2014 ist Wiener Neudorf als Referenzgemeinde Partner im Comenius-network CoDeS (Collaboration of schools and communities for sustainable development) vertreten. In diesem Rahmen wird aus weiteren Perspektiven auf das Projekt geschaut – eine Chance, den erweiterten Nachhaltigkeitsbegriff in das Projekt einzubringen und somit einen breiteren Zugang zu schaffen, blinde Flecken sichtbar zu machen sowie den internationalen Dialog um die Dimension »Inklusion« zu bereichern.

Feste feiern

Feste schaffen den emotionalen Rahmen, in dem Inklusion spürbar wird. Das erste Mal war das beim Auftaktfest erlebbar, als Vereinsmitglieder aus unterschiedlichen Vereinen gemeinsam mit Studierenden der PH NÖ und Kindern im Alter von drei bis zehn Jahren in der großen Sporthalle unter der Leitung des ZOOM Kindermuseums ein Riesenmobile bauten. Alle konnten sich in ihren Stärken einbringen, waren in ihren Rollen wichtig und schätzten auch die Leistungen der anderen, unabhängig von Alter oder Begabungen oder anderer Verschiedenheiten. Letztendlich reichte das Mobile bis zum Boden, und alle waren sehr stolz darauf. Das Kunstwerk sollte den Begriff »Inklusion« symbolisieren – in der Vielfalt der Werke, die daran hingen, in der Balance, in der Bewegung, die notwendig ist, die Balance zu halten und nicht zuletzt in der Leichtigkeit, die dieses Mobile trotz der Größe hatte.

Zum Fest »Drei Jahre Inklusion« arbeiteten wieder alle zusammen.[9] Der ganze Ort war eingeladen mitzufeiern. Schnell kamen die Menschen ins Gespräch. Die Stimmung war bestens und wieder war der inklusive Geist für alle spürbar. Tradition hat mittlerweile auch das »Fest der offenen Töpfe«, ein Fest, das die vielfältigen Wurzeln der Wiener Neudorfer/innen sichtbar macht. Beiträge unterschiedlichster Art machen es immer zu etwas ganz Besonderem, etwas, das aus dem Zusammenwirken der Menschen entsteht, die daran teilnehmen. Das unterscheidet diese Feste von den vielen, die es in Wiener Neudorf gibt: Sie werden nicht vom Veranstalter für die Menschen ausgerichtet, die Menschen gestalten sie selber; die Gemeinde unterstützt, indem sie Lokalitäten oder Ausstattung zu Verfügung stellt.

Auseinandersetzung mit den Fragen

Das Seminar zur Arbeit mit dem Index im Herbst 2010 – offen für alle Interessierten – war die Initialzündung für die Auseinandersetzung mit den Fragen des Index. In diesem Workshop entstand die Idee zur »Frage der Woche« auf der Homepage der Gemeinde. Zeitweise wird diese auch auf Facebook gestellt. Inzwischen ist es zur Gewohnheit geworden, dass eine Mitarbeiterin oder ein Mitarbeiter aus der Gemeindeverwaltung die Frage aussucht. Die Kollegin, die für die Gemeinde-Homepage zuständig ist, wandert dafür mit dem Kommunalen Index durch das Rathaus und ersucht Kolleg/innen aus unterschiedlichen Abteilungen, eine Frage auszuwählen. Zunächst herrschte Erstaunen, Kopfschütteln, aber niemand lehnte ab. Jetzt gehört dieser Brauch schon fast zum Alltag – und jedes Mal bleibt ein bisschen Nachdenken über die Frage zurück, eine leise Annäherung daran, was mit Inklusion gemeint ist.

Auch in den Besprechungen und Konferenzen in den einzelnen Einrichtungen sowie im Index-Team wird es nach und nach zur Gewohnheit, mit einer Index-Frage zu beginnen. In manchen Einrichtungen wird nach einer kurzen Diskussion abgebrochen und mit den Tagesordnungspunkten begonnen, manchmal werden aus der Diskussion gemeinsam kleine – mitunter auch größere – Vorhaben abgeleitet. In manchen Einrichtungen bleibt die aktuelle Frage auf einem Flipchart an einem belebten Ort in der Einrichtung

---

9 Vgl. Filmschmiede, Filmbeiträge: Inklusionsfest »Drei Jahre Inklusion« sowie »Making of« zum Theaterstück »Der Hund, der nicht bellen konnte«, www.filmschmiede.at.

stehen – als Anstoß zur weiteren Auseinandersetzung oder auch als Einladung an alle, die daran vorbeigehen, ihre Meinung zu ergänzen. Manchmal entsteht aus solchen Plakaten eine Demonstration an Wertschätzung für das, was ist, oder die Anmerkungen machen Baustellen sichtbar. Immer aber regen sie zum Dialog an, zur Auseinandersetzung über Begrifflichkeiten und Inhalte, machen auf Differenzen aufmerksam und initiieren gemeinschaftliche Lösungsfindung.

Eine offene Index-Teamsitzung im Rahmen der Wiener Neudorfer Woche ermöglicht es ebenfalls allen Bürger/innen und Interessierten, sich mit Index-Fragen auseinanderzusetzen. Im angeregten Austausch gelangen die Menschen meist rasch zu den »wunden Punkten«. Die Kultur der dialogischen Gesprächsführung – das Einander-Zuhören – ermöglicht dann oftmals die Erkenntnis: »Aha, so habe ich das noch nie gesehen!«

Herausforderungen und Vorhaben für die nächste Zukunft

Vieles ist schon geschehen, dennoch ist noch viel zu tun. Der Spruch »Inklusion ist Lifestyle« wurde von einem jungen Horthelfer für die Zukunft Wiener Neudorfs gewählt. Er ist Wunsch und Auftrag zugleich.

»Inklusion bedeutet Veränderung«, steht im Index für Inklusion geschrieben.[10] Mit den Jahren entwickelte sich das Projekt von einem Projekt der Bildungseinrichtungen zu einem Projekt der Kommune. Viele der Mitglieder des Gründungsteams gingen in Pension. Es ist nun eine der Herausforderungen der nächsten Zeit, Verantwortlichkeiten und Arbeitsstrukturen im Index-Team zu überdenken, vielleicht auch neu zu definieren. Zusammensetzung, Aufgaben und Arbeitsweise sollten den breiten Interessen der Menschen entsprechen. Es ist ein großes Anliegen des Index-Teams, die Bürger/innen mehr einzubinden und Partizipation von einem viel strapazierten Schlagwort zu gelebter Kultur werden zu lassen. So ist z.B. daran gedacht,

---

10 Ines Boban/Andreas Hinz (Hg.): Der Index für Inklusion. Lernen und Teilhabe in Schulen der Vielfalt entwickeln. Halle (Saale) 2003. Vgl. auch Tony Booth/Mel Ainscow: Index for Inclusion. Developing learning and participation in schools. Bristol 2011. Tony Booth/Mel Ainscow/Denise Kingston: Index für Inklusion (Kindertageseinrichtungen für Kinder) – Lernen, Partizipation und Spiel in der inklusiven Kindertageseinrichtung entwickeln, Frankfurt/M. 2006.

speziell für Menschen, die kein Deutsch sprechen, ein Mentor-System sowie Angebote zum Deutschlernen aufzubauen. Ein niedrigschwelliges Angebot an familienunterstützenden Maßnahmen soll Krisensituationen verhindern oder mindern helfen. Ein Anfang dazu ist mit dem Projekt der »Windelrocker« gemacht, ein weiterführendes Netzwerk dazu muss allerdings noch geknüpft werden. Die Jugend braucht eine Stärkung in ihren Teilhabemöglichkeiten. Ein Jugendbeirat soll der Meinungsbildung der Jugendlichen Raum und Stimme geben. Die Teilhabemöglichkeiten von Menschen mit Unterstützungsbedarf müssen ebenfalls überdacht werden. Ideen dazu gibt es schon viele, sie warten noch auf Konkretisierung.

»Inklusion ist politisch und konflikthaft«[11] – auch das ist Realität. Da gibt es z.b. die unterschiedlichen übergeordneten Stellen der Bildungseinrichtungen, zwischen denen es kaum Abstimmung gibt. Das erschwert die Nahtstellenarbeit – ob es nun um Zusammenarbeit geht oder um gemeinsame, anerkannte Fortbildung – erheblich. Inklusion ist Querschnittmaterie; Koordinationsstellen in Bund, Ländern wie Gemeinden fehlen derzeit noch.

Das Inklusionsprojekt ist Basisprojekt und als solches auf das Eigenengagement der Menschen angewiesen, die da leben und/oder arbeiten. Wie lange kann dieses erhalten bleiben? Qualitätsvolle Arbeit braucht Zeit! Das Projekt wird immer größer. Alles im Ehrenamt? Ist das auf die Dauer zu leisten? Diese Fragen werden immer wieder gestellt. Derzeit hat die Gemeinde zugestimmt, die Kosten für die Administration des Prozesses zu übernehmen. Eine neue Situation! Es wird darauf zu achten sein, dass die Eigenständigkeit und Entscheidungsfreiheit des Index-Teams erhalten bleibt. Eine Herausforderung in diesem Zusammenhang ist die Parteipolitik mit ihren Interessen und Befindlichkeiten. Selbst im Ort ist nicht allen klar, dass das Projekt kein Projekt der Gemeindeführung ist. Es wird von ihr wohl unterstützt, ist aber überparteilich. Für die »Opposition« ist das nicht so einfach zu unterscheiden. Eine regelmäßige Berichterstattung über aktuelle Projektaktivitäten im Gemeinderat durch Mitglieder des Index-Teams soll hier Aufklärung schaffen. Die übervolle Tagesordnung der Sitzungen scheint derzeit noch eine unüberwindbare Hürde für das Vorhaben darzustellen.

Kommunikation ist nach wie vor eine große Baustelle. Das beginnt bei der Sprache für Inklusion – sie wird oftmals als sehr exklusiv erlebt – und endet bei den Kommunikationsstrukturen. Kann es gelingen, diese jemals bar-

---

11 Ines Boban/Andreas Hinz: Der Index für Inklusion – ein Katalysator für demokratische Entwicklungen in der »Schule für alle«, in: Friederike Heinzel/Ute Geiling (Hg.), Demokratische Perspektiven in der Pädagogik, Wiesbaden 2004, 37–48, 40.

rierefrei zu gestalten? Offenbar muss dies – wie Inklusion selbst – als ständiger Prozess begriffen werden, der nie abgeschlossen ist.

Das Projekt ist ständig in Bewegung, ständig in Veränderung, steht immerzu im Spannungsfeld zwischen »Ist« und »Soll«. Das Beeindruckende ist, dass sich immer wieder Menschen inspirieren lassen und mit ihrem Feuer andere anstecken, dass sich immer wieder ein Motor findet (neue Kooperationen oder Netzwerkpartner/innen), der dem Projekt Schwung und Antrieb verleiht, dass sich immer wieder »critical friends« (die vielen Besucher/innen aus dem In- und Ausland) einfinden, die das Geschehen reflektieren helfen. Mit Gelassenheit und Beständigkeit inklusive Werte mit Leben füllen – vielleicht ist das der Weg zu Inklusion als Lifestyle. Der Index für Inklusion mit seinen vielen Fragen unterstützt dabei als Dialogstifter und Wegweiser.

IX
Von der Vielfalt zur Inklusion:
Der Diversity-Ansatz und die Frage nach Gruppen und Gründen

Raus aus den Schubladen!

Diversity Management in öffentlichen Verwaltungen und die Einbeziehung von Intersektionalität

Alexander von Dippel

In öffentlichen Verwaltungen ist in den letzten Jahrzehnten der Umgang mit Vielfalt zunehmend institutionalisiert worden – daraus entstanden sind Verwaltungseinheiten für Frauen, Migration etc. In neuester Zeit wird das aus der Privatwirtschaft stammende Konzept des »Diversity Management« für Verwaltungen diskutiert. Inwiefern dieses Konzept auch für Verwaltungen sinnvoll sein kann, und wie notwendig es ist, dabei über ein Schubladendenken hinaus zu gehen, soll hier dargelegt werden. Dabei kann die Perspektive des Individuums für eine Erweiterung des Diversity-Konzepts genutzt werden: durch den Gedanken der Intersektionalität.

Vielfalt und Diversity Management

Diversity bedeutet Vielfalt – diese bezieht sich auf die Vielfalt der Menschen in einem gemeinsamen Kontext, einer Organisation oder einer Stadt. Es wird häufig versucht, diese Vielfalt über eine Einteilung der Persönlichkeit in verschiedene Gruppen von etablierten Sozialkategorien zu charakterisieren.[1] Auch sind beispielhafte Aufzählungen von Merkmalen üblich, die mit einem »etc.« abgeschlossen werden, welches dann meistens ignoriert wird. Seit dem Beginn der Umsetzung des Allgemeinen Gleichbehandlungsgesetzes (AGG) sind insbesondere die »Big 6« auf der Agenda: Ethnische

---

1 Gängig ist in Diversity-Kreisen etwa die Einteilung von Lee Gardenswartz und Anita Rowe: Diverse Teams at Work: Capitalizing on the Power of Diversity, New York 1994, in verschiedene interne Dimensionen (Alter, sexuelle Orientierung, Ethnizität, physische Fähigkeiten etc.), externe Dimensionen (etwa geographischer Lebensmittelpunkt, Ausbildung, Arbeitserfahrung, Einkommen, persönliche Gewohnheiten, Familienstand oder Religion) sowie den organisationalen Kontext (z.B. funktionale Zugehörigkeit, Seniorität, Management-Status, Arbeitsinhalt, Abteilungszugehörigkeit oder Einbindung in Interessensvertretungen).

Herkunft, Geschlecht, Religion/Weltanschauung, Behinderung, Alter und sexuelle Identität.

Bei der Fokussierung auf die einzelnen Merkmale und ihre Unterschiede wird oftmals vergessen, dass Diversity auch Gemeinsamkeiten beinhaltet. So definiert R. R. Thomas: »Diversity refers to any mixture of items characterized by differences and similarities.«[2] Was es mit dieser Mischung von Merkmalen auf sich hat und inwiefern diese auch in der Praxis zu berücksichtigen ist, wird im Weiteren zu zeigen sein.

Diversity Management ist ein strategisches Konzept, das darauf abzielt, Vielfalt richtig zu managen und strukturelle Benachteiligungen abzubauen. Dabei geht es jedoch über die Abwehr von Diskriminierungen hinaus und betont die Potentiale des Individuums. Im Kontext einer Organisation gilt es, diese Potentiale produktiv nutzen zu können. Die Potentiale stellen also einen Wert dar, der geschätzt wird, indem Vielfalt so gemanagt wird, dass Bedingungen geschaffen werden, unter denen alle Beschäftigten ihre Leistungsfähigkeit und -bereitschaft uneingeschränkt entwickeln sowie entfalten können und wollen.[3] Inwiefern können diese Ziele von Diversity auch für den Bereich öffentlicher Verwaltungen Geltung besitzen?

Ein Blick auf die Anfänge: US-amerikanische Verwaltungen

Im deutschsprachigen Raum ist das Konzept des »Diversity Management« in den Anfängen vornehmlich in der Privatwirtschaft diskutiert worden. Eine (nicht repräsentative) Studie von 2005[4] in Berliner öffentlichen Verwaltungen ließ daraus schließen, dass noch kein »Diversity-Bewusstsein« in den Köpfen der Führungskräfte vorhanden und das Konzept unbekannt war. In den USA hingegen wird Diversity bereits seit Mitte der 1990er Jahre auch in

---

2 R. Roosevelt Thomas: Redefining diversity, New York 1996, 5.

3 Vgl. R. Roosevelt Thomas: Beyond Race and Gender: Unleashing the Power of Your Total Work Force by Managing Diversity, New York 1991.

4 Alexander von Dippel: Managing Diversity aus Sicht von Führungskräften in öffentlichen Verwaltungen, in: Iris Koall/Verena Bruchhagen/Friederike Höher (Hg.), Diversity Outlooks. Managing Diversity zwischen Ethik, Profit und Antidiskriminierung, Münster 2007, 68–81.

öffentlichen Verwaltungen eingesetzt.[5] Im Jahr 1999 wurden in einer Studie immerhin 120 US-Bundesbehörden identifiziert, die Diversity-Aktivitäten implementiert hätten.[6]

Interessant sind die Begründungen, aus denen heraus Diversity eingeführt wurde. Die bestehende Vielfalt in der Bevölkerungs- und Beschäftigtenstruktur kann als wichtiges Argument für die Einbeziehung und Wertschätzung von Vielfalt angeführt werden; die Forderung, Organisationskulturen dementsprechend zu gestalten, wurde zunächst nicht ökonomisch, sondern mit Menschen- und Bürgerrechten begründet.[7] Daraus entstandene Gleichstellungsprogramme (»Equal Employment Opportunity« und »Affirmative Action«) wurden aber von Mitgliedern der dominanten Gruppe nicht akzeptiert, da sie sich nur auf die Förderung bestimmter Merkmalsausprägungen beschränkten – »Frauenförderung« z.B. kann auf Männer weniger überzeugend wirken als eine »Gleichstellung der Geschlechter«.

Die Einbeziehung und Wertschätzung von Vielfalt versprach dagegen weniger Selektivität, setzte sich aber erst durch, als Ende der 1980er Jahre erste Erfolge durch »Empowerment« von Minderheiten sichtbar wurden. Dabei spielte die Idee eine Rolle, dass öffentliche Verwaltungen ihrem Auftrag besser nachkommen könnten, wenn ihre Beschäftigten ein repräsentatives Abbild der Gesellschaft darstellten. Die Hauptbegründung aber, warum öffentliche Verwaltungen mit der Einführung von Diversity Management begannen, ist in dem Mangel an Fachkräften zu sehen.[8] Das Personalmarketing-Argument besagt nämlich, dass Organisationen, die Diversity propagieren, bessere Chancen bei der Gewinnung und Bindung von qualifiziertem Personal haben.[9]

---

5 Vgl. Katherine C. Naff/J. Edward Kellough: A Changing Workforce: Understanding Diversity Programs in the Federal Government, Arlington 2001, 12.

6 Ebd.

7 Vgl. Walter D. Broadnax: From Civil Rights to Valuing Differences, in: ders. (Hg.), Diversity and Affirmative Action in Public Service, Boulder/Oxford 2000, 65–73, 66ff.

8 Vgl. Mitchell F. Rice/Dhananjaya M. Arekere: Workforce Diversity Initiatives and Best Practices in Business and Governmental Organizations: Developments, Approaches, and Issues, in: Mitchell F. Rice (Hg.), Diversity and Public Administration. Theory, Issues, and Perspectives, Armonk/London 2005, 22–44, 25.

9 Vgl. Taylor H. Jr. Cox/Stacy Blake: Managing cultural diversity: Implications for organizational competitiveness, in: Academy of Management Executive, 5, H. 3, 1991, 45–56, 47ff.

Verwaltung als Organisation: Vorteile von Diversity Management

Im deutschsprachigen Raum erfolgt die Einführung von Diversity-Programmen in öffentlichen Verwaltungen erst seit kurzem. Die Umsetzung der EU-Antidiskriminierungsrichtlinien[10] in nationales Recht hat sicherlich einen wesentlichen Teil dazu beitragen, dass das Konzept dort nun mehr Beachtung findet. Dabei gibt es viele weitere Gründe, warum ein integriertes Diversity Management auch in und von Verwaltungen verwirklicht werden sollte. Eines der eingängigsten Argumente ist sicherlich das bereits oben genannte: Im Rahmen eines Vorbildcharakters von Verwaltungen für die Gesellschaft kann Diversity-Management ein Instrument dazu sein, eine repräsentative Belegschaft zu erlangen.

Doch auch ökonomische Beweggründe, die zuvorderst in der Privatwirtschaft verortet werden, können für Verwaltungen eine gewisse Relevanz haben.[11] Dazu gehören u.a. die Vermeidung von Kosten, die durch Diskriminierung verursacht würden; eine erhöhte Kreativität und verbesserte Problemlösungskompetenz; das Eingehen auf die Bedürfnisse der (vielfältigen) Beschäftigten; ein verbessertes Marketing, das mit mehr Aufmerksamkeit auf die Vielfalt der Zielgruppen eingehen kann; sowie das bereits erwähnte Personalmarketing-Argument.

Zumindest für Unternehmen gilt, so eine Studie der EU-Kommission[12], dass es stets verschiedene Faktoren sind, die zur Einführung von Diversity Management führen, ethisch-moralische genauso wie ökonomische. Betont wird dabei auch das Hinausgehen-Wollen über die Einhaltung von Rechtsvorschriften. Diese stellen zwar innerhalb der Verwaltung einen notwendigen Anschub für Prozesse dar, da deren originäre Aufgabe darin besteht, politisch-rechtliche Vorgaben umzusetzen. Jedoch bleibt ein gewisser Ge-

---

10 »Anti-Rassismus-Richtlinie« (2000/43/EG), »Rahmenrichtlinie Beschäftigung« (2000/78/EG), »Gender-Richtlinie« (2002/73/EG), »Unisex-Richtlinie« (2004/113/EG).

11 Vgl. Gertraude Krell: Diversity Management: Chancengleichheit für alle und auch als Wettbewerbsfaktor, in: dies. (Hg.), Chancengleichheit durch Personalpolitik. Gleichstellung von Frauen und Männern in Unternehmen und Verwaltungen. Rechtliche Regelungen – Problemanalysen – Lösungen, 5. vollst. überarb. u. erw. Auflage, Wiesbaden 2008, 63–80, 68.

12 Vgl. EU-Kommission: Geschäftsnutzen von Vielfalt. Bewährte Verfahren am Arbeitsplatz, Luxemburg 2005, 16.

staltungsspielraum, weshalb es erforderlich erscheint, das »commitment« der Beschäftigten und auch der Führungskräfte zu erlangen.

Unterschiedliche Positionen und Einstellungen führen zu unterschiedlichen Empfänglichkeiten für die verschiedenen Argumente – welche sich ja auch gegenseitig nicht ausschließen.[13] Insofern erscheint es wünschenswert, wenn mehr Begründungen als nur der rechtliche Rahmen zur Einführung eines strategischen Konzepts einladen – denn auch rechtliche Begründungen verleiten nicht unbedingt dazu, etwas aus Überzeugung zu tun. Letztere ist jedoch notwendig, insbesondere, wenn organisationsinterne Strukturen eines Diversity-Managements erst noch geschaffen werden müssen.

Externe Perspektive: Von der Integrations- zur Diversity-Politik

Öffentliche Verwaltungen zählen nicht nur zu den größten Arbeitgebern. In dieser Funktion treten sie als Organisation auf und richten die Maßnahmen und Strukturen im Hinblick auf ihre Belegschaft aus. Sie stehen als Teil der Exekutive außerdem im Spannungsfeld zwischen Recht und Politik einerseits und der Gesellschaft beziehungsweise Bevölkerung andererseits. Sie haben Kontakt zu den Bürger/innen (und auch zu Menschen ohne Bürgerrechte), regeln wichtige Aspekte des sozialen Miteinanders, greifen aktiv in die Planung und Gestaltung von Städten und besiedeltem Raum ein, erbringen Dienstleistungen und fördern Dienstleister und Vereine. Mit diesen Funktionen rückt im Sinne einer Umsetzung von Diversity-Politik die Klientel in den Mittelpunkt.

Traditionell jedoch waren frühe Politiken, welche sich an »Minderheiten« richteten, zumeist angelehnt an ein homogenes Ideal: christliche, heterosexuelle, männliche Staatsangehörige mittleren Alters und Einkommens ohne körperliche Beeinträchtigungen. Menschen, die davon abwichen, wurden bestenfalls als »defizitär« betrachtet, wobei sich etwaige Förderaktivitäten nach einem entsprechenden Beratungs- und Betreuungsparadigma richteten. Als Beispiel kann eine »Integrationspolitik« gelten, deren Ziel an einem »Assimilationsprinzip« orientiert ist, d.h. die Zugewanderten sind dazu auf-

---

13 Vgl. Krell (2008), a.a.O., 71ff.

gerufen, sich an die Normen und Werte der Mehrheitsgesellschaft anzupassen beziehungsweise diese zu übernehmen.

Während herkömmliche Integrationspolitik fragt: »Was muss getan werden, um ›ihnen‹ – den Zugewanderten – die Eingliederung in ›unsere‹ Gesellschaft zu erleichtern?«, stellt sich aus der Perspektive einer Diversity-Politik hingegen die Frage: »Was muss getan werden, damit in einer durch Migration stark veränderten Stadt die Verwaltung und die lokale Politik selbst den Bedürfnissen einer kulturell vielfältigen Bürgerschaft weiterhin entsprechen?«[14] Nicht die Menschen sollen sich ändern, sondern die Strukturen.

Somit findet ein Paradigmenwechsel von einer defizitären, auf Assimilation gerichteten Perspektive statt, hin zu einer Sichtweise auf Vielfalt als kulturelle und wirtschaftliche Ressource, welche über die Abwehr von Diskriminierungen deutlich hinausgeht. In der Wiener Stadtverwaltung z.b. wurde zu diesem Zweck eigens eine Magistratsverwaltung für Diversitätsangelegenheiten eingerichtet, die eine Querschnittsfunktion wahrnimmt.

Warum sich in der Diversity-Praxis etwas ändern muss

Ein Problem, das aus der traditionellen divisionalen Herangehensweise an spezielle Bedürfnisgruppen entsteht, ist das der Monodimensionalität: So existieren Verwaltungseinheiten für Frauen, andere für Migrant/innen und Themen wie »Generationen«, »Homosexualität« oder »Behinderung« (und zumeist mit einer deutlichen Ungleichgewichtung zwischen den Dimensionen untereinander). Es handelt sich dabei um eine sehr statische Einteilung dieser Dimensionen. Diesen wird mit eigenen, traditionell gewachsenen Programmen und Maßnahmen begegnet. Dementsprechend gibt es eine laufende Debatte darüber, welche Diversity-Kategorien wichtig sind und deshalb in Programme implementiert werden sollen.

Dieser Zugang scheint problematisch, da er eine Hierarchie zwischen verschiedenen Dimensionen etabliert und somit zu einer Konkurrenz zwischen ihnen führen kann.[15] Auch kann befürchtet werden, dass Gemein-

---

14 Stadt Wien: Migration Integration Diversitätspolitik, MA 18, Wien 2002, 15f.
15 Mieke Verloo: Multiple Inequalities, Intersectionality and the European Union, in: European Journal of Women's Studies, 13, H. 3, 2006, 211–228.

samkeiten struktureller Benachteiligung unerkannt bleiben, denen sich in einer gemeinsamen Strategie besser entgegenwirken ließe. Ein Indikator ist die Tendenz, dass in der Praxis immer noch deutlich getrennte Diskurse existieren: So wird Gender Mainstreaming selten mit Diversity und interkultureller Öffnung oft ohne Gender diskutiert – von anderen Dimensionen ganz zu schweigen.

Problematisch ist auch die Einteilung in endlich viele Gruppen. Werden diese Dimensionen in einem statischen Set behandelt, wie es bei manchen Praktiker/innen des Diversity-Management anklingen mag (»Wir machen Gender, Familie, Work-Life und beschäftigen Behinderte«), und im Sinne gegebener, fixer Sozialkategorien verstanden, birgt dies zudem die Gefahr der Schubladisierung und Essentialisierung, d.h. aus der Gruppenzugehörigkeit wird auf vermeintlich zwangsläufig daraus folgende Merkmale, Eigenschaften oder Verhaltensweisen geschlossen, und Stereotype können sich so sogar noch verstärken.

Der Begriff der Identität erscheint geeignet, die beschriebene Problematik aus einer Perspektive der Adressat/innen von Diversity zu betrachten – sowohl in theoretischen Überlegungen zu Diversity als auch in deren praktischen Umsetzungsversuchen. Insbesondere Gendertheorien und Queer Theory stellen die Idee einer fixen und statischen Identität in Frage und betonen die Wichtigkeit von Überschneidungen verschiedener sozialer Kategorien.[16] Hinzu kommt, dass Individuen sich selbst und andere je nach spezifischen Erwartungen der jeweiligen sozialen Situation kategorisieren.[17]

Die Perspektive der Betroffenen: Intersektionalität

Das Konzept der Intersektionalität bietet einen Ansatz, die strikte Einteilung von Individuen aufgrund statischer Identitätskategorien zu vermeiden. Der Begriff stammt aus der feministischen Theorie und geht auf die Auseinandersetzung der US-amerikanischen Rechtswissenschaftlerin Kimberle

---

16 Vgl. z.B. Ann Phoenix/Pamela Pattynama: Intersectionality, in: European Journal of Women's Studies, 13, H. 3, 2006, 187–192. Gudrun Perko: Queer-Theorien. Ethische, politische und logische Dimensionen plural-queeren Denkens, Köln 2005.

17 Vgl. auch John C. Turner/Katherine J. Reynolds: The Social Identity Perspective in Intergroup Relations: Theories, Themes, and Controversies, in: Marilynn B. Brewer/Miles Hewstone (Hg.): Self and Social Identity, Oxford 2004, 259–277.

Crenshaw mit der spezifischen Benachteiligung und Diskriminierung von schwarzen Frauen am Arbeitsmarkt zurück.[18] Dabei handelt es sich um Effekte, die in verschiedenen Zusammenhängen und Situationen gerade aus den Überschneidungen mehrerer Merkmale folgen. Sie sind komplex und können sich ständig verändern.[19] Damit verbunden ist das Problem von Mehrfachdiskriminierungen.

So kann z.b. eine muslimische Frau auf Jobsuche ganz eigene Diskriminierungserfahrungen erleben müssen, die nicht mit denen von muslimischen Männern oder christlichen Frauen vergleichbar sind. Es geht also nicht um eine simple Addition von Diskriminierungsachsen. Derselben Frau könnten außerdem in einer anderen Situation noch andere Probleme widerfahren, z.b. als geschiedene ältere Muslimin auf Wohnungssuche. Ein anderes Beispiel: Autofahrer/innen können sich den Identitätswechsel besonders klar machen, wenn sie daran denken, wie unterschiedlich die Perspektive hinter dem Steuer und zu Fuß auf der Straße ist: Regen sie sich in ersterer Position gerne über Fußgänger/innen auf, schimpfen sie in letzterer gerne über Autofahrer/innen. Kategorien können somit als sozial konstruiert und veränderbar gelten. Dementsprechend wird das Konzept einer einzigen sozialen Identität stark kritisiert.

Das Konzept der Intersektionalität erscheint somit geeignet, dem Diversity-Konzept die Perspektive der Adressat/innen einer Diversity-Strategie hinzuzufügen. Indem es den Zusammenhang zwischen einzelnen Diskriminierungsgründen sowie deren gegenseitige Wirkung beschreibt, erinnert es zudem daran, dass Diversity-Dimensionen nicht isoliert betrachtet werden dürfen. Ein Symptom dafür, dass dies noch immer nicht hinlänglich geschieht, ist die Tatsache, dass Intersektionalität mittlerweile vielfältig vor allem im Bereich der Geschlechterforschung diskutiert wird, nicht jedoch in Bereichen wie Cultural Diversity, Religion, Alter oder Gesundheit.[20] Außer-

---

18 Vgl. Kimberle Crenshaw: Demarginalizing the Intersection of Race and Sex: A Black Feminist Critique of Antidiscrimination Doctrince, Feminist Theory and Antiracist Politics, in: Anne Phillips (Hg.), Feminism and Politics, Oxford/New York 1998, 314–343.

19 Vgl. Avtar Brah/Ann Phoenix: Ain't I a Woman? Revisiting Intersectionality, in: Journal of International Women's Studies, 5, H. 3, 2004, 75–86, 76.

20 Die Berücksichtigung des Intersektionalitätsmerkmals »class« wird übrigens in Diversity-Diskursen zumeist ausgeklammert – auch hier könnte der Intersektionalitäts-Ansatz als Anregung dienen.

dem mangelt es bislang noch an einer breiten Verknüpfung mit Organisations- und Managementtheorien.[21]

Was ist zu tun?

Auf der einen Seite steht der Anspruch, eine von Vielfalt geprägte Realität als eine solche anzuerkennen und den Individualitäten gerecht zu werden. Demgegenüber stehen gewachsene Organisationseinheiten für einzelne (wenige) Dimensionen und das organisationale Bedürfnis nach Komplexitätsreduktion. Letzteres ist auch ernst zu nehmen.

Als wichtig erscheint es zunächst, möglichen Konkurrenzen zwischen den einzelnen Diversity-Dimensionen vorzubeugen und Verknüpfungen untereinander herzustellen. Insofern bedarf es eines strategischen Diversity-Konzepts, das möglichst alle Diversity-Dimensionen mit einbezieht und das in der Organisationsstruktur der Verwaltung entsprechend verankert ist. Als Vorbild könnten die Antidiskriminierungsstellen dienen, die sich um die verschiedenen Diskriminierungen gleichermaßen kümmern. Mögliche Umsetzungen in Verwaltungen sind Diversity-Steuerungsgruppen, -Querschnittsabteilungen oder -Stabsstellen. Diese sollten dafür sorgen, dass ein Diversity-Management im Sinne eines umfassenden Diversity Mainstreaming (analog zu Gender Mainstreaming) sowohl intern (Verwaltung als Organisation) als auch extern – in Bezug auf die Bürger/innen, in Bereichen von Stadtplanung, Sozialpolitik, etc. sowie bezüglich Förderpolitik und Zulieferer-Vorgaben – umgesetzt wird. Zentrale Aufgaben sind die Sensibilisierung der Mitarbeiter/innen und vor allem die strategische Planung struktureller Rahmenbedingungen, um einen proaktiven Umgang mit Vielfalt zu gewährleisten.

Entscheidend ist, dass der zentral geplanten »Top-down«-Strategie, deren Vorgaben auch von der Politik geteilt werden sollten, ein »Bottom-up« entgegensteht: intern durch Implementierungsfreiräume, extern durch Einbindung der Bürgerinnen und Bürger (z.B. durch Einbeziehung in Entschei-

---

21 Eine erste Studie befasste sich mit der Umsetzung von Diversity in der Stadt Wien mit einem speziellen Fokus auf das Problem der Intersektionalität, vgl. Alexander von Dippel/Alexander Fleischmann/Edeltraud Hanappi-Egger: Diversität weiterdenken. Intersektionalität und Faultlines in der Stadt Wien am Beispiel des 6. Wiener Gemeindebezirks (2007), Wien 2007.

dungsprozesse, durch die Institutionalisierung von Bürgerberatungen). Dabei sollte aber sichergestellt werden, dass nicht die Mehrheit eine Minderheit dominiert.[22] Essentiell ist eine systematische Wahrnehmung und Berücksichtigung von Klein- und Kleinstgruppen. Insofern gilt es auch, den stetigen Dialog mit verschiedenen sozialen Gruppen zu suchen, Bürgerjurys einzusetzen und Techniken der Konsensfindung (z.b. Konsenskonferenzen; deliberatives »mapping«) zu bemühen.

---

22 Judith Squires: Diversity Mainstreaming: Moving Beyond Technocratic and Additive Approaches, in: *Femina Politica*, 1, 2007, 45–56, fordert in diesem Zusammenhang die Verknüpfung von Diversity Mainstreaming mit Techniken der deliberativen Demokratie.

Jüd/innen und Türk/innen in Deutschland

Inklusion von Immigrant/innen, politische Repräsentation und Minderheitenrechte[1]

Gökçe Yurdakul

Erste Annäherung ans Thema

Am 26. Juni 2012 entschied das Kölner Landgericht, dass die Beschneidung kleiner Jungen als Körperverletzung anzusehen sei und einen Verstoß gegen das Selbstbestimmungsrecht des Kindes darstelle. Ausgangspunkt für das Urteil war der Fall eines vierjährigen Jungen, dessen muslimische Eltern ihn beschneiden ließen, was in der Folge zu medizinischen Komplikationen führte. Zwei Tage nach dem Eingriff blutete die Wunde heftig und die Familie begab sich in die Notaufnahme des Kölner Universitätskrankenhauses. Aufgrund einer Anzeige des Krankenhauspersonals eröffnete die Staatsanwaltschaft ein Verfahren gegen den Kölner Arzt, der die Beschneidung aus-

1 Eine frühere Version ist unter dem Titel »Juden und Türken in Deutschland: Integration von Immigranten, Politische Repräsentation und Minderheitenrechte« erschienen in: Gökçe Yurdakul/Michal Bodemann, Staatsbürgerschaft, Migration und Minderheiten: Inklusion und Ausgrenzungsstrategien im Vergleich, Wiesbaden 2010, 127–160. Eine längere Fassung wird in: Uwe Hunger/Nils Schöder (Hg.), Staat und Islam, Wiesbaden 2014 erscheinen. Die Studie, die in die ursprüngliche Publikation von 2010 mündete, wurde durch ein postdoktorales Forschungsstipendium des »Berlin Program for Advanced German and European Studies« sowie durch großzügige Zuwendungen der Freien Universität Berlin (2008–2009) unterstützt. Die Schlussfolgerungen, Meinungen und weiteren Aussagen dieser Publikation gehen jedoch lediglich auf die Autorin zurück und entsprechen nicht zwangsläufig denen der angesprochenen Förderinstitutionen. Frühere Versionen dieser Arbeit wurden präsentiert in der Arbeitsgemeinschaft »A Shared Perspective of Jews and Muslims for Europe Comparative Perspective on Issues of Cultural Practices and the Secular Public Sphere: The Example of Male Circumcision« im Istanbul Policy Center (2014); an der University of Haifa (2013); am Council for European Studies Conference in Amsterdam (2013). Ich danke den Organisator/innen und Teilnehmenden für ihre Bemerkungen und Anregungen. Darüber hinaus möchte ich mich bei Aviad Rubin, Birgit zur Nieden, Larissa Probst, Jurek Wötzel, Zülfukar Çetin, den Mitgliedern der AG, insbesondere Nilüfer Göle, Gabriel Motzkin und Shai Lavi, für ihre Anmerkungen zu früheren Versionen bedanken. Übersetzt von Sungur Bentürk, Birgit zur Nieden und Serhat Karakayali.

geführt hatte. Das Kölner Amtsgericht konnte keine Verfehlung feststellen und sprach den Arzt frei. Obwohl sowohl bei Muslimen als auch bei Juden die Beschneidung männlicher Kinder religiöse Praxis ist, urteilte das Gericht allerdings, dass das grundsätzliche Recht des Kindes auf körperliche Unversehrtheit höher zu bewerten sei als das Recht der Eltern, womit jüdische und muslimische Eltern unter den Generalverdacht gestellt wurden, ihren Kindern körperlichen Schaden zuzufügen. »Die Entscheidung habe sich«, so die Pressemitteilung des Amtsgerichts, »an dem Wohl des Kindes ausgerichtet, da die Zirkumzision als traditionelle Handlungsweise der Dokumentation der kulturellen und religiösen Zugehörigkeit diene, womit auch einer Stigmatisierung des Kindes entgegengewirkt werde.«[2]

Der Gerichtsprozess löste eine umfangreiche Kontroverse innerhalb der deutschen Presse und Politik aus. Während der Beschneidungsdebatte arbeiteten Juden und Muslime, insbesondere türkische Gruppen in Deutschland, zusammen, um sich für die Rechte von Minderheiten einzusetzen.[3] Der Zentralrat der Juden sowie der Islamrat reagierten sofort und bauten ihre Argumente auf verschiedenen sozialen und historischen Tatsachen auf. Kanzlerin Angela Merkel beeilte sich, auf die Kontroverse zu reagieren. Sie besuchte am 21. November 2012 den Zentralrat der Juden und versicherte, dass die Religionsfreiheit in Deutschland gewährleistet sei. Am 12. Dezember 2012, ungefähr sechs Monate nach dem Beginn der Kontroverse in Köln, verabschiedete der Bundestag ein Gesetz, das explizit die nicht-medizinische Beschneidung unter bestimmten Bedingungen erlaubte und auch festlegte, wer Beschneidungen vornehmen darf, so auch religiöse Personen mit einer entsprechenden Ausbildung.[4]

Zweite Annäherung ans Thema

Im Juli 2008 brach eine öffentliche Diskussion über eine Äußerung von Professor Faruk Şen, dem Direktor des Zentrums für Türkeistudien (im Fol-

---

2 Amtsgericht Köln/Landgericht Köln: Pressemitteilung, 26.6.2012.
3 Vgl. Kerem Öktem: Signale aus der Mehrheitsgesellschaft. Forschungsbericht Network Turkey and University of Oxford, 2013, http://salihalexanderwolter.de/wp-content/uploads/2013/09/Signale-aus-der-Mehrheitsgesellschaft1.pdf, letzter Zugriff am 7.9.2014.
4 Vgl. BGB §1631d.

genden ZfT)[5] in Essen, aus. Şen sagte in einem Zeitungsinterview, dass die Türken die neuen Juden Europas seien: »Nach der großen Vernichtung, die die Auslöschung der Juden in Europa zum Ziel hatte, wurden 5,2 Millionen Türken zu den neuen Juden Europas. Unsere Landsleute, die seit 47 Jahren in Mittel- und Westeuropa gelebt haben, hatten trotz der Tatsache, dass sie mit 45 Milliarden Umsatz und 125.000 Unternehmern zur Wirtschaft beitragen, wie die Juden unter Diskriminierung und Ausschluss zu leiden, obschon in anderem Ausmaß und anderen Formen.«[6]

Im Anschluss an diese Äußerung wurde Professor Şen von verschiedenen Personen des öffentlichen Lebens, u.a. aus Politik, Kunst und Wissenschaft, heftig kritisiert.[7] Die schärfste Kritik kam dabei vom Integrationsminister Nordrhein-Westfalens, Armin Laschet (CDU): »[…] der Vergleich ist und bleibt inakzeptabel, er ist auch eine Verkennung deutscher Integrationspolitik. Die Aussage trifft insbesondere die deutsche Gesellschaft. [So] darf man […] die Deutschen und die deutsche Gesellschaft nicht mit der Zeit vor 1945 vergleichen. Dieser Vergleich ist auch wissenschaftlich nicht haltbar, und Şen spricht in seiner Funktion als ZfT-Direktor.«[8]

Infolge dieser Ereignisse entschuldigte sich Şen offiziell beim Zentralrat der Juden. In einem Interview mit der *Jüdischen Allgemeinen* erkannte er an, dass es sich bei seiner Äußerung um einen »Ausrutscher«[9] gehandelt habe.

---

5 Dieses Zentrum ist wohl die etablierteste Forschungsstätte für den Themenbereich türkischer Immigrant/innen in Deutschland. Weitere Informationen unter: www.zft.de.

6 Ursprünglich aus dem Türkischen: *Referans Gazetesi*, 19.5.2008.

7 Seine Bemerkungen erschienen in deutschen Zeitungen und der europäischen Ausgabe der türkischen Tageszeitung *Hürriyet* in unterschiedlicher Form. Die deutschen Zeitungen konzentrierten sich auf die Angemessenheit der Äußerung (vgl. *taz*, 5./6.7.2008), und gingen der Frage nach, ob sie Jüdinnen und Juden gegenüber beleidigend sei (vgl. *taz*, 3.7.2008). Außerdem wurde erörtert, ob eine politische Motivation hinter der Kontroverse stünde (vgl. *FAZ*, 3.7.2008). In der türkischen Tageszeitung *Hürriyet* jedoch wurde der Vorfall als politische Falle der FDP diskutiert. Das Geschehen wurde als Versuch der FDP dargestellt, das SPD-Mitglied Şen durch einen eigenen Kandidaten zu ersetzen (8.7.2008), die Frage nach der Angemessenheit der Äußerung war kaum Bestandteil der Diskussion.

8 Dirk Graalman im Interview mit Armin Laschet, in: *Süddeutsche Zeitung*, 1.7.2008.

9 Tobias Kühn im Interview mit Faruk Şen, in: *Jüdische Allgemeine*, 3.7.2008. (Im selben Interview wiederholte Şen jedoch seine Meinung, Jüdinnen und Juden hätten eine starke politische Lobby, weshalb sich Türkinnen und Türken mit Jüdinnen und Juden solidarisieren sollten).

Als Ergebnis dieser Kontroverse[10] und trotz seiner öffentlichen Entschuldigung sah sich Şen schließlich von seiner Position am Zentrum entbunden.

Dritte Annäherung ans Thema

In der Ausgabe vom 23. September 2004 erschien im Wochenmagazin *Der Stern* eine Karikatur, von der zwar in der deutschen Öffentlichkeit kaum Notiz genommen wurde, die aber in der türkischen Gemeinschaft für große Empörung sorgte. Sie zeigte einen stereotypen älteren türkischen Mann mit finsterem Schnurrbart, der versuchte durch die Katzenklappe eines großen Tors zu kriechen. Das Tor war mit den Wörtern »Europäische Union« beschriftet und die Katzenklappe mit einem Zweizeiler in imitiert-arabischer Schrift verziert – obgleich die arabische Schrift im Türkischen bekanntlich nicht benutzt wird. Nicht nur eine orientalistische, sondern auch gängige anti-jüdische Grundmuster lassen sich in der Karikatur erkennen: das Bild des jüdischen Untermenschen, der die deutsche Gesellschaft unterwandert. Vural Öger, prominenter deutsch-türkischer Geschäftsmann und Abgeordneter im Europaparlament, schrieb hierzu einen offenen Brief an den *Stern* und bezeichnete die Karikatur als diffamierend, obszön und als Futter für neo-nazistische Propaganda. Öger schloss seinen Brief wie folgt: »Ein junger Türke mit deutschem Pass, nicht allein hierzulande schon auf die Welt gebracht, nein, auch erzogen, hat im Geschichtsunterricht von Hitlers Anfängen gehört und dann gemeint, das sei eine Zeichnung, wie sie damals auch im ›Stürmer‹ stand. Nur hätten die Juden andere Nasen bekommen. Hier im ›Stern‹ sei die Nase durch den Schnurrbart ersetzt worden, sonst aber sei das alles derselbe rassistische Mist.«[11]

---

10 Diese Kontroverse war sehr idiosynkratisch. Erstens wurde der ursprüngliche Artikel über Şen am 19.5.2008 auf Türkisch veröffentlicht. Die Kontroverse in Deutschland begann jedoch erst im Juli 2008, und dieser Zeitversatz ist problematisch. Zweitens erfuhr Şen für seine Äußerungen Unterstützung von Seiten türkischer Jüdinnen und Juden, was in der Presse nur wenig Beachtung fand. Drittens veröffentlichte der Zentralrat der Juden eine Pressemitteilung, aus der hervorging, dass der Zentralrat offensichtlich keine Probleme mit der Äußerung hatte. Trotzdem verspürten einige Personen der deutschen Öffentlichkeit ein gewisses Unbehagen. Die Abfolge dieser Ereignisse kann über die ersten zwei Juliwochen des Jahres 2008 in deutschen Zeitungen nachverfolgt werden.
11 *Hürriyet*, 2.10.2004.

Ögers Reaktion auf die Karikatur im *Stern* verdeutlicht, dass führende deutsch-türkische Repräsentant/innen sich nicht nur kenntnisreich des deutsch-jüdischen politischen Diskurses bedienen können, sondern diesen auch geschickt für ihre eigenen Zwecke zu nutzen wissen. Es ist ihnen bekannt, dass es nur teilweise wirksam ist, Deutsche *per se* eines antitürkischen Rassismus zu bezichtigen. Die rhetorisch effektivere Variante ergibt sich aus einer Verknüpfung der türkischen Belange mit denen der jüdischen Bevölkerung. Diese Strategie zwingt Deutsche dazu, türkischen Intellektuellen Gehör zu schenken, da das deutsche Umfeld an diesem Punkt noch immer verwundbar ist. Ögers Kommentar und vergleichbare Äußerungen stehen repräsentativ für die grundlegende Art der Verwendung der jüdischen Thematik durch türkische Repräsentant/innen.

Strategien im Bemühen um politische Sichtbarkeit

Ob in der akademischen Welt, der künstlerischen Szene oder in politischen Diskussionen – Türkinnen und Türken sowie Jüdinnen und Juden werden quasi als Partner dargestellt: Beide Gruppen sind Opfer »rassistischer« Diskriminierung[12] in Deutschland. Das gemeinsame Thema aller drei zu Be-

---

12 Obwohl hier die Worte »Rasse«, »Rassismus« und »Ethnizität« verwendet werden, ist der Autorin die kulturelle Beschränktheit dieser Begriffe durchaus bewusst. Zum einen ist »Rasse« ein Begriff, der im nordamerikanischen Kontext zur Beschreibung von Unterschieden zwischen der weißen und der schwarzen Bevölkerung verwendet wird. Die geschichtliche Entwicklung des Begriffs »Rasse« ist in Deutschland jedoch eine andere, weshalb mit der gebotenen Vorsicht von seiner öffentlichen Verwendung abgesehen wird, ebenso in der akademischen Welt und in den Medien. Stattdessen wird rassistische Diskriminierung gegenüber Türkinnen und Türken mit dem Begriff »Ausländerfeindlichkeit« beschrieben (vgl. Ruth Mandel: Cosmopolitan Anxieties: Turkish Challenges to Citizenship and Belonging in Germany, Durham 2008). Darüber hinaus soll in diesem Artikel aufgezeigt werden, dass das Konzept der »Rasse« lediglich ein soziales Konstrukt ist (vgl. David Theo Goldberg: Racist Culture: Philosophy and the Politics of Meaning, Malden 2002, sowie Charles W. Mills: The Racial Contract, Ithaca 1997). Die offizielle Definition des »Internationalen Übereinkommens zur Beseitigung jeder Form von Rassendiskriminierung« der Vereinten Nationen lautet jedoch folgendermaßen: »Der Ausdruck ›Rassendiskriminierung‹ bezeichnet jede auf der Rasse, der Hautfarbe, der Abstammung, dem nationalen Ursprung oder dem Volkstum beruhende Unterscheidung, Ausschließung, Beschränkung oder Bevorzugung, die zum Ziel oder zur Folge hat, dass dadurch ein gleichberechtigtes Anerkennen, Genießen oder Ausüben von Menschenrechten und Grundfreiheiten im politischen, wirtschaftlichen, sozialen,

ginn präsentierten Annäherungen besteht darin, dass sich führende türkische Repräsentant/innen in Deutschland auf die deutsch-jüdische Trope als Modell für die »rassistische« Diskriminierung beziehen, mit der sie sich konfrontiert sehen. Im ersten Beispiel wertete das Gericht das grundsätzliche Recht des Kindes auf körperliche Unversehrtheit höher als das Recht der Eltern auf Religionsausübung. Damit wurden jüdische und muslimische Eltern unter den Generalverdacht gestellt, ihren Kindern körperlichen Schaden zufügen zu wollen. Im zweiten Beispiel behauptete Faruk Şen, dass türkische Immigrant/innen diskriminiert werden, selbst wenn sie ökonomisch erfolgreich sind, ebenso wie es bei Juden vor dem Zweiten Weltkrieg der Fall war. Im letzten Beispiel bemerkt Vural Öger bissig, dass türkenfeindliche Darstellungen in deutschen Medien der antisemitischen Propaganda vor und während des Zweiten Weltkriegs ähneln. In allen drei Fällen werden Parallelen zwischen türkenfeindlichen Rassismen und dem Antisemitismus gezogen.

Ein solches Ziehen von Parallelen zwischen Rassismus und Antisemitismus ist eine von mehreren Strategien, die von den Repräsentant/innen der deutsch-türkischen Bevölkerung im Bemühen um politische Sichtbarkeit eingesetzt wird. Tatsächlich verwenden sie dabei das deutsch-jüdische Motiv als politisches Modell in drei Hauptbereichen: 1) Sie stellen Analogien zwischen Rassismus und Antisemitismus her. Kürzlich erfolgte auch die Verknüpfung von Antisemitismus und anti-muslimischem Rassismus. 2) Sie beziehen sich auf die jüdische Gemeinschaft als Modell zur Organisation einer politischen Lobby. 3) Sie verwenden das deutsch-jüdische Motiv als Modell für die Einforderung religiöser Rechte in Deutschland.

Bei der Verwendung des deutsch-jüdischen Motivs nutzen die führenden deutsch-türkischen Repräsentant/innen unterschiedliche aber sich überschneidende politische Strategien: In ihren Ansprachen suchen sie nach Wegen, sich mit der jüdischen Gemeinschaft zu *solidarisieren*, sie suchen nach Wegen der *Kooperation* in Kampagnen und bei Veranstaltungen, und sie verwenden *diskursive Modelle*, um direkte Vergleiche zwischen Antisemitismus und *anti-muslimischem Rassismus* zu ziehen.[13]

---

kulturellen oder jedem sonstigen Bereich des öffentlichen Lebens vereitelt oder beeinträchtigt wird.« Diese Definition dient als Grundlage für die folgende vorsichtige Verwendung von Begriffen des Wortfeldes »Rasse«, wobei ein breiteres Verständnis dafür gelten soll, dass Rassismus alle Formen »rassistischer« Diskriminierung umfasst.

13 Vgl. Yurdakul/Bodemann (2010), a.a.O.

Rassistische Diskriminierung von Türk/innen, Antisemitismus, anti-muslimischer Rassismus

Führende Vertreter/innen türkischer Immigrant/innen[14] verwenden Analogien zwischen dem Antisemitismus und einem gegen Türk/innen gerichteten Rassismus sowie der Islamophobie, wobei das eine Phänomen dem anderen historisch vorgelagert ist, beide aber weiterhin bestehen.

Solche Analogien zwischen einer rassistischen Diskriminierung von Türk/innen und dem Antisemitismus werden vor allem von säkularen türkischen Verbänden verwendet. Meiner Wahrnehmung nach wurde dieser Ansatz vor dem 11. September häufiger verwendet und allmählich durch eine Verknüpfung zwischen Antisemitismus und Islamophobie ersetzt. Wie ich bereits an anderer Stelle deutlich gemacht habe, verwendet der Türkische Bund Berlin-Brandenburg, ein säkularer und sozialdemokratisch orientierter Immigrant/innenverband, die deutsch-jüdische Figur im politischen Diskurs, um aufzuzeigen, dass der heute in Deutschland existierende Rassismus eine Fortschreibung eines historischen Antisemitismus ist.[15]

Eine sichtbare Verbindung zwischen Antisemitismus und anti-muslimischem Rassismus ergibt sich aus dem Vergleich zwischen örtlichen Moscheen (»Hinterhofmoscheen«) und Synagogen.[16] In der Geschichte Berlins wurde eine Reihe von Synagogen in Hinterhöfen errichtet; zu den Beispielen

---

14 Bevor ich mit einer Diskussion beginne, sind drei Klarstellungen hinsichtlich der verwendeten Terminologie und des analytischen Modells wichtig. Zum ersten erfolgt in diesem Artikel eine Diskussion der Art und Weise, in der führende deutsch-türkische Repräsentant/innen auf das deutsch-jüdische Motiv aufbauen, das sie als politisches Modell verwenden, um politisch an Sichtbarkeit zu gewinnen und Strategien für die Integration in die deutsche Gesellschaft zu entwerfen. Zum zweiten sind die Hauptakteur/innen dieses analytischen Modells führende deutsch-türkische Repräsentant/innen – und nicht alle türkischen Immigrant/innen in Deutschland. Drittens soll mit Hilfe des hier verwendeten deutsch-jüdischen Motivs auf eine spezifische Form der Identitätskonstruktion verwiesen werden. Hierbei geht es um die deutsch-jüdische Minderheit, die Opfer des Holocausts wurde, und deren Nachfahr/innen, die heute in Deutschland leben und um den Zentralrat der Juden herum eine Solidargemeinschaft bilden. Vgl. ausführlicher Yurdakul/Bodemann (2010), a.a.O.

15 Vgl. Gökçe Yurdakul/Michal Bodemann: »We Don‹t Want to be the Jews of Tomorrow«: Jews and Turks in Germany after 9/11, in: *German Politics and Society*, 24, H. 2, 2006, 44–67.

16 Michael Brenner: »No Place of Honor«, in: Deniz Göktürk/David Gramling/Anton Kaes (Hg.), Germany in Transit: Nation and Migration 1955–2005, Berkeley 2007, 216–219 (Aufsatz zuerst 2000).

zählen die Synagogen in der Rykestraße, der Joachimstalerstraße sowie der Pestalozzistraße.[17] Moscheen befinden sich ebenfalls häufig in Hinterhöfen, aber auch in Kellern. Gegenwärtig protestiert die rechtsgerichtete Gruppierung Pro Köln gegen die Planung und den Bau einer repräsentativen Moschee in Köln. Um ihr Anliegen öffentlich zu machen, organisieren sie Demonstrationen und verteilen Flugblätter. In seiner Kritik der Initiative Pro Köln betonte der ehemalige Sprecher des Koordinationsrats der Muslime in Deutschland, Bekir Alboğa, die Solidarität mit der jüdischen Gemeinschaft im Zusammenhang mit der Bekämpfung der Islamophobie: »Die rechtspopulistische Bewegung ›Pro Köln‹ hat versucht, die Meinung der Menschen zu diesem Thema zu manipulieren und zu schüren. Da wurden zum Beispiel Schreiben mit dem Bild der Blauen Moschee, einem mächtigen Bauwerk mit sechs Minaretten, kopiert und in die Briefkästen verteilt. Nach dem Motto: So ein gigantisches Bauwerk wollen die Muslime auch in Ehrenfeld errichten. Unbelehrbare gibt es in jedem Land: nationalistisch oder rassistisch gesinnte Menschen. Andererseits dürfen wir das Problem nicht bagatellisieren. In Deutschland nehmen Antisemitismus, Islam- und Fremdenfeindlichkeit zu. Wir solidarisieren uns dagegen bundesweit auch mit den jüdischen Gemeinden.«[18]

Der Zentralrat der Juden ist jedoch gegenüber Verbindungen zu Türk/innen oder Muslim/innen im Allgemeinen eher ambivalent eingestellt. Charlotte Knobloch, die Vorsitzende des Zentralrats von 2006 bis 2010, distanzierte sich von der Moscheenkontroverse und argumentierte, dass Muslime sich nicht mit Juden in Deutschland vergleichen sollten: »Wir hatten über Jahrhunderte einen festen Platz in Deutschland, haben maßgeblich zur Kulturgeschichte Deutschlands beigetragen. Hitler hat uns das abgesprochen. Muslime müssen die Argumente für den Bau einer Moschee aus ihrer eigenen Geschichte schöpfen.«[19]

---

17 Mögliche Ähnlichkeiten beim Vergleich zwischen Synagogen und Moscheen sind hier nicht das Anliegen, obschon geschichtliche und architektonische Ähnlichkeiten möglicherweise ein interessanter Forschungsgegenstand sein könnten. Das Hauptaugenmerk liegt vielmehr auf der Analyse des Diskurses zwischen Mitgliedern der jüdischen Gemeinschaft und deutsch-türkischen Politiker/innen.

18 »Ohne Gerechtigkeit geht es nicht.« NGZ-Gespräch mit Bekir Alboğa, in: NGZ-online, veröffentlicht 2007, aktualisiert am 15.2.2008, http://www.rp-online.de/nrw/staedte/rhein-kreis/ohne-gerechtigkeit-geht-es-nicht-aid-1.174944, letzter Zugriff am 8.9.2014.

19 Interview mit Charlotte Knobloch, in: Merkur-online 2007.

Durch die Distanzierung des Zentralrats von der Frage der Errichtung repräsentativer Moscheen wird deutlich, wie zögerlich, entgegen den Verlautbarungen Alboğas, Knobloch mit der Frage der Solidarität mit Muslim/innen umgeht. Einige Mitglieder des Zentralrats sind jedoch anderer Ansicht als Knobloch: Stephan Kramer, Generalsekretär des Zentralrats, kündigte die Einrichtung eines Zentrums zur Erforschung des Antisemitismus und der Islamophobie an. Die Ambivalenz in der Position des Zentralrats gegenüber politischen Anliegen von Muslim/innen kann als Zeichen dafür gewertet werden, dass die muslimischen Verbände, die die jüdische Minderheit als Modell für die eigene Etablierung in Deutschland verwenden möchten, in der jüdischen Gemeinschaft keinen verlässlichen Verbündeten finden.[20]

Cumali Naz, Vorsitzender des Münchner Ausländerbeirats, verortet die Kontroverse um die Errichtung von Moscheen innerhalb eines Diskurses über die Religionsfreiheit: Die drei Weltreligionen hätten alle den gleichen Ursprung. Dieser Grundsatz müsse unabhängig von der Geschichte der einzelnen Religionen gelten. Schließlich sei das Recht auf freie Religionsausübung für alle im deutschen Grundgesetz verankert. Dazu gehöre auch der Bau einer Moschee.[21]

Naz' Ansicht nach sollten also Moscheen und Synagogen entsprechend dem im Grundgesetz verankerten Prinzip der Religionsfreiheit errichtet werden können. Er spricht sich dafür aus, diese Entscheidungen unabhängig vom geschichtlichen Hintergrund einer religiösen Gemeinschaft zu treffen.

Die Forderung nach Gruppenrechten

Ein wichtiger Unterschied zwischen jüdischen und muslimischen Verbänden ist ihr steuerrechtlicher Status. Während Kirchen und Synagogen den Status von Körperschaften des öffentlichen Rechts für sich beanspruchen können und dadurch Anspruch auf staatlich eingetriebene Kirchensteuern

---

20 Ich danke Ian Leveson für den Hinweis, dass die Position der jüdischen Gemeinschaft hinsichtlich eines jüdisch-muslimischen Dialogs unter dem Vorsitz von Ignatz Bubis eine andere war.

21 Knoblochs Islam-Rede: »Synagoge rechtfertigt Moschee-Bau nicht«, in: Merkur-online, 8.10.2007, http://www.merkur-online.de/lokales/regionen/knoblochs-islam-rede-syna-goge-rechtfertigt-moschee-bau-nicht-430537.html, letzter Zugriff am 8.9.2014.

haben, besitzen Moscheen keine solche rechtliche Stellung.[22] Dieses Problem führt unter Muslim/innen in Deutschland zu einigem Unmut, besonders weil diese Gruppe zahlenmäßig so viel größer ist als die der Jüdinnen und Juden. Die Gruppe der Muslim/innen zeigt allerdings nicht die für politische Lobbyarbeit nötige Einigkeit, um den Status als Körperschaft öffentlichen Rechts für sich einfordern zu können.

Die wohl deutlichsten Beispiele für das Formulieren religiöser Ansprüche und für die Verwendung der jüdischen Thematik stehen in Verbindung mit der Frage der religiösen Erziehung türkischer Kinder muslimischen Glaubens und des Tragens des Kopftuches in der Öffentlichkeit[23] sowie des Rechts auf den Verzehr von aus religiöser Sicht einwandfreiem Fleisch (»halal«). (Ich werde mich hier lediglich auf den Fall der hierfür notwendigen rituellen Schlachtung konzentrieren.)[24]

Das Recht auf die Herstellung von Fleisch, das »halal« ist, und damit auf die rituelle Schlachtung von Tieren, ist das Ergebnis einer wichtigen kulturellen Auseinandersetzung türkischer Immigrant/innen in Deutschland. Insbesondere, weil Jüdinnen und Juden eine vergleichbare Praxis in der Schlachtung (»Kaschrut«) erlaubt ist. Damit Fleisch als »halal« gelten kann, ist es erforderlich, dem Tier bei der Schlachtung mit einer scharfen Klinge die Kehle zu durchtrennen und es vollständig ausbluten zu lassen. Dies steht im Widerspruch zur deutschen Regelung, nach der Tiere vor der Schlachtung durch einen elektrischen Schlag zu betäuben sind. Diese Situation spitzt sich für die in Deutschland lebenden Türk/innen regelmäßig zu, besonders vor dem Ramadan-Fest, zu dem massenhaft Tiere geopfert und damit rituell geschlachtet werden müssen, insbesondere Schafe und Rinder. Im Jahr 2004 versuchte der türkische Schlachter Rüstem Altınküpe, seine Kundinnen während des Ramadan mit Fleisch zu versorgen, das »halal« war.[25] Er wurde dabei von verschiedenen türkischen und muslimischen Verbänden und Organisationen unterstützt, die sich auf das Recht zur Ausübung ihrer Religion in Deutschland beriefen. Nach Tagen intensiver Öffentlichkeitsar-

---

22 Eine Ausnahme ist die muslimische Ahmadiyya Gemeinde in Hessen, die im März 2013 den Status einer Körperschaft des öffentlichen Rechts erhielt.

23 Yurdakul/Bodemann (2006), a.a.O.

24 Vgl. Shai Lavi: Unequal Rites: Jews, Muslims and the History of Ritual Slaughter in Germany, in: Jose Brunner/Shai Lavi (Hg.), Juden und Muslime in Deutschland, Göttingen 2009, 164–184.

25 Vgl. die Berichterstattung der *Evrensel* 2002, der *Hürriyet* 2008 und der *Milli Görüş* 2004; vgl. auch Deniz Göktürk/David Gramling/Anton Kaes (Hg.): Germany in Transit: Nation and Migration 1955–2005, Berkeley 2007.

beit in den Medien und bürokratischer Auseinandersetzungen mit den deutschen Behörden, erhielt die muslimische Gemeinschaft (d.h. in diesem Fall der Schlachter) das Recht auf die entsprechend regelgerechte Schlachtung, wenn auch unter sehr strengen Auflagen.

Der ehemalige Vorsitzende der Rechtsabteilung von Milli Görüş, einer konservativ religiösen Immigrantenorganisation, die dem politischen Islam zugeordnet wird, findet es natürlich, in diesem und ähnlichen Zusammenhängen mit der deutsch-jüdischen Gemeinschaft zusammenzuarbeiten. Er war auch Teilnehmer einer Podiumsdiskussion mit Politiker/innen, um das Recht von Muslim/innen auf die islamisch-rituelle Schlachtung von Tieren zu verteidigen. Seiner Aussage nach sind die an der Diskussion beteiligten Politiker/innen nicht bereit, die von ihm vorgebrachten Argumente für die Genehmigung dieser rituellen Schlachtpraxis anzuerkennen, obschon er kritisch auf die Tatsache verwies, dass der jüdischen Minderheit in Deutschland ebensolche Rechte auf rituelle Schlachtungen zugestanden werden.[26] Für ihn wie auch für viele andere Muslim/innen in Deutschland geht es hierbei nicht einfach um Fragen der Schlachtung von Tieren oder den Verzehr von Fleisch – es geht ihnen um die regelgerechte Ausübung ihrer Religion, wie sie auch Menschen christlichen oder jüdischen Glaubens gestattet ist.

In einer vergleichbaren Situation,[27] während der Beschneidungsdebatte, arbeiteten Juden und Muslime und insbesondere türkische Gruppen in Deutschland zusammen, um sich für die Rechte von Minderheiten einzusetzen. In einem Artikel von 2008 sprach sich der Jura-Professor Holm Putzke von der Universität Passau zusammen mit Maximillian Stehr und Hans Georg-Dietz unter dem Titel »Zirkumzision bei nicht einwilligungsfähigen Jungen: Strafrechtliche Konsequenzen auch bei religiöser Begründung« gegen das Praktizieren von Beschneidungen in Deutschland aus. In ihrem Text argumentieren Stehr, Putzke und Dietz, dass die physische Unversehrtheit eines Kindes Priorität vor dem religiösen Glauben und den religiösen Praktiken der Eltern haben muss. Unter den vielen Argumenten, die ihre Ansichten stützen, befindet sich die bemerkenswerte Forderung, dass sich Muslime und Juden in die deutsche Gesellschaft integrieren sollten. Zwar sehen die Autoren auch die Problematik der Stigmatisierung nicht-beschnittener Jungen innerhalb jüdischer oder muslimischer Communities, die Lösung dafür

---

26 Robin Judd, Contested Rituals: Circumcision, Kosher Butchering and Jewish Political Life in Germany, 1848–1933, Ithaca 2007; Yurdakul/Bodemann (2006).

27 Ich danke Birgit zur Nieden für ihre wissenschaftliche Hilfe und Anmerkungen zu der Beschneidungsdebatte.

liegt jedoch ihrer Meinung nach nah, da »sich das Milieu bei Beachtung des Verbots automatisch änderte. Denn je mehr Jungen nicht beschnitten werden, umso weniger wird dieser Zustand Anlass für Stigmatisierung sein.«[28] Auf diese Weise unterstellen die Autoren den Menschen muslimischen und jüdischen Glaubens, selbst für ihre Stigmatisierung verantwortlich zu sein, anstatt die deutschen Institutionen mit ihrer Unfähigkeit, mit Differenz und Diversität umgehen zu können, zu konfrontieren. Die strafrechtliche Auffassung Putzkes wurde beim Betreiben der Revision durch die zuständige Kölner Oberstaatsanwältin, die letztlich zu dem Verbotsurteil führte, zugrunde gelegt.[29]

In ähnlicher Weise wurde in der Beschneidungsdebatte nach dem Gerichtsurteil von 2012 in deutschen Zeitungen letztlich die Frage der Kriminalisierung muslimischer und türkischer Eltern aufgrund von Körperverletzung verhandelt.[30] So argumentieren Zülfukar Çetin und Salih Alexander Wolter, dass in der Debatte die psycho-soziale Gesundheit der gesamten Gesellschaft verhandelt würde, die durch die Entfernung der Vorhaut von Jungen in Gefahr zu sein scheine. Gegner/innen der Beschneidung sprechen von irreversiblen Schäden und Traumatisierungen, die durch die vermeintliche Körperverletzung hervorgerufen würden und auch zu sexuellen Störungen der betroffenen Männer führten, und sehen so »mindestens die psycho-soziale Gesundheit der Gesellschaft durch die Entfernung der Vorhaut in Gefahr«[31]. Diese Problematiken werden den so als verantwortungslos und gar gewalttätig gegenüber ihren eigenen Kindern charakterisierten muslimischen und jüdischen Eltern angelastet. Hier wird mit Stereotypen argumentiert, die laut Wolfgang Benz bereits hinlänglich aus »der Antisemitismusforschung bekannt sind, etwa die Behauptung, die jüdische bzw. die islamische Religion sei bösartig [und] inhuman«[32].

---

28 Maximilian Stehr/Holm Putzke/Hans-Georg Dietz: Zirkumzision bei nicht einwilligungsfähigen Jungen: Strafrechtliche Konsequenzen auch bei religiöser Begründung, in: *Deutsches Ärzteblatt* 105, Nr. 34–35, A-1778/B-1535/C-1503, 2008, 35, http://www.aerzteblatt.de/archiv/61273, letzter Zugriff 6.9.2014.

29 Vgl. Zülfukar Çetin/Salih Alexander Wolter, Fortsetzung einer »Zivilisierungsmission«: Zur deutschen »Beschneidungsdebatte«, in: Zülfukar Çetin/Heinz-Jürgen Voß/Salih Alexander Wolter (Hg.), Interventionen gegen die deutsche »Beschneidungsdebatte«, Münster 2012, 17.

30 Vgl. Johannes Heil/Stephan J. Kramer (Hg.): Beschneidung: Das Zeichen des Bundes in der Kritik, Berlin 2012.

31 Çetin/Wolter (2012), a.a.O., 42.

32 Wolfgang Benz: Einführung zur Konferenz »Feindbild Muslim – Feindbild Jude«, in: ders. (Hg.), Islamfeindschaft und ihr Kontext. Dokumentation der Konferenz »Feind-

Çetin und Wolter arbeiten heraus, dass die verstärkt seit dem 11. September 2001 erfundene »christlich-jüdische Tradition des Abendlandes«, die die Tendenz hat, die antisemitischen Traditionen und Verbrechen ebendieses Abendlandes zu tilgen, in der Beschneidungsdebatte zu ihrem Ende gekommen zu sein scheint und konstatieren: »Seit dem Sommer 2012 ist es still geworden um die in den letzten Jahrzehnten erfundene ›christlich-jüdische Kultur‹«[33]. Sie erklären, dass sich in der Debatte gegen die Beschneidung zeige, »wie zum Beispiel antimuslimischer Rassismus und Antisemitismus zusammenwirken, um die Gesellschaft in ›Beschnittene und Nicht-Beschnittene‹ zu polarisieren«.[34]

Der oben geschilderte Fall ist nicht der erste Beschneidungsfall in Deutschland. Die juristische Debatte um die Beschneidung reicht zurück ins 19. Jahrhundert. In ihrem Buch *Contested Rituals* beschreibt die Historikerin Robin Judd die politischen und sozialen Bedingungen jüdischen Lebens in Deutschland: »Anfang April 1881, nur fünf Wochen nach seiner Beschneidung, entwickelten sich beim Sohn von Benjamin Hoffmann aus Huffenhardt in Baden Geschwüre am Penis. Die besorgte Mutter brachte ihn zu einem örtlichen Arzt, der nach der Untersuchung des kranken Kindes und seiner gesunden Zwillingsschwester den Fall an den Amtsarzt E. Sausheim weiterleitete [...] Beeinflusst durch Trends in der Forschung zu öffentlicher Gesundheit und einer wachsenden Sorge über Syphillis hatte Sausheim schon länger ähnliche Fälle verfolgt. Sausheim verlangte, dass der *Mohel* (Beschneider) suspendiert und die angeblich riskante Praxis der metistsah be'peh, bei der der Beschneider das Blut der Wunde mit dem Mund absaugt, verboten werde.«[35]

Obwohl die politischen Systeme 1881 und 2011 unterschiedlich sind, können wir sehen, dass die Einstellungen mancher deutscher Behörden, Medien und Gesetzgeber gegenüber Beschneidung denen von 1881 ähneln. Es gibt jedoch zwei wichtige Unterschiede beziehungsweise Weiterentwicklungen: Die Debatte hat sich von Juden auf Muslime verschoben und ist heute nicht mehr nur auf Deutschland beschränkt, sondern von internationaler Tragweite. In Deutschland haben der Zentralrat der Juden und der Islamische Rat unmittelbar reagiert, indem sie ihre Argumente auf verschiedenen sozialen und historischen Fakten gründeten.

---

bild Muslim – Feindbild Jude«, Berlin 2009, 9–20, 10.
33 Çetin/Wolter (2012), a.a.O., 39.
34 Ebd., 39.
35 Judd (2007), a.a.O., 1f.

Ali Kizilkaya, der geschäftsführende Direktor des Islamrats, argumentierte, dass die Gerichtsentscheidung der Religionsfreiheit widerspreche und der Integration schade.[36] Dieter Graumann, der amtierende Vorsitzende des Zentralrats der Juden, wiederum argumentierte, dass die Gerichtsentscheidung jüdisches Leben in Deutschland verunmöglichen würde. Obwohl das Ereignis, mit dem sich die Gerichte befassten, einen muslimischen Jungen betrafen, konzentrierten sich Politiker/innen und Nachrichten auf die jüdische Beschneidung in Deutschland. Zentrale Figuren der jüdischen Community in Deutschland als auch der Oberrabbiner Israels kommentierten das Urteil des Landgerichts. Deutsche Tageszeitungen wie die *FAZ* oder *Die Welt* und Nachrichtenmagazine wie *Der Spiegel* veröffentlichen schnell Bilder von Rabbinern, die Beschneidungszeremonien abhielten mit Überschriften wie »Ritual, Trauma, Kindeswohl«, »Auch die Seele leidet«, »Freiheit ist wichtiger als Tradition« oder auch »Religionsfreiheit kann kein Freibrief für Gewalt sein«.

In den großen Tageszeitungen entstand ein hegemonialer Diskurs, in dem ausgewählte Stimmen zu Wort kamen, wie etwa die umstrittene Soziologin Necla Kelek, bekannt durch ihr Buch *Die fremde Braut*, in dem sie muslimisches Leben in Deutschland diffamiert. Auch Kelek sprach sich in Zeitungsartikeln gegen die muslimische Beschneidung aus. Kelek unterschied jedoch – vermutlich, um nicht des Antisemitismus bezichtigt zu werden – zwischen der jüdischen Beschneidung, von der sie behauptete, dass sie in der Religion begründet sei, und der muslimischen, die nur in der Tradition wurzele und daher abzulehnen sei.

Mit der Entscheidung des deutschen Bundestages, die Beschneidung in Deutschland zu legalisieren, ginge, so Kelek in einem Kommentar, »ein Stück der aufgeklärten Zivilgesellschaft zu Ende«[37], wobei sie unterstellte, dass niemand in Deutschland die Beschneidung befürworte. Die Diskurse, die in der Beschneidungsdebatte zur Anwendung kamen, zeigen, dass Menschen jüdischen und muslimischen Glaubens die Verlierer dieser Debatte sind, obwohl 2012 ein Gesetz erlassen wurde, das Beschneidung erlaubt. In den deutschen Medien werden diese Gruppen weiterhin stigmatisiert. Johannes Heil und Stephan Kramer[38] zeigen etwa, dass die Mitglieder der

---

36 Muslime sehen Schaden für ihre Integration, in: *Kölner Stadt-Anzeiger*, 4.7.2012, http://www.ksta.de/politik/beschneidung-muslime-sehen-schaden-fuer-die-integration,15187246,16543648.html, letzter Zugriff am 3.9.2014.

37 Necla Kelek: Akt der Unterwerfung. Essay, in: *Der Spiegel*, Nr. 51, 17.12.2012, 74.

38 Heil/Kramer (2012), a.a.O.

jüdischen Gemeinschaften nicht nur von dem drohenden Verbot der »Brit Milah« betroffen waren, sondern auch von den stigmatisierenden Kommentaren.[39] Kerem Öktems Interviews mit Mitgliedern der jüdischen Community zeigen überdies, inwiefern die Beschneidungsdebatte einen Wandel in der Debattenkultur Deutschlands dokumentiert.[40] Einige Mitglieder der jüdischen Community erzählten, sie hätten es nie für möglich gehalten, dass die Beschneidung in Deutschland wieder zum Thema öffentlicher Debatten gemacht würde, und andere fügten hinzu, dass stigmatisierende Diskurse in den deutschen Medien allgegenwärtig seien. Auch einige Mitglieder der muslimischen Communities in Deutschland haben sich zu diesem Themen ähnlich, wenn auch weniger deutlich, geäußert.

Die Beschneidungsdebatte macht eine Tatsache sehr deutlich: Wenn wir Inklusion verstehen wollen, müssen wir sowohl die Beziehungen zwischen Minderheiten und Migrant/innen in einem Land als auch die kulturellen Repertoires, die historischen, sozialen und kulturellen Kontexte der Erzeugung von Differenz achten. Ohne das Verständnis der historischen und kulturellen Eigenschaften von Minderheiten können gegenwärtige Diskurse über Migrant/innen nicht verstanden werden.

---

39 Vgl. Johannes Heil: Beschneidung als Motiv in Alteritätsdiskursen und Judenfeindschaft, in: ders./Stephan J. Kramer (Hg.), Beschneidung: Das Zeichen des Bundes in der Kritik, Berlin 2012, 23–35.
40 Öktem (2013), a.a.O.,18.

Die Politik der Menschenrechte und die Frage der Inklusion

Christian Volk

Der Streit um Alternativen, die öffentliche Repräsentation politischer Konflikte und die Verständigung – nicht Konsensfindung oder Problemlösung – über diese Konflikte markieren den Kern demokratischer Politik. Inklusion ist daher für eine demokratische Praxis von zentraler Bedeutung – und zwar in doppeltem Sinne: als Einbeziehung anderer Sichtweisen in den demokratischen Meinungs- und Urteilsbildungsprozess und als Einbezogen-Sein in die bzw. als Zugang zu den Arenen des politischen Streits, um mögliche Konflikte sichtbar machen zu können.

Wenn man nun davon ausgeht, dass Inklusion eine konstitutive Bedeutung für demokratische Praxis hat, dann stellt sich die Frage, ob sich aus dieser konstitutiven Bedeutung besondere Konsequenzen für eine Politik der Menschenrechte in Demokratien ergeben. Ich werde im Folgenden zeigen, dass das zweifellos der Fall ist. Denn was vor dem Hintergrund der konstitutiven Bedeutung von Inklusion in besonderer Weise in den Fokus rückt, sind jene Menschen, die zwar in der Bundesrepublik Deutschland und anderen demokratischen Staaten leben, aber nicht oder nur unzureichend von Rechtsordnungen eingeschlossen werden: »Menschen ohne Papiere«, die sogenannten »illegalen« Einwanderer. Sie rücken deshalb ins Zentrum, weil sie als das konstitutiv Andere die Grenzen der Inklusion innerhalb einer nationalstaatlich verfassten Demokratie offenlegen. Dadurch zeigt sich ein Doppeltes: erstens, dass die Idee der Demokratie über ihre nationalstaatliche Realisierung hinaustreibt; und zweitens, dass die Menschenrechte, im Sinne der Sicherung und Gewährung eines Platzes für *jeden* Menschen, in einer nationalstaatlich verfassten Weltordnung schwer realisierbar sind.

Lebenssituation von Menschen ohne geregelten Aufenthaltsstatus

Konservativen Schätzungen zufolge Leben in Deutschland zwischen 200.000 und 500.000 Menschen ohne geregelten Aufenthaltsstatus. Nach § 95 des Aufenthaltsgesetzes begeht ein Großteil dieser Menschen damit eine Straftat. Die Gründe für die »Illegalität« sind ebenso vielfältig, wie die für die Flucht aus den Herkunftsländern. Sie reichen von »illegaler« Einreise, abgelehnten Asylanträgen, abgelaufenen Duldungen oder Visa bis zu nicht erneuerten Arbeitsgenehmigungen oder dem Entzug bzw. Verlust des Aufenthaltsrechts durch Scheidung oder strafrechtliche Verurteilung. Die Charakterisierung der Lebenssituation dieser Menschen deckt sich auch heute noch mit jener, die Hannah Arendt in ihren Überlegungen zur Situation der rechtlosen Flüchtlinge in den 1930er Jahren herausgearbeitet hat: Menschen ohne geregelte Aufenthaltsstatus verdanken ihre Ernährung nach wie vor »der Mildtätigkeit privater oder der Hilflosigkeit öffentlicher Instanzen;«[1] ein Recht darauf haben sie jedenfalls nicht. Menschen ohne geregelten Aufenthaltsstatus haben kein Recht auf Sozialhilfe, auf Schul- oder Kindergartenplätze, auf medizinische Versorgung etc., selbst wenn die Betroffenen unter Umständen in den Genuss von solchen Leistungen kommen. Des Weiteren ist ihnen jede legale Erwerbsarbeit verboten. Entsprechend sind Schwarzarbeit, Betteln oder Diebstahl die beruflichen Karrierechancen. Die Bewegungsfreiheit dieser Menschen ohne Aufenthaltsgenehmigung kann mit Arendt noch immer sarkastisch als »Hasenfreiheit«[2] bezeichnet werden, stets auf der Hut und stets bedacht, nicht entdeckt zu werden. Das Grundrecht auf Meinungsfreiheit verkommt für diese Menschen zur »Narrenfreiheit«, weil das, was dieser oder diese »Illegale« denkt, »für nichts und niemanden von Belang ist«[3] und ohne jede politische Bedeutung bleibt. Allenfalls redet man über sie; aber eine Stimme im politischen Prozess haben sie nicht. Kurzum, was ihre Situation kennzeichnet, ist, dass sie auf nichts ein Recht haben. Und sie haben auf nichts ein Recht, weil sie als sogenannte »Illegale« außerhalb jedes politischrechtlich institutionalisierten Beziehungsgefüges stehen.

---

1 Hannah Arendt, Elemente und Ursprünge totaler Herrschaft. Antisemitismus, Imperialismus, totale Herrschaft, München 2008, 613.

2 Ebd.

3 Ebd.

Diese wenigen Hinweise zur Situation der sogenannten »Illegalen« machen deutlich, worum es überhaupt zu gehen scheint, wenn wir von Menschenrechten in modernen Demokratien sprechen. Menschenrechte sollen dazu dienen, dass ein jeder Mensch einen Standort in der Welt bekommt; sie tragen idealiter dazu bei, dass Menschen die Möglichkeit eröffnet wird, »in einem Beziehungssystem zu leben, in dem man aufgrund von Handlungen und Meinungen beurteilt wird«.[4]

Eine Verletzung der Menschenrechte liegt vor, wenn Menschen außerhalb des politisch-rechtlich institutionalisierten Beziehungsgefüges belassen werden und ihnen der gewünschte Standort in der Welt nicht gewährt wird – kurzum: wenn ihnen »das Recht, Rechte zu haben« (Hannah Arendt) abgesprochen wird. Die Drastik eine solchen Rechtelosigkeit zeigt sich vor allem in nicht demokratischen Ordnungen: Für die Negierung des Standortes gibt es in solchen Ordnungen unterschiedliche »Mittel«, die von Folter und Vertreibung bis hin zum Völkermord reichen. Solchen schwerwiegenden Menschenrechtsverletzungen geht meistens ein Prozess der Entrechtung, gepaart mit Kriminalisierung voraus. Entrechtung und Kriminalisierung hängen insofern zusammen, als dass einer Bevölkerungsgruppe von staatlicher Seite bestimmte grundlegende Rechte (eigene Sprache, Religionsausübung, Versammlungsrecht etc.) abgesprochen werden und die Ausübung derselben Rechte unter Strafe gestellt wird. Die Denaturalisation, also der Entzug der Staatsbürgerschaft, ist meist der letzte Schritt im Prozess der Entrechtung. Sie stellt die schiere Existenz einer Person auf dem Staatsgebiet unter Strafe.

Kriminalisierung ist auch das Stichwort, wenn es darum geht, die Nichtachtung und Verletzung der Menschenrechte zu diskutieren, die demokratische Staaten mit Blick auf die »Menschen ohne Papiere« begehen. Denn aus der Sicht dieser Menschen verletzten die demokratischen Staaten das Recht, Rechte zu haben, indem sie die Existenz dieser Menschen – in Deutschland ca. eine halbe Million – auf dem Staatsgebiet als Straftat ansehen, also kriminalisieren. In vielen Fällen von gescheiterten Asylanträgen wird in den Augen dieser Menschen die Politik der Entrechtung, die sie in ihrem Herkunftsland erfahren haben, auf andere Weise von den demokratischen Staaten fortgesetzt. Die staatlichen Behörden sehen in dieser Art von Politik selbstredend keine Menschenrechtsverletzung, sondern die logische Konsequenz staatlicher Souveränität in Fragen der Regelung von Niederlassung und Aufenthalt. Entsprechend verweisen sie darauf, dass die jeweilige Person deutsches

---

4 Ebd., 614.

Recht gebrochen habe. Dass das deutsche Recht aber in seiner Konsequenz womöglich dem Recht, Rechte zu haben, also dem fundamentalen Menschenrecht, widerspricht, wird nicht in Betracht gezogen. Stattdessen geht man davon aus, dass die Menschenrechte im Recht der demokratischen Staaten realisiert sind. Die vorherrschende Logik der Behörden ist ebenfalls nationalstaatlich geprägt. Aus dieser nationalstaatlichen Logik heraus kommt der Staat gar nicht umhin, den Aufenthalt von Menschen ohne geregelte Aufenthaltsstatus auf dem eigenen Staatsgebiet unter Strafe zu stellen. Ein Grund dafür ist, dass staatliches Regieren in innenpolitischen Angelegenheiten mit dem Medium des Rechts erfolgt. Jeder Mensch auf dem Staatsgebiet muss daher mittels seines Aufenthaltstitels erfassbar sein. Indem der Staat den Menschen ohne geregelte Aufenthaltsstatus als »illegal« sich aufhaltenden Migranten oder »illegal« sich aufhaltende Migrantin bezeichnet, schafft er einen Rechts- oder Aufenthaltstitel, der sich bei genauerem Hinsehen im Grunde als ein ~~Rechts-~~ oder ~~Aufenthaltstitel~~ entpuppt, und versucht auf diese Weise, dem Phänomen der Rechtlosigkeit dieser Menschen Herr zu werden. Dadurch jedoch wird mit juristischen Interpretationen lediglich zu übertünchen versucht, dass viele dieser Menschen rechtlich nicht existent sind; sie werden oftmals nirgendwo gelistet, in keinem Nationalstaat, sind oftmals nirgendwo vermerkt und die staatlichen Behörden des Aufenthaltslandes wissen im rechtlichen Sinne nichts von ihrer Existenz. Dass dem so ist, macht aus staatlicher Perspektive gerade einen guten Teil der Straftat aus. Aufgrund der aufgeführten Gründe, ist die Statusbezeichnung »illegal« auch aus analytischer Perspektive – und nicht allein in normativer Hinsicht – mit Vorsicht zu genießen und in Anführungszeichen zu setzen.

Im Gegensatz zu ihrer rechtlichen Nicht-Existenz ist ihre ökonomische Bedeutung nicht unerheblich. In den USA bspw. spielen die auf rund 12 Millionen geschätzten sogenannten »Illegalen« eine wichtige Rolle in der Bauwirtschaft, der Landwirtschaft und auch der Textilindustrie. Auch in Europa sind viele Menschen ohne geregelten Aufenthaltsstatus längst zu einer Säule ganzer Wirtschaftsbereiche (Bau-, Textil- und Automobilindustrie) geworden und sorgen für die Aufrechterhaltung niedrig entlohnter Produktion in diesen Branchen. Eine Konsequenz davon ist die gesellschaftliche Ausbreitung von »Illegalität«. Diese Ausbreitung von »Illegalität« ist schlichtweg der Tatsache geschuldet, dass Menschen ohne Aufenthaltsgenehmigung und Arbeitserlaubnis nicht nur laut Gesetz »illegal« sind, sondern um ihrer bloßen Existenz willen gezwungen werden, sich tagtäglich außerhalb des Gesetzes zu stellen. Hinzu kommt, dass jene Unternehmen oder Privatpersonen, die diese Menschen einstellen und beschäftigen, gegen das Steuerrecht, das Sozialversicherungsrecht, die Mitteilungspflichten an die Sozialämter etc. verstoßen. Aber auch andere Menschen, die sich den Belangen von sogenannten »Illegalen« annehmen, begehen womöglich Straftaten. Hilfeleistende, wie Lehrkräfte, Ärztinnen, Juristen etc. machen sich nach deutschem Gesetz strafbar im Sinne der Begünstigung (§ 95 und § 63 AufenthG) und der Strafvereitelung (§ 258 StGB), wenn sie beraten oder helfen.

Ein Weg, um der gesellschaftlichen Ausbreitung von »Illegalität« einen Riegel vorzuschieben, wäre die massenweise Legalisierung vormals »illegaler« Menschen. Da der moderne Nationalstaat ein Rechtsstaat ist, wäre der Mehrwert einer solchen Aktion nicht zu verachten. Auf der anderen Seite jedoch kommt eine Politik der massenweisen Legalisierung vielerorten einer bürokratischen und politischen Mammutaufgabe gleich, die in Europa beispielsweise nur auf der Grundlage EU-weiter, die einzelnen Nationalstaaten verpflichtender Abkommen realisierbar wäre. Ein einzelner Staat ist kaum in der Lage, eine derartige Politik alleine und flächendeckend in die Tat umzusetzen und sie in ihren Konsequenzen zu stemmen.

Die Grenzen der Inklusion?

Die Situation der Menschen ohne Papier legt das Problem der Menschenrechte in Demokratien offen und zeigt an, inwiefern diese Menschen notgedrungen zur gesellschaftlichen Ausbreitung von »Illegalität« beitragen. Dass die höchsten staatlichen Gerichte die nationalstaatliche Politik der Kriminalisierung nicht als Missachtung der Menschen deuten, hängt auch damit zusammen, dass das geltende Recht so beschaffen ist, die nationalstaatliche Ordnung zu gewährleisten. Für eine solche nationalstaatliche Ordnung ist die Unterscheidung in Innen/Außen, Eigenes/Fremdes, Inländer/Ausländer konstitutiv – auch dann, wenn es sich um einen demokratischen Nationalstaat handelt. Die Standortlosigkeit von zwischen zwei und vier Millionen Menschen im Europa der EU scheint also kein beiläufiger Fehler zu sein, der schnell und problemlos korrigiert werden könnte, sondern sie verweist auf die Grenzen der Inklusion innerhalb einer nationalstaatlich verfassten Demokratie. Inwiefern?

Die faktische Existenz von Menschen ohne geregelte Aufenthaltsstatus – ja mehr noch: mit einem rechtlichen Nicht-Status – negiert *das* souveräne Grundrecht des Nationalstaats schlechthin, von dem ein guter Teil der Identität nationalstaatlicher Ordnung selbst abhängt: die Entscheidungshoheit darüber zu haben, wer sich auf dem Territorium aufhalten darf und wer nicht. Im Fall von »Menschen ohne Papiere« hat der Staat dieses Recht faktisch verloren und die Größendimension des Phänomens macht es mehr und mehr zu einem politischen Problem. Denn erstens ist eine große Zahl von Menschen bereits im jeweiligen Land, die von den staatlichen Behörden überhaupt nicht erfasst sind und nicht erfasst werden können. Im Falle von Ereignissen, die zu Massenfluchtbewegungen führen – Krieg, Verfolgung, Hunger, Perspektivlosigkeit –, ist der Zuzug zweitens häufig gar nicht zu verhindern. Zweifellos sind Grenzanlagen Realität, aber die Wege, sie zu umgehen, nicht minder – oftmals mit geradezu tragischen Konsequenzen, die den demokratischen Nationalstaat noch weiter unter Druck setzen. Hinzu kommt, dass die Abschiebung – drittens – oft nicht möglich ist, weil weder die Herkunft noch der Fluchtweg ermittelt werden kann. Damit aber ist auch eine Politik der Inklusion für den Nationalstaat unmöglich geworden. Denn aus der Souveränitätslogik des Nationalstaats heraus ist die Möglichkeit der Exklusion Bedingung der Möglichkeit von Inklusion. Wie ist das zu verstehen?

Der Nationalstaat basiert auf der Vorstellung von Souveränität. Damit ist gemeint, dass der Staat als »superanus«, also die höchste politische Macht, gedacht wird. Im Fall der Inklusion drückt sich dieser Machtanspruch so aus, dass es dem nationalstaatlichen Souveränitätsdenken zufolge den staatlichen Behörden zu obliegen hat, wer aufgrund welcher Rechte in das soziale und politische Zusammenleben einbezogen wird und wer aufgrund welcher Gesetzeslage eben nicht. Dieser Entscheidungsspielraum ist dem Nationalstaat durch das massenweise Vorhandensein von Menschen ohne geregelten Aufenthaltsstatus auf seinem Territorium genommen: Er kann die Menschen ohne geregelten Aufenthaltsstatus nicht ausweisen oder abschieben, weil sie nicht erfasst sind. Damit bleibt nur noch die Möglichkeit der Inklusion. Aufgrund der Konstellation jedoch, keinen Entscheidungsspielraum zu haben, widerspricht eine Politik der Inklusion in diesem Fall dem Souveränitätsanspruch des Nationalstaats. Eine solche Politik käme dem Eingeständnis gleich, angesichts der Lage auf den Souveränitätsanspruch verzichten zu müssen. Der Nationalstaat sieht sich im Umgang mit »Menschen ohne Papiere« also einer sogenannten »Double bind«-Situation gegenüber: Wenngleich der Staat versucht, »Menschen ohne Papiere« mittels einer Politik der Kriminalisierung mit einem Rechts- oder Aufenthaltstitel auszustatten, stehen diese Menschen außerhalb des rechtlichen Beziehungsgefüges. Gleichzeitig jedoch sind sie mittlerweile zu einer unsichtbaren Säule in vielen Wirtschaftsbranchen geworden. Auch auf diese Weise sind sie zu einer Quelle für die gesellschaftliche Ausbreitung von »Illegalität« geworden. Da der demokratische Nationalstaat ein Rechtsstaat ist, kann er diese Situation nicht länger ignorieren. Eine Politik der massenweisen Legalisierung scheint die einzige Lösung zu sein. Diese Lösung kann der Nationalstaat jedoch nicht verfolgen, ohne dabei seinen Souveränitätsanspruch aufzugeben. Die »Menschen ohne Papiere« ändern demnach – so oder so – den Charakter des demokratischen Nationalstaats und zeigen, dass vor dem Hintergrund der vielgestaltigen Prozesse der Entgrenzung, der Integration und Differenzierung des sozialen, ökonomischen, kulturellen und politischen Zusammenlebens, die gemeinhin mit dem Begriff Globalisierung assoziiert werden, der Nationalstaat als politisches Ordnungsmodell an seine Grenzen stößt.

Was das Demokratieprinzip verlangt

Doch der demokratische Nationalstaat basiert nicht nur auf dem Prinzip der Souveränität, sondern eben auch auf jenem der Demokratie. Dem demokratischen Prinzip zufolge müssen all jene, die in einem politischen Gemeinwesen dauerhaft leben und von den politischen Entscheidungen betroffen sind, eine Stimme im politischen Prozess haben. Anderenfalls liegt ein Beherrschungsverhältnis vor, das den demokratischen Gedanken unterminiert. Vom Demokratieprinzip aus betrachtet, ist im Fall der »Menschen ohne Papiere« also eine Politik der Inklusion dringend gefordert. Demokratieprinzip und Souveränitätsprinzip stehen hier im Widerspruch zueinander. Mehr noch: Der Fall der »Menschen ohne Papiere« zeigt, dass man, um den Anspruch des Demokratieprinzips zu realisieren, an die Stelle des Souveränitätsprinzips Menschheit als politisches Prinzip zu setzen hat. Wie ist das zu verstehen?

Die Ausführungen zu den »Grenzen der Inklusion« haben berechtigte Zweifel aufkommen lassen, ob man innerhalb einer nationalstaatlich verfassten Ordnung überhaupt die Voraussetzungen dafür schaffen kann, jedem Menschen einen Platz in der Welt zu sichern. An Carl Schmitts provokativer Aussage: »Wer Menschheit sagt, will betrügen«[5] scheint indes so viel richtig zu sein, als dass innerhalb der politischen Organisationslogik des Nationalstaats der Begriff »Menschheit [...]« in der Tat »[...] kein politischer Begriff«[6] sein kann. Zwar existierte er auf einer moralischen bzw. moralphilosophischen Ebene durchaus – und Kants Schrift *Zum ewigen Frieden* und sein Recht der Hospitalität, der Gastfreundschaft, ist hiervon wohl der bedeutendste Ausdruck. Niemals jedoch hat er im politischen Denken einer von und durch Nationalstaaten geprägten Welt wirklich eine Rolle gespielt. Um jedoch so etwas wie Menschenrechte überhaupt verwirklichen zu können – und das heißt: jedem Menschen einen Platz in dieser Welt, im Beziehungsgefüge zu garantieren –, muss Menschheit erst zum politischen Begriff werden. Erst wenn das geschehen ist, sind jene Voraussetzungen geschaffen, unter denen der Trumpf »Menschenrecht« auch stechen kann.

Mir scheint, dass Montesquieu zu den wenigen Denker der Aufklärung zählt, bei dem ein solcher politischer Menschheitsbegriff angedeutet wird. Montesquieu merkt hierzu an: »Wenn mir etwas bekannt wäre, das meiner Familie zuträglich wäre, meinem Vaterland aber nicht, so würde ich versuchen, es zu vergessen. Wenn mir etwas bekannt wäre, das meinem Vaterlande zuträglich, für Europa aber abträglich wäre, oder etwas, das für Europa nützlich, für die Menschheit aber schädlich, so würde ich es für verbrecherisch halten.«[7] Bei Montesquieu wird also die Idee der Menschheit zur handlungsleitenden Maxime. Das heißt, dass das, was man als Menschheitsinteresse, als globale »res publica« ansieht, mehr ist als der Kompromiss nationalstaatlicher Einzelinteressen – und damit die Perpetuierung nationalstaatlicher Souveränität. Die Idee der Menschheit als handlungsleitende Maxime zu etablieren bedeutet, sich die Frage zu stellen, was im Interesse der Welt und eines freiheitlichen Zusammenlebens der Menschen ist – und eben nicht das Interesse Deutschlands, Frankreichs oder Europas in der Welt. Erst vor dem Hintergrund einer solchen imaginierten Gemeinschaft kann jener Akt der Konkretion zum Abschluss kommen, den der Menschenrechtsbegriff am Ende des 18. und am Beginn des 19. Jahrhunderts durchlaufen hat, als er sich über das Staatsbürgerrecht realisierte bzw. materialisierte – mit dem Unterschied natürlich, dass es sich dieses Mal nicht um die Staatsbürgerrechte handeln würde, sondern um die Weltbürgerrechte. Nur wenn jeder Mensch qua Geburt Weltbürgerin oder Weltbürger wird, kann das verwirk-

---

5 Carl Schmitt: Der Begriff des Politischen, Berlin 2002, 55.
6 Ebd.
7 Charles Louis de Secondat de Montesquieu, Meine Gedanken, München 2000, 287.

licht werden, wofür das Wort Menschenrecht steht, nämlich jedem Menschen einen Platz im politisch-rechtlichen Beziehungsgeflecht sozialen Zusammenlebens zu sichern. Das ließe sich dann als ein Recht auf Inklusion in eine politische Ordnung übersetzen. Indem das Demokratieprinzip im Fall der »Menschen ohne Papiere« eine Politik der Inklusion verlangt, treibt es über seine nationalstaatliche Realisierung hinaus und fordert indirekt ein Weltbürgerrecht. Der Status der Weltbürgerin oder des Weltbürgers setzt voraus, dass Menschheit zur regulativen politischen Idee wird – und man das Denken in nationalstaatlichen Kategorien hinter sich lässt.

X
Von Gender zur Inklusion: Zum Ort der Geschlechterfrage auf dem Feld diverser Barrieren

Geschlechtergerechte öffentliche Institutionen

Von Umverteilung und Anerkennung

Petra Ahrens

Öffentliche Institutionen folgen formellen und informellen Regeln, die ein möglichst reibungsloses Funktionieren gewährleisten sollen. Somit sind öffentliche Institutionen nicht in erster Linie auf Inklusion ausgerichtet, vielmehr produzieren institutionelle Regeln Ausschlüsse an Hand oft unausgesprochener Kriterien. Ein Effekt dieser quasi unsichtbaren, indirekten Exklusionsmechanismen lässt sich am Beispiel der Gleichstellung von Männern und Frauen nachzeichnen. Männer und Frauen treffen auf geschlechtsspezifische strukturelle soziale Grenzziehungen, die ihnen jeweils in unterschiedlichem Maß den Zugang zu öffentlichen Gütern ermöglichen.

Konsequenterweise ist Inklusion eines der zentralen Themen der Frauen- und Geschlechterforschung, und die Bandbreite der Themen erweitert sich kontinuierlich. Die Vielfalt der Forschungsfragen liegt unter anderem darin begründet, dass sich hinsichtlich der Geschlechterverhältnisse widersprüchliche Perspektiven einnehmen lassen. Zum einen funktioniere Geschlecht immer noch als »sozialer Platzanweiser«[1], zum anderen verlöre Geschlecht in anderen Zusammenhängen an Bedeutung durch die Pluralisierung von Lebensverläufen.

Zudem lässt sich trefflich darüber diskutieren, wie Gleichstellung in welchem Kontext eigentlich erreicht werden kann, also was denn eigentlich Inklusion hinsichtlich Geschlechterverhältnissen und Gleichstellung von Frauen und Männern heißen kann. Zwei zentrale Konzepte sind hier, erstens, *Umverteilung*, also eine Gleichverteilung von Ressourcen, Teilhabe u.ä. herzustellen; sowie, zweitens, *Anerkennung*, also eine symmetrische Gleichbewertung aller Gesellschaftsbereiche und ihrer jeweiligen Tätigkeiten und Beiträge. Diese grundlegende Frage haben Nancy Fraser und Axel Honneth

---

1 Marion Brückner, »Re-« und »De-Gendering« von Sozialpolitik, sozialen Berufen und sozialen Problemen. In: *Zeitschrift für Frauenforschung und Geschlechterstudien*, 22. Jg., H. 2+3, 2004, 25–39.

bereits vor rund einem Jahrzehnt mit ihrer Debatte um Anerkennung und/
oder Umverteilung ausgeleuchtet.[2]

Die Debatten um Umverteilung und Anerkennung finden natürlich
nicht kontextlos statt, im Gegenteil, ihre Umsetzung in die jeweilige (supra-)
nationale Realität ist geprägt durch rechtliche Vorgaben, durch bestehende
(öffentliche) Institutionen im weitesten Sinne (z.B. Schulen, Ehe, Arbeitsmarkt) und damit verbunden durch sich reproduzierende Gesellschafts- und
Geschlechterstrukturen auf der Ebene von Individuen, Organisationen und
Gesellschaften.

Hinsichtlich der rechtlichen Vorgaben zu Gleichstellung und damit bindend für Inklusion sind in Deutschland Artikel 3 des Grundgesetzes und
auch die Grundrechtecharta der Europäischen Union. Die Idee von Umverteilung und Anerkennung ist auch in der Rechtsprechung des Bundes-
verfassungsgerichtes impliziert mit seiner Definition von Gleichstellung als
Abbau von Diskriminierung, gleicher Teilhabe, und echter Wahlfreiheit.[3]
Bezogen auf (öffentliche) Institutionen gibt es weitere Rechtsvorgaben, die
Gleichstellung befördern bzw. Diskriminierung verhindern und Inklusion
gewährleisten sollen. Dazu zählen beispielsweise das Bundesgleichstellungsgesetz von 2001, das Bundesgremienbesetzungsgesetz von 1994, das Allgemeine Gleichbehandlungsgesetz[4] von 2006 oder auch die Vorgaben zur
Frauenförderung im Rahmen der Arbeitsförderung im Sozialgesetzbuch III.
Dennoch geht es weiterhin darum, diese Rechtsvorgaben auch faktisch umzusetzen und darüber hinaus weitere Schritte zu unternehmen, um Inklusion
geschlechtergerecht zu gestalten.

Was es eigentlich braucht für Gender und Inklusion – unabhängig davon, ob es um Armutsbekämpfung bei Alleinerziehenden, den Zugang zum
Arbeitsmarkt für Migrantinnen oder die Überrepräsentation von Männern
in politischen, wirtschaftlichen und kulturellen Leitungsgremien geht – ist
eine durchgängige Berücksichtigung einer Geschlechterperspektive in den
jeweils verantwortlichen Institutionen mit dem Ziel, diese gleichstellungsfördernd zu verändern (Gender Mainstreaming).

---

2 Nancy Fraser/Axel Honneth: Umverteilung oder Anerkennung? Eine politisch-philoso-
    phische Kontroverse, Vol. 1460, Frankfurt/M. 2003.
3 Susanne Baer: Geschlecht und Recht – zur rechtspolitischen Steuerung der Geschlech-
    terverhältnisse, in: Michael Meuser und Claudia Neusüß: Gender Mainstreaming.
    Konzepte – Handlungsfelder – Instrumente, Bonn 2004, 71–83.
4 Das Allgemeine Gleichbehandlungsgesetz gilt – im Gegensatz zu den anderen genann-
    ten Rechtsvorgaben – sowohl für private als auch öffentliche Fälle.

Wird von Gleichstellung der Geschlechter gesprochen, geht es zudem nicht um »die Frauen« oder »die Männer«, sondern darum zu verstehen, welche Rolle Geschlecht als strukturierende Kategorie im jeweiligen gesellschaftlichen Kontext, in der (öffentlichen) Institution spielt. In diesem Sinne wird hier mit einem intersektionalen Verständnis von Geschlecht gearbeitet. »Intersektional« soll bedeuten, dass Geschlecht häufig mit anderen strukturierenden, d.h. potentiell exkludierenden und barriereerzeugenden Kategorien, wie z.b. Alter, Kapazität, Ethnie, Glaube, sexuelle Orientierung und nicht zuletzt Klasse verbunden ist. Nur wenn verstanden wird, wie diese intersektionalen Verbindungen zusammenwirken, kann gezielt über Umverteilung und Anerkennung, über Inklusion diskutiert werden.

Die Quote als Beispiel für Umverteilung

Wie eingangs angedeutet kann Umverteilung als ein zentrales Element der Inklusion fungieren. Frauen- oder Männerquoten sind konzipiert als umverteilendes Instrument, mit dem eine gleichberechtigte Repräsentation hergestellt werden soll. Quoten sind notwendig, weil es um die Verteilung machtvoller gesellschaftlicher Positionen geht, mit denen zukünftige Weichen in dieser Gesellschaft gestellt werden und von denen – als Gebot demokratischer Teilhabe – niemand aufgrund der Zuschreibung »Frau« ausgeschlossen werden darf. Quoten sind sinnvoll, um bereits erfolgte Exklusion auf früheren Ebenen auszugleichen und ein zentrales Ziel von Gleichstellung – gleiche Teilhabe – effektiv durchzusetzen. Mit Quoten wird demnach versucht, Barrieren gleicher Teilhabe in Organisationen zu überwinden.

Aktuell gibt es Quotendebatten für mehr oder minder alle Gesellschaftsbereiche, wobei entgegen den Gesetzen der Mathematik und Logik selten über eine 50/50-Quote gesprochen wird. Eine Frauenquote für Aufsichtsräte bzw. Unternehmensvorstände, für Organe der Massenmedien und Kulturinstitutionen, in politischen Führungspositionen oder auch bei Lehrstühlen an Universitäten sind in den letzten Jahren Kristallisationspunkt für öffentliche Diskussionen. Beeinflusst werden diese Debatten auch von supranationalen Entwicklungen wie dem EU-Richtlinienvorschlag der EU-Kommissarin Viviane Reding zur ausgewogeneren Vertretung von Frauen und Männern in Aufsichtsräten börsennotierter Unternehmen und dem Tauziehen um Männer- und Frauenanteile in der neuen Europäischen Kommission.

Unabhängig davon, welcher Gesellschaftsbereich angeschaut wird, lässt sich feststellen, dass es in allen gesellschaftlichen Machtpositionen eine frappierende Überrepräsentation von Männern gibt, also eine überproportionale Inklusion einer annähernd homogenen Gruppe.[5] Hier wäre perspektivisch vielleicht eher eine Männerquote sinnvoll, die ein Limit setzt, anstatt weiter über Mindestquoten für Frauen zu verhandeln.

Wie in der *Süddeutschen Zeitung* von Thomas Sattelberger dargelegt,[6] zeigt die Debatte um die Frauenquote aber auch genau die eigentliche und weiter bestehende Problematik, die nicht allein mit einer Quotenregelung (aber auch nicht ohne sie), behoben werden kann. Die wenigen Frauen sind kürzer da als vergleichbare Männer; Funktionen, die häufiger von Frauen bekleidet sind (z.B. Sekretärin), werden plötzlich zweckentfremdet als Vorstandsfunktion gezählt, und zudem werden die Vorstandsfrauen schlechter bezahlt als die vergleichbaren Männer. Die Vorstellung, dass einmal mehr als 50 Prozent Frauen in deutschen Vorständen und Aufsichtsräten sein könnten, scheint momentan geradezu utopisch.

Dieser miserable Zustand gilt aber nicht nur für die Wirtschaft, auch in den öffentlichen Institutionen, in denen bereits Gesetze gelten, werden langjährige Ziele verfehlt und Verpflichtungen übergangen, wie der erste und der zweite Erfahrungsbericht zur Umsetzung des Bundesgleichstellungsgesetzes zeigt.[7] Zumal dann immer noch gefragt werden muss, welche Frauen (und auch Männer) überhaupt repräsentiert werden: Es sind quasi ausnahmslos Vertreterinnen und Vertreter der gutbürgerlichen deutschen Mehrheitsgesellschaft. Eine gleichberechtigte Teilhabe von Männern und Frauen in ihrer Vielfalt ist nicht in Sicht. Quoten erscheinen somit auch in intersektionaler Hinsicht als diskussionswürdig hinsichtlich ihrer Funktion.[8]

Kennzeichnend für die Quotendebatte ist es, dass die Schwierigkeit, die Quote zu erfüllen, immer an den einzelnen Frauen festgemacht wird, an de-

---

5 Elin Bjarnegard: Gender, Informal Institutions and Political Recruitment, Basingstoke 2013.

6 *Süddeutsche Zeitung* vom 18.8.2014.

7 Bundestagsdrucksache 16/3776 (2007): Unterrichtung durch die Bundesregierung. Erster Erfahrungsbericht der Bundesregierung zum Bundesgleichstellungsgesetz (Berichtszeitraum 1. Juli 2001 bis 30. Juni 2004). Bundestagsdrucksache 17/4307 (2010): Unterrichtung durch die Bundesregierung. Zweiter Erfahrungsbericht der Bundesregierung zum Bundesgleichstellungsgesetz (Berichtszeitraum 1. Juli 2004 bis 30. Juni 2009).

8 Elin Bjarnegård/Pär Zetterberg: Why are Representational Guarantuees Adopted for Women and Minorities? Comparing Constitutency Formation and Electoral Quota Design within Countries, 2014, Representation 50, 1–14.

ren »Versagen«, nicht am Versagen der Institution. Um eine Quote effektiv zu erreichen, bedarf es also mehr, als bloß Köpfe zu zählen, es bedarf einer gleichzeitigen Hinterfragung der strukturellen Grenzziehungen in Institutionen, der (in-)formellen Exklusionsmechanismen, die bestimmte Gruppen von Frauen (und auch von bestimmten Männern) aus den Machtpositionen fernhalten.[9]

Quoten sichern etwas ab, dessen tatsächliches Problem auf einer ganz anderen Ebene gelagert ist, nämlich auf der Ebene der Inklusionsfähigkeit von Institutionen. Die Frage, die sich somit zu Quote und Inklusion eigentlich stellt, ist also die, wie Institutionen effektiv offener gestaltet, wie sie demokratischer oder wenigstens etwas inklusiver werden können.

Gleiches Geld für gleichwertige Arbeit als Beispiel für Anerkennung

Was haben Debatten um Frauen in Vorständen und um (beispielsweise) armutsbetroffene Alleinerziehende gemeinsam? Beide Male geht es um Teilhabe und um Unter- bzw. Überrepräsentation von Frauen und Männern in bestimmten gesellschaftlichen Bereichen. Das bei den Quoten offenbarte Versagen der Institution ist nicht ein spezifisches für elitäre Frauenquotendebatten. Das Versagen ist eines, in dem sich die horizontale (d.h. nach Berufsfeldern), vertikale (d.h. nach Hierarchieebenen), und vertragliche (d.h. nach Arbeitsformen) geschlechtsspezifische Segregation des Arbeitsmarktes widerspiegelt.

Bei der Frage nach Anerkennung geht es auch um eine Perspektive, aus der man eine Klassifizierung von Gesellschaftsbereichen in entweder »weiblich« oder »männlich« dominierte mit ihren asymmetrischen und hierarchischen Bewertungen und Machtverhältnissen wahrnimmt. Der sogenannte »Gender Pay Gap« beispielsweise ist ein gleichstellungspolitisches Problem, welches quer zur geschlechtsspezifischen Segregation des Arbeitsmarktes verläuft. In Deutschland verdienen laut einer Studie von Stefan Bach[10] Frauen

---

9 Bram Wauters/Bart Maddens/Gert-Jan Put: It Takes Time: The Longt-Term Effects of Gender Quota, 2014, *Representation* 50, 143–159.

10 Stefan Bach: Frauen erzielen im Durchschnitt nur halb so hohe Einkommen wie Männer, in: DIW Wochenbericht 35, 2014, 803–813.

nur annähernd 49% des Pro-Kopf-Bruttoeinkommens der Männer, wenn alle Einkommensarten mit einbezogen werden. Entlohnung ist vorrangig gebunden an die jeweilige Hierarchieebene, das Berufsfeld und die Arbeitsform. Für jeden dieser drei Aspekte lässt sich trefflich über Anerkennung diskutieren: Warum gibt es beispielsweise für Leitungsfunktionen mit eher organisatorischem Aufgabenfeld (eher von Frauen besetzt) im gleichen Unternehmen weniger Geld als für das operative Geschäft (eher von Männern besetzt)? Warum verdient ein Gymnasiallehrer mehr als eine Grundschullehrerin,[11] obwohl das Studium sich nicht wesentlich unterscheidet? Warum ist der Stundenlohn – unzulässigerweise! – für gleiche Tätigkeiten in der Regel bei sozialversicherungspflichtig (Vollzeit-)Beschäftigten (überwiegend Männer) höher als bei geringfügig oder Teilzeit-Beschäftigten (überwiegend Frauen)?

Die Antwort auf diese (und viele weitere) Fragen liegt in der unterschiedlichen Anerkennung für überwiegend weiblich und für überwiegend männlich stereotypisierte Arbeiten, die trotz allen Wandels in den Geschlechterverhältnissen sich kaum ändern. Wird noch eine intersektionale Perspektive einbezogen, so hat Michelle Budig[12] für die USA belegt, dass Geschlecht beim Pay Gap mit dem Vorhandensein von Kindern und der Tätigkeit für Männer und Frauen unterschiedlich korreliert. Mütter haben geringere Chancen als Väter, eingestellt zu werden, und müssen Einkommenseinbußen von rund 4% pro Kind (!) hinnehmen, während vergleichbare Väter Einkommenszuwächse von 6% erzielen. Zählen die Mütter zu den Top 10% der Einkommensspanne, haben sie keine Einkommenseinbußen oder erhielten sogar die gleichen Zuwächse wie ihre männlichen Counterparts. Geringverdienerinnen wiederum verloren sogar 6% ihres Einkommens pro Kind, bei den Vätern profitierten Weiße und Latinos deutlich mehr als Afro-Amerikaner.

Auch beim Pay Gap wird Inklusion nur gelingen können, wenn aufmerksam und systematisch nach strukturellen sozialen Grenzziehungen und Erschwernissen beim Zugang zu öffentlichen Gütern gefragt wird. Wenn sich die geschlechtsspezifische Segregation des Arbeitsmarktes nicht abbauen lässt (z.B. durch Umverteilung), so kann immerhin daran gearbeitet werden, Gleichwertiges anzuerkennen und über die Anerkennung dem bisher verursachten Pay Gap entgegenzuwirken.

---

11 Maskulinum und Femininum sind in diesem Satz bewusst so gewählt.

12 Michelle Budig: The Fatherhood Bonus and The Motherhood Penalty: Parenthood and the Gender Gap in Pay, in: Third Way (Hg.), 2014, http://www.thirdway.org/publications/853#sthash.FizFgWF1.dpuf.

Selbst wenn aber irgendwann einmal das simple Ziel des gleichen (Brutto-) Lohnes für gleichwertige Arbeit erreicht würde, blieben dennoch weitere strukturelle Barrieren wie z.b. das deutsche Ehegattensplitting, die gleiches Geld für gleichwertige Arbeit – jedenfalls für bestimmte Gruppen – zunichtemachen würden.[13]

Gender Mainstreaming als Beispiel für Umverteilung und Anerkennung

Beide in aller Kürze dargelegten Beispiele, Quote und Pay Gap, haben verdeutlicht, dass es langfristig nicht um reaktive Korrekturen fehlgesteuerter (öffentlicher) Institutionen gehen kann. Um Inklusion unabhängig von Geschlecht zu erreichen, muss es um eine proaktive Transformation öffentlicher Institutionen gehen. Um diesen Anspruch zu erfüllen, braucht es gar nicht die Erfindung neuer Strategien, es braucht die konsequente Umsetzung einer bestehenden Strategie, des Gender Mainstreaming.

Gender Mainstreaming ist das Ergebnis verschiedener internationaler und nationaler gleichstellungspolitischer Aktivitäten[14] und wurde vor allem durch die Abschlusserklärung der Weltfrauenkonferenz 1995 weltweit anerkannt und in jeweiligen Kontexten verankert. Für Deutschland bindend sind die EU-Vorgaben zu Gender Mainstreaming, die vertraglich zuerst im Amsterdamer Vertrag von 1997 festgeschrieben wurden. Auf Bundesebene ist seit 2000 Gender Mainstreaming in §2 der Gemeinsamen Geschäftsordnung der Bundesministerien verankert, in den Bundesländern und Kommunen gibt es unterschiedliche Vorgaben. Institutionen wie die Heinrich-Böll-Stiftung haben mit dem Begriff Geschlechterdemokratie ähnliche Ansätze adaptiert.[15]

Die Grundidee beider Ansätze ist identisch: Nur durch einen grundlegenden Umbau von (öffentlichen) Institutionen, durch eine Transformation,

---

13 Maria Wersig: Der lange Schatten der Hausfrauenehe. Zur Reformresistenz des Ehegattensplittings, Opladen 2013.

14 Regina Frey: Gender im Mainstreaming: Geschlechtertheorie und -praxis im internationalen Diskurs, Königstein/Ts. 2003.

15 Heinrich-Böll-Stiftung: Geschlechterdemokratie wagen, Berlin 2002.

lässt sich Gleichstellung und Geschlechtergerechtigkeit erzielen.[16] Bisher bleibt aber festzuhalten, dass gerade dieser transformative Anspruch nicht erfüllt wird, sondern stattdessen integrierende, kooptierende oder rein instrumentelle Umsetzung angewandt wurde.[17]

Meier und Lombardo[18] haben dargelegt, welche fünf Kriterien für eine erfolgreiche Gender-Mainstreaming-Strategie, d.h. eine organisationsverändernde Strategie, überprüft werden sollten:

- Ein umfassendes Verständnis von Gleichstellung, dass sich nicht auf binäre Geschlechterkonstruktionen von »den Frauen« und »den Männern« einlässt, sondern die Herstellung von Geschlecht in verschiedenen Kontexten zur Grundlage nimmt.
- Eine Geschlechterperspektive muss im Rahmen intersektionaler anderer Ungleichheitskategorien umgesetzt werden.
- Eine gleiche (politische) Repräsentation von Männern und Frauen in ihrer Vielfalt muss numerisch wie substanziell gewährleistet werden.
- Prinzipien der Personalauswahl und -rekrutierung in (öffentlichen) Institutionen und bei politischen Prozessen müssen verändert werden.
- Hierarchien müssen abgebaut und das Empowerment Einzelner unterstützt werden.

Keines dieser fünf Kriterien ist bisher erfüllt, aber in allen sind bereits wichtige Schritte unternommen worden, auf denen aufgebaut werden kann. Wird Gender Mainstreaming konsequent umgesetzt, so lassen sich Umverteilung und Anerkennung verbinden.

---

16 Teresa L. Rees: Mainstreaming equality in the European Union: education, training and labour market policies, London 1998. Alison E. Woodward: Gender Mainstreaming in European Policy: Innovation or Deception? Vol. 103, Discussion Paper, FS I 01, Berlin 2001.

17 Emanuela Lombardo/Petra Meier/Mieke Verloo: Policy-Making, in: G. Waylen (Hg.), The Oxford handbook of gender and politics. Oxford/New York 2013, 697–702. Maria Stratigaki: Gender Mainstreaming vs Positive Action: An on-going Conflict in EU gender equality policy, in: *European Journal of Women's Studies* 12, 2005, 165–186. Sylvia Walby: Gender Mainstreaming: Productive Tensions in Theory and Practice, Social Politics: International Studies, in: *Gender, State and Society* 12, 2005, 321–343.

18 Petra Meier/Emanuela Lombardo: Gender quotas, gender mainstreaming and gender relations in politics, in: *Political Science* 65, 2013, 46–62.

Fazit

Inklusion, unabhängig von Geschlecht, lässt sich nur erzielen mittels einer durchgängigen Geschlechterperspektive in den jeweils verantwortlichen (öffentlichen) Institutionen mit dem Ziel, diese Institutionen gleichstellungsfördernd zu verändern. Zentrales Ziel für geschlechtergerechte Institutionen ist es weiterhin, Barrieren abzubauen – und zwar sowohl durch Umverteilung als auch durch Anerkennung.

Trotz allen Wandels in den Geschlechterverhältnissen besteht insbesondere auf dem Arbeitsmarkt die geschlechtsspezifische Segregation fort. Die unterschiedliche Teilhabe auf dem Arbeitsmarkt ist allerdings nicht nur für diesen problematisch: Eine schlechte oder prekäre Arbeitsmarktpartizipation führt zu weiteren Inklusionsproblemen: Es mangelt an sozialer Teilhabe, an wirtschaftlicher Teilhabe, an demokratischer Teilhabe und auch an kultureller Teilhabe.

Inklusive Gender?

Über Gender, Inklusion und Disability Studies[1]

Heike Raab

Behinderung und Geschlecht: erste Annäherungen

Wenn man sich mit der Frage nach der Verhältnisbestimmung von Behinderung und Geschlecht als zwei maßgebliche gesellschaftliche Differenzkategorien auseinandersetzt, so stellt sich zunächst die Frage nach der disziplinären Verortung. Soll man innerhalb der Gender Studies zu Behinderung forschen oder innerhalb der Disability Studies zum Thema Geschlecht? Ist also die Perspektive der Behinderung relevanter als die des Geschlechts, oder umgekehrt? Bedarf es überhaupt dieser beiden Zugänge?

Allein dieses Beispiel lässt die Schwierigkeit des Unterfangens bereits erahnen. Nicht zuletzt aus diesem Grund gilt es zunächst nach den Gemeinsamkeiten und gegenseitigen Ausblendungen in den Disability Studies und den Gender Studies zu fragen.

So sind die Disability Studies ein transdisziplinärer, behinderungsübergreifender Wissenschaftsansatz und fokussieren auf die Bedeutung von Behinderung als ein kulturelles oder soziales Phänomen.[2] Hingegen erforschen die Gender Studies aus einer feministischen Perspektive gesellschaftliche Geschlechterverhältnisse. Gleichwohl sind beide politische, transdisziplinäre Studien zu den jeweiligen soziokulturellen Phänomenen. Gemeinsam sind diesen Forschungsausrichtungen ihre Herkunft aus und ihre enge Verflochtenheit mit den jeweiligen sozialen Bewegungen. Die Gender Studies

---

1 Der vorliegende Text ist eine leicht überarbeitete Fassung eines Beitrags, der in der Zeitschrift für Inklusion 2011 erschienen ist.

2 Vgl. Anne Waldschmidt und Werner Schneider (Hg.): Disability Studies, Kultursoziologie und Soziologie der Behinderung: Erkundungen in einem neuen Forschungsfeld, Bielefeld 2007. Anne Waldschmidt: Disability Studies, in: Markus Dederich/Wolfgang Jantzen (Hg.): Behinderung und Anerkennung. Behinderung, Bildung, Partizipation. Enzyklopädisches Handbuch der Behindertenpädagogik, Bd. 2, Stuttgart 2009, 125–133.

haben sich aus der modernen Frauenbewegung heraus entwickelt, analog sind auch die Disability Studies im Kontext einer emanzipatorisch ausgerichteten sozialen Bewegung, der Behindertenbewegung, entstanden und haben einen gesellschaftskritischen Anspruch. Auch das Erklärungs- und Analyseinstrumentarium verweist auf gegenseitige Anschlussmöglichkeiten. So fechten beispielsweise die Disability Studies die Klassifikation von »behindert«/»nicht-behindert« an, während die Gender Studies die binär-hierarchische Organisation von Geschlecht erforschen. Gemeinsame Basis beider Forschungsausrichtungen sind eine de-/konstruktivistische Forschungsperspektive und die Fokussierung auf soziokulturelle Unterscheidungsweisen von Differenz und deren historisch-kontingente Vergesellschaftungsformen, um die normative Ordnung des Soziokulturellen zu hinterfragen.

Vor diesem Hintergrund möchte ich das Spannungsverhältnis aber auch das Zusammenspiel von Behinderung und Geschlecht als maßgebliche Achsen der Differenz und der Ungleichheit ausloten. Inklusive Gender bedeutet in diesem Zusammenhang Perspektiven von Cripping Gender und Gendering Disability für zukünftige Forschungsfelder der feministischen Disability Studies zu entwickeln. Inklusion wird hierbei zentral, da dieser Begriff auf der theoretischen Ebene Heterogenität und Vielfalt erklären will und politisch auf eine emanzipatorisch ausgerichtete inklusive Gesellschaft zielt. Es gilt kritisch anzumerken, dass bislang kein geschlechtersensibler Begriff von Inklusion entwickelt wurde – weder innerhalb der Disability Studies noch in der Inklusionspädagogik und auch nicht in den Gender Studies.

Von daher gilt es zunächst, den Inklusionsgedanken aus feministischer Sicht zu durchleuchten. Dieses Vorgehen ist von drei Grundannahmen geprägt: *Erstens* ist davon auszugehen, dass es nicht ausreicht, dem Konzept der Inklusion additiv das Thema Geschlecht hinzuzufügen. *Zweitens* stellt sich die Frage, inwieweit Inklusion Dimensionen von Mehrfachzugehörigkeit und Mehrfachdiskriminierung, wie z.B. die Gleichzeitigkeit von Frau-Sein und Behindert-Sein, theoretisch zu erfassen vermag. *Drittens* wird die These vertreten, dass das kulturelle Modell von Behinderung in den Disability Studies neue Einsichten in die Debatte über Heterogenität, Pluralität und Vielfalt verspricht. Denn im Zuge der zunehmenden Wahrnehmung kulturwissenschaftlicher Ansätze in den Disability Studies kommt es zu einer Verschiebung vom Integrationsparadigma zum Differenzparadigma. Aus differenztheoretischer Perspektive wird auch hier Pluralität und Heterogenität diskutiert, gleichwohl mit dem Fokus auf die Differenz der Differenz. D.h., es geht um theoretische, politische und pädagogische Zugänge, die Heterogenität, Pluralität und Vielfalt jenseits binärer Zuordnungen wie Mann/ Frau, behindert/nicht-behindert konzipieren wollen. In dieser Hinsicht stehen die Disability Studies in der Tradition differenztheoretischer Ansätze in den Erziehungswissenschaften und der kulturwissenschaftlichen Diskussionen zu Behinderung in der Behindertenpädagogik.[3]

Heterogene Differenz oder differente Heterogenität?

Seit geraumer Zeit ist auch in den Sozial- und Kulturwissenschaften eine zunehmende Debatte über Heterogenität, Pluralität und Vielfalt zu verzeichnen, die im Zuge einer kritischen Gegenwartsdiagnostik über die allgemeine Pluralisierung und zunehmende Ausdifferenzierung spätkapitalistischer Gegenwartsgesellschaften entstanden ist. Hauptsächlich die an Michel Foucault anknüpfenden Gouvernementality Studies und die Postcolonial Studies verorten dieses Prozessgeschehen im Kontext einer neoliberalen Gouvernementalität oder – wie der Postcolonial-Studies-Theoretiker Kien Nghi Ha anmerkt – als Teil eines neuen neoliberalen Vergesellschaftungsmodus.[4]

Denn, so Nghi Ha, der neoliberal motivierte Hype um Individualität und Pluralität ermöglicht auch eine fortschreitende Verdinglichung von Minoritäten und Alteritäten. Vielfalt und Pluralität werden zunehmend als wachstumsfördernde Konsumtiv- und Produktivfaktoren industriell und politisch verwertet. So bestechen beispielsweise die gegenwärtigen Produktions- und Regulationsmodi in der Kulturökonomie durch neue Formen der Aneignung des »Anderen«. Vor Vereinnahmungsversuchen dieser Art ist auch die Behindertenbewegung nicht gefeit. Im Kontext von Paralympics, Schönheitswettbewerben von behinderten Frauen und behinderten Filmstars boomt auch hier die Ästhetisierung des Anderen, und es blüht ein letztlich exotisierender Spartenkonsum.

Insofern gilt mit der leider viel zu früh verstorbenen Disability-Studies-Theoretikerin Claudia Franziska Bruner zu fragen, welche Ausschließungsprozesse gerade unter Bedingungen und Vorstellungen gesellschaftlich be-

---

3 Vgl. Paul Mecheril/Melanie Plößer: Differenz, in: Sabine Andresen et al. (Hg.), Handwörterbuch Erziehungswissenschaft, Weinheim/Basel 2009, 194–209.

4 Vgl. Kien Nghi Ha: Hype um Hybridität. Kultureller Differenzkonsum und postmoderne Verwertungstechniken im Spätkapitalismus, Bielefeld 2005.

fürwortender Inklusionsprozesse in Gang gesetzt werden.[5] Noch pointierter formuliert heißt dies, darüber nachzudenken, ob wir nicht schon längst im Zeitalter der Inklusion angekommen sind, in der Heterogenität, Vielfalt, Andersheit jedoch als neue Marktsegmente im neoliberalen Postfordismus verdinglicht werden. Kritisch-reflexiv sollte deswegen hinterfragt werden, ob das Modell der Inklusion nicht klammheimlich einem Bedeutungswandel unterliegt und nunmehr im neoliberalen Gewand eines allgemeinen Individualisierungsversprechens auftritt, bei dem Minorisierten die Aufgabe zukommt zu demonstrieren, dass man es auch unter erschwerten Bedingungen schaffen kann.[6]

Ob Inklusion, analog zur sogenannten Integrationsdebatte im Bereich der Migration, als gesellschaftliches Modell ein zwanghaftes oder befreiendes Moment entwickelt und tatsächlich für kulturelle, pädagogische und soziale Öffnungskulturen steht, hängt also wesentlich davon ab, welche soziokulturelle Position Minorisierte in einer Gesellschaftsstruktur einnehmen, deren Zugänge und Ausschließungen durch die Überschneidungen von Geschlecht, Ethnizität, Behinderung, sexueller Orientierung permanent neu konstituiert werden.

An diesem Punkt setzt die gegenwärtige feministische Intersektionalitätsdebatte an und erforscht die Vielfalt von Macht- und Herrschaftsverhältnissen als wechselseitige Hervorbringungsverhältnisse. Historisch betrachtet, hat Intersektionalität ihre Wurzeln in der innerfeministischen Auseinandersetzung um das Verhältnis von Geschlecht und anderen Achsen von Differenz und Ungleichheit, wie etwa Rassismus. Ferner sind die Diskussionen um den Zusammenhang von Behinderung und Geschlecht zwischen der behinderten Frauenbewegung und der nicht-behinderten Frauenbewegung zu nennen. Als jüngster Beitrag zur Intersektionalitätsdebatte ist sicherlich die

---

5 Vgl. Claudia Franziska Bruner: Körper und Behinderung im Diskurs. Empirisch fundierte Anmerkungen zu einem kulturwissenschaftlichen Verständnis der Disability Studies, in: *Psychologie und Gesellschaftskritik*, 29, H. 1, 2005, 33–53.

6 Insofern ist hier Clemens Dannenberg und Carmen Dorrance zuzustimmen, wenn sie schreiben, dass mit der Festschreibung von Inklusion als praktisches und utopisches Ziel potenziell die Gefahr besteht, nicht mehr selbstkritisch und selbstreflexiv auf das eigene Handeln zu schauen, und, so möchte ich hinzufügen, dass potentiell zudem die Gefahr besteht, gesellschaftliche Transformationen nicht mehr mit Blick auf das eigene Ziel zu reflektieren. Siehe dazu: Clemens Dannenberg und Carmen Dorrance: Inklusion als Perspektive (sozial)pädagogischen Handelns – eine Kritik der Entpolitisierung des Inklusionsgedankens, in: Zeitschrift für Inklusion, 2, 2009, http://www.inklusion-online. net/index.php/inklusion/article/view/24/33, letzter Zugriff am 9.1.2011.

von der US-amerikanischen Gender-Theoretikerin Judith Butler ausgelöste feministische Gender-Debatte zu nennen. Im Kern ging es in der Debatte darum, inwiefern universale Analysekategorien wie »Frau« beziehungsweise »Lesbe« oder »Geschlecht« nicht potentiell Pluralität und Vielfalt ausschließen und stattdessen eine essentialistische Definition von Frau-Sein beinhalteten, die der Differenz unter Frauen nicht gerecht würde. So gäbe es behinderte Frauen, lesbische Frauen, weiße Frauen und Frauen mit Migrationshintergrund, so die Kritik von Butler, die alle von der feministischen Universalkategorie »Frau« repräsentiert werden soll(t)en, deren reale Unterschiede – z.b. aufgrund von Ethnizität oder sozialer Zugehörigkeit – aber in der Kategorie »Frau« weder erfasst noch repräsentiert werden könnten.[7]

Dem Grunde nach ging es in allen drei feministischen Debattensträngen darum, Differenzverhältnisse innerhalb von Geschlecht zu thematisieren sowie um die Problematik von Mehrfachzugehörigkeit als auch um Erfahrungen von Mehrfachdiskriminierung.

Im Rahmen dieses innerfeministischen Diskussionsprozesses um die Vielfalt und Unterschiedlichkeit von Frauen entstand der Terminus »Intersektionalität«, der inzwischen auch Eingang in die Disability Studies und in die Inklusionspädagogik gefunden hat.[8]

Zentral für das Modell von Intersektionalität als Analyseinstrument ist der Fokus auf die komplexe Vielschichtigkeit gesellschaftlicher Macht- und Herrschaftsverhältnisse, d.h. es wird nicht von einem einzigen dominanten Vergesellschaftungsmodus ausgegangen, wie etwa *dem* Kapitalismus. Viel eher werden multiple Dimensionen der Macht und Herrschaft analysiert. Ausgangspunkt ist die Annahme, dass sich unterschiedliche Achsen der Differenz und Ungleichheit überkreuzen und wechselseitig hervorbringen.

So betrachtet, lässt sich beispielsweise Behinderung nicht auf eine einzige Macht- und Herrschaftsdimension, wie etwa Behindertenfeindlichkeit, reduzieren. Behinderung wird stattdessen als mit anderen Macht- und Herrschaftsverhältnissen verknüpft betrachtet. Aus einer intersektionalen Sicht kann Behindertenfeindlichkeit deshalb als interdependent und verwoben mit Homophobie, Sexismus, Rassismus und sozialer Zugehörigkeit verstanden werden. Bezogen auf die Disability Studies wird es auf diese Weise mög-

---

7 Vgl. Judith Butler: Das Unbehagen der Geschlechter, Frankfurt 1991.

8 Heike Raab: Intersektionalität in den Disability Studies: Zur Interdependenz von Disability, Heteronormativität und Gender, in: Werner Schneider und Anne Waldschmidt (Hg.), Disability Studies, Kultursoziologie und Soziologie der Behinderung: Erkundungen in einem neuen Forschungsfeld, Bielefeld 2007, 127–151.

lich, die Differenz- und Analysekategorie Behinderung als eine relationale Kategorie zu entwerfen, d.h. als abhängig und sich überkreuzend mit anderen maßgeblichen gesellschaftlichen Vektoren von Macht und Herrschaft. Gleichzeitig verweist die Relationalität von Behinderung als eine von verschiedenen machtvollen Achsen der Differenz und der Ungleichheit auf Fragen nach Mehrfachzugehörigkeit und Mehrfachdiskriminierung, wie sie in den feministischen und queeren Disability Studies angesprochen werden.[9] D.h., es wird auf diese Weise möglich, die spezifische Problematik von behinderten Frauen oder von Lesben und Schwulen mit Behinderung sowie von Menschen mit Behinderung und einem Migrationshintergrund zu erforschen und zu thematisieren.

Sofern Intersektionalität auf die Analyse sich vielfach durchkreuzender Differenzen und Hierarchien rekurriert, knüpft dieser Ansatz zudem unmittelbar an dekonstruktivistische Perspektiven aus dem kulturellen Modell von Behinderung in den Disability Studies an. Unter Verwendung dekonstruktivistisch-poststrukturalistischer Theorien wird damit eine grundlegende Kritik an den Denktraditionen der Aufklärung geübt. Kennzeichen westlicher Denktraditionen seit der Aufklärung ist ein Denken in hierarchischen Kategorien wie Mann/Frau, Homo-/Heterosexualität, Gesundheit/Krankheit etc., das mit totalisierenden wesenhaften Vorstellungen von Identitäten einhergeht. Hingegen zielt das kulturelle Modell in den Disability Studies auf die Dekonstruktion jener Binarismen und Identitäten, wie sie seit der Aufklärung entwickelt wurden. Die Betonung liegt auf der Mehrdimensionalität von Differenz im Kontext vielfältiger und widersprüchlicher Macht- und Herrschaftsverhältnisse. Dies bedeutet, dass dem poststrukturalistischen Paradigma der Heterogenität, Vielfalt und Pluralität gemäß wissenschaftliche Denksysteme und deren binäre, dichotome Vorstellung und Unterscheidungsweisen wie behindert/nicht-behindert oder normal/anormal im kulturellen Modell von Behinderung hinterfragt bzw. dekonstruiert werden. Insofern werden Vorstellungen von Behinderung als Naturtatsache kritisiert und die Naturalisierungsstrategien von Behinderung analysiert. Das Differenzparadigma des Intersektionalitätmodells als auch der kulturwissenschaftlich inspirierten Disability Studies stellt hingegen eher die Ebene der kulturellen Repräsentation in den Vordergrund. Ziel ist eine theoreti-

---

9 Vgl. Heike Raab: Queer revisited – Neuere Aspekte zur Verhältnisbestimmung von Queer und Gender Studies, in: Marlen Bidwell-Steiner/Karin S. Wozonig (Hg.), Die Kategorie Geschlecht im Streit der Disziplinen, Innsbruck 2005, 240–253.

sche und politische Intervention in die kulturellen Deutungsmuster einer Gesellschaft.

Ferner rückt die Vielfalt von Behinderung anstelle einer homogenisierenden essentialisierenden Einteilung von Menschen und Gruppen auf der Grundlage kohärent gedachter binärer Gegensätze, etwa behindert/nichtbehindert, als Ausgangspunkt von wissenschaftlicher Forschung, Pädagogik und Politik in den Mittelpunkt des Interesses. In diesem Sinne betonen die hier vorgestellten Ansätze, dass Differenzen nicht nur zwischen, sondern auch innerhalb einer Kategorie bedeutsam sind.

Diesbezüglich bieten die feministische Intersektionalitätsdebatte und das kulturelle Modell von Behinderung in den Disability Studies eine Ergänzung für eine Pädagogik der Vielfalt und die daran anknüpfende Inklusionspädagogik, da diese Verfahren ermöglichen, ein differenzierteres Verständnis von Heterogenität, Pluralität und Vielfalt mithin von Andersheit zu entwickeln, nämlich aus der Perspektive poststrukturalistischer, neomarxistischer und differenztheoretischer Ansätze. Gleichzeitig wird damit aber auch die bislang in den Disability Studies geschlechterkritisch und differenztheoretisch wenig reflektierte Kategorie der Inklusion begrifflich klarer konturiert und positioniert.

Vielfalt in der hier vorgestellten Lesart bedeutet somit ein Denken der Differenz, das Konzepte kritisch erweitert, die von Verschiedenheit ausgehen, aber dennoch in sich homogene Gruppen und Individuen konzipieren. Zudem werden Heterogenitätsansätze unterlaufen, die auf kategorialen Binaritäten – wie »die Behinderten«, »die Migrant/innen«, »die Frauen«, »die Homosexuellen«, »die Alten«, »die Männer« – beruhen.

Sowohl das kulturelle Modell von Behinderung in den Disability Studies als auch das hier vorgestellte Modell der Intersektionalität favorisieren eine wissenschaftliche Denkweise, die Vielfalt jenseits von Dualitäten zum Ausgangspunkt nimmt. D.h., es wird zum Beispiel auf Differenzverhältnisse innerhalb des Feldes von Behinderung fokussiert. Das ist ein Vorgehen, das es ermöglicht, Erfahrungen von Mehrfachzugehörigkeit und Mehrfachdiskriminierung in den wissenschaftlichen Blick zu bekommen.

In diesem Sinne bedeuten das Ziel und das Konzept einer inklusiven Gesellschaft, mithin einer inklusiven Pädagogik, zukünftig Überlegungen zu Pluralität, Heterogenität und Vielfalt innerhalb des Feldes »Behinderung« zu vertiefen – etwa, um stärker auf die Belange von Frauen und/oder Homosexuellen mit Behinderung oder jene von Behinderten mit Migrationshintergrund eingehen zu können. Ansonsten besteht die Gefahr, dass das an sich emanzipatorische Modell einer inklusiven Gesellschaft im Deutungshorizont einer anthrozentristisch und ethnozentristisch fundierten Aufklärung verweilt und in unbeabsichtigter Weise neuerliche Ausschlüsse produziert.

Differenzproduktion im pädagogischen Feld

Paul Mecheril schreibt beispielsweise, dass die Öffnung von Organisationen und Institutionen der Bildung seit einiger Zeit ein gut geheißenes und betriebenes Projekt sei.[10] Anerkennung von Diversität, Pluralität und Inklusion sind rhetorische Figuren, die in diesen Zusammenhang gehören und auch in der Hochschullandschaft im deutschsprachigen Raum zu einer Kritik der Tradition und einem Einsatz für Revisionen und Reformen beitragen. In diesem Sinne kann der Inklusionsgedanke als ein Teil unterschiedlicher Politiken der Vielfalt angesehen werden. In diesem Zusammenhang zeichnet sich ein Spannungsverhältnis zwischen differenzbejahenden (Anerkennungspolitiken) und ungleichheitskritischen (Identitätskritik) Politiken der Vielfalt ab. Aus Sicht der Disability Studies gilt es, diesen spannungsreichen Verweisungszusammenhang in den Politiken der Vielfalt zu taxieren. Wobei insbesondere die kulturwissenschaftliche Ausrichtung der Disability Studies untersucht, wie durch soziokulturelle Differenzierungsprozesse Unterschiede entstehen, die einen Unterschied machen. In der Praxis zielen diese Forschungen in den Disability Studies auf einen egalisierenden Umgang mit Differenzen gegenüber einer auf hierarchisierende Differenzproduktionen ausgerichteten spätkapitalistischen Gegenwartsgesellschaft. Im pädagogischen Feld wird dieses Ziel oftmals mit dem Begriff der »Inklusion« in Anschlag gebracht. Insofern gilt es, den Inklusionsgedanken sowohl zu spezifizieren als auch mit Blick auf verschiedene Sozialfelder auszudifferenzieren. Keineswegs will ich damit die Debatte um die Grundlagen von Inklusion vorschnell auf den Bereich der Bildung verengen. Vielmehr möchte ich, im Anschluss an Anja Tervooren, eine differentielle Inklusion als Ausgangspunkt von Analysen vorschlagen, die sich auf unterschiedliche Felder des Sozialen beziehen und diese Felder in ihrer jeweiligen spezifischen Eigenlo-

---

10 Vgl. Paul Mecheril: Cultural Studies und Pädagogik, Bielefeld 2006.

gik untersuchen.[11] Diesbezüglich ist davon auszugehen, dass das Verhältnis von Behinderung und Geschlecht in den unterschiedlichen Feldern des Sozialen unterschiedliche Gestalt annimmt, aber dennoch immer als wechselseitiges Konstitutionsverhältnis zu sehen ist. Bildungsforschung, die Inklusion erforschen und dabei den Verweisungszusammenhang von Behinderung und Geschlecht in den Mittelpunkt stellen will, ist folglich aufgefordert, ein mehrdimensionales Verständnis von Inklusion zu entwickeln. Einmal gilt es, Inklusion im Kontext einer sozialwissenschaftlich eingehegten Institutionenkritik zu erforschen: d.h. beispielsweise den Wandel von Bildungsinstitutionen, aber auch deren Verharrungstendenzen, mit Bezug auf Behinderung und Geschlecht sozialwissenschaftlich zu reflektieren. Andererseits gilt es aber auch, Inklusion als Praxis zu betrachten, also zu analysieren, wie in interaktiven Prozessen des Lern- und Bildungsgeschehens Differenz, respektive Behinderung und Geschlecht, hergestellt oder eben außer Kraft gesetzt wird. Ferner ist der Inklusionsgedanke um intersektionale Ansätze und Forschungen zu erweitern, da auf diese Weise auf Fragen der Mehrfachzugehörigkeit und Mehrfachdiskriminierung eingegangen werden kann.

Für dieses Unterfangen ist eine differenz- und kulturwissenschaftliche Rahmung des Pädagogischen ein angemessenes Instrumentarium. Insbesondere der Kulturbegriff der Cultural Studies spielt eine beträchtliche Rolle, da hier Kultur als Bezeichnungspraxis, als ein Prozess der Herstellung von Bedeutung gesehen wird. Hauptsächlich kulturwissenschaftliche Ansätze des Pädagogischen betonen nämlich vor allem die Aushandlung und Produktion von Bedeutung im pädagogischen Feld. Differenzen sind demnach nicht dem pädagogischen Handeln vorausgesetzt, sondern werden in der Praxis des pädagogischen Feldes erst konstruiert. Ein Modus, der auch unter inklusiven Bedingungen nicht zwangsläufig außer Kraft gesetzt wird. Die dargelegten Überlegungen und Problematisierungen möchte ich – in gebotener Kürze – nun auf die Disability Studies beziehen. Dies nicht zuletzt, weil die Frage, was denn Pädagogik im Sinne der Disability Studies sei, bislang wenig reflektiert worden ist. Ich glaube, dass im Gegensatz zu Ansätzen des Pädagogischen, die Heterogenität und Differenz affirmativ auslegen und in diesem Sinne die Anerkennung von Heterogenität und Differenz hervorheben,

---

11 Vgl. Anja Tervooren: Pädagogik der Differenz oder differenzierte Pädagogik? Die Kategorie Behinderung als integraler Bestandteil von Bildung. Wiederabdruck in: Behinderte in Familie, Schule und Gesellschaft, 1, 2003, 26–36. Dies. et al. (Hg.): Ethnographie und Differenz in pädagogischen Feldern. Internationale Entwicklungen erziehungswissenschaftlicher Forschung, Bielefeld 2014.

mit Blick auf die Disability Studies eher Herstellungsprozesse von Differenz im pädagogischen Feld zu befragen sind, statt Differenz und Vielfalt als gegeben vorauszusetzen.

Zentrales Anliegen für ein kritisches Verständnis von Pädagogik in den Disability Studies könnte es deshalb sein, die Herstellungsmodi von Verhältnissen der Differenz zu erforschen und davon auszugehen, dass soziokulturelle Differenzverhältnisse als Machtverhältnisse in Praktiken und Handlungsfelder ebenso eingeschrieben sind, wie sie Subjektivierungs-, Bildungs- und Verkörperungsprozesse generieren.

Gerade Ansätze einer kulturwissenschaftlich ausgerichteten, performativen Pädagogik zeigen, dass pädagogisches Handeln sich mit und am menschlichen Körper vollzieht, der Körper also selbst als Praxis, mithin als Teil pädagogischer Praxis begriffen werden muss. In diesem Sinne kann Behinderung als Teil verkörperter Prozesse von Erziehung, Bildung und Pädagogik verstanden werden. Hauptsächlich performative Ansätze betonen hierbei den Prozess der Herstellung im pädagogischen Geschehen aus einer kulturwissenschaftlichen Sicht. Sie befragen deshalb Differenzproduktionen in pädagogischen Kontexten als machtvolle Herstellung von Bedeutung und denken Pädagogik außerdem herrschaftskritisch. In pädagogischen Verhältnissen spielt also für die Disability Studies, neben der Anerkennung von Heterogenität und Differenz, die herrschaftskritische Analyse der Herstellung von Differenz eine gewichtige Rolle.[12]

Zwei Aspekte möchte ich hervorheben, um zu verdeutlichen, warum ich der Ansicht bin, dass Ansätze einer performativen Pädagogik für ein kulturwissenschaftlich eingehegtes Verständnis von Behinderung und Geschlecht in den Disability Studies ertragreiche Perspektiven versprechen:

Bei der performativen Forschungsorientierung des Pädagogischen geht es um die Verschiebung des Blickwinkels und der Analyseebene. Dementsprechend wird auf Praktiken fokussiert, auf Prozesse der Interaktion und auf Handlungsvollzüge. Ebenso rücken Körperlichkeit und Materialität in pädagogischen Prozessen in den Mittelpunkt. Dies geschieht, indem das Verhältnis von Bildungs- und Subjektivierungsprozessen den theoretischen Ausgangspunkt darstellt und dieser konsequent auf Differenzproduktionen

---

12 Vgl. Andreas Hinz: Inklusive Pädagogik und Disability Studies – Gemeinsamkeiten und Spannungsfelder. Vortrag gehalten am 6.5.2008 in Hamburg am Zentrum für Disability Studies Hamburg (ZeDiS), Fakultät für Erziehungswissenschaft, Psychologie und Bewegungswissenschaft, http://www.zedis.uni-hamburg.de/wp-content/uploads/2008/05/hinz_thesen_inkled_disabstud.pdf, letzter Zugriff am 10.10.2011.

bezogen wird. Die Denkweise des Performativen zentriert damit auf Praktiken des pädagogischen Handelns im repräsentativen beziehungsweise visuellen Sinne, diese gelten als wirklichkeitskonstituierende Prozesse, in denen Behinderung und Geschlecht verhandelt werden und die eine interne Dynamik entfalten. Diesbezüglich geht es performativer Pädagogik weniger um formale Bildungsabschlüsse beziehungsweise -qualifikationen, sondern um intersektionale Überschneidungen von Behinderung und Geschlecht im pädagogischen Feld. Pädagogische Performativität akzentuiert die Prozesshaftigkeit von Handlungen, den körperlich-materiellen Vollzug, mithin die Visualität pädagogischer Prozesse, in denen Differenzen konstruiert, bearbeitet oder umgearbeitet werden. In diesem Sinne werden die Bestimmungsversuche des Pädagogischen selbst zum umkämpften Terrain.

So sind beispielsweise behinderte Kinder in der Schule und ihre Lehrerinnen und Lehrer in performative Akte involviert, im Zuge derer sie bestimmte Differenzkonstruktionen zuweisen, zurückweisen oder auch modifizieren – es also zu subjektivierenden Zuweisungen kommt. Bettina Fritzsche plädiert deshalb dafür, sich vermehrt mit der subjektivierenden Wirkung pädagogischer Settings zu beschäftigen. Eine inklusive Pädagogik soll, so die Autorin, stärker berücksichtigen, wie stark Subjekte durch soziale, biographische, subkulturelle und bildungsinstitutionelle Identitäten markiert werden. Gleichwohl bleiben in dieser Sicht Mehrfachzugehörigkeiten beziehungsweise der wechselseitige Verweisungszusammenhang von Behinderung und Geschlecht konzeptionell außen vor.[13]

In diesem Zusammenhang bietet die intersektionale Perspektive eine innovative Ergänzung zu einer Pädagogik des Performativen, kann doch über das Denken der Differenz in der Intersektionalitätsforschung gezeigt werden, wie über Praktiken im pädagogischen Setting Behinderung und Geschlecht hergestellt werden; diese also keineswegs als naturgegeben zu denken sind. Vielmehr kann über den intersektionalen Ansatz gezeigt werden, dass in der Überkreuzung von Behinderung mit Geschlecht womöglich Behinderung eine untergeordnete Rolle spielen kann; Diskriminierung und Benachteiligung also nicht zwangsläufig allein in der Behinderung liegen, sondern beispielsweise auch darin gründen, dass ein behindertes, weibliches Kind sich nicht geschlechtskonform in der Schule verhält. Die Diskrimini-

---

13 Vgl. Bettina Fritzsche et al. (Hg.): Dekonstruktive Pädagogik. Erziehungswissenschaftliche Debatten unter poststrukturalistischen Perspektiven, Opladen 2001.

rung wird also dann vom »Doing Gender« hervorgerufen und nicht vom »Doing Disability«.[14]

Mit diesem Verfahren wird es möglich, ein differenzierteres Verständnis von Heterogenität, Pluralität und Vielfalt, mithin von Andersheit zu entwickeln. Es geht um eine wissenschaftliche Denkweise, die Vielfalt jenseits von Dualitäten zum Ausgangspunkt nimmt. Ein Vorgehen, das es ermöglicht, Erfahrungen von Mehrfachzugehörigkeit und Mehrfachdiskriminierung wissenschaftlich zu analysieren.

Mittels des Performativitätsbegriffs lässt sich dann beispielsweise, in Anschluss an Tervooren, erforschen, wie Interaktionen von Kindern und Jugendlichen im pädagogischen Geschehen im Wechselspiel von Behinderung und Geschlecht verkörperte Differenz herstellen. Mit dem Begriff des »Performativen« lassen sich das Praktizieren, Erlernen und die Verkörperungsprozesse von Behinderung im Wechselspiel mit anderen Differenzkategorien beschreiben.

Vor diesem Hintergrund plädiere ich mit Bezug zu den Disability Studies dafür, pädagogische Verhältnisse und Praktiken als performative Akte zu deuten, in denen Differenzproduktionen wirksam werden, aber auch außer Kraft gesetzt werden können. Eine Pädagogik des Performativen in den Disability Studies denkt den Verweisungszusammenhang von Behinderung und Geschlecht deshalb als verkörperte Praktiken und als Verkörperungsprozesse des Kulturellen, die sich nicht in Anerkennungslogiken auflösen lassen und die von intersektionalen Ungleichzeitigkeiten geprägt sind.[15]

Aspekte feministischer Disability Studies

Aus dem bisher Geschilderten wird deutlich, dass der Versuch einer Verhältnisbestimmung von Behinderung und Geschlecht eine Revision der überwiegend normativen Grundannahmen des Modells von Inklusion notwendig erscheinen lässt. Denn Geschlecht beziehungsweise Geschlechter-

---

14 Vgl. Swantje Köbsell/Jutta Jacob/Eske Wollrad: Gendering Disability. Intersektionale Perspektiven auf Behinderung und Geschlecht, Bielefeld 2010.

15 Vgl. Markus Dederich: Heilpädagogik als Kulturwissenschaft – Menschen zwischen Medizin und Ökonomie, Gießen 2009 (zusammen mit Heinrich Greving, Christian Mürner und Peter Rödler). Ders.: Disability Studies und Integration, in: *Behinderte Menschen. Zeitschrift für gemeinsames Leben*, Lernen und Arbeiten, Nr. 3–4, 2007.

verhältnisse lassen sich nicht einfach dem Inklusionsbegriff hinzufügen. Gleiches gilt für die Frage nach dem Verhältnis der Gender Studies und der Disability Studies.

Wie die feministische Disability-Studies-Theoretikerin Rosemarie Garland Thomson darlegt, erweitert eine Verhältnisbestimmung von Behinderung und Geschlecht, also eine Verbindung von Gender Studies und Disability Studies, den analytischen Rahmen zur Untersuchung multipler Achsen der Differenz und Ungleichheit. In der Erforschung moderner Macht- und Herrschaftsverhältnisse und der sie bedingenden multiplen Achsen der Differenz und Ungleichheit hat für die Autorin das Studium der soziokulturellen Konstruktion von Behinderung eine Prisma-Funktion, da es ein vertieftes Verständnis von Mensch-Sein und der Verfasstheit von Gesellschaft ermöglicht.[16]

Dementsprechend schreibt Garland Thomson, dass die Integration von Behinderung in die Forschung weniger den kritischen Fokus auf Achsen der Differenz und Achsen der Ungleichheit von Klasse, Geschlecht, Race und Ethnizität vernachlässigt, sondern vielmehr das Verständnis dafür erweitert, wie diese Systeme miteinander verknüpft sind. Denn sie geht davon aus, dass die Figur des Behinderten eine zentrale kulturelle Funktion als rhetorische Figur hat, für alles, was in der Kultur als nichtnormativ beziehungsweise nicht der Norm zugehörig angesehen wird.

Ausgehend von einem alles umfassenden Dis-/Ability-System schlägt sie deshalb als konstituierendes Moment einer feministischen Disability-Theorie die radikale Kritik und ein breites Verständnis von Behinderung als kulturelles System vor, das verschiedene körperliche Variationen stigmatisiert. Folglich wird Behinderung als ein soziokulturelles Konstrukt verstanden, das eine hohe Ähnlichkeit mit Ethnizität und Geschlecht aufweist. In diesem Sinne produziert das Dis/Ability-System hierarchische Differenzen und Ungleichheit über die Konstruktion markierter, devianter Körper.

Entsprechend wird Behinderung als ein Ordnungssystem betrachtet, in dem, *erstens*, körperliche Variationen interpretiert und diszipliniert werden; in dem, *zweitens*, der Körper als Ausdruck und Effekt der soziokulturellen Ordnung fungiert; in dem, *drittens*, ein Set soziokultureller Praktiken gleichermaßen behinderte wie nichtbehinderte Körper produziert; und wodurch es, *viertens*, möglich wird, Prozesse der Verkörperung als instabile Pro-

---

16 Rosemarie Garland Thomson: Integrating Disability, Transforming Feminist Theory, in: Bonnie G. Smith/Beth Hutchison (Hg.), Gendering Disability. New Brunswick/New Jersey/London 2004, 73–107.

zesse zu beschreiben, gerade weil sie von der Norm abweichende Körper permanent ausschließen und diese gleichzeitig permanent bedrohen.

Es ist diese entnaturalisierende Sicht auf Behinderung beziehungsweise auf deviante Körper, die auf Anschlussstellen mit den Gender Studies verweist und zugleich feministische Theoriebildung mobilisiert. Insbesondere ist hier die bereits ausgebildete und ausgeprägte feministische Kritik an Geschlecht, Rasse, Klasse, Heteronormativität und Ethnizität zu nennen, die als eingebunden und Ausdruck von gesellschaftlichen Macht- und Herrschaftsverhältnissen aufgefasst wird.

Insbesondere feministische Disability-Theorie kann hierbei auf einige Prämissen feministischer Theoriebildung in diesem Bereich zurückgreifen und diese zugleich weiterentwickeln: Dies gilt einmal für den Bereich der Repräsentationskritik, d.h. es wird davon ausgegangen, dass Repräsentationen eine realitätsgenerierende Wirkung haben. Eine weitere Prämisse ist, dass das minorisierte Andere, d.h. die Summe der Differenzen (Behinderte, Frauen, Homosexuelle, People of Colour usw.), das Allgemeine definiert und nicht umgekehrt das Allgemeine das Andere. Ferner stehen Geschlecht wie auch Behinderung für einen analytischen Zugang, mit dem man Macht- und Herrschaftsverhältnisse beschreiben kann. Schlussendlich verweisen sowohl Geschlecht als auch Behinderung auf einen ebenso multiplen wie instabilen Begriff von Identität, insofern knüpft feministische Disability-Theorie an die feministische Identitätskritik an. Zugleich fühlt sich feministische Disability-Theorie analog zu den Gender Studies einem emanzipatorischen und sich politisch verstehenden Projekt verpflichtet. Insofern ist auch Bewegungsforschung als ein wichtiger Bestandteil einer feministischen Disability-Theorie zu nennen.

Inklusion mutiert hier zur Trope einer voraussetzungslosen heterogenen Wissenschafts- und Hochschullandschaft, in der sowohl die Gender Studies als auch die Disability Studies gleichberechtigt Forschung betreiben können und dabei jene Perspektiven, die sich aus den Erfahrungen von Mehrfachzugehörigkeit und von Mehrfachdiskriminierung ergeben, zum genuinen Bestandteil der Forschungspraxis machen können. Wie der Hochschulalltag und die vorherrschende Forschungspraxis zeigen, wird dieser Weg ohne die Partizipation von Betroffenen nicht beschritten werden können.

Mit Beteiligungsprozessen und Gender Planning zu inklusiven Freiräumen

Barbara Willecke

Beteiligung und Diversity sind einander ergänzende und bekräftigende Werkzeuge auf dem Weg zu gesellschaftlicher Vielfalt und vielfältiger Teilhabe. Inklusion wird in diesem Zusammenhang als denkbar weit gefasster Begriff des Miteinanders genutzt, der alle Arten von Herkunft, Prägung, Interessen, Einschränkungen, Lebenslagen sowie sämtliche daraus erwachsende Potentiale und Bedürfnisse in den Blick nimmt. Diese Sichtweise kann und sollte die Basis unterschiedlichster demokratischer Aushandlungs- und Entscheidungsprozesse sein. Im Folgenden sollen im Sinne von Inklusion die Instrumente Beteiligung, Gender Planning und Diversity als Werkzeuge im Vorfeld der Neu- oder Umgestaltung öffentlicher Freiräume vorgestellt werden.

Chancengleichheit und Vielfalt: Gender Planning

Gender Planning als Instrument der Freiraumplanung macht Schluss mit Gestaltungen, die gängige Rollenbilder aufgreifen und festigen. Gendergerechte Freiräume befriedigen generations- und kulturübergreifende Bedürfnisse aller denkbaren Nutzerinnen und Nutzer, sie sind flexibel nutzbar und mit Bedacht strukturiert. Im Kontext gendergerechter Stadtplanung bieten sie zeitgemäße Antworten auf Themen wie Integration, Familien- und Erwerbsarbeit, lebenslanges Wohnen, Inklusion, Quartiersbildung, Identifikation u.v.m. Gender Mainstreaming ist zunächst ein politischer Leitgedanke zur Förderung der Chancengleichheit aller Bevölkerungsgruppen und in allen Lebensbereichen. Mit Gender Planning etabliert sich ein Planungsansatz, der die Chancengleichheit zu einem wesentlichen Kriterium einer umfassenden, effizienten, nachhaltigen und damit erfolgreichen Planung macht. Dabei geht der Begriff der Chancengleichheit weit über die Gleichberechtigung von Frauen und Männern hinaus. Gemeint ist viel mehr, allen alles zu ermöglichen. Gender meint nicht Frauenparkplätze, aber sehr wohl chillende Jungs, fußballspielende Mädchen, sportliche Rentnerinnen und Väter im Spielsand. Je größer das Spektrum derer ist, für die ein Freiraum entwickelt wurde, je mehr Menschen ihre spezifischen Bedürfnisse an einem Ort berücksichtigt sehen, je vielfältiger die Schnittmengen und Begegnungsmöglichkeiten, um so attraktiver ist ein Ort. Gleichzeitig steigt das Sicherheits- und Zugehörigkeitsempfinden, je stärker ein Platz von unterschiedlichen Nutzungsgruppen frequentiert wird. Klare Strukturen unterstützen zusätzlich die individuelle Verhaltenssicherheit, nehmen Schwellenängste und vermeiden Konflikte. Die auf diese Weise gestalteten Freiräume fördern Integration, Interaktion und Begegnung. Sie wirken mittels Gestaltung und Ausstattung gängigen Rollenbildern entgegen, indem sie ermöglichen und ermutigen.

Beteiligung inklusiv(e)

Beteiligungsverfahren geben die Möglichkeit zu demokratischen Aushandlungsprozessen als Basis für bedürfnisorientierte, gendergerechte Planungen, aus denen gut frequentierte, vielfältig nutzbare Lieblingsorte entstehen. Unter dem Begriff »Bürgerbeteiligung« versammeln sich seit einigen Jahren viele verschiedene Beteiligungsansätze und -methoden. Wir verwenden den geschlechtsneutralen Begriff »Beteiligungsverfahren« und plädieren für individuell entwickelte Beteiligungsmethoden, die sich auf den konkreten Ort und all seine potentiellen Nutzerinnen und Nutzer beziehen.

Kinder, Jugendliche, Anwohnerinnen und Anwohner unterschiedlichen Alters und in diversen Lebenslagen nehmen ihr Umfeld unterschiedlich wahr und haben verschiedene Ansprüche an Freiräume. Beide Aspekte machen sie zu Alltagsexpertinnen und -experten, deren komplexes Wissen »am Reißbrett« nur schwer erdacht und verstanden werden kann. Die Aufgabe von Beteiligungsprozessen besteht zunächst darin, diesen Wissensschatz zu heben, indem möglichst viele Personen stellvertretend für ihre Nutzungsgruppen befragt werden. Gleichzeitig bekommen die Planenden Gelegenheit, die Orte mit den Augen der künftigen Nutzerinnen und Nutzer zu sehen. Dieser Wissens- und Erfahrungsaustausch wird von den Beteiligten als Wertschätzung wahrgenommen und fördert auch im Weiteren die Akzeptanz einer

Umgestaltung. Die Erfahrung zeigt, dass umfassende Beteiligungsverfahren eine ausgezeichnete Vandalismusprävention sind, weil über die Beteiligung an der Planung eine Identifikation mit dem Ort stattfindet, die auch auf lange Sicht lesbar und wirksam bleibt. Deshalb ist bereits beim Auftakt des Prozesses darauf zu achten, dass alle potentiellen Nutzungsgruppen möglichst gleichberechtigt erreicht werden. Je breiter das Spektrum derer ist, die sich im Rahmen von Beteiligungsprozessen einbringen, umso lebendiger und friedlicher ist später das Mit- und Nebeneinander und umso größer wird auch die soziale Kontrolle sein. Dabei ist es besonders wichtig, die Gruppen einzubeziehen, die sonst nicht oder schwer erreichbar, dominant oder aber weitgehend unsichtbar sind, da gerade deren Integration hilft, Konflikte zu vermeiden. Ein Beteiligungsverfahren erfordert neben der Erforschung individueller und gruppenspezifischer Bedürfnisse auch die Aushandlung sich überschneidender oder widersprechender Interessen. Das Ergebnis solcher Prozesse sind Orte, die interkulturell und generationenübergreifend lesbare Stimmungen vermitteln, von denen viele sich angesprochen fühlen und an denen alle mitwirken. Die räumlich-funktionale Struktur eines Ortes, gut eingebunden in die Umgebung, lesbar in ihren Zonen und Übergängen, ist der alles bestimmende Grundton, der aus einem Beteiligungsprozess hervorgeht. Pflanzungen, Ausstattungselemente, Farbigkeit und Materialien machen aus dem Grundton Musik, ein lebendiges Ganzes.

Kosten und Wert von Beteiligungsverfahren

Das vor der Planungsphase bereitgestellte Budget für Konzeption, Durchführung und Auswertung eines Beteiligungsverfahrens gewährleistet u.a. umfassende Partizipation im Sinne des Gender Budgeting, indem die bevorstehenden baulichen Investitionen geschlechter- und generationengerecht allen zu Gute kommen. Darüber hinaus entsteht ein realer Mehrwert, weil inklusive Orte von mehr Menschen frequentiert werden – gendergerechte Investitionen nützen damit nicht nur einem breiteren, sondern auch einem größeren Spektrum der Bevölkerung. Auch vor dem Hintergrund der Kosten eines Beteiligungsverfahrens sollte am Anfang eines solchen Prozesses die Entscheidung stehen, wie mit den Beteiligungsergebnissen umgegangen wird: Beeinflussen sie im Rahmen der technischen und finanziellen Möglichkeiten die anstehende Planung, nehmen sie Einfluss auf Struktur, Ausstattung und Ästhetik, oder dienen sie nur als Entscheidungsgrundlage für andere Gremien? Diese Fragestellung ist von besonderer Wichtigkeit, weil die Teilnehmerinnen und Teilnehmer von Partizipation wissen möchten, wie mit ihrer besonderen Expertise, ihren konkreten Bedürfnissen umgegangen wird. Nichts ist schlimmer für das Demokratieverständnis und das Interesse an Teilhabe, als Beteiligungen, deren Ergebnisse nicht umgesetzt werden. Zum Wert der hier beschriebenen Beteiligungen gehört auch, dass die Teilnehmenden Transparenz in Verbindung mit Selbstwirksamkeit erleben. Alle können im Laufe des Prozesses erleben, dass ihre individuelle Teilhabe einen Unterschied macht, sie Einfluss nehmen und damit wirksam werden können.

»Macht alle mit!« – Beteiligung konkret

Im Idealfall fällt vor Beginn der Beteiligung die Entscheidung zur Umsetzung der Beteiligungsergebnisse im Rahmen der Landschaftsplanung (oder in entsprechenden anderen Bereichen). Darauf folgt die exakte Analyse des Platzumfelds im Hinblick auf die unterschiedlichen Nutzungsgruppen. Ein erfolgreiches Beteiligungsverfahren lebt davon, dass es Stellvertreterinnen und Stellvertreter aller vorhandenen Nutzungsgruppen erreicht. Veranstaltungsorte und Befragungsmethoden müssen deshalb so gewählt sein, dass alle teilnehmen können bzw. aufgesucht werden. Die Beteiligung erfolgt, zugeschnitten auf den jeweiligen Ort, in aufeinanderfolgenden Schritten, die, bezogen auf die potentiellen Nutzungsgruppen (z.B. Kinder, Ältere, Frauen, Männer, Eltern, ggf. kultureller/religiöser Hintergrund), paritätisch ausgewertet werden. Die enge Verknüpfung von Beteiligung und Planung legt nahe, dass das Beteiligungsverfahren zusammen mit den Planungsleistungen ausgeschrieben und vergeben wird. Separate Beteiligungsverfahren im Vorfeld der Planungen weisen in der Praxis oft größere Wissens- und Wirkungsverluste auf.

Was macht einen Ort erfolgreich?

Um ein Projekt erfolgreich zu machen, muss es vom Ergebnis her gedacht werden: Wie soll der umgestaltete Ort wirken? Wer wird sich zu welcher Zeit dort aufhalten? Welchen Tätigkeiten werden von wem nachgegangen? Wer begegnet sich? Wer traut sich etwas zum ersten Mal und dann immer wieder? Was/wer bereichert den Ort besonders, und für wen ist der Ort eine besondere Bereicherung? Wie strahlt der Ort in die Umgebung aus?

Ein erfolgreicher Ort ist nicht teurer als andere, er ist besser, da er Chancengleichheit bietet, von der alle profitieren können. Beteiligung in Verbindung mit Gender und Diversity Planning ermöglicht einen größtmöglichen Ertrag aus der Investition in eine Um- bzw. Neugestaltung, weil inklusive geschlechter- und generationengerechte Orte stark frequentiert und dennoch vandalismussicher sind. Die Nutzungszeiten pro Tag steigen durch die verschiedenen Angebote und Nutzungsgruppen. Es entwickelt sich ein lebendiges Miteinander, das bestenfalls bis in Straßen, Schulen und Wohnungen strahlt. Damit sind gendergerechte Freiräume Lernorte für Inklusion, die fortgesetzt friedliche Aushandlung und Teilhabe ermöglichen und die viele vieles mit anderen Augen sehen lassen. Der Begriff der Barrierefreiheit erfährt im Sinne von Gender Diversity und Gender Planning eine Erweiterung hin zur Überwindung von allem Trennenden, von Schwellen und Schwellenängsten, (sozialen) Kräfteverhältnissen und überkommenen Rollenbildern. Umfassende räumliche Gerechtigkeit und Barrierefreiheit steigern die Lebensqualität aller und werden immer stärker zum Synonym lebenswerter Städte und Freiräume.

XI
Von der politischen Bildung zur Inklusion: Ziele und Zielgruppen politischer Bildungsarbeit

»Defizit« oder »Benachteiligung«

Zur Dialektik von Selbst- und Fremdausschließung in der politischen Bildung[1]

Helmut Bremer und Mark Kleemann-Göhring

Ein vernachlässigtes Thema: Die sozialen Zugänge zur politischen Bildung

Zu Beginn des Abschnitts zu »Politik und Bildung« in seinem Buch *Die feinen Unterschiede* greift Pierre Bourdieu das Bild einer idealisierten Vorstellung vom politischen Handeln auf. In Anlehnung an Karl Marx und Friedrich Engels und deren utopischen Entwurf einer egalitären Gesellschaft, in der jeder und jede sich frei an den öffentlichen Angelegenheiten beteiligen kann, heißt es dort: »Es gibt keine Politiker, sondern höchstens Menschen, die u.a. auch politisch tätig sind.«[2]

Dieser utopische Entwurf ist vielleicht auch heute noch das ausgesprochene oder unausgesprochene Leitziel der politischen Bildung[3], nämlich in dem Sinne, möglichst alle Menschen durch eine spezifische Bildung in den Status eines Idealbürgers zu heben, »der handlungsfähig und engagiert am politischen Leben teil hat«[4]. Im Vergleich zu solchen utopischen Szenarien sieht es um die Wirklichkeit der politischen Partizipation anders aus, wie ein

---

1 Es handelt sich bei diesem Beitrag um eine überarbeitete Fassung des ursprünglichen Artikels: Helmut Bremer/Mark Kleemann-Göhring: »Defizit« oder »Benachteiligung«. Zur Dialektik von Selbst- und Fremdausschließung in der politischen Erwachsenenbildung und zur Wirkung symbolischer Herrschaft, in: Christine Zeuner (Hrsg.): Demokratie und Partizipation – Beiträge der Erwachsenenbildung. *Hamburger Hefte der Erwachsenenbildung*, 13, H. 1, 2010, 12–28.

2 Pierre Bourdieu: Die feinen Unterschiede. Kritik der gesellschaftlichen Urteilskraft, Frankfurt/M. 1982, 620.

3 Unsere Überlegungen gehen zwar vorrangig von der Situation der politischen Erwachsenenbildung aus. Allerdings sehen wir für unsere Argumentation im Kern eine Gültigkeit, die über diesen Bereich hinausgeht, so dass wir nicht immer zwischen schulischer und außerschulischer politischer Bildung unterscheiden.

4 Peter Massing: Theoretische und normative Grundlagen politischer Bildung, in: Peter Massing/Wolfgang Beer/Will Cremer (Hg.), Handbuch politische Erwachsenenbildung, Schwalbach 1999, 22–60, 44.

Blick auf die Teilnahmezahlen der politischen Bildung zeigt. Und es mag an dieser Diskrepanz zwischen latentem Wunschbild und Realität liegen, dass das Bild, das von der politischen Erwachsenenbildung gezeichnet wird – das sie aber auch selbst häufig von sich zeichnet –, oft genug von einer »Krise« oder einer allgemein schwierigen Lage bestimmt ist.

Sicherlich: Politische Bildung hat insofern immer Gegenwind, weil es ihr im Kern darum geht, das Eingefahrene, die Doxa, gegen den Strich zu bürsten. Auch haben es in einem Klima des Neoliberalismus, wo dem Einzelnen immer die Bringschuld für sein Wohlergehen auferlegt wird, Argumentationen schwerer, die das Kollektive in den Mittelpunkt rücken.

Allerdings, so unsere These, macht es sich die politische Bildung zu einfach, wenn sie beinahe reflexartig darauf verweist, dass die Zeiten »gegen uns« sind. Es gibt auch hausgemachte Probleme, die zu dieser Lage geführt haben.[5]

Eines dieser hausgemachten Probleme sehen wir darin, dass die politische Erwachsenenbildung sich zu wenig mit den sozialen Zugängen zur Sphäre der Politik im Allgemeinen und zur politischen Bildung im Besonderen beschäftigt hat. Blickt man nämlich etwas genauer auf die Teilnahmedaten, dann fällt nicht nur auf, dass die Teilnahmequoten relativ gering sind, was vordergründig die These der »Entpolitisierung« begründet (sie schwanken je nach Berechnungs- beziehungsweise Schätzungsgrundlage zwischen 1 und 5 Prozent der Bevölkerung[6]). Es zeigt sich vielmehr darüber hinaus ein ausgeprägtes Gefälle nach der sozialen Herkunft. Schon Horst Siebert konstatierte, dass »die politischen Bildungsangebote [...] nicht in erster Linie von denjenigen in Anspruch genommen [werden, H.B./M.K.-G.], für die sie konzipiert sind, nämlich von den politisch und sozial benachteiligten Gruppen,

---

5 Vgl. auch Helmut Bremer/Jana Trumann: Politische Erwachsenenbildung in politischen Zeiten, in: *Der pädagogische Blick*, H. 4, 2013, 211–223.

6 Vgl. Helmut Kuwan: Berichtssystem Weiterbildung. IX. Integrierter Gesamtbericht zur Weiterbildungssituation in Deutschland, 2006, http://www.bmbf.de/pub/berichtssystem_weiterbildung_neun.pdf, letzter Zugriff am 20.6.10. Paul Ciupke/Norbert Reichling: Die Teilnehmerinnen und Teilnehmer, in: Wolfgang Beer/Will Cremer/Peter Massing (Hg.), Handbuch politische Erwachsenenbildung, Schwalbach 1999, 257–288. Paul Ciupke: Verluste und Konstanten: Neue Zahlen und einige (auch alte) Erkenntnisse zur politischen Erwachsenenbildung in NRW, in: *Außerschulische Bildung*, 2, 2008, 210–211.

sondern am ehesten von der intellektuellen bürgerlichen Mittelschicht«.[7]
Auch diverse weitere Studien haben diese Befunde im Kern bestätigt.[8]

Hier tritt dann neben die häufig vorgetragene »Entpolitisierungsthese«
die »Defizitthese«, d.h. die Annahme, dass benachteiligte Gruppen aufgrund
(bedauernswerter) geringer ökonomischer und kultureller Ressourcen, mangelnder Reflexivität und fehlenden Bewusstseins Politik und politischer Bildung distanziert gegenüberstehen.

Wenn politische Bildung »Emanzipation«, also die Befreiung aus Zwän-
gen und Herrschaftsstrukturen, als zentrales Ziel hat, dann ist es generell
ein Problem, wenn sie denjenigen, die am meisten Spielball der Verhältnisse
sind, am wenigsten zu mehr Emanzipation verhilft.

Unter der Begrifflichkeit »Bildungsferne« beziehungsweise »Politikferne«
hat seit einigen Jahren eine vorsichtige Debatte wieder eingesetzt, die sich
mit den besonderen sozialen Zugängen bildungsferner Adressat/innen zur
politischen Bildung auseinandersetzt.[9]

Im Folgenden greifen wir einige Argumentationslinien dieser Debatte
auf, um zu verdeutlichen, was wir unter einer »Defizitperspektive« verstehen. Wir kritisieren, dass die »Ferne« dabei als ein Problem der Subjekte er-

---

7 Horst Siebert. Umbrüche in der Industriegesellschaft, in: Will Cremer (Hg.), Umbrüche
in der Industriegesellschaft. Herausforderungen für die politische Bildung, Bonn 1990,
431–447, 432f.

8 Vgl. Berthold Bodo Flaig/Thomas Meyer/Jörg Ueltzhöffer: Alltagsästhetik und politische Kultur. Zur ästhetischen Dimension politischer Bildung und politischer Kommunikation, Bonn 1993. Heiner Barz/Jutta Reich/Rudolf Tippelt: Weiterbildung und soziale Milieus in Deutschland, Bd. 2, Bielefeld 2004, 119. Karsten Fritz/Katharina Maier/
Lothar Böhnisch: Politische Erwachsenenbildung. Trendbericht zur empirischen Wirklichkeit der politischen Bildungsarbeit in Deutschland, Weinheim 2006, 26.

9 Aus *Politik und Zeitgeschichte*, Nr. 32–33, 2007. *Außerschulische Bildung*, 3, 2008. *kursiv.
Journal für politische Bildung*, 2, 2008. Helmut Bremer: »Bildungsferne« und politische
Bildung. Zur Reproduktion sozialer Ungleichheit durch das politische Feld, in: Benedikt Widmaier/Frank Nonnenmacher (Hg.), Unter erschwerten Bedingungen. Politische Bildung mit bildungsfernen Zielgruppen, Schwalbach 2012, 27–41. Marc Calm-
bach/Silke Borgstedt: »Unsichtbares« Politikprogramm? Themenwelten und politisches
Interesse von »bildungsfernen« Jugendlichen, in: Wiebke Kohl/Anne Seibring (Hg.),
»Unsichtbares« Politikprogramm? Themenwelten und politisches Interesse von »bildungsfernen« Jugendlichen, Bonn 2012, 43–81. Benedikt Widmaier/Frank Nonnenmacher (Hg.): Unter erschwerten Bedingungen. Politische Bildung mit bildungsfernen
Zielgruppen, Schwalbach 2012. Mark Kleemann-Göhring: »Politikferne« in der politischen Bildung. Zur Anerkennung unterschiedlicher sozialer Zugänge zum politischen
Feld, in: Helmut Bremer/Mark Kleemann-Göhring/Christel Teiwes-Kügler/Jana Trumann (Hg.), Politische Bildung zwischen Politisierung, Partizipation und politischem
Lernen. Beiträge für eine soziologische Perspektive, Weinheim 2013, 276–292.

scheint, die ihr Verhältnis zur Politik nicht hinreichend geklärt haben und sich deshalb selbst daraus ausschließen bzw. deshalb an politischer Bildung nicht teilnehmen.

Wir nehmen eine andere Perspektive ein: Politik muss als ein Feld betrachtet werden, das nicht voraussetzungslos existiert, sondern das sozial und historisch erschaffen wurde und in dem die sozialen Gruppen ihre Interessen in unterschiedlicher Weise einbringen konnten und können. Unsere These lautet daher: »Ferne« zu Politik beziehungsweise politischer Bildung ist nicht nur auf Seiten der Subjekte zu verorten, sondern ist auch (und vor allem) ein Problem der politischen Institutionen und der Einrichtungen der politischen Bildung. Deren mehr oder weniger professionellen Akteure haben sich die Sphäre der Politik zu Eigen gemacht. Sie stehen bestimmten Adressat/innen »näher«, anderen »ferner« und haben diese Distanzen ihrerseits nicht ausreichend geklärt.

Defizitperspektive auf »Bildungsferne«

Diese Perspektive findet ihren Ausdruck vor allem darin, dass in den politikwissenschaftlichen, politikdidaktischen und daran anknüpfend in den Debatten der politischen Bildung häufig von Setzungen und Normen ausgegangen wird, die bestimmte Bürgerkompetenzen[10] und Bürgerkonzepte zu Grunde legen. Paul Ackermann, Joachim Detjen und Peter Massing sprechen von verschiedenen Bürgerleitbildern.[11] Die *politisch Desinteressierten* nehmen für sich das Recht in Anspruch, sich um Politik nicht zu kümmern; die *reflektierten Zuschauer/innen* verstehen von der Politik so viel, dass sie sich nichts vormachen lassen, sich aber politisch nicht aktiv beteiligen; die *interventionsfähigen Bürger/innen* besitzen neben politischem Urteilsvermögen die Bereitschaft, sich gegebenenfalls politisch einzumischen; die *Aktivbürger/*

---

10 Vgl. Hubertus Buchstein: Bürgergesellschaft und Bürgerkompetenzen, in: Gotthard Breit/Peter Massing (Hg.), Die Rückkehr des Bürgers in die politische Bildung, Schwalbach 2002, 11–27.

11 Paul Ackermann: Die Bürgerrolle in der Demokratie als Bezugsrahmen für die politische Bildung, in: Gotthard Breit (Hg.), Handlungsorientierung im Politikunterricht, Bonn 1998, 13–34. Joachim Detjen: Bürgerleitbilder in der Politischen Bildung, in: *Politische Bildung*, 33, H. 4, 2000,19–38.

innen sind letztlich diejenigen, die sich gestalterisch auch auf professioneller Ebene in das politische Geschehen einbringen.

Diesem Bürgerideal eines »wissenden, rationalen, emotional verankerten, kritischen, handlungsfähigen und engagiert am Politischen Leben teilnehmenden Bürgers«[12] wird die Gruppe der »Politik- und Bildungsfernen« entgegengestellt, die diesen Standards nicht genügen können. Für die politische Bildung hat dies mitunter fatale Folgen. Soll die politische Bildung gesellschaftliche Breitenwirkung haben in dem Sinne, dass sie von diesen Bürgerkompetenzen ausgeht, dann muss konstatiert und problematisiert werden, dass bestimmte soziale Gruppen mit diesem Ansatz nicht erreicht werden. Eine etwas andere Perspektive nimmt Siegfried Schiele ein: »Wenn es um ›politische Bildung‹ für *alle* geht, haben auch die diejenigen ihren Platz, denen es von der sozialen Stellung her nicht gut geht. Wenn jedoch bei einem pragmatischen Ansatz die Kräfte gebündelt werden sollen, dann ist es richtig, in erster Linie an diejenigen zu denken, die für den Zusammenhalt der Gesellschaft von Bedeutung sind [*die Mittelschicht*; Herv. H.B./M.K.-G.]«[13].

Demnach entsteht der gesellschaftliche Zusammenhalt innerhalb einer allgemein als »Mittelschicht« bezeichneten Gruppe, was impliziert, dass die sozial benachteiligten Gruppen für den gesellschaftlichen Zusammenhalt keine oder nur eine untergeordnete Bedeutung haben.

Dass in einem solchen Diskurs eine Grenze zwischen den politischen Bürgern und den unpolitischen »Bildungsfernen« gezogen wird, wird an anderer Stelle deutlich: »Meiner Meinung nach überreizen wir dabei [bei politischer Bildung für «Bildungsferne»; H.B./M.K.-G.] aber unsere Möglichkeiten. Wenn wir noch weit davon entfernt sind, tragfähige Konzepte politischer Bildung zu haben, die sich an die *Allgemeinheit* [Herv. H.B./M.K.-G.] richten, um wie viel schwieriger ist es dann, Wege für Bildungsferne zu eröffnen, die mit politischer Bildung noch im entferntesten etwas zu tun haben!«[14]

Solche Positionen legen die Frage nahe, ob sich die politische Bildung überhaupt mit »bildungsfernen« Akteuren befassen soll. Denn sie müsste sich, wie es dann weiter heißt, davon verabschieden, »das Politische verständlich zu machen und zum Engagement zu befähigen«[15].

---

12 Massing (1999), a.a.O., 44.
13 Siegfried Schiele: Politische Bildung für alle – kein Traum, sondern eine Notwendigkeit, in: Außerschulische Bildung, 3, 2008, 280–287, 286.
14 Ebd., 286.
15 Ebd.

Es geht letztendlich um eine bestimmte Form politischer Handlungsfähigkeit, die bildungsfernen Adressat/innen abgesprochen wird beziehungsweise die diesen als nicht vermittelbar gilt. Dass man in der politischen Bildung nicht selten zu diesem Schluss kommt, überrascht nicht, wenn man sich beispielsweise folgenden Bürgerkompetenzkatalog anschaut, den Joachim Detjen mit Blick auf den »Aktivbürger« formuliert hat.[16] Demnach muss man u.a. Fragen gezielt stellen und Argumente präzise formulieren können, über organisatorische und rhetorische Befähigung verfügen, braucht die Fähigkeit, Ideen formulieren, Konzepte entwickeln, Veranstaltungen organisieren, Versammlungen leiten, politische Diskussionen moderieren und Gefolgschaft organisieren und mobilisieren zu können.

Inwiefern solche hochtrabenden Kataloge den sozialen Zugängen breiter Bevölkerungsgruppen zum öffentlichen politischen Raum und zur politischen Bildung gerecht werden, wird besonders dann deutlich, wenn man diesen Bürgerkompetenzen nur einmal die tatsächlich vorhandenen Kompetenzen großer Teile der Bevölkerung gegenüberstellt, die nicht einmal den gesellschaftlichen Grundanforderungen einer Schriftsprachkultur genügen können. So weist Jens Korfkamp auf die augenscheinliche Diskrepanz hin, dass die politische Bildung besonders stark mit schriftsprachlichen Medien arbeitet, beträchtliche Teile der Bevölkerung – nach der Level-One-Studie 7,5 Mio Menschen in Deutschland[17] – aber nur über rudimentäre schriftsprachliche Kenntnisse verfügen und der Schriftkultur überhaupt distanziert gegenüberstehen.[18]

Wenn solche oder ähnliche Anforderungsprofile den Maßstab politischer Bildung beschreiben, überrascht es nicht, dass sie Schwierigkeiten mit bildungsfernen Adressat/innen hat und in erster Linie sozial privilegierte bildungsnahe Gruppen erreicht.

Generell ist es zu begrüßen, dass sich die politische Bildung der Thematik wieder verstärkt zugewendet hat. Problematisch wird es aber dann, wenn sie dabei einen hierarchischen Blick *von oben* einnimmt, ohne die eigene Position zu reflektieren. Die unhinterfragte Voraussetzung bestimmter Kompe-

16 Vgl. Joachim Detjen: Politische Bildung für bildungsferne Milieus, in: *Aus Politik und Zeitgeschichte*, Nr. 32–33, 2007, 3–8, 6f.

17 Anke Grotlüschen/Wibke Riekmann (Hg.): Funktionaler Analphabetismus in Deutschland. Ergebnisse der ersten leo (Level-One Studie), Münster/New York/München/Berlin 2012.

18 Jens Korfkamp: Funktionale Analphabeten als politische Bürger: Eine Herausforderung für die politische Erwachsenenbildung, in: *Praxis politische Bildung*, 1, 2008, 40–46.

tenzen als Norm lässt sich zwar aus der Logik des politischen Systems heraus ableiten, dabei unterbleibt jedoch eine Rückbindung an konkrete soziale Gruppen und deren lebensweltliche Voraussetzungen.

Soziale Spiele im politischen Feld

Vor dem Hintergrund der vorangegangenen Ausführungen soll nun die Sphäre des Politischen genauer betrachtet werden. Hierbei greifen wir auf Bourdieus Konzepte des *politischen Feldes* und der *symbolischen Herrschaft* zurück.

Das politische Feld

Hiernach sind Felder spezifische Handlungsräume und funktionieren in gewisser Weise wie ein Spiel, in dem es um etwas geht. Die Felder entwickeln dabei eine relative Eigenlogik.[19] Im politischen Feld geht es allgemein um die Regelung der allgemeinen Angelegenheiten, um die Durchsetzung von Sichtweisen auf die Welt und ihre Ordnung.

Das politische Feld bildet wie alle sozialen Felder eine Art »Mikrokosmos«[20], mit eigenen Regeln, einer speziellen Sprache und einer eigenen Kultur. Das ist die Sphäre, in der der politische Diskurs im engeren Sinne geführt wird, in der politische Ideen geboren und politische Probleme definiert werden. Es ist in erster Linie eine Welt von Expert/innen; dazu zählen vor allem Politiker/innen, Meinungsforscher/innen und Journalist/innen als »Gatekeeper«[21].

Da sie gesellschaftliche Zuständigkeiten begründet, ist die Trennung in Experten und Laien fundamental. Die Expert/innen haben im Zuge der »politischen Arbeitsteilung« quasi ein Monopol darauf bekommen, »die politische Diskussion zu führen und zu bestimmen, was als politisches Problem

---

19 Vgl. Pierre Bourdieu/Loïc J. D. Wacquant: Reflexive Anthropologie, Frankfurt/M. 2006, 128ff.

20 Pierre Bourdieu: Politik, Bildung und Sprache, in: ders., Die verborgenen Mechanismen der Macht, Hamburg 1992,13–30, 13.

21 Pierre Bourdieu: Das politische Feld. Zur Kritik der politischen Vernunft, Konstanz 2001, 49.

zu gelten hat«.[22] Die Laien, ihr Wissen und ihre Artikulationsformen sind tendenziell entwertet.

Wer sich am politischen Spiel beteiligen will, braucht »politische Kompetenz«[23], und zwar im doppelten Sinne: als *Fähigkeit* und als *Befugnis*. Politische Kompetenz als Fähigkeit meint, einen politischen Sinn beziehungsweise eine politische Bildung zu haben. Es geht darum, »konkrete Probleme des Alltags in allgemeinen Begriffen auszudrücken«.[24] Dazu braucht es Zeit und Bildung. Hinzukommen muss daneben aber auch Kompetenz im Sinne von Befugnis, d.h., dass man sich selbst zutraut und sich gesellschaftlich legitimiert sieht, sich an Politik im engeren Sinne zu beteiligen. Zwischen beiden Seiten von politischer Kompetenz besteht ein quasi-zirkuläres Verhältnis. Tendenziell gilt: Nur der, dem es gesellschaftlich zusteht, neigt dazu, sich diese Kompetenz auch anzueignen.

Was die politischen Laien betrifft, so zeigt sich, dass es die »sowohl in ökonomischer als auch in kultureller Hinsicht am stärksten benachteiligten sozialen Gruppen« und davon besonders die Frauen sind, die es schwer haben, sich *aktiv* an der »Arbeitsteilung im Bereich politischen Handelns« zu beteiligen.[25] Sie sind daher stärker darauf angewiesen, das politische Mandat an Expert/innen und an Institutionen zu delegieren. Hierbei ist wichtig festzuhalten, dass Bourdieu die Menschen keineswegs in *Politische*, die zum politischen Feld gehören, und *Unpolitische*, die nicht dazu gehören, einteilt. Auch die Laien verfügen bei ihm über ein Wissen über die politische und soziale Ordnung. Dieses politische Wissen ist aber eher ein praktisches Gespür, ein latentes, vorreflexives, alltagsweltlich erworbenes Wissen, das mehr Ethos als Logos, mehr Haltung als Bewusstsein ist. Es kann nicht in elaborierter Weise ausgedrückt werden.

Im engeren politischen Feld wird diese Ausdrucksweise der sozial und kulturell benachteiligten Laien aber nicht anerkannt. Im Ergebnis führt das zu der im Grunde resignativen Aussage: »Politik – das ist nichts für mich«. Diese *Selbstausschließung* muss aber interpretiert werden als *vorweggenommene Fremdausschließung*.[26] Bourdieu spitzt diesen Mechanismus einmal so zu:

---

22 Bourdieu (1992), a.a.O., 13.
23 Bourdieu (1982), a.a.O., 623.
24 Ebd., 28.
25 Bourdieu (1992), a.a.O., 19.
26 Vgl. Helmut Bremer: Das »politische Spiel« zwischen Selbstausschließung und Fremdausschließung, in: *Außerschulische Bildung*, 3, 2008, 266–272.

»Wenn man einem einfachen Bürger sagt, er sei politisch inkompetent, beschuldigt man ihn, unrechtmäßig Politik zu machen«[27].

Symbolische Herrschaft

Diese Dialektik von *Selbstausschluss* und *Fremdausschluss* lässt sich gut mit dem Konzept der *Symbolischen Herrschaft* verstehen. Symbolische Herrschaft meint, dass in modernen Gesellschaften die äußeren Zwänge und Notwendigkeiten in die Subjekte hinein verlagert, also verinnerlicht werden.[28] Das Konzept ist eng mit Bourdieus Habitustheorie verbunden. Die sozialen Akteure inkorporieren über ihren Habitus die soziale Ordnung, was bedeutet, dass sich die bestehenden Herrschaftsverhältnisse bis in die Körper der Individuen hineinschreiben. Dies geschieht durch langwierige Sozialisationsprozesse, in deren Verlauf erlernt wird, die gesellschaftlichen Teilungen, die zumeist eine Hierarchie, ein Oben und Unten, implizieren, als selbstverständlich und naturwüchsig zu sehen. Diese führen zu hierarchisierten Gegenüberstellungen von sozialen Gruppen: Mann/Frau, Gebildete/Ungebildete, Herrschende/Beherrschte, Junge/Alte, geistig Arbeitende/körperlich Arbeitende, Politische/Unpolitische.

Die Gesellschaft zwingt diese Einteilungen und Sichtweisen auf die soziale Welt in die Menschen hinein; wir lernen, mit und in diesen Teilungen und Einteilungen zu leben und zu denken. Deshalb ist es angemessen, in diesem Zusammenhang von einem Gewaltakt zu sprechen, der weit wirksamer ist als die meisten Akte physischer Gewalt.[29]

Blickt man so auf gesellschaftliche *Herrschaft*, dann muss man fragen: Wer hat die Macht, gesellschaftliche Einteilungen, Vorstellungen und Sichtweisen als akzeptiert und legitim durchzusetzen? Hierüber besteht eine ständige Auseinandersetzung. Es geht bei der symbolischen Herrschaft um die Herrschaft über das Denken und das Klassifizieren. Hierbei handelt es sich

---

27 Bourdieu (2001), Das politische Feld, a.a.O., 44.

28 Vgl. Beate Krais: Zur Funktionsweise von Herrschaft in der Moderne: Soziale Ordnungen, symbolische Gewalt, gesellschaftliche Kontrolle, in: Robert Schmidt/Volker Woltersdorff (Hg.), Symbolische Gewalt. Herrschaftsanalyse nach Pierre Bourdieu, Konstanz 2008, 45–58, 46.

29 Vgl. ausführlicher Helmut Bremer: Symbolische Macht und politisches Feld. Der Beitrag der Theorie Pierre Bourdieus für die Politische Bildung, in: Andreas Thimmel/Bettina Lösch (Hg.), Kritische politische Bildung. Ein Handbuch, Schwalbach 2010, 181–192.

beispielsweise um Fragen wie: Was ist legitime Kunst (abstrakt oder realistisch)? Was ist anerkannte Bildung (theoretisches Wissen/praktisches Können)? Oder: Was ist legitime Politik (parlamentarische Debatten/der Besuch von Demonstrationen)?

Zentral an dem Konzept der symbolischen Herrschaft ist, dass sie von der »Komplizenschaft« derjenigen mit abhängt, die sich ihr unterwerfen: »Die symbolische Macht setzt die Mitwirkung derer voraus, die sie erleiden, weil sie dazu beitragen, sie als solche zu errichten«[30]. Die Beherrschten wirken selbst am Zustandekommen und Fortbestehen der Herrschaft mit. Dieses Mitwirken verleitet leicht dazu, eine Bringschuld bei den Beherrschten zu sehen, wie es in der bekannten Formulierung Immanuel Kants von der »selbstverschuldeten Unmündigkeit« oder in der marxistischen Diktion als »falsches Bewusstsein« zu finden ist, wovon sich Bourdieu aber entschieden abgrenzt: »Diese Unterordnung hat nichts von einer Beziehung ›freiwilliger Knechtschaft‹, und dieses Einverständnis verdankt sich nicht bewußter und überlegter Zustimmung; es wird selbst von einer Macht bewirkt, die sich in Form von Wahrnehmungsschemata und Dispositionen (zu achten, zu bewundern, zu lieben usw.) den Körpern der Beherrschten auf Dauer eingeschrieben hat.«[31]

Da diese Schemata und Dispositionen in langwierigen Sozialisationsprozessen eingeübt wurden, können sie nicht einfach durch schlichte Akte der Bewusstmachung aufgebrochen werden, wie dies in der Denktradition von Kant oder Marx häufig nahegelegt wird. Sowohl im politischen Feld als auch in der politischen Bildung besteht eine symbolische Ordnung, die den sozial unten stehenden, bildungsfernen sozialen Milieus zu verstehen gibt, dass sie nicht die geforderten Kompetenzen mitbringen. Sie haben verinnerlicht und spüren intuitiv, dass ihnen diese Welt vorenthalten werden soll, dass ihre sozialen und kulturellen Formen des politischen Handelns und Ausdrucks nicht gewollt sind beziehungsweise nichts gelten.

Um Erfahrungen von Ohnmacht aus dem Weg zu gehen, bedarf es deshalb keines Fremdausschlusses dieser Gruppen. Sie kommen dem selbst zuvor: Sie haben, zugespitzt gesagt, eingesehen, dass Politik nicht der Bereich ist, in dem sie mit ihren milieuspezifischen Artikulationsformen erwünscht sind. In dem Maße, in dem sie die Grenze zum politischen Feld verinner-

---

30 Pierre Bourdieu: Meditationen. Zur Kritik der scholastischen Vernunft, Frankfurt/M. 2001, 218.

31 Ebd., 219.

licht, also zu ihrer eigenen Grenze gemacht haben, tragen sie dazu bei, diese aufrechtzuerhalten.

Desinteresse an Politik wäre nach diesem Verständnis als ein anderer Ausdruck von Ohnmacht zu verstehen[32] und der Selbstausschluss eben nicht als ein persönliches Defizit zu sehen, sondern als vorweggenommener Fremdausschluss.

Heuristik zum politischen Feld

Diese Vorstellung vom politischen Feld lässt sich in Form einer heuristischen Darstellung veranschaulichen (vgl. Abb. 1). Das politische Feld ist hier als ein zweidimensionaler Raum angelegt. Es geht uns dabei darum, den Ort und die Funktion der politischen Bildung und die Beschaffenheit und Funktion der Grenze zum Politischen sichtbar zu machen.

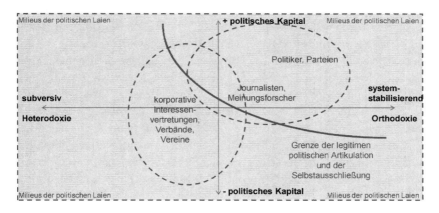

Heuristische Darstellung des politischen Feldes

Die *Struktur* des politischen Feldes lässt sich entlang der Dimensionen politisches Kapital (vertikal) und der Position (horizontal) aufspannen. Politisches Kapital haben diejenigen, die die Macht und die Ressourcen haben, um bestimmte Sichtweisen der Welt durchzusetzen. Es handelt sich zu großen Teilen um ein spezifisches kulturelles Kapital, wozu neben dem Beherr-

---

32 Bourdieu (1982), a.a.O., 632.

schen einer bestimmten Sprache vor allem auch Zeit gehört – Zeit, sich mit den allgemeinen Angelegenheiten (und nichts anderem) zu befassen. Die horizontale Dimension folgt Bourdieus Unterscheidung von *Orthodoxie* und *Heterodoxie*. Alle sozialen Felder sind Kampfplätze, in denen um die Veränderung der Kräfteverhältnisse gerungen wird. Die Hauptakteure des politischen Feldes haben ein Interesse daran, dass das Spiel erhalten bleibt, d.h., dass die Institutionen und die Zuständigkeiten gewahrt bleiben. Diese Positionen finden sich am *systemstabilisierenden* orthodoxen Pol. Gefahr geht von denjenigen aus, die die gegenwärtigen Regeln des Spiels in Frage stellen. Diese Positionen finden sich am heterodoxen Pol, der insofern *subversiv* genannt werden kann, als dass es den Akteuren hier um eine Verschiebung von bestehenden Regeln und Grenzen im politischen Feld geht.

Andere wichtige Akteure sind *intermediäre Institutionen*, an die das politische Mandat delegiert werden kann und soll. Das sind etwa Parteien, Gewerkschaften, die Kirchen, Verbände, bis hin zu Vereinen auf der lebensweltlichen Ebene. Sie sind nicht eindeutig zu verorten und können je nach Tradition, Herkunft und Stärke eher innerhalb oder außerhalb des engeren Machtzentrums des politischen Feldes stehen. Soziale Bewegungen stehen als *Häretiker*, zumindest wenn sie neu sind, außerhalb der Ordnung des politischen Feldes. In Beziehung zu setzen ist diese Logik des politischen Feldes dann zu den nach sozialen Milieus und Habitus differenzierten politischen Laien, die hier bildhaft das politische Feld umranden.

Eingezeichnet haben wir außerdem eine Linie, die wir als *Grenze der legitimen politischen Artikulation und der Selbstausschließung* bezeichnen. Hier geht es darum, ob Akteure anhand ihrer Artikulationsformen »drinnen« oder »draußen« stehen, indem solche Formen als politisch legitim in Wert gesetzt oder als politisch illegitim entwertet werden. Dabei leuchtet unmittelbar ein, dass die Laien je nach Milieu und sozialer Position über die intermediären Institutionen ganz unterschiedlich im engeren politischen Feld vertreten sind.

Ein anschauliches Beispiel, wie man sich die Konstruktion und die Wirkung dieser Grenze vorstellen kann, hat der Alt-Bundeskanzler Helmut Schmidt anlässlich der Proteste zum G8-Gipfel in Heiligendamm im Jahr 2007 in der Wochenzeitung *Die ZEIT* gegeben: »[Ich bin] einigermaßen befremdet, wenn ich die junge Demonstranten sehe, die dort am Zaun stehen und protestieren. Haben sie den rechten Sinn für Proportionen? [...] Heute würde ich ebenso wenig darauf kommen [zu demonstrieren, H.B./M.K.-G.], weil die reine Demonstration schließlich außer der Befriedigung des eigenen Geltungsbedürfnisses nichts bringt. Jedenfalls ist bei den aktuellen Protesten gegen den Gipfel nicht zu erkennen, was die Demonstranten eigentlich positiv wollen. Ich glaube überdies, dass kein 18-Jähriger sich ernsthaft einbilden sollte, zu wissen, wie die Welt organisiert sein muss.«[33]

Deutlicher kann man einem Bürger und einer Bürgerin eigentlich nicht sagen, dass er oder sie unrechtmäßig Politik betreibe. Die Demonstrierenden erscheinen hier – etwas salopp gesagt – als »ungebildete Lümmel«, die die Politiker bitte nicht von ihrer Arbeit abhalten sollen. Auf jeden Fall wird deutlich, dass versucht wird, auf sachliche Art eine Grenze zu konstruieren, die letztlich zur Ausgrenzung von Laien beiträgt.

Die politische Erwachsenenbildung ist natürlich auch ein Teil dieses Spiels. Aber sie hat nicht automatisch *einen* bestimmten Ort, sondern dieser variiert beispielsweise nach Trägern und Traditionen mitunter beträchtlich. So würde man die parteinahen Stiftungen aufgrund ihrer großen Nähe zur institutionellen Politik sehr viel näher am systemstabilisierenden Pol verorten. Die gewerkschaftliche Bildungsarbeit oder die politische Bildungsarbeit, die aus den sozialen Bewegungen hervorgegangen ist, würde man dann näher am subversiven Pol finden.

Blickt man jetzt noch einmal zurück auf die vorhin skizzierten Positionen zu politischer Bildung für »Bildungsferne«, dann wird deutlich, dass sie bei der Defizitposition eine *systemstabilisierende* Position einnimmt, wenn sie das Ideal des politischen Bürgers und seiner notwendigen Bürger/innenkompetenzen aus der Logik des politischen Feldes ableitet und damit dazu beiträgt, die eingezeichnete *Grenze der legitimen politischen Artikulation und der Selbstausschließung* zu reproduzieren.

Die politische Bildung beteiligt sich an der Reproduktion der Logik des politischen Feldes u.a. dadurch, dass sie in ihren fachlichen Diskursen Antipoden konstruiert, die diese Grenze verfestigen. Bezogen auf die Debatte um Bildungsferne geschieht dies etwa, wenn die disziplinäre Trennung zwischen politischer Bildung und Sozialarbeit herangezogen wird, um die eigene Nichtzuständigkeit zu rechtfertigen.[34] Dabei spricht viel dafür, dass auch andere Gegenüberstellungen wie »politisches Lernen vs. soziales Lernen«, »politisches Engagement vs. gesellschaftliches Engagement«, »politische Bildung vs. berufliche Bildung« oder »mündige Bürger/in vs. unmündige Bürger/in« aus der Logik des politischen Feldes hervorgehen. Dem liegt das Ziel

---

33 Helmut Schmidt: G8. Ladet China und Indien ein! In: *Die ZEIT*, 24, 2007.
34 Vgl. Detjen (2007), a.a.O., 7f.; Schiele (2008), a.a.O., 286.

zugrunde, eine bestimmte Vorstellung der Sphäre der Politik durchsetzen zu wollen, die aber eben quer liegt zu den lebensweltlichen Erfahrungsräumen der politischen Laien. Mit dem relationalen Ansatz Bourdieus lassen sich solche dualistischen Gegenüberstellungen in Frage stellen und aufbrechen.

Reflexive politische Erwachsenenbildung: Ein Plädoyer für subversive Strategien

Die politische Erwachsenenbildung hat also nicht einen festen sozialen Ort. Natürlich kann sie sich den Gesetzen des politischen Feldes und den bestehenden Kräfteverhältnissen (die sich etwa in Förderrichtlinien und Trägertraditionen ausdrücken) nicht einfach entziehen. Aber es gibt Spielräume. Und die Spannweite verschiedener Orte, an denen sich politische Erwachsenenbildung platzieren könnte, bedeutet, dass sie ein Stück weit selbst entscheiden kann, welches »Spiel« sie spielen will, wenn sie sich ihre Rolle und ihren Ort klarmacht.

Ausgegangen sind wir von der Krise, d.h. der relativen Randständigkeit politischer Erwachsenenbildung, und wir haben die These vertreten, dass es auch hausgemachte Probleme sind, die die politische Erwachsenenbildung in diese Lage bringen. Ein für uns zentrales Thema war die Vernachlässigung der unterschiedlichen sozialen Zugänge ihrer Adressat/innen.

Bourdieus Konzepte bieten analytische Werkzeuge, die es ermöglichen zu verstehen, was im politischen Feld geschieht und wie die Verflechtung der politischen Bildung in diesem Zusammenhang zu sehen ist. Erst das *Verstehen* der Mechanismen ermöglicht es, die Dinge anders zu gestalten. Dies legt eine spezifische Reflexivität nahe. Bourdieu betont stets, dass es in jedem Bereich der sozialen Welt um die Relationen geht, die Beziehungen; d.h.: Nichts ergibt aus sich selbst heraus bereits Sinn, sondern erst dann, wenn man es zu anderem in Beziehung setzt, es kontextualisiert. Für die politische Erwachsenenbildung wollen wir vor diesem Hintergrund drei Aspekte hervorheben:

(1) Reflexion des pädagogischen Umgangs mit »symbolischer Gewalt«: Auf der mikrodidaktischen Ebene gilt es, sich für den pädagogischen Umgang mit symbolischer Gewalt zu sensibilisieren, eine professionelle *verstehende* päd-

agogische Haltung einzunehmen.[35] Zunächst heißt das: Wenn die soziale Ordnung und die Herrschaftsstrukturen so tief in den Köpfen und Körpern verankert sind, wie das das Habituskonzept ausdrückt, dann sind Veränderungen nicht über einen reinen Bewusstwerdungsakt zu erreichen. So wie das Anerkennen symbolischer Herrschaft Ergebnis langjähriger Praxis ist, so müssen auch neue Handlungsmuster nicht nur »gedacht«, sondern praktisch eingeübt werden. Buchstabiert man das weiter aus, dann führt das zu handlungsnahen, auf praktische Partizipation zielenden Konzepten. Das erfordert in der Bildungspraxis eine Deutungs- und Erklärungsarbeit, die den politischen Bildner/innen Macht zuweist. Deswegen ist es besonders wichtig, eine Perspektive und Haltung einzunehmen, die nicht »von oben« mit dem Gestus des überlegenen Wissenden erfolgt. Erforderlich ist dafür eine *relationale Haltung*: Die pädagogisch Tätigen müssen sich selbst zu den Adressat/innen in Beziehung setzen, d.h. den eigenen Habitus und Standpunkt reflektieren.

(2) Reflexion der sozialen und kulturellen Ungleichheit: Dabei geht es nicht um ein bloßes Registrieren im Sinne der Defizitperspektive, mit dem Ergebnis, sich dann für nicht zuständig zu erklären, sondern um eine echte Auseinandersetzung und das Entwickeln von Konzepten. Konkret etwa: Was ist das Angebot der politischen Bildung an die Gruppe derjenigen, die sie »bildungsfern« nennt, die zu großen Teilen nicht einmal die Grundkompetenzen für eine an der Schriftsprache ausgerichtete Bildung erfüllen? Andersherum gefragt: Welchen Beitrag kann diese Gruppe für die Demokratie und das Gemeinwesen leisten? Für die Gruppe »Bildungsferne« etwa gibt es genügend Beispiele, an die man anknüpfen kann. So wäre gerade für sie eine *aufsuchende Bildungsarbeit* zu konzipieren, die zunächst Brücken in die Lebenswelt dieser Milieus schlägt. Der erste Schritt ist das Erreichen der Gruppen und das Anknüpfen an lebensweltlichen Problemlagen. Von da ausgehend kann wie nach dem Muster »konzentrischer Kreise« Bildungsarbeit entwickelt werden.[36] Wenn man von vornherein mit normativen, empirisch nicht rückgekoppelten Bürgerkompetenzen oder abstrakten Leitbildern argumentiert (mit dem Ergebnis, dass »mit denen kein Staat zu machen ist«), dann

---

35 Helmut Bremer: Emanzipation im Kontext von Milieus, symbolischer Herrschaft und Sozioanalyse, in: Tim Engartner/Jens Korfkamp (Hg.): Grenzgänge. Traditionslinien und Spannungsfelder in der politischen Bildung. Festschrift für Klaus-Peter Hufer zum 65. Geburtstag, Schwalbach 2014, 96–108.
36 Helmut Bremer/Mark Kleemann-Göhring: Weiterbildung und »Bildungsferne«. Forschungsbefunde, theoretische Einsichten und Möglichkeiten für die Praxis, Essen 2011.

mauert man sich in Randständigkeit ein. Wenn man in diese Richtung wei-
terdenkt, dann wird deutlich, dass der Ort politischer Bildungs- und Lernprozesse in erster Linie da sein sollte, wo Politik Nähe zum Alltag der Menschen hat und praktisch wird, in Bezug auf Erwachsene etwa auf der Ebene
der zivilgesellschaftlichen Akteure, eingebettet in ein Konzept der *partizipatorischen Demokratie*[37].

(3) Reflexion des sozialen Ortes der politischen Bildung: Schließlich muss die
politische Bildung sich ihren Ort und ihre Position im politischen Feld klar-
machen. Dabei geht es darum, die Spielregeln des politischen Feldes in Frage
zu stellen, d.h. »immer wieder die Legitimität dieser politischen Enteignung
der Laien und dieser Übertragung von Macht an Experten anzuzweifeln«[38]
und die vorhandenen Kompetenzen der Laien aufzuwerten. In Bezug auf die
Dimensionen des politischen Feldes heißt das, *subversive Strategien* zu entwickeln und zu unterstützen. So spricht alles dafür, dass die Grenzen zur engeren Politik beziehungsweise die dort geforderten Kompetenzen *gegen* große Teile der Laien gerichtet sind, um die Laien von der Expert/innenkultur
fern zu halten. Wenn das aber der Mechanismus ist, dann geht es gar nicht
primär darum, alle in den Stand zu heben, sich an diesem Spiel zu beteiligen
(durch das Beherrschen der politischen Sprache, durch Kompetenzen usw.).
Im Sinne der Geschichte vom Hasen und Igel würde dann von den Herrschenden im politischen Feld quasi immer etwas Neues aus dem Hut gezau-
bert, um das Spiel in Ruhe weiterspielen zu können. Legitimiert politische
Bildung die bestehenden Spielregeln, dann trägt sie selbst – möglicherweise,
ohne das zu intendieren – zur symbolischen Herrschaft bei.

---

37 Arnold S. Kaufman: Partizipatorische Demokratie und die Natur des Menschen, in:
Helmut Bremer/Mark Kleemann-Göhring/Christel Teiwes-Kügler/Jana Trumann
(Hg.), Politische Bildung zwischen Politisierung, Partizipation und politischem Lernen.
Beiträge für eine soziologische Perspektive, Weinheim 2013, 30–51 (Aufsatz ursprüng-
lich erschienen 1960). Michael Vester: Partizipatorische oder gelenkte Demokratie,
in: Helmut Bremer/Mark Kleemann-Göhring/ChristelTeiwes-Kügler/Jana Trumann
(Hg.), Politische Bildung zwischen Politisierung, Partizipation und politischem Lernen.
Beiträge für eine soziologische Perspektive, Weinheim 2013, 52–79.
38 Bourdieu (1992), a.a.O., 13.

Eine inklusive Zukunft in der politischen Bildung ermöglichen!

Das Zentrum für inklusive politische Bildung (Zipb)

Anja Besand und Tina Hölzel

Die Diskussion über Inklusion ist in den letzten Jahren in Gang gekommen. Keine Zeitungsausgabe scheint derzeit ohne einen Artikel über Fragen der Inklusion auszukommen. Keine Talkshow, die zu diesem Thema nicht bereits Gäste eingeladen hätte. Allerdings bleibt die Diskussion oft merkwürdig verkürzt. Inklusion erscheint in solch populären Kontexten nicht selten lediglich ein neuer bildungspolitischer Kampfbegriff zu sein, der die Integration junger Menschen mit Behinderung in die sogenannte »Regelschule« ausdrücken soll. Das hieße gleichzeitig aber auch: Um Inklusion muss sich die Schule kümmern. Lehrerinnen und Lehrer reagieren entsprechend bestürzt.

Wenn wir Inklusion allerdings als eine in allen gesellschaftlichen Teilbereichen vernetzt verlaufende Wandlung verstehen, die darauf abzielt, jedem Menschen in allen gesellschaftlichen Lebensbereichen auf Grundlage seiner individuellen Bedarfe Zugang, Teilhabe und Selbstbestimmung zu ermöglichen, dann lässt sich die Diskussion weder auf die Gruppe von Menschen mit Behinderung noch auf die Schule als Handlungsraum verengen. Inklusion geht – so verstanden – uns alle an. Es reicht nicht, über Inklusion zu sprechen – wir werden auch Mittel und Wege finden müssen, mehr Zugang, mehr Teilhabe und mehr Selbstbestimmung in den Handlungsräumen zu ermöglichen, die wir verantworten. Das gilt auch und sogar im Besonderen in der politischen Bildung.

Politische Bildung findet in der Bundesrepublik in und außerhalb der Schule statt. Wir haben eine entwickelte Infrastruktur von Trägerinnen und Trägern, die sich sowohl im Bereich der außerschulischen Jugend- als auch der Erwachsenenbildung um politische Bildung bemühen. Wir haben die Bundes- und Landeszentralen zur politischen Bildung, regionale Initiativen und politische Stiftungen, um nur einige Schlaglichter zu werfen. Kein Ort, in dem es nicht ein Angebot zur politischen Bildung gäbe. Und doch bleiben diese Angebote nicht selten in einem hohen Maße exklusiv. Sie richten sich – bei genauer Betrachtung – an Menschen, die sich bereits für Politik interessieren, die bereit sind, sich Vorträge anzuhören oder an Diskussionsveranstaltungen teilzunehmen. Zugespitzt formuliert, sind Angebote zur politischen Bildung – in der Schule – nicht selten an Gymnasiastinnen und Gymnasiasten und – im Bereich der Erwachsenenbildung wie der Heinrich-Böll-Stiftung – an Akademikerinnen und Akademikern orientiert.

Die brennenden Fragen sind allerdings: Was können wir tun? Wie sieht eine inklusive politische Bildung aus? Um auf diese Fragen konkrete Antworten geben zu können, haben wir im Sommer 2014 das Zentrum für inklusive politische Bildung – kurz ZipB – gegründet. Es wird getragen von der Heinrich-Böll-Stiftung Sachsen und der TU Dresden und versteht sich als Laboratorium zur Erkundung, Entwicklung und Erprobung inklusiver Konzepte im Bereich der politischen Bildung.

Was genau ist aber unter einem solchen Laboratorium zu verstehen? In unserem Fall handelt es sich um ein Zentrum, in dem sich Bildungspraxis und Bildungsforschung auf Augenhöhe begegnen können, um gemeinsam Inklusion in der politischen Bildung (weiter) zu entwickeln und zu erforschen, ganz praktisch zu erproben, in die Köpfe und schließlich auch in die individuell erfahrene Lebenswelt der Menschen zu bringen. Inklusion verstehen wir dabei als einen Prozessbegriff, der darauf gerichtet ist, Mechanismen des Selbst- und Fremdausschlusses (beispielsweise in Bildungsangeboten) zu identifizieren und nach Mitteln und Wegen zu suchen, *mehr* Zugang, *mehr* Teilhabe und *mehr* Selbstbestimmung für eine immer größer werdende Gruppe von Menschen zu ermöglichen. Ein solches Verständnis des Begriffs eröffnet Handlungsräume und ermöglicht die pragmatische Verschränkung von Reflexionsprozessen einerseits und Gestaltungs- und Erprobungsversuchen auf der anderen Seite.

Erster Schritt: Forschung und Vernetzung!

Zu Beginn werden wir den Forschungs-, Reflexions- und Vernetzungsaufgaben besondere Aufmerksamkeit widmen, denn die aktuelle Forschungslage zu inklusiver politischer Bildung sowie die kommunikative Infrastruktur inklusiver und/oder politische Bildung sind kaum entwickelt. Aber erst auf einer solchen Grundlage können zentrale Probleme, Herausforderungen, aber auch Ressourcen für die Entwicklung einer inklusiveren politischen Bildung identifiziert werden. Im Mittelpunkt der Forschungsperspektiven unseres Zentrums stehen entsprechend Fragen wie:

– Was bedeutet Inklusion im Kontext politischer Bildung?
– Welche Konzepte zu inklusiver politischer Bildung lassen sich bereits identifizieren, und welche Konzepte sind anschlussfähig an ein weites Inklusionsverständnis, wie wir es oben angeführt haben?
– Welche Hilfestellung kann die Didaktik der politischen Bildung geben, um inklusive politische Bildungsprozesse anzuregen und zu unterstützen?
– Aber auch: Was können wir in der didaktischen Diskussion über politische Bildung von Bildungseinrichtungen lernen, die inklusive Grundsätze bereits in ihrer Arbeit umsetzen und über viele Jahre Erfahrungen gesammelt haben?
– Wie können wir in der Zusammenführung verschiedener inklusiver Bildungskonzeptionen einen Weg finden, der den Prozess einer inklusiven politischen Bildung in der Breite anstößt und sie praktisch übertragbar sowie anwendbar macht?
– Die Fragen, die den ersten Ausgangspunkt unserer Arbeit bilden, sind damit umrissen:
    1. Wie lässt sich inklusive politische Bildung konkret beschreiben?
    2. Welche Erfahrungen mit inklusiver Bildungsarbeit liegen in der politischen Bildung bereits vor?

Eine Forschung rund um inklusive politische Bildung muss unseres Erachtens sowohl bestehende theoretische Kenntnisse in den Fachwissenschaften sammeln und zusammentragen. Sie muss gleichzeitig auch von Beginn an den intensiven Bezug zu den Praktikerinnen und Praktikern in der Bildung suchen. Zwei Forschungsprojekte, die im Herbst 2014 im Zentrum angelaufen sind, untersuchen entsprechend, ob und in welcher Weise der Fachdiskurs der politischen Bildung anschluss- bzw. ausbaufähige Konzepte bereithält, die sich – möglicherweise auch unter anderen Begrifflichkeiten und Überschriften – mit der Ermöglichung von Teilhabe, Selbstbestimmung und Zugang zur politischen Bildung beschäftigen.

Aber auch die Generierung neuer Wissensbestände rund um Inklusion aus der praktischen Bildungsarbeit wird in beiden Projekten u.a. durch Netzwerktagungen sowie empirische Forschung vorangetrieben. Mit der intensiven Vernetzung interdisziplinärer Akteure wird der Frage nach praktischen Erfahrungen und deren Erkenntnissen für eine Theorie inklusiver Bildung nachgegangen. Die zentrale Frage in diesem Zusammenhang lautet:

Was können wir in der didaktischen Diskussion über politische Bildung von praktizierenden Bildungseinrichtungen lernen, die inklusive Grundsätze bereits in ihrer Arbeit umsetzen und über viele Jahre Erfahrungen gesammelt haben?

Als Grundverständnis wichtig: Perspektiven offen halten

Im Hinblick auf eine inklusive Gestaltung von Bildungsprozessen scheint es in diesem Zusammenhang nicht nur geboten, den Blick für die Ansprüche und Bedürfnisse breiterer Ziel- und Adressatengruppen zu weiten, sondern auch die Grenzen des disziplinären Bereichs selbst sehr weit zu fassen. Aktuelle Studien[1] dokumentieren entsprechend, dass bisherige gruppenbezogene und häufig defizitorientierte Lösungsansätze der politischen Bildung nicht geeignet sind, für marginalisierte und diskriminierte Teile der Gesellschaft den Zugang zu, die Teilhabe an und die Selbstbestimmung bei politischen Bildungsprozessen zu gewährleisten und zu fördern. Aus diesem Grund verknüpfen die Forschungsprojekte des ZipB interdisziplinär Erfahrungen aus unterschiedlichen Bildungsbereichen wie beispielsweise der kulturellen Bildung und sozialen Arbeit, um den bisher nur wenig erforschten Bereich der inklusiven politischen Bildungsarbeit zu erweitern. Konkret werden durch ein erstes Netzwerktreffen und einen angeschlossenen Workshop Akteure aus der Bildungsarbeit, die sich unter inklusiven Gesichtspunkten besonders hervorgetan haben, zusammengeführt und durch moderierende Begleitung des ZipB zum Erfahrungsaustausch angeregt. Dokumentierte Erkenntnisse aus diesem ersten Austausch werden anschließend durch die Forschungsprojekte ausgewertet, reflektiert und zusammengefasst. Zudem soll die geschaffene kommunikative Infrastruktur zur weiteren Zusammenarbeit der Akteure genutzt werden. Auch weitere Forschungsprojekte im Rahmen des ZipB sind in konkreter Vorbereitung. Mit Ergebnissen rechnen wir im Herbst 2017.

---

1 Wie z.B. Wiebke Kohl/Anne Seibring: »Unsichtbares« Politikprogramm? Themenwelten und politisches Interesse von »bildungsfernen« Jugendlichen, Bonn 2012. Friedrich Ebert Stiftung (Hg.): Sprichst du Politik? Ergebnisse des Forschungsprojekts und Handlungsempfehlungen, Berlin 2011; vgl. auch die Zahlen der Deutschen Bildungsberichterstattung.

Ganz praktisch: Probieren, begleiten und beraten!

Neben der dualen Forschung in Form von theoretischen Analysen sowie praktischen Erhebungen und der Vernetzung inklusiver Akteurinnen und Akteure wird es zudem eine zentrale Aufgabe des ZipB sein, Projekte zu begleiten, die sich auf den Weg machen wollen, ihre eigenen Angebote und Strukturen inklusiver zu gestalten. Das ZipB wird hier durch eine Evaluation der Projekte sowie durch die anschließende wissenschaftliche Begleitung und Beratung die erarbeiteten Erkenntnisse der Forschung zurück in die Praxis übertragen und ganz praktisch ausprobieren. Dieser zweite Zugang, neben der Forschungs- und Vernetzungsarbeit, bietet so eine zusätzliche Quelle praktischer Erkenntnisse und beantwortet die Frage:

Wie können wir in der Zusammenführung der verschiedenen Zugänge einen Weg finden, der den Prozess einer inklusiven politischen Bildung in der Breite anstößt und praktisch übertragbar sowie anwendbar macht?

Konkret wird es hier also um eine aktive, wissenschaftliche Begleitung von inklusiven Prozessen bei verschiedensten Bildungsprojekten der politischen Bildung gehen. Das ZipB wird zur Voranbringung solcher inklusiven Ansätze Projekte von der Planung und Bewerbung über die Durchführung bis hin zur Reflexion, Auswertung und Verstetigung gelungener Elemente begleiten und so dazu beitragen, inklusive Perspektiven und Handlungsstrategien in der praktizierten politischen Bildung zu verankern.

Anstiften, weiterbilden, fortentwickeln

Neben den bisher beschriebenen Aufgaben wird es im späteren Entwicklungsprozess des ZipB ebenso wichtig sein, die Übertragung erarbeiteter Erkenntnisse nicht nur an einzelne, begleitete Projekte weiterzugeben, sondern mittels verschiedener Weiterbildungsformate an die Bildungspraktikerinnen und Bildungspraktiker direkt heranzutreten. Fort- und Weiterbildungen sollen hier für inklusive Angebote sensibilisieren, zur inklusiven Bildungsarbeit befähigen und die Praktikerinnen und Praktiker darin bestärken. Damit soll der Frage nach den notwendigen Unterstützungsangeboten durch die Didaktik politischer Bildung nachgegangen werden:

Welche Hilfestellung kann die Didaktik der politischen Bildung geben, um inklusive politische Bildungsprozesse anzuregen und zu unterstützen?

Das ZipB wird hier praktische Unterstützungsarbeit leisten, indem wissenschaftliche Erkenntnisse in konkrete Tipps und Anregungen zur Durchführung von inklusiver Bildungsarbeit übersetzt werden. Als Multiplikator will das ZipB ebenso außerschulische Praktikerinnen und Praktiker wie auch Lehrerinnen und Lehrer ansprechen, die in ihrem täglichen Arbeitsumfeld inklusive Angebote umsetzen können. Durch die Weitergabe erarbeiteter Gelingensbedingungen und Hemmnisse können den Handelnden Erkenntnisse aus der Erforschung inklusiver politischer Bildung bereitgestellt werden, die zur praktischen Umsetzung anregen.

Es hat bereits begonnen!

Die beschriebenen Vorhaben lassen erahnen, dass noch ein langer Weg vor uns liegt. Bis zur weitreichenden Umsetzung dieser verschiedenen Handlungsbausteine im Prozess einer inklusiven politischen Bildung gibt es noch viel gemeinsam zu erarbeiten. Auch das ZipB befindet sich auf diesem Neuland am Anfang. Doch nicht zuletzt durch die intensive Arbeit der Mitglieder, Bildungseinrichtungen sowie Kooperationspartnerinnen und Kooperationspartner gewinnt das ZipB immer mehr an Format. Es wird zum realen Impulsgeber für inklusive Prozesse im Bereich der politischen Bildung und kann somit zunehmend eine Lücke in der Auseinandersetzung um Inklusion füllen. Erste Schritte zur Ermöglichung inklusiver politischer Bildung sind also bereits gegangen und werden gerade jetzt beschritten. Und besonders dem ZipB als lernendes Labor geht es mehr um den Weg an sich als um ein finales Ankommen. Wir sind bereits losgegangen – das ist wichtig – und laden alle ein, mit uns ein Stück gemeinsam zu gehen.

Inklusion in der politischen Bildung – auf der Suche nach einem Verständnis

David Jugel

So vielfältig die Versuche, politische Bildung zu definieren, zu sein scheinen – in keiner Definition findet sich eine Ein- oder Beschränkung der Menschengruppen, für die politische Bildung sein soll. Für die politische Bildung in der Schule erklärt die Gesellschaft für Politikdidaktik und politische Jugend- und Erwachsenenbildung (GPJE) in ihren Ausführungen zu den nationalen Bildungsstandards, dass es in einer Demokratie »zu den Bildungsaufgaben der Schule [gehöre], alle Menschen zur Teilnahme am öffentlichen Leben zu befähigen«.[1]

Doch auch wenn politische Bildung seit jeher für »alle« Menschen gemacht ist, kämpft sie schon lange mit der Feststellung, dass sie nicht alle erreicht. Setzte man sich zunächst mit Politikverdrossenheit oder der politischen Apathie auseinander, schrieb man zunehmend bestimmten sozialen Gruppen eine Ferne zu Politik zu. So wurde versucht, entlang von Wissen, Interesse, Milieus, Fähigkeiten, Lebenswelten oder Herkunft zu erklären, warum politische Bildung offenbar nur einen sehr kleinen Teil der Gesellschaft erreicht. Nicht selten wurde dabei eine defizitäre Perspektive auf jene Menschen eingenommen, die man nicht erreiche.[2] Nur einige wenige Ansätze sehen stattdessen die politische Bildung fern der Menschen, die sie nicht erreicht.

Ein Ansatz, der sich auf die Bedarfe von Menschen konzentriert und eher das Problem in Strukturen, Prozessen und Einstellungen sieht, ist das Konzept der »Inklusion«. Der Begriff der »Inklusion« hat in den letzten Jahren eine erstaunliche Dynamik entwickelt. Sowohl in der Öffentlichkeit als auch in der Wissenschaft wird Inklusion diskutiert, gedacht und zunehmend in Handlungen umgesetzt. Erst recht spät hielt das Thema auch Einzug in den

---

1 GPJE: Anforderungen an Nationale Bildungsstandards für Fachunterricht in der Politischen Bildung an Schulen. Ein Entwurf, Schwalbach/Ts. 2004, 9.

2 Anja Besand/Peter Birkenhauer/Peter Lange: Politische Bildung in digitalen Umgebungen. Eine Fallstudie. Zum Projekt DU HAST DIE MACHT, Dresden 2013, 10 ff.

Diskurs der politischen Bildung. Im März 2014 veranstaltete die Bundeszentrale für Politische Bildung einen Workshop unter dem Titel »Inklusive politische Bildung«. Hier wurde Inklusion erstmals im Kontext von politischer Bildung diskutiert. Schnell wurden die Breite des Inklusionsverständnisses als auch erste Bedenken deutlich.[3] Beides scheint direkt miteinander zusammenzuhängen. Eine diffuse Vorstellung von Inklusion erzeugt auch in der Öffentlichkeit häufig Bedenken, die teilweise sogar in Ablehnung umschlagen.[4]

Da die Debatte um Inklusion in der politischen Bildung am Anfang steht, scheint es umso wichtiger eine gemeinsame Verständnisgrundlage für den Diskurs zu suchen: Zunächst soll dazu eine Haltung, die weg von einer defizitären Sichtweise auf Menschen hin zu einer inklusiven Perspektive führt, diskutiert werden. Anschließend soll der Frage nach der Form von Inklusion, der Reichweite der betroffenen gesellschaftlichen Bereiche und der Menschen, auf die sich Inklusion bezieht nachgegangen werden. Ziel dieses Beitrages ist es, diese Grundlagen in ihren Spannweiten zu diskutieren und einen Vorschlag für ein gemeinsames Inklusionsverständnis zu machen sowie

---

3 Vgl. Karl-Ernst Ackermann: Politische Bildung für eine inklusive Gesellschaft, 2014, http://www.bpb.de/lernen/werkstatt-politikdidaktik-inklusiv/180603/k-e-ackermann-politische-bildung-fuer-eine-inklusive-gesellschaft, letzter Zugriff am 9.8.2014. Joachim Detjen: Politische Handlungsfähigkeit im Kontext der Aufgabe »inklusive politische Bildung«, Thesen, 2014, in: http://www.bpb.de/lernen/werkstatt-politikdidaktik-inklusiv/180325/j-detjen-politische-handlungsfaehigkeit-im-kontext-der-aufgabe-inklusive-politische-bildung, letzter Zugriff am 9.8.2014. Jürgen Gerdes: Subjektorientierung, Menschenrechtsbildung und Demokratie-Lernen als wichtige Elemente einer »Inklusiven politischen Bildung«, 2014, http://www.bpb.de/lernen/werkstatt-politikdidaktik-inklusiv/180315/-j-gerdes-subjektorientierung-menschenrechtsbildung-und-demokratie-lernen?p=0#bio0, letzter Zugriff am 9.8.2014. Georg Weißeno: Inklusiver Politikunterricht – Arbeit mit Konzepten und Förderung der Politikkompetenz, 2014, http://www.bpb.de/lernen/werkstatt-politikdidaktik-inklusiv/180319/g-weisseno-inklusiver-politikunterricht, letzter Zugriff am 18.8.2014. Bettina Zurstrassen (2014): »Inklusive Didaktik der politischen Bildung«? Überlegungen als Beitrag zur Definition eines Begriffs (aus Sicht der Politikdidaktik), 2014, http://www.bpb.de/lernen/werkstatt-politikdidaktik-inklusiv/180303/b-zurstrassen-inklusive-didaktik-der-politischen-bildung, letzter Zugriff am 14.8.2014.

4 Vgl. u.a. Christian Geyer: Eine unglaubliche Gleichmacherei, in: faz online, Feuilleton, 21.7.2014, http://www.faz.net/aktuell/feuilleton/inklusionsdebatte-unglaubliche-gleichmacherei-13057236.html, letzter Zugriff am 13.8.2014. AfD: Vielfalt statt Gleichmacherei, 2014, http://www.pinterest.com/pin/570549846515323556/, letzter Zugriff am 19.8.2014.

zu erörtern, welche Bedeutung dies für eine inklusive politische Bildung und eine inklusive Didaktik der politischen Bildung haben könnte.

Entwicklung einer inklusiven Perspektive

Bevor ein Verständnis für Inklusion überhaupt erörtert werden kann, ist es sinnvoll verschiedene theoretische Hintergründe von Inklusion in ihrer Breite zu diskutieren und so eine inklusive Perspektive herauszuarbeiten. Unstrittig scheint zu sein, dass es bei Inklusion um die Überwindung von Ausschluss geht. Ziel ist stattdessen Zugang, Teilhabe und Selbstbestimmung zu ermöglichen.[5] Gleichwohl bestehen verschiedene Ansätze mit unterschiedlichen Perspektiven.

Zunächst sind hier Ansätze zu nennen, die sich häufig aus emanzipatorischen Bewegungen heraus entwickelt haben und für Gleichberechtigung von marginalisierten Gruppen einstehen. So könnte als »handlungsanleitende Denkfigur« und »historische Wurzel« des Inklusionskonzeptes die US-amerikanischen Bürgerrechtsbewegungen der 1960er Jahre herangezogen werden, die den Empowerment-Gedanken hervorbrachte.[6]

In der frühen Inklusionsdebatte findet sich das emanzipatorisch-normative Begründungskonzept in der Pädagogik der Vielfalt wieder. Grundlage der Pädagogik der Vielfalt bilden die 1993 erschienenen Werke *Die Kinder des Jahrhunderts. Zur Pädagogik der Vielfalt im Jahr 2000* von Ulf Preuss-Lausitz, *Heterogenität in der Schule. Integration – Interkulturelle Erziehung – Koedukation* von Andreas Hinz und insbesondere die Habilitationsschrift von Annedore Prengel: *Pädagogik der Vielfalt. Verschiedenheit und Gleichbe-*

---

5 U.a. Andreas Hinz: Inklusion – mehr als nur ein neues Wort?! In: *Lernende Schule*, 23, 6, 2003,15–17. Ewald Feyerer: Offene Fragen und Dilemmata bei der Umsetzung der UN-Konvention, in: Inklusion Online, 2012, http://www.inklusion-online.net/index.php/ inklusion-online/article/view/89/, letzter Zugriff am 14.8.2014. Peter Siller: Was heißt Inklusion? Zur Orientierungskraft eines aufstrebenden Begriffs, in: Drinnen/Draußen, Polar, H. 15, Herbst 2013. Hans Wocken: Inklusion & Integration. Ein Versuch, die Integration vor der Abwertung und die Inklusion vor Träumereien zu bewahren. Manuskript seines Beitrages bei der Integrationsforscher/innen-Tagung in Frankfurt 2009, www.hans-wocken.de/Wocken-Frankfurt2009.doc, letzter Zugriff am 13.8.2014.
6 Vgl. Georg Theunissen: Empowerment und Inklusion behinderter Menschen. Eine Einführung in Heilpädagogik und Soziale Arbeit, Freiburg im Breisgau 2009, 30.

rechtigung in Interkultureller, Feministischer und Integrativer Pädagogik.[7] Alle Autorinnen und Autoren berufen sich auf ein Chancengleichheits- und Pluralitätspostulat und versuchen eine »emanzipatorische Pädagogik« zu etablieren, die sich »gegen Behindertendiskriminierung, Frauenfeindlichkeit und Ausländerfeindlichkeit, auch Rassismus« richtet. Überwunden werden sollen diese auf Zuschreibungseffekte zurückgeführten Benachteiligungsstrukturen durch das Prinzip der »intersubjektiven Anerkennung zwischen gleichberechtigten Verschiedenen« und »egalitäre Differenz«.[8] Verschiedenheit wird als Normalität deklariert und eine Gleichheit der Verschieden gefordert.

Dieses Konzept scheint jedoch als Grundlage für eine inklusive Perspektive aus mehreren Gründen unzureichend zu sein. Diskriminierung wird hier offenbar hauptsächlich auf Zuschreibung von defizitären Eigenschaften zurückgeführt. Kommunikation oder Sprache als qualitative Anschlussmechanismen oder sozioökonomische Benachteiligung als quantitative Ausschlusslinie fehlen in diesem Konzept.[9] Eine weitere Problematik ergibt sich daraus, dass die Zuordnung von sozial bestimmten Wissens-, Interaktions- und Handlungsgefügen auf den Einzelnen – obwohl dies eigentlich überwunden werden soll – aufrechterhalten wird, indem die Gleichheit in der Unterschiedlichkeit verortet und damit Unterschiedlichkeit auf soziale Konstruktion verkürzt wird. Mit anderen Worten: Der Pädagogik der Vielfalt könnte die Quadratur des Kreises unterstellt werden, denn förderbezogen setzt sie auf die egalitäre Anerkennung, Relevanz und Sensibilisierung von gruppenbezogenen Merkmalen; gleichzeitig sollen diese Merkmale selektionsbezogen irrelevant bzw. normalisiert werden.[10] Es besteht also die Gefahr, dass entweder die individuellen Bedarfe vernachlässigt werden oder Unterschiedlichkeit so viel Bedeutung zugestanden wird, dass die zu überwindenden Zuschreibungen reaktiviert werden.

---

7 Vgl. Ulf Preuss-Lausitz: Die Kinder des Jahrhunderts – Zur Pädagogik der Vielfalt im Jahr 2000, Weinheim 1993. Andreas Hinz: Heterogenität in der Schule. Integration – Interkulturelle Erziehung – Koedukation, Hamburg 1993. Annedore Prengel: Pädagogik der Vielfalt. Verschiedenheit und Gleichberechtigung in Interkultureller, Feministischer und Integrativer Pädagogik, Opladen 1993.

8 Vgl. Prengel (1993), ebd., 14, 62. Dies.: Pädagogik der Vielfalt. Verschiedenheit und Gleichberechtigung in Interkultureller, Feministischer und Integrativer Pädagogik, Wiesbaden 2006, 40.

9 Vgl. Fabian Lamp: Soziale Arbeit zwischen Anerkennung und Umverteilung. Der Umgang mit Differenz in der sozialpädagogischen Theorie und Praxis, Bielefeld 2007, 178.

10 Vgl. Marcus Emmerich/Ulrike Hormel: Heterogenität – Diversity – Intersektionalität. Zur Logik sozialer Unterscheidungen in pädagogischen Semantiken der Differenz, Wiesbaden 2013, 181.

Ein weiteres Konzept, das häufig mit Inklusion und Vielfalt verknüpft wird, ist der Diversity-Ansatz. Der Ansatz ist weniger theoriegeleitet als eher pragmatisch-reaktiv geprägt. Vor allem Anwendung findet das sogenannte Diversity Management im Umgang mit einer verschiedenartigen Belegschaft in Unternehmen und Organisationen. Die Verschiedenheit von Menschen wird hierbei in einem Unternehmen als Vorteil betrachtet, da dies sowohl positive Wirkung innerhalb des Unternehmens habe, z.b. durch einen besseren Zusammenhalt und weniger Konkurrenz, die daraus erwachsen, als auch außerhalb der Firma, da das Unternehmen vielfaltsensibler reagieren würde und damit eine größere Bandbreite an Kundinnen und Kunden ansprechen könnte.[11]

Bei dem Ansatz scheinen nicht das Subjekt oder ethisch-moralische Werte im Vordergrund zu stehen, sondern der Anreiz für das Unternehmen effektiv mit den heterogenen Humanressourcen umzugehen. Will man mit Inklusion gerade eine Perspektive einnehmen, die Systeme und Prozesse an den Bedarfen von Menschen ausrichtet und dabei vom Subjekt her denkt, scheint dieser Ansatz ebenfalls unstimmig zu sein. Auch hier werden Zuschreibung und Benachteiligung nicht zufriedenstellend aus einer subjektorientierten Sichtweise betrachtet.

Ein Ansatz, der dem Problem von Zuschreibung und Unterschiedlichkeit breiter entgegenkommt, ist der Intersektionalitätsansatz. Er findet seinen Entstehungshintergrund in der »innerfeministischen Auseinandersetzung um das Verhältnis von Geschlecht und anderen Achsen von Differenz und Ungleichheit, wie etwa Rassismus«.[12] Damit überschreitet der Ansatz den genuinen Gegenstandsbereich der Geschlechterforschung, indem er Überschneidungsbereiche (»intersections«) verschiedener Ungleichheitsdimensionen (z.b. Ethnizität, soziale Herkunft, Generation, Alter usw.) als Strukturkategorien einer Analyse der Ungleichheitsstrukturen in den Mittelpunkt rückt.[13] Der Ansatz widerspricht damit einer isolierten Betrachtung von einzelnen Ungleichheitsdimensionen und weist darauf hin, dass ein Mensch immer mehreren Differenzbereichen angehört. Damit ist allein das Problem der Zuschreibung noch nicht aufgehoben. Aber es ist nicht mehr nötig Gleichheit in der Unterschiedlichkeit zu deklarieren, sondern aufgrund

---

11 Vgl. Lamp (2007), a.a.O., 178–180.

12 Heike Raab: Inklusive Gender? Gender, Inklusion und Disability Studies, in: Inklusion Online, 2011, http://www.inklusion-online.net/index.php/inklusion-online/article/view/104/104, letzter Zugriff am 17.8.2014.

13 Vgl. Emmerich/Hormel (2013), a.a.O., 211.

der zahlreichen Zugehörigkeiten und Überschneidungen eine absolute Individualität zu formulieren. Jeder Mensch ist in mehreren Hinsichten unterschiedlich. So kann ein Mensch gleichzeitig Versicherungsvertreter und Familienvater sein und Migrationshintergrund haben. Auf der anderen Seite ist da die Lehrerin, die eine Seheinschränkung besitzt und mit ihrer Lebenspartnerin zusammenlebt. Aber Migrationshintergrund oder körperlichen Beeinträchtigung sind kein Automatismus für Ausschluss. Es kann auch schlechte Bezahlung, das Geschlecht oder die sexuelle Orientierung oder alles zusammen sein. Da aber jeder Versicherungsvertreter nicht nur Migrationshintergrund vorweist und/oder Familienvater ist, sondern unzähligen weiteren Differenzbereichen angehört, entsteht für jeden Menschen eine individuelle Kombination von solchen Bereichen. Menschen werden also nicht mehr im Vergleich – also relativ zu einer einzigen anderen Gruppe betrachtet –, sondern in ihrer einzigartigen Kombination von Differenzbereichen.

Philosophietheoretisch stellt Markus Dederich dementsprechend einer »relativen« Differenz eine »radikale« Form des »Andersseins« gegenüber, die nicht darauf abzielt, Relationen zwischen verallgemeinerten Vorstellungen zu bilden, sondern die Unterschiedlichkeit des Anderen als Singularität und Einzigartigkeit versteht: »Radikale Andersheit macht deutlich, dass der Andere mehr ist als das, was in sozialen Kontexten wahrgenommen, verstanden, zugeordnet, mit einem Status versehen anerkannt oder nicht anerkannt wird [...] und zeigt, dass der Andere nicht mehr verschieden ist, sondern singulär.«[14]

Erweitert man diesen Blickwinkel, dass es nicht nur Mehrfachzugehörigkeiten und Überschneidungen von Differenzlinien gibt, kann man festhalten, dass Ausschluss nicht nur entlang von gruppenbezogenen Differenzbereichen stattfindet, sondern auch entlang von Ausschlusslinien verläuft, die verschiedene Gruppen durchziehen. Menschen mit Behinderung werden nicht nur aufgrund ihrer Zuschreibung benachteiligt, als »behindert« zu gelten, sondern auch aufgrund von Ausschlusslinien, die beispielsweise Kommunikation erschweren, weil es keine gemeinsam geteilte Sprache (z.B. keine Gebärdensprache oder leichte Sprache) gibt, oder die körperliche Anwesenheit, weil die baulichen Zugänge fehlen. Gleichzeitig teilen sich Menschen mit Behinderung die Ausschlusslinie der Kommunikationserschwernisse mit einigen Menschen mit Migrationshintergrund oder mit Menschen, die, aus

---

14 Vgl. Markus Dederich: Egalitäre Differenz, radikale Andersheit und Inklusion. Ein Problemaufriss, in: Willehad Lanwer (Hg.), Bildung für alle Beiträge zu einem gesellschaftlichen Schlüsselproblem, Gießen 2014, 128–137.

welchen Gründen auch immer, keinen Zugang zu bestimmten Kommunikationsformen finden. Frauen, Homo-, Trans- oder Intersexuelle werden nicht nur ihrer Gruppenzugehörigkeit wegen ausgeschlossen, sondern auch weil ihnen ein heteronormatives Männlichkeitsbild und die daran gekoppelten Machtstrukturen eine gesellschaftliche Rolle zuweisen, die gleichberechtigte Teilhabe erschweren. Ein Teil der Migrantinnen und Migranten hingegen wird nicht (nur) aufgrund von externen Zuschreibungen oder Kommunikationserschwernissen ausgeschlossen, sondern hier können (auch) kulturelle Anschlusslinien Teilhabe und Selbstbestimmung erschweren.

Eine solche Differenzperspektive legt offen, dass gruppenbezogene Zuschreibungskategorien nicht immer die einzigen Ausschlusskategorien sind, sondern es existieren auch quer zu gruppenbezogenen Differenzlinien gelagerte Ausschlusslinien wie u.a. Sprache/Kommunikation, Macht, motorische Barrieren oder habituelle sowie kulturelle Ausschlussmechanismen. Fasst man diese Feststellungen zusammen, ergibt sich aus der Überschneidung von Zugehörigkeiten, den Mehrfachzugehörigkeiten und den quer gelagerten Ausschlusslinien ein gegen unendlich strebendes Maß an Kombinationsmöglichkeiten. Dies unterstreicht noch einmal die Einzigartigkeitsthese, die bereits formuliert wurde. Eine inklusive Perspektive beruht also auf dem Bewusstsein dieser Einzigartigkeit und den daraus resultierenden *individuellen Bedarfen,* in jedem Prozess und jedem System durch Anpassungsleistungen dem Einzelnen gerecht werden zu müssen.

Beziehen wir dies auf die politische Bildung wird deutlich, dass einige bisherige Ansätze, die erklären, warum einige Menschen nicht von politischer Bildung erreicht werden, bereits eine Anpassungsleistung fordern. Bevor dies aber genauer beschrieben wird, soll das Verständnis von Inklusion weiter vorangebracht werden, indem die Form genauer diskutiert wird.

Die Form der Inklusion: Was Inklusion (nicht) ist?

Häufig erfolgt die Beschreibung von Inklusion über das Ausschluss- und Abgrenzungsverfahren. Hier wird deutlich gemacht was Inklusion nicht ist. Dabei bewegt sich die Debatte stark im sonderpädagogischen Diskurs. Eine Form Inklusion in Abgrenzung zu beschreiben ist das Stufenmodell, das durch Bürli (1997) entwickelt und von Sander und Hinz (2004) aufgenommen wurde: Elemente des Stufenmodells sind *Exklusion,* bei der von einem

kompletten Ausschluss von Menschen mit Behinderung aus Erziehungs-
und Bildungseinrichtung ausgegangen wird; *Segregation*, die von Hospita-
lisierung oder extra Bildungseinrichtungen gekennzeichnet ist; *Integration*,
welche auf die Überwindung von Segregation durch räumliche Zusammenführung von Menschen mit und ohne Behinderung abzielt; letztlich *Inklusion* als Form der Teilhabe von Behinderten.[15] Durch diese Darstellung entsteht der postrationalisierte Eindruck, es bestehe eine zeitliche Abfolge, an
deren Ende teleologisch Inklusion als die »Vollendung« steht. Vor allem hinsichtlich der Abgrenzung zwischen Integration und Inklusion gibt es daneben noch zahlreiche andere Vorstellungen. Hier gibt es Konzepte, die unter
Inklusion und Integration das Gleiche verstehen, andere sehen Inklusion als
eine Erweiterung von Integration, die sich auf Behinderung und nun auch
Gender, soziale Lage und Migration beziehe.

Ein Konzept, das die öffentliche Wahrnehmung von Inklusion zu dominieren scheint, beschreibt Integration als ein eher schlecht funktionierendes
Praxisverfahren. Andreas Hinz veröffentlichte 2002 den Aufsatz »Von der
Integration zur Inklusion – terminologisches Spiel oder konzeptionelle Weiterentwicklung?«. In diesem Text findet sich eine Tabelle, die in 15 Punkten
Integrationspraxis und Inklusionspraxis gegenüberstellt[16]: Die Kritik richtet
sich vor allem gegen die Praxis von Integration, die der Zwei-Gruppen-The-
orie nachgehe und weiterhin zwischen den »Normalen« und den »Anderen«
unterscheide. Daraus entständen zahlreiche Missstände, die durch Inklusion
beseitigt werden können. Integration erscheint so als eine schlechte Konzeption, die es zu überwinden gilt.

Wenngleich Andreas Hinz (2004) zu dem Ergebnis kommt, dass die theoretischen Grundlagen von Integration (so bei Feuser, Press-Lausitz, Reiser
und Sander) schon von vornherein inklusiv gewesen seien und sich die Kritik eher auf die praktische Umsetzung von Integration beziehe,[17] ließ sich die
2002 entstanden Dynamik, die Inklusion als die bessere Integration darstell-
te, kaum mehr einfangen. In der Öffentlichkeit wurde nicht mehr zwischen
Theorie und Praxis unterschieden. Dabei erliege die Öffentlichkeit jedoch
einer »Inklusionslüge«, so Georg Feuser, denn in der Praxis stoße Inklusion
auf die gleichen Probleme und Herausforderungen wie Integration. Da Inte-

---

15 Vgl. Wocken (2009), a.a.O., 11.
16 Vgl. Andreas Hinz: Von der Integration zur Inklusion – terminologisches Spiel oder
   konzeptionelle Weiterentwicklung? In: *Zeitschrift für Heilpädagogik*, 53, 2002, 11.
17 Vgl. Hinz (2004), zit. n. Wocken (2009), a.a.O., 5.

gration in der Theorie das gleiche wolle wie Inklusion, werde ein neues Label nicht zu einem »Inklusionsautomatismus« führen.[18]

Ein weiteres, nicht so weit verbreitetes Verständnis sieht in Inklusion einen Zustand,[19] der am Ende eines integrativen Prozesses stehe: der »Weg von der Segregation durch Integration zur Inklusion«[20]. Dem entgegen steht die Beschreibung von Inklusion von öffentlichen Trägern. Hier wird Inklusion als Prozess bzw. als Transformation, Veränderung oder als Gestaltung verstanden.[21]

Doch welches Verständnis ist nun sinnvoll in der politischen Bildung heranzuziehen? Hier scheint weniger eine theoretische als vielmehr eine pragmatische Begründung sinnvoll. Wichtig scheint bei allen Auseinandersetzungen, den Zielhorizont im Auge zu behalten. Der Zielhorizont ist es, Zugang, Teilhabe und Selbstbestimmung zu ermöglichen. Würden wir Inklusion als Zustand dessen verstehen, wäre Inklusion im Anblick der damit verbundenen Herausforderungen das beste Argument gegen sich selbst und würde als unerfüllbare Forderung, Träumerei oder Utopie entkräftet werden.

Die Beschreibung inklusiver politischer Bildung als ein *Wandlungsprozess* der politischen Bildung, der das Ziel hat Zugang, Teilhabe und Selbstbestimmung von Menschen zu ermöglichen, erscheint hier folglich sinnvoll. Weitere Gründe, die für ein solches Verständnis sprechen, bestehen darin, dass einerseits eine Abgrenzung von Integration in der politischen Bildung wenig Sinn ergäbe, da es nie eine tiefgreifende Auseinandersetzung mit Integration in der politischen Bildung gab und dass andererseits der Terminus der Integration auch international nicht mehr anschlussfähig ist[22], während die politischen Handlungsimpulse derzeit Inklusion als Ziel der UN-Kon-

---

18 Vgl. Georg Feuser: Inklusive Bildung – ein pädagogisches Paradoxon, 2013, http://www.georg-feuser.com/conpresso/_data/Feuser_G_-_Inklusive_Bildung_-_ein_p_dagogisches_Paradoxon_17_07_2013.pdf, letzter Zugriff am 9.9.2014, 2ff.

19 Vgl. Matthias von Saldern: Zur Verantwortung von Unterstützungssystemen bei der Inklusion in Schule, 2011, http://www.elternvertretung-glevsaar.de/fileadmin/user_upload/Foerderschulen/PDF/Vortrag_HerrSaldern.pdf, letzter Zugriff am 20.8.2014, 5.

20 Feuser (2013), a.a.O., 1.

21 Vgl. dazu Aktion Mensch: Inklusion: Schule für alle gestalten, 2012, http://publikationen.aktion-mensch.de/unterricht/AktionMensch_Inklusion_Praxisheft.pdf, letzter Zugriff am 10.9.2014. UNESCO, Inklusion, Leitlinien für die Bildungspolitik, Bonn: 2009; Montag Stiftung für Jugend und Gesellschaft, Inklusion, 2014, http://www.montag-stiftungen.de/jugend-und-gesellschaft/stiftungjugendgesellschaft/ueber-uns/inklusion.html, letzter Zugriff am 20.8.2014.

22 Vgl. Wocken (2009), a.a.O., 22.

vention über die Rechte von Menschen mit Behinderungen zu unterstützen bereit sind.

An diese Feststellung schließt sich jedoch sogleich die Frage, wer denn durch diese Wandlung in welchem Rahmen Zugang, Teilhabe und Selbstbestimmung ermöglicht bekommen soll.

Die Subjektreichweite von Inklusion: Wer soll inkludiert werden?

Stark verknüpft mit dem emanzipatorisch-normativen Ansatz ist der rechtstheoretische Begründungsansatz, durch den Inklusion legitimiert werden kann. Die normativen Ansprüche finden ihre Verrechtlichung in der UN-Konvention über die Rechte von Menschen mit Behinderungen. Jedoch wird durch diese UN-Konvention, die 2009 in Deutschland ratifiziert wurde und Menschen mit Behinderung eine wichtige rechtliche Grundlage für Inklusion gibt, die Frage nach dem »Wer«, also den Subjekten, denen Zugang und Teilhabe ermöglicht werden soll, häufig auf Menschen mit Behinderung verkürzt.[23] Gleichwohl betonen viele, die Inklusion im Kontext von Behinderung diskutieren, dass Inklusion eben nicht nur auf Menschen mit Behinderung beschränkt werden kann, sondern sich auch auf Menschen unterschiedlichen Alters, verschiedener kultureller Herkunft, unterschiedlichen Geschlechts, Sexualität oder sozialer Herkunft usw. beziehen müsse.[24] Damit verweist die Inklusionsdebatte um Menschen mit Behinderung direkt auf andere Gruppen, für die additiv ebenfalls Teilhabe gefordert wird, ohne dass sich die Debatte näher mit diesen Gruppen befasst. Tatsächlich lassen sich in der Migrationspädagogik und Interkulturalitätsforschung[25] sowie in

---

23 Vgl. Andreas Hinz: Inklusion – von der Unkenntnis zur Unkenntlichkeit!? Kritische Anmerkungen zu einem Jahrzehnt Diskurs über schulische Inklusion in Deutschland, in: Inklusion Online, 2013, http://www.inklusion<online.net/index.php/inklusion/article/view/201/182, letzter Zugriff am 12.8.2014; Wocken (2009), a.a.O., 8.

24 U.a. Hinz (2002), a.a.O., 2; ders. (2003), a.a.O., 15–17; Prengel (2006), a.a.O., 11ff; Preuss-Lausitz (1993), a.a.O.; Wocken (2009), a.a.O., 8.

25 Merle Hummrich stellt beispielsweise die Nähe des Integrationskonzeptes der Interkulturellen Pädagogik zum sonderpädagogischen Konzept von Inklusion her (2012). Hartmut Esser beschreibt pluralistische Integration als Konzept in der Migrationsforschung, welches Ebenfalls der Struktur von Inklusion entspricht (Esser 2009: 359).

der Gender- und Queerforschung[26] ähnliche emanzipatorische Ansätze finden, die Zugang und Teilhabe auf Basis individueller Bedarfe fordern, jedoch nicht direkt auf Inklusion verweisen. Schwieriger wird es, wenn es um die soziale Ungleichheits- und Armutsforschung geht. Während Interkulturalitätsforschung, Gender- und Queerforschung vor allem dekonstruktivistisch vorgehen und versuchen, Zuschreibungsmechanismen aufzubrechen, indem das »Anderssein« als Normalität proklamiert wird, erheben soziale Ungleichheits- und Armutsforschung häufig die Forderung nach der Überwindung des »Andersseins«. In diesem Kontext versucht eine »milieusensible Pädagogik«[27] zwar ebenfalls einen Ansatz aufzugreifen, der auf Dekonstruktion und Überwindung von Zuschreibungen setzt, gleichzeitig wird Ausschluss vor allem an dem Fehlen von Ressourcen festgemacht.

Festzuhalten ist, dass das additive Vorgehen – also die Erweiterung der Reichweite von Inklusion durch Hinzufügen einzelner Gruppen – an die Grenzen der einzelnen Disziplinen stößt. All diese Diskurse scheinen in dem Dilemma zu verharren, dass sie durch den Hinweis auf die Benachteiligung der beforschten Gruppe diese auch konstituieren müssen und so Teil der Reproduktion der gruppenbezogenen Zuschreibungen werden und die Zuschreibung wiederum zu dekonstruieren versuchen. Bedenkt man außerdem, dass Menschen immer zu mehreren Gruppen gehören, sich Gruppenzugehörigkeiten überschneiden und Ausschlusslinien quer zu diesen Gruppen verlaufen, kann Inklusion nicht nur auf die Addition von traditionell als marginalisiert oder benachteiligt geltenden Gruppen beschränkt werden, sondern muss sich einer anderen Perspektive öffnen.

Folglich kann sich eine inklusive politische Bildung auch nicht nur auf Menschen mit Behinderung beschränken, sondern sie muss sich die Überwindung von Ausschluss entlang solcher Ausschlusslinien sowie die Entkräftung von defizitären Zuschreibungen für *alle* Menschen zum Ziel setzen.

---

26 Heike Raab beschreibt hier sehr treffend die Gemeinsamkeiten zwischen der Genderforschung und dem Diskurs über Inklusion in den Disability Studies, stellt deren gemeinsamen dekonstruktivistischen Kern dar und zeigt zugleich die Probleme der Geschlossenheit der einzelnen Diskurse auf (2011), a.a.O. Gschwandtner und Jakob fügen hinzu, dass ein inklusives Geschlechts- und Sexualitätsverständnis ein heteronormatives Weltbild und das dichotome Verständnis von Mann und Frau überwinden müsse (2011), a.a.O.; Wocken (2009), a.a.O.

27 Vgl. Stephanie Goecke: Kinderarmut – ein Thema auch für die Integrations/Inklusionsforscher/innentagung? In: Simone Seitz/Nina-Kathrin Finnern/Natascha Korff/Katja Scheidt (Hg.), Inklusiv gleich gerecht? Inklusion und Bildungsgerechtigkeit, Bad Heilbrunn 2012, 134.

Die gesellschaftliche Reichweite: Wo soll inkludiert werden?

Ähnlich wie Menschen mit Behinderung als Zielgruppe und Integration als Abgrenzungspunkt die Debatte um Inklusion in den letzten Jahren dominieren, so ist die Diskussion häufig auch auf den Bereich »Schule« verengt. Ein ähnliches Bild finden wir auch in der politischen Bildung, die ebenfalls ihren Schwerpunkt in Schul- und Unterrichtsforschung findet.

Schule unterliegt jedoch zahlreichen institutionellen Schranken, auf die man zunächst aus Sicht der politischen Bildung nur bedingt Zugriff hat. Eine Schule, die alle Menschen entsprechend ihren Bedarfen Zugang, Teilhabe und Selbstbestimmung ermöglicht, kann kein Teil eines gegliederten Schulsystems sein, das nach Leistung differenziert, da hier ein starrer Maßstab besteht, nach dem »gerichtet« wird und der sich nicht an den Bedarfen der Menschen orientiert. So scheint es auch für die politische Bildung zunächst vielversprechend, parallel zu der Debatte um Inklusion in der Schule auch außerschulisch inklusive Bildungsprozesse zu erproben und die dort gemachten Erfahrungen in den Bereichen der Schule einfließen zu lassen. Hier zeigt sich, dass Inklusion in der politischen Bildung nur dann Sinn ergibt, wenn sie nicht nur auf Schule bezogen wird.

Aber reicht es, wenn wir Schule und andere Bereiche des Bildungssystems inklusiver gestalten? Verschiebt sich damit Exklusion durch Selektion und Allokation nicht nur auf andere gesellschaftliche Teilbereiche wie das System der Erwerbsarbeit, das Gesundheitssystem oder das politische System?

Inklusion hat nur dann tatsächliche Auswirkung auf Teilhabe und Selbstbestimmung des Einzelnen, wenn sie umfassend ist und Menschen nicht nur in bestimmten Phasen oder Teilbereichen ihres Lebens Zugang, Teilhabe und Selbstbestimmung ermöglicht. Folglich kann Inklusion nicht nur – wie es Butterwege postuliert – eine bildungs-, beschäftigungs-, familien- oder sozialpolitische Neukonzeption sein[28], sondern muss auch eine Forderung nach einer inklusiven Gesamtgesellschaft sein.[29]

---

28 Vgl. Christoph Butterwegge: Kinderarmut und sozialer Ausschluss, in: Inklusion Online, 2010, http://www.inklusion -online.net/index.php/inklusion-online/article/view/115/115, letzter Zugriff am 18.8.2014.

29 Vgl. Goecke (2012), a.a.O., 135.

Aber was heißt gesamtgesellschaftlich? Heißt es nur, dass alle öffentlichen Teilbereiche eine Wandlung vollziehen, um Zugang, Teilhabe und Selbstbestimmung zu ermöglichen, oder heißt es, dass auch private, kulturelle oder religiöse Bereiche betroffen sind, die Menschen ausschließen? Antworten auf diese Fragen bleibt der Diskurs bisher schuldig. Peter Siller identifiziert jedoch öffentliche Institutionen, worunter er Orte und Räume in denen Menschen zusammenkommen (Kitas, Job-Center, Krankenhäuser usw.) als auch öffentliche Netze (Versicherungen, Kommunikationsnetze, Energienetze usw.) als zentrale Bereiche für die Ermöglichung von Teilhabe.[30]

Festzuhalten bleibt, dass Inklusion kein Prozess ist, der in einem Bereich allein funktionieren kann, sondern nur durch eine gesellschaftliche Auseinandersetzung mit Benachteiligung und Privilegierung[31] bzw. durch *Interaktion von inklusiven Impulsen verschiedener gesellschaftlichen Teilbereiche*. Eine inklusive politische Bildung wird an ihre Grenzen stoßen, wenn Kommunikation und Habitus in Politik und Bildung weiterhin viele Teile der Gesellschaft ausschließen. Ein inklusives Bildungssystem bleibt wirkungslos, wenn einige Menschen anschließend von Erwerbsarbeit ausgeschlossen bleiben und separiert werden. Nur wenn gesellschaftliche Teilbereiche aufeinander abgestimmt werden, ist ein gesamtgesellschaftlicher Inklusionsanspruch denkbar. Folglich muss auch inklusive politische Bildung den Anspruch haben, über ihre Grenzen hinaus inklusive Impulse zu setzen und selbst empfänglich für solche Impulse zu sein.

Fasst man die Erkenntnisse bis hierher zusammen, dann lässt sich festhalten, dass

- Inklusion in der politischen Bildung Zugang, Teilhabe und Selbstbestimmung
- auf Grundlage der individuellen Bedarfe jedes Einzelnen
- für alle Menschen
- durch Wandlung der politischen Bildung,
- die auch auf andere gesellschaftliche Teilbereiche ausstrahlt, ermöglichen soll.

Diese Feststellungen gelten jedoch nicht nur für eine inklusive politische Bildung, sondern können auch allgemein vertreten werden, sodass sich daraus die folgende Definition für Inklusion ergibt: *Inklusion ist eine in allen gesell-*

---

30 Vgl. Siller (2013), a.a.O., 27.
31 Vgl. Anika Sulzer: Inklusion als Wertrahmen für Bildungsgerechtigkeit, in: Petra Wagner (Hg.), Handbuch Inklusion. Grundlagen vorurteilsbewusster Bildung und Erziehung, Freiberg im Breisgau 2013, 18.

schaftlichen Teilbereichen vernetzt verlaufende Wandlung, die darauf abzielt, in allen gesellschaftlichen Lebensbereichen jedem Menschen auf Grundlage seiner individuellen Bedarfe Zugang, Teilhabe und Selbstbestimmung zu ermöglichen.

Inklusion in der politischen Bildung

Legen wir diese Definition von Inklusion in der politischen Bildung zugrunde, so hat das konkrete Folgen auf die praktische Umsetzung von politischer Bildung. Folgt man der Schlussfolgerung, dass Inklusion nie nur entlang von bestimmten Gruppengrenzen verläuft, ergibt sich eindeutig, dass politische Bildung nicht ausschließlich als eine politische Bildung für Menschen mit Behinderung verstanden werden kann. Auch kann inklusive politische Bildung nicht einfach additiv die Erkenntnisse der Forschung zum Umgang mit Menschen mit Behinderung, Menschen mit Migrationshintergrund, Menschen mit verschiedenen sexuellen Orientierungen, in verschiedenen Altersgruppen, sozialer Milieus oder verschiedener Religionen usw. einfach kombinieren. Stattdessen muss es einen Perspektivwechsel von einer defizitorientierten Sichtweise hin zu einer inklusiven Perspektive geben, welche Zuschreibungsmechanismen und die zu diesen Gruppen quer liegenden Ausschlusslinien berücksichtigt. Folglich bedarf es für die politische Bildung guter diagnostischer bzw. analytischer Fähigkeiten, um zu erkennen, welche Ausschlusslinien und Zuschreibungen wirken, um entsprechend das Lernsetting gestalten zu können.

Geht man von den individuellen Bedarfen und individuellen Aneignungsfähigkeiten jedes Einzelnen aus, kann es auch nicht Zweck einer inklusiven politischen Bildung sein, dass alle Differenzen gleichgestellt werden. Inklusive politische Bildung wird nicht alle Lernenden auf dem gleichen Stand vorfinden, folglich kann sie auch nicht alle Menschen auf denselben Stand bringen können. Ziel inklusiver politischer Bildung muss es sein, dass allen Menschen Zugang, Teilhabe und Selbstbestimmung ermöglicht wird sowie Weiterentwicklung.

An diese Feststellung schließt sich sofort die Frage nach dem »Wie«, also die Frage nach einer inklusiven Didaktik der politischen Bildung an. Auch wenn die Diskussion um eine inklusive politische Bildung am Anfang steht, gibt es bereits zahlreiche Ansätze, die anschlussfähig für die politische Bildung sind und die inklusiv weiter gedacht werden können. Anderseits bestehen lerntheoretische Grundlagen, die erste Thesen über die Beschaffenheit einer inklusiven Didaktik zulassen. An dieser Stelle sollen nur zwei lerntheoretische Konzepte angerissen werden. Dem Anspruch jedem Menschen entsprechend seiner individuellen Bedarfe Zugang, Teilhabe und Selbstbestimmung zu ermöglichen, kommt beispielsweise ein konstruktivistisches Lernverständnis entgegen. Bereits die Arbeiten von Piaget haben aufgezeigt, »dass Kinder ihre Schemata durch ihre Interaktion mit der Umwelt konstruieren«.[32] Da jeder Mensch anderen Umwelteinflüssen ausgesetzt ist und unterschiedliche Fähigkeiten und Zugänge zu Wahrnehmung besitzt, besitzt jeder eine andere konstruierte Vorstellung über die Funktionsweise und Beschaffenheit der Welt. Erfolgreiche Lernprozesse können folglich auf Ebene des Individuums nur dann gelingen, wenn Lernsettings und -umgebungen den auf dieses Individuum bezogenen Konstruktionen, seiner Wahrnehmungs- sowie Zugangsfähigkeiten gerecht werden.

Während der Konstruktivismus als lerntheoretische Grundlage in der politischen Bildung bereits breit diskutiert wurde,[33] finden sich allerdings bisher kaum Debatten, unter welchen Umständen diese Auseinandersetzung mit der Welt idealerweise stattfinden sollte. Hier argumentiert der Ansatz des Sozialkonstruktivismus, dass die Konstruktion der Umwelt sich vor allem in der Gemeinschaft vollzieht, in der Auseinandersetzung mit sozialen Situationen, in denen Vorstellungen ko-konstruiert werden.[34] Daraus ergibt sich, neben der didaktischen Frage nach der Gestaltung der Lernumgebung, die Frage nach der Beschaffenheit von Interaktionsprozessen, die Ko-Konstruktionen begünstigen. Gleichzeitig liegt in diesem Ansatz die Begründung des gemeinsamen Ortes. Denn nur, wenn alle mit allen interagieren können, besteht für alle die größte Möglichkeit auf eine umfassende Konstruktion der Umwelt.

---

32 Vgl. Gerd Mietzel: Pädagogische Psychologie des Lernens und Lehrens, Göttingen 1998, 73.

33 Vor allem Wolfgang Sander hat sich diesbezüglich hervorgetan und im Streitgespräch mit Joachim Detjen die Grundzüge von Konstruktivismus herausgestrichen. Vgl. Joachim Detjen/Wolfgang Sander: Konstruktivismus und Politikdidaktik. Ein Chat-Interview mit Joachim Detjen und Wolfgang Sander, in: *Politische Bildung*, 34. Jg. (2001), Heft 4, 128–138.

34 Vgl. Andreas Eitel: Sozialkonstruktivismus als gemeinsame Basis, 2009, 20ff., http://www.natur-wissenschaffen.de/backstage/natur_wissen_schaffen/documentpool/Sammel-mappe_20_21_22_Artikel_Eitel.pdf, letzter Zugriff am 13.9.2014.

Wenngleich der theoretische Hintergrund nicht identisch ist,[35] so ähnelt die praktische Konsequenz des entwicklungslogischen Ansatzes von Georg Feuser doch stark dem des Sozialkonstruktivismus. Feuser formuliert ein Modell, das davon ausgeht, dass jeder Mensch sich nur bedingt durch individuelle Aneignungsstrukturen (Handlungsstruktur) und seiner aktuellen Zone der Entwicklung (momentane Wahrnehmungs-, Denk- und Handlungskompetenz) auf die nächste Zone der Entwicklung weiterentwickeln kann.[36] Daraus schließt Feuser den Bedarf an Individualisierung und innerer Differenzierung.[37] Gleichzeitig zeigt er auf, dass Entwicklung nur dann stattfindet, wenn einem Menschen genügend sozialer Dialog aus seiner Umwelt zur Verfügung steht und folglich Lernen für alle durch »Kooperation an einem Gemeinsamen Gegenstand« überhaupt erst möglich wird.[38]

Eine inklusive Didaktik der politischen Bildung sollte sich folglich daran orientieren, dass individuelle Bedarfe durch innere Differenzierung und gleichzeitiger Kooperation an gemeinsamen Themen realisiert werden. Erste Ansätze für Möglichkeiten zur Differenzierung haben hier bereits Christoph Kühberger und Elfriede Windischbauer im Jahr 2013 aufgezeigt.[39] Andere Ansatzpunkte zur Individualisierung und Differenzierung sowie methodische Überlegungen, die besonders mit heterogenen Lernausgangslagen umgehen, wurden in der Fachdidaktik der politischen Bildung immer wieder am Rande von verschiedenen anderen Ansätzen dargelegt, u.a. durch Reinhardt, Frech et al. und Ziegler.[40] Hier muss weiter gedacht und auf dem Hintergrund einer inklusiven Perspektive sowie noch zu vollziehenden empiri-

---

35 Georg Feuser stützt die entwicklungslogische Didaktik v.a. auf die Theorie der Selbstorganisation physikalischer, chemischer und biologischer Systeme, als auch die Systemtheorie auf dem Hintergrund der Kybernetik, den kritischen Konstruktivismus und die kulturhistorische Schule; siehe Feuser (2013), a.a.O., 4.

36 Vgl. Georg Feuser: Allgemeine integrative Pädagogik und entwicklungslogische Didaktik, in: *Behindertenpädagogik*, 28, H. 1,1989, 25ff.

37 Ebd., 31ff.

38 Ebd.; ders. (2013), a.a.O., 5.

39 Vgl. Christoph Kühberger/Elfriede Windischbauer: Individualisierung und Differenzierung im Politikunterricht. Offenes Lernen in Theorie und Praxis, Schwalbach/Ts 2013. Es handelt sich hierbei um eine Art »Übersetzung« des 2012 erschienenen Werkes *Individualisierung und Differenzierung im Geschichtsunterricht* (2012) zu *Individualisierung und Differenzierung im Politikunterricht* (2013).

40 Vgl. Sybille Reinhardt: Männlicher oder weiblicher Politikunterricht? Fachdidaktische Konsequenzen einer sozialen Differenz, in: dies./Elke Weise (Hg.), Allgemeine Didaktik und Fachdidaktik. Fachdidaktiker behandeln Probleme ihres Unterrichts, Weinheim 2001. Siegfried Frech/Hans-Werner Kuhn/Peter Massing: Methodentraining für den Politikunterricht, Schwalbach/Ts. 2010. Béatrice Ziegler: Heterogenität und Politi-

schen Befunden und Praxiserfahrungen eine inklusive Didaktik entwickelt werden. Auch in anderen Bereichen gibt es Ansätze, die von einer inklusiven politischen Bildung aufgegriffen werden können und weiter entwickelt werden sollten. Siegfried Schiele fordert beispielsweise eine »Elementarisierung« der politischen Bildung. Er sieht in der Elementarisierung nicht nur eine bessere didaktische Aufarbeitung, sondern auch eine Reduktion auf ein politisches Orientierungswissen.[41] Der Ansatz geht von einer Veränderung bzw. Transformation der Fachinhalte aus, mit dem Ziel, diese für alle Menschen zugänglich zu machen. In diesem Sinne knüpft Elementarisierung an den Wandlungsgedanken von Inklusion bereits an.

Ein weiterer Ansatz argumentiert, dass die Jugendlichen selbst gar nicht politikfern wären, sondern nur ein verengter Politik-Begriff sowohl bei den Befragten als auch bei den Interpretierenden vorliegt. Menschen interessierten sich für zahlreiche politische Themen wie Gerechtigkeit, Gewalt, Zugang zum Arbeitsmarkt usw. Gleichwohl bestünde aber eine hohe Distanz zu institutionalisierter Politik im Sinne solcher politischer Themen, die sich auf Politikerinnen und Politiker, politische Berichterstattung und Parteien usw. beziehen. Hier wird daher von einem »unsichtbaren Politikinteresse« ausgegangen.[42] Daraus wird die Forderung abgeleitet, dass politische Bildung an der Lebenswelt von Menschen ansetzen muss, um das vorhandene, bisher unsichtbare Interesse zu bündeln und auf jene Prozesse zu beziehen, die bisher außerhalb des Interesses und der Teilhabe lagen. Auch hier handelt es sich um einen Wandlungsprozess, der darauf abzielt, Teilhabe herzustellen, indem man sich an den individuellen Bedarfen der Menschen orientiert.

Ein dritter Ansatz geht davon aus, dass die politische Kommunikation selbst Exklusion hervorruft. Zum einen scheinen Darstellungs- und Umgangsformen von Politik für viele Menschen nicht zugänglich, also nicht in ihre Sprach- und Denkmuster übersetzbar zu sein[43], zum anderen scheint

---

schе Bildung, in: Hans-Ulrich Grunder/Adolf Gut (Hg.), Zum Umgang mit Heterogenität in der Schule, Baltmannsweiler 2009, 93–107.

41 Siegfried Schiele: Elementarisierung politischer Bildung. Überlegungen für Informationen zur Politischen Bildung, Bd. 30, Innsbruck/Bozen/Wien 2009, 359ff.

42 Vgl. Marc Calmbach/Silke Borgstedt: »Unsichtbares« Politikprogramm? Themenwelten und politisches Interesse von »bildungsfernen« Jugendlichen, in: Wiebke Kohl/Anne Seibring (Hg.), »Unsichtbares« Politikprogramm? Themenwelten und politisches Interesse von »bildungsfernen« Jugendlichen, Bonn 2012, 69ff.; 76ff.

43 Vgl. Friedrich Ebert Stiftung (Hg.): Sprichst du Politik? Ergebnisse und Handlungsempfehlungen, 2011, 7, http://www.sprichst-du-politik.de/studie, letzter Zugriff am

diese Verwerfung bei vielen Menschen zum Selbstausschluss zu führen. Helmut Bremer argumentiert, dass dieser Selbstausschluss durch das Konstrukt von »Experten und Laien« hervorgerufen werde. Bezugnehmend auf Bourdieu begründet er, dass sich politische Kommunikation entlang von Passung und Nicht-Passung des Habitus bewege. Jene, die der Kommunikation mächtig seien, haben Zugang zum politischen Prozess, alle anderen haben gar nicht erst das Ziel, am Prozess teilzunehmen und kämen damit durch Selbstausschluss dem Fremdausschluss zuvor.[44] Daraus wird nun abgeleitet, dass sich Sprache bzw. alle Kommunikationsformen so ausrichten müssen, dass alle Menschen Zugang zu politischer Bildung haben können. Dieser Ansatz schließt direkt an die oben aufgezeigte Erkenntnis an, dass Ausschluss auch quer zu Gruppen gelagert ist, und stützt diese These. Daraus resultiert, dass politische Bildung reflektieren muss, welche Ausschlussmechanismen hinter ihren Kommunikationsstrukturen stecken und wie man diese überwinden kann.

Wie oben aufgeführt, ist Inklusion ein gesamtgesellschaftlicher Prozess, der nicht von einem Bereich der Gesellschaft allein getragen werden kann. Inklusion kann nur dann gelingen, wenn der Wandlungsprozess in allen Bereichen stattfindet. Ein Bereich, der mit vielen anderen Bereichen starke Wechselwirkungen besitzt, ist der politische Prozess. Dieser hat durch seine Eigenschaften, allgemeine Verbindlichkeit herstellen und durchsetzen zu können, starken Einfluss auf andere Teilbereiche. Folglich kann der politische Prozess sehr stark Wandlungen in anderen Bereichen initiieren oder dafür Impulse setzen.

Versteht inklusive politische Bildung ihren Zweck nun darin, allen Menschen Zugang zu, Teilhabe an und Selbstbestimmung in politischer Bildung und folglich auch dem politischen Prozess zu ermöglichen, dann kommt politischer Bildung eine höchst wichtige Rolle für den gesamten Prozess der Inklusion zu. Gelingt es ihr zunehmend, marginalisierte und ausgeschlossene Menschen zur Teilhabe an politischer Gestaltung zu führen, so kann dies eine gesamtgesellschaftliche Wandlung stark befördern, in der die Interessen dieser Menschen hinsichtlich Zugang, Teilhabe und Selbstbestimmung auch in andere gesellschaftliche Teilbereiche verstärkt einfließen. Dieser Verant-

---

28.8.2014.

44 Vgl. Helmut Bremer: »Bildungsferne« und politische Bildung. Zur Reproduktion sozialer Ungleichheit durch das politische Feld, in: Benedikt Widmaier/Frank Nonnenmacher (Hg.), Unter erschwerten Bedingungen. Politische Bildung mit bildungsfernen Zielgruppen, Schwalbach/Ts 2012, 31f.

wortung muss sich die politische Bildung noch stärker als bisher bewusst werden und sie dann als Katalysator nutzen, um den Prozess der Inklusion durch eine inklusive politische Bildung zu unterstützen und voranzutreiben. Aus den hier vorgelegten Erörterungen lassen sich erste Hypothesen formulieren, welcher nächsten Schritte es für eine inklusive politische Bildung bedarf:

– Es bedarf einer Sensibilisierung der Lehrkräfte in der politischen Bildung für exkludierende Prozesse und der Vermittlung einer inklusiven Perspektive.

– Es bedarf der Entwicklung eines Anspruches und Verantwortungsbewusstseins der politischen Bildung, durch Wandlung den gesamtgesellschaftlichen Inklusionsprozess zu unterstützen.

– Es bedarf einer Transformation von Strukturen und Prozessen der politischen Bildung, sodass diese sich auf die individuellen Bedarfe aller Menschen einstellen können. Hier wären die bestehenden Ansätze aus einer inklusiven Perspektive zu reflektieren und vor dem Hintergrund von inklusiven Lerntheorien sowie Praxisforschung zu einer inklusiven Didaktik weiterzuentwickeln.

– Darüber hinaus bedarf es der Entwicklung von Instrumenten zur Analyse individueller Bedarfe und von Ausschlussmechanismen.

Letztlich ist noch einmal darauf hinzuweisen, dass es sich um eine Veränderung handelt und die Ziele und Herausforderungen kein Hindernis sind, sondern dass jeder kleine Schritt der Anfang des Prozesses sein kann. Inklusion ist ein Weg, und wer nicht losläuft, verpasst die Möglichkeiten, die sich am Wegesrand ergeben.

Autorinnen und Autoren

Dr. Petra Ahrens schloss 2014 ihre Dissertation mit dem Titel »The Sound of Silence – Institutionalizing Gender Equality Policy in the European Union« ab und arbeitet seit 2014 am Institut für Sozialwissenschaften im Bereich Soziologie der Arbeit und der Geschlechterverhältnisse an der Humboldt-Universität Berlin. Ihre Interessenschwerpunkte sind die Gleichstellungspolitik in der Europäischen Union, Arbeitsmarkt- und Sozialpolitik sowie Gender Mainstreaming.

Prof. Dr. Anja Besand ist Professorin für Didaktik der politischen Bildung an der TU Dresden und u.a. Mitglied des Programmbeirats der Deutschen Kinder- und Jugendstiftung »Kitanetzwerk Demokratie von Anfang an«. Der Fokus ihrer Forschungsarbeit liegt auf den Themenbereichen der politischen Bildung in Verbindung mit neuen Medien. Zahlreiche Beratungstätigkeiten und Publikationen.

Dr. Birgit Böhm ist wissenschaftliche Mitarbeiterin des Instituts für Berufliche Bildung und Arbeitslehre an der Technischen Universität Berlin und Leiterin der Akademie für Partizipatorische Methoden des nexus Instituts für Kooperationsmanagement und interdisziplinäre Forschung GmbH. Derzeitige Arbeitsschwerpunkte sind Kooperationsmanagement inter- und transdisziplinärer Projekte, Partizipation und Evaluation. In den letzten Jahren publizierte sie zahlreiche Artikel zu dem Thema Bürgerbeteiligung.

Prof. Dr. Helmut Bremer ist Professor für Erwachsenenbildung und Politische Bildung an der Universität Duisburg-Essen. Seine Arbeitsschwerpunkte liegen in den Bereichen politische Erwachsenenbildung, Milieu- und Habitusanalyse und soziale Ungleichheit, Bildung und Weiterbildung. Jüngste Veröffentlichungen beschäftigen sich mit sozialen Milieus und der Pluralität im Zusammenhang mit Weiterbildung und politischer Bildung.

Prof. Dr. Hubertus Buchstein ist Professor für Politische Theorie und Ideengeschichte an der Universität Greifswald. Seine Forschungsschwerpunkte sind u.a. moderne Demokratietheorien, Prozeduren in der Politik sowie Rechtsextremismus im ländlichen Raum. Er ist u.a. Autor des Buches *Demokratiepolitik. Theoriebiographische Studien zu deutschen Nachkriegspolitologen.*

Prof. Dr. Heinz Bude ist Leiter des Arbeitsbereichs »Die Gesellschaft der Bundes-republik« am Hamburger Institut für Sozialforschung und seit 2000 Professor für Makrosoziologie an der Universität Kassel. Seine Arbeitsschwerpunkte liegen im Bereich der Generations-, Exklusions- und Unternehmerforschung. Er ist Herausgeber und Autor zahlreicher Sammelbände, Artikel und Bücher u.a. von *Gesellschaft der Angst*.

Prof. Dr. Robin Celikates ist Associate Professor für Politische Philosophie und Sozialphilosophie an der Universität Amsterdam sowie assoziiertes Mitglied des Instituts für Sozialforschung der Universität Frankfurt. Seit 2012 Vize-Direktor der Amsterdam School for Cultural Analysis. Interessens- und Arbeitsschwerpunkte sind Politische und Sozialphilosophie, Philosophie der Anerkennung, Moralphilosophie und Philosophie der Sozialwissenschaften. Autor des Buches *Kritik als soziale Praxis. Gesellschaftliche Selbstverständigung und kritische Theorie*.

Alexander von Dippel ist Diversity-Berater, -Forscher und -Trainer. Studium der Betriebswirtschaftslehre mit den Schwerpunkten Personalpolitik, Marketing und Politikwissenschaft. Zu seinen Arbeitsschwerpunkten gehören Organisationsberatung und -analyse, Strategieentwicklung, Grundlagenforschung und Trainings mit Fach- und Führungskräften. Seit 2009 ist er Vorstandsmitglied von »Eine Welt der Vielfalt«.

Prof. Dr. Georg Feuser war bis 2005 Professor für Behindertenpädagogik an der Universität Bremen und von 2005 bis 2009 Gastprofessor am Institut für Erziehungswissenschaften/Sonderpädagogik der Universität Zürich. Seine Forschungs- und Arbeitsschwerpunkte liegen im Bereich der Allgemeinen Pädagogik und entwicklungslogischen Didaktik. Er ist Herausgeber einer Vielzahl von Sammelbänden und Schriftenreihen und Autor zahlreicher Artikel zu Integration.

Petra Flieger, Mag.a phil., arbeitet als freie Sozialwissenschaftlerin. Ihr Schwerpunkt ist die Gleichstellung von behinderten Buben und Mädchen, Frauen und Männern in allen Bereichen der Gesellschaft; sie publiziert zu vielfältigen Themen, zuletzt: »Nirgends ein sicherer Ort. Gewalt an Menschen mit Behinderungen«, in: *juridikum. Zeitschrift für Kritik, Recht und Gesellschaft* 1/2015, S. 108–119.

Prof. Dr. Rainer Forst ist Professor für Politische Theorie an der Universität Frankfurt und seit 2007 Sprecher der Leibnitz-Forschungsgruppe »Transnationale Gerechtigkeit« und Co-Sprecher des Exzellenzclusters »Die Herausbildung normativer Ordnungen«. Träger des Gottfried Wilhelm Leibnitz Preises. Jüngste Buchveröffentlichungen sind *Justice, Democracy and the Right to Justification. Rainer Forst in Dialogue*, erschienen bei Bloomsbury Academic, sowie *The Power of*

Tolerance, zusammen mit Wendy Brown, erschienen bei Columbia University Press, New York.

Irene Gebhardt ist Inklusionsbeauftragte von Wiener Neudorf.

Prof. Dr. Hartmut Häußermann † war bis 2008 Professor für Stadt- und Regionalsoziologie am Institut für Sozialwissenschaften der Humboldt-Universität Berlin und maßgeblich an der Gründung des interdisziplinären Georg-Simmel-Zentrums für Metropolenforschung an der Humboldt-Universität beteiligt. Er erhielt 2003 den Preis der Schader-Stiftung und 2004 den Fritz-Schumacher-Preis. In zahlreichen Publikationen hat er sich mit Fragen zu sozialer Stadtentwicklung auseinandergesetzt.

PD Dr. Felicitas Hillmann ist Vertretungsprofessorin am Institut für Geographie in der Arbeitsgruppe Stadt- und Sozialgeographie an der Universität zu Köln. Im Jahr 2010 Berufung in den Bremer Rat für Integration durch die Senatsverwaltung Bremen. Autorin zahlreicher Artikel und Beiträge zu den Themen Urbanität und Demographieentwicklung.

Prof. Dr. Andreas Hinz ist Professor für Allgemeine Rehabilitations- und Integrationspädagogik an der Martin-Luther-Universität Halle-Wittenberg. Seine Arbeitsschwerpunkte sind u.a. die schulische und berufliche Integration, Integration von Menschen mit geistiger Behinderung, Integration im sozialen Brennpunkt sowie inklusive Schulentwicklung im Rahmen der Ganztagsschule. Er ist Autor zahlreicher Artikel und Monographien zu inklusiver Schule, Diagnostik und Förderplanung sowie Bildungspolitik.

Tina Hölzel schloss ihr Studium mit dem Master of Education in den Fächern Germanistik, Kunst und Politikwissenschaft an der Technischen Universität Dresden im Jahr 2014 ab. Seit 2014 ist sie Lehrbeauftragte am Institut für Politikwissenschaften am Lehrstuhl für politische Bildung der Technischen Universität Dresden sowie Gründerin und Leiterin des Zentrums für inklusive politische Bildung. Seit 2015 Promotionsstipendiatin der Heinrich-Böll-Stiftung.

Prof. Dr. Axel Honneth ist Direktor des Instituts für Sozialforschung in Frankfurt am Main sowie Professor für Sozialphilosophie an der Goethe-Universität und für Humanities an der Columbia University in New York. Seine Forschungsgebiete sind Sozialphilosophie und Logik der Sozialwissenschaften sowie Theorien der Moralität von interpersonellen Beziehungen. Honneth ist u.a. Mitherausgeber der *Deutschen Zeitschrift für Philosophie* und seit 2007 Präsident der Internationalen Hegel-Vereinigung.

Prof. Dr. Ernst-Ulrich Huster ist Professor für Politikwissenschaft an der Evangelischen Fachhochschule Bochum. Er lehrt und forscht seit 2003 als Privatdozent im Fachbereich für Sozial- und Kulturwissenschaften an der Justus-Liebig Universität Gießen. Von 2001 bis 2010 Mitglied der Arbeitsgruppe von Nicht-Regierungsexperten der Europäischen Kommission in Brüssel im Rahmen der Nationalen Aktionspläne gegen soziale Ausgrenzung. Autor zahlreicher Publikationen zu den Themen soziale Ausgrenzung, Reichtum, Armut sowie Fragen des Sozialstaats.

David Jugel ist wissenschaftlicher Mitarbeiter im Fachbereich Erziehungswissenschaft der Technischen Universität Dresden und seit 2014 Leiter des Zentrums für inklusive politische Bildung (ZipB). In seinem Dissertationsprojekt befasst er sich mit der Initiierung, Begleitung und Umsetzung von inklusiven Bildungsprozessen in der außerschulischen politischen Bildung.

Mark Kleemann-Göhring ist wissenschaftlicher Mitarbeiter im Fachgebiet für Erwachsenenbildung/Politische Bildung am Institut für Berufs- und Weiterbildung an der Universität Duisburg-Essen. Der Fokus seiner Arbeit liegt auf den Bereichen Politische Erwachsenenbildung und Weiterbildung.

Prof. Dr. Martin Kronauer ist Professor für Strukturwandel und Wohlfahrtsstaat in internationaler Perspektive an der Hochschule für Wirtschaft und Recht Berlin. Schwerpunkte seiner Forschung sind die Neue Soziale Frage, Inklusion und Exklusion im internationalen Vergleich, Stadt und soziale Ungleichheit sowie Wandel der Erwerbsarbeits- und Beschäftigungsverhältnisse. Autor des Buches *Exklusion. Die Gefährdung des Sozialen im hoch entwickelten Kapitalismus.*

Sylvia Löhrmann ist seit 2010 Ministerin für Schule und Weiterbildung und stellvertretende Ministerpräsidentin des Landes Nordrhein-Westfalen. Im Jahr 1985 trat sie den Grünen bei, war von 2000 bis 2005 Fraktionsvorsitzende und bildungspolitische Sprecherin, ab 2005 europapolitische Sprecherin der Landtagsfraktion. Von 2000 bis 2010 Mitglied im Hauptausschuss, im Ältestenrat und im Ausschuss für Schule und Weiterbildung; 2009 war sie Spitzenkandidatin der Grünen für die Landtagswahl in Nordrhein-Westfalen.

Prof. Dr. Martina Löw ist Professorin für Planungs- und Architektursoziologie an der TU Berlin und Mitglied des Expertenrats der Nationalen Plattform Zukunftsstadt. Ihre Arbeitsschwerpunkte liegen in den Bereichen Architektur, Stadt- und Raumsoziologie sowie Soziologische Theorie. Sie ist Autorin der Bücher *Raumsoziologie* und *Soziologie der Städte.*

Ole Meinefeld promoviert nach dem Studium der Philosophie, Germanistik und Politikwissenschaften in Basel, Berlin und Freiburg im Fachbereich Politische

Theorie der Universität Trier. Seine Dissertation befasst sich mit der Interpretation von politischen Stilen im Ausgang von Hannah Arendts politischer Theorie. Seit 2012 ist er Stipendiat der Heinrich-Böll-Stiftung. Zu seinen Forschungsinteressen gehören insbesondere Kritische Theorie und Hermeneutik.

Prof. Dr. Chantal Munsch ist Professorin für Erziehungswissenschaft mit dem Schwerpunkt Sozialpädagogik an der Universität Siegen. Sie promovierte und habilitierte sich an der Fakultät Erziehungswissenschaften der Technischen Universität Dresden. Sie veröffentlichte zahlreiche Artikel, Aufsätze und Monographien zu den Forschungsschwerpunkten Diversity, Partizipation, bürgerschaftliches Engagement, sozialpädagogische Ethnografie und Praxisforschung.

Prof. Dr. Frank Nullmeier ist Professor für Politikwissenschaft an der Universität Bremen. Schwerpunkte seiner Forschung liegen auf dem Gebiet der Sozialforschung und Wohlfahrtsstaattheorie, der Transformation des Staates und der Legitimationsforschung sowie der Politischen Theorie. Jüngere Publikationen beschäftigen sich u.a. mit der Thematik der Teilhaberechte als normativer Grundlage der Gesetzlichen Rentenversicherung.

Dr. Heike Raab ist seit 2007 wissenschaftliche Mitarbeiterin an der Universität Innsbruck. Der Schwerpunkt ihrer Forschung liegt auf den Bereichen Disability Studies und Intersektionalität sowie Körper, Kultur und Gender/Queer Studies. Sie ist Initiatorin des Portals Intersektionalität, welches Forscher/innen und Praktiker/innen als virtuelle Plattform dient, um Informationen auszutauschen, Kooperationen zu initiieren und Theorienbildung zu unterstützen.

Prof. Dr. Volker Schönwiese ist seit 1994 Dozent und später Außerordentlicher Universitätsprofessor an der Universität Innsbruck. Er gründete 1997 die Internetbibliothek zu Fragen der Integration behinderter Menschen. Herausgeber zahlreicher Sammelbände wie der Buchreihe *Beiträge zur Integration* sowie des Sammelbandes (zusammen mit Petra Flieger) *Menschenrechte – Integration – Inklusion. Aktuelle Perspektiven aus der Forschung.*

Prof. Dr. Markus Schroer ist seit 2010 Professor für Allgemeine Soziologie und seit 2014 Dekan der Philipps-Universität Marburg. Schwerpunkte seiner Arbeit sind u.a. Soziologische Theorien, Geschichte der Soziologie, Kultursoziologie, Raum-, Stadt- und Architektursoziologie und Individualisierung. Herausgeber der Schriftenreihen *Studienkurs Soziologie* und *Raum, Stadt, Architektur. Interdisziplinäre Zugänge* sowie Autor zahlreicher Bücher und Artikel.

Peter Siller ist Leiter der Inlandsabteilung der Heinrich-Böll-Stiftung. Zuvor war er u.a. Mitglied des Planungsstabs im Auswärtigen Amt und Scientific Manager des Exzellenzclusters »Formation of Normative Orders« an der Goethe Universität Frankfurt/M. Studium der Rechtswissenschaften und der Philosophie. Zahlreiche Veröffentlichungen zu politischer Theorie und Praxis.

Dr. Mark Terkessidis ist Psychologe und freier Autor. Er promovierte im Fachbereich Pädagogik zum Thema »Das Wissen über Rassismus in der Zweiten Migrantengeneration« an der Johannes-Gutenberg-Universität in Mainz. Seit 2001 Radiomoderator bei der WDR-Welle »Funkhaus Europa«. Er publiziert Beiträge zu den Themen Jugend- und Populärkultur, Migration und Rassismus in Sammelbänden und u.a. in *die tageszeitung, Der Tagesspiegel, Frankfurter Rundschau, Die Zeit.*

Prof. Dr. Robert Vehrkamp ist Direktor des Programms »Zukunft der Demokratie« bei der Bertelsmann-Stiftung und Professor für Volkswirtschaftslehre mit dem Schwerpunkt Europäische Wirtschaftspolitik an der Fachhochschule des Mittelstands (FHM) in Bielefeld. Seit 2003 bei der Bertelsmann-Stiftung, u.a. als Leiter des Projekts »Die Bundesländer im Standortwettbewerb« und seit 2006 als Programmleiter mit den Arbeitsschwerpunkten Europa, Politische Partizipation, Bürgerbeteiligung und Demokratie.

Barbara Willecke ist Dipl.-Ing. Garten- und Landschaftsarchitektin BDLA. Mitglied und Sprecherin im Fachfrauenbeirat der Senatsverwaltung für Stadtentwicklung und Umwelt Berlin sowie Lehrbeauftragte an der Beuth-Hochschule Berlin für »Urbaner Raum und Gesellschaft«. Zahlreiche Preise und Auszeichnungen u.a. den Architekturpreis »Vorbildliche Bauten 2011« der hessischen Architektenkammer als Auszeichnung für die Gedenkstätte für die ermordeten Wiesbadener Juden und den nationalen Preis für integrierte Stadtentwicklung und Baukultur »Stadt bauen. Stadt leben« im Jahr 2012.

Dr. Matthias von Saldern war Professor an der Universität Lüneburg und ist seit 2013 geschäftsführender Gesellschafter der MvS Beratung UG. Er lehrt heute im Studiengang Sozialpädagogik der BA Lüneburg. Die SIG Study on Learning Environments der American Educational Research Association verlieh ihm den Patron-Status und die Longlife Membership. Für die Mandatsperiode 2015/16 ist er in den Fachausschuss Bildung der Deutschen UNESCO-Kommission (DUK) berufen worden. Mitglied im Beirat Inklusion des BMZ.

Prof. Dr. Christian Volk ist seit 2012 Juniorprofessor für Politische Theorie und Ideengeschichte an der Universität Trier. Er ist Herausgeber zahlreicher Sammelbände und Autor verschiedener Monographien und Aufsätze. Er wurde 2014 mit dem Lehrpreis für die Vorlesung »Politisches Denken im 20. Jahrhundert« ausgezeichnet.

PD Dr. Tilo Wesche ist derzeit Vertretungsprofessor für Praktische Philosophie an der Universität Gießen und Träger des Karl-Jaspers-Förderpreises. Seine Forschungsschwerpunkte liegen in den Bereichen der Moralphilosophie, der Politischen Philosophie sowie der Sozial- und Rechtsphilosophie mit dem Fokus auf Menschenrechte und Eigentumstheorien. Autor des Buches *Wahrheit und Werturteil. Eine Theorie der praktischen Rationalität.*

Prof. i. R. Dr. Helmut Wiesenthal war bis 2003 Professor für Politikwissenschaften am Institut für Sozialwissenschaften der Humboldt-Universität Berlin. Seit 2003 liegt sein Hauptaugenmerk auf Fragen der gesellschaftlichen (Selbst-)Steuerung, der Reform- und Steuerungsfähigkeit politischer Akteure sowie des wirtschafts- und sozialpolitischen Reformbedarfs. Er ist Mitglied des SGI-Boards und des BTI-Boards der Bertelsmann-Stiftung.

Prof. Dr. Gökçe Yurdakul ist Georg-Simmel-Professorin für Diversity and Social Conflict an der Humboldt Universität Berlin und Leiterin der Abteilung »Wissenschaftliche Grundlagen« des Berliner Instituts für empirische Integrations- und Migrationsforschung der Humboldt Universität. Forschungsschwerpunkte sind Rassismustheorie, ethnische und religiöse Formen von Zugehörigkeit in Einwanderungsländern sowie Gender Studies und Intersektionalitätsstudien.

Janina Zeh ist nach dem Studium der Soziologie in Leipzig seit 2011 wissenschaftliche Mitarbeiterin im Projekt »Soziales Lernen im Lebensverlauf« im Fachbereich Sozialökonomie der Universität Hamburg. In ihrer Dissertation beschäftigt sie sich in einem Vergleich zwischen Deutschland und Großbritannien mit der Frage, ob und in welche Richtung prekäre Beschäftigung das Engagement beeinflusst.